महातीर्थ के कैलासबाबा

यात्रा-वृत्तान्त

तिब्बत की प्रकृति, संस्कृति, साधना और
अध्यात्म की अनूठी यात्रा-गाथा

महातीर्थ के कैलासबाबा

विश्व-पर्यटक

बिमल दे

अनुवाद

प्रेम कपूर

लोकभारती प्रकाशन

मूल बांग्ला कृति : 'महातीर्थेर कैलासबाबा' से अनूदित

लोकभारती प्रकाशन
पहली मंजिल, दरबारी बिल्डिंग, महात्मा गांधी मार्ग,
प्रयागराज-211 001
वेबसाइट : www.lokbhartiprakashan.com
ई-मेल : info@lokbhartiprakashan.com

शाखाएँ : 1-बी, नेताजी सुभाष मार्ग, दरियागंज,
नई दिल्ली-110 002
अशोक राजपथ, साइंस कॉलेज के सामने,
पटना-800 006
1, अनमोल सोराबजी संतुक लेन, धोबी तलाव,
मरीन लाइंस, मुम्बई-400 002

पहला संस्करण : 2017
तीसरा संस्करण : 2026

बी.के. ऑफसेट
नवीन शाहदरा, दिल्ली-110 032 द्वारा मुद्रित

MAHATIRTH KE KAILASBABA
Travelogues by Bimal De
Translated by Prem Kapoor

ISBN : 978-93-5221-192-0

मूल्य : ₹995

रमेश चन्द्र दुबे का धन्यवाद
किताब तैयार करने में तथा बाबा से बातचीत में मदद के लिए।

भूमिका

पुस्तक 'महातीर्थ के अन्तिम यात्री' दरअसल घर से भागे एक किशोर के तिब्बत-भ्रमण की कहानी थी। एक सोलह वर्षीय किशोर 'मौनी बाबा' लिपु लेक नैनीताल होकर गंगटोक से ल्हासा (लासा), ब्रह्मपुत्र, कैलासनाथ और मानसरोवर सम्पूर्ण रूप से पैदल ही घूम आया था। उस यात्रा की न तो उसकी कोई तैयारी थी और न ही उसे कोई विशेष जानकारी थी। केवल चलते-चलते सुनी-सुनाई बातों के सहारे एक लम्बे सफर की कहानी थी वह। वर्ष 1956 की उस तिब्बत-यात्रा में जो गुरु थे. कई वर्षों बाद वह मिले शान्तिनिकेतन के विनय भवन में साधुबाबा के रूप में। उसी यात्रा में एक और योगी-पुरुष थे, जिन्होंने ब्रह्मपुत्र के किनारे गुम हुए मौनी बाबा नामक किशोर की रक्षा की थी। फिर उसके बाद भविष्य-पथ पर बारम्बार उसे दर्शन देकर न सिर्फ उत्साहित किया था, बल्कि उसके हाथों में थमा दी थी पथ-पताका।

दिगम्बर रहस्य से घिरे उस योगी-पुरुष ने मौनी बालक के मन में कैलासबाबा के नाम से स्थायी आसन जमा लिया था और बन गए थे उसके मन-देवता। क्षणिक साथ और मंत्र-प्रेरणा से, वही गुम हुआ बालक जगत-पथ पर निकल पड़ा था परिव्राजक बनकर। देश-देशान्तर घूमा। कैलासबाबा परिव्राजक के मन में बारम्बार आना-जाना करने लगे। या यों कहा जाए कि उस किशोरावस्था के कैलासबाबा परिव्राजक के साथ-साथ घूमने लगे, देश-महादेश से शुरू कर एवरेस्ट की पादपीठ, उत्तर मेरु, दक्षिण मेरु तक, हर जगह वे परिव्राजक के हृदय-यान पर सवार होकर घूमे।

सुदीर्घ पचास वर्षों के पश्चात् परिव्राजक को उस पुण्यतीर्थ की फिर से याद आई, जहाँ उस तांत्रिक योगी-पुरुष से उसकी प्रथम भेंट हुई थी और बाद में जिन्होंने उसे कैलासखंड में मानसरोवर के किनारे मंत्र-दीक्षा देकर अपने और करीब कर लिया था। उस राह, उस नदी, उस गुफा को देखने की एक प्रचंड इच्छा जाग उठी। स्थान-माहात्म्य, स्मृति का आकर्षण और सबसे अधिक उन्हें एक बार फिर से देख पाने की इच्छा ने मन को उत्तेजित कर दिया। परिव्राजक जीवन के इस अन्तिम अध्याय में उनका दर्शन चाहिए।

मेरी इच्छाशक्ति ने मुझसे अनेक असाध्य काम करवाए हैं। स्थान, काल और क्षमता के साथ ताल मिलाकर जब इच्छाशक्ति मन का संचालन करती है तो ज्ञानशक्ति और क्रियाशक्ति स्वत: पास आ खड़ी होती हैं।

मैं भाग्यवान हूँ कि मेरी सहधर्मिणी ने विद्या, बुद्धि, ज्ञान और सामर्थ्य से मेरी मदद की ताकि मैं अपनी राह पर आगे बढ़ सकूँ। उसे पता है कि मैं एक पथिक हूँ और मेरी इच्छाशक्ति के सामने कोई बाधा, बाधा है ही नहीं। वह मेरी राहों की जीवन-संगिनी है।

तिब्बत मैं पहले भी कितनी ही बार जा चुका हूँ, किन्तु इस बार 'गुरु-दर्शन' के लिए मन पहली बार इतना उत्तेजित था। परम्परागत तिब्बत-तीर्थ। 1956 के तिब्बत और आज 2007 के तिब्बत में अनेकानेक परिवर्तन हैं। किन्तु वो पहाड़, वो नदी, वो उपत्यका, नीले आसमान के नीचे के दृश्य एक-से ही हैं। परिवर्तन हुआ है सड़क, परिवहन, शहर और गाँव के दृश्यों में। राजनीति, व्यापार-वाणिज्य, मकानों आदि का रूप नया है। आधुनिक वैज्ञानिक उन्नति के कारण तिब्बतियों की जीवन-यात्रा में बहुत बड़ा परिवर्तन हुआ है। तिब्बत में ट्रेन एक अविश्वासयोग्य घटना है। यह वैज्ञानिक और यंत्रविद्या की उन्नति का आश्चर्यजनक दृष्टान्त है। धर्म और धार्मिक प्रतिष्ठानों के प्रति चीन-सरकार के कल्चरल रिवोल्यूशन का ध्वंस-लीला राह चलते हर जगह नज़र आती है। सांस्कृतिक क्रान्ति के साथ-साथ नजर आता है उन्नत जीवन-यात्रा का नमूना। विध्वंस और निर्माण, ये तो जगत का हिस्सा हैं।

वर्तमान के इस विराट परिवर्तन की सन्धिवेला में उस पुराने समय के कैलासबाबा की खोज किसी स्वप्न को वास्तव में रूपान्तरित करने की कहानी के समान है। मैंने पहले ही कहा है कि जब इच्छाशक्ति पवित्र हो तो अपवित्र भी पवित्र हो जाता है। सभी सहानुभूति का मनोभाव लेकर आते हैं। बाधाएँ पार कराने के लिए दयालु हृदय वाले जन सहायता और सहानुभूति का हथियार लेकर आगे बढ़ आते हैं।

आजकल तिब्बत-भ्रमण पहले से बहुत आसान हो गया है। तिब्बत जो एक विराट देश है, अपनी विशिष्टता के साथ अभी भी खड़ा है। दुख इस बात का है कि आज भी भारत के बहुतेरे लोगों को लगता है कि कैलासनाथ और मानसरोवर ही तिब्बत के प्रधान और प्रथम आकर्षण हैं। निस्सन्देह बोन्, हिन्दू, बौद्ध व जैनियों के लिए यही मुक्ति पाने का मूल तीर्थ-स्थान है। मेरे जैसे लोग, जो तिब्बत-भ्रमण कर चुके हैं, के लिए तो सम्पूर्ण तिब्बत ही एक रहस्य-रोमांच से घिरा है। राजनीतिक उत्थान-पतन के बाद भी तिब्बत की धर्मप्राण पुरानी परम्परा जीवित है। जलवायु, मिट्टी-पत्थर और जन सामान्य के बीच आज भी उस परम्परा का स्पन्दन महसूस किया जा सकता है।

पृथ्वी के प्रत्येक देश की तरह ही तिब्बत की राह-बाट पर लोगों के बीच बात-बात में उनकी पौराणिक और देव-दानवों की कहानियाँ मिल जाती हैं। कभी देवता तो कभी दानव स्थान-काल-पात्र के भेद में सहज-साधारण लोगों के बीच अपना अस्तित्व बनाए रखते हैं। मैं एक परिव्राजक हूँ—सच क्या है और झूठ क्या, यह जाँचने की क्षमता और अधिकार मेरे पास नहीं है। जो देखा है, देख रहा हूँ, जो सुना है, सुन रहा हूँ, परिव्राजक का झोला तो उसी से भरा है। परिव्राजक का कर्म है चलना और धर्म है अनासक्ति।

इस सन्दर्भ में महामानव स्वामी विवेकानन्द के एक अपूर्व भ्रमण-प्रसंग का उल्लेख कर रहा हूँ—

'...मिस्र के प्राचीन लोगों की मान्यता है कि मनुष्य की मृत्यु के पश्चात् देह से निकलकर उसका सूक्ष्म शरीर घूमने-फिरने लगता है, किन्तु मृत देह का कोई अनिष्ट होते ही सूक्ष्म शरीर को आघात लगता है और मृत देह का ध्वंस होते ही सूक्ष्म शरीर का भी एकान्त नाश हो जाता है, इसीलिए देह को संरक्षित रखने के लिए वे इतने जतन करते हैं। इसीलिए राजाओं-महाराजाओं के पिरामिड हैं। कितना कौशल/क्या परिश्रम...' (परिव्राजक; स्वामी विवेकानन्द, उद्‌बोधन, पृ. 50, 1384, तेरहवाँ संस्करण)। मिस्र के पिरामिड व ममी के प्रसंग में स्वामीजी की इस उक्ति से पता चलता है कि वे वस्तुतः एक परिव्राजक ही थे। उन्होंने मिस्र के धर्म, दर्शन और परम्परा का उल्लेख भर किया है, उसके सच या झूठ की जाँच नहीं की। मिस्र की उस ममी-प्रथा से काफी मिलती-जुलती है तिब्बत की 'बार्दो-प्रथा'।

मैं इस बार तिब्बत आया हूँ उस कापालिक तांत्रिक या योगी-पुरुष की खोज में। सरकारी और ग़ैर-सरकारी, हर जगह से अच्छा सहयोग मिल रहा है, परन्तु फिर भी पहली बाधा है भाषा की। हिन्दी और नेपाली नामों के साथ तिब्बती नामों में काफी ज्यादा फ़र्क़ है। भारत से अल्मोड़ा, गर्बियांग (Garbyang), कालापानी, लिपु लेक होते हुए जो लोग नेपाली या भारतीय गाइड लेकर आते हैं, वे पुराने नामों का प्रयोग करते हैं, अर्थात् पुराने और वर्तमान के मिश्रण का। नेपाली जिसे ताक्लाकोट कहते हैं, चीनियों के लिए वह पुलान (Pulan) और नेपालियों के लिए पुरांग (Purrang) है। काठमांडू से गाइड लेने पर कैलास और मानसरोवर के रास्ते में कोई असुविधा नहीं होती, क्योंकि गाइड हिन्दू और बौद्ध तीर्थयात्रियों के साथ पुराने प्रचलित नामों का प्रयोग करते हैं। मेरी तरह जो लोग चेंग्दू, गोलमुद या ल्हासा (लासा) और ज्ञानगंज होकर कैलासनाथ और मानसरोवर की ओर आएँगे, उन्हें पेशेवर गाइड लेने होंगे, जो चीनी या तिब्बती भाषा का प्रयोग करते हैं। वर्तमान नामों के साथ अतीत के नामों में काफी अन्तर है। अंग्रेजी नाम खोजकर निकालने होंगे और तब आगे बढ़ना होगा। जिस रास्ते से मैं कैलासबाबा की खोज में गया था, उसके नाम, दूरी, खर्च, ऊँचाई और समय का उल्लेख किया है। दूरी हालाँकि नहीं बदलेगी परन्तु खर्च में फर्क होगा ही क्योंकि मेरी डायरी सन् 2007 की है। तिब्बत की रहस्यमयी भैरवी माताजी के निर्देश पर कैलासबाबा की खोज में मैं चौरासी महासिद्ध श्मशान गया था और फिर पाप-परीक्षा पत्थर पार किया। पुण्यभूमि शिवस्थल, कैलासनाथ के चरण-कमल में बैठकर चित्ताकाश में पाया था नर्मदा नाम, किन्तु हाय, गँदले मन की स्थिरता के अभाव में उस महासत्य को न जान पाया! इशारा पाने के बावजूद आध्यात्मिक ज्ञान के अभाव में मन में आए उस आकस्मिक विचार को पकड़कर नहीं रख पाया। मेरी राय में ज्ञानगंज के एक भिखारी लामा ही ज्ञानीगुरु थे। उन्होंने मुझे देखते ही मन्तव्य

व्यक्त किया था कि मेरा मन ही है 'गँदला पानी'। शिवस्थल के स्थान-माहात्म्य के प्रभाव में चित्ताकाश के नर्मदा नाम को मैं प्रश्रय नहीं दे पाया। दरअसल सत्य को पकड़कर रखने की क्षमता मुझमें नहीं थी। इसके बाद देखते-देखते दो साल गुज़र गए। मैं भले ही भूल जाऊँ पर काल की पोथी में मेरा प्राप्य अंकित था। सन् 2009 में पा गया 'दर्शन'—मिट गईं सारी इच्छाएँ। महातीर्थ के वही कैलासबाबा ही वर्तमान में परमपूज्य कायकल्पी बर्फानी दादाजी हैं। उन्हीं की कृपा से प्रकाशित हुई है यह पुस्तक 'महातीर्थ के कैलासबाबा'।

—बिमल दे

प्रस्तुति

'गुरु-कृपा' पूरी तरह भारतीय चिन्तनधारा से जुड़ी धारणा है। भारत के बाहर इसे ईश्वर-कृपा कहा जाता है। एक आम भारतीय के लिए 'उनकी इच्छा' ही सबसे बड़ा आशीर्वाद है। यह बात मेरे लिए एक चिरसत्य, एक अमूल्य उपहार है। जिस प्रकार श्वास-प्रश्वास के माध्यम से हवा हमारी प्राणवायु को बनाए रखती है तथा हमें जिलाए रखती है, ठीक उसी प्रकार आशीर्वाद हर क्षण हमारे जीवन को आनन्द की ओर बढ़ाए लिये चलता है। और यही तो सत्य है। आज मेरी बातें कहानी जैसी लग सकती हैं, परन्तु कहानी होकर भी ये सच हैं।

हमारे दैनन्दिन जीवन में जब कोई घटना घटती है, मैं भली या बुरी की बात नहीं कर रहा, तो वह हमारे मन में छोटी-बड़ी लहरों के समान एक आलोड़न पैदा करती है, जो कभी-कभी स्थान-काल-पात्र के भेद के अनुसार हवा में उड़ हो जाती है, तो कभी स्मृतियों के भंडार में अंकित होकर रह जाती है। आज मैं जो लिख रहा हूँ, वह मेरे जीवन-पथ की एक छोटी-मोटी घटना ही तो है। जैसे-जैसे दिन गुज़रते जाते हैं, वैसे-वैसे लगता है कि यह कहानी है, पर सच्ची है।

पृथ्वी के सीने पर जितने लोग हैं, उनमें से प्रत्येक का जीवन एक-एक स्मृति-ग्रन्थ है। मेरे जीवन में घटी घटनाएँ लाखों-करोड़ों लोगों की कहानियों में से एक हैं, इससे अधिक कुछ नहीं।

अत्यन्त संक्षेप में शुरू कर रहा हूँ पुराने दिनों की बातें।

पुण्यतीर्थ भारत के गंगा किनारे एक छोटा-सा गाँव बसा है। एक लड़का गंगा किनारे बैठा सोचता कि उस पार जाऊँगा, देखूँगा कि उस पार क्या है। वह लड़का एक दिन गंगा के उस पार आया, उनके मन को शान्ति मिली। इसके बाद स्टेशन पर रेलगाड़ियों को देखकर वह सोचता—ये रेलगाड़ियाँ कितनी दूर जाती होंगी? कहाँ? कौन-से देश? अनजान को जानने की उसकी इच्छा होती। और जानने की यह इच्छा ही नशे में परिणत हो गई। इसके पश्चात् आने-जाने का सिलसिला शुरू हुआ। गरीब घर का लड़का, पितृहीन—यही उसकी जमा-पूँजी थी। वह छोटा-सा लड़का बार-बार खुद को सान्त्वना देता—मैं गरीब हूँ, यही तो सत्य है, यही तो आशीर्वाद है। और उसका परवर्ती जीवन इसी आशीर्वाद की अभिव्यक्ति था।

भारत के तीर्थ क्षेत्र घुमक्कड़ों के लिए स्वर्ग-भूमि हैं, सभी देशों के सभी लोगों के लिए मिलन-भूमि हैं। उस छोटे-से लड़के को साधु-संग ने आकर्षित किया। साधु! हिन्दू धर्म का एक पुराना पारम्परिक रूप। साधु कई-कई दिनों तक चलते रहते हैं, न कन्धे पर कोई बोझा, न सूटकेस या बक्से का कोई झंझट, और जेब है ही नहीं तो जेब में पैसों का प्रश्न ही नहीं उठता। ट्रेन में टिकट चेकरों की कृपा या फिर जन्म से प्राप्त दो पैर, देह वहन करने के उत्तम नमनीय यंत्र तो हैं ही। साधु! वे समाज का एक अद्‌भुत दान हैं जिनकी अदृश्य शक्ति मन को प्रभावित करती है वे गति पर्यटक हैं; भविष्य के पर्यटकों के श्रेष्ठ आदर्श हैं। उसी आदर्श का अनुसरण कर वह लड़का निकल पड़ा। फिर साधु तिब्बत चला गया। बौद्ध और हिन्दुओं के श्रेष्ठ तीर्थ-स्थान कैलास और मानसरोवर घूम आया। वहीं उस सोलह वर्षीय लड़के का पहली बार अलौकिक शक्ति से परिचय हुआ। कैलास के एक तांत्रिक योगी को उस लड़के ने नाम दिया 'कैलासबाबा'। सम्भवतः उस समय 1956 के गरमियों के दिन थे जुलाई-अगस्त महीना रहा होगा। मात्र दस दिन का साधु-संग था, परन्तु वही दस दिन उस लड़के के जीवन में भावी जीवन की परिपूर्णता ले आए।

उसके भी दस वर्ष पश्चात् भारत के विभिन्न तीर्थस्थानों और हिमालय की महिमा से प्रेरित होकर वह लड़का पृथ्वी की राहों पर पर्यटक या घुमक्कड़ के रूप में निकल पड़ा। तिब्बत घूमकर लौटा वह किशोर आज युवक है। भारत में परिव्राजकों के लिए किसी प्रकार की बाधा नहीं है, किन्तु भारत के बाहर जाने पर मानव-निर्मित बहुतेरी बाधाएँ परिव्राजकों को हतोत्साहित करती हैं, जैसे—पासपोर्ट-वीजा, यातायात-भाड़ा, रहने-खाने का खर्च और सबसे बड़ी बाधा है 'स्पॉन्सरशिप' या उपयुक्त प्रायोजक या ज़मानतदार।

इन बाधाओं के साथ-साथ विदेशी राजदूतों की शर्तों का बन्धन भी जुड़ा है। सैकड़ों बाधाओं के बावजूद परिव्राजक को कोई रोक न पाया क्योंकि कैलासबाबा का अदृश्य आशीर्वाद उस लड़के से बार-बार कह रहा था—बढ़ा चल...।

राह चलते समय प्रायः सवाल उठ रहा था—तुम्हारा क्या गुण है?

जवाब में हर समय कहा—मेरे तीन गुण हैं—सतोगुण, रजोगुण, तमोगुण।

विदेश में इन तीन गुणों की बात कोई समझ नहीं पाता, अतः सहज करके उनसे कहता हूँ कि मेरे मन की तीन अवस्थाएँ हैं—उत्तम, मध्यम व अधम। स्थान-काल-पात्र के भेद से मन आगे बढ़ते चलने का परिवेश तैयार करता है।

बहुतेरे लोग जोर करके पूछते हैं—तुम्हारी एकेडेमिक क्वालीफ़िकेशन (पढ़ाई-लिखाई) क्या है?

प्रश्न के उत्तर में कहता हूँ—यह मुक्त आकाश और पृथ्वी हैं मेरी एकेडेमी। शिक्षा में प्रतिदिन प्रतिपल मैं सीख ही तो रहा हूँ। सीखना जब शेष हो जाएगा तब बताऊँगा कि मैंने क्या पाया। अभी तो मैं छात्र हूँ, कोई डिप्लोमा या डिग्री नहीं है मेरे पास।

बार-बार प्रश्न आते हैं—किस देश के नागरिक हो तुम?

उत्तर : मैं इस ग्रह पर जन्मा हूँ, जन्मस्थान का नाम है भारत। मैं इस पृथ्वी का ही नागरिक हूँ।

हालाँकि बहुतों का कहना है कि यह तो पहेली है—हो सकता है, परन्तु मेरे लिए तो यही सत्य है।

अपनी पहली हिमालय यात्रा में साधु बाबा के साथ तिब्बत गया था। गुरु रिम्पोचे गुरुजी, एक ही व्यक्ति के विभिन्न समय पर विभिन्न नाम रहे। उस वक्त मेरी उम्र सोलह साल थी। आज मैं सत्तर पार हो गया हूँ, गुरु-कृपा से। गुरु बार-बार मेरे पास आए हैं, मुझे दर्शन दिया है। बार-बार आगे बढ़ने के लिए प्रेरित किया है। बार-बार लगता है कि उन पुराने दिनों की याद मन में ताज़ा हो उठी है। ऐसा यदि एक-दो बार होता तो सोचता कि सुख-स्वप्नों की तरह मैंने कैलासबाबा को अपने मन में समेट रखा है इसीलिए बार-बार उनके आने-जाने का अहसास होता है। परन्तु वे बार-बार आते हैं और जाते हैं, यह कोई महज़ अहसास नहीं है, उन्हें अस्वीकार कैसे करूँ! भारत के बाहर अपने प्रथम अनुभव की बात मैंने 'गुरु' कहानी में लिखी है। उसके बाद इस प्रकार की घटनाएँ और भी घटित हुईं। लन्दन, वाशिंगटन, मोंट्रियल, ईस्टर आयरलैंड, ऐंडीज़ पहाड़ में। उसके पश्चात् मैं अंटाकर्टिका गया जहाँ यात्रियों को योग और ध्यान की बातें सिखाते वक्त कैलासबाबा ने मुझे फिर दर्शन दिए।

1972 में मेरा भू-पर्यटन समाप्त हुआ और उसके बाद सामाजिक जीवन शुरू हुआ। एक गुणवती सुन्दरी अर्धांगिनी के रूप में मिली। एक अन्तर्राष्ट्रीय संस्था में नौकरी मिली। जीवन को स्थायित्व मिला और मन को शान्ति। मेरे चारों ओर जो लोग हैं, उन्होंने मुझे भरपूर स्नेह और प्यार दिया है। आम आदमी जिसे सफलता समझता है, जीवन में उस सफलता की मुझ पर बरसात हुई। आशीर्वाद!

जब सोचता हूँ कि मेरी खुशियाँ, मेरी उपलब्धियाँ, मेरा ज्ञान और बुद्धि, जो किसी स्कूल या शिक्षायतन से अर्जित नहीं कीं, मुझे मिलीं तो कैसे? यूरोप-अमेरिका में बिना किसी प्रतिद्वन्द्विता के सहज ही नौकरी का मिल जाना और भ्रमण-पथ का आसान हो जाना, विस्मित कर देता है। यह कैसे सम्भव हुआ! अपने बन्धु-बान्धव और शुभाकांक्षियों, जो मेरी ही तरह परिव्राजक हैं, के लिए मैं अपने मन की ये बातें लिख रहा हूँ।

प्रथम घटना 'गुरु' ग्रीस की है। जिस प्रकार यह घटना घटी, विस्तार से बताता हूँ। यह घटना एक अन्यतम घटनामात्र ही है।

बार-बार जो महापुरुष मेरे सामने आकर खड़े हुए हैं—वही लगभग पचास वर्ष पूर्व के कैलासबाबा—वे क्या वास्तव में थे? या कि शैशव की एक रात ब्रह्मपुत्र के किनारे जिस महायोगी का मुझे दर्शन प्राप्त हुआ था, क्या वे मेरे ही प्रेम और भक्ति

की सृष्टि थे? कैलासबाबा क्या मेरे आवेग-संवेग का वास्तविक स्वरूप थे? इसका उत्तर 'ज्ञानगंज उपाख्यान' में मिलेगा। आइए, हम सब एक साथ कैलास के उन रहस्यमय कैलासबाबा को ढूँढ़े।

चीन दूतावास (पेरिस)

प्रश्न : 2002 में आप चीन गए थे, उस समय भी आप तिब्बत गए थे, है न?

उत्तर : हाँ, वे सारी बातें तो आपको फाइल में ही मिल जाएँगी।

प्रश्न : चीन की बात तो सभी जानते हैं, फिर भी आप बताएँ आपको कैसा लगा? वस्तुतः आपकी व्यक्तिगत राय जानना चाहते हैं। हाँ, हम कोई दबाव नहीं दे रहे, आपको तो कोई आपत्ति नहीं है? हमारे लिए आपकी काफी मूल्यवान है।

उत्तर : यह प्रश्न कर दरअसल आपने मुझे सम्मानित किया है। चीन एक विशाल देश है। इस देश की उन्नति का अर्थ है इस भूखंड की एक मानवजाति की उन्नति। चीन की दीवार, नहरें, बाँध इत्यादि चीन के अगणित मनुष्यों के परिश्रम और राष्ट्रप्रेम का प्रतिफल हैं। मैंने जापान और फ्रांस में पृथ्वी की अन्यतम द्रुतगामी ट्रेन देखी है। समतल भूमि पर उसकी विराट गति एक करामात है। पेरु की करदिएरा इलाके की इंडीज पर्वतमाला के ऊपर से होकर 'क्लाउड ट्रेन' चलती है जिसका सर्वोच्च स्टेशन 4,830 मीटर की ऊँचाई पर है। वह पृथ्वी की सर्वोच्चतम ट्रेन थी। किन्तु उसकी गति अत्यन्त धीमी थी तथा कम्पार्टमेंट पुराने ज़माने के थे। आप लोगों द्वारा निर्मित जिंघाई-तिब्बत (ल्हासा) अति आधुनिक ट्रेन ने सबको पीछे छोड़ दिया। ल्हासा के इस रेलमार्ग ने सारी पृथ्वी को अवाक् कर दिया है। तिब्बत अलौकिक घटनाओं का देश है—यह भी एक अलौकिक घटना ही है, फ़र्क़ सिर्फ इतना है कि इसके पीछे कन्फ्यूसियस या ड्रैगन नहीं, बल्कि मनुष्य की साधना द्वारा अर्जित ज्ञान-विज्ञान व प्रौद्योगिकी है। जानते हैं, सबसे आश्चर्य की बात क्या है? यह ट्रेन जब गोलमुद से तिब्बत में प्रवेश करती है तब यह तीन हजार मीटर की ऊँचाई से शुरू करके तांगुला स्टेशन पर पाँच हजार बहत्तर मीटर की ऊँचाई पर पहुँच जाती है और वहाँ से ल्हासा में प्रवेश कर तीन हज़ार छह सौ इकतालीस मीटर की ऊँचाई पर उतर आती है। अभी यही पृथ्वी का सर्वोच्च रेल-मार्ग है। और आश्चर्य यह है कि ट्रेन में बैठकर पता ही नहीं चलता कि यात्रा कितनी मुश्किल है। यात्री आराम से सुरक्षित बैठे रहते हैं। बिल्कुल हवाई-जहाज की तरह। गोलमुद से ल्हासा की दूरी 1,138 कि.मी. है। अत्यधिक ऊँचाई के बावजूद यह दूरी तय करने में मात्र 15 घंटे समय लगा। बाहर तुषारधवल पर्वतशृंग एक के बाद एक मन को सम्मोहित कर रहे थे और अवाक् आनन्द से हम देख रहे थे। घंटों बर्फ से ढँके पहाड़ों का दृश्य मन को पवित्र कर देता है। उन्हीं दृश्यों के लिए तो तिब्बत फिर से बुला रहा है। मेरे लिए तो इन्हीं दृश्यों के कारण तिब्बत आज जगत का तीर्थस्थान है।

बुरा न मानें, वे दृश्य मैं आँखों के सामने देख रहा हूँ, इसीलिए भावुक हूँ।

मैं रुका, फिर पूछा—आपके सामने आप ही के देश की बात बता रहा हूँ। बुरा न मानें, आप लोगों ने अवश्य वे दृश्य देखे होंगे।

—नहीं, नहीं, हम दोनों ही बीजिंग से आए हैं, उधर नहीं गए। पर आप तो हम लोगों से बहुत ज्यादा जानते हैं।

बातें पेरिस के चीन दूतावास के सूचना और संस्कृति ऑफिस में बैठकर हो रही थीं। यहाँ आने का मूल कारण था वीजा। चीन का आम वीजा पाने में कोई खास कठिनाई नहीं होती। दायित्व लेकर टूर ऑपरेटर ही सारी व्यवस्था कर देते हैं। सब कुछ एक बँधी-बँधाई लीक के अन्तर्गत होता है।

—मेरी बात बिल्कुल अलहदा है। मुझे महीने भर के लिए तिब्बत के विभिन्न स्थानों में भ्रमण की अनुमति चाहिए। मैं सरकारी गाइड लेने को तैयार हूँ। किन्तु हम मात्र दो जन स्वाधीन रूप से तिब्बत घूमना चाहते हैं। वादा करते हैं कि आपके किसी नियम-कानून का उल्लंघन नहीं करेंगे, गाइड के कहे अनुसार चलेंगे। यह बात मैंने वीजा एप्लीकेशन फॉर्म के साथ संलग्न कर दी है। इतना कहकर मैं रुका। इस बीच ल्हासा ट्रेन की मेरी उच्च प्रशंसा से उन्हें लगा कि मैं चीन सरकार के पक्ष में हूँ। और मैं मन ही मन सोच रहा था राजा की निन्दा कर किसी को राजप्रासाद में प्रवेश की अनुमति नहीं मिलती।

प्रश्न : आप तिब्बत को पसन्द करते हैं, यह हमने सुना, पर पुराना तिब्बत अब नहीं है। उसमें बहुत परिवर्तन हो चुका है, आपको क्या लगता है?

उत्तर : परिवर्तन को तो मानना ही होगा किन्तु अतीत ही तो हमारा शिक्षक है। अतीत के महापुरुषों ने ही तो वर्तमान को सुन्दर बनाकर सजाकर रखा है। उनका दर्शन, उनकी ज्ञान-बुद्धि आज भी नमन के योग्य है। अब देखिए न, महात्मा कन्फ्यूसियस (चीन के महान दार्शनिक) की आज से दो हजार वर्ष (2000 ईसा पूर्व) पुरानी दार्शनिक विचारधारा दुनिया में आज भी मशहूर है और 1911 के कल्चरल रिवोल्यूशन ने उस उदार व्यक्ति के नज़रिए की दिशा बदल दी। चीन के आधुनिक समाज में उस पुरानी विचारधारा का कोई स्थान नहीं, परन्तु सबसे विस्मयकारी घटना यह है कि दार्शनिक कन्फ्यूसियस को हम भूले नहीं हैं। सिन-चू (Tsin-Chou) के कन्फ्यूसियस मन्दिर में पुरातन काल के महासमारोह की वह शोभायात्रा अब नहीं निकलती किन्तु ह्यू (Hue) का कन्फ्यूसियस टावर देखने आज भी लाखों लोग जाते हैं, उस स्मारक के माध्यम से वे अतीत के प्रति सम्मान प्रदर्शित करते हैं। ल्हासा में पोताला प्रासाद देखा है, जो आज जनसाधारण के लिए खुला है—अतीत का यह साक्षी आज म्यूज़ियम है। जोखांग की वह पुरानी पूजा-प्रार्थना आज भी बरकरार है। अतीत को साक्षी रखकर वर्तमान आगे बढ़ रहा है। वर्तमान अर्थनीतिक प्रगति की ओर अग्रसर है। मैंने पहले ही कहा है कि हमें

यह स्वीकार करना ही होगा कि अविश्वसनीय द्रुतगामी ट्रेन के साथ-साथ तिब्बत का समाज एक नए जगत की ओर अग्रसर है।

मैं एक परिव्राजक हूँ। मेरा प्रधान आकर्षण है तिब्बत का पहाड़ी सौन्दर्य, वहाँ के सरल लोग, वहाँ का अतिथि-सत्कार और विभिन्न मोनेस्ट्री (मठों-विहारों) का धर्म और दर्शन। समय, देश और देशवासियों के अन्तर में राजनीतिक परिवर्तन तो मानव-सभ्यता के क्रम-विकास का ही अंग है। वही तो स्वाभाविक गति और इतिहास की धारा है। मैं रुका क्योंकि मुझे लगा कि उन्हें मेरी बातें असंगत और दोहरावपूर्ण लग रही हैं, हालाँकि उन्होंने मुँह से कुछ नहीं कहा।

अब एक सज्जन ने टेबल पर रखी मेरी फाइल को उठाया और कुछ पन्ने उलट कर बोले—आप यदि किसी ट्रैवेल एजेंसी के माध्यम से जाएँ तो वीजा में कोई असुविधा नहीं है, किन्तु आपने तो अलहदा व्यक्तिगत वीजा की अर्जी दी है, जो सम्भव नहीं है।

मैंने उन सज्जन की हाँ में हाँ मिलाते हुए कहा—मैं जानता हूँ, किन्तु असुविधा यह है कि टूर ऑपरेटर या ट्रैवेल एजेंसियाँ निर्दिष्ट स्थान और समय के हिसाब से अपने गन्तव्य-स्थलों की यात्रा-सूची तैयार करती हैं और मेरे मामले में यही असुविधा है। मैंने अलग काग़ज़ में अपना उद्देश्य स्पष्ट किया है कि मैं ज्ञानगंज (Gyanganj) जाना चाहता हूँ। तिब्बत में सन् 1956 में एक योगी-पुरुष ने मुझे बचाया था, मैं उनके प्रति अपनी श्रद्धा व कृतज्ञता निवेदित करना चाहता हूँ। कृतज्ञता-ज्ञापन—यह तो मानव-धर्म और कर्तव्य है, यह ऋण चुकाने के समान है। पता नहीं, मैं आपको समझा भी पा रहा हूँ या नहीं। अफसोस है कि मैं आपका मूल्यवान समय ले रहा हूँ, फिर भी कारण ठीक से समझा नहीं पा रहा।

—समझाया तो आपने ठीक ही है। हमारी सरकारी असुविधा यह है कि तिब्बत में 'ज्ञानगंज' नाम का कोई शहर या अंचल नहीं है। हम आपको दो हफ्तों का समय देते हैं, इस बीच आप अपना गन्तव्य स्थल हमें ठीक-ठीक बताएँ, तब हम फाइल बीजिंग भेजेंगे। ठीक है?

—ठीक है, अशेष धन्यवाद। उम्मीद है, शीघ्र ही फिर मिलेंगे।

मैं पेरिस में चीन के दूतावास से निकल आया। अगले दिन तिब्बत टूर-ट्रैवेलिंग एजेंसी के दफ्तर में बैठकर मैंने ज्ञानगंज-अनुसन्धान शुरू किया। विगत कई वर्षों से भारत के विभिन्न योगियों से मैंने पूछा था, मेरी तरह उन्होंने भी यह नाम सुन रखा था। तिब्बत के साथ भारत की सीमा-समस्या के कारण लोगों का आना-जाना कम हो गया है। कैलासनाथ और मानसरोवर यात्रियों का आवागमन तो चालू हुआ है परन्तु समय और रास्ता सीमित है।

ज्ञानयोग की बात हम सभी जानते हैं परन्तु ज्ञानगंज घने रहस्य से लिपटा एक अदृश्य जगत है। 'गीयान' शब्द तिब्बत में बार-बार मिलता है। ज्ञानगंज शहर या

शहरतली जरूर कहीं न कहीं छिपा है। प्राचीन काल से ही भारत से योगी-पुरुष इस ज्ञानगंज में आते थे—यह एक तपस्या-क्षेत्र था।

ज्ञानगंज या गीयानगंज—मैंने तिब्बत के जानकार लोगों से ज्ञानगंज के बारे में पूछा, लेकिन वे नहीं जानते थे। उनका न जानना ही स्वाभाविक था क्योंकि तिब्बती होते हुए भी उनका जन्म तिब्बत के बाहर हुआ था। चीनी दूतावास ने बार-बार मुझे एक ही उत्तर दिया कि इस नाम का कोई शहर नहीं है। दूतावास के इन्फॉर्मेशन सेक्रेटरी ने इंटरनेट पर खोजा तो (Gyanganj) का सबसे निकटतम जो शब्द मिला, वह था—(गीयान्त्से)।

अचानक मन में एक बात उठी। GYAN (ग्यान) अर्थात् ज्ञान, संस्कृत भाषा का शब्द है। अब मैंने पूछा तिब्बती भाषा में त्सो (TSO) का अर्थ होता है झील, सरोवर या बद्ध जलाशय। जैसे मानसरोवर का तिब्बती नाम माफाम् युम त्सो (Mapham Yum Tso) और राक्षसताल सरोवर का तिब्बती नाम लाहनाक त्सो (Lahenac Tso), यमद्रोक त्सो (Yamdrok Tso) है। नदी को तिब्बती भाषा में कहते हैं त्सांग्। अब बताइए तो त्से (Tse) शब्द तो तिब्बती भाषा का है जो शिगात्से, गीयान्त्से में है, है न? इस त्से शब्द का अंग्रेज़ी अर्थ क्या है? मेरी बात सुनकर सभी चुप हो गए। उन्हें चुप देखकर मैंने अनुरोध किया—'अनुरोध कर रहा हूँ, मेरी मदद करें।' तब पता चला कि वहाँ तिब्बती भाषा को जाननेवाला कोई नहीं था। अचानक एक व्यक्ति आगे आया—'मुझे पाँच मिनट का समय दें, मैं डिक्शनरी देखकर बताता हूँ।' यह कहकर वह व्यक्ति पास के कमरे में इंटरनेट टेबल पर चला गया। कुछ क्षण तेज़ी से उँगलियों की करामात दिखाई और फिर रुककर पास के सज्जन को बुलाया और प्रिंट-आउट निकालकर बोला—'हाँ, मिल गया। 'त्से' का अर्थ है—शहर, विकासमान अंचल या प्रधान स्थान इत्यादि।

आनन्द से मैं उछल पड़ा। दूतावास के बाहर होता तो शायद 'यूरेका' कहकर मैं चीख पड़ता। बड़ी सावधानी से अपने भावावेश पर काबू पाते हुए मैंने कहा—'असंख्य धन्यवाद, असंख्य धन्यवाद!' फिर सिर झुकाकर आज्ञाकारी छात्र की तरह कहा—'वोओ याओ कू गीयान्त्से (Wo Yao Qu Gyantse) अर्थात् मैं गीयान्त्से जाना चाहता हूँ। गीयान्त्से यानी ज्ञानगंज।' —मेरी टूटी-फूटी चीनी भाषा सुनकर तो वे सभी अवाक्।

—आप क्या चीनी भाषा जानते हैं?

—नहीं, काम चलाने के लिए दो-चार शब्द जानता हूँ। आप लोगों ने मुझे एक नया शब्द सिखाया। ज्ञान हमारा भारतीय शब्द है, जिसका मूल संस्कृत है और अंग्रेजी में जिसे नॉलेज कहते हैं। 'त्से' तिब्बती शब्द है जिसका अर्थ है शहर। पहले भारत के साथ तिब्बत के प्रगाढ़ सम्बन्ध थे। भारत से धर्म और दर्शन तिब्बत में आया था। इसीलिए गीयान हुआ ज्ञान और त्से हुआ गंज। संस्कृत और तिब्बती भाषा का अपूर्व सम्मिश्रण। अब मुझे अपना गन्तव्य-स्थल गीयान्त्से मिल गया है।

चीन के दूतावास में बैठकर उन्हीं की प्रचेष्टा से मुझे ज्ञानगंज का ठिकाना मिल गया। बहुतेरी साधना और तपस्या के फलस्वरूप साधकगण ज्ञानगंज जा पाते हैं, जो हिमालय के गहनतम जंगलों में छिपा एक रहस्यांचल है। आश्वासन मिला कि वीजा मिल जाएगा।

एक नये आविष्कार के आनन्द ने मुझे हल्का कर दिया। ज्ञानगंज शब्द से ही मानो मन परिपूर्ण हो उठा। अब देखा जाए वहाँ कौन-सा रहस्य छिपा है।

गीयान्त्से ही साधुओं और योगियों का हिमालय की गहराइयों में छिपा ज्ञानगंज है। भौगोलिक स्थिति का तो पता चला, अब मुझे जाँच कर देखना था कि वहाँ पर कहाँ क्या है!

तिब्बत में, खासकर ज्ञानगंज जाने की सुयोग-सुविधा क्या है, यह जानकारी मुझे मिल गई, या यों कहा जाए कि मुझे दे दी गई।

पेरिस के चीन दूतावास, 9-एवेन्यू, विक्टर क्रेसों (9-Avenue, Victor Cresson, 921130 issy, paris) में मैंने अपना वीजा-आवेदन जमा किया, जो बीजिंग भेजा गया। वीजा यदि केवल चीन का होता तो सुविधा होती और शीघ्र मिलने की सम्भावना होती, परन्तु चूँकि यह वीजा तिब्बत के लिए था और अर्जी राजधानी बीजिंग भेजी गई थी, इसलिए बीस-पच्चीस दिन का समय तो लगना ही था, महीना भर या उससे ज्यादा भी लग सकता था। पिछले कुछेक वर्षों से पेरिस और भारत के बीच आवागमन कर रहा हूँ। दिल्ली से ज्ञानगंज अर्थात् गीयान्त्से का वीजा माँगता तो वे कैलासनाथ और मानसरोवर के यात्रियों की सूची में डाल देते जिससे और कठिनाई होती। सरकारी दफ्तर के झमेले से बचने के लिए काठमांडू, पेरिस, हांगकांग, या ब्रसेल्स जाना ही ठीक है।

पीपल्स रिपब्लिक ऑफ चायना पर्यटकों के लिए तीस दिन का वीजा देती है। तिब्बत चूँकि चीन के अधीन है इसलिए चीन के वीजा से ल्हासा जाया जा सकता है किन्तु अर्जी जमा करते वक्त इस बात का उल्लेख करना आवश्यक है।

तिब्बत चीन का संरक्षित, सीमाबद्ध स्वशासित अंचल (Restricted Autonomous Region) है। चीन की किसी भी सीमा से तिब्बत में प्रवेश के लिए विशेष अनुमति-पत्र आवश्यक है। तिब्बत टूरिज़्म ब्यूरो (Tibet Tourism Bureau) यह अनुमति-पत्र देता है। कहा जा सकता है कि तिब्बत में घूमने-फिरने के लिए यह एक प्रकार का आन्तरिक या आभ्यन्तरीन वीजा है, जिसे अंग्रेजी में TTB Permit कहते हैं। यह वीजा नहीं है तो आप तिब्बत में प्रवेश नहीं पा सकते। इसके पश्चात् है मिलिटरी परमिट, प्राचीन तीर्थस्थान या मोनेस्ट्री देखने के लिए इस अनुमति-पत्र से सुविधा होती है। पश्चिमी तिब्बत, खासकर अंगारी (Angari) प्रदेश के लिए तो यह अनुमति-पत्र अत्यन्त आवश्यक है। इसके बाद है पब्लिक सिक्योरिटी ब्यूरो, जो बहुत कम समय के लिए PSB Permit जारी करता है। मोनेस्ट्री, चोरतेन इत्यादि धार्मिक और ऐतिहासिक स्थानों को देखने के लिए म्यूज़ियम की टिकट को भी कई

बार ये लोग परमिट कहते हैं। मैंने तीन दिनों के बाद गन्तव्य स्थल की विस्तारित योजना पेश की। सरकारी दफ्तर के बात-व्यवहार से लगा कि काग़ज़ात सारे ठीक-ठाक हैं। ट्रैवेल एजेंसी 'एशिया टूर' थी। वह पेरिस और जेनेवा से चीन के लिए यात्री ले जाने में अभ्यस्त थी। तय हुआ कि वह मुझे किसी एक ग्रुप के साथ बीजिंग होते हुए ल्हासा तक पहुँचा देंगे। उसके पश्चात् ल्हासा का चायना ट्रैवेल गाइड मुझे तिब्बत की राह दिखाएगा। तिब्बत में कहाँ कितने दिन किस होटल में रहूँगा, यह सब विस्तारित रूप से बीजिंग में ही तय होगा—पीपल्स रिपब्लिक ऑफ चायना ने जानना चाहा कि ल्हासा में हवाई जहाज से उतरते ही जो चरपहिया मोटरगाड़ी और गाइड होंगे—उनके नाम क्या हैं।

पेरिस में काउंसिल ट्रैवेल, 1 नं. प्लास द लाडेयन ने भी मेरी अत्यधिक मदद की।

तिब्बत-वीजा

तिब्बत के वीजा के बारे में इतने विस्तार में बताने का कारण यह है कि मेरे जैसे और घुमक्कड़, जिन्हें ज्ञानगंज की तलाश है, इस विस्तारित विवरण से परिचित रहेंगे तो उन्हें सुविधा रहेगी। इस प्रसंग में यह बता देना उचित है कि मा. दलाई लामा का धर्मशाला स्थित सूचना केन्द्र एवं स्वाधीन तिब्बत-संग्राम संस्था ज्ञानगंज जाने के मामले में किसी प्रकार की मदद नहीं कर सकती। प्राय: देखा यह गया है कि जैसे ज्ञानगंज का नाम उन्होंने पहली बार मेरे मुँह से सुना हो।

शुभ घड़ी आई। पाँच सप्ताह के पश्चात् वीजा मिला। वीजा अधिकारी ने मुस्कुराकर सूचना दी—आप ख़ुशनसीब हैं। वेलकम टु चायना।

—सब आप लोगों के सहयोग और मदद से सम्भव हुआ। असंख्य धन्यवाद!

शुभस्य शीघ्रम्!

स्विट्ज़रलैंड के ज्यूरिख क्लोटेन एयरपोर्ट से बीजिंग के लिए रवाना हुआ। हाइनान एयरलाइंस (Hainan Airlines of China) की सुन्दरी एयरहोस्टेस ने हमारे सामने आकर चीन की मेहमानवाज़ी के प्रति आश्वस्त करते हुए शुभयात्रा की घोषणा की।

बीजिंग

प्लेन उड़ने के साथ-साथ मैंने कैलासबाबा को स्मरण कर प्रणाम किया—'मुझे ज्ञात है कि तुम हो, पर कहाँ, यह तो तुम ही जानो। तुमने ही मुझे जगत की राहों पर भ्रमण कराया है, तुम ही मेरी राहों के आनन्ददायक हो—तुम्हारे ही दर्शनों को जा रहा हूँ प्रभु! दर्शन दो। ले चलो मुझे। सुदीर्घ पचास वर्ष के अन्तराल के बाद तुम्हारे किस रूप के दर्शन होंगे, यह तो तुम्हें ही पता है। मेरे लिए तो तुम जैसे थे, वैसे ही हो...'

बीजिंग शब्द अच्छा है किन्तु मन में तो वही पुराना नाम अंकित है—पेकिंग। इससे पहले भी आया हूँ यहाँ, पर हर बार लगता है जैसे पहली बार हो। मेरे लिए बीजिंग की सुविधा यह है कि यहाँ के प्रासादों का इतिहास जाने बिना भी आप खड़े-खड़े पगोडाओं का सौन्दर्य देखते रहिए, जी ख़ुश हो जाएगा। ख़ुशक़िस्मती है कि परिवर्तन के नाम पर इस सौन्दर्य को ध्वस्त नहीं किया गया, सहेजकर रखा गया है। बीजिंग तुम्हें धन्यवाद!

पेकिंग पृथ्वी का एक आश्चर्यजनक शहर है। जिन्होंने पेरिस, लन्दन, न्यूयॉर्क देखा है, उनके लिए पेकिंग सम्पूर्ण रूप से अलहदा एक स्वप्नमय जगत है, ऐतिहासिक तो है ही। पेकिंग का निषिद्ध शहर, तियानान प्लेस, गगन मन्दिर, ग्रीष्मकालीन राजप्रासाद और पेकिंग से थोड़ी दूरी पर स्थित चीन की दीवार, जो चाँद से भी नज़र आती है—का तो कहना ही क्या! चीन का बाजार और मुखरोचक रोस्टेड डक के रेस्तराँ पर्यटकों की जिह्वा पर चीन के सुस्वादु व्यंजनों और उनकी सुगन्ध का जादू चलाते हैं। जादूघर है, राजप्रासाद और नृत्य-संगीत के लिए आकर्षणीय थिएटर हैं, नाइट क्लब हैं। उन सब आकर्षणीय विषयों के बारे में लिखकर मैं कहानी को लम्बा नहीं खींचना चाहता। अत्यन्त सावधानी और सम्मान के साथ उनके बारे में लिखने की इच्छा से बचते हुए चार दिन पश्चात् मैंने ल्हासा के लिए प्लेन पकड़ा। मेरा उद्‌देश्य ज्ञानगंज मुझे बुला रहा था।

बीजिंग से ल्हासा की दूरी एक हजार दो सौ पचास किलोमीटर है और प्लेन से वहाँ जाने में समय एक घंटा पचास मिनट लगता है। सीट तो खिड़की के बगल में ही मिली थी किन्तु बाहर के दृश्य में बार-बार उभर आता था कैलासबाबा का रहस्यमय चेहरा।

कान में पड़ी प्लेन के कैप्टन की घोषणा, पहले चीनी भाषा में फिर अंग्रेजी में—'कुछ ही देर में हम तिब्बत के गोंकार एयरपोर्ट पर उतरने वाले हैं। यात्रियों को सावधान किया जाता है कि यह हाई एल्टीट्यूड एयरपोर्ट है, यहाँ जल्दबाज़ी में न उतरें, श्वास-कष्ट हो सकता है। आपकी ल्हासा यात्रा सफल हो। हाइनान एयरलाइंस की ओर से आपको असंख्य धन्यवाद...'

प्लेन यथासमय ही पहुँचा। चूँकि हम बीजिंग से आ रहे थे, इसलिए कोई खास असुविधा नहीं हुई, हाँ वीजा-परमिट के पृष्ठों को बार-बार पलटकर देखा गया कि सब कुछ ठीक-ठाक तो है।

ल्हासा

ल्हासा के एयरपोर्ट का नाम है गोंकार। बहुत अच्छा लगा यह नाम। तिब्बती लोग जब दबे से स्वर में 'गोंकार' कहते हैं तो लगता है जैसे 'ओंकार' सुना हो—सुन्दर नाम है। छोटा-सा सजा-सजाया एयरपोर्ट। गेट से निकलने के पूर्व ही एक सज्जन

मुस्कुराते हुए आगे आए—'स्वागतम् मि. दे। मेरा नाम है सोनम। हमारी चरपहिया मोटरकार बाहर ही खड़ी है। लैंडरोवर पहाड़ी अंचल के लिए उपयुक्त है, यहाँ के लिए टोयोटा फोर फोर ठीक है।'

बैगेज के नाम पर मेरी पीठ पर एक रॉकसैक भर था। गाड़ी में सवार होने ही जा रहा था कि एक बार फिर मेरे काग़ज़ात की जाँच हुई, जो कि सोनम के ही हाथों में थे। छुटकारा जल्द ही मिल गया। गाड़ी में बैठते ही सोनम ने हँसते हुए कहा—उस बार की बात याद है?

—हाँ, याद है। कैसे हो, ठीक तो हो?

—जी, ठीक हूँ। जानते हैं सर, मैंने शादी कर ली।

—वाह! बहुत बढ़िया ख़बर है।

—एक बेटा भी है सर, तीन साल का। आप देखेंगे, वो कितना शैतान है।

—बहुत अच्छे! एक के बाद एक तुमने दो शुभ समाचार दिए। यात्रा शुभ हो गई।

—जी। इस बार आपका होटल बहुत अच्छी जगह है। ठीक जोखांग मन्दिर के पास ही हमारे ऑफिस के सामने। होटल का नाम याद रखिएगा—

—ठीक है, बताओ क्या नाम है?

—स्वीट बिंगुयान—

नाम सुनते ही मैं चौंका—यह क्या, मैंने तो इस होटल के लिए नहीं कहा था।

—जी सर, आपकी पसन्द के अनुसार इसे एजेंसी ने रिज़र्व किया है।

—नो सोनम, मैंने तो स्नोलैंड होटल के लिए कहा था। यह देखो, मेरे पास कन्फर्मेशन लेटर भी है।

मेरी बात सुन सोनम चुप हो गया पर फिर उसने अपनी ही बात दोहराई—वह देखिए पोताला प्रासाद—हाँ सर, स्वीट बिंगुयान अच्छा होटल है बिल्कुल जोखांग मन्दिर के पास, आपको बहुत अच्छा लगेगा। खूब सावधान रहिएगा सर, दूतावास के काग़ज़ात में जरा-सी भी भूल हुई तो आपको भी परेशानी और हमारी भी बदनामी। होटल, गाड़ी, गाइड सब आपके हैं। सर, आपने देखा न, एयरपोर्ट पर सिक्योरिटी ने काग़ज़ात को जाँच-परख कर देखा कि सब ठीक-ठाक तो है। मेरे सर ने कहा है कि आप बड़े भले हैं और मैं आपकी ठीक से देखभाल करूँ। कोई असुविधा होगी तो हम हैं।

मैं समझ गया कि सोनम को कुछ कहने से कोई लाभ नहीं, उसके सर से ही बात करनी होगी। हम प्रायः समतल भूमि पर चल रहे थे। दूर हिमालय नज़र आ रहा था और उधर ही भारतभूमि थी। ठंड अधिक नहीं थी, आसमान साफ था। एक सुरंग और पुल से गुजरकर हमने शहर में प्रवेश किया। हमें डेढ़ घंटा समय लगा। गाड़ी ने शहर में प्रवेश किया। जितनी बार आता हूँ उतनी बार ही परिवर्तन देखता

हूँ। परिवर्तन की इस हवा में तेजी से पुराना तिब्बत कहीं खोता जा रहा है। सोनम ने ठीक ही कहा था, होटल पुराने ल्हासा शहर में तो है ही बिल्कुल तिब्बत के मूल तीर्थ जोखांग मन्दिर के ठीक पास है।

—ये देखिए, है न अच्छी जगह? होटल पुराना तिब्बती होटल है। भीतर काठ की सुन्दर कारीगरी देखिएगा।

मैंने होटल की ओर देखा। ऊपर साइन बोर्ड पर अंग्रेजी में लिखा था—स्नोलैंड होटल (Snowland Hotel)। अद्भुत! इसी होटल के लिए तो मैंने कहा था। मैंने सोनम को आवाज़ देकर बुलाया।

—अरे, यही तो हमारा होटल है, और तुमने कहा था स्वीट बिंगुयान।

—जी हाँ सर, स्वीट बिंगुयान। वो देखिए, अंग्रेज़ी के नीचे चीनी भाषा में लिखा है—'स्वीट बिंगुयान'। सर, मैंने आपसे कहा तो था कि सब कुछ ठीक है।

—सर, हम ठहरे एक ट्रैवेल एजेंसी। टैक्सी, रास्तों के नाम, दफ्तरों के नाम इत्यादि सब चीनी भाषा में ही बोलते हैं। तिब्बती भाषा तो है ही परन्तु चीनी भाषा पहले है।

—ठीक है। समझ गया।

हम होटल पहुँच गए। मैं अच्छी तरह समझ गया था कि अब नए सिरे से चीनी भाषा समझनी होगी। तकदीर अच्छी थी कि सोनम मेरा गाइड था और वह अंग्रेजी जानता था।

रिसेप्शनिस्ट सज्जन ने मुस्कुराकर स्वागत किया फिर अच्छी तरह मेरे सारे काग़ज़ात देखे और कमरा दे दिया। दोमंजिला होटल की दीवार पत्थर की, फर्श काठ का और ऊपर छत ढलाई की लगी। पुरानी इमारत थी जिसे नए ढंग से सजाया गया था। कमरा भी सजा-सजाया, बाथरूम-टॉयलेट संलग्न थे। पोज़ीशन के लिहाज से मेरे लिए काफी अच्छा था। हम दिन के लगभग दो बजे होटल पहुँचे। आज अब कहीं निकलूँगा नहीं। ऊँचाई और आबोहवा के साथ कुछ तालमेल बैठाना भी तो आवश्यक था। उसके लिए थोड़े समय की दरकार थी। एयरपोर्ट का टैक्सी का किराया होटल ने ही चुका दिया, मैंने तो केवल बख्शीश दी।

सोनम ने लगभग मिन्नत के स्वर में कहा—सर चॉय-कॉफी के लिए क्या 'ल्हासा चुफांग' चलेंगे। अंग्रेजी में उसे 'ल्हासा किचेन' कहते हैं, बिल्कुल पास ही है, और बहुत अच्छा भी है। वैसे तो यहाँ सब कुछ मिलेगा, पर वहाँ का स्तर अलग है।

—ठीक है चलो, ड्राइवर को भी बुला लो, एक साथ कॉफी पी जाएगी।

हम निकल पड़े। सोचा था कि नहीं निकलूँगा, किन्तु कॉफी-शॉप देखने के लिए निकलना पड़ा। जोखांग मन्दिर के पास ही थी कॉफी-शॉप। खूब जमावड़ा था। प्रवेश करते ही तिब्बती और चीनी सजावट ने अवाक् कर दिया। सुन्दर परिवेश। मुस्कुराता हुआ एक व्यक्ति आगे आया—सोनम के साथ तिब्बती भाषा में बात हुई,

हमें बैठाकर हाथों में मेनू थमा दिया। मेनू अंग्रेजी और चीनी भाषा में था जिसमें कुछ भारतीय व्यंजन भी थे। हमने कॉफी और पकौड़ों का ऑर्डर दिया।

खिड़की से बाहर देखा तो मुझे पुराना जोखांग अंचल नज़र आया। फिर हम जोखांग मन्दिर के सामने के विशाल बारखर परिसर पहुँचे जो खासा विशाल क्षेत्र था। मैंने पूछा—यही तो है बारखर स्क्वायर, है न?

—हाँ सर, चीनी भाषा में इसको कहते हैं—बाजियाओ गुआंगचाओ (Bajiao Guangchao)।

मैंने प्रश्न किया—सड़क के उस पार पहले कई दुकानें और रेस्तराँ थे, अब खुली जगह कैसे?

उत्तर मिला—यहाँ बेशुमार यात्री-पर्यटक आते हैं, इसीलिए सब साफ कर सरकार ने राष्ट्रीय और धार्मिक उत्सवों के लिए स्क्वायर बनवा दिया। इस विशाल जगह की जरूरत थी। सर, ल्हासा अब और भी बड़ी जगह हो गया है। प्रतिदिन ट्रेन से हजारों-हजार लोग यहाँ आते हैं।

इतने में कॉफी आ गई, साथ में आलू के पकौड़े भी थे। लानेवाला लड़का कुछ शर्मीला था। उसने लजाते हुए पूछा—क्या आप भारतीय हैं?

—ठीक पहचाना, पर रहता यूरोप में हूँ। और तुम?

—मेरे पिता नेपाली हैं और माँ तिब्बती हैं—बातें अंग्रेजी में शुरू हुईं।

—बहुत अच्छा! मैं कुछ दिन यहाँ ठहरूँगा। यह जगह मुझे बहुत अच्छी लगी। मैं फिर आऊँगा, तब जमकर बातें होंगी। आज मैं अभी ही ल्हासा पहुँचा हूँ। थोड़ा विश्राम करने जाना होगा।

प्राय: आधे-पौन घंटे बाद बिल चुकाकर हम उठे।

सोनम से बात हुई कि सुबह 10 बजे उसके ऑफिस जाऊँगा फिर उसके 'सर' के साथ बैठकर प्रोग्राम तय किया जाएगा।

अगले दिन सुबह निकल पड़ा। मूल मन्दिर में प्रणाम करने के पश्चात् अपना काम शुरू करूँगा। होटल से जोखांग का द्वार नज़दीक ही है, पाँच मिनट से भी कम समय लगता है। जोखांग में प्रवेश करते ही धूपबत्ती की सुगन्ध मुझे अत्यधिक आकर्षित करती है। गेट के दोनों ओर कतारों में धूपदानियाँ सजी हैं पुण्यार्थी धूपबत्तियों को जलाकर रेतीली मिट्टी में खोंस रहे हैं। तिब्बत की धूपबत्तियों की विशिष्टता यह है कि ये सब सूखी घास से बनती हैं, विभिन्न प्रकार की घास की विभिन्न प्रकार की सुगन्ध। बंडलों के बंडल हर क्षण जलाए जाते हैं। यात्री भी तो हर क्षण आते रहते हैं। यह धूपदानी चौबीसों घंटे खुली रहती है। बाद वाले परिसर में विशाल लम्बा दीपस्थान है। यहाँ सभी घी के दीये जलाकर मनोकामना पूर्ति के लिए प्रार्थना करते हैं। उसके बाद ही 'नाट्य-मन्दिर'। इस नाट्य-मन्दिर में ही विशाल भीड़ होती है। बेशुमार यात्री यहाँ बैठकर माला जपते हैं। कई खड़े होकर

मंत्रपाठ करते हैं और कई हैं जो दंडवत् करते हैं, जिसे स्वस्थान दंडवत् कहते हैं अर्थात् अग्रसर हुए बिना एक ही आसन पर बैठकर पहले भूमि पर मस्तक रखकर प्रणाम, फिर घुटने मोड़कर और फिर खड़े होकर। अग्रसर दंडवत् और स्वस्थान दंडवत् में कोई विशेष अन्तर नहीं है, अन्तर सिर्फ इतना है कि एक चलमान है तो दूसरा स्थिर। मन्दिर की प्रदक्षिणा चलमान दंडवत् से ही होती है।

जोखांग मन्दिर की धारा और परम्परा को इस विशाल नाट्य-मन्दिर ने आत्मसात् कर रखा है। यहाँ बैठते ही ऐसा लगता है कि मैं तिब्बत के मूल तीर्थक्षेत्र में बैठा हूँ। आबोहवा और परिवेश में कोई अन्तर नहीं है। तिब्बत का मुख्य प्राणक्षेत्र है यह जोखांग। विशेष उत्सवों और पूजा के समय माननीय दलाई लामागण इसी परिसर में बैठते थे। वह सिंहासन अभी भी है, पर अब उस पर कोई बैठता नहीं। पोताला राजप्रासाद की तरह वह आसन भी शून्य है। इसके बाद ही है आंतरिक मन्दिर, जो केवल पुजारी, उच्च श्रेणी के लामा तथा विशिष्ट व्यक्तियों के लिए सुरक्षित है। थोड़ा अनुरोध कर या धरना देकर या तकदीर हो तो साधारण भक्त भी मन्दिर में प्रवेश पा सकता है। ऐसे लोगों को प्रभावशाली या विशेष भक्त कहते हैं और यह पुजारियों की सदिच्छा पर निर्भर करता है।

आंतरिक मन्दिर में प्रवेश करते ही ऐसा लगेगा मानो किसी जादूघर में आ गए हों। गुरु रिम्पोचे की विराट मूर्ति सहज ही दृष्टि आकर्षित करती है। मन्दिर के प्रतिष्ठाता राजा स्रोंग्त्सेन गाम्पो के साथ हैं उनकी दो रानियाँ—नेपाली रानी भृकुटी और चीनी रानी वेंग चेंग। उनके छोटे मन्दिर में ग्रामवासी अपनी फसल का एक अंश और चीनी मिट्टी के पात्र में बियर उनके चरणों के पास रखकर प्रार्थना करते हैं। घूम-घूमकर हर मूर्ति के बारे में लिखना सम्भव नहीं, उसके लिए एक जानकार गाइड आवश्यक है। इस आंतरिक मन्दिर में मेरी आराध्य देवी हैं माँ तारा, जिन्हें तिब्बती लोग द्रोल्मा (DROLMA) कहते हैं। इन माँ तारा के साथ हमारी दस महाविद्याओं वाली 'माँ तारा' का यहाँ कोई मेल नहीं मिलेगा। तिब्बती द्रोल्मा की सृष्टि हुई है अमिताभ बुद्ध के अश्रुजल से। अमिताभ बुद्ध को तिब्बती भाषा में ओपाग्मे (OPAGME) कहते हैं। कहते हैं, तिब्बत के महामान्य पंचेन लामा ओपाग्मे की ही सृष्टि हैं। कई लोगों का कहना है कि वह अमिताभ बुद्ध के ही पुनर्जन्म हैं; जैसे महामान्य दलाई लामा को अवलोकितेश्वर का पुनर्जन्म कहा जाता है। माँ तारा जोखांग मन्दिर में अपने अन्य रूप में नज़र आती हैं। वे इस मन्दिर का अनन्त आलोक हैं। मेरी दृष्टि में तो माँ तारा ही इच्छामयी तारा हैं। तिब्बत में माँ तारा मुक्तिदायिनी एवं सर्वपापहारिणी दोनों रूप में भक्तों की भक्ति और प्रेमभाव ग्रहण करती हैं। मेरे लिए तो माँ तारा ही जोखांग मन्दिर की मूल देवी हैं, हालाँकि लोगों की राय में शाक्यमुनि हैं।

देवी-देवताओं की मूर्ति और मन्दिर को दाहिने रखते हुए पहली मंजिल की सीढ़ी चढ़ना होता है। फिर नीचे की ही तरह ऊपरी तल भी छोटे-छोटे मन्दिरों और

मूर्तियों से भरा है। शाक्यमुनि, आठ महावैद्य और उनके बाद अतीश की मूर्ति है, स्थानीय भाषा में जिनका नाम है जयओ-जे, हयग्रीवा ताम्रिन, राजा स्रोंग्त्सेन गाम्पो (King Srongtsen Gampo), उनकी दो पत्नियाँ। यहाँ आश्चर्य का विषय यह है कि यहाँ भगवान बुद्ध की दो बहुत छोटी-छोटी मूर्तियाँ बनी हुई हैं। भगवान स्वयं तो निमित्त मात्र हो गए हैं, और उनका शिष्यवर्ग ही प्रधान है। घर की एक छत पर सुनहरे रंग का एक खूबसूरत धर्म-चक्र है जिसकी आठ शलाकाएँ हैं और सुनहरे रंग का एक विराट प्रार्थना-चक्र है, जो हर तीर्थयात्री को आकर्षित करता है।

बड़ा आश्चर्य हुआ जब देखा कि छत के एक हिस्से में चाय की दुकान है। कुछ लोग खड़े-खड़े दोनों हाथों में गिलास थामे हाथ गरम कर रहे हैं। मेरी ओर देखकर सिर झुकाकर उन्होंने सुप्रभात कहकर अभिवादन किया, मैंने भी प्रत्युत्तर दिया—फिर पास जाकर कहा—'एक चाय।' केतली में मक्खन चाय तैयार ही थी, पर लगा कि न माँगता, तो भी देते। दो चुस्कियाँ लेते ही दूर से एक व्यक्ति ने पास आकर पूछा—इंगलिश, इंगलिश, टूरिस्ट?

उत्तर में स्वीकार करते हुए मैंने कहा—हाँ, मैं टूरिस्ट हूँ। सज्जन को देखकर लगा कि उन्हें गाइड के लिए टूरिस्ट की तलाश है। मैंने उनके लिए भी एक गिलास चाय का ऑर्डर दिया, जो उन्होंने सहर्ष ग्रहण किया। कीमत अदा कर मैंने उन्हें टालना चाहा, परन्तु किसी भी प्रकार टाल न पाया। चेहरे से लगा चीनी हैं। बहरहाल, मैंने कहा—'मुझे टिबेट ट्रैवेल ब्यूरो में जाना होगा, मेरा गाइड है सोनम।' लगता है, मेरी बात उसे समझ में आ गई, उसने उत्तर में कहा—'गुड, गुड।' उसकी उम्र पच्चीस से तीस के बीच होगी। चीनियों की उम्र का अनुमान लगाना कठिन है। होटल के विपरीत दिशा की ओर के एक दफ्तर में एक सज्जन मुझे ले आए। बाहर एक पुलिसवाला खड़ा था, दरबान भी हो सकता था। टेबल के दूसरी ओर बैठे सज्जन ने मुझे देखते ही प्रश्न किया—

—पासपोर्ट है?

—अवश्य। मैंने पासपोर्ट उनके हाथ में दिया। लगा जैसे कुछ सीरियस हो। मैंने उन सज्जन से पूछा—यह एक टिबेट ट्रैवेल ब्यूरो है?

—नहीं, आप आए हैं टिबेट ट्रैवेल ब्यूरो में। दरअसल यह विदेशियों का रजिस्ट्रेशन ऑफिस है। मैं तो सुनते ही अवाक् रह गया।

—लगता है, मुझसे भूल हुई है। 10 बजे मेरे साथ सोनम नाम के एक गाइड का एपॉइंटमेंट है, वही मुझे एयरपोर्ट से लेकर आया था, मैं उस सामने वाले स्नोलैंड होटल में ठहरा हूँ। लगभग 10 बजने को हैं, सोनम आता ही होगा। मेरी बात का असर हुआ, सज्जन ने मेरा पासपोर्ट लौटा दिया और मेरे परिचित व्यक्ति से चीनी भाषा में कुछ कहा, जिसे सुनते ही मुझे सामने के टूल पर बैठने को कह वह फौरन निकल गया। मैं मन ही मन सोच रहा था कि सोनम ने तो यह ऑफिस दिखाकर

मुझे आने के लिए कहा था। हो सकता है कि सामने वाला व्यक्ति ही उसका 'सर' हो। पाँच मिनट के भीतर ही सोनम ने उस व्यक्ति के साथ हँसते हुए प्रवेश किया। मुझे देखते ही 'गुड मॉर्निंग' कह वह उस अफसर के साथ चीनी भाषा में बात करने लगा। ख़ुशक़िस्मती से कोई झमेला नहीं हुआ और सोनम ने मुझे निजात दिलाई।

बाहर आकर सोनम ने कहा—'हमारा दफ्तर तो बगल वाले मकान में है। वह देखिए, लिखा हुआ है टिबेट ट्रैवेल सर्विस ब्यूरो।' मेरी सारी बातें सुनने के पश्चात् सोनम ने कहा—'जो व्यक्ति आपको जोखांग से लेकर आया था, वह पुलिस का आदमी था। टिकट-घर खुलने के पहले ही आप बिना टिकट के अन्दर घुस गए थे, इसीलिए आपको पकड़ लिया। दोष आपका नहीं है। प्रवेश करने के लिए विदेशियों को गाइड के साथ ही प्रवेश करना होता है—यही नियम है।'

—मुझे पता नहीं था कि जोखांग मन्दिर में प्रवेश के लिए टिकट कटानी पड़ती है।

ट्रैवेल सर्विस के कमरे में घुसते ही एक सज्जन, जो चेहरे-मोहरे से तिब्बती लग रहे थे, ने मुस्कुराकर मेरा अभिवादन किया। तब मैं समझा कि यही सज्जन प्रभारी अधिकारी और सोनम के 'सर' हैं। उन्हें देखकर ही अच्छा लगा। कुछ क्षमा माँगने के से स्वर में उन्होंने कहा—बुरा न मानिएगा। हम सरकारी नियम-कानून मानने को बाध्य हैं।

—नहीं, बुरा मानने की कोई बात नहीं। पृथ्वी के सभी देशों में एक ही नियम है।

उन्होंने किसी को पुकारा। बगल के कमरे से एक लड़का आया।

—आप क्या लेंगे, चाय या कॉफी?

—कॉफी, सम्भव हो तो बिना दूध की।

—हाँ, हम विदेशियों को लेकर अभ्यस्त हैं, वे लाल चाय और ब्लैक कॉफी पसन्द करते हैं। लड़का ऑर्डर लेकर चला गया।

हम तीन व्यक्ति—सर, सोनम और मैं टेबल पर तिब्बत का मानचित्र लेकर बैठे। मैंने जो काग़ज़ात भेजे थे, उन सबको लेकर वह बोले—

—ये देखिए, आपके सारे प्रिंटआउट हमारे हाथों में पहुँच गए हैं। हम आपकी भ्रमण-सूची बहुत सुन्दर रूप से तैयार कर देंगे, कोई असुविधा नहीं होगी क्योंकि तिब्बत के सब तरह के परमिट आपके पास हैं। इस विषय में विस्तारित चर्चा से पहले मैं आपसे विशेष अनुरोध कर रहा हूँ कि कुछ आवश्यक शर्तें हैं, जिनका आपको हर समय ध्यान रखना होगा—नम्बर एक, आपको हर समय गाइड के साथ रहना होगा; नम्बर दो, अपनी गाड़ी या लैंड क्रूजर (4WD) के अतिरिक्त अन्य कोई गाड़ी नहीं लेंगे, एक ही ड्राइवर एक ही गाड़ी; नम्बर तीन, शर्त जिसका विशेष ध्यान रखना होगा, वह यह कि आप अभी चीन में हैं और तिब्बत चीन का ही हिस्सा है।

चीन के अधिकारियों के साथ आप हर प्रकार का सहयोग करने को बाध्य हैं। आप राजी हैं?

—अवश्य।

—तो इस फॉर्म के नीचे हस्ताक्षर कर दें।

मैंने पढ़ा, अंग्रेजी और चीनी भाषा में लिखी तीनों शर्तें मानने को राजी हूँ इसलिए हस्ताक्षर कर दिए।

कॉफी आ गई। तिब्बत का मानचित्र टेबल पर रखकर हम तीनों ने चर्चा शुरू की।

मैंने एक बार फिर नए सिरे से अपने भ्रमण का उद्‌देश्य समझाते हुए कहा—

—इस बार मेरे तिब्बत आने का उद्‌देश्य है—

प्रायः पचास वर्ष पूर्व मैं तीर्थयात्रियों के एक दल के साथ तिब्बत आया था। उस दल में मैं था एक नया संन्यासी या त्राबा। गुरुजी रिम्पोचे मुझे लेकर आए थे। उनके साथ मैं ल्हासा जोखांग मन्दिर तक गया। उसके बाद मैं उस दल को छोड़कर कींचू नदी पकड़कर चला गया ब्रहापुत्र (सांग्पो) की ओर। रास्ते और भाषा कुछ भी नहीं जानता था। एक भयंकर रात में मैं खो गया था, ठंड और भोजन के अभाव में मृतप्राय हो गया था। ठीक उसी समय अर्थात् जब मेरे सामने मौत खड़ी थी तब एक योगी-पुरुष मेरे सामने आए और रास्ता दिखलाते-दिखलाते मुझे गाँव के रास्ते पर पहुँचा दिया। मुझे उन्होंने ही बचाया था। उसके पश्चात् उनके दर्शन मुझे मानसरोवर के उत्तर में लाम्बोना गुफा में हुए। उस समय वह दिगम्बर जटाधारी एक सुन्दर पुरुष थे। खो जाने के क्षण में उन्होंने मेरी रक्षा की थी और लाम्बोना गुफा में अपने साथ मुझे रखा था। उस समय मेरी उम्र सोलह वर्ष थी, तब से आज तक अक्सर वे दर्शन देते हैं। मेरा दृढ़ विश्वास है कि वे आज भी हैं, किन्तु कहाँ? मैं एक बार और उनके दर्शन करना चाहता हूँ, उन्हें प्रणाम करना चाहता हूँ। अपनी मृत्यु से पूर्व उस योगी-पुरुष को कृतज्ञता ज्ञापित कर श्रद्धा-सुमन अर्पित करना चाहता हूँ। यदि ऐसा न भी हो पाया तो अफसोस नहीं रहेगा। मैंने उन्हें पाने का प्रयास तो किया, यही मेरी सान्त्वना होगी। परिचय तो बहुत दूर की बात है, मैं तो उनका नाम तक नहीं जानता। वर्षों पूर्व देखे किसी स्वप्न की तरह उनका चेहरा मन में अंकित है। वे किसी भी रूप में हों, मैं उन्हें पहचान ही लूँगा। आप लोगों का सहयोग चाहिए।

—ठीक है, आपके मनोभाव मैं समझ रहा हूँ। आपने तो बहुत खोज-खबर ली है। आप मुझे केवल यह बताएँ कि आपका रास्ता क्या होगा?

सर का प्रश्न सुनकर मैंने कहा—मैं ल्हासा में दो दिन और रुकूँगा और फिर ज्ञानगंज जाऊँगा।

—ज्ञानगंज? यह कहाँ है?

—गीयान्त्से। गीयान्त्से का भारतीय नाम है ज्ञानगंज। मैं ल्हासा में तीन रात ठहरूँगा फिर निकल पड़ूँगा 10 दिन के लिए।

—ठीक है, इस बीच मैं सब खोज-खबर ले लेता हूँ। शाम के 3 बजे हम फिर बैठेंगे।

सर को धन्यवाद देकर मैं सोनम के साथ निकल पड़ा।

इससे पहले भी देखा है कि तिब्बत में अधिकारीगण आमतौर पर अपना नाम नहीं बताते। काग़ज़ात या डॉक्यूमेंट के निचले हिस्से में चीनी भाषा में हस्ताक्षर रहता है, जाहिर है, इस ट्रैवेल एजेंसी के अफसर या कर्मचारी का नाम मैं अभी भी जान नहीं पाया। वे लोग भी निहायत जरूरी न हो तो मिस्टर शब्द का प्रयोग नहीं करते। लिहाज़ा सोनम की तरह मैंने भी 'सर-सर' कहकर काम चला लिया और उन्होंने भी वही किया।

आकर हम फिर ल्हासा किचेन में बैठे। यहाँ का वातावरण मुझे भा गया है। बैठते ही वह जाना-पहचाना लड़का चेहरे पर मुस्कुराहट लिये सामने आया और बोला—मेरे पिता आपसे बातचीत करना चाहते हैं। बुलाऊँ?

—अवश्य। मुझे भी ख़ुशी होगी। बुलाओ। कहकर मैंने सामने की ओर देखा—कोई आपत्ति तो नहीं है?

—ठीक है सर, अच्छा ही होगा। वे आ जाएँ तो खाने का ऑर्डर दिया जाएगा।

थोड़ी-सी देर में मुस्कुराते हुए बहादुर आया, प्रणाम करके पास की कुर्सी खींचकर बैठ गया—उसका हाव-भाव कुछ ऐसा मानो कोई बहुत दिनों का परिचित हो। वह सोनम को भी पहचानता था। अत्यन्त अन्तरंगता से उसने पूछा—कैलासनाथ जा रहे हैं?

—इच्छा तो है, पर अब सब कुछ उन पर निर्भर करता है। कहकर मैंने उँगली से ऊपर की ओर इंगित किया—उनकी लीला कौन जाने! फिर मैंने कहा—मन्दिर के बिल्कुल सामने ऐसा चमत्कार रेस्तराँ और वह भी नेपाली, वाह! बहुत ही अच्छा है।

—आप लोगों के आशीर्वाद से अच्छा ही चल रहा है। मैं भी कैलासनाथ की परिक्रमा कर आया हूँ। भारत और नेपाल से तीर्थयात्री कैलासनाथ और मानसरोवर की प्रदक्षिणा कर लौट जाते हैं, इस ओर नहीं आते। यहाँ यूरोप और अमेरिका से सभी आते हैं, फिर यहाँ से कुछ एवरेस्ट की ओर ट्रैकिंग पर जाते हैं और कुछ कैलास की ओर। ठीक है, बाकी बातें बाद में होती रहेंगी, अभी बताएँ कौन सा मेनू पसन्द है—नेपाली, इंडियन, चायनीज़, टिबेटन?—सब मिलेगा।

—ठीक है, मेरे लिए चपाती, सब्जी, दाल वेजिटेरियन। सोनम, तुम क्या लोगे?

—मुझे चिकेन-करी खूब पसन्द है।

—ठीक है।—कहकर रेस्तराँ-मालिक उठे और लड़के से कहा—भारत से चाचा आए हैं। ठीक से देखभाल करना।

मैंने उन्हें सुधारा—मैं भारतीय हूँ पर अधिकांश समय बाहर ही रहता हूँ। मैं बीजिंग होता हुआ आया हूँ।

—अच्छा-अच्छा, ठीक है, मुझसे समझने में भूल हुई !—लड़के का सलज्ज उत्तर था।

खा-पीकर हम बाहर निकले।

जोखांग के पास ही किसी जगह माँ तारा की गुफा देखने की मेरी बहुत दिनों की इच्छा थी। सुना है, माँ तारा की वह गुफा अत्यन्त जाग्रत् है, माँ तारा को लक्ष्य कर उनके मंत्र से उनका ध्यान करने पर मनोकामना पूर्ण होती है। जोखांग मन्दिर में है तो सब कुछ, परन्तु लगता है जैसे सुषुप्तावस्था में है और आंतरिक मन्दिर में कुछ छोटी जाग्रत् मूर्तियाँ नज़र न आईं। सच पूछा जाए तो मन भरा नहीं इसीलिए सोनम से पूछा—

—जोखांग के आस-पास माँ तारा का कोई गुफा-मन्दिर है क्या ?

मेरी बात सुनकर सोनम ने अपनी गाइड-बुक निकाली और हम स्क्वायर की एक बेंच पर बैठे। सामने गाड़ियों की भीड़ ने उस पार की दृश्यावली को ढक लिया था। दुकानें, रेस्तराँ, चाय की दुकान भी तो राजधानी है परन्तु एक नज़र में देखने से लगेगा कि देश का ही कोई एक शहर अचानक तिब्बत में जा घुसा हो।

माँ तारा के मन्दिर की खोज में कुछ देर गाइड-बुक के पन्ने पलटने के बाद वह बोला—

—मुझे तारा शब्द मिला है सर, वो देवी-देवताओं में एक देवी हैं, सफेद और हरे रंग की सुन्दरी देवी जिन्हें तिब्बती भाषा में द्रोल्मा (Drolma) कहते हैं। जोखांग मन्दिर में उनकी मूर्ति है, आपने देखी है सर ?

—हाँ, देखी है। ऊपर अर्थात् पहली मंजिल पर मन्दिर में देखी है हरे और सफेद रंग की अतिसुन्दर देवी प्रतिमा। उनकी संगिनी के रूप में हैं उनके इक्कीस स्वरूप या इक्कीस मूर्तियाँ। जोखांग के राजपरिवार में शाक्यमुनि एवं अन्यान्य देवी-देवताओं को प्रधान स्थान मिला है, जबकि माँ तारा को द्वितीय श्रेणी में बैठाया गया है। मैं यह पूछ रहा हूँ कि माँ तारा या द्रोल्मा देवी का अलग से कोई मन्दिर नहीं है ?

—देखना होगा सर। चलिए, एक लामा मेरे अच्छे परिचित हैं, वे आपको सब बता पाएँगे।

—ठीक है, चलो।

हमने दिशा बदल ली और जोखांग मन्दिर के पास लौट आए। यही है ल्हासा का पुराना या आदि शहर। मन्दिर के बगल से हम एक छोटी गली में घुसे। यह जगह बनारस के बाबा काशी-विश्वनाथ मन्दिर से लगी गली जैसी ही है, जो तीर्थयात्रियों को आकर्षित करती है। तांग्खा, कांथा, घंटा, पोशाक और असंख्य मूर्तियों व तस्वीरों से भरी हैं दुकानें। एक पुराने से मकान के सामने आकर हम रुके। एक वृद्ध सज्जन

एक छोटी तिपाई पर बैठे अपना प्रार्थना-चक्र घुमा रहे थे। हमें देखकर उनके दन्तहीन चेहरे पर मुस्कान फैल गई। हँसते हुए उन्होंने सोनम से कुछ पूछा, पर पता नहीं क्या। सोनम ने मेरी ओर इशारा करते हुए बात शुरू की और फिर मुझे समझाया—

—यह छोटी दुकान इन्हीं की है। इनके पिता एक स्थानीय-विद्वान व्यक्ति हैं, जिनका चीनी व तिब्बती सभी सम्मान करते हैं। शायद वे हमारी सहायता कर पाएँगे।

—ठीक है, चलो उनसे बात करें।

—सर, वे वृद्ध व्यक्ति हैं और उनका स्वभाव भी पुराना ही है—मैं इनके पिता की बात कर रहा हूँ सर। बात करते ही आप समझ जाएँगे कि वे बहुत ज्ञानी हैं, किन्तु वे पैसे माँग सकते हैं सर। ठीक है, सर?

—हाँ, ज़रूर। मैं राजी हूँ। गुरुदक्षिणा तो देनी ही होगी।

मेरा जवाब सुनकर सोनम जी खोलकर हँसा। कुछ ही क्षणों में हम और एक अन्धगली में घुसे, फिर टूटे पत्थरों की एक दीवार के सहारे एक मकान के सामने पहुँचे जिसका एक हिस्सा धँसा हुआ था। एक सज्जन को देखकर सोनम समझ गया कि हम सही जगह पर आए हैं। खिड़की से सोनम ने पुकार लगाई। उत्तर आया। हमने प्रवेश किया।

कमरे की खिड़की के किनरे शरीर पर कथड़ी लपेटे एक सज्जन मणि-चक्र घुमा रहे थे। चक्र रोक, हमें देखकर बोले—बैठो।

परिचय कराते हुए सोनम ने कहा—ये भारतवर्ष से आए हैं और कुछ प्रश्न लेकर आए हैं।

सज्जन ने कहा—क्या प्रश्न? मेरी बात तो उन्हें समझ में नहीं आएगी। तू समझा देना—पैसा देंगे कि नहीं?

सोनम ने आश्वस्त किया—हाँ, वे राजी हैं।

मैं समझ गया कि ये वृद्ध सज्जन के वृद्ध पिता हैं। चेहरा-हाथ इत्यादि देखकर ही उनके शरीर पर उम्र की छाप स्पष्ट नज़र आती है। मुँह में एक भी दाँत नहीं, लम्बे बाल, और मन लुभानेवाली उनकी आकर्षक हँसी।

मैंने पहला प्रश्न किया : यहाँ माँ तारा का कोई जाग्रत् मन्दिर है या नहीं? दूसरा प्रश्न था : पचास वर्ष पूर्व मिले एक अज्ञातनाम तांत्रिक योगी-पुरुष को खोजने आया हूँ, उनसे भेंट हुई थी ब्रह्मपुत्र के किनारे, और एक बार कैलासनाथ व मानसरोवर के प्रखंड में। आपको देखकर लग रहा है कि आप निश्चय ही मेरी मदद कर पाएँगे।

मेरे प्रश्न सुनकर वह नीरव रहे, फिर खिड़की से बाहर दूर एक टुकड़ा आसमान की ओर देखकर बोले—जोखांग की ऊपरी मंज़िल पर द्रोल्मा-मन्दिर है। उसके अतिरिक्त हर जगह छोटी-छोटी मूर्तियों के रूप में सब देवी-देवताओं का एकत्र सहवास है। माँ तारा का एकमात्र जाग्रत् मन्दिर है...कहाँ...बता पाना कठिन है...वे

फिर खिड़की से जितनी दूर दिखाई दे रहा था, उस एक टुकड़ा आसमान की ओर देखते रहे, उनकी दृष्टि का अनुसरण कर मैं भी आसमान खोजता रहा। दरअसल छोटी गली और बगल के मकान की ऊँची पत्थर की दीवार ने आसमान को ओट में ले रखा था—परन्तु ख़ुशक़िस्मती से मुँडेर के एक टूटे-से अंश ने आसमान देखने की राह से पर्दा हटा दिया है।

—तूने मुझसे कहा कि यह आदमी हिन्दुस्तान से आया है। मेरे लिए तो अच्छा ही हुआ। हमारे साथ तुम लोगों की काफी समानताएँ हैं, और अनेक गड़बड़ियाँ भी—परन्तु शाक्यमुनि की दृष्टि में तो सभी समान हैं; सुना! तू इस हिन्दुस्तानी व्यक्ति को द्रोल्मा लाखांग (Drolma Lhakhang) ले जा, वहाँ की सब्ज़ तारा जाग्रत् है, जानता है कि नहीं? वहीं अतीश भी हैं जो हिन्दुस्तान के बुद्धगुरु थे, जो शाक्यमुनि का ज्ञान-भंडार लेकर तिब्बत आए थे। उन्हें तत्कालीन तिब्बत के राजा भारत से लेकर आए थे। तू इस आदमी को वहीं ले जा, वहाँ सब मिल जाएगा।

ज्ञानी वृद्ध थोड़ा रुके। उन्होंने बहुत धीरे-धीरे रुक-रुककर बातें कहीं इसलिए अनुवाद करने में सोनम को सुविधा ही हुई। अतीश शब्द सुनकर ही मेरा सारा शरीर रोमांचित हो उठा। मैं यहाँ अतीश दीपंकर का इतिहास ढूँढ़ने नहीं आया परन्तु हठात् एक बहुमूल्य तथ्य हाथ लग गया। अतीश नाम से हर बंगाली परिचित है, और जो धार्मिक हैं वे अतीश का धर्मज्ञान जानते हैं। इस विषय में मेरी जानकारी कुछ खास नहीं है, किन्तु बंगाली के रूप में अतीश दीपंकर बंगाल तथा समस्त भारतीयों के गर्व हैं। बुद्धतंत्र के साथ अतीश का नाम बहुत गहरे रूप से जुड़ा है।

कुछ देर ज्ञानी वृद्ध व्यक्ति रुके—समझ गया, पंचभूतों से निर्मित इस देह पर उम्र की छाप पड़ी है। फिर मेरे चेहरे की ओर देखते हुए वे बोले—'देखूँ तुम्हारा हाथ।' मैंने अपना दाहिना हाथ बढ़ा दिया। उन्होंने मेरा हाथ अपने दोनों हाथों से दबाकर पकड़ा और फिर खिड़की के बाहर बहुत दूर कुछ देखने की चेष्टा करने लगे। ज्ञानी वृद्ध के दोनों हाथ शुरू में तो ठंडे थे पर अब काफ़ी गरम लग रहे थे। लगा, अपने हाथों के माध्यम से ही उन्हें जो कहना था, कहे दे रहे थे, मेरी बुद्धि से उसका विश्लेषण नहीं हो सकता।...इसके बाद उन्होंने हाथ छोड़ दिया—सोनम की ओर देखकर बोले—ठीक है, हो जाएगा।—मैंने और कोई प्रश्न नहीं किया।

सोनम ने कहा—चलिए सर, हमारे पास समय है, द्रोल्मा लाखांग मन्दिर में जाने का समय अभी है।

—हाँ, यह लो,—कहकर मैंने बीस युआन का एक नोट सोनम के हाथ में थमा दिया—ठीक है?

—पर्याप्त है।—नोट हाथ में लेकर सोनम ने कहा। सोनम ने नोट लेकर ज्ञानी वृद्ध के हाथ में थमा दिया और समझा दिया कि बीस युआन (दो अमेरिकी डॉलर के समान) का नोट है।

नोट पाकर ज्ञानी वृद्ध बहुत ख़ुश हुए और बार-बार कहा—उस पार के लोग बहुत दानी हैं, इसीलिए तो...

मैंने सोनम से पूछा—उस पार के लोगों का मतलब?

—हिमालय के उस पार माने हिन्दुस्तान।

ज्ञानी वृद्ध ने मेरी ओर देखकर ऐसी खूबसूरत मुस्कुराहट उपहार में दी, जो भूली नहीं जा सकती। उन्हें प्रणाम कर हम निकल आए।

द्रोल्मा लाखांग मन्दिर, उच्चारण होता है द्रोल्-मा-ल्-हाखांग।

—जानते हैं सर, ये वृद्ध दादाजी पहले खूब नामी लामा थे। उनका स्तर गेलंग (बंगाल में जिन्हें पुरोहितों के पंडित कहते हैं) का था। आप तो जानते ही हैं सर कि पुराने ज्ञानीजनों में बहुतेरे उस पार चले गए हैं, पर फिर भी सभी तो देश छोड़कर नहीं चले गए। बहुत सारे ज्ञानी योगी-पुरुष अभी भी हैं परन्तु हम सभी को नहीं जानते। हमारी ख़ुशक़िस्मती है कि दादाजी जैसे ज्ञानी व्यक्ति अभी भी हैं, भले ही कम हों। आजकल चलने-फिरने में कष्ट होता है, इसलिए मन्दिर नहीं जा पाते, किन्तु पुजारी लामा उपदेश लेने यहाँ आते हैं।

हमने जब उनकी दुकान पर लौटकर उनके पुत्र को धन्यवाद दिया तो वह सज्जन बहुत ख़ुश हुए और बोले—देखा न, मेरे पिताजी मुझसे भी अधिक सख्त और ज्ञानी तो हैं ही, उस जमाने के व्यक्ति जो ठहरे, पर स्वभाव नहीं गया, बात-बात पर पैसे माँग लेते हैं—मेरी दो दुकानें हैं, यहाँ मैं बैठता हूँ, और नई दुकान पर मेरा बेटा बैठता है। हमारे पास पैसों की कोई कमी नहीं है। भगवान शाक्यमुनि का दिया सब कुछ है और फिर आप लोग तो हैं ही...

मैंने सोनम को हल्के से ठेला। हमें जाना जो था।

बारखर परिसर में आकर जैसे ही हम टैक्सी स्टैंड के पास खड़े हुए, एक सज्जन दौड़ते हुए आए।

—अरे, ये तो जाने-पहचाने हैं! एयरपोर्ट से इन्हीं की गाड़ी पर तो हम आए थे।

सोनम ने कहा—हमें अपनी गाड़ी पर ही जाना होगा सर। आधे घंटे से अधिक समय लगेगा। पहाड़ी रास्ता है।

—ठीक है, जो तुम्हें सही लगे। तुम किसी दैत्य के घर भी ले जाओ तो मुझे कोई आपत्ति नहीं है।

मेरी बात पर सोनम हँस दिया—लगता है, आप हमारे मुहावरे जानते हैं सर।

—नहीं, कहानी नहीं जानता।

—आप सुनेंगे सर?

—जरूर...

हम गाड़ी पर बैठे, गाड़ी चल पड़ी। अब सोनम ने अपनी पेशेवर बोली शुरू की।

—ल्हासा देखिए सर। ल्हासा के दक्षिण में है कीचू नदी जिसे टूरिस्ट ल्हासा रिवर कहते हैं। आपने पोताला प्रासाद तो देखा ही है, हर जगह से नज़र आता है। प्राणकेन्द्र और पुराना शहर बारखर परिसर और उससे लगा जोखांग मन्दिर। सेरा, दे पुंग, गान्देन—ये तीन तिब्बत के प्रधान बुद्धतंत्र के मूल शिक्षा केन्द्र हैं। ल्हासा से चालीस-पचास किलोमीटर की दूरी पर है विशाल मोनेस्ट्री, ठीक से देखने जाएँ तो तीन-चार दिन तो लग ही जाएँगे। पोताला प्रासाद देखने में ही आपको पूरा एक दिन लगेगा। वो देखिए सर, पहाड़ की दीवार पर शाक्यमुनि की विराट मूर्ति।

सोनम की बात सुनकर मैंने उस ओर देखा। नीले रंग की सुन्दर बुद्धमूर्ति। सोनम ने सुधारते हुए कहा—यह मूर्ति दरअसल भगवान बुद्ध का धन्वन्तरि स्वरूप है, वे रोगनिवारक, रोगनाशक और चिकित्सक हैं।

पहाड़ के ऊपर का मनोरम दृश्य देखते-देखते हम बढ़े जा रहे थे। एक छोटे-से गाँव में प्रवेश करते ही सोनम से ड्राइवर ने पूछा—यहाँ रुकूँ क्या?

उत्तर मिला, अवश्य!

हम रुके। सोनम ने कहा—आपको एक चमत्कारिक चीज़ दूँगा सर।

—क्या चीज? खूब सावधान रहना सोनम, मेरे लिए कुछ खरीदना मत।

—ठीक है सर, आप दाम दे दीजिएगा।

हम एक छोटी-सी चाय की दुकान में घुसे। दुकान के मालिक और उनकी पत्नी दोनों तिब्बती थे। मेरी ओर देखकर खूब मुस्कुराकर, हाथ जोड़कर व सिर झुकाकर गद्‌गद होकर प्लास्टिक की कुर्सी पोंछकर बैठने को कहा। फिर सोनम के साथ बातचीत हुई। समझा, चाय की दुकान है। थोड़ी देर में ही चाय आ गई। चाय, दूध, चीनी, अदरक वाली, कोलकाता जैसी ही। सचमुच मैं चमत्कृत हो गया—तिब्बत में बैठकर ऐसी देशी चाय की तो कतई उम्मीद न थी।

मैंने सोनम से पूछा—इन सज्जन को कैसे समझ में आया कि मैं हिन्दुस्तानी हूँ?

—वो नहीं जानता सर, वो तो सबके लिए यह चाय बनाता है, हाँ, मक्खन चाय तो है ही। टैक्सी देखते ही वो दूध-चाय-अदरक वाली चाय बना देता है।

—वाह, बहुत अच्छा! पूछो तो ऐसी चाय बनाना सिखाया किसने?

सोनम ने मेरी बात का तर्जुमा कर दिया।—इन सज्जन के बूढ़े चाचा को इस मठ के एक लामा ने सिखाया था। वह लामा दार्जिलिंग में पढ़ाई करने गए थे। वहाँ मठ के संन्यासी सर्दी-खाँसी में अदरक वाली चाय पीकर स्वस्थ हो उठते थे। हमारे यहाँ तो सर्दी-खाँसी होती ही रहती है सर्दियों में, इसीलिए बूढ़े चाचा ने मेरे पिता को और पिताजी ने मुझे सिखा दिया।

कहानी अच्छी लग रही थी क्योंकि दार्जिलिंग से यहाँ का एक सम्बन्ध था, मेरे लिए यह बात आश्चर्यजनक थी। सोनम ने हड़बड़ी मचाई—यहाँ से पहाड़ के ऊपर चढ़ने में दस-पन्द्रह मिनट और लगेंगे। सूर्यास्त तक मन्दिर बन्द हो जाता है।

फिर रास्ता। सुन्दर दृश्यावली का तो कहना ही क्या! बहुत सारे लोग मन्दिर से लौट रहे थे।

अन्ततः हम 'तारापीठ' पर पहुँच गए। अत्यन्त चमत्कारिक एक तोरण था। तोरण के दोनों ओर पहाड़-प्रहरियों की दो मूर्तियाँ, उसके बाद ही था पहला मन्दिर। हम गाड़ी से उतरे। सुन्दर वातावरण। पहले मन्दिर में ही ऑफिसघर था। हम ज्यों ही घर में घुसे एक संन्यासी ने आकर कहा—एक घंटे के अन्दर ही आप लोगों को चले जाना होगा। मन्दिर के लामा व मठाध्यक्ष जा चुके हैं, गाइड-सर्विस भी नहीं मिल पाएगी।

सोनम उन्हें नहीं पहचानता, लिहाज़ा अपना परिचय देते हुए उसने कहा कि वह स्वयं सरकारी गाइड है, और ये जो सर हैं, हिन्दुस्तान से आए हैं।

सोनम की बात सुनकर संन्यासी ने हँसकर रास्ता छोड़ दिया।

यही है द्रोल्मा लाखांग का मन्दिर-मठ। अनेक मन्दिर हैं जिनमें अत्यन्त सुन्दर सुनहरे, हरे और नीले रंग की सूक्ष्म कारीगरी है। प्रवेश और निकास तोरण के दोनों ओर मठ के रक्षक अर्थात् भयंकर रक्षा-देवता हैं। पहले मन्दिर के बाद ही स्तूपों की कतारें हैं। ये स्तूप कदम्पा शैली (Kadampa Style) के समान हैं।

—कदम्पा सम्प्रदाय आपके भारतीय धर्मयोगी अतीश का संगठन है। यहीं उन्होंने अपनी अन्तिम साँस ली थी। उनके द्वारा व्यवहार की गई कुछ वस्तुएँ यहाँ हैं। नारोपा अतीश के गुरु थे। यहाँ के एक स्तूप में उनकी खोपड़ी रखी हुई है। अतीश के मन्दिर में आठ बौद्ध चिकित्सकों के विग्रह हैं, जो छोटे होते हुए भी देखने के काबिल हैं। जोखांग के वृद्ध ज्ञानी पुरुष ने सोनम से माँ तारा का मन्दिर दिखाने को कहा था, इसीलिए मैंने कहा—चलो द्रोल्मा का मन्दिर देख लें, बाद में तो बन्द हो जाएगा।

—आपने ठीक कहा सर। मैं सरकारी गाइड हूँ, लिहाज़ा मेरा काम जब तक पूरा नहीं होता, वे बन्द नहीं करेंगे—चलिए, बीच के वे मन्दिर ही द्रोल्मा लाखांग मन्दिर हैं। हम बीच के एक मन्दिर में गए। ये सारे मन्दिर अतीश की स्मृतियों से परिपूर्ण हैं। बाकी सबकी उपेक्षा करते हुए अत्यन्त सुन्दर एक मन्दिर में हमने प्रवेश किया। मन्दिर में प्रवेश करते ही मेरा शरीर रोमांचित हो उठा। एक अजीब-सी सिहरन महसूस हुई। प्रेम, भक्ति व एक अनजाने आनन्द से मन भर उठा। हल्की रोशनी में दीवार के चौखटों में सजाए हुए हैं तारा माँ के इक्कीस रूप, उनकी इक्कीस प्रतिमाएँ। सामने बैठी हैं शीर्णकाय हरी तारा माँ—तिब्बत की द्रोल्मा ला जिनका एक हाथ अभयमुद्रा में है और दूसरे में है कमल का फूल। दीये की हल्की रोशनी में अस्पष्ट। इन मन्दिरों में बिजली की बत्ती नहीं है। यहीं एक दिन आज से प्रायः एक हजार वर्ष पूर्व महाज्ञानी अतीश माँ तारा की पूजा पर बैठते थे। तारापीठ की माँ तारा और तिब्बत की द्रोल्मा माँ के रूप अलग पर गुण एक समान हैं। सन्ध्या के करीब मैं यहीं सान्ध्य-प्रार्थना के लिए बैठ गया।

अन्त में प्राणाम कर कहा—माँ, तुम तो मेरा संकल्प जानती हो। सब कुछ तुम्हारी ही तो इच्छा से होता है, तुम इच्छामयी तारा हो। अपना कर्म तुम करती हो माँ और लोग कहते हैं कि मैं करता हूँ...।—मेरा गायन सुनकर सोनम बोला—'सर, आपका गाना बहुत अच्छा है, किस भाषा में है?'

—बांग्ला भाषा में, अतीश की मातृभाषा में। मैं बंगाली हूँ न!

सन्ध्या की अस्पष्ट रोशनी में माँ तारा को प्रणाम कर मैं उठा। यहाँ मुझे महसूस हुआ कि माँ तारा मेरे लिए ही बैठी थीं। मेरे लौटते ही माँ भी उठकर लौट जाएँगी अपनी पहाड़ी शय्या पर।

ल्हासा में द्वितीय रात।

सोनम को छुट्टी देने पर भी वह छुट्टी लेना नहीं चाहता। गाड़ी को छोड़कर मैं होटल आ गया। आ तो गया परन्तु विश्राम की कोई दरकार न थी क्योंकि शारीरिक कष्ट तो कोई खास हुआ ही नहीं था। होटल के 'बार' में देशी-विदेशी हर प्रकार के पेय से अलमारी भरी हुई थी। सोनम ने मुझसे खुलकर कहा—'ग्राहक लेकर आता हूँ तो बियर ही पसन्द करता हूँ। सोनम की राय में मैं धार्मिक हूँ, धर्म की खोज में आया हूँ। उसने स्पष्ट कहा—आजकल तिब्बत में शिक्षा की धारा पलट गई है। पुराने लोग और ग्रामवासी ही तीर्थ करने आते हैं। ल्हासा के युवक-युवतियाँ चीन के रास्ते पर हैं—वे उन्नति चाहते हैं। अच्छी नौकरी और बाहर जाने का मौका मिलते ही लपक लेते हैं। मन्दिर या मठ में जाने पर कोई आपत्ति नहीं किन्तु धार्मिक या धर्मपरायण होते ही संगी-साथी सोचते हैं कि हमने नई राह छोड़ पुरानी गली पकड़ ली। कोई बाधा नहीं है, किन्तु...। आप जानते हैं, ल्हासा में कितने नाइट क्लब हैं? बहुत, बहुत...सारी रात खुले रहते हैं। लड़की, दारू, नाच और गलबहियों की कोई सीमा ही नहीं। नाइट क्लबों और डांसिंग सेंटरों में चीनी लड़कियों के साथ-साथ तिब्बती लड़कियाँ भी ग्राहकों का मन मोहती हैं। चारों ओर सुपर मार्केटों में नेपाल, भारत, कोरिया, जापान और यूरोप का भर्ती माल बिल्डिंग में घुसते ही नज़र आएगा। मेरे वृद्ध दादाजी कहते हैं कि ल्हासा को अब वे पहचान ही नहीं पाते। हालाँकि पुराना ल्हासा शहर, जोखांग, पोताला, नरबुलिंका हैं तो पहले जैसे ही, किन्तु जो मन्दिर या मठ की प्रदक्षिणा करते नज़र आते हैं, प्रायः सब बाहर के हैं, जो तीर्थाटन के लिए ल्हासा आते हैं।'

बियर की एक चुस्की लेकर वह बोला—हाँ सर, आपसे कहा था न कि उस मुहावरे की कहानी बताऊँगा।

—हाँ-हाँ, तुम यदि दैत्य के घर ले जाओ तो भी मैं राजी हूँ। यही वाली कहानी न?

—जी सर! कहानी कुछ इस तरह है :

'हज़ार वर्ष पूर्व पोताला प्रासाद और जोखांग मन्दिर बनने से भी पहले सम्पूर्ण तिब्बत में एक स्त्री-दैत्य का वास था। वह स्त्री दैत्य थी पिशाचिनी। सम्पूर्ण तिब्बत

पर अधिकार कायम कर अपनी पिशाचवृत्ति चरितार्थ करती थी, उसे कोई भी सँभाल नहीं पाता था। तिब्बत के प्रथम राजा स्रोंग्त्सेन गाम्पो ल्हासा की नदी और पहाड़ी सौन्दर्य के प्रति इतना आकर्षित हुए कि अपनी दोनों पत्नियों को ल्हासा ले आए। राजा की एक रानी नेपाल की राजकुमारी थीं जिनका नाम भृकुटी था और दूसरी रानी का नाम था वेंग-चेंग, जो पेकिंग की राजकुमारी थीं। प्रथम रानी अपने साथ उपहारस्वरूप अपने इष्टदेव शाक्यमुनि की एक मूर्ति लाई थीं, और चीन की राजकुमारी लाई थीं एक छोटी-सी ड्रैगन-मूर्ति। राजा ने इन दोनों रानियों के सम्मान में एक विशाल मन्दिर बनवाने का संकल्प लिया, परन्तु पिशाचिनी ने बाधा दी। वह जब सोती थी तो उसका वक्षस्थल (हृदय) इस ल्हासा पर पड़ता था, लिहाजा मन्दिर-निर्माण की अनुमति नहीं दी जा सकती। रानी वेंग-चेंग स्वयं ड्रैगन की पुजारिन थीं, उन पर यह बहाना नहीं चला। उन्होंने जोर देकर कहा—यहाँ मन्दिर की प्रतिष्ठा होगी। उन्होंने अपने ड्रैगन-मंत्रबल से जब पिशाचिनी सो रही थी, उसके वक्ष में एक बड़ी-सी सुई चुभो दी। डर के मारे पिशाचिनी तो भाग गई पर उसका हृदय यहीं ल्हासा में पड़ा रहा। उसके वक्ष पर ही दोनों रानियों का मन्दिर निर्मित हुआ। तभी से यह मुहावरा प्रचलित हुआ। रानी ने दैत्य पिशाचिनी को भगाया था, लिहाजा दैत्य के घर जाने में भी कोई भय नहीं। पूरा मुहावरा है—राजा के साथ दैत्य के घर जाने में भी भय नहीं।'

कहानी खत्म हुई तो सोनम ने भी विदा ली। कल उनके दफ्तर में भेंट होगी। मैं जब अपने कमरे में घुसा तो देखा कि कमरा साफ-सुथरा और बिस्तर सजा-सजाया था। कमरे में हीटर लगा है। कमरे में मेरे प्रवेश करते ही एक लड़की ने आकर पूछा—आपको यदि रेस्तराँ में भोजन करना हो तो ऑर्डर अभी दे दें। अंग्रेज़ी में प्रश्न सुनकर प्रसन्नता हुई—मैं निरामिष खाना चाहता हूँ, मिलेगा?

—हाँ, अवश्य। हमारा रसोइया नेपाली है। ठीक है, मैं कह देती हूँ, आप आधे घंटे के बाद रेस्तराँ में जा सकते हैं, गुड नाइट।—लड़की ऑर्डर लेकर चली गई।

तिब्बत के देवी-देवताओं की मूर्तियों और मठों के साथ पहले से ही मेरा सामान्य परिचय था इसलिए मुझे सुविधा थी। जो भारत से सीधे कैलासनाथ और मानसरोवर के यात्री हैं, उन्हें भी कोई असुविधा नहीं, क्योंकि कैलासखंड एक शिव-तीर्थ है। कैलास के शिखर पर हर-गौरी का वासस्थान है। वहाँ का सब कुछ हमारा जाना-पहचाना है। कैलासखंड के अतिरिक्त इधर-उधर जो लोग घूमना चाहते हैं या तीर्थ करना चाहते हैं, उनका तिब्बती भाषा के कुछ शब्दों से परिचित होना आवश्यक है, खासकर बुद्धतंत्र के देवी-देवताओं के नाम से। जैसे बांग्ला भाषा में शाक्यमुनि, तिब्बती भाषा में शाक्यथुपा या कई बार शाक्यथुक्पा। बांग्ला में दीपंकर, तिब्बती भाषा में मारमेद्जे बुद्ध का अतीत या आदिबुद्ध। वैरचना अधिकांशत: तंत्रसार है, तंत्र को तिब्बती भाषा में कहते हैं गीयू (Gyu) जो महायान का परिवर्तित

रूप है। चक्रसम्भरा, बारह हाथोंवाली द्वादश हस्तविशिष्ट शिव-शक्ति का प्रतीक है, जिसे तिब्बती भाषा में देम्चोक् (Demchok) कहते हैं। मंजुश्री को तिब्बती भाषा में जाम्पेलियांग (Jampelyang) कहते हैं।

किसी भी मठ के प्रवेश-पथ पर तोरण के दोनों ओर जो रक्षा-देवता हैं उनकी मूर्तियाँ अधिकांशत: भयंकर होती हैं जिन्हें संस्कृत से मिलते-जुलते शब्द में लोकपाल कहते हैं। तिब्बती भाषा में इस रक्षा-देवता को रक्षकराज छोकियंग (Chokyong) कहते हैं। मूल भावधारा मंगोल से आई है। तिब्बत में बौद्ध धर्म के प्रतिष्ठाता थे राजा स्रोंग्त्सेन गाम्पो (King Srongtsen Gampo)। अमिताभ का तिब्बती नाम है ओपाग्मे (Opagme)।

प्रत्येक मठ-मन्दिर व रास्तों पर लामा और भिखारियों के हाथ में प्रार्थना-चक्र है। रुद्राक्ष की माला की तरह ही प्रार्थना-चक्र को घुमाकर मंत्र जाप किया जाता है। तिब्बत में प्रधान मंत्र है 'ओम् मणिपद्मे ओम्'—अर्थात् तुम पद्म के मणिस्वरूप हो, तुम्हारी जय हो। यहाँ वज्र को कहते हैं दोरजे (Dorje)। घंटा कहलाता है ड्रिल्बु (Drilbu)। वज्र एवं घंटा पुरुष एवं प्रकृति के प्रतीक हैं। पूजा के समय वज्र, घंटा, धूप, दीप, नैवेद्य रहते हैं। नैवेद्य का मतलब केवल चावल। प्रत्येक मोनेस्ट्री में वेदी के ऊपर सात कटोरियाँ रखी नज़र आएँगी जो सात भिक्षुओं की प्रतीक हैं, जिन्होंने धर्म की राह दिखाई। शाक्यमुनि का मूल-मंत्र है 'ओम् आह् हुम् वज्रगुरु पद्मसिद्धि हुंग' जो तिब्बत की मोनेस्ट्री में दीवार पर, तांग्खा पर, चलने की राह में पत्थर पर, पहाड़ की दीवार पर, सर्वत्र यह मणिमंत्र अंकित है। इसे अनदेखा किया ही नहीं जा सकता।

इस प्रकार की कुछ सामान्य बातें मुझे मालूम थीं जो लामा और मठ की प्रदक्षिणा के समय मेरे काम आई थीं, इसीलिए उन्हें यहाँ लिपिबद्ध किया।

सुबह 9 बजे के करीब मैं तैयार होकर निकल पड़ा। उद्देश्य था जोखांग होते हुए सोनम को साथ लेकर ज्ञानी वृद्ध पुरुष के यहाँ जाऊँगा। नियमानुसार ल्हासा में घूमने-फिरने में कोई असुविधा नहीं किन्तु ल्हासा के बाहर गाइड के बिना जाने पर कदम-कदम पर बाधा है। क्या तकदीर है! रास्ते में ही भेंट हो गई। सोनम मुझे देखते ही सर-सर करने लगा। सुबह के वक्त मुझे बिल्कुल भी अच्छा नहीं लगा। देखता हूँ, ल्हासा में अफसरों का नाम नहीं लेते। ऑफिस के सामने ऑफिस का नाम और घर का नम्बर लिखा है, उसी से काम चल जाता है। बात-बात में कहते हैं इतने नम्बर घर में फॉरेन ऑफिस, वीजा ऑफिस, पुलिस ऑफिस, परमीशन ऑफिस इत्यादि है। किसी अफ़सर का नाम पूछने पर भी मुझे उत्तर नहीं मिला। मैंने सोनम से कहा भी कि वह मुझे चाचा, दादा या मामा कहकर बुलाए पर इसके लिए वह राजी नहीं हुआ। कारण यह कि वह गाइड है, इसलिए आत्मीय सम्बन्ध उसके लिए वर्जित हैं। मि. दे कहने में उसे दुविधा होती है क्योंकि मैं उम्र में उससे बहुत बड़ा हूँ, बिमल यह सम्बोधन तो उसकी सोच से भी परे है। कोई उपाय नहीं है। इसीलिए 'सर' सम्बोधन मान लेना पड़ता है। ट्रैवेल ऑफिस 9 बजे खुलता है और करीब साढ़े 9 बजे से

काम शुरू होता है। ल्हासा में मेरे साथ उसने जो समझौता किया है, वह प्रतिदिन चार घंटे के हिसाब से है।

—सर, मैं आपको ही बुलाने जा रहा था।

—क्या कोई विशेष प्रयोजन था? बताओ।

—कल हम द्रोल्मा लाखांग में गए थे तो वहाँ मठाध्यक्ष गेशे रेप्तेन नहीं थे। आज उन्होंने हम लोगों को लिवा ले जाने के लिए आदमी भेजा है। मैं कह आया था कि आप हिन्दुस्तानी, बंगाली हैं। महाज्ञानी अतीश की भाषा आप जानते हैं।

—वाह-वाह! यह तो शुभ संवाद है। बहुत अच्छी बात है।

महानन्द में मैं राजी हो गया। परन्तु मैंने बारम्बार सोनम से कहा कि अतीश एक बंगाली महापुरुष, बुद्धतंत्र के एक महाज्ञानी बौद्ध थे, वे यहाँ थे इसलिए उनकी स्मृति से मंडित यह पवित्र पीठस्थान द्रोल्मा लाखांग बंगाली मात्र के लिए गर्व की वस्तु है, किन्तु अपने उद्‍देश्य से कहीं मैं वंचित न हो जाऊँ।

इसलिए ज्ञानगंज और कैलासबाबा की खोज, इन दो बातों का ध्यान रखना।

सोनम ने मुझे आश्वासन दिया कि इसीलिए नेतांग (Netang) उपत्यका के द्रोल्मा लाखांग के मठाध्यक्ष से विचार-विनिमय आवश्यक है। बल्कि वह अच्छा ही रहेगा।

हम सोनम के ऑफिस आए। ट्रैवेल ब्यूरो सरकारी टूरिस्ट ब्यूरो की ही एक शाखा है। ऑफिस पहुँचते ही सोनम के सर ने 'गुड मॉर्निंग' कहकर एक लामा से मेरा परिचय कराया—ये आपको नेतांग ले जाने के लिए आए हैं। मठाध्यक्ष के विशेष अनुरोध पर वे गाड़ी लेकर ही आए हैं। आपको जाना ही होगा। सम्भवत: वे आपके उन योगी-पुरुष को पहचानते हों क्योंकि कदम्पा सम्प्रदाय भारतीय दर्शन को अत्यधिक मानता है।

असंख्य धन्यवाद देकर हम गाड़ी पर सवार हुए। समझ में आया कि इलाके का नाम है नेतांग-वैलि। मठ हालाँकि पहाड़ के ऊपर था किन्तु नाम था उपत्यका। फ़ोर-व्हील ड्राइव टोयोटा। वो एक ही रास्ता, पर आज के दृश्यों को नयनाभिराम कहना ही होगा। पहाड़ की देह पर उत्कीर्ण की हुई शाक्यमुनि की विशाल मूर्ति और भी सुन्दर लग रही है—मैं समझ गया, आज देह-मन बहुत हल्का है। विराट दूरी और भ्रमण की थकावट से आज मुक्त हूँ। नेतांग ग्राम में हम अदरक वाली चाय पीने के लिए रुके। दुकानदार, खासकर मेरे जैसा एक समझदार ग्राहक पाकर बड़ा ख़ुश हुआ। चाय पीते-पीते गौर किया कि तीर्थयात्रियों से रास्ता पटा पड़ा है, जरूर कहीं कोई मेला या उत्सव हो रहा है। सोनम ने कहा—उत्सव नहीं, सभी मोनेस्ट्री जा रहे हैं, क्योंकि तिब्बतियों के लिए द्रोल्मा लाखांग एक अत्यन्त जाग्रत् तीर्थस्थान है।'

—जाग्रत् से तुम्हारा क्या तात्पर्य?

—यहाँ की मैत्रेयी बुद्ध-मूर्ति बहुत जाग्रत् है। दो बार अत्याचारियों के हाथों से इस मठ व मन्दिर की उन्होंने रक्षा की थी। एक बार मंगोल आक्रमण के समय सेना

जब मन्दिर में घुस रही थी, उस समय मैत्रेय बुद्ध, जिनका स्थानीय नाम जाम्पा है, मंगोल सेना को धमकाने के सुर में चीख उठे—'उह'। बस। एक पत्थर की मूर्ति से वैसी विकट आवाज़ सुन आतंकित होकर भय के मारे सैनिक मठ से बाहर निकल गए। दूसरी बार 1959 में कल्चरल रिवोल्यूशन की लाल फौज जब मठ में घुसकर संशोधन के नाम पर पुराने संस्कार का विध्वंस करने जा रही थी, ठीक तभी माओ-त्से-तुंग की निषेधाज्ञा आई कि द्रोल्मा लाखांग के ऊपर कोई अत्याचार न हो। और यह मठ बच गया। जानते हैं सर, बहुतों का कहना है कि बांग्लादेश सरकार ने चीन के प्रधान चाउ-एन-लाइ (तिब्बती लिखते हैं Zhou Enlai) को एक पत्र के माध्यम से अतीश दीपंकर के इस मठ की रक्षा के लिए अनुरोध किया था।

मुझे यह सुनकर बड़ा आश्चर्य हुआ। सोनम को टोकते हुए मैंने कहा—

—1959 में तो बांग्लादेश नहीं था, वह तो पाकिस्तान का एक हिस्सा था। इस्लामिक राष्ट्र पाकिस्तान ने यदि चाउ-एन-लाइ से अनुरोध किया हो, तब तो बहुत ही ख़ुशी की बात है। इस विषय पर मैं और कोई टिप्पणी नहीं करना चाहता।

मेरी बात सुनकर सोनम रुका। परन्तु फिर जोर देते हुए बोला कि इस द्रोल्मा लाखांग के सभी भक्तों की मान्यता है कि यहाँ के शाक्यमुनि जाग्रत् हैं। मैंने सोनम को यह भी बताया कि माँ तारा का एक जाग्रत् मन्दिर बंगाल में भी है जिसका नाम है तारापीठ—यह कोलकाता के पास है।

अदरक वाली चाय पीकर हमने फिर रास्ता पकड़ा, यहाँ से छह किलोमीटर मात्र दूरी बची थी। ल्हासा के मूल केन्द्र बारखर स्क्वायर से सीधे आने पर तीस मिनट में मठ में पहुँचा जा सकता है।

हमें लेकर गाड़ी मठ के भीतर एकदम मठाध्यक्ष के दफ्तर के सामने आकर रुकी। मठाध्यक्ष गेशे रेप्तेन हमारी ही प्रतीक्षा कर रहे थे। खिड़की से हमें देखते ही बाहर आ गए। सुन्दर भरे हुए चेहरे वाले एक लामा ने हाथ जोड़कर बिल्कुल अपनों की तरह हमारा स्वागत किया।

उन्हें साष्टांग प्रणाम कर जब मैं उठा तो मेरे दोनों हाथ थाम आइए-आइए कहते हुए हमें घर के अन्दर ले गए। उनके हाव-भाव से ही लगा कि वे अति प्रसन्न हैं। मेरे गले में तांग्खा पहनाकर बोले—मुझे अफसोस है कि कल आपको लौट जाना पड़ा।

—अफ़सोस की कोई बात नहीं है। जोखांग के वयोवृद्ध ज्ञानी गुरु ने हमें यहाँ आने का निर्देश दिया था इसीलिए यहाँ आना हुआ। मैं ल्हासा इससे पहले भी आ चुका हूँ परन्तु बौद्ध अतीश के इस स्मृतिमन्दिर में नहीं आ पाया। समय नहीं मिला। सब उन्हीं की इच्छा है। आज समय मिला—वही लाए।—मैं यंत्र, तुम यंत्री, इच्छामयी तारा हो तुम...कहकर मैंने माँ तारा को प्रणाम किया। मेरी बातें सुनकर गेशे रेप्तेन हाथ जोड़कर बोले—आपने सही कहा। सब कुछ समय-सापेक्ष है। हम सभी उस

काल के फन्दे में फँसकर घूम रहे हैं। वही महाकाल हैं, जो सबके अगोचर बैठकर सब कुछ चला रहे हैं।

फिर हमारा वार्तालाप शुरू हुआ। गेशे रेप्तेन से मैंने कहा—आपको यदि आपत्ति न हो तो मैं आपको स्वामीजी कहकर सम्बोधित करना चाहता हूँ।

—आह, स्वामीजी! मैं इतना बड़ा नहीं हूँ। मैंने स्वामी विवेकानन्द, रामकृष्ण देव के कुछ लेख पढ़े हैं। वे सब बहुत उच्च मार्ग के ऋषि हैं।

मैंने उनकी भूल का संशोधन करते हुए कहा—रामकृष्ण परमहंस, स्वामी नहीं परमहंस थे, वह स्वामी विवेकानन्द के गुरु थे।

स्वामीजी थोड़ा अप्रस्तुत हुए—'जानते हैं, हम लोगों को, जिन पर मठ का दारोमदार है, दो भाषाओं का पूरा ज्ञान होना चाहिए—पहली भाषा चीनी और दूसरी तिब्बती। मेरी मातृभाषा तिब्बती है, चीनी भाषा जानता हूँ, अंग्रेज़ी सीखी नहीं। आप लोगों की भाषा संस्कृत, पालि, हिन्दी ये सब भाषाएँ मैं नहीं जानता।'

हम घर में बैठे चर्चा कर रहे थे। उसी समय एक संन्यासी ने स्वामीजी को बताया कि पूजा की तैयारी हो चुकी है।

स्वामीजी बोले—'यहाँ की पूजा शाक्यमुनि को समर्पित है। चाहें तो आप भी पूजा कर सकते हैं, हम देख लेंगे।'

—बहुत-बहुत धन्यवाद, मैं पुजारी ब्राह्मण नहीं हूँ, पूजा की विधि और मंत्र नहीं जानता। हम लोग तो पूजा देखते हैं, आरती का घंटा-घड़ियाल बजाते हैं, प्रसाद लेते हैं। जिन्हें गुरु-कृपा व आशीर्वाद प्राप्त है और जो दीक्षित हैं, वे ही सन्ध्या-पूजा-ध्यान करते हैं। हम गुरु, ब्राह्मण, पुरोहित, भिक्षु, श्रमण इत्यादि सभी अपनी-अपनी क्षमता व शिक्षा के अनुरूप पूजा-ध्यान और प्रार्थना करते हैं। आप पूजा करें, मंत्र-श्रवण और प्रतिमा-दर्शन कर मैं पुण्यार्जन कर लूँगा।

गेशे रेप्तेन अर्थात् मठाध्यक्ष स्वामीजी पूजा पर बैठे, मुझे अपने पास बैठाया। यहाँ भगवान का आसन आमने-सामने नहीं होता। हम दो पंक्तियों में बैठे, भगवान की वेदी हमारे दाहिनी ओर दूर पर। एक भिक्षु ने मेरी देह पर गाढ़े लाल रंग की एक चादर ओढ़ा दी। प्रार्थना शुरू हुई। पहले सोचा था कि हम मात्र पाँच जन हैं। मठाध्यक्ष के पूजा पर बैठते ही और प्रायः पन्द्रह संन्यासियों ने आसन ग्रहण किया। फिर शुरू हुआ अति गम्भीर व निम्न स्वर में मंत्र-पाठ। आवाज़ इतनी धीमी थी कि किसी भी सूरत में मध्य सप्तक तक नहीं पहुँच पा रही थी। यही है हिमालय की ध्वनि।

प्रायः एक घंटा तक प्रार्थना-पाठ कर, नगाड़ा व घंटा बजाकर और वज्रमुद्रा बनाकर स्वामीजी रुके। पूजा-प्रार्थना की समाप्ति पर हम उठे। स्वामीजी मुझे मठ-परिदर्शन कराने लगे—जानते हैं, अतीश ज्ञानी बौद्ध थे, जो हमें पापमुक्त करने के लिए हिन्दुस्तान से भगवान बुद्ध की अमृतवाणी लेकर आए।

स्वामीजी की उक्ति पर मैंने अपना मत व्यक्त किया—आप लोग देवात्मा हिमालय की सन्तान हैं, आप लोग तो जन्मे ही पापमुक्त होकर हैं। महायोगी अतीश अमृतस्वरूप बुद्धवाणी, निर्वाण-प्राप्ति की राह लेकर आए थे।

—हाँ, आपने ठीक ही कहा। वे तिब्बतराज के आमंत्रण पर तिब्बत आए थे। उनके शिष्य नारोपा ज्ञानी और विद्वान थे। वे बुद्धस्थान में तीर्थ करने भारत गए थे। वहीं उन्हें योग्य गुरु अतीश मिले थे। आपको और क्या बताऊँ, आप तो बंगाली हैं, सब जानते हैं।

—नहीं, ऐसा नहीं है, हम लोग बहुत करीबी थे इसीलिए उन्हें पहचान नहीं पाए। हिमालय का पार्वत्य सौन्दर्य दूर से ही अधिक सुन्दर लगता है। आप लोगों ने अतीश को पहचाना, उनके पांडित्य के मूल्य को समझा, उन्हें चिरस्मरणीय बनाया। आपके प्रति हम भारतीय, खासकर बंगाली, चिरकृतज्ञ रहेंगे।

—ल्हासा के इस अनिन्द्य सुन्दर अंचल का नाम है नेतांग। यहाँ के स्थान-माहात्म्य को महायोगी अतीश ने समझा था, अनुभव किया था इसीलिए उन्होंने यहाँ अन्तिम साँस ली। (ईस्वी सन् 982 में अविभक्त बंगाल में जन्म और तिरोधान सन् 1054 में) बहत्तर वर्ष की आयु में उन्होंने प्राण त्यागे। आइए, आपको एक अमूल्य धन दिखाऊँ।

यहाँ अनेक मन्दिर हैं, उन्हीं में से एक सुनहरे हरे रंग के मन्दिर में हम घुसे। गेशे ने अपने झोले से चाबियों का एक गुच्छा निकाला और उसमें से लोहे की एक लम्बी चिपटी चाबी निकाली। ताला-चाबी देखने लायक थे, लगभग हजार साल के गुप्त धन की चाबी। नेतांग के इस तारा-मठ की स्थापना अतीश के एक शिष्य ने की थी, जिसका नाम था द्रोम्तोम्पा (Dromtompa)।

—किसी दिन समय हो तो आइएगा, मैं विस्तृत विवरण के साथ आपको सब दिखाऊँगा। यहाँ सभी आते हैं, किन्तु हिन्दुस्तान के बंगाली तीर्थयात्री बहुत कम आते हैं और ल्हासा तक आते भी हैं तो इस मठ में वे नहीं आते। हिन्दू तीर्थयात्री सभी कैलासनाथ और मानसरोवर के दर्शन और परिक्रमा के लिए आते हैं।

उन्होंने मन्दिर का लौह-द्वार खोला और प्रणाम करने के पश्चात् मुझसे बोले—इस मन्दिर में तिब्बत के त्सेपामे (Tsepame) बुद्ध अमितायुश (Amitayus) का वास है। अमितायुश हमें दीर्घायु प्रदान करते हैं। उनके एक हाथ में आशीर्वाद और दूसरे में अमृतपात्र है। इसके बाद मेरे कान के पास मुँह लाकर अत्यन्त गुप्त कोई बात बताने की भंगिमा में कुछ बोले। अफ़सोस इस बात का कि चाहे जितनी भी गुप्त बात हो, सोनम को बीच में रखे बिना मेरा कोई चारा नहीं था। मैंने इशारे से सोनम को बुलाया। गेशे भी समझ गए कि और कोई चारा नहीं है, इसलिए ठीक है कहकर उन्होंने बात सोनम को समझा दी। सोनम मुझे बुलाकर बाहर लाया और उसने मुझे समझाया कि यह छोटी-सी मूर्ति अत्यन्त जाग्रत् है। मूर्ति का निर्माण अतीश के चिताभस्म से हुआ है। अतीश के दोनों ओर दो महाबुद्ध हैं, एक हैं दीपंकर अतीत

बुद्ध, तिब्बती भाषा में मारमेद्ज़े (Marmedze) और दूसरे हैं भविष्यत् बुद्ध जाम्पा। उनके पीछे कुछ और प्रतिमाएँ हैं बुद्धदेव की विभिन्न शक्तियों की। मौके का लाभ उठाकर मैंने जाँचने के लिए अपना पुराना प्रश्न किया—

प्रश्न : अतीश दीपंकर, यह दीपंकर शब्द क्या अतीश की पदवी है?

उत्तर : दीपंकर बुद्धदेव का आदिजन्म है। दीपंकर अलग हैं। महाज्ञानी अतीश के एक भक्त का नाम भी दीपंकर है। हम दीपंकर, शाक्यमुनि और अमिताभ बुद्धमूर्ति को अतीत, वर्तमान और भविष्य का प्रतीक मानते हैं। फिर भी अवलोकितेश्वर हमारे सर्व प्रकार के दुख-निवारक हैं। एक लाख वर्ष पार होने के पश्चात् दीपंकर ने शाक्यमुनि के रूप में जन्मग्रहण किया। समझे?

मैं समझ गया कि सहज भाषा का रास्ता छोड़कर मैंने व्याकरण का रास्ता पकड़ लिया है। हाथ में ठीक से समय लेकर बैठे बिना बुद्धतंत्र माथे में नहीं घुसेगा।

हमने एक और मन्दिर में प्रवेश किया। अत्यन्त भक्ति में अपनी भावनाओं को वे संयत नहीं रख पाए। एक बहुत पुराने काठ के बक्से के पास जाकर उन्होंने बड़े भक्ति-भाव से प्रणाम किया फिर कमर से चाबी के गुच्छे में से एक लम्बी-सी लोहे की चाबी निकालकर बोले—'मैं जानता हूँ आप बहुत ख़ुश होंगे।' काठ के बक्से के अन्दर पीले रंग की चादर में लिपटी एक पुस्तक को उन्होंने धीरे-धीरे खोला—देखते ही समझ गया कि बहुत पुराने तालपत्र पर नहनी से कुछ लिखा है। मुझे केवल दिखाया, फिर उन तालपत्रों को बड़ी सावधानी से चादर में लपेट काठ के बक्से में रखकर प्रणाम करने के बाद मेरी ओर देखकर बोले—'आप सचमुच भाग्यवान हैं, सचमुच भाग्यवान।' इसके पश्चात् हम बगल वाले कमरे में आए जहाँ चारों दीवारों पर छोटे-छोटे छज्जों पर लाल चादर से ढकी अनगिनत अलग पन्नों की पुस्तकें रखी थीं। मठाध्यक्ष ने पास खड़े एक संन्यासी से कहा कि ऊपर के उस कोने से अमुक नम्बर के कोटर से पुस्तक उतारे। मठाध्यक्ष के आदेश के अनुरूप संन्यासी ने सीढ़ी लगाकर ऊपर से पुस्तक उतारी। सामने की एक वेदी पर हम बड़े कुतूहल के साथ बैठे। अध्यक्ष महाशय ने अब मेरी ओर लक्ष्य कर कहा—'आप तो हिन्दुस्तानी हैं। यह पुस्तक, बक्से में जो पुस्तक आपने देखी थी, उसी से नकल की हुई है। बक्से की पुस्तक महामुनि अतीश स्वयं इस्तेमाल करते थे, इसीलिए वह इतनी बहुमूल्य और पवित्र है। आप सोच सकते हैं, उस पुस्तक पर महामुनि की उँगलियों की छाप है, उनके स्पर्श यानी अत्यन्त पवित्र स्पर्श को हमने सँजोकर रखा है। जानते हैं, इस द्रोल्मा लाखांग माँ तारा देवी के मन्दिर में महाज्ञानी महामुनि अतीश उन्हीं का ध्यान करते, पूजा करते और उनका प्रकाश चारों ओर फैला देते।' बातों ही बातों में उन्होंने चादर खोलकर पुस्तक बाहर निकाली। अब सचमुच अचम्भित होने की मेरी बारी थी। यह तो पुस्तक नहीं, एक विशाल रंगीन कपड़े पर काले रंग के छपे हुए अक्षर थे, नामावली की तरह। उन्होंने समझा दिया—'यह उस पुस्तक की ही नकल है। यह

तीन सौ वर्ष पुरानी है। इस प्रकार की एक सौ आठ चादरों पर भगवान बुद्ध की वाणी लिखी हुई है, क्योंकि उस युग में काग़ज़ तो था नहीं और तालपत्र आते थे भारत या चीन से। हमारी सारी धार्मिक पुस्तकें अजस्र ताम्रपत्रों पर खुदाई की हुई हैं। ये हिन्दुस्तानी भाषा में हैं, आप पढ़ पाएँगे, यह देवभाषा मैं तो नहीं जानता।' मन्दिर की खिड़कियाँ छोटी-छोटी और दीवारें किसी किले के समान मोटी हैं ताकि तिब्बत की भयंकर ठंड से और मनुष्यरूपी शत्रुओं से रक्षा की जा सके। यह कमरा चूँकि अजायबघर का काम करता है इसलिए बिजली का कनेक्शन नहीं है। यह संरक्षित गुप्त कक्ष है। इसमें मात्र एक खिड़की है, पढ़ने योग्य रोशनी का अभाव है। हम बाहर आए, बरामदे में दो व्यक्तियों ने चादर दीवार के सहारे खोलकर थामी तो मैं आश्चर्यचकित रह गया। आश्चर्य! ये देवनागरी अक्षर हैं या कि बांग्ला लिपि में पालि भाषा। बड़े-बड़े अक्षरों में दो श्लोक मैंने पढ़कर सुनाए—

सहस्समपि च वाचा अनथुपदसंहिता
एकं अथुपदं सेय्यो यं मुत्वा उपसम्मति...

मेरा पढ़ा श्लोक सुनकर मठाध्यक्ष बहुत ख़ुश हुए, फिर अधीर आग्रह से उन्होंने प्रश्न किया—इसका अर्थ क्या हुआ?

अब मेरी अल्प विद्या की पोल खुल गई। स्वामीजी को समझाते हुए मैंने कहा कि पालि और बांग्ला लिपि प्रायः एक सी हैं। भारत की प्राचीन भाषा संस्कृत से ही पालि की उत्पत्ति हुई है। भगवान बुद्ध की मातृभाषा पालि थी। बांग्ला पालि भाषा का ही आधुनिक रूप है। मैं पढ़ तो सकता हूँ परन्तु अर्थ बताना मुश्किल है। स्वामीजी ने मुझसे कोशिश करने का अनुरोध किया। मैं उत्साहित हुआ—ठीक है, देखा जाए—

सहस्समपि—सहस्र अपेक्षाएँ, वाचा—वाच्य या बात, अनर्थक...मुझे लगता है कि हज़ार अनर्थमूलक बातों की अपेक्षा एक सुखकर बात भली।

स्वामीजी ने मेरी बात सुनकर कहा—'चलिए, पास के पाठागार-भवन में।'

हम एक मन्दिर छोड़ दूसरे में आए। फिर सहयोगी संन्यासी ने कोटर में लिखे निर्देश के अनुरूप पालि भाषा का तिब्बती अनुवाद खोजकर निकाला। फिर एक और कोटर से कपड़े में लिपटी एक पुस्तक निकालकर टेबल पर रखी। इस कमरे में पर्याप्त रोशनी थी इसलिए पढ़ने में कोई असुविधा नहीं हुई।

स्वामीजी बोले—'तिब्बत में संस्कृत व अन्य हिन्दुस्तानी भाषाओं के अनुवाद के लिए विद्वान व्यक्तियों का आना-जाना था। अब सरकार ने तिब्बती भाषा से पुरानी पोथियों का चीनी भाषा में अनुवाद शुरू किया है और अनेक पुराने टूटे-फूटे मठों का नवनिर्माण शुरू किया है। आप तो जानते ही हैं, ल्हासा की काफी उन्नति हुई है, अनेक लोग, अनेक नौकरियाँ, सड़कें, कल-कारखाने, एयरपोर्ट और सबसे उल्लेख योग्य है तिब्बत में रेलमार्ग...' वे रुके क्योंकि इस बीच संन्यासी ने श्लोक का तिब्बती अर्थ खोज लिया था। भारी कागज पर छपे अक्षर। हम सभी उस पर

झुके—गेशे अर्थात् स्वामीजी ने फिर मैंने जो अर्थ निकाला था वह पूछा। कुछ टालमटोल करते हुए मैंने कहा—हज़ार निरर्थक बातों से भली है एक अच्छी बात। मैंने कहा कि यह अनुवाद नहीं, अन्दाज मात्र है।

अत्यन्त प्रशंसा के भाव में स्वामीजी बोले—भगवान तथागत ने उपदेश में कहा है—'हज़ार अनर्थवाचक बातों की अपेक्षा शान्ति व सुखकर एक बात ही श्रेयस्कर है'। मेरा सामान्य पालि भाषा का ज्ञान काम आ गया था।

स्वामीजी व सोनम की राय में मैं ज्ञानी हूँ। मामूली-सी प्रचेष्टा से मूल्यवान उपहार, इसी को तो कहते हैं भाग्य! और अधिक दूर न जाकर मैंने अपनी बात शुरू की। हठात् मैंने प्रश्न किया—

—अच्छा, तिब्बत में कहीं ज्ञानगंज नाम का कोई शहर या अंचल है?

सहयोगी संन्यासी ने फौरन मेरी बात लपक ली और कहा—हाँ, है। ठहरिए, मैं शब्दकोश देखता हूँ।—कहकर वह बगल के कमरे में गए फिर कुछ पुस्तकों को उलट-पलटकर बोले—गीयान्त्से का हिन्दुस्तानी नाम है ज्ञानगंज। यह देखिए, पुस्तक में लिखा है गीयान शब्द का संस्कृत अर्थ ज्ञान और गंज हमारी तिब्बती भाषा में त्से ज्ञानगंज का कुमबुम्।

आनन्द से मैं लगभग उछल पड़ा, तो मेरा अनुमान सही है।

अब हम उठकर स्वामीजी के कमरे में आ गए। शर्बत और ड्राई-फ्रूट लेकर एक अन्य संन्यासी ने कमरे में प्रवेश किया। स्वामीजी की इच्छा थी कि हम वहीं एक साथ खाना-पीना करते तथा और बातें होतीं, पर प्राय: तीन घंटे से आया हुआ हूँ अत: स्वामीजी का अमूल्य समय नष्ट करने के लिए क्षमा माँगकर मैं उठ गया। स्वामीजी ने बार-बार अनुरोध किया—आइए न शाम को, एक साथ माँ तारा की आरती करेंगे।

—अवश्य, अवश्य आऊँगा, तिब्बत में बैठकर माँ तारा की आरती, यह तो परम पुण्य का काम है। सत्कर्म और सत्संग तो है ही।

मठ की गाड़ी ने ही हमें शहर पहुँचा दिया।

ज्ञानगंज मिल गया है तो अब जितना जल्दी हो सके ल्हासा छोड़ना होगा। दोपहर को हम नेपाली रेस्तराँ में गए। मेरा उद्देश्य था वहाँ के नेपाली मालिक से फिर प्रश्न करना। यदि उत्तर एक ही हो तो और भी ठीक, और अधिक आनन्द की बात होगी। हमारे बैठते ही मालिक हाथ जोड़कर आ खड़ा हुआ—लगता है, हमारा इन्तज़ार ही कर रहा था। टूटी-फूटी हिन्दी और नेपाली भाषा में हमारी बातचीत शुरू हुई। उस सज्जन ने सोचा था कि मैं सीधे हिन्दुस्तान से आया हूँ। सोनम ने उसकी भूल को सुधारा कि मैं भारत में जन्मा हूँ, रहता यूरोप में हूँ और तिब्बत में यूरोपीय पर्यटक के रूप में आया हूँ। सज्जन का बेटा आया और हमारे खाने का ऑर्डर ले गया।

रेस्तराँ में काफी लोग थे, भोजन इत्यादि भी उत्तम था। मैंने रेस्तराँ मालिक से बैठने को कहा। अत्यन्त विनयपूर्वक वह हाथ जोड़कर बैठ गए। उन्हें जब पता लगा कि मैं हिन्दू हूँ तो वह और भी ख़ुश हुए। मौका देखकर मैंने पूछा—

—ज्ञानगंज कहाँ हैं, नाम सुना है क्या?

सुनते ही बिना किसी दुविधा के उन्होंने उत्तर दिया—गीयान्त्से को मेरे पिता हमेशा ज्ञानगंज कहते थे। बीरगंज नेपालगंज की तरह ही, जिसका मतलब होता है बड़ा बाजार। है न?

—हाँ, बिल्कुल ठीक। गंज माने हाट-बाजार, प्रसारित होता गाँव, शहर इत्यादि। मेरा उत्तर सुनकर वे बहुत ख़ुश हुए। उनके पिता अक्सर माल-असबाब खरीदने काठमांडू जाते थे।

—आजकल रास्ते अच्छे हो गए हैं और माल-असबाब लोगों से मँगवा लिया जाता है, उसमें खर्च भी कम और परिश्रम भी कम। धन्धा छोड़कर मैं कैसे जाऊँ, आपके आशीर्वाद से, देख ही तो रहे हैं कि सब कितना अच्छा चल रहा है।

हमारा भोजन आ गया। सुगन्ध ऐसी कि उसी से पेट भर जाए। मालिक ने कहा—सर, आराम से भोजन करिए।

वह उठ गए। सोनम बोला—मालिक का नाम है लामु, बड़ा भला आदमी है।

मैं अवाक् हो गया—ल्हासा में कोई नाम बोलता ही नहीं, तुमने लामु का नाम कैसे लिया?

सोनम ने हँसकर जवाब दिया—सरकारी अफ़सरों में कोई नाम नहीं बोलता, वे सब चीनी हैं। सरकार कहती है कि काम और नियम-कानून वही असल हैं, नाम की कोई दरकार नहीं। होटल, गाइड, दुकानें, व्यवसाय आदि गैर-सरकारी हैं, लिहाजा नाम लिया जा सकता है।

भोजन के पश्चात् हम होटल लौटे। थोड़ा विश्राम कर सोनम के ट्रैवेल ऑफिस के सर के साथ अपने टूर प्रोग्राम की विस्तारित चर्चा के लिए हाज़िर हुआ। सोनम उस समय बगल की चाय की दुकान में था। अफसर के कमरे में पहुँचते ही उन्होंने हँसकर अभिवादन किया—कैसा लग रहा है ल्हासा?

—बहुत अच्छा। बहुत ही अच्छा, सोनम साथ है, कोई असुविधा नहीं हो रही है।

—हाँ, इसीलिए तो उसे आपके साथ रखा है।

फिर हमारा मूल प्रसंग शुरू हुआ।

उनकी टेबल पर तिब्बत का विशाल नक्शा खुला है। नज़र डालते ही मैं समझ गया कि सारी लिखावट तिब्बती और चीनी भाषा में है, मेरे लिए समझ पाना असम्भव है। मुझे भरोसा दिलाते हुए उन्होंने कहा कि कोई असुविधा नहीं होगी। यह नक्शा ऑफिस के इस्तेमाल का है क्योंकि इसमें कई जगहें ऐसी हैं जहाँ पर्यटकों का जाना निषिद्ध है। 'समझ ही रहे होंगे, सरकारी नियम हैं।' टेबल पर रखे नक्शे

पर बड़े अक्षरों में चीनी भाषा और फिर तिब्बती भाषा में लिखा है जिसका अंग्रेजी अनुवाद है 'टिबेट ऑटोनोमस प्रोविंस एटलस'। सोनम के साथ बातें करने के पश्चात् सर ने वह नक्शा मोड़कर रख लिया और फिर एक छोटा नक्शा निकाला। अब मामला स्पष्ट हुआ—नक्शे के ऊपर चीनी और अंग्रेजी भाषा में लिखा है—'चायना-टिबेट टूर मैप'।

मैंने सीधे गीयान्त्से पर उँगली रखते हुए कहा कि यह है गीयान्त्से, मेरा गन्तव्य स्थल। वहाँ घूमने के पश्चात् उसके पास घूमूँगा परन्तु यह निर्भर करता है 'ज्ञानगंज' पहुँचने के बाद।

ट्रैवेल एजेंसी ने स्पष्ट बताया कि वहाँ जाने में किसी प्रकार की असुविधा तो नहीं है परन्तु गाड़ी छोड़ देनी होगी। गीयान्त्से में एक दिन से अधिक गाड़ी रखने के लिए अलहदा परमिट की दरकार होगी। केवल एक यात्री के लिए गाड़ी रखना मुश्किल है। उनके कानून के चलने पर तो मेरी गुरु की खोज असम्भव है। गाड़ी के लिए अतिरिक्त भाड़ा देने को राजी होने पर भी कानूनगत असुविधा है। मेरा यहाँ आने का मूल कारण है अतीत के उस रहस्यमय योगी-पुरुष की खोज करना—मेरा दृढ़ विश्वास है कि उनसे भेंट चाहे न भी हो परन्तु वे सचमुच थे या नहीं; मेरे जैसे अनेक राह से भटके हुए लोगों को उन्होंने पार किया होगा। मेरा जो कुछ भी है या अपना सर्वस्व देकर भी मैं उनके दर्शन पाना चाहता हूँ। मैं धनी नहीं हूँ, न व्यवसायी, न पत्रकार, मैं तो केवल उस महायोगी की कुछ खोज-खबर चाहता हूँ। वे थे, यह तो सत्य है किन्तु आज वे हैं या नहीं, इससे मैं अनजान हूँ। यह मेरे एक पुराने प्रश्न के उत्तर की आशा है, ठीक वैसे ही जैसे गुम हुए वृद्ध पितामह के बारे में जानने की इच्छा हो।

सर ने मेरी बात बड़े ध्यान से सुनी फिर अत्यन्त भारी स्वर में बोले—मैं सच्ची बात कहूँ, सुनेंगे?

—हाँ, कहिए।—मैंने उन्हें आश्वस्त किया।

—आपको क्या लगता है कि पचास वर्ष पूर्व के वे तांत्रिक गुरु आज भी जीवित हैं? यदि वे जीवित भी हों तो आपके हिसाब से उनकी आयु कम से कम सौ के आस-पास या कुछ अधिक होगी। उम्र की भी एक सीमा होती है और उस सीमा के पास पहुँचने के समय हमारा शारीरिक गठन, मनोभाव और इन्द्रियाँ दुर्बल हो जाती हैं। स्मरणशक्ति, दृष्टि, मनोबल आदि सब क्षीण हो जाता है। आप उन्हें पहचानेंगे कैसे? आप जैसा पर्यटक पाकर हम बहुत ख़ुश हैं, आपकी मदद करने से हमारा ही नाम होगा, खासकर अन्तर्राष्ट्रीय क्षेत्र में हमारे सहयोग के बारे में लोग जानेंगे। हम आपकी हर तरह से मदद करने को तैयार हैं किन्तु ज़रा अच्छी तरह सोचकर देखिए कि यह क्या भावुकता भरा बचपन का उच्छ्वास नहीं है? गाड़ी-गाइड-होटल-प्रवेश शुल्क-खाना-पीना इन सब पर आपका काफी खर्च होगा। मैं फिर कहता हूँ सर, कि आपकी

योजना व परमिट के मुताबिक हम सारी व्यवस्था करेंगे, यह हमारा वचन था और हम इसे पूरा करेंगे। किन्तु अन्तिम अनुरोध यह है कि आपके वे वृद्ध योगी-पुरुष यदि न मिले तो हमें दोष मत दीजिएगा—राजी हैं न?

—मैं बिल्कुल राजी हूँ। ये प्रश्न मैंने खुद अपने आपसे भी पूछे हैं। पानी में छलाँग लगा दी है तो अब तैरना भी होगा।

और आधे घंटे तक हमारी बातचीत चलती रही, इसके बाद उन्होंने और एक प्रस्ताव दिया। किसी अत्यन्त अन्तरंग मित्र की तरह उन्होंने कहा—'इससे कम खर्च में हम आपको किसी एवरेस्ट अभियान दल के साथ जोड़ देंगे, उससे आपका नाम होगा, प्रचार मिलेगा और मानसिक तृप्ति भी मिलेगी। आप तो जानते ही हैं कि एवरेस्ट के बेस-कैम्प तक आजकल हमेशा विदेशी टूरिस्ट और ट्रैकर जाते रहते हैं और फिर विराट अनुभव लेकर स्वदेश लौट जाते हैं। यह तो चीन सरकार की ही सफलता है।'

उन सज्जन की बातें मैंने बहुत अच्छी तरह सुनीं किन्तु किसी भी प्रकार अपना संकल्प नहीं छोड़ पाया। मैं बहुत तैयारी करके यहाँ आया हूँ, अतः कोई भी प्रलोभन मुझे पथभ्रष्ट नहीं कर पाया। अन्ततः तय हुआ कि हम अपने स्वप्न-शहर ज्ञानगंज की ओर कल ही रवाना होंगे। आगामी तीन दिनों के लिए अग्रिम युआन (चीनी मुद्रा) चुकाकर हमने समझौता-पत्र पर हस्ताक्षर किए। सुबह 9 बजे सोनम गाड़ी में मुझे होटल से ही ले लेगा। गाड़ी में और भी दो-चार व्यक्तियों को लेना होगा, ऐसा ही नियम है। अशेष धन्यवाद देकर मैं उठा। मैंने वचन दिया है कि आरती के समय तारा माँ के मन्दिर जाऊँगा। दो बार गया हूँ और दोनों बार खाली हाथ, लिहाजा मैंने सोनम से कहा कि वह मुझे पूजा-सामग्री की किसी अच्छी दुकान पर ले चले।

सोनम अति प्रसन्न हुआ, क्योंकि वह रास्ता ल्हासा का सबसे आकर्षक रास्ता है, जहाँ सब कुछ मिलता है। हम एक चौड़े से रास्ते पर आए। इस रास्ते पर रात के अलावा अन्य समय गाड़ियों का प्रवेश निषिद्ध है। मैं कहूँगा, यह ल्हासा का बड़ा बाजार है। भीड़ भरा। हर तरह की दुकानें बेतरतीब सी रास्ते के बीच में जगह दखल कर अपना-अपना सामान सजाकर ग्राहक फँसाने का फन्दा डाले खड़ी हैं। सोनम बोला—'सर, इन दुकानों में पूजा-प्रार्थना की हर चीज मिल जाएगी पर थोड़ा आगे चलिए, आपको एक मन्दिर दिखाता हूँ।' दुकानों और लोगों की भीड़ में किसी बाहर वाले के लिए गली पहचानना मुश्किल है, तिब्बती भाषा में रास्ते का नाम रामोच् लाम (Ramoche Lam) और चीनी भाषा में आका सियाओझाओसी लू है। सम्पूर्ण तिब्बती वातावरण है, चाय की प्रत्येक दुकान के सामने लड़कियाँ लम्बे चोंगे से इमामदस्ते की तरह चाय में मक्खन मिला रही हैं—चाय की बिक्री हो रही है। चाय का चोंगा हाथ में लेकर वार्तालाप, हास-परिहास और अड्डेबाजी, ल्हासा का वास्तविक तिब्बती स्वरूप यही है।

और थोड़ा आगे बढ़कर बाएँ नज़र फेरते ही आँखें ठहर गईं। अत्यन्त सुन्दर एक रंग-बिरंगा तोरण। हम तोरण तक बढ़ गए। तोरण के बाद ही चार रक्षा-दानवों, मन्दिर-रक्षकों की चार भयंकर मूर्तियाँ थीं। सोनम ने कहा—यही है ऐतिहासिक रामोच् मन्दिर। हम और आगे नहीं बढ़ पाए क्योंकि मन्दिर प्रदक्षिणा और दंडी प्रणाम की भीड़ थी। मन्दिर सूर्यास्त के समय बन्द होगा, उसके पूर्व ही तीर्थयात्रियों को परिक्रमा दंडी समाप्त कर लेनी होगी। निस्सन्देह, इस मन्दिर में अत्यन्त सुन्दर तिब्बती व चीनी स्थापत्य का अपूर्व प्रदर्शन है। कहते हैं, यह तिब्बत का सबसे प्राचीन मन्दिर है। तिब्बतराज महापवित्र स्रोंग्त्सेन गाम्पो (King of Tibet Great divine Srongtsen Gampo) की दो महारानियों द्वारा लाई गई दो देवताओं की मूर्तियों को यहीं लाकर रखा गया था। चीन की राजकुमारी वेंग-चेंग दहेज में लेकर आई थी एक छोटी ड्रैगन-मूर्ति और नेपाली राजकुमारी भृकुटी अपने साथ लाई थी एक छोटी-सी बुद्ध-मूर्ति। शाक्यमुनि राजकुमारी के इष्टदेव थे। ल्हासा का जोखांग मन्दिर तब तक बना नहीं था और पोताला प्रासाद तो उसके भी अनेक वर्षों बाद तैयार हुआ था।

—पोताला का प्रासाद कौन-से साल में तैयार हुआ था?

मेरे प्रश्न के उत्तर में सोनम ने किसी दुविधा में पड़े बिना कहा—सर, पोताला प्रासाद का निर्माण लामा श्रेष्ठ पंचम लामा के समय शुरू हुआ था। पंचम लामा का असली नाम था न्गावांग लोबसांग गीयात्सो (Ngawang Lobsang Gyatso)। उनका जन्म ईस्वी सन् 1617 में हुआ था तथा मृत्यु 1782 में हुई थी। तिब्बतराज सोंग्त्सेन गाम्पो उनके भी बहुत पहले सातवीं सदी में हुए थे।

इसी रामोच् मन्दिर में ही चीन के ड्रैगन धर्म और बौद्ध धर्म की सबसे पहले स्थापना हुई थी। जिस प्रकार राजा ने तिब्बत को बौद्ध धर्म दिया था वैसे ही उन्होंने तिब्बत को एक देश के रूप में संगठित किया था। ल्हासा का रामोच् मन्दिर सबसे पहला और सबसे प्राचीन है। आम तिब्बतियों का विश्वास है कि शाक्यमुनि रामोच् मन्दिर में रहने के लिए ही रानी भृकुटी देवी के साथ आए थे। महायोगी अतीश भी पहले इसी मन्दिर में थे और फिर नेतांग चले गए थे। फल की एक दुकान पर आकर हमने पाँच किलो सेब, पाँच किलो अंगूर और पाँच किलो चावल खरीदा। कुछ और खरीदना था इसलिए मैं एक बड़ा थैला खोज रहा था। दुकानदार अनुभवी था, उसने अच्छा परामर्श दिया कि बैग या थैला न खरीदकर बाँस की एक डलिया खरीद लूँ। फलवाले की राय के मुताबिक सोनम एक सुन्दर डलिया खरीद लाया। बैग या डलिया का मूल्य एक ही है। ये चीन से बनकर आते हैं, ये चीजें तिब्बत में नहीं बनतीं। आजकल पर्याप्त फल और सब्जियाँ आ रही हैं इसलिए कीमत कुछ कम है। कुछ और पूजा सामग्री खरीदकर हमने रामोच् बाजार छोड़ा। टैक्सी स्टैंड पर आकर एक फोर बाई फोर (4 × 4) पकड़ी। सोनम ने मुझसे अनुरोध किया कि अधिक रात न हो क्योंकि

कल सुबह ही हमें निकलना होगा। फोर बाई फोर हमें (द्रोल्मा लाखांग) तारा माँ के मन्दिर ले जाएगा, वहाँ हमारे लिए रुकेगा फिर होटल पहुँचा देगा।

शाम के 6 बजे हम नेतांग पहुँचे। गेशे रेप्तेन जिन्हें हमने स्वामीजी की संज्ञा दी थी, हमें देखकर बहुत ख़ुश हुए। स्वागतम व प्रणाम निवेदन के पश्चात् हम सीधे माँ के मन्दिर में चले आए।

स्वामीजी ने एक नए लामा से परिचय कराया—कम उम्र का नया संन्यासी। वह किसी अन्य मठ से आए थे। वह कुछ-कुछ हिन्दी शब्द जानते थे, तीर्थ करने गया जा चुके थे। मैं अवाक् रह गया—'गया माने आप भारत गए थे?'

—हाँ, मुझे सरकार ने भेजा था। क्योंकि कल्चरल रिवोल्यूशन के कारण अनेक मठ और मन्दिर ध्वस्त हो गए थे। उन्हीं की मरम्मत में सरकार जी-जान से जुट गई है। अनेक पुरानी पोथियों का तिब्बती भाषा से चीनी भाषा में अनुवाद किया जा रहा है। वही मेरी शोध की विषयवस्तु है। देश की उन्नति और शिक्षा के लिए अनेक क्षेत्रों में भारत व चीन की संयुक्त प्रचेष्टा चल रही है।

समझ गया कि मठ में वह सरकारी प्रतिनिधि हैं। मठ के इस मध्य मन्दिर में सुबह आया था। शाक्यमुनि व अतीश के शिक्षागुरु सेरलिंग्पा और तेरहवें दलाई लामा की प्रतिमा ही मूल आकर्षण हैं, माँ तारा और उनके इक्कीस वरणीय रूपों की छोटी-छोटी मूर्तियों को दूसरी क़तार में स्थान मिला है। लौह-द्वार के भीतर अत्यन्त जतन और सुरक्षा में उन्हें रखा हुआ है। सुरक्षा के लिए माँ बन्दी हैं, न पूजा, न प्रार्थना-आरती। समवेत भक्तों की संख्या मात्र आठ। मैंने डलिया से पूजा का सामान निकालकर स्वामीजी के हाथों में रख दिया। सब देखकर वे बहुत ख़ुश हुए और मुझे समझाने के लिए कहा। मैंने कहा—सुबह मन्दिर में खाली हाथ आया था। माँ के दर्शन से मन नहीं भरा तो प्रतीकस्वरूप अभी कुछ नैवेद्य लाया हूँ।

ये फल और चावल नैवेद्य हैं हृदय के सुधासमुद्र के प्रतीक;
शुभ्र पुष्प हैं बुद्धि के प्रतीक;
गन्ध-पुष्प या चन्दनकाठ पृथ्वी या मिट्टी के प्रतीक;
धूपधूना प्राणवायु का प्रतीक
प्रदीप (बत्ती व घी समेत) तेज व प्रकाश के प्रतीक!
स्वामीजी के हाथों में सौंपकर मैंने मन ही मन में कहा—

तारायै विद्महे महोग्रायै धीमहि तन्नो देवी प्रचोदयात्

पहले निम्न स्वर में फिर छन्द के लिए झुलाए गए डमरू पर आघात पड़ा, प्रार्थना शुरू हुई। हम सब बैठे थे, माँ की बेदी के सामने नहीं, वह तो भारतीय रीति है, यहाँ हम माँ के सामने थे किन्तु माँ थीं हमारी दाहिनी ओर।

अन्त में नए संन्यासी ने हाथ जोड़कर माँ को प्रणाम किया। उनके मंत्रोच्चारण ने तो और भी आश्चर्यचकित कर दिया। मंत्रोच्चार में मैंने भी साथ दिया—

ओम् आर्य तारा सपरिवारे अर्घ प्रतिच्च हुम् स्वाहा
ओम् आर्य तारा सपरिवारे प्रद्मं प्रतिच्च हुम् स्वाहा
ओम् आर्य तारा सपरिवारे पुष्पे प्रतिच्च हुम् स्वाहा
ओम् आर्य तारा सपरिवारे धूपे प्रतिच्च हुम् स्वाहा
ओम् आर्य तारा सपरिवारे आलोके प्रतिच्च हुम् स्वाहा
ओम् आर्य तारा सपरिवारे गन्धे प्रतिच्च हुम् स्वाहा
ओम् आर्य तारा सपरिवारे नैवेद्ये प्रतिच्च हुम् स्वाहा
ओम् आर्य तारा सपरिवारे शब्दे प्रतिच्च हुम् स्वाहा...

पूजा के अन्त में हम सभी ने दंडवत् प्रणाम किया और उसके बाद ऑफिसघर में फिर से बैठे। बैठते ही चाय आ गई, स्वामीजी बोले—यह बहुत अच्छी चाय है। युन्नान के चाय-बागान से सीधे यहाँ आती है, मेरा एक चीनी भक्त ले आता है। अशेष धन्यवाद देते हुए मैंने चाय की चुस्की ली और फिर बातों ही बातों में कहा कि तिब्बत की माँ तारा की यह मूर्ति मुझे बहुत अच्छी लगी। भारत में माँ काली और माँ तारा का रूप प्राय: एक सा है। तिब्बत में आर्य तारा, सब्ज़ तारा, शुभ्रा तारा को देखा है, उनके दो हाथ और शारीरिक गठन काफी-कुछ देवी सरस्वती जैसा ही है—इसीलिए तारा का एक और नाम है नील सरस्वती। तिब्बत की यह तारा मूर्ति मैंने पहले नहीं देखी। ताराशतनाम स्तोत्र के साथ लगभग मेल खाती है। जहाँ तक याद आता है '...तारिणी तरला तन्वी तारा तरुणवल्लरी, तीव्ररूपा तनुश्यामा तनुक्षीण पयोधरा उग्र उग्रप्रभा नीला कृष्णा नील सरस्वती, नित्या नवीना नित्यनूतना...'। बहुत वर्षों पुराना मुखस्थ एक सुन्दर वर्णन याद आ गया, सो बोल बैठा। तिब्बत के इस अनिन्द्य सुन्दर मन्दिर में उस भुवनी ने अपना पीठस्थान चुन लिया है।

हमारी माँ तारा ही तिब्बत में द्रोल्मा हैं। प्रसंगवश मैंने कहा कि मूल प्रकृति ही सर्वशक्ति का आधारस्वरूप है। जगत-ब्रह्मांड सृष्टि के मूल में दो शक्तियाँ हैं—एक है चंचल और दूसरी है अचंचल। एक अस्थिर है और एक स्थिर। वैज्ञानिक कहते हैं स्थिर शक्ति (Statical Energy) जैसे कैलास पर्वत या पहाड़, शिव उसी के प्रतीक हैं। चंचल (Dynamic) जिसे कहते हैं गति विज्ञान। लहरें, आँधी, वज्रपात, झरना, समुद्रस्त्रोत इन सबके पीछे है एक शक्ति। यही शक्ति तंत्र की शक्ति है। नारी रूप में गौरी, महेश्वरी, तारा, पार्वती उसी की प्रतीक हैं। केवल पृथ्वी ही नहीं, विश्व ब्रह्मांड की सृष्टि व प्रलय के मूल में भी यही शक्ति है। इस शक्ति को दस हिस्सों में बाँटा गया है—एक-एक हिस्से को कहते हैं महाविद्या। प्रत्येक महाविद्या की शक्ति-गुण से महाविद्याधारिणी शक्ति की सृष्टि हुई है।

दस महाविद्या की प्रतीक हैं दसमहाविद्या देवी, वही सृष्टि, स्थिति तथा प्रलय का मूल कारण स्वरूप हैं। उन्हीं के नाम हैं—काली, तारा, षोडशी, भुवनेश्वरी, भैवी, छिन्नमस्ता, धूमावती, मातंगी, कमला, बगलामुखी।

काली और तारा के साथ ही हमारा घनिष्ठ सम्बन्ध है। वही हमारे मन की अन्तर्यामी माता हैं। दरअसल काली, तारा, दुर्गा, पार्वती सभी उस एक शक्ति की विभिन्न अभिव्यक्तियाँ मात्र हैं। बुद्ध धर्म के साथ तंत्र का जो विराट संयोग और सहअवस्थान है वह तिब्बत में ही बारम्बार नज़र आता है। गुरु अतीश, मापा, नारोपा, मिलारेपा ये ही इस बुद्धतंत्र के पुरोधा हैं। भक्ति के साथ साधना के मार्ग का एक सुन्दर सोपान है।

बुद्ध धर्म में माँ तारा का आगमन आर्य-धर्म या भारत के भक्तिमार्ग की ही बात कहता है। मेरी बात सुनकर नए संन्यासी को बहुत ख़ुशी हुई। फिर कोई गुप्त रहस्यमय बात कहने की भंगिमा में बोले कि तिब्बत में एक और विस्मयकारी घटना घटी है, तिब्बत के सभी दलाई लामा तारा की आराधना करते थे।

दलाई लामाओं के मूल ध्यान की पद्धति है काल-चक्र, तांत्रिक, अति गूढ़ तत्त्व। इस काल-चक्र साधना का मूलमंत्र है तारा-मंत्र। स्त्रीशक्तिस्वरूपा सब्ज़ तारा, शुभ्र तारा। पंचम और सप्तम दलाई लामा संस्कृत भाषा जानते थे। तारामंत्र की विशद व्याख्या और साधना-प्रणाली वे स्वयं लिख गए हैं। उन दोनों ने ही यह स्पष्ट निर्देश दिया है कि योग-साधना के लिए प्रतिमा अत्यन्त आवश्यक है। नए संन्यासी की बात सुनकर मैं अवाक् हो गया क्योंकि शाक्यमुनि, अमिताभ, ध्यानीबुद्ध, मैत्रेय, अवलोकितेश्वर सभी पुरुष थे। महाकाल ईश्वर, काले रंग की भयानक तांडवमूर्ति, भी तो पुरुष हैं। महाकालेश्वर के स्त्री रूप की कल्पना महाकाली रूप में की जा सकती है। मैंने सोचा था काल-चक्र उसी महाकाली का ही साधना तत्त्व है। नए संन्यासी की बातों से मेरे मन की दुविधा मिट गई। बहुत दिनों के एक गूढ़ प्रश्न का उत्तर मुझे सहज ही मिल गया। माँ तारा तो दसमहाविद्या की ही द्वितीय शक्ति हैं। काली के साथ तारा का अन्तर बहुत कम है, और नील सरस्वती तो माँ तारा का ही एक और रूप हैं। तिब्बत के खासकर ल्हासा क्षेत्र की रक्षा-देवी का नाम है पालडेन् लामो जिसका संस्कृत शब्द है 'श्रीदेवी'। वास्तव में यही हैं महाकालेश्वर की स्त्री-शक्ति। गहरे नीले रंग की श्यामा काली। व्याघ्रचर्मधारिणी भयंकरा अश्वतर यानी गर्दभ पर सवार हैं। उन्हें अर्थात् इस भयंकरा शक्ति श्रीदेवी, नीले रंग की पालडेन् लामा को मैं काल-चक्र की इष्टदेवी समझा था। नए संन्यासी ने मेरी भूल का संशोधन करते हुए जोर देकर कहा कि दलाई लामा या गेलुक्पा सम्प्रदाय की इष्टदेवी हैं द्रोल्मा। प्रथम दलाई लामा ग्याल्वा गेनडन द्रुप (Gyalwa Gendoun Droup, 1391-1479) स्वयं सब्ज़ तारा की पूजा-पद्धति संस्कृत भाषा में लिख गए हैं। सप्तम दलाई लामा ग्याल्वा काल्ज़ांग ग्यात्सो (Gyalwa Kalzang Gyastso, 1708-57) भी अपने हाथों से शुभ्रा तारा का मंत्र लिख गए हैं। पंचम दलाई लामा ने भी काल-चक्र का विवरण दिया है, वे द्रोल्मा या माँ तारा का जाप करते थे। उनके द्वारा रचित तारा ध्यान सूत्रावली काल-चक्र समाप्ति की शिक्षा में शोध का विषय

है। पंचम लामा ग्याल्वा लोबसांग ग्यात्सो (Gyalwa Lobzang Gyatso, The 5th Dalai Lama, 1617-82) ने जो कुछ भी लिखा, सब हमारे मूल केन्द्र में संरक्षित है।

हमारी आपसी चर्चा से स्वामीजी बहुत आनन्दित थे। हमारे ज़रा-सा रुकते ही उन्होंने सोनम से कहा—'इन हिन्दुस्तानी पंडित को तुम सामिये मोनेस्ट्री ले जाओ, उन्हें बहुत अच्छा लगेगा।'

—मैं हिन्दुस्तानी जरूर हूँ पर विद्वान या पंडित नहीं। मैं तो परिव्राजक हूँ।—स्वामीजी के कथन पर मैंने आपत्ति जताई।

—हमारे लिए तो आप पंडित ही हैं।

स्वामीजी को सहज ही छोड़ते न देख मैंने कहा—'मैं तो एक अति साधारण पथिक हूँ। मेरे पास कष्ट से अर्जित की हुई कोई विद्या नहीं है। जो कुछ है, वह राह चलते-चलते बटोरा हुआ है। जहाँ विद्वत्ता नहीं वहाँ विद्वान शब्द नहीं जँचता।'

—आपकी बातें कोई रटी हुई विद्या नहीं है, यह हम समझ पा रहे हैं। यह आपका अनुभव, आपके अन्तर की बातें हैं। जहाँ अनुभूति है, वहीं तो उपलब्धि है...

अचानक नए संन्यासी ने उठकर तालियाँ बजाईं और बोले—

—वाह! बहस बहुत बढ़िया जम रही है। चलने दीजिए...

अचानक जैसे मुझे होश आया...मैं समझ गया कि अनजाने में ही मैं तर्क की ओर जा रहा हूँ। तिब्बत के प्रत्येक मठ में तर्क एक बहुत बड़ा विषय है, विद्या और शिक्षा का प्रथम और प्रधान वाहक। इसीलिए मैं पुराने प्रसंग पर लौट आया।

—हाँ, तो आप सामिये मोनेस्ट्री जाने की बात कर रहे थे।

सोनम ने फिर स्वामीजी की बातों का अनुवाद करना शुरू किया :

सामिये मठ पंडितजी को बहुत अच्छा लगेगा, वहाँ का मुख्य आकर्षण है नदी के ऊपर का प्राकृतिक सौन्दर्य। वहाँ जाते ही रहने की इच्छा होगी। विदेशी पर्यटकों का मन मोह लेनेवाली जगह है। पंडितजी के लिए वहाँ का इतिहास आकर्षक है। तिब्बत के धार्मिक इतिहास का प्रारम्भ उस सामिये मठ से ही है।

उसी मठ में गुरु रिम्पोचे रहे थे और वहीं से उन्होंने अपनी ईश्वरीय शक्ति के बल पर पुराने तिब्बती भूत-प्रेत और दानवों को धीरे-धीरे भगाया था। गुरु रिम्पोचे हिन्दुस्तानी महापंडित थे। भारत में वे पद्मसम्भव के नाम से परिचित थे। तिब्बत में वही पहले और आदि धर्म-गुरु थे। तिब्बत के राजा के अनुरोध पर पुराने बन् धर्म के साथ मेल बैठाकर 'तिब्बती बुद्ध धर्म' की स्थापना की थी। तिब्बत का तर्क-शास्त्र उन्हीं की रचना है। वे बुद्धावतार महापुरुष थे, आप उनके बारे में अवश्य जानते होंगे।

—महापंडित पद्मसम्भव हमारे भी पूज्य हैं, परन्तु आप लोगों ने तो उन्हें देवता का दर्जा दिया है।

—हाँ, सामिये मठ की एक और विशेषता है, जो आपको बहुत अच्छी लगेगी। हिन्दुस्तान के और एक महापुरुष शान्तरक्षित परवर्ती समय में इस मठ के अध्यक्ष हुए। उन्होंने हिन्दुस्तान एवं चीन के पंडितों को लाकर तिब्बती भाषा में बुद्धदेव की वाणी और धम्मपद का अनुवाद कराया था। वे सुविख्यात नालन्दा शिक्षा प्रतिष्ठान के मठाध्यक्ष थे। सामिये मठ को देखकर ही समझ जाएँगे कि वह तिब्बत का सर्वप्रथम शिक्षा-प्रतिष्ठान है।

नवीन संन्यासी जब रुके तो सोनम ने बार-बार जोर दिया कि सामिये मठ दिखाए बिना पंडितजी को न छोड़ा जाए क्योंकि सामिये मठ तिब्बत का एक पारम्परिक केन्द्र है जहाँ काल-चक्र के मूल देव-देवियों को देखा जा सकता है। और आर्यपाल (Aryapal) मन्दिर में उन श्रेष्ठ पंडितों और शिक्षाविदों का विशद वर्णन मिलेगा जिन्हें महास्थविर प्रज्ञापारमिता भगवतश्रेष्ठ शान्तरक्षित चीन और हिन्दुस्तान से ले आए थे। और कुल जमा बात यह कि वहाँ तारा देवी या द्रोल्मा की बढ़िया मूर्ति भी है। मैं समझ गया कि नवीन संन्यासी ने मुझे विशिष्ट व्यक्ति मान लिया है। अन्त में वह बोले कि यहाँ से वहाँ जाने में कोई असुविधा भी नहीं है, बारखर स्क्वायर से सामिये फेरी के लिए हर घंटे बस जाती है फिर वहाँ से नदी पार होकर सामिये मठ तक बस जाती है। यहाँ से सुबह चलेंगे तो दोपहर तक मठ में पहुँच जाएँगे।

उनकी बात सुनकर सोनम बोला कि वहाँ जाने में दो असुविधाएँ हैं। पहली तो यह कि हमारी भ्रमण-योजना में सामिये मठ का उल्लेख नहीं है, और समय कम है। दूसरी असुविधा यह कि उस मठ में जाने के लिए मुझे पी.एस.बी. (Public Security Bureau) की अनुमति लेनी होगी।

सोनम की बात सुनकर नवीन संन्यासी निरस्त्र हो गए। उन्हें उत्साहित करने के लिए मैंने कहा कि आपने जो अमूल्य तथ्य दिए हैं, वे मेरे लिए महामूल्यवान हैं। मैंने सब जान लिया है एवं हिन्दुस्तान से अनेक लोग जो इस ओर आएँगे, ये तथ्य मैं उन्हें बता दूँगा। ये सारे ऐतिहासिक तथ्य हमारी अमूल्य निधि होंगे। हाँ, जिन्होंने बौद्धतंत्र की पढ़ाई की है या कर रहे हैं, वे तो निश्चय ही इन तथ्यों को जानते होंगे।

चर्चा रोकनी पड़ी। स्वामीजी बोले—'चलिए, भोजन के लिए बुलावा आ गया है।'

भोजन के लिए हम बगल के मकान में आए।

साम्पा, बार्ली का सूप, उसके साथ कॉफी और तले हुए आलू—यही मठ का रात्रिकालीन भोजन था। भोजन-कक्ष में खूब मजमा जमा था। स्वामीजी को देखते ही सब चुप हो गए। बिना किसी परिचय के सीधे जाकर आसन पर बैठ गया। समझ गया, भोजन चुपचाप सेवन करना होगा।

भोजन के पश्चात् बरामदे में आते ही सोनम ने जल्दबाजी मचाई—चलिए सर, हमें बहुत देर हो गई है।

जी भरकर धन्यवाद और कृतज्ञता जताकर हमने विदा ली। नवीन संन्यासी भी हमारे साथ गाड़ी में बैठे, वे बारखर मन्दिर से संलग्न कोठी में रहते हैं।

अभी रात है, बाहर की दृश्यावली अन्धकार की ओट में है।

गाड़ी छोड़ते ही सोनम मेरे घुटने को छूकर बोला—'जानते हैं सर, मैं सारी बातों का अनुवाद नहीं कर पाया, मेरा अपराध क्षमा कर दीजिएगा। हमारे साथ जो जा रहे हैं, वे यहाँ के उच्च श्रेणी के लामाओं के शिक्षक हैं, बहुत शिक्षित व्यक्ति हैं, तिब्बती भाषा में हम उन्हें दुन्बो (Dunbo) कहते हैं। आप हिन्दुस्तान से आए हैं, यह सुनकर वे मठ में आए हैं आपके प्रति श्रद्धा-निवेदन करने।'

जवाब में मैंने कहा—'मुझे बहुत अच्छा लगा परन्तु अफसोस इस बात का है कि मेरे पास समय बहुत सीमित है। मुझे ज्ञानगंज जाना ही होगा। अपने पुराने तांत्रिक गुरु की खोज में आया हूँ, और उन्हें खोजकर पाना ही होगा।'

मेरी बात सुनकर दुन्बो बोले—'ठीक है, अपने संकल्प के अनुसार आप जाएँ। सोनम, तुम पंडितजी को गीयान्त्से का शालू मठ दिखा देना और पुराने तिब्बती इलाके में ढूँढ़ना, वहाँ वृद्धों में अनेक ज्ञानी लामा हैं, हो सकता है, कोई अता-पता बता पाए।'

देखते-देखते हम शहर पहुँच गए। नवीन संन्यासी यानी दुन्बो ने, फिर अवश्य भेंट होगी और ल्हासा लौटकर हम उनके घर जरूर जाएँ, यह अनुरोध किया और सोनम से बार-बार कहा कि हिन्दुस्तानी पंडितजी को फिर जरूर लाना।

बारखर स्क्वायर में हम सभी ने गाड़ी छोड़ दी। सभी को अजस्र धन्यवाद देकर मैंने 'शुभरात्रि' कहा।

गीयान्त्से : हमारा गहन रहस्य ज्ञानगंज

मैं सुबह 9 बजे से ही बैठा था। लेकिन होटल में गाड़ी 10 बजे आई। गाड़ी में और दो व्यक्ति थे, दोनों ही विदेशी थे। परिचय हुआ, एक कनाडा का है और दूसरा बेल्जियम का। कनाडा के सज्जन ने कैमरे का काफी कुछ साज-सामान ले रखा था, वह तो तकदीर अच्छी थी कि सोनम ने गाड़ी में सामने की सीट मेरे लिए दखल कर रखी थी। गाड़ी और ड्राइवर नए थे। गाड़ी चली। गाड़ी में हम तीन पर्यटक, दुभाषिया और गाइड सोनम तथा ड्राइवर लामा सवार थे।

ल्हासा छोड़ने से पहले हम रुके। हम सभी कॉफी के भक्त थे। एक चीनी दुकान के सामने गाड़ी रुकी। मात्र दस मिनट ठहरकर हम फिर रवाना हुए। सोनम आज बहुत ख़ुश था। उसने खुलकर कहा कि उसकी असल जगह सड़कें हैं। असल में वह गाइड है, दुभाषिया नहीं, परन्तु दुभाषिए का काम उसे करना ही पड़ता है और यह उसके 'सर' पर निर्भर करता है। सोनम ने हमें पहले ही सावधान कर दिया कि किसी

भी वक्त पुलिस हमें रोक सकती है और हमें अपने पासपोर्ट, ट्रैवेल परमिट इत्यादि दिखाने को कह सकती है। चिन्ता की कोई बात नहीं है क्योंकि हमारे सारे आवश्यक कागजात ठीक-ठाक हैं। बस हमें धैर्य रखना होगा। सरकारी नियम मानने को हम बाध्य हैं। सोनम ने आश्वस्त किया कि हमारी ओर से वही पुलिस से बात करेगा।

फिर कुछ देर चुप रहने के बाद उसने बोलना शुरू किया—'त्सांग (Tsang) तिब्बत का एक पारम्परिक प्रदेश है। प्रथम आकर्षण है यहाँ का पहाड़ी सौन्दर्य, उसके बाद सुन्दर उपत्यका, पहाड़ी नदी और अत्यन्त सुन्दर मनोरम झरना। हम अभी की-चू (Kyi-Chu) होकर जा रहे हैं। 'चू' तिब्बती शब्द है जिसका अर्थ है नदी, जो हमारे बाईं ओर है। पुराने चीन के साथ यदि तुलना करें सर तो आपको विराट परिवर्तन नज़र आएगा। धर्म पहले की तरह ही है। तिब्बत में अल्पसंख्यक सम्प्रदाय की रक्षा के लिए पी.आर.सी. (People's Republic of China) चीनी जन गणराज्य विशेष रूप से सतर्क है। उनके धार्मिक अधिकारों व परम्परा को बरकरार रखने के लिए कानून के सहारे उनके अधिकारों की रक्षा की जा रही है। आप विदेशी हैं, विभिन्न सूत्रों से आपके पास विभिन्न समाचार पहुँचे होंगे। आपसे सरकार का विशेष अनुरोध है कि आप आँखें खोलकर देखें कि एक वक्त का अवहेलित तिब्बत, आज एक नए रूप में नज़र आ रहा है। आप यह बात ध्यान में रखें सर कि तिब्बत की उन्नति का अर्थ ही है चीन की उन्नति। कल-कारखाने, परिवहन व्यवस्था, शिक्षा, स्वास्थ्य, व्यवसाय-वाणिज्य दिन-पर-दिन बढ़ते ही जा रहे हैं। सर, इस रास्ते को देखें—इसका नाम है नॉर्दर्न फ्रेंडशिप हाइवे (Northern Friendship Highway)। कितनी अच्छी सड़क है बताइए तो! यह सड़क तिब्बत के पूर्व-पश्चिम सीमान्त को स्पर्श करती है। थोड़ी ही देर में हम ब्रह्मपुत्र और की-चू नदी के संगमस्थल पर जाएँगे फिर सीधे दक्षिण का रास्ता पकड़ेंगे।' सोनम गाड़ी में बैठा माइक्रोफोन पर बोल रहा था। कोई दूसरा चारा नहीं था, क्योंकि गाड़ी में मैं अकेला नहीं था, गाड़ी के इंजन की आवाज़ के कारण बिना माइक के उसकी आवाज़ पीछे सुनाई नहीं देगी। लिहाजा, अच्छा न लगते हुए भी मैं सुनने को बाध्य था। हठात् गाड़ी की रफ्तार कुछ कम हुई, सोनम ने कहा—'यह चेक-पोस्ट है। वीजा, परमिट सब दिखाना होगा।' हम गाड़ी में बैठे रहे, सोनम हमारे काग़ज़ात लेकर ऑफिस में गया। थोड़ी ही देर में ड्राइवर का भी बुलावा आया। हमने गाड़ी से उतरकर शरीर सीधा करते हुए आपस में बातचीत शुरू की। आला बेल्जियम के और क्रिस कनाडा के मोंट्रियल अंचल के फ्रेंचभाषी कनाडियन हैं और मैं भी कामचलाऊ फ्रेंच भाषा बोल लेता हूँ। फ्रेंच भाषा में ही हमारी बातचीत शुरू हुई। वे तिब्बत में पहली बार हांगकांग होते हुए ल्हासा आए हैं। थोड़ी ही देर में एक अफ़सर निकलकर आया, हमारी गाड़ी का नम्बर और पासपोर्ट के साथ हमारे चेहरों का मिलान कर 'गुड मॉर्निंग' कहकर हमें छोड़ दिया। हमने फिर रास्ता पकड़ा। दोनों तरफ के दृश्य सुनसान, उबाऊ से

लग रहे थे, फिर अचानक बदलाव आया और हम की-चू (कई लोग इसे ल्हासा नदी कहते हैं) और ब्रह्मपुत्र के संगम पर आ पहुँचे। दूर एक मन्दिर है जहाँ शाक्यमुनि की पूजा होती है, वहाँ मात्र दो लामा हैं। पता नहीं क्यों, ब्रह्मपुत्र के दर्शन मात्र से सम्पूर्ण शरीर कुछ लहर सा उठा। एक पुल पार कर हम कुछ दूर जा खड़े हुए। ब्रह्मपुत्र का दृश्य अपूर्व लग रहा था। संगम का दृश्य देखकर और उसके बाद चाय पीकर हमने फिर रास्ता पकड़ा। देखते-देखते एक घंटा बीत गया। हमने नॉर्दर्न हाइवे छोड़कर सदर्न हाइवे पकड़ा। सोनम ने फिर हमारी भूल सुधारी और ज़ोर दे-देकर कहा—नॉर्दर्न फ्रेंडशिप हाइवे, सदर्न फ्रेंडशिप हाइवे। हिमालय के प्रत्येक देश के साथ इस सड़क के माध्यम से सम्बन्ध है और वह सम्बन्ध 'बन्धुत्व' का है।

अब हमने पहाड़ी रास्ता पकड़ा। पीछे ब्रह्मपुत्र नदी धीरे-धीरे पहाड़ की तरंग में गुम हो गई। कुछ देर चलने के पश्चात् हमने पहाड़ पर चढ़ना शुरू किया। ऐसा लगा मानो नीचे उतरकर फिर चढ़ रहे हों। थोड़ी देर बाद फिर ब्रह्मपुत्र नज़र आई, जिसे तिब्बती यालुंग सांग्पो कहते हैं। यहाँ से दृश्यावली बड़ी सुन्दर नज़र आ रही थी। नदी के दोनों ओर नीली बालुचरी साड़ी के आँचल के समान नज़र आ रही थी। मनोरम दृश्य को कैमरे में कैद करने के लिए हम रुके। मौका मिला तो मैंने सोनम से पूछा कि ब्रह्मपुत्र और की-चू नदी के संगम पर किसी मेले, पूजा या किसी विशेष पर्व पर स्नान के किसी उत्सव या अनुष्ठान का आयोजन होता है कि नहीं। जवाब में सोनम ने बेझिझक कहा कि पहले शायद होता हो परन्तु राजनीतिक कारणों से आजकल अनेक उत्सव रद्द हो गए हैं। ल्हासा में आजकल अधिकांश उत्सव चीन के राष्ट्रीय उत्सव के साथ मिश्रित हो गए हैं। विभिन्न मठों-मन्दिरों ने पुरानी परम्परा को आज भी बरकरार रखा है किन्तु पुराने उत्सवों के लिए सरकारी अनुदान या सहायता नहीं मिलती। सारी सहायता व्यक्तिगत रूप से आती है।

सोनम ने हमें शीघ्रता करने को कहा। हमें जल्दी-जल्दी चढ़ना होगा। ख़ुशक़िस्मती से आज आसमान काफी साफ है, हमें और ऊपर चढ़ना होगा। हम हिमालय पर ही चढ़ रहे हैं। एक दर्रा पार कर हम फिर दूसरी ओर उतरेंगे। गाड़ी चली। हालाँकि इसका नाम सदर्न फ्रेंडशिप हाइवे है परन्तु वास्तव में यह पुराना पहाड़ी रास्ता है। स्पष्ट लगता है कि पुराने रास्ते को ही कुछ चौड़ा कर गाड़ियों के आने-जाने लायक बना दिया गया है। काफी ऊँचा है, गाड़ी के इंजन ने घरघराना शुरू कर दिया है। धीरे-धीरे रास्ता दो पहाड़ों के बीच घुस गया और दोनों ओर पहाड़ की दीवार और सिर के ऊपर नीला आकाश नजर आने लगा।

—हम अभी खम्बा पास (Khamba Pass) यानी खम्बा दर्रा पार कर रहे हैं। तिब्बती भाषा में दर्रे को ला कहते हैं अर्थात् खम्बा-ला, ऊँचाई चार हजार सात सौ चौरानबे मीटर (4794 मी. या 15724 फीट)। अब आपके सामने एक अविश्वसनीय घटना घटेगी।

गाइड की बात पर हम तीन जन यानी तीनों यात्री रीढ़ सीधी कर चौकन्ने होकर बैठ गए। गाड़ी की घरघराहट, पीछे बादलों के समान दोनों ओर की पहाड़ी दीवार से टकराती धूल ने गाड़ी के सामने आकर सभी दृश्यों को ढक दिया। तकदीर अच्छी थी कि गाड़ी की खिड़कियाँ बन्द ही थीं और हमारा दम घुटा नहीं। खम्बा-ला के इस रास्ते पर मिलिटरी के ट्रकों की आवाजाही ने सड़क को नष्ट कर दिया है। यह भी ख़ुशक़िस्मती थी कि इस दुस्सह अवस्था में हमें ज्यादा देर नहीं रहना पड़ा। मेरे सहयात्री आला ने गुस्से में कुछ भुनभुनाते हुए कहा—यही है तुम्हारी अविश्सनीय घटना?

—नहीं सर, सामने देखिए, थोड़ा-सा आगे, थोड़ा और...बस, हाँ अब...

हम सभी अवाक्। हठात् धूल के बादल कहीं गायब हो गए, गायब हो गई दोनों ओर की पहाड़ी दीवार, और सामने था घना नीला आकाश। गाड़ी एक पार्किंग में आकर रुकी। सचमुच अविश्वसनीय...परन्तु घटना नहीं, दृश्य। इस नयनाभिराम दृश्य का वर्णन सचमुच असम्भव था। हम अब पहाड़ के सर्वोच्च अंश पर खड़े थे। हमारे सामने बहुत नीचे गहरे हरित-नील वर्ण का एक जलाशय था—पहाड़ के बीच अटका हुआ एक विराट जलाशय, शान्त व स्थिर।

—हम उस झील के पास ही जाएँगे। इस पहाड़ी पवित्र और रहस्यमय झील का नाम है यमद्रोक त्सो (Yamdrok Tso), त्सो माने झील। जरा ध्यान से देखिए तो ऐसा लगेगा जैसे एक बिच्छू पहाड़ की गहराई में अटका हुआ पड़ा है। दृश्य को केवल नयनाभिराम कहना ग़लत होगा। दरअसल दृश्य मनोहारी व मन को विस्मय व आनन्द से भर देनेवाला था। मेरे पर्यटक संगी ने मुझसे प्रश्न किया—

—अरे, तुम चुपचाप खड़े क्यों हो, कुछ फोटो उतारो!

—नहीं, मैं देख रहा हूँ, नयन भरकर देख रहा हूँ; अपने प्रत्येक रोमकूप को जाग्रत् कर देख रहा हूँ; जो कुछ भी देख रहा हूँ, अपनी स्मृतियों में सँजोकर रख रहा हूँ; स्मृतियाँ जो सम्पूर्णत: मेरी अपनी हैं, व्यक्तिगत, जो मृत्यु तक मेरे साथ रहेंगी; जब मन करेगा देख लूँगा, इसके लिए न किसी कैमरे की दरकार है और न ही किसी काग़ज़ की।

मेरा उत्तर सुन क्रिस हँस दिया—'ठीक है, ठीक है', कहकर उसने कैमरे में फोटो उतारने पर ध्यान दिया।

पहाड़ के बीच वृश्चिकाकार एक झील प्रकृति की एक अद्‌भुत सृष्टि थी; झील का पानी छोटे-छोटे हाथों की तरह शतभुजाएँ बढ़ाकर चारों ओर छिटका पड़ा है—छोटी-छोटी बाँहों की उपेक्षा कर केवल यदि मूल बाँहों को देखा जाए तो सचमुच लगेगा जैसे वृश्चिक हो। और दूर विशाल पहाड़ की देह पर जमी बर्फ के भीतर इस झील का उद्‌गम है। पहाड़ का नाम है माउंट नोजिन् कांगत्सांग (Mt. Nojin Kangtsang, 7191 मी. 23586 फीट) जो कि हिमालय प्राचीर के ही एक अंश है।

प्राचीर के दूसरी ओर हिन्दुस्तान है। कई लोग इस यमद्रोक सरोवर को शतबाहु झील भी कहते हैं। मैं तो कहूँगा कि हिमालय के इस ओर झील के रूप में एक ड्रैगन लेटा है। लेटा है, सोया नहीं है। पहाड़ से टपका तो मौत निश्चित है।

हम यानी भारतवासी बार-बार केवल मानसरोवर की ही बातें करते हैं। मानसरोवर हिन्दुओं का पवित्र मानस-तीर्थ है। तिब्बत में किन्तु केवल मानसरोवर ही नहीं है, और भी तीन पवित्र झीलें हैं जहाँ पुण्य कमाने और जन्म-बन्धन से मुक्ति की आशा में कर्मक्षय कर निर्वाण प्राप्ति की राह खोजने प्रतिदिन तीर्थयात्री आते हैं। बाकी दो झीलों के नाम हैं क्रमशः लामो-ला-त्सो और नाम्-त्सो (Lamo-LA-Tso, Nam-Tso)।

यहाँ का नयनाभिराम दृश्य छोड़कर जाने की हमारी इच्छा ही नहीं हो रही थी, परन्तु सोनम के धक्के ने उठने को बाध्य किया। फिर से वही गाड़ी, फिर से रास्ता। जो पर्यटक मात्र है वह जानता है कि सुन्दर दृश्य देखने के पश्चात् क्षुधा-तृष्णा बढ़ जाती है। लेकिन जो परिव्राजक या पथिक हैं, उनकी बात अलग है। प्राकृतिक सौन्दर्य क्षुधा-तृष्णा को तुच्छ कर मन को आनन्द से भर देता है। हमारी गाड़ी में पर्यटक दो थे और परिव्राजक मात्र एक जन था। प्रायः पन्द्रह-बीस मिनट चलने के बाद मैं रुका। एक तिब्बती चाय-दुकान के मालिक व मालकिन ने मुस्कुराकर हमारा स्वागत किया। हमें आश्वासन देते हुए कहा—सब कुछ मिलेगा, बैठिए। घर के बरामदे से दिख रहा प्राकृतिक वातावरण इतना सुन्दर था कि वहाँ रहनेवालों का मन भी परिपूर्णता से भरा था। थोड़ी देर बाद दुकान के मालिक ने सोनम से कहा कि बढ़िया ऑमलेट मिलेगा, चीन की चाय मिलेगी, याक् का सूखा दूध मिलेगा। मक्खन चाय तो है ही पर मिलाने में समय लगेगा। हमने चीन की चाय और ऑमलेट का ऑर्डर दिया। प्रायः 2 बज रहे थे। यहाँ से ल्हासा की दूरी मात्र एक सौ बीस किलोमीटर के लगभग होगी। दूरी अधिक नहीं है, किन्तु नॉर्दर्न फ्रेंडशिप हाइवे छोड़ने के पश्चात् पहाड़ी रास्ते में गाड़ी की गति कम हो गई है। इसके अलावा हम रुक-रुककर मौज लेते हुए चल रहे थे, विश्राम और खाने के लिए रुक रहे थे। मेरे लिए तो यह रुकना स्मृतियों की जुगाली जैसा था। अवाक् होकर झील की बनावट को जब देख रहा था तब एक किस्सा याद आ गया। सोनम को बुलाकर मैंने कहा—'बहुत वर्षों पहले सुनी एक कहानी तुम्हें सुनाता हूँ, उस कहानी के साथ इस अंचल की कोई समानता है कि नहीं, बतलाना।'

—जी, सुनाइए सर।

—बहुत वर्षों पहले उत्तर के यायावर इस अंचल की किसी एक जगह को दखल करने आए थे। वे बर्बर और अत्याचारी थे। वे लूटपाट और महिलाओं के प्रति आकर्षित थे और उनके आक्रमण के यही दो मूल कारण थे। उन्होंने सुन रखा था कि किसी एक झील के किनारे सम्भ्रान्त कुल व धार्मिक महिलाओं के लिए एक

सुन्दर मठ है। धर्म, शिक्षा और ध्यान के माध्यम से बुद्धत्व की प्राप्ति ही उनके (महिलाओं के) जीवन का लक्ष्य था। यायावर लोग जब उस महिला-मठ के नज़दीक पहुँचे, उस वक्त मठाध्यक्षा एक अत्यन्त उन्नत स्तरीय तांत्रिक थीं। उन्होंने मठ की सारी महिलाओं को एक कमरे में घुसाकर द्वार बन्द कर दिए और स्वयं एक ग्रामवासी वृद्धा के वेश में बाहर खड़ी रहीं। यायावर दस्युओं ने जब मठ पर हमला किया और वहाँ उन्हें कोई महिला नहीं मिली तो भयंकर क्रोधित होकर उन्होंने मठ को तहस-नहस कर दिया और फिर वृद्धा को देखकर उससे पूछा—

—इस कमरे में कौन है?

—बेटा, मैं गरीब ग्रामवासी हूँ, इस कमरे में मेरे पशु हैं।

—अच्छा? देखें तो—कहकर दस्युओं ने बुढ़िया को धक्का देकर हटाया और दरवाजा खोलकर भीतर घुसे तो अवाक् रह गए। देखा, घर सूअरों से भरा था और एक भी महिला नहीं थी। दस्युओं के दरवाजा खोलते ही वृद्धा सूअरों को लेकर बाहर निकल गई और हताश होकर यायावर मठ छोड़कर चले गए। बाद में मठाध्यक्षा अपने मंत्र-बल से सभी सूअरों को वापस महिला बनाकर मठ में लौटा लाई। वह तांत्रिक योगिनी उसके बाद से पुनर्जन्म लेकर महिला तपस्वी योगिनियों की रक्षा करने बार-बार आती हैं। यह कहानी मैंने पचास वर्ष पूर्व सुनी थी।

मेरी कही कहानी सुनकर सोनम अवाक् रह गया फिर बोला—

—सर, आपकी कहानी सही है, तांत्रिक योगिनी वास्तव में थीं, दोरजे फाग्मो उनका नाम था, वह तत्कालीन अत्यन्त शक्तिशालिनी तांत्रिक थीं। देशवासी उनकी भक्ति कर उन्हें अर्घ्यदान करते थे। वे हीरक (Diamond) की प्रतीक थीं। उनके जाने के पश्चात् उस मठ में जो भी आया उसका नाम भी दोरजे फाग्मो ही पड़ा। सर, आपने जो कहानी सुनी है वह तिब्बत के यायावर दस्युओं की है। तिब्बत के यायावरों ने कभी भी तिब्बतियों पर अत्याचार नहीं किया। यायावर मेहनती, सरल और धर्मपरायण थे। जिन्होंने महिला-मठ पर हमला किया, वे वास्तव में मंगोल सेना से थे। मंगोल सेना ने तिब्बत पर ईस्वी सन् 1716 में आक्रमण किया था (1716 AD. Mongolian Army Attack)।

भोजन आया, हमें घर के भीतर घुसना पड़ा, क्योंकि हवा तेज़ हो गई थी। हँसते हुए बड़ी भक्ति से अतिथि सेवा करने के लिए दुकानदारों की तारीफ़ करनी ही होगी। उनका हाव-भाव कुछ ऐसा था कि पैसा तो बाद की बात है, आप भोजन करें, हम इसी में ख़ुश हैं। तिब्बतियों की यह सहजता और हँसमुख उदारता पर्यटकों का दिल जीत लेती है।

हमने फिर से रास्ता पकड़ा। घुमावदार रास्ता नदी की ओर जा रहा है। सचमुच दृश्य देखने के काबिल है। यमद्रोक सरोवर हमारे बाईं ओर काफ़ी नीचे है। कुछ देर चलने के बाद हम रास्ते को छोड़ बाईं ओर पार्किंग के लायक जगह मिलने पर रुक गए। गाड़ी से उतरकर मेरे सहयात्री फोटो उतारने में व्यस्त हो गए। यह भी पर्यटकों

का एक बहुत बड़ा नशा है। खुली आँखों से दृश्य देखने के बजाय कैमरे के दर्पण पर देखने में ही उन्हें आनन्द मिलता है। ड्राइवर गाड़ी में ही रहा। सोनम मुझे छोटे-से एक पहाड़ी रास्ते से पहाड़ की ढलान पर लेकर आया और फिर मुझे सामने देखने को कहा—यमद्रोक सरोवर यहाँ से और भी नजदीक, और भी स्पष्ट था। अटका हुआ पानी असंख्य छोटी-छोटी नहरों की तरह चारों ओर फैला था। लग रहा था मानो सरोवर बार-बार स्वयं को मुक्त करने का प्रयास कर रहा हो। प्रधान जलाशय है—यमद्रोक। उसके बाद एक और जलाशय है, जिसका नाम है—द्रुमो झील (Drumo Tso)। इस द्रुमो झील के किनारे ही एक सुन्दर मठ है। इस महिला-मठ का नाम है साम्दिंग (Samding Monastery)। सोनम ने बड़े गर्व से बताया कि 'इसी साम्दिंग महिला-मठ की अध्यक्षा थीं लामा दोरजे फाग्मो (Lama Dorje Phagmo)। मंगोल सेना ने जब इस महिला-मठ पर हमला किया था तब लामा दोरजे फाग्मो ने अपनी शिक्षार्थियों को सूअर में परिणत कर उनकी रक्षा की थी। वह मठ यहाँ से दिखाई नहीं देता। उसकी स्थिति समझाने के लिए ही सोनम मुझे यहाँ लेकर आया। दोरजे फाग्मो इस महिला-मठ की रक्षा के लिए बार-बार जन्म ग्रहण करती हैं। वर्तमान में जो माँ हैं, दोरजे फाग्मो, वह यहाँ नहीं रहतीं। वह अत्यन्त विदुषी महिला हैं। चीन सरकार ने विभिन्न धार्मिक पुस्तकों के अनुवाद के लिए उन्हें ल्हासा में रखा है। मठ की देखभाल के लिए वे बीच-बीच में आती हैं। अभी प्राय: पचास महिला संन्यासिनें मठ में हैं। आज हम यमद्रोक सरोवर के पास नांगात्से शहर में रुकेंगे, रात काटकर कल फिर ज्ञानगंज की ओर रवाना होंगे। वहाँ कुछ देर और ठहरने की इच्छा थी किन्तु बार-बार बादलों के घिरने और ठंडी हवा ने हमें उठा दिया। अब सिर्फ नीचे उपत्यका में यानी यमद्रोक सरोवर के पास ही नांगात्से शहर में हमारी होटल की बुकिंग है। शाम से पहले ही हम पहुँच गए। मेरी इच्छा थी कि माता दोरजे फाग्मो के साम्दिंग मठ में रात बिताऊँ किन्तु साथ में और भी दो पर्यटक हैं, उनके लिए अलग अनुमति-पत्र की दरकार होगी, मैं अकेला होता तो शायद सोनम कोई बन्दोबस्त कर पाता। माताजी थीं नहीं, इसलिए मैंने भी विशेष जोर नहीं दिया। यमद्रोक सरोवर और अंचल शान्नान जिला (Shannan Prefecture) के अन्तर्गत है। सोनम उन्हें पहचानता है।

हालाँकि जिला-शासक मिलिटरी से है, किन्तु वह धर्म और इतिहास के प्रति आग्रही है। सोनम बार-बार अफसोस जता रहा था—'सर, आप अकेले होते तो मैं अवश्य ले चलता, वेरी सॉरी।'

अकेला होता तो भी आज सम्भव नहीं था क्योंकि यहाँ से मठ और दरा किलोमीटर दूर है, साथ ही रास्ता भी खराब है। समझ गया कि इस यात्रा में यह सम्भव नहीं है। हमारी गाड़ी मुख्य सड़क पर रुकी, नाम चीनी अक्षरों में लिखा था—यांग्हू बिंगुआन (Yanghu Binguan)। होटल का मालिक चीनी था, हँसते हुए हमारा स्वागत किया।

मध्यम श्रेणी के रिसेप्शन में खड़े होकर इधर–उधर देखते ही समझ आ रहा था कि वह ल्हासा के व्यक्ति हैं। हमारे कागज–पत्र देखकर सन्तुष्ट हुए। बेड और ब्रेकफास्ट के लिए प्रति व्यक्ति दो सौ युआन तय था। मन ही मन हिसाब किया कि प्राय: पच्चीस अमेरिकी डॉलर के बराबर होगा। मेरे दोनों सहयात्री तो दर सुनकर ही चौंक गए—'ऐसी गँवई जगह और कीमत इतनी!' होटल मालिक धुरन्धर व्यक्ति था, हँसते हुए हमें समझा दिया कि नांगात्से शहर झील और प्राकृतिक दृश्यों के कारण पर्यटकों के आकर्षण का केन्द्र है और शहर का यह सबसे अच्छा होटल है। कमरे में गीज़र और गरम पानी की बोतल की व्यवस्था है। चाय–कॉफी के लिए घंटी बजाते ही लड़के फ़ौरन हाज़िर होंगे। कमरे में सजावट बीजिंग स्टाइल की है। आप तीन जन हैं, गाइड के लिए अलग कमरा है और ड्राइवर के लिए भी अच्छा बन्दोबस्त है।...

सोनम ने चीनी होटल–मालिक के सारे भाषण का तर्जुमा कर हमें सुनाया क्योंकि होटल–मालिक ल्हासा के पर्यटकों के साथ व्यवसाय तो करता है, इसके बावजूद उसे अन्तर्राष्ट्रीय भाषा अंग्रेजी नहीं आती। और मूल बात यह है कि अच्छे बिस्तर और गरम पानी के लिए भाषा की दरकरार नहीं होती।

उन सज्जन ने ठीक ही कहा था, शरीर थका हो तो बिस्तर ही स्वर्ग है। और तिब्बत जैसे बर्फीले देश में गरम पानी मिलना तो सोच के बाहर है। कमरे में अपना माल–असबाब रख हम चाय के लिए बैठने के कमरे में आ गए। आला, क्रिस, सोनम और मैं एक साथ बैठे। कमरे की साज–सजावट अच्छी ही है। हमारे लिए पोर्टेबल गैस का चूल्हा लाया गया। अत्यधिक ठंड थी इसलिए व्यवस्था से हम ख़ुश ही थे। सोनम ने बताया कि बाहर के साइनबोर्ड पर चीनी भाषा में लिखा है यांग्घू यानी शस्य दाना (Grain), जैसे—गेहूँ, जौ, चावल इत्यादि और बिंगुआन माने गेस्टहाउस या होटल। इस होटल में जो आते हैं, वे चीनी होते हैं या विदेशी। विदेशी गाइड लेकर आते हैं, जो राष्ट्रीय भाषा जानते हैं। इसलिए साइनबोर्ड पर तिब्बती भाषा में न भी लिखा हो तो फर्क नहीं पड़ता क्योंकि सब कुछ आवश्यकता पर निर्भर है।

साथी पर्यटक आला ने फुसफुसाकर कहा—'हम चूँकि तिब्बत में हैं इसलिए तिब्बती भाषा की प्रधानता होनी ही चाहिए, वह प्रादेशिक भाषा है तो क्या हुआ, परन्तु भाषा तो है ही।'

बात को कोई महत्त्व न देते हुए सोनम अन्य प्रसंग पर चला आया—'जानते हैं सर, यह जो यमद्रोक सरोवर आप देख रहे हैं, वह ल्हासा से बहुत ऊँचाई पर है। हम हैं चार हज़ार पाँच सौ मीटर ऊँचाई पर और ल्हासा की ऊँचाई है तीन हज़ार पाँच सौ पंचानबे मीटर। हम हाई पास पार कर नीचे उतर आए हैं किन्तु फिर भी ल्हासा से प्राय: एक हज़ार मीटर ऊँचाई पर हैं। आपको जानकर ख़ुशी होगी कि यमद्रोक का यह विशाल बद्ध जलाशय आज भी तीर्थयात्रियों की आध्यात्मिक प्रेरणा का उद्गम स्थान है, इसमें कोई सन्देह नहीं किन्तु चीनी जन गणराज्य ने झील के

पानी से शक्तिशाली विद्युत-उत्पादन कर बड़े मुश्क़िल काम को अंजाम दिया है। आज ल्हासा की सारी विद्युत-शक्ति इस नवनिर्मित पावर-हाउस से जाती है। जानते हैं सर, पहले पंचेन लामा ने इस परियोजना में बाधा दी थी जिसके कारण परियोजना खटाई में पड़ गई। पंचेन लामा की युक्ति कुछ और थी। उनका मानना था कि झील के पानी को नीचे उतारने से झील सूख जाएगी और एक पवित्र तीर्थक्षेत्र उपत्यका में परिणत हो जाएगा। चीन के वैज्ञानिकों ने उन्हें समझा दिया था कि मानव-सेवा के लिए ही विद्युत-शक्ति की आवश्यकता है, और दूसरी युक्ति यह थी कि हमेशा बर्फ से ढके रहने वाले हिमालय, विशेषकर नेज़िन-कांग्सान की पिघलती हुई बर्फ का पानी हमेशा रहेगा। एक ओर यह पानी पहाड़ से आएगा, फिर वैज्ञानिक कौशल से इसे नीचे ब्रह्मपुत्र नदी में उतारा जाएगा और इस प्रक्रिया में विद्युत-शक्ति उत्पादित होगी जिससे ल्हासा को रोशनी व ऊर्जा प्राप्त होगी। अन्ततः पंचेन लामा राजी हुए।'

आला फिर तुनका--'राजी न होने पर भी चीन सरकार वही करती जो उसे करना था।'

इसी बीच हमारी चाय आ गई। मालिक बड़े गर्व से बोला—'देखिए, चाय आई है युआन से, कप-प्लेट आए हैं बीजिंग से, सर्व कर रहा हूँ मैं हान्। आप देखेंगे, बिल्कुल अलग ही स्वाद होगा।' कहकर सज्जन हो-होकर हँस पड़े, शायद अपने सोने के दाँत दिखाने के लिए ही उनकी यह हँसी थी।

चाय पीकर हम उठे। शहर देखने की इच्छा तो थी किन्तु गाइड ने कहा—'देखने लायक कुछ है नहीं, खासकर रात के अँधेरे में सारी सुन्दरता ढक गई है। सबसे अच्छा तो यही है कि हम जल्द से जल्द रात का भोजन कर विश्राम करें, फिर कल सुबह-सुबह निकल चलेंगे—रास्ते में ही मनोरम दृश्य देखकर मन भर जाएगा।' सोनम की बात अनसुनी कर हमने रात में ही यमद्रोक देखने की जिद पकड़ ली।

—ठीक है सर, चलिए।

थोड़ा-सा पैदल चलते ही हम निराश हो गए। रात का अँधेरा गहराते ही गाँव के पहरेदार जाग उठते हैं, यह सुना था किन्तु हम भूल गए थे। कुत्तों के झुंड ने हमारा आगे बढ़ना रोक दिया। सोनम ने तिब्बती भाषा में कहा—अरे, हट, हम टूरिस्ट हैं, चोर नहीं। देखिए सर, ये कुत्ते भौंकते हैं, पर काटते नहीं। कुत्ते, कुहासे और अन्धकार ने हमें हताश कर दिया। हम लौट आए, परन्तु होटल में नहीं गए। याक् रेस्तराँ में घुसते ही हम अवाक् रह गए। मजमा जमा था, पाँच-छह विदेशी पर्यटक अपने गाइड के साथ एक समूह बनाकर बैठे थे। वे भी अभी-अभी आकर बैठे थे। उनकी बातों से पता लगा कि वे इतालवी थे। एक हँसमुख लड़की ने हमारा स्वागत किया। साज-सजावट और अभ्यर्थना में अन्तर्राष्ट्रीय पुट था। मेनू देखकर तो हम अवाक् रह गए—चीनी और यूरोपीय व्यंजनों की प्रचुरता थी। नांगात्से के याक् रेस्तराँ की शाखा गीयान्त्से, ल्हासा में भी है। मालिक चाहे जो हो, पर उसकी प्रशंसा

तो करनी होगी—विदेशियों का सुन्दर मिलन-केन्द्र था उसका रेस्तराँ। बातों-बातों में पता चला कि यह इतालवी समूह एवरेस्ट अभियान के लिए आया है। पहले काठमांडू नामचे बाजार होकर अल्पाइन अभियात्रियों का आवागमन होता था। आजकल तिब्बत होते हुए बेस-कैम्प तक अनायास जाया जा सकता है। ल्हासा से जो सीधे एवरेस्ट बेस-कैम्प जाना चाहते हैं, वे शिगात्से होकर शेगार (Shegar) जाते हैं। और जो नेचर-स्टडी करना और यमद्रोक सरोवर की सुन्दर दृश्यावली देखना चाहते हैं, वे थोड़ा-सा घुमावदार यह रास्ता चुन लेते हैं। मैं एक भारतीय घुमक्कड़ नेपाल के एवरेस्ट बेस-कैम्प में गया हूँ; बेल्जियम-इटली-कनाडा आदि में भी आना-जाना है; किस्से-कहानियाँ सुनाने की भी काफी खुराक है मेरे पास; किन्तु वह सारा प्रलोभन टालकर मैं उनकी बातें सुनकर ही चुप रह गया, क्योंकि मेरा अभियान पूर्णत: आध्यात्मिक और मेरा अपना व्यक्तिगत है, यह लोगों को बताने और वाहवाही बटोरने के लिए नहीं।

आजकल एवरेस्ट अभियान तो काफी कुछ शौकिया भ्रमण बनकर रह गया है। चीन सरकार हर वर्ष कई सौ 'एवरेस्ट क्लाइम्बर्स' तैयार करती है, शारीरिक शक्ति, दृढ़ता और धैर्य का प्रशंसा-पत्र देकर अभियात्रियों को प्रोत्साहित करती है। उन्हें देखकर लगता है कि एवरेस्ट का रास्ता अब सुगम हो गया है।

समय पर रुचि के अनुरूप भोजन आया, सुगन्ध से घर भर उठा, सभी प्रसन्न हो उठे। इसी बीच चीनी संगीत और काराकाओ के सम्मिश्रण से एक शहर रात के कमरे की लाल लहर ने कान के भीतर से होते हुए मन को नचाना शुरू कर दिया, जिसके लिए मैं तैयार न था। यमद्रोक के शान्त वातावरण में एक विद्रोही सुर लग रहा था, जो बेढब भी था और अनुपयुक्त भी। ग्राहक प्रसन्न थे और मुझे लग रहा था मानो मैं ही इस समाज के उपयुक्त नहीं हूँ।

भोजन के पश्चात् सभी ने सभी को शुभरात्रि कहा और होटल की ओर बढ़ चले।

अन्तत: ज्ञानगंज

रात को कितनी देर सोया, पता नहीं। खिड़की से बाहर देखा, भोर होने में अभी काफी देर है। बिस्तर के पास ही खिड़की है, कितनी देर में सुबह का प्रकाश देखूँगा, इसी आशा में मन बेचैन-सा है। मानो नांगात्से में भोर आना ही नहीं चाह रही थी। घड़ी की ओर देखा, मात्र साढ़े चार बजे हैं। सोनम को नींद से न जगाना ही सही है। गरम कपड़े पहन धीरे-धीरे दरवाजे की सिटकनी खोल मैं बाहर सभागृह में आया। बेंच पर एक व्यक्ति सिर तक रजाई लपेटे मजे में खर्राटे ले रहा था। उसे जगाए बिना मैं दरवाजे के पास आकर खड़ा हुआ। काठ की विशाल सिटकनी को

जोर से ऊपर उठाने के चक्कर में काठ को ठोकर लगी और आवाज़ हुई। बेवजह बेंच पर सो रहे व्यक्ति की नींद तोड़ दी। आँखें मलते-मलते मेरी ओर देखकर वह बोला—'निहाउ,' (Nihau) यानी हैलो।

जवाब में मैंने कहा—'दुइबुकी,' माने सॉरी या दुखित।

इसके बाद बिना कुछ कहे उसने मेरे लिए दरवाजा खोल दिया।

मैं कुछ चीनी शब्द जानता था, देखा कि काम आ गए। मेरे लिए दरवाज़ा खोलकर उसने फिर रजाई की शरण ली।

मैं निकल पड़ा। वहाँ से झील दस मिनट के रास्ते पर थी। रास्ता सुनसान था। कुत्ते भी लगता है भोर की पक्की नींद में बेहोश थे। झील के किनारे पक्के नहीं थे, सड़क के पास ही जरा सा नीचे हल्की-सी रोशनी में जितनी दूर नज़र आ रहा था, उसी से मेरा काम चल गया। रास्ते पर खड़े होकर सबसे पहले माँ तारा को प्रणाम किया—'मुझे यहाँ क्यों लाई हो, यह तुम ही जानती हो। अब तुम ही ले चलो मुझे अपनी राह पर...मैं यंत्र तुम यंत्री, जैसे चलाती हो, चलता हूँ मैं। तुम अपना कर्म करती हो माँ, लोग कहते हैं मैं करता हूँ...सब तुम्हारी ही इच्छा है, इच्छामयी तारा हो तुम...' परम साधक की ज़बान में मैंने माँ को साष्टांग प्रणाम किया। फिर शुरू किया अपना नित्यकर्म, सूर्य-प्रणाम व व्यायाम :

ॐ सूर्यं सुन्दर लोकनाथं अमृतं वेदान्त सारं शिवम्
ज्ञानं ब्रह्ममयं सुरेशं अमलं लोकैकचित्तं स्वयम्...

सूर्य-प्रणाम के व्यायाम में श्वास-प्रश्वास के साथ प्राणायाम के छन्द में बारह भंगिमाएँ हैं, जो तिब्बत के साष्टांग दंडी प्रणाम जैसी ही हैं। आँखें मूँदकर रास्ते पर ही व्यायाम कर जब आँखें खोलीं तो देखा पास ही एक तिब्बती लामा मेरा अनुसरण कर रहे थे। मुझे रुकते देख वह भी रुक गए। भोर में संन्यासी-संग! वाह! कैसे सौभाग्यसंगी हैं—मैंने उन्हें साष्टांग प्रणाम किया। उन्होंने भी पहले जीभ निकालकर फिर हाथ जोड़कर प्रणाम किया।

तिब्बती भाषा में मैंने कहा—'ताशि डेले,' अर्थात् नमस्कार।

फिर कहा—'यांग्घू बिंगुआन द्रुखांग, हिन्दुस्तानी,' अर्थात् मैं यांग्घू बिंगुआन होटल में ठहरा हूँ, हिन्दुस्तानी हूँ।

हिन्दुस्तानी शब्द सुनकर वह लामा संन्यासी बहुत प्रसन्न हुए और फिर से दंडी प्रणाम किया। धीरे-धीरे कुहासे में से सूर्यालोक नज़र आया। सूर्योदय में अभी भी वक्त था। संन्यासी को मैंने छोड़ा नहीं और प्राय: जोर देकर उन्हें होटल में ले आया। होटल के रिसेप्शन में अभी भी कोई बैठा नहीं था। बेंच पर सोया व्यक्ति दरवाज़े की आवाज़ से ही उठ बैठा। मैंने उससे कहा—'भाई दो कप चाय,' (लियांग चा किंग) हँसता हुआ वह उठा। संन्यासी को बैठने को कहकर, कमरे में जाकर मैंने सोनम को जगाया, फिर माफी माँगते हुए 'सुप्रभात' निवेदन कर कहा—

—भोर की वेला में सरोवर के किनारे प्रार्थना करने के समय एक लामा से परिचय हुआ है, उन्हें चाय और रोटी खिलाना चाहता हूँ, सभागार में उन्हें बैठाकर रखा है। तुम जरा समझाकर कहो।

सोनम ने ख़ुश होकर ही मेरी बातें सुनीं। सभागार में आकर संन्यासी को समझाकर सब कहते ही उन्होंने आनन्द में फिर से सिर झुकाया। सभागार का वह व्यक्ति एक केतली में चाय और हाथ में चार कप ले आया। केवल चाय, बिस्कुट का मालिक अभी भी सो रहा है—दरअसल यह 'गेस्ट टी' है। बिस्कुट है नहीं, फलों की दुकान कब खुलेगी, कुछ ठीक नहीं। संन्यासी को सुबह-सुबह यों ही लौटा देने को मन राजी नहीं था, अतः मैंने बीस युआन जबरन बतौर प्रणामी संन्यासी के हाथ में रखे और कहा कि कुछ फल खरीद लीजिएगा। संन्यासी ने आपत्ति जताई तो मैंने उन्हें समझाकर कहा—आप भिक्षुक हैं, हर दान ग्रहण योग्य होता है, यही बुद्ध-वाणी है।

संन्यासी ने विदा ली।

सुबह 9 बजे हम भोजन-कक्ष में आए। सभी को नींद अच्छी आई थी। विशेषकर क्रिस ने कहा—'यहाँ की बियर से नींद अच्छी आती है।' नाश्ता आ गया—चाय, ऑमलेट, पावरोटी, मक्खन, जैम, सेब।

भोर में निकलने की बात थी पर हम निकले साढ़े नौ बजे। मेरा मन चंचल घोड़े की तरह निकलने के लिए छटपटा रहा था, सख्त लगाम से उसे रोक रखा गया था। गाड़ी चलते ही मेरा मन आनन्द से उछल पड़ा। ज्ञानगंज के इतना पास आकर अब पाँच मिनट की देरी पाँच घंटों सी प्रतीत हो रही थी। भोर वेला में यमद्रोक सरोवर के किनारे सूर्यप्रणाम और संन्यासी-संग ने मुझे शुभयात्रा का संकेत पहले ही दे दिया है। आज ज्ञानगंज की उस पुण्यभूमि पर जाऊँगा। मन इतना आनन्द से परिपूर्ण क्यों हुआ, पता नहीं। ज्ञानगंज का नाम ही एक मंत्र-सा लग रहा था। जितनी बार भी ज्ञानगंज का नाम याद आ रहा था, उतनी बार लग रहा था कि मन के किसी कोने को उसने आनन्द का हल्का-सा स्पर्श दिया है और उस हल्के से स्पर्श से ही मानो आनन्द का कोई स्रोत झर रहा हो। मानव-मन स्वभाव से ही उदार है। कुछ अच्छा मिलते ही वह हिस्से बाँट देना चाहता है। स्वतःस्फूर्त रूप से मैंने सोनम से कहा—'जानते हो ज्ञानगंज, सिटी ऑफ नॉलेज। यह जो अंग्रेजी शब्द है 'नॉलेज' संस्कृत भाषा में इसे कहते हैं ज्ञान या गीयान्। यह ज्ञान स्वयं को जाहिर करने के लिए नहीं है; सम्मानार्जित करने के लिए भी नहीं है; न बड़ी नौकरी और पदवी के लिए है; असल ज्ञान तो है स्वयं को मुक्त करने की कुशलता। जगत की विभिन्न पीड़ाओं-यंत्रणाओं से आत्मा को पूर्णरूप से एक अन्य स्तर पर ले जाने की कुशलता, जिस स्तर पर किसी प्रकार की आसक्ति नहीं है। हर प्रकार के बन्धन से मन को मुक्त कर आनन्दमय स्तर पर ले जाने का जो पथ है, उसी का नाम है ज्ञान-पथ। उस ज्ञान-

पथ की विभिन्न राहें, कौशल, कार्यसूची, साधनतत्त्व, यह सब कुछ एक समय गीयान्त्से शहर में था। विभिन्न शिक्षा-पद्धतियों के लिए थे विभिन्न शिक्षा-प्रतिष्ठान। वे प्रतिष्ठान सब धार्मिक प्रतिष्ठान थे। आज हम जिन्हें साइंस, कॉमर्स इत्यादि कहते हैं, उस वक्त ये विज्ञान, शिल्प, वाणिज्य आदि सब धार्मिक ज्ञान के ही अन्तर्गत थे। ज्ञानगंज उस वक्त का कैम्ब्रिज, ऑक्सफोर्ड, हार्वर्ड था। आज के ज्ञानगंज में क्या है, हम उसके चश्मदीद गवाह होने जा रहे हैं। मैं जिस ज्ञानगंज की बात कर रहा हूँ, वह कोई बहुत प्राचीन काल की बात नहीं है। ज्ञानगंज के ज्ञानी पुरुष आज भी हैं किन्तु वे कहाँ-कहाँ फैले हैं, छितराए हैं, मुझे नहीं मालूम। चीनी जन गणराज्य के कल्चरल रिवोल्यूशन के समय के पूर्ण विवरण के साथ यदि कोई ब्योरा मिले तो उन सब योगी-पुरुषों और तांत्रिकों का विवरण भी अवश्य मिलेगा। सुना है कि अधिकांश ज्ञानी गुरु और लामा हिमालय की दूसरी ओर यानी भारत की ओर चले गए हैं किन्तु मुझे लगता है और जो चिरसत्य भी है, वह यह है कि चिरपवित्र महान हिमालय आज भी ज्ञानी पुरुषों व स्त्रियों से भरा है। अब इस ओर है तिब्बत और उस ओर है भारत—एक ही हिमालय का उत्तर और दक्षिण, बस इतना सा ही तो अन्तर है। स्थान-माहात्म्य को इतनी सहजता से धो-पोंछकर उड़ाया नहीं जा सकता। स्थान-माहात्म्य सैकड़ों वर्षों के सैकड़ों योगी-पुरुषों का एक सम्मिलित आध्यात्मिक-स्पन्दन (Spiritual Vibration) है।'

मैं रुका। मन का अव्यक्त आनन्द अनजाने ही मेरे शब्दों के माध्यम से व्यक्त हो गया। अचानक मेरी यह भावप्रवणता देखकर सोनम, आला और क्रिस प्रसन्न हुए और अवाक् भी। ल्हासा से यहाँ आने तक उन्होंने मुझे इतनी बातें करते नहीं देखा था। 'हमारे साथ एक विश्व-पर्यटक जा रहा है' बस इतना सा ही परिचय था मेरा। मन के आनन्द को अपनी बातों के माध्यम से बाँट दिया था इसलिए मन बड़ा हल्का लग रहा था। थोड़ी देर यमद्रोक उपत्यका के बीच से जाकर हमने फिर चढ़ाई का रास्ता पकड़ा। मेरे हाथ से माइक्रोफोन लेकर सोनम ने बोलना शुरू किया—

'आप लोगों ने जरूर ध्यान दिया होगा कि हम फिर ऊपर की ओर चढ़ रहे हैं। गाड़ी की आवाज़ से समझ पा रहे होंगे कि गाड़ी सेकंड गियर में है। ल्हासा से यार्लुंग (Yarlung) उपत्यका से आगे जाकर फिर हम गए खाम्बा-ला, ला माने पास या दर्रा जिसकी ऊँचाई थी चार हजार सात सौ चौरानबे मीटर, उसके बाद यमद्रोक सरोवर के पास उतर आए जहाँ ऊँचाई थी चार हजार पाँच सौ मीटर। अब हम चढ़ रहे हैं कारो-ला जिसकी ऊँचाई है पाँच हजार पैंतालीस मीटर (5045 मी.) अर्थात् सोलह हजार पाँच सौ सैंतालीस फीट (16547 फीट)। कारो-ला पार करते समय यदि हवा हुई तो हम रुकेंगे नहीं क्योंकि खूब ठंड होगी, उस ठंड में मुँह-कान ढके न हों तो बर्फ के छालों से बड़ी तकलीफ होगी। गाइड होने के नाते मेरा कर्तव्य है कि मैं आप सबको स्वस्थ रखूँ। डिग्री के हिसाब से यहाँ की ठंड का अन्दाज़ा न लगाएँ सर, बड़ी

मारक है यहाँ की हवा। हम जब चाय-टॉयलेट के लिए रुकेंगे, उस समय आप टोपी-जैकेट निकालकर रखें सर। परन्तु गाड़ी में कोई असुविधा नहीं है। देख तो रहे हैं, एकदम नई गाड़ी है, एयरकंडीशन और हीटर दोनों की व्यवस्था है। और ड्राइवर ? लामा एक नामी पक्का ड्राइवर है। कुहासा, बारिश, बर्फबारी यानी हर तरह की आबहवा और रास्ते की जो भी अवस्था हो, वह हमें हमारे गन्तव्य-स्थल तक अवश्य पहुँचा देगा। क्या कहते हो ली, ठीक है न ? —ड्राइवर का नाम है ली-सिन ! वह बातें कुछ कम करता है, अंग्रेजी नहीं जानता, सीख रहा है। अगली बार जब आएँगे, तब उससे बातें कर पाएँगे। उसकी मातृभाषा चीनी है, तिब्बती भाषा बहुत अच्छी बोल लेता है। हाँ, देखिए, इस मोड़ से हम यमद्रोक का शेष दृश्य देखेंगे फिर हम अन्य पहाड़ में प्रवेश करेंगे। वहाँ बाएँ से उपत्यका का दृश्य तो बहुत अच्छा दिखाई देगा किन्तु यमद्रोक सरोवर नज़र नहीं आएगा।

जैसा कि तय था, हम एक चाय की दुकान पर रुके। रास्ते में देखा कि बियर के विज्ञापन प्रचुर मात्रा में थे। चाय की दुकान के सामने भी बियर का विशाल साइनबोर्ड था। चीन के मूल केन्द्र से चीनी और विदेशी बियर की प्रचुर आमद होती है। तिब्बतियों को भी बियर बहुत पसन्द है। रास्ते में बियर की टूटी-फूटी बोतलों की भरमार है। यहाँ से यमद्रोक सरोवर का अलग ही दृश्य है, जिसे वृश्चिक जैसा न कहकर ड्रैगन जैसा कहना उचित होगा। चारों ओर पहाड़ी उपत्यका फिर जरा सी दूरी पर पहाड़ी प्राचीर है। यहाँ से बर्फ से ढकी चोटी नज़र नहीं आ रही, पीछे छूट चुकी जगहों जैसा ही एक सुन्दर समग्र रूप नज़र आ रहा है। यहाँ हमने चीनी-चाय के बदले मक्खन चाय का ऑर्डर दिया। सोनम ने बताया कि इस दुकान की मक्खन चाय बहुत मशहूर है। हम अब ऊँचाई पर चढ़ रहे हैं, जो शरीर के लिए अच्छा है। ठंड का मुकाबला करने के लिए मक्खन चाय एक उपयुक्त पेय है। चाय पीकर हमने फिर से रास्ता पकड़ा। गाड़ी की घरघराहट की एकरसता और दाहिनी-बाईं ओर के झटकों के कारण हममें न तो दृश्य देखने का उत्साह था और न ही सुयोग। पैदल होते तो कदम-कदम पर प्राकृतिक दृश्यों के उपभोग का अच्छा अवसर होता। अन्ततः हम सर्वोच्च स्थल पर पहुँचे। कारो-ला या कारो-पास पर गाड़ी रुकी। ख़ुशक़िस्मती से हवा कम थी पर ठंड तो थी ही। सिर के ऊपर सूर्य की गरमी, और पास ही एक पत्थर पर अंग्रेजी में लिखा था—Karo La, 5047 मी., 15547 फीट।

दूर बर्फ में लिपटी कंचनजंघा (8598 मी.) का कुछ हिस्सा नज़र आ रहा था। सुन्दर दृश्य था और हमारे दक्षिण में चोमनहरि (7314 मी.) और उसके दाहिनी ओर पाओहानली (7128 मी.)। चोमनहरि तिब्बत में और पाओहानली सिक्किम में है। सिक्किम भारत का ही प्रवेश-पथ है। पाओहानली दरअसल सिक्किम और तिब्बत की सीमा निर्धारित करता है। कंचनजंघा सिक्किम के बहुत भीतर की ओर है। कंचनजंघा को लेकर कोई सीमान्त-संशय नहीं है। इन पहाड़ों की चोटियों,

उनकी भौगोलिक स्थिति से हिमालय के बारे में जानने भी सुविधा होती है। हम सभी ने अपनी साध्यानुसार छोटे-बड़े पत्थर उठाकर राहगीरों द्वारा जमा किए गए पत्थरों के ढेर पर चढ़ा दिए। मैंने मन ही मन कहा—हे प्रभु! मुझे यहाँ लाने के लिए तुम्हें कृतज्ञ प्रणाम; इस पत्थर की ही तरह मेरा चंचल मन स्थिर हो; इस पत्थर की अस्थायी वेदी को साक्षी रखकर मैं स्वयं को पुण्यवान मानता हूँ; हे परमेश्वर, तुम्हारी कृपा से मेरा यहाँ आना हुआ, तुम्हें बारम्बार कृतज्ञ प्रणाम। हम फिर से गाड़ी में बैठे। दस-पन्द्रह मिनट पश्चात् उपत्यका का दृश्य और भी सुन्दर हो उठा। सचमुच तकदीर अच्छी है, आसमान साफ है। बिना किसी शारीरिक कष्ट के इतनी सहजता से हमने कारो पास पार कर लिया, इसे मैं प्रभु का आशीर्वाद मानता हूँ। पता नहीं क्यों, सुबह से ही लग रहा है कि प्रकृति देवी मुझे एक के बाद एक अमूल्य उपहार दिए जा रही हैं। मेरे दोनों सहयात्री हर दृश्य को कैमरे के भीतर से देखते हैं। इस विशाल हिमालय को अपने कैमरे के दर्पण में वे छोटा कर देखते हैं। वे असीम को सीमा में बाँधना चाहते हैं। मैं खुद क्या चाहता हूँ, पता नहीं, मन बार-बार गुम हो जा रहा है, स्वयं को इस अनिन्द्य प्राकृतिक दृश्य में वितरित किए दे रहा है। मन बार-बार दूर, बहुत दूर चला जाता है किन्तु बाध्य होकर फिर लौट आता है क्योंकि पंचभूत से निर्मित यह देह ही उसका वास-स्थान है। स्वाधीन मन देह के मायाजाल में फँस गया है।

—सर, हम प्राय: पहुँच गए हैं। यह रास्ता वही सदर्न फ्रेंडशिप हाइवे है। कारो-ला के बाद के रास्ते बहुत अच्छे बने हैं सर! देख रहे हैं न, कितनी जल्दी हम नीचे उतर रहे हैं...सोनम की बात से मन वापस शरीर में लौट आया। सचमुच, मुझे स्वयं जाने की तो दरकार नहीं, गाड़ी तो लेकर जा ही रही है। हमें एक दर्रा और मिला—सिमू ला (4280 मी.)। फिर हम विश्राम के लिए रुके। चाय, बिस्कुट, टॉयलेट अच्छा इन्तज़ाम था।

—और एक घंटे में हम गीयान्त्से पहुँचेंगे। होटल में पहुँचते ही खाना खाने बैठेंगे। रास्ते में अच्छा रेस्तराँ नहीं है सर। देसी लोगों के लिए तो ठीक है, पर सर आप लोगों के लिए तो उपयुक्त जगह में जाना ही अच्छा है। और जानते हैं सर कि असल बात क्या है? बुरा न मानें तो कहूँ?

—हाँ-हाँ, कहो।

—असल बात यह है कि घुमावदार रास्ते में अधिक खाकर भी फेंक देना होगा। बात हास्यापद लग सकती है पर सच है।

क्रिस ने सोनम की हाँ में हाँ मिलाते हुए कहा—'तुम ठीक ही कह रहे हो। पैसा खर्च कर खरीदने के बाद यदि फेंक देना पड़े तो हुए न पैसे बर्बाद।' उसकी बात सुन हम सभी हँस दिए। अन्ततः हमने ज्ञानगंज जाने की आखिरी सीढ़ी—सिमू ला (Simu La, 4280 फीट) पार की। दर्रा पार करते ही हम रुके। सामने

उपत्यका का एक समग्र दृश्य था। यहाँ और रुकने का मतलब ही था और देरी। वही तो सामने नज़र आ रहा है ज्ञानगंज, यहाँ से और नीचे। अपने मन की छटपटाहट पर मैं काबू न रख पाया और बोला—'अब और रुकना नहीं, सीधे ज्ञानगंज चले चलो।'

—जी सर, समझ रहा हूँ कि आपको बहुत भूख लगी है। हमने तो कुछ खाया भी था, पर आपने तो कुछ भी नहीं खाया। ठीक है सर।

'खाने' की बात सोनम ने ठीक ही पकड़ी किन्तु शरीर के लिए नहीं, मन के लिए। आँखों से मुझे जो मन की खुराक मिल रही है उसके सामने तो रेस्तराँ का भोजन सचमुच तुच्छ है।

ज्ञानगंज में प्रवेश से पहले ही रुकना पड़ा। सोनम और ड्राइवर ने गाड़ी के सामने की डेस्क पर एक मुक्का जड़ते हुए गुस्से में क्या कहा, भाषा समझ में नहीं आई पर गाली जैसी लगी। फिर मेरी ओर मुँह कर सोनम बोला—'सॉरी सर। सामने एक मिलिटरी चेकपॉइंट बैठा है।

—उसका मतलब?

—चेकपोस्ट स्थायी होते हैं और चेकपॉइंट अस्थायी यानी मोबाइल, हठात् जहाँ-तहाँ बैठ जाते हैं। आप लोग गाड़ी से न उतरें, जो कहना है, मैं कहूँगा।

सोनम ने हमें आश्वासन दिया। सामने मिलिटरी की गाड़ी थी। सड़क पर पाँच सैनिक खड़े थे। रुकने की बाध्यता थी। समझ गया, मिलिटरी की पोशाक में ये ज्ञानगंज के सजग प्रहरी हैं, किन्तु उनके व्यवहार पर अचम्भा हुआ—भद्र, विनयी व्यवहार।

परीक्षण शुरू हुआ। पहले गाड़ी का, फिर ड्राइवर और फिर सोनम का। उसके बाद एक-एक कर हमारे पासपोर्ट, वीजा, टूरिस्ट ब्यूरो और सिक्योरिटी परमिट का। उसके बाद जो होता है, सभी को छोड़कर मेरी ओर देखा—

—आप गाड़ी से उतरिए। सोनम ने कहा—सर, डरिएगा मत। यह उनकी ड्यूटी है, चलिए मैं भी चलता हूँ।—मैं और सोनम गाड़ी छोड़कर पास खड़ी एक मिलिटरी वैन में चढ़े। भीतर एक मिलिटरी अधिकारी बैठा था। सामने की खाली कुर्सी पर मुझे बैठाया फिर भद्रता से ही पूछा—

—आपको देखकर लगता है आप हिन्दुस्तानी माने इंडियन हैं...

—वाह, आपने सही पहचाना। मेरे माता-पिता इंडियन, मेरी जन्मभूमि भी हिन्दुस्तान। मैं घुमक्कड़, विश्व-पर्यटक हूँ। 1967 से ही देश के बाहर हूँ। मैं नॉन रेसिडेंट इंडियन हूँ, वैसे ही जैसे चीनी नागरिक चीन के बाहर हों, जिन्हें ओवरसीज़ चाइनीज़ सिटिज़न कहते हैं, भारत में भी वही एक-सा नियम है। संक्षेप में जिन्हें एन.आर.आई. (NRI) कहते हैं।

मैं रुका। पूर्व अनुभवों से मुझे ज्ञात है कि किसी भी प्रकार का प्रश्न किया जा सकता है, इसीलिए मैंने संक्षेप में अपनी बात कह दी।

मिलिटरी अधिकारी ने मेरे सारे कागज-पत्रों की जाँच के बाद सोनम से बातचीत शुरू की। प्राय: पन्द्रह मिनट पश्चात् सन्तुष्ट होकर कहा—'ठीक है, जाइए।'

हमने भी ख़ुश होकर धन्यवाद दिया और गाड़ी में जा बैठे। गाड़ी चली। सोनम ने सफाई देने के स्वर में क्षमा माँगते हुए कहा—'गीयान्त्से एक सीमावर्ती शहर है सर। हम अब सदर्न फ्रेंडशिप हाइवे से शहर में प्रवेश कर रहे हैं। यह रास्ता सीधा शिगात्से चला गया है, उसके बाद घूम-फिरकर झांग्मू (Jhangmu) होते हुए नेपाल में काठमांडू तक। रास्ता चीन सरकार के आर्थिक सहयोग से बना है। अब इस मोड़ पर देखें और एक चेकपॉइंट और चेकपोस्ट।' गाड़ी रुकी। पहले के चेकपॉइंट का पारपत्र दिखाते ही हमें छोड़ दिया। हम रुके। यहाँ फोटो खींचना मना है इसलिए आला और क्रिस इधर-उधर देख रहे थे। उन्हें देखकर लग रहा था मानो किसी ने उनका चश्मा उतार लिया हो और उन्हें कुछ स्पष्ट न दिख रहा हो।

यहाँ से एक रास्ता सीधा दक्षिण की ओर चला गया है, वह हाइवे नहीं है। यह रास्ता सीधा याटुंग होते हुए नाथू-ला (4328 मी.) चला गया है। नाथू-ला तिब्बत और हिन्दुस्तान की सीमा है। गंगटोक सिक्किम की राजधानी है और आजकल सिक्किम भारत का ही एक प्रदेश है।

सोनम की बातें सुनते ही मुझे लगभग पचास वर्ष पूर्व का भ्रमण याद हो आया। घर से भागा एक लड़का मौनी बाबा बनकर इसी रास्ते से तिब्बत में घुसा था। इन विगत पचास वर्ष में हर दिन कदम-कदम पर कितनी ही घटनाएँ घटी हैं। उन असंख्य घटनाओं के जंगल से कैसे क्षणमात्र में वह एक जंगली फूल खोज पाया? किस रास्ते, किस कौशल से मन गुम हुए दिनों का पन्ना ढूँढ़ पाया। आश्चर्य! मेरे लिए तो यही एक अलौकिक घटना है। समझ गया कि प्रत्येक मनुष्य में एक आश्चर्यजनक क्षमता छिपी होती है। अतीत के मन-महाभारत में छिपी हैं मनुष्य की व्यक्तिगत इतिकथाएँ। बुद्धि से उनकी व्याख्या नहीं हो सकती। आश्चर्यचकित हो मैंने प्रश्न किया—यही रास्ता क्या तूना-फारी (Tuna Phari) होकर नाथू-ला गया है?

—हाँ, यह अकेला रास्ता है। एक वक्त भारत के साथ वाणिज्य-व्यवसाय का यह एकमात्र व प्रधान रास्ता था। कई वर्षों तक बन्द रहा। अब फिर से भारत व चीन की संयुक्त मैत्री व सहयोग से खुला है, परन्तु आवागमन कम है।

कैलास जाने का रास्ता अलग है। वह तीर्थ का रास्ता है, और आज भी है। मेरे प्रश्न तो अनेक अ-ने-क थे, किन्तु प्रश्नों की बाढ़ में स्वयं को खो देना सही नहीं था इसलिए चुप रह गया। उस रास्ते की ओर देखकर उसी पर चला गया, गंगटोक के बाजार में मठ और परम पूज्यपाद गुरु रिंपोचे के सान्निध्य में। देह रास्ते पर खड़ी है और मन हिमालय पार कर उस पार गुम हो गया है। अद्‌भुत है इस मन की गति!

—चलिए सर, होटल बहुत करीब ही है।—सोनम मुझे यथार्थ जगत में लौटा लाया।

हालाँकि टहलने की इच्छा थी पर होटल में सामान समेटकर रखने के बाद जिसका जहाँ मन हो घूम सकेगा, यह सोचकर कहा—'ठीक है, जैसा तुम कहो।'

होटल का नाम है गीयान्त्से होटल—हिन्दी में कहें तो ज्ञानगंज होटल। चीनी अक्षरों में होटल का नाम लिखा है 'जियांग्सी बिंगुआन' (Jiangzi Binguan)। होटल अच्छा है, लगता है विदेशियों के लिए ही है। हममें से हरेक को अलग-अलग कमरा मिला। होटल की साज-सज्जा और आतिथ्य पूरा तिब्बती घराने का है। हम सभी प्रसन्न। गीयान्त्से होटल, लेकिन रास्ते का नाम शंघाई-लू (Shanghai Lu)। हठात् जैसे छन्दभंग हो गया।

कमरे में बिस्तर मिलते ही मैं चित होकर लेट गया—अन्ततः ज्ञानगंज मिल ही गया! लगा, जैसे स्वर्ग में पहुँच गया हूँ। स्वर्ग! हाँ, मन के भावावेग से निर्मित स्वर्ग।...दरवाजे पर किसी ने दस्तक दी। आँखें खोल वास्तविकता को देखा। सोनम ने पुकारा—'चलिए सर, हमारे स्वागत में मैनेजर ने ड्रिंक की व्यवस्था की है। उसके बाद भोजन के लिए हम अन्यत्र जाएँगे।'

मैनेजर स्वयं ही होटल का मालिक है, हँसमुख, सुन्दर तिब्बती युवक। बार में देशी-विदेशी व्हिस्की, शराब और बियर की बहार और अन्तरंग आतिथ्य। आधे घंटे में ही परिचय-पर्व पूरा कर हम उठे। अभी मैं और कुछ नहीं खाऊँगा, रात को एक साथ बैठा जाएगा। मैं अकेला ही निकल पड़ा। शहर में घूमने-फिरने में कोई बाधा नहीं है। मैंने पता कर लिया कि होटल से निकलकर दाहिनी ओर जाने पर कुमबुम दुर्ग और पुराना शहर है।

यही मेरे सपनों का ज्ञानगंज है। रास्ते में अकेले-अकेले घूमने में भी आनन्द है—स्वयं को साथ लेकर चलना, अपने साथ खुद ही बातें करना। दुर्ग के नज़दीक आते ही कुछ पहचाना-पहचाना सा लगा। किन्तु मन को नहीं खींच सका। रहा होगा कभी विशाल दुर्ग पर आज परित्यक्त है, पर्यटकों के देखने लायक एक जगह। सफेद रंग से रँग कर सजाकर रखा है। भारत से ब्रिटिश राज ने एक प्रतिनिधि के रूप में अभियात्री सैन्य प्रधान फ्रांसिस यंगहस्बैंड को भेजा था। कलकत्ता से नाथू-ला होते हुए इसी रास्ते से यंगहस्बैंड तिब्बत फतह करने को आया था। उसके साथ तीन हजार फौजी, उपयुक्त गोला-बारूद और माल-असबाब ढोने के लिए चार हजार याक और सात हजार सहयोगी नौकर-चाकर थे। सर्वाधिक दुख इस बात का था कि इस विशाल सुसज्जित फौज के साथ लड़ने के लिए कुछ सहज-सरल ग्रामवासी थे, जो युद्ध-कौशल से अनभिज्ञ थे और हथियार के नाम पर जिनके पास केवल छुरियाँ और भाले थे। शत्रु है या मित्र, यह समझने से पहले ही सात सौ तिब्बतियों ने अपने प्राण गँवा दिए। सुसज्जित फौज और आधुनिक हथियारों के बारे में उन्हें कोई जानकारी ही नहीं थी। उन्नीसवीं शताब्दी में यह युद्ध याटुंग और

गीयान्त्से के बीचोबीच तूना नामक जगह पर हुआ था। स्वदेश की रक्षा के लिए मात्र पन्द्रह सौ तिब्बती थे। ब्रिटिश राज इस संघर्ष का चाहे जितना भी वीरतापूर्ण वर्णन करे किन्तु मेरी दृष्टि में यह सबलों द्वारा निरीह व दुर्बलों का हत्या-यज्ञ था। अनेक बार पढ़ी कहानी एक बार फिर आँखों के सामने आ गई। रास्ते के किनारे इस पुराने दुर्ग को नज़रअन्दाज़ नहीं किया जा सकता। और कुछ दूर आगे जाते ही लोगों की बस्ती नज़र आई। रास्ते पर बच्चे खेल रहे थे, पुराने मकानों के इर्द-गिर्द मुर्गी-सूअर इत्यादि घूम रहे थे। एक स्तूप पर अनगिनत प्रार्थना-पताकाएँ लगी थीं, कुछ बुजुर्ग माला जप रहे थे; चाय की दुकान के सामने दो महिलाएँ गप्पें करते-करते चाय के साथ मक्खन मिला रही थीं; स्तूप के पास ही एक बुजुर्ग लामा ने अपना प्रार्थना-चक्र घुमाते-घुमाते ही जीभ निकालकर मेरा स्वागत किया। मुझे मानो सचमुच का पुराना तिब्बत मिल गया। एक युवक ने अत्यन्त पास आकर मेरे चेहरे की ओर देखा और कहा—नमस्ते हिन्दुस्तानी!

—ताशि देलेक, हिन्दुस्तानी,—मेरे जवाब से वह बहुत ख़ुश हुआ।

विशुद्ध तिब्बती परिवेश। ल्हासा के जोखांग के आस-पास असली तिब्बती मिले थे, परन्तु वे सभी तीर्थयात्री थे। यहाँ असली ग्रामवासी और ग्राम मिला। युवक को चाय की दुकान दिखाकर कहा—'चलो चाय पिएँ।' चाय की दुकान में भाषा का कोई प्रयोजन नहीं, चाय खुद बातें करती है। चाय की दुकान के सामने जो दो महिलाएँ इमामदस्ते जैसे बाँस के चोंगे में चाय मिला रही थीं, वे ही घर में घुसकर प्लास्टिक के दो टूल निकाल लाईं और हमें बैठने को कहा। मैंने इशारे से समझाते हुए कहा कि चाय नहीं, दो चैंग दो। चैंग माने तरल सत्तू।

तिब्बती नमकीन, मक्खन चाय से अधिक मुझे चैंग पसन्द है। लगा, वे महिलाएँ भी प्रसन्न हैं। यहाँ इनके साथ खड़े होने या बैठने में भी एक आनन्द है। ज्ञानगंज में मेरा यह प्रथम तिब्बती संग था। मैंने उन्हें बार-बार समझाने की चेष्टा की कि मैं पर्यटक हूँ, लगता है, पर वे नहीं समझीं। प्राय: आधा घंटा उनके साथ बैठकर उनकी बातों, उनके आने-जाने के तिब्बती माहौल में मैंने खुद को छोड़ दिया। बहुत अच्छा लगा। ज्ञानगंज के ये सहज-सरल बाशिन्दे ही तो ज्ञानी और गुणीजन हैं। उसी पुरानी आत्मा का ही तो बार-बार का आवागमन है। जो थे, वे हैं, रहेंगे। मृत्यु के माध्यम से ही तो पुनर्जन्म होता है। ज्ञानगंज के स्थायी वासी तो ये ही हैं, हम तो पर्यटक हैं, परिव्राजक हैं, केवल आते-जाते हैं। मेरा तिब्बत में आगमन इन्हीं के लिए तो है। इन्हीं में तो किसी छद्मवेश में छिपे हुए हैं मेरे वही पुराने जाग्रत् तांत्रिक योगी-पुरुष। जितने दिन बीत रहे हैं, उतना ही भान होता है कि वे हैं। अँधेरे में राह से भटके एक बालक को जिन्होंने राह दिखाई थी, वही बार-बार सामने आते हैं, पृथ्वी के विभिन्न प्रान्तरों में जरूरत-बेजरूरत दर्शन देते हैं। आज मैं उन्हें पाना चाहता हूँ, उनका साथ पाना चाहता हूँ, उनके रहस्य को जानना चाहता हूँ; मैं जानता हूँ कि वे हैं किन्तु कहाँ?

मेरा दृढ़ विश्वास है कि इस ज्ञानगंज के कोई ज्ञानी पुरुष या महिला अवश्य मुझे उनका पता बता पाएँगे। बहुत कष्ट से मैं यहाँ पहुँचा हूँ, अब प्रश्न यह है कि मैं उन्हें ढूँढ़ना कहाँ से शुरू करूँ?

चाय आई। रास्ते के मोड़ पर स्तूप के पास जिन लामा को देखा था, उनके लिए भी एक चोंगा चाय देने को कहा। इस सुन्दर वातावरण में लग रहा है कि ये सभी मेरे अपने हैं। हमारे पास तीन उत्सुक बच्चे आकर खड़े हुए। दुकान में देखा लॉजेंस और बिस्कुट सजे हैं। मैंने दो-दो उन्हें दिए, जिन्हें उन्होंने बिना किसी हीले-हवाला के ले लिया। ये भिखारी नहीं, गाँव के बच्चे हैं, गाँव में एक विदेशी आया है इसीलिए घूम-फिरकर पास आ रहे हैं। चाय पीने का तो मात्र बहाना था, इस माहौल में समय बिताना ही मेरा उद्‌देश्य था। दुकानदार ख़ुश, बच्चे ख़ुश, युवक भी ख़ुश, और मैं? मैं तो आया ही इसीलिए हूँ। जहाँ दिल से दिल मिलता हो, वहाँ भाषा का प्रयोजन नहीं रह जाता। हठात् देखा, दूर से सोनम इधर ही आ रहा है। पास आकर मुस्कुराते हुए बोला—'कोई असुविधा तो नहीं हो रही सर?'

पास आते ही मेरे पूर्व-परिचित युवक ने उससे बातचीत शुरू की। कुछ देर बात होती रही फिर प्रशंसा की नज़रों से मेरी ओर देखकर उसने बताया कि वे सब मेरी प्रशंसा कर रहे थे कि मैं बहुत अच्छा आदमी हूँ और यह कि मैंने सभी को कुछ न कुछ खिलाया है। युवक बेकार है, बीच-बीच में उसे रेस्तराँ में काम मिल जाता है, हालाँकि वह नितान्त अस्थायी होता है। उम्मीद है, ल्हासा जाने की बात चल रही है। इसी बीच बिना माँगे ही मेरे और सोनम के लिए चाय आ गई। हालाँकि मैं एक चोंगा चैंग पी चुका था परन्तु फिर से पीने को बाध्य हुआ। न पीता तो इनको दुख होता।

हमने लौटने की राह पकड़ी। लौटते वक्त लगा, मैं काफी दूर निकल आया था। होटल पहुँचते-पहुँचते शाम हो गई। रात के भोजन के लिए हम ताशि रेस्तराँ में आए। तिब्बती परिवेश और निरन्तर बज रहा हिन्दी संगीत बहुत अच्छा लगा। रेस्तराँ का मालिक नेपाली है, मेनू में देखा तिब्बती, चीनी और पिस्सा की बहार। विदेशी ग्राहकों से ये काफी परिचित हैं, अर्थात् उनके अभ्यस्त हैं। दूर के एक टेबल पर एवरेस्ट अभियात्रियों का दल अपने चीनी गाइड से परामर्श कर रहा है। परामर्श और परिचर्चा कुछेक मिनटों में ही तर्क में परिणत हो गई। अद्‌भुत मामला था। हम यानी हमारी गाड़ी के ग्रुप के ड्राइवर समेत पाँच व्यक्ति एक टेबल पर थे। तर्क का विषय कोई कठिन नहीं अत्यन्त सामान्य-सा था कि चेहरे के लिए तेल अच्छा है या क्रीम? चीनी गाइड और शेरपा लोग तेल का व्यवहार करते हैं और वह इसलिए कि वे इसके अभ्यस्त हैं और यह सस्ता भी है। दो अभियात्री भी कह रहे हैं कि हिमालय की जलवायु के लिए तेल ही अच्छा है, भारी वैसलीन किस्म की क्रीम व्यवहार करना ठीक नहीं। मैं टेबल छोड़कर उठा और उन्हें सम्बोधित कर कहा—मैं भारतीय हूँ पर अधिकांश समय मैं बाहर (विदेश में) ही रहता हूँ। यूरोप

की सर्वोच्च पर्वत शृंखला है—मॅ-ब्लाँ अर्थात् सफेद पहाड़, जो वर्ष भर बर्फ से ढका रहता है। उसका करीबी शहर या बेस-कैम्प शामोनि (Chamonix) है। वहाँ जाने वाले कुछ लोगों से मेरा परिचय है। वे जब पर्वतारोहण के लिए हिमालय आते हैं तो आमतौर पर चेहरे पर हैंडक्रीम मलते हैं क्योंकि वही उनकी त्वचा से मेल खाती है। इस साधारण से मामले पर बहस कर आप अपनी मानसिक शक्ति का अपव्यय क्यों कर रहे हैं? रात को तम्बू में बैठकर हाथ और पैर की उँगलियों में तेल की मालिश कर सो जाएँ, फिर सुबह तम्बू छोड़ने से पहले चेहरे पर क्रीम मलकर निकलें, देखिएगा, अच्छा फल मिलेगा। तेल और क्रीम—काम दोनों का एक ही है। उद्देश्य है—सूखी त्वचा की ठंड से रक्षा। है न? अन्यथा न लें, बिना माँगे मशवरा देने के लिए क्षमाप्रार्थी हूँ।

मेरी मध्यस्थता से वे अत्यन्त प्रसन्न हुए। एक भारतीय को अपने बीच पा उनकी बहस का मुद्दा बदल गया। मैं वापस अपनी कुर्सी पर आकर बैठ गया। मेनू आ गया और सबने अपनी-अपनी पसन्द के मुताबिक भोजन का ऑर्डर दिया।

खा-पीकर हम होटल लौटे और अपने-अपने कमरे में चले गए। आश्चर्य हुआ, बिछौना गरम है, रजाई के भीतर हॉट-वाटर बैग रखा है। और कमरे में हीटर भी है, आवश्यकता हो तो 'ऑन' किया जा सकता है। आज यमद्रोक से ज्ञानगंज आने में कोई असुविधा नहीं हुई। ऊँचाई के कारण, सुना है, बहुतों को असुविधा होती है, परन्तु हम तो रुक-रुककर आए हैं इसलिए शरीर का तारतम्य बैठाकर आगे बढ़ पाए। शरीर ठीक है किन्तु मेरा मन घूमना चाहता है। लेकिन बाध्य होकर मन को जोर देकर शरीर के साथ बिस्तर पर लाना पड़ा।

ज्ञानगंज में पहली सुबह।

देह को बिस्तर पर तो रख दिया किन्तु मन को किसी भी तरह जकड़कर न रख पाया। वह अनेक वर्ष पूर्व पीछे छूटे दिनों की ओर दौड़ गया। एक मौनी बाबा, जबरन साधु बना एक बालक, इस गाँव और शहर में आया था। वह गीयान्त्से का माहात्म्य नहीं जानता था, स्थान-माहात्म्य वह नहीं जानता था, कान में जो नाम आया उसी को मन में रख लिया; पकड़कर पेंसिल में रख लिया था। मन के हजारों प्रश्नों के उत्तर उसे ढूँढ़ने पर अपने मन में ही मिल गए थे। सच या झूठ परखने लायक वातावरण नहीं था। इसके दो कारण थे—पहला तो यह कि वह मौनी बाबा था और दूसरा था भाषा का अभाव। जब बात करने का मौका मिला तब सावधानी से अपने जानने के कौतूहल को वह टाल गया था। गुरु रिम्पोचे उसके रास्ते के मार्गदर्शक थे—उन्होंने बार-बार सावधान कर दिया था—'बातें कर मन को दूर न ले जाना। जो देख रहे हो या जो सुन रहे हो, मन के पास जो आना है वह आएगा ही। वही असल है, बाकी सब फालतू।' उन गुरुजी से पहली बार गया के एक पुराने मकान के बरामदे में अस्वस्थ अवस्था में मिला था। फिर गंगटोक में और उसके बाद तिब्बत

के रास्ते पर भेंट हुई थी। पहले सोचा था कि वे बिहारी हैं; कुछ अपनापन हुआ तो समझ में आया कि उनकी मातृभाषा बांग्ला है; गंगटोक के मठ में वे नेपाली भाषा बोलते थे; तिब्बत की सीमा पार होते ही उन्होंने तिब्बती भाषा शुरू कर दी थी। वह केवल कहा करते—कहाँ आया हूँ, कहाँ रहूँगा, वर्तमान ही मेरा पाथेय है, बाकी सारा दायित्व तो उनका अपना है। हमने गायें चरानेवाले चरवाहों के एक समूह का अनुसरण किया था, और वही हमारा भरोसा था। उसके भी अनेक वर्षों पश्चात् उन्हीं गुरुजी से शान्तिनिकेतन में, कविगुरु के पुण्यतीर्थ में फिर भेंट हुई थी। उनके अपना बना लेनेवाले अस्वाभाविक स्वभाव से आश्चर्यचकित हुआ था। वहाँ वे साधुबाबा के रूप में मिले थे। तिब्बत की बात करते ही वे प्रसंग टाल जाते। बगीचे के केलागाछ, बैंगनगाछ और भक्तों की ओर देखकर कहते—'अरे-अरे, देखो तो बाबा कौन आया है इस असमय में...' बाद में वे मेरी पकड़ में आ ही गए, जब उन्होंने स्वीकार किया कि हाँ, मैं हूँ। उस समय देवी और गोरादा (सर्वाधिकारी) मेरे साथ थे ।

मन में बार-बार यही सवाल उठता है कि उन्होंने क्यों नहीं कहा कि हम लोग उस पवित्र ज्ञानगंज धाम गए थे? वहीं उस मौनी बालक को मठ में छोड़कर वे लोग छोटे-छोटे दलों में बँटकर ल्हासा गए थे...। मन में 'उस मठ' की बात आते ही मैं बिछौना छोड़कर उठ बैठा...हाँ, याद आ रहा है, हम एक विशाल ऊँचे मन्दिर जैसे बौद्ध चैत्य से होकर गए थे। उसके बाद अनेक मन्दिर थे, जिन में से एक मन्दिर के मठाध्यक्ष ने मुझसे हिन्दी में बातें की थीं। और उसके बाद अपने एक शिष्य के द्वारा मुझे 'माँ तारा' के ध्यान का मंत्र सिखाया था। वही विशाल मन्दिर आज का कुमबुम, तिब्बत का महाबौद्ध मठ है। स्मृति के पर्दे पर सब कुछ स्पष्ट हो रहा है। बिछावन छोड़कर उठते ही सर्दियों की पोशाक और टोपी पहनकर कमरे से बाहर आया। अभी ही जाना होगा, उसके बाद मेरे महायोगी तांत्रिक का पता अवश्य ही मिलेगा। बरामदा पार कर रिसेप्शन के पास आते ही बाधा पड़ गई। दरवाजे के पास बहादुर बैठा था। मुझे देखते ही सम्मान के साथ उठ खड़ा हुआ, लम्बा सलाम ठोंककर मुस्कुराते हुए बोला—'कहाँ जाएँगे चाचा?' हिन्दी सुनकर मुझे आश्चर्य हुआ, समझ गया कि यह नेपाली दरबान है। दरवाजा खोलकर बाहर की ओर दिखाते हुए उसने कहा कि अभी तक भोर का उजाला नज़र नहीं आ रहा, घना अँधेरा है। फिर घड़ी दिखाते हुए बोला—'देखिए, अभी 3 नहीं बजे। भोर 5 बजे से पहले बाहर कुछ नज़र नहीं आएगा।' बाहर निकलकर देखा, उसकी बात ही सही थी। भोर की रोशनी तो नहीं ही थी, यहाँ तक कि होटल के बाहर की भी बिजली बुझी हुई थी। कुहासे में रास्ते के लैम्पपोस्ट की रोशनी भी प्राय: न होने के समान ही थी। बहादुर ने ठीक ही कहा था। वापस भीतर लौटने को बाध्य हुआ। अब नींद नहीं आएगी, केवल सुबह की रोशनी का इन्तजार करना होगा। कमरे में लौटकर डायरी लिखना शुरू किया—

—पिछले कई वर्षों से बहुतों ने ज्ञानगंज के बारे में पूछा है किन्तु सही उत्तर नहीं दे पाया हूँ। सोचा था कि जान्सकार की तरह ही हिमालय के किसी अज्ञात पहाड़ की ओट में छिपा यह एक रहस्यमय **तंत्रपीठस्थान** है। दरअसल गीयान्त्से ही ज्ञानगंज है, यह तो मैंने अभी जाना है। यह परिव्राजक का हठात् आविष्कार है। ज्ञानगंज के साथ भारत का सम्बन्ध केवल वाणिज्यिक नहीं, आध्यात्मिक भी है। साधना के लिए वे ज्ञानगंज क्यों आते थे, यह भी मेरा प्रश्न है।

अचानक दरवाज़े पर दस्तक हुई। दरवाजा भिड़काया हुआ ही था, मेरे जवाब देते ही दरवाज़ा ठेलकर बहादुर भीतर घुसा। उसके हाथ में एक ट्रे पर चाय का कप और अलार्म क्लॉक थी। टेबल पर रखकर घड़ी की सुई घुमाकर मुझे समझा दिया कि भोर साढ़े चार बजे सड़क की बत्तियाँ बुझ जाएँगी, फिर 5 बजे के बाद बस-स्टॉपेज की चाय की दुकानें खुलेंगी, फिर धीरे-धीरे भोर होगी। होटल के यात्री 7 बजे के बाद उठेंगे और फिर 8 बजे ब्रेकफास्ट शुरू होगा। बहादुर की हँसी और अपना बना लेनेवाली सरलता पर मैं मुग्ध हो गया। बख्शिश देकर उसकी अन्तरंगता को मैं छोटा न कर पाया। उसी के मुँह से सुना कि काठमांडू से कैलासनाथ व मानसरोवर के रास्ते और ल्हासा के रास्ते पर अनेक नेपाली हैं, उन सभी के हाथों में चीन के कागज-पत्तर हैं। सरकारी प्रशासन नेपालियों को बिल्कुल परेशान नहीं करता। मैंने बहादुर से कहा—एक कप ले आओ, इतनी सुबह इतनी सारी चाय नहीं पी पाऊँगा। वह किसी प्रकार राजी नहीं हुआ, क्योंकि नाइट-ड्यूटी में उसके हिस्से की दो कप चाय है, जो वह पी चुका है। इसके बाद सूर्य निकलने पर फिर रोटी-दाल और चाय मिलेगी। दरबान के मुँह से ही सुना कि इस रास्ते भारतीय बहुत कम ही आते हैं। आजकल नाथू-ला की सीमा खुल गई है परन्तु आवागमन नेपाल के साथ ही अधिक है। बातों-बातों में मुझे चाय पिलाकर बहादुर ट्रे लेकर उठा और मैंने फिर से लिखना शुरू किया...।

प्रायः साढ़े पाँच बजे के बाद भोर की रोशनी नज़र आई। मैं निकल पड़ा। मैं रास्ता पकड़कर कुमबुम की ओर जा रहा हूँ, एक घोड़ागाड़ी पास से गुज़र गई। ऊपर माल-असबाब रखने के लिए काठ बिछा है । कुछ दूर जाकर वह रुक गई। मेरे पास आते ही उसने कहा—'बैठिए।' भाषा और हावभाव से तो यही समझ में आया। मैं चढ़कर उसके पास ही बैठ गया। वाह, हठात् ज्ञानगंज का उपहार! भाषा से समझ में आया कि लड़का तिब्बती है। किसी तरह उसे समझाकर कहा—'चलो सामने की ओर।' दूर से ही दुर्ग नज़र आ गया, फिर कुमबुम, विशाल बौद्ध-मठ। उसे भी पार कर लिया और उससे कहा—'ठीक है, और आगे चलो।' अद्‌भुत, उसे जो भी कह रहा हूँ, वह तत्काल समझ ले रहा है। रास्ता प्रायः खाली है इसीलिए लड़के ने घोड़े को एक चपत लगाकर कहा—'हा-ओ हा-हा' और घोड़ागाड़ी दौड़ पड़ी। मजा तो बहुत आ रहा है पर काठ के ऊपर बैठने के कारण गाड़ी जब भी गड्ढे में पड़ती है,

मुँह से अनायास आवाज़ निकल पड़ती है—'बाप रे!' मतलब हालत पतली है। बैठने को यदि एक चट ही बिछा होता तो गाड़ी के झटके आनन्ददायक होते। हम कल की देखी चाय की दुकान और पुराने तिब्बती गाँव को छोड़कर आगे बढ़ गए। थोड़ी दूर जाने पर दाहिनी ओर एक विशाल मन्दिर दिखा। उँगली के इशारे से उस ओर दिखाते हुए पूछा—'वो क्या है?'

—'पेल्कर दो पेल्खारचोजे।'

जहाँ तक समझ में आया, नाम था पेल्कर। देखकर लगा जैसे कोई मोनेस्ट्री है। मैंने उधर गाड़ी घुमाने को कहा, किन्तु वह राजी नहीं हुआ। मेरे मन पर किसी ने आघात-सा देकर कहा—यही है! मन की दृष्टि स्मृति-पटल पर अटक गई। समझ गया, यही जगह मुझे खींच रही है। दरकार है भाषा की, दरकार है गाइड की। मैंने युवक से कहा—'चलो, लौट चलो होटल जियांग्सी बिंगुआन।' पहली बार उस युवक को मेरी भाषा समझ में आई। उसने घोड़े को हाँका—हा-हा, हा ओ हो। गाड़ी होटल के रास्ते की ओर घूम गई।

होटल के पास आकर गाड़ी के रुकते ही मैंने इशारे में कहा—'रुको'। जल्दी से कमरे से दो युआन लाकर मैंने उस युवक को दिए। बार-बार जीभ निकालकर कृतज्ञता व धन्यवाद ज्ञापन कर उसने विदा ली। मन ही मन बार-बार 'पेल्कर मठ' उच्चारण करने पर भी कुछ याद नहीं आया। नाश्ते की टेबल पर बैठते ही मैंने सोनम से पूछा कि पेल्कर या पेल्खर नाम का क्या कोई मठ है? उसने फौरन उत्तर दिया—'क्या कह रहे हैं सर, पेल्कर मोनेस्ट्री तो यहाँ का प्रमुख आकर्षण है। गीयान्त्से में देखने लायक तीन जगहें हैं—कुमबुम चैत्य या बौद्ध मठ, गीयान्त्से का दुर्ग या जौंग और विख्यात पेल्कर मोनेस्ट्री। इस शहर के साथ भारत का ऐतिहासिक सम्बन्ध है। कल्चरल रिवोल्यूशन के बाद यह रास्ता कई वर्षों तक बन्द था, अब फिर खुला है परन्तु आवागमन पहले जैसा नहीं हो रहा। विभिन्न कारणों से परिवहन व्यवस्था में उन्नति नहीं हुई। हर वर्ष हजारों-हजार हिन्दू तीर्थयात्री कैलासनाथ और मानसरोवर आते हैं किन्तु वे अन्य रास्ते से आते हैं। यहाँ के याक की ऊन खूब मशहूर है और गीयान्त्से के कालीन भी खूब नामी हैं। भेड़ की लम्बी पशम (ऊन), जिसे मोगेर भी कहते हैं, दुनिया भर में विख्यात है। यहाँ का प्राकृतिक सौन्दर्य, खासकर पहाड़, झील और उपत्यका की विशिष्टता भी दिनोदिन पर्यटकों को आकर्षित कर रही है। आजकल ल्हासा में ट्रेन से हजारों लोग आते हैं। मूल चीन (China Mainland) से भी बेशुमार लोग यहाँ के आकर्षण से खिंचे चले आते हैं। ल्हासा और यहाँ के बीच प्रत्येक दिन हर घंटे बसों का आवागमन जारी रहता है। गीयान्त्से का किला, कुमबुम मठ और पेल्कर छो मोनेस्ट्री, इन सबका निर्माण 1440 ईस्वी के आस-पास हुआ था। कुमबुम मठ में आपको अद्भुत कारीगरी नज़र आएगी। यह तिब्बत का एक बड़ा मठ है, इसकी प्रत्येक मूर्ति

देखने के काबिल है। पेल्कर मोनेस्ट्री दरअसल एक विशाल मन्दिर-ग्राम है। उस एक स्थान पर ही विभिन्न धार्मिक सम्प्रदायों के विभिन्न मन्दिर हैं। हम अब उठेंगे। यहाँ के सभी दर्शनीय स्थान संरक्षित क्षेत्र हैं। दरवाजा साढ़े नौ बजे के लगभग खुलेगा, खुलने में प्राय: देरी होती है। पेल्कर मोनेस्ट्री और कुमबुम के लिए टिकट की कीमत है तीस युआन (Y 30)।'

तय हुआ कि आज रात हम इस होटल में ही रहेंगे। कल सुबह आला और क्रिस एक अन्य दल के साथ शिगात्से जाएँगे। मुझ पर निर्भर रहेंगे सोनम, गाड़ी और ड्राइवर। हम निकल पड़े। हमारे गाड़ी में बैठते ही एक लड़के ने आकर सोनम से कुछ कहा। लड़के को देखते ही मैं पहचान गया कि वह सुबह की घोड़ागाड़ी वाला लड़का है। उसकी बात सुनकर सोनम ने मुझसे पूछा कि मैं सुबह घूमने निकला था या नहीं। मेरा उत्तर सुनकर सोनम अवाक् हो गया। लड़का पूछ रहा है कि कल भोर में वह आएँगे या नहीं। वह बार-बार कह रहा था कि कल यदि मैं घूमने निकलूँ तो वह एक अच्छी गद्दी ले आएगा। मैंने राजी होकर उसे उत्साहित किया। सोनम को समझाते हुए मैंने कहा कि मुझे सुबह टहलने की आदत है इसलिए निकला था—इस लड़के ने मुझे देखते ही (घोड़ागाड़ी में) बैठा लिया। बहुत अच्छा लड़का है, चतुर भी है।

गाड़ी चली। थोड़ी देर में ही हम दुर्ग के पास से एक पहाड़ी रास्ते से ऊपर चढ़े, फिर छोटी-सी एक खुली जगह मिली तो वहाँ रुके। गाड़ी से उतरते ही सामने उपत्यका का मनोरम दृश्य। हमारे सामने ही था जोंग दुर्ग जो अब अजायबघर है जिस पर ब्रिटिश अभियात्री सेनापति यंगहस्बैंड के समय की छाप नज़र आती है। यहाँ से सबसे सुन्दर नज़र आ रहा है कुमबुम मठ। देखने में एक विशाल मन्दिर जैसा, छह मंजिला मन्दिर, हर मंजिल पर प्रदक्षिणा के लिए छत और एकदम ऊपर गुम्बद। सफेद दीवार और उस पर गहरे लाल व सुनहरे रंग का घेरा। उसके बाद है पुराना तिब्बती इलाका और दूर स्थित पेल्कर छोदे (Pelkar Chode) मठ। वास्तव में यह असंख्य मन्दिरों का एक गाँव है। हम यहाँ से दुर्ग और फिर कुमबुम मठ जाएँगे। दोपहर में भोजन के लिए रेस्तराँ लौट जाएँगे और फिर पेल्कर छो मोनेस्ट्री देखकर अपने एक दिवसीय टूर का समापन करेंगे। हमारे बाईं ओर नज़र आ रही है गीयांग-चू नदी। यह नदी यहाँ से और उत्तर में ब्रह्मपुत्र नदी में जाकर मिलती है। ब्रह्मपुत्र नदी का स्थानीय नाम है यार्लुंग त्सांग्पो (Yarlung Tsangpo)। हममें से कोई भी दुर्ग और अजायबघर का भक्त नहीं है इसलिए हम सीधे गाड़ी में आकर कुमबुम जाने के लिए बैठ गए। कुमबुम के विशाल आकर्षण को हम सबने स्वीकार किया।

हमारी गाड़ी कुमबुम मठ की दीवार के पास आ लगी। रीति अनुसार सुरक्षा-जाँच हुई फिर चीनी सैन्य प्रतिनिधि ने सलाम कर हमारा स्वागत किया। किसी एक अट्टालिका के समान तिब्बत का अन्यतम उल्लेखयोग्य एक दर्शनीय धार्मिक

प्रतीक हमारे सामने खड़ा है। यहाँ हमें गाइड लेना पड़ा। प्रवेश-शुल्क और गाइड की दक्षिणा राशि से ही कुमबुम मठ की देखरेख होती है।

तिब्बती स्थापत्य कला का एक उज्ज्वल उदाहरण है यह पैंतीस मीटर ऊँचा अत्यन्त आकर्षक मठ, जिसका निर्माण सन् 1427 में हुआ था। दूर से लगा, काठमांडू का छतवाला स्वयंभूनाम है, कारीगरी दक्षिण भारतीय लगी है।

कुमबुम स्तूप : गाइड ने पहली मंज़िल यानी फर्स्ट फ्लोर से ही वर्णन शुरू किया। तिब्बती गाइड अंग्रेजी अच्छी बोल रहा था। नेपाल के मेवाड़ी स्थापत्य का अत्यन्त सुन्दर निदर्शन। असंख्य भित्तिचित्रों और छोटी-छोटी मूर्तियों को नजरअन्दाज कर गाइड सीधा एक बड़ी मूर्ति की ओर बढ़ गया। चारों ओर की चारों दीवारों के मूल में चार मूर्तियाँ थीं। वर्णन शाक्यमुनि से शुरू हुआ। शाक्यमुनि को तिब्बत में शाक्य थुक्पा (Sakya Thukpa) कहते हैं। शाक्यमुनि ही दरअसल बुद्धदेव हैं जिनके साथ हैं उनके दो सहचर धन्वन्तरि बुद्ध और गुरु रिम्पोचे। पश्चिमी दीवार पर हैं सुखावति (Sukhabati)। फिर हैं अमिताभ बुद्ध जो प्रकाश के अधीश्वर हैं।

इसके बाद की मूर्ति के परिचय से मन आनन्दित हो उठा—ये हैं **मारमेद्जे**, हमारे प्रिय दीपंकर। वे बुद्धदेव से प्रायः एक लाख वर्ष पूर्व आए थे। पृथ्वी को विध्वंस से इन्होंने बचाया। यह देखिए, इनके हाथ की अभयमुद्रा। तुषिता (Tushita) और मैत्रेय के भित्तिचित्र भी देखने के काबिल हैं।

दूसरी मंजिल : अब हम दूसरी मंज़िल पर आ गए । यहाँ भी चार दिशाओं में चार बुद्धावतार हैं—मंजुश्री, अवलोकितेश्वर, अमितायुश एवं तारा। यहाँ की माँ तारा शुभ्रा (White Tara) हैं। माँ तारा के बारह छोटे-छोटे दीवार-मन्दिर हैं सभी पूर्व दिशा की ओर हैं। फिर वज्रपाणि के चौदह मन्दिर और अक्षोभ्य (Akshobhya) देव के पन्द्रह मन्दिर क्रमशः दक्षिण, पश्चिम और उत्तर के बरामदे में हैं। वे अत्यन्त सुन्दर, सुसज्जित और सुरक्षित हैं।

तीसरी मंज़िल : यहाँ के चारों ओर चार ध्यानी बुद्धों के सुन्दर-सुन्दर मन्दिर हैं और वे चार हैं—अमिताभ, रत्नसम्भव, अमोघसिद्धि और अक्षोभ्य।

चौथी मंज़िल : इस मंज़िल की अधिकांश मूर्तियाँ तिब्बत के उन दार्शनिकों, धार्मिक राजा व महापंडितों की स्मृति को समर्पित हैं, जिन्होंने तंत्र व **बौद्ध** धर्म को तिब्बत में प्रतिष्ठित किया है। इस चौथी मंज़िल में कुल ग्यारह मन्दिर हैं। अन्य मंज़िलों की ही तरह प्रत्येक मन्दिर का मुँह बाहर की ओर है। यहाँ की प्रधान मूर्ति गुरु रिम्पोचे की मूर्ति है। गुरु रिम्पोचे एक ऐतिहासिक व्यक्तित्व हैं जो भारत (आजकल कश्मीर) से आए थे जिनका संस्कृत नाम है पद्मसम्भव। तिब्बती लोग इस भारतीय महापंडित को बुद्धदेव के बाद ही दूसरे स्थान पर स्मरण करते हैं, जो तिब्बत के आदि धार्मिक सम्प्रदाय नीइंग्मापा (Nyingmapa) संघ के प्रतिष्ठाता थे। सामान्य भाषा में इस सम्प्रदाय को लाल टोपी सम्प्रदाय

कहा जाता है। तिब्बत के गेलुक्पा सम्प्रदाय को पीली टोपी संघ कहते हैं, जिसके प्रतिष्ठाता त्सांगखापा (Tsangkhapa) हैं। त्सांगखापा मंजुश्री के प्रतीक हैं।

छोटे मन्दिरों को दाहिनी ओर छोड़ हम आगे बढ़ गए। सीढ़ी से ऊपरी खंड पर पहुँचते ही गाइड ने कहा—'यहाँ कुल मिलाकर चार मन्दिर हैं। मूल मन्दिर विभिन्न डाकिनी-योगिनियों को समर्पित है जो सम्भवत: इस कुमबुम स्तूप का पहरा दे रही हैं।' गाइड ने मोबाइल पर समय देखते हुए कहा—'हमारे पास समय बहुत कम है इसलिए इन मन्दिरों को छोड़कर इन भित्तिचित्रों को देखें, अत्यन्त दक्ष कारीगरी का परिचय मिलेगा। ये सब रंग तिब्बत में ही तैयार किए गए। मोनेस्ट्री में ही रंग का कारखाना है। दीवारों या भित्तिचित्रों में किसी कृत्रिम रंग का प्रयोग नहीं किया गया है।' बात तो सुनकर अच्छी लगीं परन्तु अफसोस इस बात का रहा कि बाहर के भित्तिचित्र तो ठीक से नज़र आ रहे थे परन्तु समुचित रोशनी के अभाव में भीतर की ओर के चित्र स्पष्ट नज़र नहीं आ रहे थे। मेरे साथी पर्यटकों को तो कोई असुविधा नहीं हुई, क्योंकि उन्होंने कैमरे की रोशनी में तस्वीरें खींच लीं। स्वदेश लौटकर फुर्सत में देख लेंगे।

अब हम छठी मंज़िल पर पहुँचे, सच कहा जाए तो यह कुमबुम की छत थी। कुमबुम की एक ओर की आँख अब हमारे सामने है। यहाँ शाक्यमुनि अकेले ही खड़े हैं। वे ही तिब्बत के अधिष्ठाता देवता हैं। सदा जाग्रत्। छत से सम्पूर्ण उपत्यका का दृश्य अति सुन्दर नज़र आ रहा है। हमारे सामने ही ज्ञानगंज का पुराना शहर और सर्वाधिक उल्लेख योग्य प्रधान व प्राचीन छोद् मठ है। गाइड कई बार पेल्कर छो कह रहा था, सोनम ने स्पष्ट और शुद्ध करते हुए बताया—पेल्कर छोदे, जो ज्ञानगंज का ऐतिहासिक मठ है। दोपहर के भोजन के पश्चात् हम उस मठ में जाएँगे। अब हमारे उतरने की बारी थी। उतरते समय गाइड यानी स्थानीय गाइड ने सवाल किया कि भारत में इस प्रकार का स्तूप है या नहीं। मैंने जवाब दिया—'ठीक ऐसा मठ या स्तूप तो नहीं है किन्तु और भी ऊँचा और पत्थर की कारीगरी से भरपूर मन्दिर हैं, और वे अधिकांश दक्षिण भारत में हैं। उनमें उल्लेख योग्य है मीनाक्षी मन्दिर का गोपुरम्, जो भारतीय स्थापत्य और कारीगरी का अपूर्व दान है। यदि कभी भारत जाओ तो मुझसे सम्पर्क करना, कहाँ कैसे जाना है, कहाँ रहना है, सब बन्दोबस्त कर दूँगा।'

हमारे नीचे उतरते ही सिपाही ने कहा—'दोपहर को पर्यटकों के लिए बन्द रहता है, आप लोगों ने देर कर दी।' हम लोग 'सॉरी-सॉरी' कहकर आगे बढ़ गए। अब समझ में आया कि हमारा लोकल गाइड क्यों बार-बार घड़ी देख रहा था और क्यों पाँचवीं मंज़िल का विवरण न देकर वह हमें सीधे छत पर ले गया।

कुमबुम से निकलते ही हम गाड़ी में बैठ गए। सचमुच बाहर से देखने में अपूर्व लग रहा था। विशद रूप से सारी मूर्तियों, तांग्खा और भित्तिचित्रों के इतिहास शिल्प को देखना हो तो तीन-चार दिन तो लग ही जाएँगे। ख़ुशी की बात यह है कि

चीन की सांस्कृतिक क्रान्ति के आघात से यह ऐतिहासिक यादगार इमारत बची रह पाई। यह स्तूप प्रारम्भ से ही सहस्त्रों भक्तों को आकर्षित करता रहा है। भीतर-बाहर असंख्य देवी-देवताओं और खासकर शाक्यमुनि की मूर्ति और वेदी होने के बावजूद मन्दिर के रूप में इसे स्वीकृति नहीं मिली है और शायद इसीलिए यह इमारत बच पाई।

पेल्कर छो : खा-पीकर हम फिर से निकल पड़े। उद्देश्य था पेल्कर छो जाना। वह शहर के पुराने तिब्बती गाँव के पास ही है। रास्ते में जाते-जाते गाँव के उस वृद्ध भिखारी पर नज़र पड़ी जिसे सुबह देखा था। हमें देखते ही जीभ निकालकर उसने विनम्र नमस्कार किया। गाड़ी रोके बिना केवल सिर झुकाकर हमने उसका अभिवादन स्वीकार किया।

पेल्कर छो, पेल्कर छोदे, पेल्खर छो—तिब्बत के अंचल-भेद के कारण नाम में सामान्य अदल-बदल हो जाता है। मैंने पेल्कर छो को ही सही मान ग्रहण किया। पेल्कर छो दरअसल मन्दिर वाला एक विशाल इलाका है, जिसे मन्दिर-ग्राम भी कहा जा सकता है। सन् 1418 में इस विशाल मन्दिर-ग्राम की स्थापना के बाद से ही तिब्बत के तीर्थयात्री-समूहों ने यहाँ आकर दिनोदिन इसके माहात्म्य को बढ़ा दिया। केवल साधारण तीर्थयात्री ही नहीं, बल्कि शिक्षार्थी, भिक्षु और संन्यासी भी तपस्या और शिक्षालाभ के लिए दौड़े-दौड़े यहाँ आए। उस समय यहाँ का प्रधान धर्म था शाक्यधर्म यानी बौद्ध धर्म। कहने की आवश्यकता नहीं कि भारतवर्ष से ही बौद्ध धर्म और दर्शन ने हिमालय पार कर यहाँ अत्यधिक सम्मान व स्थान प्राप्त किया। साक्यपा सम्प्रदाय ने मुगल सम्राट की सहानुभूति और सहयोग से यहाँ स्वतंत्र रूप से एक धार्मिक राज्य का निर्माण किया था।

पेल्कर छोदे एक विशाल धार्मिक क्षेत्र है जिसके अन्तर्गत अनेक मन्दिरों, मठों एवं विभिन्न दार्शनिक शिक्षा केन्द्रों को स्थान मिला। यहाँ बहुतेरे धर्मों का एकत्र सहअवस्थान था।

उस समय यानी पन्द्रहवीं शताब्दी में तिब्बती धर्म के तीन प्रधान शाबय सम्प्रदाय थे। भगवान बुद्ध की नीति और उपदेश के अनुसार बौद्ध संघ और धर्म की एकता बरकरार रखनी होगी। संयम, धैर्य, सहिष्णुता, प्रेम और करुणा का दैनन्दिन जीवन में अभ्यास करना होगा। सभी धर्मों में सम्मान व समभाव को कायम रखना होगा। हिंसा की वर्जना के लिए सर्वत्र संयत स्वभाव को बनाए रखना होगा। तथागत के उपदेशों के अनुरूप गेलुक्पा, साक्यपा और बोन्पा (Gelukpa, Sakyapa, Bonpa), इन तीन सम्प्रदायों ने एकताबद्ध होकर रहना शुरू किया। तीन सम्प्रदायों की यह एकता और उनका मिल-जुलकर रहना एक उज्ज्वल उदाहरण था। इस विशाल मन्दिर-अंचल में नौ गेलुक्पा मठ, तीन साक्यपा मठ और तीन बोन्पा मठ हैं। इनमें बोन्पा या बुटोन सम्प्रदाय सबसे प्राचीन है। बौद्ध धर्म के बहुत पहले से उन्होंने

तिब्बत में अपनी प्रधानता कायम कर रखी थी। मारण-उच्चाटन व वशीकरण के माध्यम से उन्होंने धर्म का प्रचार-प्रसार किया था। साक्यपा सम्प्रदाय ने मंगोल सम्राट चंगेज़ खान के वंशज 'गोन्देन' के साथ समझौते और सहयोग के माध्यम से धर्म पर आधारित साक्यपा शासन-व्यवस्था का प्रवर्तन किया था। उस समय ल्हासा के साथ उनके कोई खास सम्पर्क नहीं थे। ल्हासा के दलाई लामा साक्यपा सम्प्रदाय के नहीं हैं। उनका वंश-परिचय मिंग राजवंश के आलतान खान से है। दलाई लामा गेलुक्पा सम्प्रदाय के हैं।

पाँचवीं शताब्दी में यह पेल्कर छो तिब्बत के सबसे बड़े व निर्भर योग्य शिक्षा प्रतिष्ठान में परिणत हो गया था। प्रवेश पथ और महलनुमा सभा-कक्ष एक ही था। शिक्षार्थी, संन्यासी, भिक्षु, पंडित, योगी, साधु आदि सभी के लिए दरवाजे खुले थे। उस समय ज्ञानगंज हिमालय का प्रधान आध्यात्मिक साधना का शिक्षा केन्द्र था।

हमारे पास तिब्बत के सभी अजायबघरों और मोनेस्ट्री में घूमने का ऑलराउंड टिकट था परन्तु उसके बावजूद चालीस युआन देकर नया टिकट खरीदना पड़ा, जिस पर लिखा था—'Pelkar Chode Monestery' और चीनी भाषा में लिखा था—पेल्कर छोटेनगन (Pelkar Chotengon)।

सिंहद्वार से हम अत्यन्त सुन्दर सभाकक्ष में पहुँचे। सभाकक्ष यानी प्राचीन असेम्बली हॉल (Assembly Hall), एक विशाल नाट्य-मन्दिर था। सिंहद्वार पर सिंह नहीं है, चार रक्षकों की मूर्तियाँ हैं और दीवार पर विशाल जीवन-चक्र अंकित है। सभाकक्ष की हर दीवार पर अत्यन्त सुन्दर व उज्ज्वल रंगों वाले तिब्बत के कथा-चित्र हैं। बाहर से अत्यन्त सुन्दर, रंग-बिरंगी दीवार और छत देखकर सोचा था कि यहाँ सब कुछ स्पष्ट देख पाऊँगा, परन्तु अफसोस, यहाँ भी रोशनी का अभाव था। अन्यान्य मोनेस्ट्रियों की तरह यहाँ भीतर घी के दीये नज़र नहीं आए और बिजली की बत्ती का भी अभाव था। जो यहाँ आते हैं, उनके पास यदि दिव्य-दृष्टि न हो तो अँधेरे में ही रहना होगा।

साक्यपा, गेलुक्पा और बोन्पा—इन तीन सम्प्रदायों में किसका महत्त्व कम है और किसका अधिक; कौन जाग्रत् है और निद्रित; ध्यानी बुद्ध और ज्ञानी बुद्ध में अन्तर ज्ञान का है या आलोक का—ये सारे प्रश्न मन में उभरे, फिर भी चुप रहना पड़ा क्योंकि यह गाइड अपनी रटी-रटाई विद्या से बाहर जाना ही नहीं चाहता। और सबसे मजेदार बात यह कि उपयुक्त रोशनी के अभाव में हम भले ही ठीक से देख न पा रहे हों पर गाइड अपने कर्तव्य का पालन किए जा रहा था। एक मकान से निकलकर दूसरे में प्रवेश से पहले ही वह अच्छी तरह समझा दे रहा था कि कौन-सी मूर्ति कहाँ है। गाइड हमें बार-बार समझाकर कह रहा है—'यहाँ कुल पन्द्रह मन्दिर हैं। इन पन्द्रहों मन्दिरों में अधिकांश गेलुक्पा सम्प्रदाय के हैं, अतः उन्हीं का

आधिपत्य अधिक है। बाकी साक्यपा के तीन और बोन्पा के तीन हैं। भगवान बुद्ध की विभिन्न मूर्तियों को सभी सम्प्रदायों ने मान लिया है। वे सब मूर्तियाँ सभी मन्दिरों में मिलेंगी।' बातों ही बातों में हम और एक बड़े-से मन्दिर में घुसने से पूर्व रुके—'इस मठ में हम देख पाएँगे कि प्राचीन काल में बौद्ध तांत्रिक और बौद्ध धर्म सम्पूर्ण रूप से भारतवर्ष से आया है।' विभिन्न समयों पर विभिन्न धार्मिक नेताओं, पंडितों और उच्च श्रेणी के गुरुजनों ने तिब्बत में बौद्ध धर्म का प्रचार-प्रसार किया। उनमें जो नेतृत्वकारी थे, वे या तो भारतवर्ष से आए थे या धर्म और दर्शन की शिक्षा ग्रहण करने तिब्बत से भारत गए थे। कहने की आवश्यकता नहीं कि तिब्बत और भारत के धार्मिक नेताओं का दोनों देशों में व्यापक रूप से आवागमन था।

तिब्बत से जो ऋषि-मुनि तीर्थ और शास्त्रों की खोज में भारत गए थे, उनमें श्रेष्ठ ज्ञानी पुरुष थे—पंडित कुंगा ग्यालत्सेन (Abbot Kunga Gyaltsen)। भारतवर्ष से उन्हें 'पंडित' की उपाधि मिली थी। बौद्ध धर्म की अहिंसा नीति और निर्वाण प्राप्ति की राह के बारे में उन्होंने बहुतेरे ग्रन्थ लिखे हैं तथा संस्कृत व पालि भाषा से बौद्ध-दर्शन का अनुवाद भी किया है। उनके पांडित्य पर मुग्ध होकर मंगोल राजकुमार गोडान ने उन्हें तिब्बत का धार्मिक नेता घोषित किया था और तिब्बत के प्रशासन का महत्त्वपूर्ण दायित्व प्रदान कर सम्मानित भी किया था।

तेरहवीं शताब्दी के तिब्बत के इस महापंडित कुंगा ग्यालत्सेन ने अपने तर्क और युक्ति के माध्यम से चंगेज खान के वंशज राजकुमार गोडान खान को बौद्ध धर्म में दीक्षित किया था इससे तिब्बत को महापराक्रमी मंगोल आक्रमण से रिहाई मिली। महापंडित ग्यालत्सेन का जीवनकाल ईस्वी सन् 1182-1251 था। तिब्बत में वही काल बौद्ध धर्म का स्वर्णिम युग था। इस प्रकार तिब्बत में धार्मिक नेता की शासन-क्षमता तथा धर्म व गुणबल द्वारा राज्य-शासन की व्यवस्था शुरू हुई। परवर्तीकाल में दलाई लामा व पंचेन लामा के पुनर्जन्म की प्रथा शुरू हुई। इस इमारत में हमने ग्यालत्सेन की प्रतिमूर्ति के दर्शन किए, फिर उसके बाद शाक्यमुनि की प्रतिमूर्ति को प्रणाम कर हम इसके बाद वाले एक सुन्दर मन्दिर में पहुँचे। इस मन्दिर में प्रवेश करते ही मैं अवाक् रह गया। एक के बाद एक प्रतिमूर्ति विभिन्न भंगिमाओं में बैठी हैं। इन प्रतिमूर्तियों को देखकर लगता है, ये भारतवर्षीय हैं। एक प्रतिमूर्ति के नीचे लिखा है—'गोरखनाथ'। व्याख्या की आवश्यकता नहीं पड़ी, सब कुछ स्पष्ट समझ में आ गया। हठयोग के विभिन्न आसनों की भंगिमाएँ—अत्यन्त सुन्दर रूप से कारीगर ने अपनी प्रतिभा का परिचय दिया है। इस मन्दिर को केवल मन्दिर न कहकर विभिन्न योगी-पुरुषों के भित्तिचित्रों की अपूर्व प्रदर्शनी कहना उचित होगा। यहाँ एक मंडला सहज ही दृष्टि आकर्षित करता है। एक विशाल मंडला फर्श पर रखा है और दीवार पर झूलता तांग्खा उसी की प्रतिच्छवि है। इस तांग्खा की विशिष्टता दर्शक को अवाक् कर देती है। फर्श पर रखे मंडला को इतना सुन्दर अंकित किया गया है कि जब

त्रिआयामी छवि उस मंडला पर पड़ती है तो आँख चुँधिया जाती है। पेल्कर छो मन्दिर-ग्राम में मूल सभा-कक्ष के बाद ही जो ये सब छोटे-बड़े मन्दिर हैं उनके अपूर्व रंग और छवि दृष्टि को बाँध लेते हैं—परन्तु कहना होगा कि यम और असुरों की छवि कम रोशनी में मन पर आघात करती हुई कहती है—'अरे दूर जा'। ये सब भयंकर व वीभत्स मूर्तियाँ भूत का भय दिखाने के लिए ही हैं।

हम बाहर निकल आए। टिकटघर के पास ही चाय के एक स्टॉल में टूटी हुई प्लास्टिक की कुर्सी की धूल झाड़कर दुकानदार ने बड़े आदरपूर्वक हमें बैठाया। स्थानीय गाइड निःसन्देह उपयुक्त व्यक्ति था, यह तो मानना पड़ेगा परन्तु वह सज्जन हमें साक्यपा, गेलुक्पा और बुटोन (Buton) या बोन्पा सम्प्रदाय के बीच का फर्क साफ-साफ समझा नहीं पाए या हम समझ नहीं पाए। दोष वास्तव में हमारा ही था। हमारी ऊब, एकरसता। चाय के इस विश्राम ने हमारी एकरसता और ऊब को दूर किया। दुकानदार ने कहा—पानी तो गरम किया हुआ ही है परन्तु चाय, चीनी, मक्खन या दूध मिलाने में थोड़ा समय लगेगा, हम आश्वस्त हुए क्योंकि हमें पता था कि जितना अधिक समय लगेगा, चाय का स्वाद उतना ही अच्छा होगा। प्रतीक्षा माने चारों ओर नज़र गड़ाकर देखना। यहाँ के आस-पास के मन्दिरों और दीवारों के कारण पेल्कर छो का समग्र स्वरूप पकड़ में नहीं आ रहा था। हमारी ख़ुशक़िस्मती थी कि सुबह गीयान्त्से दुर्ग से नीचे का यह समग्र रूप हमने देख लिया था। मौका मिला तो मैंने गाइड से पूछा—

—तुमने इतनी जल्दबाजी क्यों की ? और अधिकारियों से कहना कि रोशनी के अभाव में तांग्खा, मंडला और मूर्तियाँ साफ नज़र नहीं आतीं। यह शिकायत नहीं सुझाव है।

मेरी बात सुनते ही बिना किसी दुविधा के गाइड ने कहा—'आप लोगों ने मुझे जो समय दिया उसी समय के अन्तर्गत तो मुझे सब बोलकर समझाना था। किन्तु हाँ सर, हमारे अधिकारियों ने इस बार अच्छी तरह सोच-विचारकर सीडी रोम (CD Rom) निकाली है। पूरा विवरण चीनी और अंग्रेजी दो भाषाओं में है, कीमत मात्र दस युआन है।'

हम मुग्ध होकर सुन्दर व उज्ज्वल रंग के मन्दिरों की ओर देखने लगे। चाय आई। हालाँकि कुर्सियाँ थीं परन्तु हममें से कोई बैठा नहीं। सभी को कुर्सियों के पाए कमजोर लग रहे थे। दाम देकर हम निकलने ही वाले थे कि हमारी बाईं ओर की दीवार के किनारे एक मन्दिर के दरवाजे पर जाकर मेरी नज़र ठहर गई...क्षण भर में मेरे सामने प्रायः पचास वर्ष पूर्व की एक छवि तैर गई...अदृश्य किसी शक्ति ने अतीत का परिचित एक दृश्य मेरी आँखों के सामने प्रस्तुत कर दिया। महानन्द से मन नाच उठा...

मन के उस महानन्द के स्रोत को अत्यन्त सावधानी से घोड़े की लगाम की तरह वश में रखते हुए मैंने गाइड से पूछा—

—दीवार के किनारे वो जो इमारत है, जिसका दरवाजा हरे और सुनहरे रंग का है, क्या देख पा रहे हो?

—जी हाँ, देख पा रहा हूँ।—गाइड ने जवाब दिया—पर हम उधर नहीं जाएँगे। हम यहाँ के संन्यासियों के साथ थोड़ी देर बैठेंगे।

—ठीक है, उसके बाद?

—उसके बाद यदि समय बचा तो जरूर जाएँगे।

गाइड की बातों ने आश्वस्त किया। स्थानीय गाइड से मेरे वार्तालाप को सुनकर सोनम ने पूछा—सर, अचानक उस इमारत पर आपकी नज़र क्यों गई?

उत्तर में मैंने कहा—मुझे लगता है, मैं वहाँ आया था।

—अच्छा? कब सर?

—कुछ वर्ष पहले।

—मतलब क्या तीन-चार वर्ष पहले? तब तो मेरा गाइड का परमिट नहीं था, इसीलिए आपके साथ भेंट नहीं हुई।

हमारे वार्तालाप में बाधा पड़ी, क्योंकि यहाँ का स्थानीय गाइड हमें एक और बड़े-से मन्दिर में ले गया। सामने ही थी पत्थर की शाक्यदेव की विशाल ध्यानमग्न प्रस्तर-मूर्ति जिसके सामने जलते हुए घी के दीयों की कई कतारें थीं। सामने बड़े-बड़े प्रार्थना-चक्र थे। पहली बार यहाँ देखा, सात कटोरियों में जल भरकर भगवान बुद्ध को अर्पित किया हुआ था। मैं समझ गया, यहाँ पूजन होता है। प्रणाम कर ऊपर चढ़ने की सीढ़ी पर पाँव धरते ही ऊपर से एक भिक्षु ने हमें सावधान कर दिया—'सावधानी से आएँ, सीढ़ियाँ ऊँची हैं।' कहने की आवश्यकता नहीं कि खिड़की के अभाव में दिन का उजाला यहाँ कम ही प्रवेश कर पाता है। देखकर ही समझ में आता है कि पुराने मन्दिर में बाहरी चमक-दमक को तो बरकरार रखा गया है किन्तु भीतर अँधेरे का आधिपत्य है।

हमने छत पर आकर साँस ली। पेल्कर के सारे मन्दिर एक ऊँचाई से भले ही नज़र न आते हों, परन्तु दृश्य अत्यन्त सुन्दर है। हमारे रुकते ही, जिस नवीन भिक्षु ने हमें सावधान किया था, उसने स्पष्ट अंग्रेजी में कहा—'वेलकम यू ऑल।'

हमारे स्थानीय गाइड ने परिचय कराते हुए कहा—'ये पेल्कर छो के पब्लिक रिलेशंस के सदस्य हैं।'

गेरुआ वस्त्रधारी (पी. आर. ओ.) भिक्षु ने बिना किसी भूमिका के अपना वक्तव्य शुरू किया—

—पेल्कर छो, इस मन्दिर-ग्राम के बारे में आपने ल्हासा के गाइड और लोकल गाइड से सुना ही है। मैं आप लोगों को परेशान न करते हुए केवल अपने कर्तव्य का पालन कर रहा हूँ। वो देखिए, दूर की वो इमारतें, सभी मन्दिर हैं, किन्तु रंगों में फर्क है। कुछ दिन रहेंगे तो जान पाएँगे कि सफेद, गुलाबी, हरे और गाढ़े लाल, इन रंगों

के व्यवहार में ही फर्क है। आप लोगों ने अवश्य ध्यान दिया होगा कि लामाओं में कई पीली टोपी पहनते हैं और कई लाल। पीली टोपी गेलुक्पा सम्प्रदाय की और लाल टोपी कागीउपा सम्प्रदाय की है। हमारे मन्दिरों के गुम्बजों के रंग भी काफी कुछ सम्प्रदाय विशेष के हैं।

गेलुक्पा हमारे यहाँ सबसे बड़ा सम्प्रदाय है, उनका प्रधान कार्यालय ल्हासा में है। राजा सोंग्खापा (1357-1419) द्वारा प्रतिष्ठित द्वितीय साक्यपा का प्रधान कार्यालय साक्य शहर में है, जहाँ शिगात्से होकर जाना पड़ता है। साक्यपा सम्प्रदाय के प्रतिष्ठाता पंडित कुंगा गीयालत्सेन (1182-1254) हैं। बोन्पा सम्प्रदाय तिब्बत के आदिधर्म से जुड़ा है। हिमालय की उच्चभूमि पर ही इस आदिधर्म की सृष्टि हुई। मृत्यु के पश्चात् आत्मा की गति और भयावह दैत्य-दानवों के पुजारी बाद में तंत्र के साथ मिले और इसके साथ बौद्ध धर्म के कुछ अंश ने मिलकर बुद्धदेव की शक्ति को स्वीकार किया। इनका प्रधान मठ या कार्यालय युंगद्रुंगलिंग (Yungdrungling) है, जो शिगात्से से ल्हासा जाने के रास्ते ब्रह्मपुत्र नदी के उस पार यानी उत्तर में है।

पेल्कर में आजकल धार्मिक अनुष्ठान कम ही होते हैं। संन्यासियों की संख्या भी कम है। सरकार मन्दिर की इमारत व दीवारों के रंग-रोगन और सामान्य मरम्मत का खर्च वहन करती है। बाहर से जो पर्यटक आते हैं, उन्हें यहाँ टिकट कटाना पड़ता है। तिब्बती तीर्थयात्रियों को कोई दक्षिणा नहीं देनी पड़ती। आप लोग यदि कुछ डोनेट करना चाहें तो रिसेप्शन पर ही दें।

संन्यासी रुके। आश्वासन मिला कि कोई प्रश्न यदि हो तो वे उसका उत्तर अवश्य देंगे। मेरे साथी पर्यटकों का तो कोई प्रश्न नहीं है। क्योंकि उनका उद्देश्य तो केवल रंग-बिरंगे उज्ज्वल मन्दिरों की फोटो उतारना है। छत से उज्ज्वल मन्दिर का शिखर और दुर्ग भी बहुत सुन्दर लग रहा है। बगल के मन्दिर की छत से कुमबुम का एक बहुत अच्छा दृश्य नज़र आएगा, यह कहकर सोनम उन्हें लेकर चला गया। संन्यासी को अकेला पा मैंने पूछा—'आप तो अच्छी अंग्रेजी बोल लेते हैं, कांग्रैच्युलेशन।'

—धन्यवाद, काम के सिलसिले में सीखनी पड़ी। मैं दरअसल एक कारीगर हूँ, यहाँ के तांग्खा और मंडला के रखरखाव का दायित्व मेरा है। मैंने सुना है कि आप हिन्दुस्तानी हैं।

—जी, ठीक ही सुना है, परन्तु मैं फ्रांस में रहता हूँ। मैं आपसे कुछ प्रश्न पूछूँ, बुरा तो न मानेंगे? प्रश्न पेल्कर से सम्बन्धित है।

—ठीक है, पूछिए।

आश्वासन पाकर उन्हें लेकर मैं बाहर आया फिर बगल के मन्दिर के बरामदे से दूर दीवार से सटा सुनहरे बॉर्डर से सजे हरे दरवाजे को दिखाकर कहा—

—वह दरवाजा खोलकर क्या जाया जा सकता है? भीतर से देखने की इच्छा है।

—वह साक्यपा मन्दिर का एक हिस्सा है। आप लोगों ने तो साक्यपा के मूल मन्दिर की परिक्रमा की है, है न?

—जी हाँ, किन्तु वह मन्दिर मुझे अपनी ओर आकर्षित कर रहा है, जानते हैं क्यों?

उत्कंठा के स्वर में संन्यासी ने कहा—'बताइए न, क्यों आकर्षित कर रहा है?'

आश्वासन पाकर मैंने कहा—

'आपने तो सुना ही है कि मैं एक यायावर, एक घुमक्कड़ हूँ। घूमना मेरा नशा है, मैं कोई ट्रैवलर या टूरिस्ट नहीं हूँ। छुटपन से ही यह रोग मुझे जगह-जगह घुमा रहा है। संक्षेप में बतलाता हूँ, मेरे पास छिपाने के लिए कुछ नहीं है—आप तो जानते हैं कि युगों से भारत से साधु, संन्यासी और योगी-पुरुष साधना के लिए हिमालय आते रहे हैं। ऐसे ही एक योगी गुरु के साथ मैं भी यहाँ आया था। उस समय मैं मौनी बाबा था, उम्र थी सोलह साल। मुझे ऐसा लगता है कि उस कमरे में मैं ध्यान में बैठा था। वहाँ माँ तारा, जिन्हें आप लोग द्रोल्मा कहते हैं, की एक प्रतिमूर्ति है। मैं परखना चाहता हूँ कि मेरी वह स्मृति स्वप्न है या हकीकत।'

मेरी बातें सुनकर वह संन्यासी अवाक् रह गया। लगा, जैसे मैंने उसे कोई रहस्यमय गुप्त बात बता दी हो। उसने बार-बार मुझे देखा, फिर कहा—

—'ऑलराइट सर, ऑलराइट...' लगा जैसे उसके सामने कोई अशरीरी आत्मा खड़ी हो।

मैंने उसे सान्त्वना देते हुए कहा—'आप चिन्ता न करें, यहाँ आने से पहले मैंने अपने वीजा के आवेदन-पत्र में सब कुछ खुलकर कहा है। आपकी अथॉरिटी ने मेरा विस्तारित विवरण जानकर ही मुझे तिब्बत-भ्रमण की अनुमति दी है।'

मेरी बातों पर उन्हें शायद पूरी तरह से भरोसा नहीं हुआ, सोनम को बुलाकर कुछ दूर पर ले जाकर उन्होंने कुछ देर गुफ्तगू की और फिर लौटे। सोनम ने मुझे समझाकर कहा कि यहाँ गाइड के जरिये पर्यटन सरकारी रूपरेखा के अनुरूप निर्धारित होता है। थोड़ा-सा भी इधर-उधर करने के लिए अलग से अनुमति लेनी होगी। दुख की बात यह है कि आपके उस मन्दिर का दरवाजा बन्द है और उसकी चाबी अध्यक्ष के पास रहती है। जन सम्पर्क कर्मचारी मेरी बात ऊपरवाले अधिकारी तक कल दिन के 10 बजे के बाद पहुँचाएगा। कल यहाँ आने पर सब पता लगेगा। आज कुछ भी सम्भव नहीं है।

पेल्कर छो से निकलकर मैं सीधा होटल चला आया। वे पुराने शहर की खालिस तिब्बती तस्वीर के लिए बाजार जाएँगे। रात को भोजनोपरान्त जब सब विदा लेकर चले गए तो सोनम मेरे पास आकर बैठा और कुछ देर 'सर-सर' करने के बाद मूल प्रसंग पर आया। अत्यन्त विनय भरे स्वर में उसने मुझसे कहा कि पी. आर. ओ. को अपनी बातें न बताना ही अच्छा होता क्योंकि उससे हम लोगों के घूमने-फिरने में बाधा आ सकती है। मैंने सोनम को भरोसा दिलाते हुए कहा कि मैं जिस काम के लिए आया हूँ, वह बात मैंने सबको बताई है, उसमें छिपाने जैसी कोई बात है ही

नहीं। उस मन्दिर से मेरे मन को एक झटका-सा लगा है। मुझे लगता है, उस मन्दिर में बहुत वर्षों पूर्व मैं आया था। वहाँ माँ तारा के सामने बैठकर एक लामा से ध्यान का मंत्र सीखा था। मेरी यह धारणा यदि सच हो तो समझूँगा कि मेरी याददाश्त ठीक है। उससे मेरी परवर्ती 'गुरु की खोज' का मामला सहज हो जाएगा। चूँकि सोनम या लोकल गाइड के हाथ में दरवाजा खोलने की चाबी नहीं है इसलिए बाध्य होकर मुझे पी.आर.ओ और संन्यासी से मदद माँगनी पड़ी।

सोनम के साथ काफी देर बातें हुईं, उसके बाद असल बात साफ हुई। अगले दिन हमें शिगात्से के लिए रवाना होना है किन्तु इस दरवाजे के मामले के कारण हम समय पर रवाना नहीं हो पाएँगे। सोनम के अनुसार, दरवाजा खोलने के मामले में मुझे अनुमति मिलना असम्भव है क्योंकि मैं एक विदेशी हूँ। विशेष अनुमति के लिए प्रिफेक्टर (Prefacture) को कहना होगा, अनुमति देने के मालिक वही हैं। सोनम ने बार-बार अफसोस जाहिर करते हुए बताया कि मेरी चाल में कुछ भूल हो गई। उसके हिसाब से मैंने मूर्खता कर दी। मैंने दुख प्रकट करते हुए कहा कि मैं एक संकल्प लेकर आया हूँ और यह उसी का अंग है। आखिरकार सोनम समझ गया कि कुछ नहीं किया जा सकता। उसने स्वीकार किया कि उसे शुरू से ही पता था कि मेरा झुकाव मन्दिर और इतिहास की ओर है।

तिब्बत में छह रात सात दिन : अगले दिन सुबह उठकर बाहर निकलकर देखा पिछले दिन वाला लड़का घोड़ागाड़ी लेकर खड़ा है। केवल जीभ निकालकर नमस्कार विनिमय हुआ—फिर मैं घोड़ागाड़ी पर चढ़ गया। आज बैठकर 'फर्स्ट क्लास' लगा। एक समेटा हुआ चट का बोरा और उस पर प्लास्टिक का एक रंगीन बैग—ऐसी थी गद्दी। बैठते ही उसने इशारे से पूछा—किस ओर जाना है, सामने की ओर या पीछे? उँगली दिखाते हुए मैंने कहा—सामने की ओर। गाड़ी दौड़ पड़ी। हल्की सवारी पाकर घोड़ा भी आनन्द में उछल-उछलकर चल रहा है। दिन का उजाला अभी फैलना शुरू ही हुआ है, सड़क पर लोग भी नहीं हैं, कुहासे में चौरास्ते के एकमात्र लैम्पपोस्ट की रोशनी ने किसी प्रकार अपने अस्तित्व को बचाकर रखा है। मैंने कहा—जरा धीरे-धीरे चलो, चेहरे पर ठंडी हवा लग रही है। इशारे और भाव-भंगिमा से वह समझ गया। जहाँ मन के साथ मन का मेल हो वहाँ भाषा की आवश्यकता नहीं होती। बूढ़ा लामा अभी आया नहीं था, चाय की दुकान भी खुली नहीं थी, होटल का ब्रेकफास्ट 8 बजे के बाद शुरू होता है । हाथ में समय है। मैं कुछ तिब्बती शब्द जानता हूँ, उनके प्रयोग का अच्छा मौका है—

'का-ली का-ली'—माने धीरे चलो। साथ ही साथ घोड़े की लगाम खींचकर मेरी ओर प्रशंसा की नज़रों से देखते हुए उसने कहा—'आप तिब्बती भाषा जानते हैं?' शायद उसने ऐसा ही कुछ कहा होगा। जवाब में मैंने कहा—'हा को मा संग,' अर्थात् तुम्हारी बात मैं नहीं समझता। मेरी बात सुनकर उसने ख़ुशी में सिर हिलाया।

सड़क पर केवल हम ही थे। घोड़े की टाप सबको हमारी उपस्थिति से अवगत करा रही थी। हमारी दाहिनी ओर दूर में सुन्दर कुमबुम मठ दिखाई दिया। कुहासा न होता तो और पहले ही नज़र आ जाता। पास आने पर लगा मानो गोलाकार मठ हमारी ही ओर घूम रहा है। उसके चारों किनारे चौकोर हैं फिर भी मठ गोलाकार है। कल जिस मठ को एक अजायबघर-सा बताया गया था, आज वही अनेक देवी-देवताओं और योगी-पुरुषों का मिलन-मन्दिर लग रहा था। आँखों से देख रहा हूँ परन्तु ऐसा प्रतीत हो रहा है जैसे अन्तर की आँख से आत्मा देख रही हो। शरीर में मैंने एक अपूर्व अनुभूति का प्रलेप अनुभव किया।

आसमान कुछ और साफ है, ठंड भी कुछ कम है, या हो सकता है हवा सहनीय हो गई है इसलिए ठंड कम लग रही है। अब दाहिनी ओर पेल्कर छो नज़र आया। सुन्दर तोरण ने मानो इशारों में मुझे बुलाया। घोड़ा रोकने को कहा। लड़के की आवाज़ के साथ-साथ घोड़ा रुक गया। लड़के को अपने पैर दिखाते हुए कहा—चलो, पैदल चलें। वह मेरा आशय समझ गया। उसने सिर हिलाकर सम्मति व्यक्त की। एक खम्भे के पास गाड़ी खड़ी कर हम दोनों बढ़ चले। सीधे दूर दीवार की ओर, कोई दरवाजा नहीं था इसलिए हमें कोई असुविधा नहीं हुई। मूल मन्दिर के दरवाज़े बन्द थे, हम मन्दिर-ग्राम के सुसज्जित रास्ते पर चल रहे थे। अन्त में हम उस मन्दिर के सामने आकर खड़े हुए जो यादों में बसा था। दरवाजे के सामने आते ही भूमि पर लेटकर मैंने माँ तारा को साष्टांग प्रणाम किया और कहा कि मन्दिर का द्वार बन्द है तो क्या हुआ माँ! अपने मन के मन्दिर में मैं तुम्हारे दर्शन कर पा रहा हूँ। मन की बात माँ से कहकर जब मैं उठा तब लड़के ने क्या कहा, मैं समझ न पाया। मुझे दरवाजा दिखाते हुए उसने फिर से अपनी बात दोहराई। शायद दरवाजा खोलकर भीतर जाने को कह रहा था। मैं आश्चर्यचकित हो गया, **अलौकिक घटना** इसी को कहते हैं। मैंने ध्यान नहीं दिया था कि लड़के के पास ही एक तिब्बती व्यक्ति इशारे से मुझे रुकने को कहकर चला गया।

भोर की हल्की-हल्की रोशनी नज़र आने लगी थी। प्रार्थना का यही तो शुभ मुहूर्त है। मैंने बैठकर शुरू किया माँ तारा का मंत्र-पाठ—

—माँ, मेरे पास न फूल हैं, न धूपबत्ती, केवल हैं प्रश्न और मन की भक्ति। मुझे यहाँ क्यों लाई हो, यह तो तुम ही जानो माँ! तुम मुझे यहाँ से ले चलो। कहाँ जाना है, यह तो तुम ही जानो माँ...

त्वं ओम् वज्रः समजः नमो गुरुभ्य, नमो आर्य तारा मंडलेभ्य
ओम् आर्य तारा सपरिवारे अर्घ्यं, प्रतीच्य हुम् स्वाहा
ओम् आर्य तारा सपरिवारे पद्मं, प्रतीच्य हुम् स्वाहा
ओम् आर्य तारा सपरिवारे पुष्पे, प्रतीच्य हुम् स्वाहा
ओम् आर्य तारा सपरिवारे आलोके, प्रतीच्य हुम् स्वाहा

ओम् आर्य तारा सपरिवारे गन्धे, प्रतीच्य हुम् स्वाहा
ओम् आर्य तारा सपरिवारे नैवेद्ये, प्रतीच्य हुम् स्वाहा

मंत्र-पाठ समाप्त कर आँखें खोलीं तो देखा मन्दिर के द्वार खुले हैं। मन के आनन्द-प्रवाह ने मुझे मन्दिर में धकेल दिया। आश्चर्य हुआ, माँ को जहाँ देखा था, वह वहाँ नज़र नहीं आईं तो मैं चारों ओर देखने लगा—माँ कहाँ हो तुम? कमरे में तब तक दिन के उजाले ने प्रवेश नहीं किया था। पुजारी भिक्षु या संन्यासी ने भी अभी तक दीया नहीं जलाया था। दरवाजे के पास आकर मैंने दोनों कपाट खोल दिए ताकि दिन का उजाला आ पाए। उसके बाद दीवार के सहारे अवस्थित प्रत्येक मूर्ति को भलीभाँति देखते-देखते अन्ततः माँ को पा ही लिया। उन्होंने अभी-अभी स्थान परिवर्तन कर लिया है। माँ के स्थान पर आ गए हैं शाक्यमुनि। माँ के दर्शन हो गए, मेरा ज्ञानगंज आना सार्थक हो गया। माँ को प्रणाम कर मैंने कहा—'तुम्हारे साथ बातें बाद में होंगी, अभी मैं चलता हूँ।' आनन्द में मेरी आँखों से आँसू की कुछ बूँदें छलक पड़ीं। समझा, भक्तिभाव को जोर-जबर्दस्ती नहीं लाया जा सकता, वह तो स्वतः मन की गहराई से उभरता है। हमारे निकलते ही फिर से द्वार बन्द कर दिए गए। जेब में जो कुछ था सब उस लड़के और चौकीदार को दे दिया। दरअसल मैंने उनके हाथों में कुछ ऐसे रख दिया कि किसी दूसरे की नज़र न पड़े और कोई विवाद न बने। उन दोनों ने जब मुट्ठी खोलकर देखा तो बार-बार जीभ निकालकर आन्तरिक कृतज्ञता व्यक्त की। तोरण के बाहर आकर देखा, लड़का घोड़ागाड़ी के साथ अपने मालिक की प्रतीक्षा में खड़ा है।

हमने होटल की राह पकड़ी। अब ज्ञानगंज जाग चुका था। रास्ते में काठ का धुआँ जमा है, ठंड में उसकी गति मन्थर है। होटल पहुँचते ही सोनम से सामना हुआ। मुस्कुराते हुए उसने 'गुड मॉर्निंग' कहकर अभिवादन किया और फिर कहा—

—मैंने ठीक ही सोचा था, वह लड़का आया होगा, है न? इस ठंड में उस खुली गाड़ी में असुविधा तो नहीं हुई?

—नहीं, बिल्कुल नहीं। मैंने उसे कह दिया था 'का-ली का-ली'। वह लड़का बहुत अच्छा है। हो सकता है, एक दिन उसे गाइड का काम मिल जाए।—हम सभी भोजन के टेबल पर बैठे। यहाँ एक सुविधा है, टेबल पर बैठने के साथ-साथ चाय आ जाती है फिर धीरे-धीरे जिसको जो पसन्द हो वह नाश्ते में ले।

नाश्ते की टेबल पर ही आमतौर पर दिन का कार्यक्रम तय होता है।

—दोपहर के भोजन के पश्चात् ही शिगात्से जाने की हमारी योजना है। यहाँ से शिगात्से ढाई घंटे का रास्ता है। नाश्ते के बाद आप लोग पूर्णतः स्वतंत्र हैं। यहाँ साइकिल किराए पर मिलती है। घोड़ागाड़ी, टैक्सी या फिर पैदल, जहाँ जिसका मन हो, जा सकता है। 12 बजे तक होटल में लौट आएँ, उसके बाद हम गाड़ी पर माल-असबाब लादेंगे। फिर भोजन और रिसेप्शन पर खर्च चुकाकर हम शिगात्से के लिए

निकल पड़ेंगे। शिगात्से तिब्बत का दूसरा बड़ा शहर है जो पंचेन लामा के शासनाधीन था। दलाई लामा का राजप्रासाद था ल्हासा के पोताला में और पंचेन लामा का था शिगात्से की ताशिलुम्पो मोनेस्ट्री में। आप लोग तो अच्छी तरह से जानते ही हैं कि अब दोनों में से कोई नहीं है। एक का देहान्त हो गया और एक भारत में धर्मशाला में रहते हैं। गीयान्त्से से शिगात्से और भी बड़ा शहर है और देखने लायक भी काफी कुछ है।

नाश्ता करने के बाद बिना किसी भद्रता प्रदर्शन के मैंने कहा—मैं अपने कमरे में जा रहा हूँ। अभी कहीं और नहीं जाऊँगा। थोड़ी देर अकेला रहना चाहता हूँ।

कमरे में हीटर के पास चेयर खींचकर खिड़की की ओर मुँह करके मैं बैठ गया। सुबह की घटना मन को बार-बार अलौकिक लग रही थी। अभी कल ही तो माँ के मन्दिर में जाने के लिए पी. आर. ओ. को पकड़कर बार-बार मिन्नत की थी कि दरवाजा खोल दे किन्तु उसे किसी प्रकार भी राज़ी न किया जा सका। उनका कहना था कि पर्यटकों के लिए जो तौर-तरीके हैं, उनसे बाहर जाना मना है या फिर उसके लिए विशेष अनुमति की जरूरत है। प्रहरी की कठोरता के कारण मैं मन को सान्त्वना नहीं दे पाया था। मन ही मन बहुत अफसोस हो रहा था, किन्तु किया भी क्या जा सकता था। मन को बार-बार कहा था—'सब तुम्हारी ही इच्छा है माँ'। आज सुबह मन्दिर में जाने के बारे में सोचा भी नहीं था क्योंकि पी. आर. ओ. ने कहा था कि वह मठाध्यक्ष को बताएँगे फिर मठाध्यक्ष चीफ कमिश्नर को बताएँगे। शायद वही प्रिफेक्टर हैं जो आज बताएँगे कि मेरी अर्जी मंजूर हुई या नामंजूर। सोनम का कहना था कि मैंने अपना सारा इतिहास बताकर भूल की थी। उसे लगता था कि मन्दिर के द्वार खुलने की आशा कम थी। सारी बाधाओं और निषेधों की अवहेलना कर माँ तारा कितनी सहजता से अपने उस कमरे में ले गईं जहाँ प्राय: पचास वर्ष पूर्व एक मौनी बालक ने माँ के मंत्रों का उच्चारण किया था।

माँ तुम्हें बारम्बार प्रणाम! तुम जाग्रत् हो, तुम इस ज्ञानगंज की माँ हो। मेरी खिड़की से अब धूप प्रवेश कर रही थी, उसी के माध्यम से आशीर्वाद पाया। सुबह की घटना के बारे में मैं जितना सोचता हूँ, मन का आनन्द उतना ही पूर्णतर से पूर्णतम हो उठता है। चीन के सांस्कृतिक आन्दोलन से तिब्बत में अनेक परिवर्तन हुए हैं, अनेक मठों-मन्दिरों में बाहरी और भीतरी उत्थान-पतन हुए हैं, किन्तु आज सुबह की घटना से लगता है, यहाँ की जाग्रत् देवी माँ तारा जैसी थीं वैसी ही हैं। वे अपनी सन्तानों की माँ हैं। दंडीपूजा, परिक्रमा, प्रार्थना, ध्यान, धूप-दीप इत्यादि योगसूत्रों का कोई भी प्रयोजन नहीं है, केवल आन्तरिक श्रद्धा, भक्ति और माँ को करीब पाने की प्रबल इच्छा ही काफी है। माँ अन्तर्यामी हैं। खिड़की से दूर माँ के मन्दिर की ओर देखते हुए मैंने बारम्बार माँ को प्रणाम किया। मन में गुँथा साधक का गीत कंठ से स्वत: फूट पड़ा—

सब तुम्हारी ही इच्छा है, इच्छामयी तारा हो तुम।
लोग कहते हैं मैंने किया जबकि अपना कर्म करती हो तुम।

किसी ने दरवाजे पर दस्तक दी। उठकर दरवाजा खोला तो देखा कि एक लड़की ट्रे में चाय लेकर आई है। वाह! हँसमुख कमउम्र लड़की, अंग्रेजी जानती है।

—मैंने तो चाय के लिए नहीं कहा, परन्तु अच्छा किया जो ले आई। धन्यवाद!

—सुबह 10 बजे और शाम को 4 बजे यदि गेस्ट हो कमरे में तो होटल की ओर से ही चाय दी जाती है।—लड़की ने बताया।

मैं फिर से अपनी डायरी के पन्ने भरने के लिए टेबल पर आ जुटा। सोनम को सुबह की घटना के बारे में अभी तक कुछ नहीं कहा। चलते-चलते समझ गया हूँ कि हर बात हर किसी से नहीं कही जा सकती। और जो कहने की बात है, वह स्वतः मुख से निकल आती है। सब कुछ स्थान, काल, पात्र पर निर्भर करता है। देखते ही माँ का मन्दिर मुझे बार-बार अपनी ओर खींच रहा था। यह आकर्षण मेरे मन की गहराई में था। और एक बार यह बात समझ में आई कि इच्छामयी तारा केवल बातों के स्तर तक सीमित नहीं, उनकी पैठ तो और भी बहुत गहरी है। कितने साधारण ढंग से घट गई एक अस्वाभाविक घटना—मन्दिर में प्रणाम कर उठा हूँ कि एक व्यक्ति आकर द्वार खोल देता है। घोड़ीगाड़ी वाला लड़का भी तोरण के पास गाड़ी छोड़ कर मुझे उस जगह ले गया, जो जगह मन को खींच रही थी। बिना कुछ कहे ही काम हो गया। जीवन-पथ पर चलते हुए मैंने बार-बार देखा है कि घटना जब घटती है तो साधारण तौर पर ही घटती है और फिर वह जितनी पुरानी होती जाती है मन में उतने प्रश्न उभरते हैं। और प्रश्नों के उपयुक्त उत्तर जब नहीं मिलते तब घटना को अलौकिक मान हम स्वयं को सान्त्वना देते हैं। जबकि यह अलौकिक शब्द ही सारे प्रश्नों का उत्तर है।

गीयान्त्से प्रायः पचास वर्ष पूर्व की मेरी स्मृतियों में लिपटा एक शहर है। बार-बार क्यों याद आ रहा है? क्यों? क्यों साधुबाबा ने मुझे गीयान्त्से न कहकर ज्ञानगंज कहा? तीर्थ के पश्चात् साधुबाबा के आश्रम (शान्तिनिकेतन) में 'महातीर्थ के अन्तिम यात्री' पुस्तक के प्रसंग में उनसे बातें हुई थीं। तब भी उन्होंने मुझे यह नहीं बताया कि मुझे लेकर वे ज्ञानगंज ही गए थे। वहीं माँ तारा के मन्दिर में खेम्पोजी (Khempoji) के हाथों में मुझे सौंपकर ल्हासा, जोखांग मन्दिर में चले गए थे। जीवन में सारे प्रश्नों के उत्तर नहीं मिलते। योगी-पुरुषों की लीला व्याख्या से परे होती है।

आज का यह सुप्रभात मेरे जीवन का एक पवित्र मुहूर्त है। लिखना रोककर मैंने स्वयं को आनन्द-सागर में तैरने के लिए छोड़ दिया। अब ज्ञानगंज अत्यन्त कर्मव्यस्त एक शहर है जहाँ ऋषि-मुनियों का आवागमन नहीं है। बीच-बीच में मेरे जैसे घुमक्कड़ यहाँ से होकर गुज़रते हैं परन्तु उनकी संख्या बहुत ही कम है। जहाँ तक यहाँ नजर

आने वाले विदेशियों का सवाल है, अधिकांश यहाँ 'ट्रैकिंग' के लिए आते हैं या फिर किसी वक्त पृथ्वी की छत (Roof of the World) पर घूमने-फिरने आते हैं।

मैं ज्यादा देर चुपचाप नहीं बैठ पाया, दरवाज़े पर दस्तक हुई। सोनम ने बताया कि पेल्कर मठ जाने का समय हो गया है।

—ठीक है, चलो।

गाड़ी में बैठते ही सोनम ने मुझे सावधान कर दिया—सर, आप अपनी पुरानी बातें मत बताइएगा, हो सके तो टाल जाइएगा।

—ठीक है।—कहकर मैंने उसे आश्वासन दिया और मन ही मन सोचा कि जितना मुझे दर्शन करना था, उन्होंने तो दर्शन दे दिया, अब तो मात्र सौजन्य की बात है।

हमारे तोरण के पास पहुँचते ही भिक्षु हमारी ओर दौड़कर आए—'महान रिम्पोचे आपकी प्रतीक्षा कर रहे हैं, आइए।' बड़े भवन की दूसरी मंज़िल पर महान रिम्पोचे हमारी प्रतीक्षा कर रहे थे। वही यहाँ के सर्वेसर्वा हैं। मुस्कुराकर उन्होंने हमारा स्वागत किया। शाक्यमुनि को प्रणाम करने के उपरान्त हम शाक्यमुनि को दाहिनी ओर रखते हुए अगल-बगल बैठे, आमने-सामने नहीं। मैं पहले ही कह चुका हूँ कि यहाँ किसका क्या नाम है, वह किस पद पर है, यह सब टूरिस्टों के जानने की बातें नहीं हैं। आस-पास कितने लोग खड़े हैं, कमरे का आयतन क्या है और मूर्ति की साज-सज्जा देखकर ही उनकी क्षमता का अनुमान करना पड़ता है और मुँह पर हँसी है तो मतलब हुआ कि डर की कोई बात नहीं है। बैठने की जगह से मुझे कुछ असुविधा हुई क्योंकि हम अगल-बगल एक पंक्ति में बैठे हैं, सामने बैठने की एक और पंक्ति और उसके बाद ही दीवार है। मानो दीवार के साथ बातें कर रहा हूँ। कैसे हैं, ल्हासा कब आए, एयरपोर्ट कैसा लगा, ल्हासा की रेलगाड़ी पृथ्वी का एक आश्चर्य है इत्यादि के उत्तर में 'हाँ-हूँ' से परिचय-पर्व समाप्त होते ही उन्होंने अचानक प्रश्न किया—

—क्या आप बौद्ध हैं?

थोड़ा-सा चुप रहकर मैंने उत्तर दिया—

—मैं बौद्ध धर्म में विश्वास रखता हूँ किन्तु मैं भिक्षु नहीं हूँ, परिव्राजक हूँ।

—आप एक विशेष मन्दिर में प्रवेश की अनुमति क्यों माँग रहे हैं?

—उस मन्दिर की द्रोल्मा (तारा देवी) मुझे अपनी ओर खींच रही हैं।

—आपको कैसे मालूम कि वहाँ माँ तारा की मूर्ति है?

—छुटपन में गुरुजी के साथ आया था, इसीलिए और एक बार दर्शनों की इच्छा है। दरअसल मेरी यह इच्छा उन्हीं की प्रेरणा से है।

—आप कहते हैं कि आप भिक्षु नहीं हैं किन्तु बौद्ध धर्म में विश्वास रखते हैं, इस बात की जरा व्याख्या करेंगे?

—अवश्य! यह प्रसंग ही तो सत्प्रसंग है। मैं बताता हूँ, यदि भूल हो तो उसे सुधार देंगे तथा क्षमा व सहानुभूतिपूर्वक विचार करेंगे।

—अवश्य! आप कहें, शाक्यमुनि की इच्छा ही पूर्ण हो।

हमारी चर्चा व बातचीत दीवार की ओर मुँह करके ही चलती रही। मठाध्यक्ष महाशय के साथ आमने-सामने बैठता तो मुझे सुविधा होती किन्तु कोई चारा नहीं था। ऐसा ही मठ का नियम है। दीवार की ओर मुखातिब होकर ही मैंने शुरू किया। सफेद दीवार पर भगवान बुद्ध की काल्पनिक छवि को सामने रख मैंने उन्हीं को अपनी सामान्य सी बात निवेदित की—

—मैं भिक्षु नहीं हूँ, संन्यासी नहीं हूँ। मुझे बौद्ध मठ या विहार की कोई प्रत्यक्ष जानकारी नहीं है। मैं जो कुछ जानता हूँ, वह महज चलते-चलाते अर्जित किया हुआ ज्ञान है। भगवान बुद्ध का 'त्रिशरणं' धर्म की मूल वाणी है।

—धर्म का अर्थ, मेरे अनुसार, मनुष्य की व्यक्तिगत व समष्टिगत उन्नति का रास्ता है। मनुष्यों में बुद्ध देव श्रेष्ठ मनुष्य हैं। निर्वाण की राह ही श्रेष्ठ राह है। जिस राह से मनुष्य को दुख-कष्ट से मुक्ति मिले, वही धर्म की राह है। हम सामाजिक जीव हैं। एकताबद्ध होकर समष्टिगत रूप से प्रगति की राह पर चलने को ही तो संघ कहते हैं। बुद्ध, धर्म और संघ यही तो हैं 'त्रिशरण'।

—निर्वाण-पथ से आपका क्या तात्पर्य है?

—साधना के उच्चतम मार्ग को निर्वाण कहते हैं। स्वयं शाक्यमुनि ने इस निर्वाण के बारे में बहुत कम कहा है। उन्होंने बार-बार कहा है कि साधनमार्ग के चरम पर पहुँचे बिना निर्वाण का अनुभव नहीं किया जा सकता। मुक्ति, तर्क, भाषा और पांडित्य के जरिये निर्वाण का विश्लेषण या व्याख्या नहीं की जा सकती। बौद्ध धर्म की साधनप्रणाली, ध्यान-शिक्षा और बौद्ध-दर्शन मनुष्य को निर्वाण का पथ दिखलाता है। मेरे जैसे अतिसामान्य एक यायावर (World Traveller) के लिए इससे अधिक कुछ कह पाना सम्भव नहीं है।

—आपकी राय में शाक्यमुनि की मूल शिक्षा आज के युग के उपयुक्त है?

—शाक्यमुनि की शिक्षा के प्रसंग में 'मेरी राय' का कोई मूल्य नहीं है। भगवान बुद्ध या शाक्यमुनि जो कह गए हैं वही चिरसत्य है, सभी युगों और सभी स्थानों के लिए प्रयोजनीय है। मनुष्य जब प्यासा हो तो उसे पानी चाहिए। वह भारतीय हो, चीनी या जापानी या किसी भी देश का क्यों न हो, प्यास के लिए पानी चाहिए। हजार वर्ष पहले या बाद का सवाल नहीं उठता, सर्वदेश और सर्वकाल के लिए यही प्रयोज्य है और यही चिरन्तन सत्य है। भगवान बुद्ध ने मनुष्य को दुख-दुर्दशा से बहुत ऊपर एक आनन्द लोक का पता बताया है। मनुष्य मात्र ही जरा, व्याधि और मृत्यु की बलि चढ़ता है। उन्होंने उसे मुक्ति की राह दिखाई है। दुख की उपलब्धि करके ही उसकी उत्पत्ति की ओर जाना होगा। दुख के कारण का पता चलने पर ही उसका

निवारण सम्भव है। मानव-सभ्यता के आदिकाल से ही मनुष्य आदिभौतिक, आदिदैविक और आदिआत्मिक इन तीन दुखों की बलि चढ़ता आ रहा है। भगवान बुद्ध ने मनुष्य को इन सभी दुखों से बाहर निकलने की राह दिखाई है। मैं समझता हूँ, पृथ्वी के किसी मनीषी ने मानवसमाज को इतने सुन्दर ढंग से दुख-निवारण की राह न दिखाई, न समझाई। आप तो स्वयं भिक्षु हैं, आपसे मैं और क्या कहूँ?

मैं रुका। मठाध्यक्ष ने और कोई प्रश्न नहीं किया। कुछ देर चुपचाप बैठे रहने के पश्चात् उन्होंने समवेत प्रार्थना शुरू की। इस बीच दरवाजे के पास और प्राय: दस-बारह लोग आकर प्रतीक्षा कर रहे थे। उन्होंने भी प्रार्थना में योग दिया। इसके पश्चात् मठाध्यक्ष उठे और हम लोगों को लेकर बाहर आए। बाहर आते ही सोनम ने एक लम्बी साँस ली और कहा—पहली बार मैंने इस प्रकार का दुभाषिए का काम किया।'

अब हम बगल के एक अन्य ऑफिस में आकर बैठे। यहाँ और भी तीन जन हमारी प्रतीक्षा कर रहे थे—एक तो थे कल के नवीन संन्यासी जो अंग्रेजी जानते थे, बाकी दो में एक तिब्बत टूरिस्ट ऑफिस के स्थानीय प्रभारी थे तथा दूसरे थे कोई उच्च पदस्थ अधिकारी जो कामचलाऊ अंग्रेजी जानते थे। एक लड़के ने आकर चाय देने की अनुमति माँगी। अच्छा ही हुआ, आज कड़ाके की ठंड थी।

चाय पीते-पीते ही सवाल आया—आप क्या पंडित, पुरोहित या संन्यासी हैं?

जवाब में मैंने कहा—नहीं, मैं इनमें से कोई भी नहीं हूँ, मैं तो एक परिव्राजक (Traveller) हूँ।

टूरिस्ट अफसर ने जानना चाहा—उस विशेष मन्दिर में आप क्यों जाना चाहते हैं?

—बहुत वर्षों पूर्व उस मन्दिर में माँ तारा (Drolma) की मूर्ति देखी थी, उसे ही फिर से देखना चाहता था। साधारण सी बात है।

—हाँ, आपका इतिहास सुना है। उस समय आप निश्चय ही ट्रैकिंग करने आए होंगे। काफी कष्ट हुआ होगा, है न?

—नहीं, कुछ कष्ट नहीं हुआ। असल में देश देखने के आनन्द से आनन्दित था मैं तो।

—हाँ, आपने ठीक कहा। देखिए न, आजकल एवरेस्ट पर चढ़ने के लिए अभियात्रियों के झुंड के झुंड आ रहे हैं, अभियान एक नशा बन गया है, युवशक्ति का यह उज्ज्वल दृष्टान्त है।—टूरिस्ट अफसर ने अत्यन्त उत्साहित होकर कहा।

मैं यथासम्भव कम शब्दों में उनके उत्तर देता रहा। अन्त में एक और सज्जन बोले—यदि मोनेस्ट्री या उसमें अवस्थित मूर्तियों, तांग्खा, मंडला इत्यादि को लेकर आप शोध या वैसा कुछ करना चाहते हों तो अपने टूर को आप स्टडी टूर (Study Tour) कर लें तो सुविधा होगी।

अफसर के प्रस्ताव पर प्रसन्न होकर मैंने कहा—वाह, बड़ा अच्छा प्रस्ताव है! इसके लिए क्या करना होगा? माने फॉर्मैलिटी क्या है?

—फॉर्मैलिटी कुछ नहीं, साधारण सी बात है। आपको हमारे आंचलिक प्रधान प्रिफेक्टर (Prefector) के दफ्तर जाना होगा, कुछ सरकारी डॉक्यूमेंट पर हस्ताक्षर करने होंगे। आपके पास तो सब प्रकार के सरकारी अनुमति-पत्र हैं, इसलिए असुविधा नहीं होगी।

ऐसा कहकर उन्होंने सोनम को तिब्बती भाषा में समझा दिया कि क्या-क्या करना है। इसके पश्चात् हमारी बैठक और साक्षात्कार समाप्त हुआ। धन्यवाद देकर हम बाहर आ गए। गाड़ी पर बैठते ही सोनम ने कहा—हमारी ख़ुशक़िस्मती है कि प्रिफेक्टर से हमें अलग से एपॉइंटमेंट लेने की आवश्यकता नहीं होगी, ऑफिसर ही सारा बन्दोबस्त कर देगा।

हमारे होटल पहुँचते ही हमारे दोनों सहयात्री अपने ग्रामीण दृश्यों, ग्रामवासियों की पूजा-प्रार्थना और ग्रामीण शिशुओं की तस्वीरें उतारने के वर्णन में मशगूल हो गए।

खाने की टेबल पर बैठकर सोनम ने अचानक प्रश्न किया—आपने किन्तु उस मन्दिर के अन्दर जाने के बारे में कोई बात ही नहीं की। लगता है, अनुमति माँगते तो मिल जाती।

—तुम तो जानते ही हो कि मेरा मन यायावर है, मन में हर वक्त नए-नए विचार आते हैं। कल जो सोचा था, आज सुबह देखा कि उसका रास्ता मिल चुका है। दरअसल सब कुछ उसकी इच्छा है।

—आपके मुँह से कई बार सुनी है यह बात। इतने देशों का भ्रमण करने के बाद भी आप भगवान पर विश्वास करते हैं? आश्चर्य होता है।

—मैं जितना घूमता हूँ उतना ही भगवान में विश्वास करता हूँ। पता है क्यों? क्योंकि मैं भीषण आत्मविश्वासी हूँ।

—हाँ सर, आपने ठीक कहा कि आपमें बहुत आत्मविश्वास है किन्तु भगवान पर विश्वास करना और स्वयं पर विश्वास करना क्या एक बात है?

—हमारा दर्शन कहता है कि आत्मा ही परमात्मा है।

पता नहीं सोनम मेरी बात समझा या नहीं परन्तु हमारे वार्तालाप में बाधा पड़ी। होटल का हिसाब चुकाने के लिए मैनेजर का बुलावा आ गया।

सुबह मठाध्यक्ष और अधिकारियों के साथ बातचीत के बाद सोचा था कि ज्ञानगंज में रहने में कोई असुविधा नहीं होगी, बस सामान्य कुछ कागजात पर दस्तखत करते ही अनुमति मिल जाएगी। किन्तु यह सब इतना सहज नहीं था। सोनम ने समझाया कि हमें शिगात्से जाना होगा क्योंकि वही प्रादेशिक राजधानी है। हमारा शिगात्से जाने का कार्यक्रम तो था ही लिहाजा हमें होटल छोड़ना ही होगा। हमारी फोर बाइ फोर गाड़ी ल्हासा से शिगात्से तक के लिए किराए पर थी। शिगात्से से सोनम मुझे छोड़कर मेरे दो सहयात्रियों को लेकर एवरेस्ट बेस-कैम्प की ओर चला जाएगा। मैं रह जाऊँगा, कैलासबाबा और रात के उस रहस्यमय तांत्रिक महापुरुष के दर्शनों की उम्मीद में अपने संकल्प-पथ पर।

ज्ञानगंज से जीप के जरिये शिगात्से मात्र डेढ़ घंटे का रास्ता है। हालाँकि ज्ञानगंज से निकलने की इच्छा नहीं थी, परन्तु कोई दूसरा चारा नहीं था। हाँ, यह उम्मीद अवश्य थी कि एक बार स्टडी-टूर की अनुमति मिल जाए तो स्वतंत्र रूप से चल-फिर पाऊँगा। हम स्थानीय नदी नीयांग को पार कर सुन्दर पहाड़ी दृश्य देखते-देखते बढ़ते रहे। उपत्यका सचमुच नयनाभिराम थी, बीच-बीच में गाँव आ रहे थे परन्तु रास्ते में लोग बहुत कम थे। ज्ञानगंज से शिगात्से की दूरी मात्र पैंसठ किलोमीटर थी। रास्ता भी अच्छा था। जो, पहले इतना अच्छा न था। पी. आर. सी. यानी People's Republic of China ने देश की उन्नति, परिवहन समस्या के समाधान और आन्तरिक संचार-व्यवस्था के लिए इस रास्ते का निर्माण किया। दक्षिण मैत्री सड़क (Southern Friendship Highway) नामक यह रास्ता ही धुर दक्षिण में नाथू-ला से होते हुए भारत में प्रवेश करता है। आजकल गंगटोक से ज्ञानगंज-शिगात्से होते हुए सीधे तिब्बत की राजधानी ल्हासा तक जाया जा सकता है। गंगटोक से ब्रह्मपुत्र नदी तक आने का रास्ता यही है। हम सीधे उत्तर की ओर जा रहे हैं। हिन्दुस्तान हमारे पीछे की ओर है। तिब्बती लोग 'हिन्दुस्तान' शब्द का ही अधिक व्यवहार करते हैं। जीप में ल्हासा के रेडियो पर चीनी भाषा में स्थानीय समाचार और बीच-बीच में गीत और विज्ञापन में स्त्री-स्वरों का शोर कानों को नहीं सुहाता। परन्तु कुछ किया नहीं जा सकता, क्योंकि ल्हासा के साथ सम्पर्क और रास्ते की ऊब से बचने का यही उपाय है। सुन्दर-से एक पहाड़ी अंचल में पहुँचकर गाड़ी रुकी। दस मिनटों का विश्राम। यों तो चाय की दुकानें हैं किन्तु बियर की बहार ही ज्यादा नज़र आती है। चैंग के बदले तिब्बती राजमार्गों यानी हाइवे पर बियर के ग्राहक ही अधिक हैं। टॉयलेट और रेस्तराँ की अवस्था से ही समझा जा सकता है कि ये नए हैं। जगह का नाम है पेनाम (Penum)। दुकानदार और लड़कों को देखकर ही समझा जा सकता है कि वे चीनी हैं। सड़क के किनारे की चाय की अधिकांश नई दुकानों के मालिक चीनी हैं। प्रश्न करने पर कहते हैं कि तिब्बत के बाहर से जो आते हैं, वे अत्यन्त निपुण व व्यावसायिक मनोवृत्ति के होते हैं, तिब्बती उनसे काफी कुछ सीख रहे हैं। वास्तविकता किन्तु यह है कि तिब्बत और चीन एक ही देश है—पी. आर. सी. यानी पीपल्स रिपब्लिक ऑफ चाइना।

चाय पीकर हम फिर जीप में सवार हुए। पेनाम से रवाना होने के कुछ देर बाद नदी के दोनों ओर सुन्दर खेत नज़र आए। बीच-बीच में देखा कि याक और घोड़े खेत जोत रहे हैं। हम अब, कहा जा सकता है, सांग्पो (ब्रह्मपुत्र) की उच्च समतल भूमि पर आ गए हैं। बाईं ओर देखा चीनियों की बस्ती है। यहाँ नई बसावट शुरू हुई है। हम रुके नहीं। यहाँ से ही एक रास्ता भीतर विख्यात शालू मठ की ओर चला गया है।

—यह शालू मठ दरअसल एक तांत्रिक मठ तथा विभिन्न अलौकिक विद्याओं का शिक्षा केन्द्र है, खासकर जो लोग देह से देहान्तर में जाने के योग-कौशल की

साधना करना चाहते हैं, यह मठ उन्हीं के लिए है। परन्तु आजकल पी. आर. सी. कल्चरल रिवोल्यूशन न इन सबमें विश्वास करता है, न मानता है—सर, आप तो विदेश में रहते हैं, क्या आप विश्वास करते हैं?

सोनम की बात के जवाब में मैंने कहा—मेरे विश्वास या अविश्वास का कोई मूल्य नहीं क्योंकि नियमित अभ्यास के पश्चात् जब वह विद्या मेरे नियंत्रण में होगी, तब मैं तुम्हारा उत्तर दे पाऊँगा। यह एक गहरा तत्त्व है।

—आप ठीक कह रहे हैं सर,—कहकर सोनम चुप हो गया।

शिगात्से-गीयान्त्से के इस रास्ते में ब्रह्मपुत्र को पार करने का तो कोई सवाल ही नहीं है। दोनों शहर ब्रह्मपुत्र के इस पार ही हैं। मूल शहर में प्रवेश से पूर्व चेकपोस्ट पर रुकना पड़ा। हमारे काग़ज़ात तो सभी ठीक-ठाक ही थे, लिहाज़ा बिना किसी सवाल के छोड़ दिया। गाड़ी पर सवार होने से पहले ही सोनम का वक्तव्य सुनना पड़ा। गीयान्त्से तक हमारी गाड़ी, होटल का किराया, गाइड और विभिन्न स्थानों के टिकट और अनुमति-पत्र इत्यादि का सारा खर्च दिया जा चुका था। शिगात्से से नया कॉन्ट्रैक्ट शुरू होगा। हालाँकि यह हमारी जानकारी में था फिर भी सोनम ने याद दिला दिया। मेरा मामला अलहदा है। मैं खुद भी नहीं जानता कि कहाँ से कहाँ जाऊँगा। आला और क्रिस एवरेस्ट बेस-कैम्प की ओर जाएँगे। शिगात्से का सबसे बड़ा और अच्छा होटल है 'शिगात्से होटल', बहुत महँगा है परन्तु सुविधा यह है कि तिब्बत-भ्रमण और पर्वत अभियान की सारी एजेंसियाँ इसी होटल में ही हैं। गाड़ी, गाइड, दुभाषिए और हर प्रकार के सरकारी दफ्तर के साथ सम्पर्क की व्यवस्था भी यहाँ है। रूम सर्विस, टी.वी., गरम पानी आदि सब प्रकार भी व्यवस्था-सुविधा है। दर तो अधिक है परन्तु तीस फीसदी छूट मिल जाएगी। मेरे बेल्जियम और कनाडा के दोनों सहयात्रियों का स्वभाव एक सा है; हर बात पर पहले तो उछल पड़ेंगे—अरे, सर्वनाश! भयंकर दाम है!—और फिर थोड़ी देर बाद ही मन ही मन यूरो और डॉलर का हिसाब लगाकर कहेंगे—सचमुच सस्ता है!

शिगात्से : हम शाम से पहले ही शिगात्से पहुँच गए। शिगात्से तिब्बत का दूसरा बड़ा शहर है। क्या शहर है! दोनों ओर दुकानें, बाजार, रेस्तराँ, होटलों आदि से भरा हुआ शहर। बस-स्टैंड, टैक्सी-स्टैंड, घोड़ों, घोड़ागाड़ियों आदि की भीड़ ही भीड़। गाइड ने बार-बार अंग्रेजी नाम बताया और स्थानीय लोग भी शिगात्से होटल ही कहते हैं किन्तु सरकारी नाम है 'रिकाज़े फांडियान' (Rikaze Fandian)। आप लोग इसी नाम का व्यवहार करें, इस बड़ी सड़क का नाम है—'शंघाई झोंगलू' (12 Shanghai Zhonglu)। यही शहर का सबसे बड़ा होटल है।

होटल के मैनेजर ने हमारा स्वागत किया। बहुत भद्र चीनी सज्जन हैं। होटल का रंग-ढंग देखकर ही समझ में आ गया कि यहाँ नई और आधुनिक हर प्रकार की सुयोग-सुविधा है। अपने-अपने कमरे में सामान रखकर हम रिसेप्शन रूम में चाय

पीने के लिए आ बैठे। चाय पीते-पीते मैनेजर ने कहा—शिगात्से शहर में स्वागतम्।—फिर बार-बार कहा कि किसी प्रकार की असुविधा हो तो हम उसके दफ्तर में चले आएँ। पर्यटकों की हरसम्भव सहायता के लिए ही इस होटल के रिसेप्शन में अंग्रेजी बोलनेवाला व्यक्ति है, बार में देशी-विदेशी पेय हैं और चौबीसों घंटे रूम-सर्विस की व्यवस्था है।...हम उठे। होटल से पैदल ही ताशिलुम्पो मोनेस्ट्री (Tashilumpo Monastery की ओर चल पड़े। यह शिगात्से का प्रधान आकर्षण और दर्शनीय स्थान है। ताशिलुम्पो पंचेन लामा का मठ या कहा जा सकता है कि राजप्रासाद है। एक मोड़ पार करते ही दूर अत्यन्त सुन्दर, रंग-बिरंगा बहुतेरे मन्दिरों का मठ नजर आया। गुम्बद और सुनहरा रंग हर पथिक की दृष्टि आकर्षित करता है। दलाई लामा का पोताला प्रासाद पहाड़ के ऊपर बहुमंजिला विशिष्ट राजमहल है। उसकी तुलना में ताशिलुम्पो बिल्कुल अलग है। विभिन्न मठों के सुन्दर-सुन्दर गुम्बद अपने रंगों की बहार से आकाश की दृष्टि-सीमा में आनन्द का एक स्पर्श ले आते हैं। कहने की आवश्यकता नहीं कि फोटोग्राफरों के लिए यह एक स्वर्ण सुयोग है। पास पहुँचते ही ताशिलुम्पो की विशाल दीवार ने हमारी दृष्टि को आकर्षित किया। हम ताशिलुम्पो के परिसर में पहुँचकर रुके, जिसे पर्यटकों की भाषा में 'मोनेस्ट्री स्क्वायर' (Monastery Square) कहते हैं। यहाँ अमेरिकी और यूरोपीय पर्यटकों को देखकर मैं अवाक् रह गया। अच्छा लगा। जितने लोग तिब्बत में आएँगे उतनी ही उसकी मर्यादा में वृद्धि होगी। स्क्वायर में सोनम को अनेक लोग पहचानते हैं। कई लोग यहाँ नेपाली भाषा में बातें कर रहे हैं। सवाल किया तो पता चला कि एवरेस्ट और ऊँचे पहाड़ों पर चढ़ाई के लिए यहाँ भी शेरपाओं का अच्छा-खासा बाज़ार है। स्क्वायर में एक विशाल साइनबोर्ड पर अंग्रेज़ी में लिखा नज़र आया—'बिना अनुमति के फोटो उतारना मना है'। फोटो उतारने के लिए अनुमति की टिकट की कीमत देखकर तो मैं अवाक् रह गया।

सोनम ने क्रिस से कहा—जो लोग शिगात्से या तिब्बत भ्रमण पर आए हैं, उनके लिए यह कीमत कुछ अधिक नहीं। हमने कैमरा जमा न रखकर टिकट कटाकर कैमरा लेकर ताशिलुम्पो में प्रवेश किया। आज प्रवेश का समय पार हो चुका था, इसीलिए दीवार के सहारे थोड़ा इधर-उधर घूमकर हम लौटे। अभी साढ़े पाँच बजे हैं। सुबह से ही आसमान पर बादल छाए हैं, ठंडक ने रास्ते के लोगों को आग के पास इकट्ठा कर रखा है। हमने भी उनके साथ आग में हाथ तपाए और फिर शंघाई रोड पकड़ा।

होटल में पहुँचते ही मैनेजर ने सूचना दी—स्थानीय मठ संरक्षण समिति (Monestary Preservation Committee of Shigatse Prefacture) से फोन आया था। स्टडी-टूर के परमीशन के बारे में चर्चा के लिए मुझे उनके दफ्तर में जाना होगा। उन्होंने सोनम को समझा दिया कि कहाँ, कब और किससे मिलना होगा। अब

समस्या सोनम की तरफ से थी क्योंकि कल सुबह ही मेरे साथ उसके अनुबन्ध की अवधि खत्म हो रही थी और उसे इस होटल के तीन यात्रियों को लेकर ल्हासा लौट जाना था। यह ल्हासा के सर का आदेश है, कोई चारा नहीं है। बाकी के सारे बन्दोबस्त मुझे यहीं से करने होंगे। ख़ुशक़िस्मती रही कि मैनेजर ने सारा दायित्व ले लिया क्योंकि मेरे पास सब प्रकार के अनुमति-पत्र भी थे और अनुशंसा-पत्र भी।

सोनम ने मुझे आश्वासन दिया कि स्टडी-टूर प्रोग्राम के लिए यदि मुझे अनुमति-पत्र मिल जाए तो मैं तिब्बत में बेरोकटोक घूम-फिर सकूँगा। सोनम को पकड़कर रखने का मेरे पास उपयुक्त कारण नहीं था। पुराने दिनों की स्मृतियों के सहारे किसी एक अनाम तांत्रिक योगी और कैलासबाबा की खोज में निकला हूँ। तांत्रिक योगी उर्फ कैलासबाबा हैं भी कि नहीं, न उनकी तस्वीर है, न मठ का पता है, न उनके सही ठिकाने या स्थान का पता चीन-सरकार को दे पा रहा हूँ—यह सब कुछ स्वप्न में मिले गुरु को ढूँढ़ निकालने की प्रचेष्टा जैसा है। सच बात तो यह है कि अपनी इस अनिश्चित अवस्था में सोनम को पकड़े रखना मुश्किल है। खैर, तकदीर अच्छी है कि होटल मैनेजर ने मुझे आश्वासन दिया है कि 'सब ठीक हो जाएगा।'

अगले दिन (अर्थात् नौवें दिन) ब्रेकफास्ट के पश्चात् सोनम और ली ने विदा ली। क्रिस और आला किसी अन्य दल के साथ जाएँगे।

ब्रेकफास्ट के बाद मैनेजर महाशय व्यस्त हो गए, उठना चाहकर भी उठ न पाए। एक के बाद एक काम आता गया। काफी देर प्रतीक्षा के बाद दफ्तर से निकलकर अत्यन्त प्रियजन की तरह कन्धे पर हाथ रखकर बोले—आपके साथ-साथ आज मेरी तकदीर भी अच्छी है, आज का दिन बड़ा मुकद्दस दिन है।

—क्यों आज कोई विशेष पर्व है क्या?—मैंने प्रश्न किया।

—नहीं, पर्व नहीं, असल व्यक्ति तो आप हैं—आपके बहाने मुझे भी यानसेन लामा के दर्शन हो पाएँगे...ओह, आपको शायद मैं कहना भूल गया...

—नाम जरा फिर से बताएँ?—मेरे उत्सुक प्रश्न पर वे कुछ अवाक् हुए।

—यानसेन लामा आपसे मिलना चाहते हैं।

—अच्छा। पर ये यानसेन लामा हैं कौन?

मेरी बात सुनकर वह अत्यधिक हैरान हुए फिर सीने पर हाथ जोड़कर उन्होंने यानसेन लामा के प्रति सम्मान प्रदर्शित करते हुए कहा—आपने तो मुझे अवाक् कर दिया। उनके साथ आपका साक्षात्कार है और आप कह रहे हैं कि उन्हें पहचानते नहीं हैं। आप सचमुच आश्चर्यजनक व्यक्ति हैं। माननीय यानसेन लामा इस शिगात्से शहर के द्वितीय महामान्य व्यक्ति हैं। प्रथम हैं गवर्नर, जो झाशिलुम्बू मठ के प्रधान हैं।

—झाशिलुम्बू मठ (Zhashilumbu Monestary)? वह कहाँ है?

मैनेजर साहब को और भी अचम्भा हुआ—क्या! आपने झाशिलुम्बू का नाम नहीं सुना है ? निश्चय ही यह सरकारी गाइड का दोष है। अंग्रेजी में जिसे ताशिलुम्पो (Tashilumpo Monestary) कहते हैं, उसी को चीनी भाषा में झाशिलुम्बू कहते हैं।

—धन्यवाद! मैं नया नाम जान पाया।

हम निकल पड़े। मैनेजर की गाड़ी थी जापानी टोयोटा जीप। मन ही मन मैं झाशिलुम्बू-झाशिलुम्बू उच्चारण करने लगा। ताशिलुम्पो से मिलता-जुलता होने के बावजूद उच्चारण में काफी फ़र्क़ है। दोनों ओर की दीवारों के सहारे बढ़ते-बढ़ते ही सामने पहाड़ पर विशाल मन्दिर शहर दिखाई दिया। पहाड़ का नाम है—सुमि (Xumi Mountain)।

मैंने मैनेजर से कहा—मेरे पास समय है, इस पुण्यतीर्थ में पैदल आते तो अच्छा होता।

मेरी बात सुनकर मैनेजर हँस पड़ा—समय तो मेरे पास भी था किन्तु यहाँ प्राइवेट कार लेकर आने से अधिक सम्मान मिलता है और प्रवेश के लिए अलग से टिकट भी नहीं कटानी पड़ती। हम लोगों के एक सौ दस युआन बच गए।

मैनेजर ने ठीक ही कहा था। पुलिस और मिलिटरी के प्रहरी स्थानीय निजी मोटरगाड़ी देखते ही वी.आई.पी. सा व्यवहार करते हैं। अत्यन्त सुन्दर तोरण के पास ही रिसेप्शन ऑफिस है। हमें प्रतीक्षा नहीं करनी पड़ी, हमारे बारे में गेट पर कहा हुआ ही था। पीली टोपी पहने दो लामाओं ने आकर हमारा स्वागत किया। कुछ मिनट पहाड़ की ओर बढ़ते हुए हम एक विशाल सभागार के सामने आकर खड़े हुए—दोनों लामा हमें प्रतीक्षा करने के लिए कह भीतर चले गए। कुछ देर बाद बाहर आकर दरवाजा खोलते हुए उन्होंने हमें भीतर प्रवेश करने को कहा। बड़ा आश्चर्य हुआ, इसे सभागार न कहकर नाट्य-मन्दिर या नृत्यशाला कहना उचित होता। हम प्रार्थनारत भिक्षुओं की दो कतारों के बीच बैठ गए। तीन मुख्य लामा और प्रधान लामा आसन पर बैठे थे। और कुछ दूर अमिताभ बुद्ध आशीर्वाद की मुद्रा में भक्तों को आशीर्वाद दे रहे थे। प्रायः पन्द्रह-बीस मिनट पश्चात् प्रार्थना-सभा भंग हुई। प्रधान लामा ने सफेद चादर प्रदान कर हमारा स्वागत किया, फिर उन्होंने दो लामाओं को हमारी देखरेख का निर्देश दिया।

परिचय के दौरान पता लगा कि ये दोनों लामा सहकारी अध्यक्ष हैं, जिनमें से एक अच्छी अंग्रेजी जानते हैं और जो दूसरे हैं, वे समझ तो लेते हैं पर बोल नहीं पाते। ये दोनों लामा मुझे ताशिलुम्पो घुमाएँगे, फिर यहाँ के संन्यासी भिक्षुओं के साथ भोजन होगा और फिर यानसेन लामा हमें लेकर बैठेंगे। मैनेजर को बहुत काम है, वह रुक नहीं पाएँगे। विदा से पूर्व मुझे आश्वासन देते हुए बोले—'आपके कारण ही मुझे दर्शन हुए। शाम को होटल में बैठकर सारा वृत्तान्त सुनूँगा। हमारे होटल में जितने दिन चाहें आप रुकें, आप हमारे अतिथि हैं।'

दोनों भिक्षु गेलुक्पा सम्प्रदाय के हैं और उन्हें यह दायित्व सौंपा गया है कि वे मुझे ताशिलुम्पो घुमाकर दिखाएँ। उनकी धारणा है कि मैं तिब्बत में पहली बार आया हूँ। उन्होंने कहना शुरू किया—

ताशिलुम्पो : झाशिलुम्बू एक विशाल मठ है। पहाड़ पर निर्मित अनेक मन्दिरों, मठ, चैत्य और समाधि स्मृति-मन्दिरों का यह एक विभाग है। चारों ओर दीवार से घिरा यह एक विशाल अंचल है। महान हिमालय के उत्तरांश की ढलान पर छोटे सुमि पहाड़ की दीवार के सहारे एक धार्मिक शहर निर्मित हुआ है जो तिब्बत का अन्यतम प्रधान तीर्थक्षेत्र है। इस पहाड़ के उस ओर है ब्रह्मपुत्र नदी। ब्रह्मपुत्र नदी तक जाने के लिए पहाड़ को लाँघना नहीं पड़ता—मेन रोड पहाड़ को बाएँ रखकर चलता है। ताशिलुम्पो ही यहाँ का सबसे बड़ा मन्दिर है और शाक्यमुनि मन्दिर के मुख्य देवता हैं। यह तिब्बत की सबसे बड़ी बुद्धमूर्ति है। दोनों लामा गाइड मुझे कुछ भी कहने का अवसर नहीं दे रहे और लगता है, मुझसे वे किसी प्रश्न की उम्मीद भी नहीं कर रहे हैं। वे सिर्फ बोले जा रहे हैं और मैं मात्र एक श्रोता हूँ। अंग्रेजी भाषा की तो कोई असुविधा नहीं है किन्तु विभिन्न मन्दिरों का वर्णन करते वक्त मेरे जाने-पहचाने तिब्बती शब्दों का व्यवहार न कर वे सीधे चीनी भाषा के शब्दों का व्यवहार करने लगे। हम मन्दिर की इमारत, संन्यासियों के सुन्दर सफेद, सुनहरे और गाढ़े लाल रंग के घरों-बरामदों के बगल से चलते हुए पहाड़ के ऊपर की ओर चढ़ने लगे। सामने की विराट महलनुमा मोनेस्ट्री की ओर उँगली से इशारा करते हुए उन्होंने बताया—वही है कुओकिन पैलेस (Cuoqin Palace)। उसी पैलेस में रहते हैं महान जाम्पा (Divine Jampa)। पृथ्वी की सबसे बड़ी सोने की बुद्धमूर्ति, जिनका एक और नाम है—मैत्रेय बुद्ध। मैत्रेय बुद्ध की यह स्वर्णमूर्ति तिब्बत तथा समग्र चीन का गौरव है। ऊँचाई है छब्बीस मीटर (26 मी. या 85.28 फीट)। मैत्रेय बुद्ध के बारे में धार्मिकों का कहना है कि वे भविष्यत् के देवता हैं। जब आवश्यकता होगी, मनुष्य को धर्म की राह पर ले जाने के लिए वे फिर जन्म ग्रहण करेंगे। वो जो कुओकिन पैलेस देख रहे हैं, उसका और एक नाम है जाम्पा मन्दिर (Jampa Mandir)। बाहर से देखकर समझ में ही नहीं आएगा कि इतनी बड़ी मूर्ति भीतर कैसे रखी गई। भीतर प्रवेश करेंगे तब समझ पाएँगे कि कैसी अद्‌भुत क्षमता है यहाँ के कारीगरों और स्थापत्य शिल्पियों की। तिब्बती स्थापत्य-विद्या का यह एक अत्यन्त उज्ज्वल उदाहरण है। यह सम्पूर्ण मानव-जाति के गर्व का विषय है। अपनी आँखों से देखेंगे तभी समझ पाएँगे कि इस जाम्पा मन्दिर में आपके जीवन का अमूल्य उपहार आपकी प्रतीक्षा कर रहा है।

मैत्रेय बुद्ध की विशाल स्वर्णमूर्ति में विशुद्ध सोने के तीन सौ किलोग्राम पत्तर लगे हैं। कारीगर और स्थापत्य शिल्पी आदि सभी बौद्ध संन्यासी थे। नौ सौ कारीगरों के चार वर्ष के श्रम से यह मन्दिर और विग्रह निर्मित हुआ है। देखकर ही समझा जा सकता है कि मूर्ति कितनी विशाल है। इस ताशिलुम्पो (झाशिलुम्बू) मोनेस्ट्री के

प्रतिष्ठाता महामान्य त्सोंग्खापा के शिष्य गेनडन द्रुप (Tsong Khapa's disciple Gendun Drup, 1447) हैं। यही महामान्य त्सोंगखापा तिब्बत के पीली टोपीधारी गेलुक्पा सम्प्रदाय के प्रवर्तक हैं। तिब्बत का सबसे अधिक विख्यात है गेलुक्पा सम्प्रदाय, जिसका आधिपत्य प्रधान है। उनके छह मठ (6 Monestaries) हैं—

ल्हासा में : द्रेपुंग, सेरा, गानदेन (Drepung, Sera, Ganden)

आमदो में : कुमबुम, लाब्रांग (Kumbum, Labrang, not Kumbum of Gyantse) और शिगात्से का ताशिलुम्पो।

बातें बताते हुए ऊपर चढ़ने में भिक्षुओं को श्वास-प्रश्वास में हो रही असुविधा को देखते हुए मैंने आग्रह किया—यहाँ खड़े होकर बताएँ तो कष्ट कम होगा।

—हाँ, ठीक कह रहे हैं आप। यहाँ से देखें।—कहकर उन्होंने फिर से शुरू किया—तिब्बत के अन्यान्य मठों से यहाँ की कारीगरी, तांग्खा और भित्तिचित्रों का पार्थक्य आपको नज़र आएगा। चीन की अपनी कारीगरी और ड्रैगन की हजार प्रकार की मूर्तियाँ आपको नज़र आएँगी। पैगोडा का गठन और रंगों का अपूर्व इस्तेमाल काफी दूर से ही तीर्थयात्रियों को आकर्षित करता है। वह देखिए, वह नया चैत्य (मठ), दशम पंचेन लामा का स्मृतिसौध।—उनकी बात सुनकर मुझे हैरानी हुई। दशम पंचेन लामा तो अभी हाल ही की बात है। मुझे सवाल नहीं करना पड़ा, उन्होंने स्वयं ही प्रसंग उठाया—टूरिस्ट लोग सोचते हैं कि तिब्बत का सब कुछ प्राचीन, पुराने दिनों का है। ताशिलुम्पो के इन दशम पंचेन लामा ने सन् 1989 में देहत्याग किया। वे अनेक वर्ष शिगात्से से बाहर रहे किन्तु चीन की सरकार ने पंचेन लामा के रूप में उन्हें स्वीकृति दी थी। उनके दो स्वप्न थे। पहला तो यह कि भूतपूर्व पंचेन लामा के साथ उनका समाधि चैत्य (मठ) इस पुण्यभूमि ताशिलुम्पो के प्रांगण में बने और उनका दूसरा स्वप्न था कि ताशिलुम्पो में ही उनका देहत्याग हो। चीन सरकार ने उनकी इच्छा पूर्ण की है। करीब में ही प्रासाद की विशाल दीवार विभिन्न उत्सवों के लिए संरक्षित है। विभिन्न उत्सवों की पताका और उत्सव सम्बन्धी विज्ञापन खासकर राष्ट्रीय (चीन) उत्सव के लिए व्यवहृत होते हैं।

—दशम पंचेन लामा का समाधि-चैत्य (मठ) देखने के क़ाबिल है। ऊपर की दीवार पर काल-चक्र का विशाल मंडला और अत्यन्त सुन्दर सुनहरे रंग की बुद्धदेव की छवि, रंग विशुद्ध सोने का। विगत कल्चरल रिवोल्यूशन के समय आदि पंचेन लामाओं के सभी समाधि-चैत्य तोड़ दिए गए थे। दशम पंचेन लामा ने सरकारी सहायता से पंचम से दशम पंचेन लामाओं के समाधि-चैत्यों का नए सिरे से निर्माण कराया। 'आपने अवश्य ही सुना होगा कि ग्यारहवें पंचेन लामा भविष्यत् शासन-व्यवस्था और धर्म सम्बन्धी विषयों की जानकारी के लिए बीजिंग में हैं, यथोचित समय पर आएँगे।—ताशिलुम्पो कोरा या प्रदक्षिणा करने में प्राय: एक घंटा लगता है।—सब बताकर भिक्षु ने अनुरोध किया कि महामन्दिर में प्रवेश करने के पश्चात्

मैं कुछ न बोलूँ। मुझे चुपचाप केवल उसका अनुसरण करना होगा। जिस विशाल हॉल में शाक्यमुनि की स्वर्णमूर्ति है—उसका नाम है—कियांग्बा बुद्ध (Qiangba Buddha)। साष्टांग प्रणाम कर हमने महामन्दिर में प्रवेश किया।

मन्दिर का दरवाज़ा पार कर कमरे में प्रवेश करते ही एक अद्भुत अनुभूति से मेरे समस्त शरीर में एक कम्पन सा उठा। शीतल हवा के एक स्पर्श ने मेरे समस्त रोमकूपों को जगा दिया। मेरी रीढ़ के भीतर मूलाधार से हल्के विद्युत-स्पर्श जैसी एक लहर उठना चाह रही है। मैं खड़ा न रह पाया, धरती पर बैठ गया। मेरुदंड को सीधा न करने से उस अनजाने स्रोत में बाधा पड़ रही थी। अचानक लगा जैसे मेरे साथ मन का विच्छेद हो गया हो। मन चला गया बहुत पुराने दिनों में गंगा...भैरवी माँ...केष्टो साधु...साधु बाबा...गंगटोक...गीयान्त्से...कैलासनाथ...मैं बैठा हूँ कैलास के पैरों तले, हाथ में मानसरोवर का जल लेकर उन्हें उत्सर्ग करते ही सामने जटाधारी कैलासबाबा को पाया, वे सामने खड़े हैं...मैं लोट गया उनके पैरों पर।...

मेरे कन्धे पर किसी ने हाथ रखकर दबाया। आँखें खोलीं तो समझ में आया कि दिवास्वप्न था। भिक्षु ने मुझे उठने में मदद की। समझ में आया कि थोड़ी देर के लिए मेरे शरीर को छूता हुआ एक सुन्दर मुहूर्त हवा के झोंके की तरह बहकर निकल गया।

सभागार की एक सीढ़ी से हम नीचे आए। यही मूल वेदी है। भगवान बुद्ध के पदयुगल के यहीं दर्शन किए। मन्दिर तो विशाल है किन्तु मूर्ति को समग्र रूप से देखने के लिए जिस दूरत्व की दरकार है, वह दूरत्व यहाँ नहीं है। मूर्ति के पूर्णावयव देखने के लिए सीढ़ी से एक-एक मंजिल चढ़कर देह के एक-एक अंश को देखना पड़ता है। पहाड़ पर विशाल बरामदे में सीढ़ियाँ काटकर यह अत्यन्त सुन्दर मूर्ति तैयार की गई है। दीवार पर चारों ओर है अतिशय पूजा-सामग्री और अन्यत्र हैं छोटी-छोटी बुद्ध-मूर्तियाँ, तांग्खा, शंख, घंटा, मंडला इत्यादि। प्रत्येक सामग्री में विशुद्ध कलाकार-हृदय का परिचय प्रस्फुटित हुआ है। भगवान बुद्ध के मुखश्री के दर्शन के लिए चौथी मंज़िल पर चढ़ना पड़ा। मुखश्री के पास आते ही उसकी सुन्दरता ने मुग्ध कर दिया। सोने के पत्तर पर अत्यन्त सूक्ष्म सौन्दर्य उभर आया है। सदाजाग्रत् करुणानिधि भगवान बुद्ध अपने अनासक्त भाव के साथ सभी को जरा, व्याधि, मृत्यु तथा सभी प्रकार के दुखों से मुक्ति की राह दिखाने के लिए खड़े हैं। अत्यन्त भक्तिभाव से मैंने प्रणाम किया, देने को केवल प्रणाम ही तो था।...फिर हम वहाँ से उतर आए। इसे महामन्दिर न कहकर मैं स्वर्ण-राजप्रासाद कहूँगा—जिस राजप्रासाद का हर कमरा ही सोने का हो और जो किसी मनुष्य के लिए नहीं, बल्कि पवित्र अदृश्य देवताओं के वासस्थान के रूप में निर्मित हुआ हो। इस महामन्दिर के भीतर एक ऐसे अव्यक्त आनन्द की सिहरन की अनुभूति हुई, जो आज तक अन्य

किसी भी मन्दिर या मठ में नहीं हुई। चीन के कल्चरल रिवोल्यूशन की आँधी इस मन्दिर को नहीं छू पाई। यहाँ तथागत ने स्वयं अपनी रक्षा की।

मन्दिर से बाहर आते ही भिक्षु ने पूछा—

—आप क्या थक गए थे? हम तो डर गए थे।

—जहाँ स्वयं तथागत अभय मुद्रा लिये सदा जाग्रत् हों, वहाँ डर कैसा?

भिक्षु ने मोबाइल फोन उठाया और किसी को फोन किया। उँगलियों के उपयोग से ही समझ में आ गया कि वह मोबाइल फोन के अभ्यस्त हैं। उन्होंने फोन रोककर कहा—'अब हम भोजन पर बैठेंगे। भोजन के पश्चात् रिम्पोचे (महामान्य यानसेन लामा) आपके साथ बैठेंगे।'

थोड़ी ही देर में भोजन की घंटी बजी। हम नीचे उतर आए। अनेक मन्दिरों और मकानों के बीच से होते हुए, हम कभी किसी कमरे में एक दरवाजे से घुसकर दूसरे दरवाजे से भूलभुलैया की तरह निकल रहे थे। अन्तत: हम एक सुन्दर ड्रैगनमुखी चार छतों वाले नाट्य-मन्दिर में आकर रुके। यहाँ और भी लगभग सत्तर-अस्सी संन्यासी आकर इकट्ठा हुए हैं। दूर पंचेन लामा की एक सुन्दर मूर्ति है, उसके पास ही बैठने के लिए कम्बल के आसन इकट्ठे कर रखे हैं। वहीं से आसन लेकर हम बैठ गए। थोड़ी ही देर में रिम्पोचे का आगमन हुआ, शुरू हुई प्रार्थना। बहुत कम समय में ही प्रार्थना समाप्त हुई। अध्यक्ष ने सभी को मध्याह्न भोजन के लिए जाने की अनुमति दी। यही प्रत्येक दिन का कार्यक्रम है। भोजन का कमरा, कमरा नहीं भव्य भवन था, एक ओर रसोई थी। इस विशाल रसोई में कम से कम पाँच सौ लोग अनायास बैठ सकते हैं। कटोरे में भात-रसा और भुनी हुई कॉफी, यहाँ सभी लकड़ी की चॉप-स्टिक से खाते हैं। सभी संन्यासी या भिक्षु, उनकी पोशाकों का रंग देखकर ही समझ में आ गया कि सभी सम्प्रदाय एक ही जगह बैठकर खाते हैं। उनका नि:शब्द-भोजन करना बड़ा अच्छा लगा। देखा, थोड़ी ही दूर पर स्वयं अध्यक्ष भी सभी के साथ बैठे हैं।

भोजन के पश्चात् हम सभी धूप-सेवन के लिए परिसर में बैठ गए। भोजन के पश्चात् उत्तम मुखशुद्धि थी...। मेरे साथ जो दो भिक्षु थे उनमें एक अच्छी अंग्रेजी बोलते थे और दूसरे शायद पद में उनसे ऊँचे थे। हर मामले में उनकी अनुमति चाहिए। मुझे समझाकर बोले कि कम समय में ही उन्होंने सब दिखा दिया है, यदि कोई प्रश्न हो तो वे उत्तर देंगे। उत्तर में मैंने कहा कि मुझे जो कुछ भी मिला है, वह पर्याप्त है। अधिक जानकारी के लिए यहाँ रहना होगा। देखते हैं।

हमारा बुलावा आया—रिम्पोचे या गुरुदेव ने हमें लिवा ले जाने के लिए आदमी भेजा है। थोड़ा-सा पैदल चलकर हम एक सुन्दर सुनहरे रंग के मकान के सामने आकर खड़े हुए। मकान के सामने ही एक आँगन है जहाँ कई लोग धूप की ओर पीठ किए आपस में बातें कर रहे हैं। हमें देखते ही कुछ लोगों ने बैठने के लिए भारी कम्बल बिछा दिया।

रिम्पोचे पास के विशाल द्वार से निकलकर आए, उनके साथ और चार व्यक्ति थे। रिम्पोचे के आते ही धीरे-धीरे सभी चले गए।

मैं और मेरे परिचित दोनों दुभाषिए भिक्षु एक ओर तथा दूसरी ओर रिम्पोचे व अन्य चार व्यक्ति बैठे। आसनों पर हम आमने-सामने बैठे। मैंने मन ही मन कहा कि चलो अच्छा है, अगल-बगल तो नहीं बैठना पड़ा।

हमारा परिचय प्रारम्भ हुआ। मेरा वक्तव्य अत्यन्त साधारण था—'मैं एक परिव्राजक, प्रवासी भारतीय हूँ, अधिकांश समय यूरोप में ही रहता हूँ। प्रायः पचास वर्ष पूर्व अर्थात् कम उम्र में मैं गुरुजी के साथ गंगटोक होते हुए तिब्बत आया था। फिर ल्हासा से कैलासखंड की यात्रा पर अकेला ही निकल पड़ा था। शिगात्से के नजदीक कोई नदी पार करते वक्त रात के अँधेरे में मैं खो गया। ऐसे वक्त एक योगी-पुरुष ने राह दिखाकर मुझे बचाया था। उसके बाद उन योगी-पुरुष को मैंने कैलासनाथ और मानसरोवर अंचल में पाया था और उन्होंने मुझे नवजीवन दिया था। यह घटना 1956 की है। तब से लेकर आज तक प्रायः उनकी तस्वीर मेरी स्मृतियों में आती-जाती रहती है। धरती पर चलते हुए प्रायः वे मुझे दर्शन देते हैं। अब मेरा समय हो गया है, उनसे फिर मिलना चाहता हूँ, उनके प्रति अपनी कृतज्ञता व्यक्त करना चाहता हूँ, फिर से उनके दर्शन करना चाहता हूँ। इसीलिए मैं तिब्बत की यात्रा पर आया हूँ। वे मुझे कहाँ मिलेंगे, कौन मुझे उनका पता बताएगा—इस काम में मैं आपसे सहायता की प्रार्थना करता हूँ। मेरा दृढ़ विश्वास है कि मुझे आपकी सहायता मिलेगी।'

मैं रुका। फिर कुछ देर दोनों ओर नीरवता छाई रही। थोड़ी देर पश्चात् वे आपस में गुफ्तगू करने लगे। अन्ततः एक व्यक्ति, जो सम्भवतः सरकारी प्रतिनिधि थे, मुझे प्रशंसा की निगाह से देखते हुए बोले कि मेरा अत्यन्त संक्षिप्त व स्पष्ट वक्तव्य सुनकर वे मुग्ध हैं, और मेरा संकल्प (Determination) उन्हें बहुत अच्छा लगा, जिसके लिए मैं यहाँ आया हूँ। उनके पास मेरे विभिन्न सरकारी अनुमति-पत्रों की नकल है और परिव्राजक के रूप में मेरा जो परिचय है, वही पर्याप्त है।

सवाल यह है कि उन पुराने योगी-पुरुष को वे कैसे ढूँढ़ेंगे। इस पर चर्चा शुरू हुई। असल बात बताई सरकारी प्रतिनिधि ने—'सन् 1956 के पश्चात् तिब्बत की राजनीतिक, सामाजिक, आर्थिक स्थिति, सड़कों, परिवहन व्यवस्था इत्यादि में व्यापक परिवर्तन हुआ है। धार्मिक आन्दोलन और कल्चरल रिवोल्यूशन आज तिब्बत को उन्नति की राह पर आगे लिये जा रहे हैं। अग्रगति के इस ज्वार में तिब्बत के पुराने धर्म, मठों व प्रतिष्ठानों में आमूल परिवर्तन हुआ है। आन्दोलन के स्रोत में वह योगी-पुरुष बहकर कहाँ गए, इसका कोई ठीक-ठिकाना नहीं है।' इतना कहकर वह सरकारी प्रतिनिधि रुके। एक बार फिर उनकी आपसी चर्चा शुरू हुई। मैंने एक बात लक्ष्य की कि रिम्पोचे, जिनका प्रथम परिचय यानसेन लामा के रूप में प्राप्त

हुआ था, वे दाहिना हाथ उठाकर विभिन्न मुद्राएँ बनाते हुए उसे ताली की मुद्रा में बाएँ हाथ की हथेली पर ले आते हैं यह ठीक वैसा था जैसा तर्क के समय अक्सर लामा शिक्षा-प्रतिष्ठानों में समर्थनसूचक यानी हाँ-हाँ व्यक्त करने में होता है। उन्होंने वार्तालाप का भार सरकारी प्रतिनिधि पर छोड़ रखा है और स्वयं केवल मुद्राओं के माध्यम से अपना अभिमत जाहिर कर रहे हैं।

अन्त में उन्होंने मुझे स्पष्ट बता दिया कि खोज बिल्कुल व्यर्थ है। उनका सबसे अच्छा तर्क यह था कि उन योगी-पुरुष ने चूँकि मुझसे हिन्दी में बातें कीं और संस्कृत के मंत्र सिखाए, इसलिए वे निःसन्देह हिन्दुस्तानी योगी रहे होंगे। दलाई लामा के चले जाने के पश्चात् एक-एक कर सभी हिन्दुस्तानी साधु और योगी हिमालय लाँघकर उस पार चले गए हैं। उन्होंने परामर्श दिया कि मुझे उन्हें काठमांडू में ढूँढ़ना चाहिए। मैं स्पष्ट समझ गया कि वे मेरे प्रति सहानुभूतिशील तो हैं किन्तु उन महायोगी के बारे में वे कुछ कर नहीं पाएँगे। दरअसल मुझे ऐसे ही उत्तर की उम्मीद थी, इसलिए पूर्णतः निराश हुए बिना मैंने उनसे अनुरोध किया—'उस समय ल्हासा से शिगात्से आने के रास्ते कोई एक नदी पार करते समय उन्होंने मुझे बचाया था और मेरा दृढ़ विश्वास है कि वे एक तांत्रिक योगी थे। शिगात्से के आस-पास क्या कोई नामी तांत्रिक आश्रम है? इस विषय में यदि कोई जानकारी या संकेत आप दे पाएँ, तो मैं स्वयं जाकर वहाँ खोज कर सकता हूँ।'

मेरी बातें सुनकर उन्होंने फिर आपस में चर्चा शुरू की और उसके बाद मुझे बताया कि उनके अधीन केवल शिगात्से और गीयान्त्से अंचल हैं और इनसे बाहर उनकी कोई सामर्थ्य नहीं है। इस प्रसंग में जाने से पूर्व दुभाषिए के माध्यम से तृतीय व्यक्ति ने मुझे तिब्बत की शासन-व्यवस्था के बारे में समझाते हुए कहा—

—तिब्बत चीन का ही एक अंश है। चीन का ही एक अंचल होने के बावजूद यह स्वशासित (Autonomous) है। इस अंचल को संक्षेप में TAR (Tibet Autonomous Region) कहते हैं। राजनीतिक कारणों से और तिब्बत की सुरक्षा की दृष्टि से भी चीन सरकार यहाँ, खासकर सीमान्त इलाकों में, अत्यन्त मुस्तैद है। याद रखें कि तिब्बत का बीस प्रतिशत इलाका प्राकृतिक सम्पद संरक्षित इलाका है। पहाड़, वनभूमि, नदी, उपत्यका इत्यादि इलाके जिनसे पहले आम आदमी अनजान था, आजकल थोड़ी-सी चेष्टा करने पर ही उन सब इलाकों में, जाया जा सकता है। TAR का प्रधान शहर या राजधानी ल्हासा है। सम्पूर्ण शासन-व्यवस्था के संचालन का दायित्व ल्हासा म्युनिसिपैलिटी का है। चीन के अन्य प्रदेशों की तरह ही यहाँ भी गर्वनर चीन के सरकारी प्रतिनिधि हैं।

—सम्पूर्ण तिब्बत छह प्रिफेक्टरों (6 Prefecture) में बँटा है, जिन्हें जिला कहा जा सकता है और उनके नाम हैं—1. आली (Alih), 2. शिगात्से (Shigatse), 3. नागचू (Nagehoo), 4. शान्नान (Shannon), 5. नीइंगिरी (Nyingiri) और

6. चाम्दो Chamdo)। ये छह जिले (6 Prefectures) कुल 70 महकमों (70 Counties) में बँटे हैं। यह सम्पूर्ण शासन-व्यवस्था तिब्बत कम्युनिस्ट पार्टी के अधीन है यानी TAR स्वशासित होते हुए भी इसका मूल या केन्द्रीय दायित्व भार चीन सरकार का है। सीमान्त इलाके केन्द्रीय सरकार या बीजिंग के अधीन हैं। इतना कहकर उक्त सज्जन रुके फिर मेरी ओर देखकर बोले :

—समझ रहे हैं तो?

—अवश्य, बहुत अच्छी तरह, किन्तु इतने विस्तार में बताकर आपने अपना अमूल्य समय नष्ट किया।

मेरी आपत्ति के उत्तर पें वह बोले—नहीं-नहीं, अमूल्य समय नहीं, हम सब तो कॉमरेड हैं। और फिर यह तो हमारा दायित्व व कर्तव्य है। मैं यह सब इसलिए कह रहा हूँ क्योंकि प्रत्येक महकमे में प्रवेश के लिए आपको पुलिस चेक-प्वाइंट पर रिपोर्ट करना (हाजिर होना) ही होगा। मेरा काम है पर्यटकों की सुयोग-सुविधा और सुरक्षा पर नज़र रखना। आपके मामले में कोई असुविधा नहीं होगी। बाकी बातें आप हमारे रिम्पोचे के मुख से ही सुनेंगे।—यह कहकर उन्होंने रिम्पोचे पर नज़र डाली।...रिम्पोचे सीधे अन्य प्रसंग पर चले आए। ऊपर की ओर देखते हुए उन्होंने कहा कि धूप ओट में चली गई है इसलिए कुछ ठंड लग रही है। लिहाजा सभी को उठना पड़ा। कमरे के चारों ओर शिष्य लोग मानो आदेश की प्रतीक्षा ही कर रहे थे, सभी आसन-कम्बल उठाकर कमरे के भीतर चले गए। हमारे उठते ही रिम्पोचे ने प्रश्न किया—

—आप क्या लेंगे—चाय, कॉफी, दूध, हमारे यहाँ सब व्यवस्था है।

—चाय ही पर्याप्त है।

मेरे उत्तर पर वह हँसते हुए बोले—मुझे भी वही पसन्द है।

बरामदे से ऑफिस आने के रास्ते ताशिलुम्पो की परिक्रमा कर रहे तीर्थयात्रियों ने जब रिम्पोचे को देखा तो स्वयं को भाग्यवान मान भक्तिभाव से वे दंडी-प्रणाम (बारती) करने लगे और रिम्पोचे ने भी उनकी ओर देखते हुए हाथ उठाकर आशीर्वाद दिया।

ऑफिस-घर में घुसते ही मैं हैरान रह गया, वहाँ पुरानी पोथियों का एक विशाल भंडार-सा था। हर पोथी ऊपर और नीचे मोटे काठ से दबी थी। मेरे विचार से वहाँ कम से कम हजार पुरानी पोथियों का संग्रह जरूर रहा होगा। पुराने कपड़े के पृष्ठ, एक-एक पृष्ठ की लम्बाई-चौड़ाई दो हाथ, ढाई हाथ। आमतौर पर मठ में ग्रन्थागार में पुस्तकें विशाल-विशाल कोष्ठकों में लाल या पीले कपड़े में लपेटकर बड़ी सुन्दरता व सावधानी से समेटकर रखी जाती हैं, किन्तु विशाल-विशाल बहुमूल्य पोथियों को इस प्रकार बरामदे में पड़ा देख लगा कि वे अवहेलित हैं। अपने कुतूहल को मैं दबा न पाया और रिम्पोचे से पूछ बैठा—

—इन पोथियों को देखकर लगता है कि बहुत पुराने और निश्चय ही अमूल्य ग्रन्थ...

मेरी बात समाप्त होने के पहले ही रिम्पोचे ने कहा—

—आपने बिल्कुल ठीक कहा। ये सारी पुस्तकें तंत्र-विभाग में जाएँगी। तांत्रिक कॉलेज की फिलहाल मरम्मत हो रही है। सांस्कृतिक आन्दोलन में सब उलट-पलट हो गया है। अब धीरे-धीरे सब कुछ सहेजा जा रहा है। आप फिक्र न करें, इन सारे धार्मिक ग्रन्थों को रोज धूप दिखाई जाती है।

हम कमरे में आकर बैठे। कमरे में कुर्सी-टेबल की व्यवस्था है और नीचे बैठकर पढ़ने के लिए भी लम्बी-सी काठ की डेस्क है। आश्चर्य! बैठने के साथ ही साथ चीनी शैली में सुन्दर काठ की ट्रे पर चाय आई। यहाँ रिम्पोचे को मैंने और भी करीब पाया। और सबसे अच्छी बात यह थी कि अभी तक उन सबका व्यवहार अत्यन्त सहयोगपूर्ण था। चाय की चुस्की लेकर उन्होंने शुरू किया—

—जहाँ तक मैं समझ पाया हूँ, आप एक तांत्रिक योगी-पुरुष को खोजने यहाँ आए हैं, उनके प्रति अपनी कृतज्ञता व्यक्त करने के लिए, है न! ठीक है, मैं समझ गया। सरकार का मानना है कि उस पुराने युग में अनेक परिवर्तन हुए हैं, इसलिए मेरे साथी (Comrade) ने जो कहा है, वही सही है। वे हिन्दुस्तानी थे। सारे साधु और योगी-पुरुष हिन्दुस्तान लौट गए हैं। किन्तु हाँ, उनमें से अनेक कैलासनाथ और मानसरोवर में तीर्थाटन के लिए आते हैं और फिर लौट जाते हैं। आप उस तरफ खोज करके देख सकते हैं।

उनका परामर्श सुनकर मैं बहुत ख़ुश हुआ। फिर कुछ सोचकर मैंने उनसे पूछा—'उस समय ल्हासा से आने के रास्ते में ब्रह्मपुत्र (सांग्पो) नदी के उस ओर किसी एक नदी-संगम पर मैं खो गया था। उसके बाद उन योगी-पुरुष ने मुझे नदी के और भीतर ले जाकर, कम पानी में पत्थर लाँघकर पार करा दिया था। रात के अन्धकार में तारों की हल्की रोशनी में उस महापुरुष को देखा था मैंने सम्पूर्ण दिगम्बर। मेरा प्रश्न और अनुरोध है कि मैं उस जगह को फिर से देखना चाहता हूँ और फिर से एक बार उस मोनेस्ट्री को देखने की इच्छा है, यदि वे अभी तक हैं। इसमें मुझे आपकी सहायता चाहिए। हाँ, मैं ख़ुशक़िस्मत हूँ कि आप अंग्रेजी जानते हैं, यह देखिए...'—कहकर अपनी लिखी पुस्तक 'महातीर्थ के अन्तिम यात्री' के अंग्रेजी अनुवाद की प्रति मैंने उनके हाथों पर रख दी। 'यह मेरी उस समय की डायरी है। सफेद कागज जिन पृष्ठों के बीच घुसाए हुए हैं, उन्हें पढ़ते ही आप समझ जाएँगे कि मैं क्या कहना चाहता हूँ।'

पुस्तक देते ही देखने के लिए सभी झुक पड़े। फिर पुस्तक खोलकर मेरी ओर देखकर बोले—

—अच्छा, बिमल दे की लिखी पुस्तक है, लेखक को आप जानते हैं?

मैं समझ गया कि अपनी बातें ठीक से मैं रख नहीं पाया हूँ। कैसे मैं अपनी बात समझाऊँ, यह सोच ही रहा था कि सरकारी सम्मान्य व्यक्ति ने मेरी ओर देखकर मुस्कुराते हुए कहा—आप ही तो बिमल दे हैं, है न?

—जी हाँ।—सिर नीचा कर अत्यन्त विनम्रता से मैंने उत्तर दिया।

—अच्छा-अच्छा, बहुत खूब!—रिम्पोचे ने अभिनन्दन के स्वर में कहा।

पुस्तक देने से मुझे सुविधा ही हुई। अपराध स्वीकार करने की भंगिमा में मैंने कहा—'प्राय: पचास वर्ष पूर्व की बात है। मैं तब छोटा था। अनजान को जानने की उम्मीद में गुरुजी के साथ मौनी ब्रह्मचारी बनकर आया था। पुस्तक आप रखें, और सम्भव हो तो चिह्नित कुछ पृष्ठ अवश्य पढ़ें, मेरा अनुरोध है।'

बगल के ब्रह्मचारी ने आकर खाली कप में फिर से चाय भर दी। अब वातावरण बिल्कुल बदल गया। रिम्पोचे का चूँकि मैंने काफी समय ले लिया था इसीलिए क्षमा माँगते हुए मैंने कहा—'आज उठने से पूर्व एक प्रश्न और है।'

—ठीक है, पूछिए।

—गीयान्त्से का कुमबुम चैत्य (मठ) और पेल्कर छो मोनेस्ट्री, सुना है कि यह सब आप लोगों के ही अधीन हैं। हैं न?

—ठीक।

—यहाँ तंत्र शिक्षा-साधना के लिए कोई विशेष ऐसा मठ है क्या जहाँ तांत्रिक योगी-योगिनियाँ आते और रहते थे?

बगल के ब्रह्मचारी जो मुझे स्वर्ण-मन्दिर लेकर गए थे, उन्होंने उत्तर दिया—

—आप बिल्कुल सही जगह पर आ गए हैं। समस्त तिब्बत के तंत्र-साधना के जितने भी मठ हैं उनमें विशेष उल्लेख योग्य है ताशिलुम्पो का यह तंत्र महाविद्यालय और 'शालू मठ'। तीसरा यहाँ से कुछ दूर है। हमारे महामान्य ये यानसेन लामा तिब्बत के समुदय तंत्र मठ और महाविद्यालय के अध्यक्ष व सर्वेसर्वा हैं।

उनकी बात के अन्त में हम सभी ने हाथ जोड़कर प्रणाम किया और सिर झुकाया, इसके पश्चात् मैंने उन महापंडित को साष्टांग प्रणाम करते हुए कहा—'आप तो तंत्र श्रेष्ठ महायोगी हैं, यह मेरा कर्मफल और अहोभाग्य कि आपके दर्शन सुलभ हुए। मैं तो धन्य हो गया!'

रिम्पोचे शायद मेरे साष्टांग प्रणाम के लिए प्रस्तुत न थे, किन्तु उनके चेहरे से लगा कि वे खूब प्रसन्न हुए हैं। मुस्कुराते हुए उन्होंने कहा—'मेरे सहयोगी ने ठीक ही कहा है। ताशिलुम्पो का यह तंत्र महाविद्यालय, शालू मोनेस्ट्री और तीसरे का नाम है युंगद्रुंगलिंग (Yungdrunglingh)—ये तीनों शिक्षा व साधना के पीठस्थान हैं। लगता है, इस विषय में आपकी विशेष रुचि है। आपने गीयान्त्से में कुमबुम के तारा मन्दिर को देखना चाहा—माँ तारा तंत्र-साधना की इष्टदेवी हैं, जिन्हें हम द्रोल्मा (Drolma) कहते हैं।'

इतना कहकर वे रुके फिर धीमे स्वर में आपस में परामर्श करने लगे। काफी देर तक उनका परामर्श चलता रहा। मैं चारों दीवारों और छत पर निर्मित विभिन्न 'मंडलाओं' को भर नज़र देखने लगा। मंडलाओं की सीमारेखाएँ (Border line) अपने उज्ज्वल सुनहरे रंग से मेरी दृष्टि को आकर्षित कर रही थीं। परामर्श के समापन पर सहयोगी भिक्षु, जिन्होंने अनुवाद से मेरी मदद की थी, ने बताया कि आज सन्ध्या के बाद होटल में टेलीफोन कर मुझे रिम्पोचे के निर्णय से अवगत करा देंगे। छुट्टी तो मिली पर मन नहीं भरा। मैंने मन ही मन सोचा—देखा जाए, क्या होता है। धन्यवाद देकर मैं उस मठ से निकल आया।

होटल में पहुँचते ही मैनेजर अपने कमरे से निकलकर आया और बड़े अपनत्व भरे स्वर में बोला—'आप यहाँ ऑफिशियल टूर पर आए हैं, यह मुझे पता नहीं था। आमतौर पर ल्हासा से हम लोगों को बता दिया जाता है। ठीक है, चलिए। अभी भी दिन का उजाला है। आपको शिगात्से का एक सुन्दर दृश्य दिखाऊँगा।'

—ठीक है, चलिए।

हम मैनेजर की गाड़ी से ही निकल पड़े। थोड़ी देर में ही बाईं तरफ ताशिलुम्पो आ गया। बड़े गर्व के साथ उन्होंने बोलना शुरू किया—

—आपको तो अवश्य ही पता होगा कि चीन के महानायक माओत्से तुंग के शासन-काल में एवं उन्हीं के निर्देश पर राष्ट्रीय सांस्कृतिक आन्दोलन के समय अनेक पुराने मठ और मन्दिरों का ध्वंस हुआ क्योंकि चीन-सरकार की धारणा थी कि मठों और मन्दिरों का आश्रय लेकर स्वाधीन तिब्बत के नाम पर विभिन्न विद्रोही दलों का निर्माण हुआ था। और इन सबके पीछे विदेशी प्रेरणा व सहायता थी। इसीलिए सरकार खूब जाग्रत् और सजग है।

इस प्रसंग को टालने के लिए मैंने उनसे पूछा—'हम अभी कहाँ जा रहे हैं?'

—हम पुराने शहर जा रहे हैं। हाँ, तो मैं कह रहा था—आपने जरूर ध्यान दिया होगा कि ताशिलुम्पो के अनेक मठ और मन्दिर नए बने हैं और पुराने मूल मन्दिर पहले जैसे ही हैं और वो इसलिए कि पंचेन लामा ने चीन के कर्ता-धर्ताओं को स्वीकार कर लिया था। अतीत में पंचेन लामाओं के अत्यन्त सुन्दर चैत्य (मठ) और विशाल ग्रन्थागार-विभाग थे, आपने देखे हैं?

—नहीं।—अत्यन्त संक्षिप्त उत्तर देकर बाहर की ओर देखते हुए मैंने कहा—वाह! अत्यन्त सुन्दर इलाका है और देखकर ही लग रहा है विकासशील; छोटी-छोटी गलियाँ—प्रार्थना पताकाएँ, तिब्बती बाशिन्दों के सुन्दर, सरल चेहरे। इनकी वेशभूषा भी विशुद्ध तिब्बती है।

—हाँ, आपकी धारणा सही है। यह पुराना शिगात्से है, यह असली तिब्बती इलाका है। पुराने शहर के इर्द-गिर्द खाँटी त्सांगेन यहीं मिलेंगे।

—खाँटी त्सांगेन (Tsangen) माने?

उत्तर में वह बोले—'तिब्बत के इस प्रदेश का नाम त्सान् है और यहाँ के निवासियों को त्सांगेन कहते हैं। इस पुराने शिगात्से इलाके में इस अंचल के बाशिन्दों की भरमार है; ताशिलुम्पो मठ में तिब्बत के विभिन्न अंचलों के पंचेन लामा-भक्तों के सम्प्रदाय हैं तथा बड़े रास्ते के किनारे व हमारे होटल की ओर नया शिगात्से शहर है। झुंड के झुंड चीनी व्यापारी इस अंचल की उन्नति के लिए आते हैं।'

ताशिलुम्पो की परिक्रमा का रास्ता पकड़कर कुछ दूर ऊपर आकर हम एक पुराने ध्वंसावशेष के भीतर घुसे। गाड़ी से उतरते ही हम एक पत्थर की सीढ़ी से ऊपर चढ़े। इसका गठन ल्हासा के पोताला प्रासाद जैसा ही है, किन्तु यह और भी छोटा है। मेरे प्रश्न करते ही मैनेजर ने कहा—'आपने सही पकड़ा, एक वक्त यह शिगात्से का किला (Dzong) था। आदि पंचेन लामा यहीं थे। उसके बाद गवर्नर, फिर साम्प्रदायिक संघर्ष की बलि।'

हम किले की सबसे ऊँची छत पर आकर खड़े हुए। चारों ओर निगाह दौड़ाई तो स्तब्ध रह गया—शिगात्से की एक परिपूर्ण तस्वीर। नदी, समतल मैदान, पहाड़, ताशिलुम्पो, सब कुछ के ऊपर चढ़ आए हैं हम। मैनेजर यहाँ के स्थानीय व्यक्ति हैं, प्रत्येक मकान, मठ, चैत्य, मन्दिर, हरेक की स्थिति से अवगत हैं। उन्होंने स्पष्ट शब्दों में कहा—'साधारण गाइड इन सबका इतिहास नहीं जानते, किन्तु नीचे का वह रास्ता देख रहे हैं, वह सीधा और थोड़ा-सा ऊपर जाकर समाप्त हो गया है। उस होटल से भी बड़ा चमत्कारिक दृश्य नज़र आता है। मुझे बिल्कुल ध्यान नहीं रहा, कैमरा लाते तो यहाँ से तस्वीर बहुत अच्छी आती। मुझसे भूल हुई, मुझे आपको कहना चाहिए था—पर आप एक काम कर सकते हैं, अपने मोबाइल फोन से फोटो उतारकर रख सकते हैं या अगली बार जब आएँ...'

मैंने उन्हें टोकते हुए कहा—

—मैं कैमरा लेकर नहीं घूमता और मोबाइल फोन भी नहीं है।

—अच्छा!

उन्हें सचमुच बड़ा आश्चर्य हुआ। छत पर ठंडी हवा बहने लगी थी और सूर्यदेव भी रंगीन चादर ओढ़कर अस्त हो रहे थे। मैंने अपनी प्रार्थना शुरू की—

ओम् सूर्यं सुन्दरलोकनाथं अमृतम्
वेदान्त सारं शिवम्।
ज्ञानं ब्रह्ममयं सुरेशमंगलं
लौकिक चित्तं स्वयम्।
इन्द्रादित्य नराधिपं, सुरगुरु
त्रैलोक्य चूड़ामणिम्।
ब्रह्माविष्णु शिव स्वरूप हृदयं।
वन्दे सदा भास्करम्।

ॐ हिरण्यमयेन पात्रेन सत्यसा निहितं मुखम्।
तत्वं पुषण्णपावृनू सत्य धर्माय दृष्टये।
पुषण्णेकर्षे यम सूर्य प्रजापत्य व्यूह रश्मिन् समूह
तेजो यत्ते रूपं कल्याणतमं तत्वे पश्यामि
योहसावसौ पुरुषः सोहं अस्मि॥

ऐसा लगा जैसे सूर्यदेव को इस प्रार्थना की ही प्रतीक्षा थी। आँखें खोलीं तो देखा वे अस्त हो गए हैं। हमने पहाड़ से नीचे का रास्ता पकड़ा। इस रास्ते पर जीप के बिना आ पाना असम्भव है। होटल पहुँचकर मैनेजर को उनकी सहानुभूति के लिए अजस्र धन्यवाद देकर अपने कमरे की ओर पैर बढ़ाए ही थे कि रिसेप्शन रूम से दो संन्यासियों ने निकलकर नमस्कार किया और बोले—

—हम आपकी ही प्रतीक्षा कर रहे थे।

सुबह इन्हीं दोनों ने मुझे स्वर्ण-मन्दिर दिखाकर रिम्पोचे के साथ दुभाषिए के काम में मदद की थी। उन्हें देखकर मैनेजर हँसकर आगे आए और आदर सहित अपने कमरे में बैठाया। फिर उनके साथ संन्यासियों की गुफ्तगू चली। अन्त में उन्होंने मुझे विषयवस्तु बताई।

मठ व सरकारी अधिकारी मेरी सहायता करने को प्रस्तुत हैं। इस अंचल के विभिन्न मठों व प्राचीन धर्मस्थानों के स्वतंत्र रूप से परिदर्शन के लिए वे मुझे विशेष अनुमति प्रदान करेंगे किन्तु इसके लिए मुझे एक आवेदन-पत्र देना होगा और उस आवेदन-पत्र में निम्नोक्त विषयों का उल्लेख हो तो अच्छा रहे—

एक : धर्म के बारे में आपकी उक्ति।

दो : तिब्बत के बारे में आपकी राय।

निबन्ध के रूप में इस लेख के पाठ के लिए आधे घंटे से अधिक समय नहीं दिया जाएगा। कल शाम 3 बजे यह लेख ले जाकर मुझे ताशिलुम्पो मठ के तंत्र-महाविद्यालय की 'तर्कपीठ' में कमेटी के सामने पढ़ना होगा। वहाँ अनुवाद के लिए दुभाषिया रहेगा।

तर्कपीठ यानी जहाँ बाहर बैठकर हमने चर्चा की थी। उनका प्रस्ताव मैंने स्वीकार कर लिया, दूसरा कोई चारा भी तो नहीं था क्योंकि इसी के लिए तो ज्ञानगंज छोड़कर मैं जल्दी चला आया था। अशेष धन्यवाद देकर मैंने उन्हें विदा किया।

आज का दिन ठीक-ठाक ही गुज़रा है किन्तु संन्यासियों के प्रस्ताव ने मुझे चिन्ता में डाल दिया है। कमरे में आकर फिर से चाय के लिए कहा। अब मुझे यह हिसाब करके देखना होगा कि आधे घंटे में कितना कुछ बोला जा सकता है, और विषय का आरम्भ कहाँ से करूँ। इसी बीच एक लड़का चाय दे गया और दूसरे ने हीटर की ओर मेरी दृष्टि आकर्षित की। मैं समझ गया कि वह बख्शीश की आशा में है यह स्वाभाविक भी है।

लिखने बैठा तो सबसे पहले याद आया कि शाक्य मन्दिर में प्रवेश करते ही मेरी रीढ़ की हड्डी के भीतर से एक स्रोत जाने की राह में अटक गया था। स्वयं पर नियंत्रण नहीं रख पाया इसलिए बैठ गया था। मन्दिर में बातें करने की मनाही है इसलिए कुछ बोल भी नहीं पाया। उस अवस्था में कितनी देर रहा, पता नहीं। साथ के दोनों गाइडों ने सोचा कि मैं शायद थक गया हूँ। मुझे स्पष्ट याद है कि मूलाधार चक्र के नज़दीक किसी एक अदृश्य स्थानीय आबहवा का स्पन्दन-सा लगा था (invisible local atmospheric vibration)। डायरी लिखने बैठते ही मिल गया था वक्तव्य का विषय। कुंडलिनी के भीतर से जो शक्ति हमारे ज्ञान व अनुभूति को जगाती है, जो शक्ति हमें ध्यान व समाधि के सोपान पर पहुँचा देती है, वह शक्ति ही तो चिरसत्य है; अध्यात्म-मार्ग की धर्म विद्या ही तो धर्म विज्ञान है। जय माँ तारा! उन्होंने ही थमा दी कलम—

सृष्टि-स्थिति-प्रलय, ब्रह्मा-विष्णु-महेश—तीन ईश्वरों के तीन गुण। विश्व-सृष्टि के आरम्भ से ही इन तीन गुणों की लीला है—निर्माण-विध्वंस का इतिहास। यह तो आज का नहीं अनन्तकाल का इतिहास है। मैंने बार-बार सुना है, अपनी आँखों से देखा भी है। भारत के गुहा-मन्दिर अजन्ता-एलोरा (Ajanta Ellora of Maharashtra) ईसा पूर्व 200 (200 B.C.) में भारत के श्रेष्ठ स्थापत्य तथा बौद्ध धर्म के उज्ज्वल उदाहरण हैं। आज प्राय: परित्यक्त वे अजायबघर की तरह पर्यटकों के अन्यतम आकर्षण हैं। हर साल वहाँ लाखों लोग आते हैं, पूजा-प्रार्थना के लिए नहीं, बल्कि अतीत को देखने के लिए। उत्तर-पूर्व चीन के वुचु पहाड़ (Wuchu Mountain) की ऊँची दीवार पर कभी बौद्ध-युग के श्रेष्ठ मन्दिर, गुहा-मन्दिर, बुद्ध-मूर्ति, मठ व धर्मशिक्षा-केन्द्र निर्मित हुए थे। वहाँ निर्मित हुआ था उत्तर-दक्षिण का श्रेष्ठ दर्शन (Philosophy) केन्द्र। उत्तर में चीन और दक्षिण में भारत ने धर्म और दर्शन के स्रोत के सामने हिमालय की बाधा को सहज ही पार कर लिया था—बुद्धवाणी के एकतान से धर्मसंघ निर्मित हुआ था। वुचु पहाड़ का वह परित्यक्त धर्म-शहर-काल के स्रोत से काफी कुछ क्षतिग्रस्त हुआ है किन्तु चीन सरकार का ऐतिहासिक स्थापत्य शिल्प-संरक्षण विभाग बड़े यत्न से उसके लुप्त सौन्दर्य को लौटाकर लाया है। आज लाखों लोग अवाक् विस्मय की नज़र से देखते हैं और मन ही मन सोचते हैं कि इस निर्माण के पीछे जो अमानविक शक्ति, परिश्रम और शिल्पदक्षता है, वह उस प्राचीन युग में कैसे सम्भव हुई? मन्दिर-गुहा-प्रासाद-शहर सब कुछ वर्तमान में भी निर्मित हो रहे हैं, फिर एक दिन जब वर्तमान अतीत हो जाता है तब विध्वंस आता है नवनिर्माण का कारण बनकर।

तिब्बत का आज का परिवर्तन अराल में युग की हवा है। शीत, ग्रीष्म, वर्षा, आँधी, भूकम्प, बाढ़ आदि—ये सब नियति के लेख हैं। भगवान बुद्ध ने कहा है कि जन्म के साथ ही जरा-व्याधि-मृत्यु हमारा पीछा करते हैं। दुख-क्लेश से परित्राण

पाने का नाम ही 'निर्वाण' है। हमारी देह की तरह ही पृथ्वी भी इस त्रिताप-दुख को झेल रही है। इस अनन्त ब्रह्मांड को यदि हम असीम विराट कहें तो अपनी देह को असीम क्षुद्र (Macrocosm and microcosm) कहेंगे। समस्त पदार्थ के क्षुद्रतम अंश को मैं असीम क्षुद्र इसलिए कह रहा हूँ क्योंकि उस अति क्षुद्र को भी वैज्ञानिक पकड़ नहीं पा रहे हैं। मेरे कहने का उद्देश्य यह है कि मनुष्य स्वयं को चाहे जितना भी कर्ता, दक्ष, चतुर मान ले किन्तु असल में सब कुछ 'उसकी' इच्छा से होता है। परिवर्तन तो आएगा ही, उसे रोका नहीं जा सकता। यह तो प्रकृति का नियम है। इसी परिवर्तन का नाम प्रगति है। वन, पहाड़, नदी, सबको लाँघकर बढ़ता जा रहा है रास्ता। बाँध से रोक रखा है जल और फिर उसी जल को छोड़ने के रास्ते तैयार हो रही है बिजली, आलोकित हो रहे हैं शहर। हिमालय की देह पर रेंगती ड्रैगन-ट्रेन लाखों यात्रियों को लेकर ल्हासा पहुँचती है। इसी का नाम उन्नति है, इसी का नाम प्रगति है और इसी का है असली नाम परिवर्तन। अस्थायी परिवर्तन ही स्थायी परिवर्तन है (Everchanging state of our evolution never changes)।

इस बाहरी विराट उलट-पलट से जब देह क्लान्त होती है, धर्म और दर्शन जब अनिश्चय के ज्वार में बह जाने की राह पर होते हैं, ठीक उस समय मन सत्य को पकड़कर रखता है। बाहरी सत्य अन्तर में प्रवेश कर जाता है और इस प्रकार विप्लव के स्रोत को टाला जाता है। सम्प्रति इस घटना का साक्ष्य हमें वुदांग पर्वत (Mount Wudang) में देखने को मिलता है। हुबेइ प्रदेश (Chine Province of Hubei) के पर्वत शिखर के अत्यन्त सुन्दर ताओ मन्दिर (Temple of Tao) में प्रतिवर्ष पच्चीस से तीस हज़ार तीर्थयात्री परिवार की शान्ति व दीर्घायु की कामना लिए आते हैं । देवी झेनवू (Goddess Zhenwu) का यह मन्दिर 1613 मीटर की ऊँचाई पर है। पर्वत शिखर का नाम स्वर्णचूड़ा है और चढ़ने में प्रायः तीन घंटे लगते हैं। सीढ़ियों की संख्या 6,000 है। पर्वतारोहण का परिश्रम भी भक्तों को नहीं रोक पाता।

इस मन्दिर की बात मैं इसलिए कर रहा हूँ क्योंकि ताओ (Tao) धर्म चीन का प्राचीनतम धर्म है। लाओ-त्से (Lao-Tseu), त्सुवांग-त्से (Tchouang Tseu) एवं ली-त्से (Li-Tseu) नामक तीन धर्मगुरुओं ने ताओ ते किंग (Tao Te King) धर्मग्रन्थ की रचना की। मूल उद्देश्य था ध्यान एवं विभिन्न प्रकार की शारीरिक अंगभंगिमा के माध्यम से मनुष्य को शान्ति व समृद्धि की राह पर लाना। प्रायः तीन हजार वर्ष ईसा पूर्व (3000 B.C.) के इस धर्म को अनेक बार अनेक सामाजिक उत्थान-पतन के बीच से गुजरना पड़ा है। बार-बार राजकीय निषेधाज्ञा, पुजारियों के स्थानान्तरण, मन्दिर के बन्द द्वार, भक्तों की विडम्बना इत्यादि सभी प्रकार की बाधाओं के बावजूद पाँच हज़ार वर्षों के उस पुराने स्वर्ण-मन्दिर की देवी झेनवू आज भी अभय मुद्रा लिये भक्तों की सुरक्षा और समृद्धि के प्रति सदा जाग्रत् हैं। कहने की आवश्यकता

नहीं कि यह मन्दिर उतना पुराना नहीं किन्तु धर्म व दर्शन, पूजा-प्रार्थना, भक्तों का आवागमन आदि पाँच हजार वर्षों पुरानी रीति है। आज सारे चीन में प्राय: नौ हज़ार मन्दिर और तीस हज़ार पुजारी-पंडित फैले हैं और भक्तों की संख्या भी कम से कम पचास लाख होगी।

मैं कहना चाहता हूँ कि शत परिवर्तनों के बावजूद सत्य-धर्म मनुष्य के अन्तर की माँग है और विश्व मानव-धर्म की यही परम्परा है।

चीन और भारत पृथ्वी की दो वृहद् शक्तियाँ हैं, यह बात आज सभी देश स्वीकार करने को बाध्य हैं। सौ विभेदों के बावजूद हम एक आत्मिक सम्बन्ध से बँधे हैं। पृथ्वी के ये दो प्राचीन देश एक दिन शिक्षा-धर्म-दर्शन के विचार लेकर एक ही राह पर अग्रसर हुए थे। मूल चिन्तन एक ही था। वही एक शक्ति विभिन्न रूपों में, विभिन्न भाषाओं में, विभिन्न शाखाओं में विभक्त है, जड़ किन्तु एक ही है—'प्राणशक्ति'।

धर्म और दर्शन विज्ञान में हिन्दुस्तान और चीन के बीच एक सुन्दर योगसूत्र, समन्वय (Harmony) है।

दोनों देशों की एक ही मूलशक्ति है जिसे भारतीय भाषा में प्राणशक्ति (vital energy), चीनी भाषा में की (Qui) और जापानी भाषा में ची (Chi) कहते हैं।

'की' मूलशक्ति है, जो दो भागों में विभक्त होकर दो विपरीत शक्तियों में परिणत हुई जिनके नाम हैं क्रमश: यिन और यान (Yin, Yan)। ठीक वैसे ही जैसे हमारे पुरुष और प्रकृति हैं। यिन और यान, इन दो के सम्मिश्रण से सृष्टि के पाँच मूल उपादान तैयार हुए।

पाँच चीनी उपादान

काष्ठ (Wood), अग्नि (Fire), पृथ्वी (Earth), धातु (Metal) और आब (Water)। इन पाँच उपादानों में धातु की वायु (Air) के साथ तुलना की जा सकती है। भारतीय पंचतत्त्व हैं—पृथ्वी, जल, अग्नि, वायु और आकाश।

दोनों ही देश स्वीकार करते हैं कि इन पंचतत्त्व शब्द, स्पर्श, रूप, रस, गन्ध एवं देह के ऊर्ध्वलोक के साथ सम्पर्क के लिए चक्षु, कर्ण, नासिका, जिह्वा और त्वचा की सृष्टि हुई।

सब उस प्राणशक्ति का ही प्रकाश है, जो चीनी भाषा में 'की' कहलाती है। उस की-शक्ति के प्रथम स्पन्दन को हम चित्त या चिन्मय शक्ति कहते हैं। जगत की रचना के मूल में वो हैं और सृजन शक्ति के मूल में भी वो हैं।

की-शक्ति चारों ओर व्याप्त और पूर्ण हो चुकी है और उस महाशक्ति के अंश ने ही इस जीव-जगत को बचाकर रखा है। वही की-शक्ति आकाश से भूमि तक

हमारी देहों में बारह रेखाओं (12 Meridian) के आकार में प्रवाहित होकर हमारी देह की रक्षा रकती है। यह अदृश्य अति सूक्ष्म स्रोत ही शरीर का मध्यरेखा स्रोत है। इसी महाजागतिक प्राणशक्ति (Cosmic Vital Energy) ने हमारी देह को बचाकर रखा है। शरीर के भीतर प्रवाहित या महाजागतिक शक्ति महाजागतिक को वहन कर हमारे स्वास्थ्य व ज्ञान-बुद्धि-विद्या में रूपान्तरित करती है। चीन की अति प्राचीन विद्या से ही जन्मी है एक्यूपंक्चर चिकित्सा-पद्धति। भारतीय शास्त्रों के अनुसार प्राणवायु समस्त शरीर में पच्चीस हिस्सों में विभक्त होकर शरीर की रक्षा करती है। प्राणवायु शरीर में प्राण, अपान, समान, उदान, व्यान आदि रूपों में प्रवाहित होती है।

जीवमात्र ही सूर्य-सन्तान है। सूर्य-रश्मियों के माध्यम से ही जीव-जगत का अस्तित्व है। इस विषय में चीनी दर्शन व धर्मग्रन्थ तथा भारत के धर्मग्रन्थों का मत एक है। सूर्य रश्मिपथ पर वही प्राणशक्ति 'की' या 'ची' हर क्षण हमारे शरीर में प्रवेश कर हमें बचाए रखती है। और इस बचे रहने का नाम ही जीवन है। इसीलिए हर क्षण अंजलि के माध्यम से हम उसे स्मरण करते हैं, उसके प्रति कृतज्ञता ज्ञापित करते हैं।

सूर्योदय से सूर्योदय तक चौबीस घंटों के दो हिस्से कर अर्थात् हर दो घंटे में एक बार अर्थात् बारह बार सूर्य के निमित्त विभिन्न प्रकार के व्यायाम चीनी प्रथा में प्रचलित हैं। ताइ ते किन् (Tai Te Kin), कुंग फू (Kung Fu), ताओ-ई (Tao-I) इत्यादि व्यायाम। भारतीय योगासनों में सूर्य प्रणाम के द्वादश व्यायाम के साथ इनकी अत्यधिक समानता है।

सामान्यत: कुछ दृष्टान्तों के माध्यम से मैं कहना चाहता हूँ कि भारत के साथ चीन का एक आत्मिक सम्पर्क है परन्तु युग के तांडव-नृत्य में हम भी ठीक से उसके साथ पैर मिलाकर छन्द और ताल सँभाल नहीं पा रहे हैं। ऐतिहासिक दृष्टिकोण से चीन व भारत के बीच घनिष्ठता बौद्ध धर्म और दर्शन को केन्द्र में रखकर हुई। उसके पहले के बारे में मुझे नहीं पता। कुछ नाम याद आ रहे हैं जिन्हें मैंने बार-बार सुना है—चू इन किंग (Chu in King), फा खिउ किंग (Fa-Khiu-King), फा-हियान (Fa-Hien), वाई-ची-लान (Wai-Chi-Lan)। ये चीन से भारत आए थे और वह भी तिब्बत में बौद्ध धर्म की स्थापना से बहुत पहले। तिब्बत में मैंने बारम्बार नालन्दा, तक्षशिला, शीलभद्र इत्यादि नाम सुने हैं। रानी भृकुटी देवी का प्रभाव, उसके बाद पद्मासन बाबा, अतीश दीपंकर, तिब्बत के मठ-मन्दिरों में और धर्मग्रन्थों में इन्हीं का प्रभाव अधिक है। यह मेरी साधारण-सी राय है। अब हम तंत्र के प्रसंग पर आते हैं।

मन को जो सत्पथ पर साधना में लगाए रखता है, उसे मंत्र कहते हैं। मंत्र एक स्पन्दन, एक शब्द है। सुषुम्णा में जिसकी प्रतिध्वनि होती है। तन अर्थात् देह, देह को जो निपुणता से सत्पथ पर, अनुभूति के पथ पर अग्रसर होने में मदद करे, उसे तंत्र कहते हैं। दोनों ही संस्कृत के शब्द हैं। कुंडलिनी, असल में कुंडलिनी शक्ति।

सम्पूर्ण तंत्र-शास्त्र ने इस कुंडलिनी शक्ति को विशेष रूप से सामने रखा है, उपलब्धि का सोपान माना है। कुंडलिनी अर्थात् आधार-शक्ति या शक्ति का आश्रयस्थल। मूलाधार, स्वाधिष्ठान, मणिपुर, अनाहत, विशुद्ध, आज्ञा और सहस्रार—ये सात चक्र मेरुदंड स्थित सात सोपान हैं। सात चक्रों की गुणावली की व्याख्या आप मुझसे ज्यादा बेहतर जानते हैं अत: उस ओर अग्रसर होना मेरी मूर्खता होगी।

इन सात चक्रों की यौगिक व्याख्या के अतिरिक्त मेरे जैसे अति साधारण व्यक्ति और राह चलते मुसाफिर के दृष्टिकोण से जितना समझ पाया हूँ, संक्षेप में बताता हूँ—

प्रथम चक्र मूलाधार : मूल मंत्र 'लंग' 'की' या प्राणशक्ति का नाम डाकिनी। सही ढंग से ध्यान-अभ्यास करने से शरीर स्वस्थ रहता है तथा चरित्र में दृढ़ता व एकाग्रता आती है।

द्वितीय चक्र स्वाधिष्ठान : मूल मंत्र 'रंग' 'की' या प्राणशक्ति राकिनी। उपयुक्त ध्यान का फल, ज्ञान-बुद्धि-विद्या-आध्यात्मिकता की अनुभूति।

तृतीय चक्र मणिपुर : बीज मंत्र 'रंग'। प्राणशक्ति का नाम लाकिनी। लज्जा, घृणा व भय को दूर कर मनुष्य को सत्पथ पर चलने की शक्ति देता है। उपयुक्त ध्यान के फलस्वरूप समाज में निर्विघ्न चला जा सकता है।

चतुर्थ चक्र अनाहत : मूल मंत्र 'घंग।' प्राणशक्ति का नाम काकिनी। उपयुक्त अभ्यास के फलस्वरूप मन प्रेम व प्रीति से भर उठता है। व्यक्ति सहज ही सभी के स्नेह व प्रेम का पात्र हो उठता है।

पंचम चक्र विशुद्ध : मूल मंत्र 'हंग', 'की' या प्राणशक्ति का नाम शाकिनी। उपयुक्त ध्यान के फल से अतीत, वर्तमान और भविष्य का पूर्ण चित्र हृदयाकाश में उदित हो उठता है। कल के अनुभव पर आज चलता हूँ, और आज चलते-चलते हर क्षण भविष्य का निर्माण करता हूँ।

षष्ठ चक्र आज्ञा : मूल मंत्र 'यंग', प्राणशक्ति का नाम हाकिनी। इस सोपान पर मनुष्य महामानव-सिद्धयोगी हो जाता है और परिपूर्ण ज्ञान-लाभ करता है।

इस अवस्था की प्राणवायु ची या की, प्रकृति और पुरुष, यिन और यान, सुषुम्णा, इड़ा और पिंगला की अनुभूति। कौशल से प्राणवायु को शरीर, मन व आत्मा की सहज राह पर लाकर उपलब्धि के चरम शिखर पर पहुँचना होगा।

सप्तम चक्र सहस्रार : इस चक्र के बारे में मेरे जैसे अज्ञ व्यक्ति का कोई उक्ति न करना ही अच्छा होगा क्योंकि कुछ कहना धृष्टता होगी। मैं क्षमाप्रार्थी हूँ।

10वाँ दिन

आज मेरे तिब्बत प्रवास के दसवें दिन की सुबह है। भोर में दरवाजे के पास फ्लास्क में गरम चाय रख जाते हैं। आज देखता हूँ कि बिस्कुट के साथ केला, सेब, अंगूर

की एक छोटी-सी डलिया भी है। शायद सूर्य प्रणाम का पुरस्कार है। रात को मैंने जो लिखा था उसे लेकर ठीक से पढ़ने के लिए बैठा। पढ़ने के पहले मेरा मन कहीं और चला गया। मन ही मन मैंने सोचा—क्या मैं लक्ष्य से भटक रहा हूँ? जिसके लिए मैं यहाँ आया, उस संकल्प से क्या मैं दूर हट रहा हूँ? मन में यह बात उठते ही मैंने माँ का स्मरण किया। थोड़ी ही देर में मन शान्त हो गया, यह सब उस राह पर बढ़ने का निर्देश ही था। जो लिखा है, ठीक है। देखा जाए।

दिन के 10 बजे मेरा बुलावा आया। मैनेजर को परेशान न कर मैं एक टाँगा लेकर निकल पड़ा, व्यवस्था होटल के रिसेप्शनिस्ट ने कर दी थी। ताशिलुम्पो पहुँचते ही एक व्यक्ति ने आकर मेरा स्वागत किया। हमारे आगे बढ़ते ही दोनों संन्यासियों ने बाहर आकर प्रणाम किया। तत्पश्चात् बगल के एक मकान में हम घुसे जहाँ चीनी भाषा में कुछ लिखा था, पूछने पर बताया—'वो फिलॉसफी का कॉलेज है।'

बरामदे में चढ़ते ही भीतर से और चार संन्यासी निकलकर आए और दोनों ओर खड़े हो गए। हमने भीतर प्रवेश किया। देखते ही समझ गया, मकान पुराना था और कमरा किसी ग्रन्थागार या लाइब्रेरी हॉल जैसा लगा। एक कड़ाही में लकड़ियों की आग थी जिसके चारों ओर हम कुर्सियाँ लेकर बैठ गए। आज मेरी ख़ुशक़िस्मती थी कि संन्यासी ने खुद ही अपना परिचय दिया—लामा लामद्रुप, ताशिलुम्पो के अन्यतम पुस्तकालयाध्यक्ष, अंग्रेजी सीख रहे हैं, वही दुभाषिए का काम भी करेंगे।

लामा लामद्रुप और अन्यान्य और भी कइयों ने, मैंने जो पुस्तक कल रात दी थी, उसके निर्दिष्ट अंशों को पढ़ा है एवं मेरी कहानी सुन कई तो हैरान रह गए। ख़ैर, जो हो, वे सभी मेरी सहायता को प्रस्तुत हैं। लामा लामद्रुप ने अपने एक सहयोगी को दिखाकर कहा कि वह सांग प्रदेश की प्रायः सभी मोनेस्ट्री को जानता है। मेरी उस भयंकर रात की उस नदी के बारे में सुनकर उसने बिना किसी सन्देह के जोर देकर कहा है कि वह 'नानगुंग चू' है।

खबर सुनते ही मेरी अन्तरात्मा आनन्द से उछल पड़ी किन्तु मैंने बड़ी सावधानी से अपने भावावेग को जाहिर नहीं होने दिया। केवल प्रश्न किया—'क्या नाम बताया आपने? और नदी का नाम क्या बताया?'

—नानगुंग। चू माने नदी। ल्हासा से शिगात्से आने के रास्ते उस नदी को कई लोग कई बार यार्लुंग सांग्पो या ब्रह्मपुत्र समझने की भूल करते थे। आजकल वह भूल नहीं होती क्योंकि ताद्रुका (Tadruka) से फेरी लेकर, दक्षिण के रास्ते माने ल्हासा-शिगात्से नॉर्दर्न हाइवे (Northern Friendship Highway)...

—यहाँ से कितनी दूर होगी, माने कितने किलोमीटर?

मेरी बात सुनकर संन्यासी अपना मोबाइल फोन निकालकर हिसाब करने लगे, फिर मेरी ओर फोन बढ़ाकर बोले—'यह देखिए।' मैंने देखा, यहाँ से अस्सी किलोमीटर।

—'रास्ता अच्छा है। यहाँ से ब्रेकफास्ट करके निकलेंगे तो वहाँ, माने मठ में, लंच कर पाएँगे।'

मैंने मन ही मन नदी का नाम कंठस्थ कर लिया—नानगुंग चू...नानगुंग चू...नानगुंग चू। मेरे एक बहुत बड़े प्रश्न का समाधान हो गया।

—हाँ, आप अपना लेख लाए हैं?

—जी हाँ, विषयवस्तु ठीक से स्पष्ट नहीं थी इसलिए लेख काफी संक्षिप्त है। इसमें आपको तीन संकेत मिलेंगे। पहला—सांस्कृतिक आन्दोलन जिसे परिवर्तन कहा है; दूसरा—भारत के साथ चीन का आदि सम्पर्क; और तीसरा—कुंडलिनी पर सामान्य मन्तव्य। मेरे मन में जैसा आया वैसे लिखा है। मैंने अपना सामान्य विचार व्यक्त किया है। महान रिम्पोचे आएँ तो उन्हें यह लेख दिखाने से पूर्व मुझे थोड़ा-सा समय दीजिएगा। मैं दो-एक बातें कहना चाहूँगा।

मेरी बात सुनकर लामा लामद्रुप ने सूचित किया कि कल की ही तरह वे खाने के पश्चात् मेरे साथ बैठेंगे।

बहुत अच्छी बात है। मैंने उनसे विदा ली। उनकी इच्छा तो मुझे लेकर बैठने की थी किन्तु मैं एकान्त चाहता था। मैं चाहता था होटल लौटकर भोजन आदि से निपटकर तैयार हो जाऊँ। इसलिए दुख प्रकट कर मैं उठ गया।

इस बीच मैनेजर से मेरी अच्छी-खासी दोस्ती हो गई है। उनकी राय में भारतवासी अत्यन्त साधुपुरुष, अहिंसक व सत्यवादी होते हैं। मैंने उन्हें सावधान करते हुए कहा—सच्चे-झूठे, भले-बुरे लोग हर देश में होते हैं, अच्छे और बुरों को लेकर ही तो देश बनता है। हमने साथ-साथ खाना खाया फिर मैं अपने कमरे में चला गया। उन्होंने मुझसे बारम्बार अनुरोध किया कि मैं उन्हें साथ लेकर महान रिम्पोचे के यहाँ जाऊँ ताकि मेरे बहाने उन्हें साधु-संग का अवसर मिल जाए।

हम लोग ढाई बजे ताशिलुम्पो पहुँचे। तंत्र महाविद्यालय का प्रांगण मेरा परिचित ही था, वहाँ पहुँचकर देखा काफी छात्रों व संन्यासियों का समावेश था। हमारे पहुँचते ही सभी ने दोनों ओर खिसककर सामने बैठे महान रिम्पोचे की ओर जाने का रास्ता दे दिया। मेरे साष्टांग दंडी-प्रणाम करते ही वे उठकर आए और मेरा स्वागत किया। आज बैठने की व्यवस्था बहुत अच्छी थी, दो-दो गद्दियाँ और कम्बल। यहाँ छह-सात व्यक्तियों के लिए ऊँची गद्दियाँ थीं और बाकी सब नीची गद्दियों पर थे। रिम्पोचे के साथ थे पहले के परिचित चार उच्च पदस्थ सरकारी कर्मचारी, स्वयं रिम्पोचे यानी मठाध्यक्ष, और मैं। एक गद्दी खाली थी। मैनेजर ने वहाँ रुकने की अनुमति माँग ली। उनके बीच कुछ देर धीमे स्वर में हुई गुफ्तगू के बाद मुझे पता चला कि मेरा निबन्ध उन्हें पसन्द आया है और उसके विशुद्ध अनुवाद की व्यवस्था भी मठाध्यक्ष ने की है। आज सुबह उन्होंने स्थापत्य-कला के शिक्षामूलक पर्यटन की सुविधा मुझे प्रदान करने की उपयुक्त अनुमति (Study Tour for Tibetan Architecture) के लिए भी

अधिकारियों से बात की है। यहाँ के भिक्षुओं और तंत्रसाधकों की ओर से कुछ प्रश्न हैं, यदि उत्तर सम्भव हों तो ख़ुशी होगी। उनका वक्तव्य सुन मैंने बड़ी विनम्रता से कहा कि मैं साधु-संन्यासी या साधक नहीं हूँ। अत्यन्त सामान्य ही मेरा ज्ञान है और जो कुछ भी थोड़ा-बहुत जानता हूँ, वह चलते-चलते अर्जित किया हुआ ज्ञान है। मेरे सीमित सामान्य ज्ञान (limited general knowledge) के अन्तर्गत यदि प्रश्न हों तो उत्तर देने का प्रयास करूँगा। मैं राज़ी इसलिए हुआ क्योंकि और कोई उपाय नहीं था।

प्रश्न : हिन्दुस्तान तो एक विशाल देश है और उसका धर्म भी प्राचीन है। ध्यान के लिए उपयोगी आबहवा के बावजूद योगी तिब्बत क्यों आते हैं?

उत्तर : वेद, वेदान्त, उपनिषद भारत के प्राचीन शास्त्र हैं। रामायण और महाभारत दो ऐसे महाकाव्य हैं जिनसे भारत की प्रेरणा की उत्पत्ति होती है। बहुत सारे धर्मग्रन्थ तिब्बत में कैलासनाथ और मानसरोवर के सौन्दर्य व पवित्रता की चर्चा से भरपूर हैं और पुरानी कहानियाँ, खासकर विख्यात महानिर्वाणतंत्र नामक तंत्रग्रन्थ के प्रारम्भ में ही परम पवित्र कैलासनाथ पर्वत और उसके आस-पास के अंचल का अत्यन्त सुन्दर वर्णन है। स्वयं शिव (सदाशिव) और देवी पार्वती पृथ्वी के उच्चतम स्वर्गराज्य में परमानन्द सहित यहाँ वास करते हैं। यह अपूर्व वर्णन संस्कृत भाषा में है, जो आज विभिन्न भाषाओं के माध्यम से भारतवासियों के हृदय में अंकित है और इसीलिए कैलासनाथ के साथ-साथ समग्र तिब्बत एक पवित्र-पुण्य तीर्थस्थान बन गया है। नारद मुनि ने कैलासनाथ के अत्यन्त नयनाभिराम दृश्य का प्रचार समग्र पृथ्वी पर अपनी वाणी से किया है। मेरी राय में यह एक श्रेष्ठ तीर्थस्थान है। सम्भवतः यही प्रधान कारण और आकर्षण है। हिन्दू मात्र ही कैलासनाथ और मानसरोवर को श्रेष्ठ तीर्थ मानता है।

दूसरा कारण यह है कि साधु-संन्यासियों और योगियों की दृष्टि में तिब्बत साधना का क्षेत्र है। शास्त्रों में उल्लेख है कि साधना के लिए वही स्थान उपयुक्त है जो जनमानवहीन और निःशब्द है। जो आबादी से बहुत दूर है। वन, पर्वत, गुफा, कन्दरा आदि साधना के लिए उपयोगी स्थान हैं। श्मशान में भी साधना की जा सकती है। साधना के लिए जो वातावरण प्रयोजनीय व शास्त्रसम्मत है, वह वातावरण तिब्बत में ही उपलब्ध है। यह बात याद रखनी होगी कि युग-युगान्तर से बाहरी शत्रुओं के आक्रमण और अधिकारों के लिए आदि या सनातन धर्म को आलोड़न अत्याचार, विध्वंस और अनेक उत्थान-पतन की आँधियों का सामना करना पड़ा था। वैसे दुस्समय में हिमालय योगी, गुरु और साधकों का निरापद स्थान था। हिमालय महानता और पवित्रता का प्रतीक है हिमालय। इस ओर तिब्बत और उस ओर भारत— ये दोनों देश ही हिमालय की सन्तान हैं। हिमालय का स्थान-माहात्म्य जैसा था वैसा ही है। हिमालय की गोद में जो वास करते हैं, वे भी पवित्र, सहज-साधारण व सत्याश्रयी हैं, उन्हें सश्रद्ध प्रणाम।

प्रश्न : आज बहुतेरे लोगों का मानना है कि केवल धर्मचर्चा करके देश को, खासकर वर्तमान युग में, आगे ले जाना सम्भव नहीं। आपका क्या मत है?

उत्तर : आपकी बात सही है। जो लोग आँखें मूँदकर समाज के कर्तव्य से दूर हट जाते हैं, वे समाज को ही नहीं, स्वयं को भी अग्राह्य करते हैं। वे 'धर्म' शब्द का अर्थ ही नहीं समझते। धर्म होता है कर्तव्य। संस्कृत का धर्म और अंग्रेजी का रिलिजियन, ये दोनों एक नहीं हैं। जो धार्मिक हैं, वे सभी जगत का कल्याण चाहते हैं। धर्मचर्चा माने समाज के कल्याण के लिए साधना, शिक्षा। एक छात्र यदि विज्ञान का छात्र है, तो हम देखेंगे कि वह दिन के अधिकांश समय एक छोटे यंत्र के सामने बैठकर जैसे कुछ देख रहा है और लिख रहा है, खेल-कूद या खाने-पीने इत्यादि की उसे कोई होश नहीं है। ऐसे छात्र को हम क्या कहेंगे कि वह कोई काम-काज न कर चुपचाप बैठकर समय काट रहा है? नहीं, वह दरअसल स्वयं को प्रस्तुत कर रहा होता है, तैयार कर रहा होता है देश के काम में जुटने के लिए। उसी प्रकार धर्मचर्चा का मतलब होता है भविष्य के लिए स्वयं को तैयार करना। शिक्षक-अध्यापक, जो भविष्यत् नागरिकों को तैयार करते हैं, असल में वे भी धार्मिक हैं, उनका धर्म है शिक्षा देना। धर्म वास्तव में कर्तव्य का प्राचीन नाम है।

प्रश्न : हाँ, आपने स्वीकार किया है कि धर्म अर्थात् सभी धर्म प्राचीन हैं किन्तु हम आधुनिक और वर्तमान युग में वास करते हैं। हमारी सोच में अनेक परिवर्तन हुए हैं। जगत में नए धर्म की आवश्यकता है जिसका आधार विज्ञान होगा।

उत्तर : उत्तर आपके प्रश्न में ही है। मैंने अपने निबन्ध में लिखा है कि यह जगत परिवर्तनशील है। हमारा कर्तव्य स्थान, काल और पात्र पर निर्भर करता है। नए मन्दिर-प्रासाद का निर्माण किया जा सकता है, या फिर पुराने मन्दिर को ही नए सिरे से, नए ढंग से सजाया जा सकता है। हमारे पूर्वज हमें जो ज्ञान दे गए हैं, वह हमारा पारम्परिक ज्ञान-भंडार है। हमारी आज की सभ्यता उन्हीं पुराने अनुभवों पर आधारित है। ज्ञान यदि सत्य का आश्रय नहीं लेता तो उसका स्थायित्व नहीं रहता। महामानव ताओ, लाओत्से, कन्फ्यूसियस के दर्शन में सत्य है इसीलिए वे आज भी स्वीकृत और आराध्य हैं। एक और उदाहरण देता हूँ—वैशेषिक दर्शन भारत का एक विज्ञान-आधारित दर्शन है। वैशेषिक के ऋषि हैं कणाद (Rishi Kanad)। कणाद ऋषि के दो नाम और हैं—अनुलुक्य एवं काश्यप, जिनके नाम पर कैस्पियन-सागर है।

आज की जो एटॉमिक थ्योरी है व जिसे विज्ञानआधारित कहा जाता है, ऋषि कणाद पश्चिम की एटॉमिक थ्योरी से काफी पहले वह बात कह गए हैं। उन्होंने मन का जिस प्रकार सूक्ष्मता से विचार-विश्लेषण किया है, ठीक वैसे ही ब्रह्मांड सृष्टि के रहस्य (Creation of the Universe) को भी सूक्ष्म से सूक्ष्मतर, सूक्ष्मतम और उसके बाद असीम सूक्ष्म कहा है। एटम को जिस अवस्था से तोड़ा नहीं जा सकता उस अवस्था को उन्होंने सृष्टि के रहस्य की कुंजी कहा है।

आज ईस्वी संवत् दो हजार (2000 AD) के प्रारम्भिक काल में पश्चिम के एक वैज्ञानिक ने उसे नाम दिया है 'थ्योरी ऑफ बासान'। देखिए, सत्य सत्य है। वर्तमान और अतीत के हिसाब से उसे परखना हमारी अल्पबुद्धि का परिचय है। अब देखिए न, हमारे सिर के ऊपर हैं सूर्यदेव। वे तो सहस्त्रों करोड़ वर्ष पुराने हैं, किन्तु क्या इससे उनके तेज में कोई कमी आई? सत्य धर्म की कोई उम्र नहीं। चिर सत्य, चिर नवीन।

मैं थोड़ा रुका। हाथों में गिलास लिये एक लड़के ने मुझे पानी देकर पूछा— 'ठीक है या गरम कर दूँ?' 'नहीं-नहीं, ठीक है।'—कहकर मैंने गिलास हाथ में लिया। ठीक इसी समय मैंने लक्ष्य किया कि सब दूर की ओर देख रहे हैं। एक वरिष्ठ भिक्षु ने जल्दी से आगे आकर रिम्पोचे के कानों में कुछ कहा। उनकी नज़रों से किसी की उपस्थिति का भान हुआ। थोड़ी ही देर में बन्द गले का माओ कोट और पैंट पहने दो सज्जन हमारे बीच आए। मुस्कुराते हुए हाथ मिलाकर पता चला कि वे यहाँ के माननीय प्रिफेक्टर हैं। थोड़ी देर की नीरवता के बाद फिर प्रश्न शुरू हुआ। इस बार प्रश्न स्वयं अध्यक्ष की ओर से आया।

अत्यन्त संकोच के साथ उन्होंने प्रश्न किया : 'सुना है, एक समय था जब योगी-पुरुष बहुत-बहुत वर्षों तक जीवित रहने का कौशल जानते थे। आपकी क्या राय है?'

उत्तर : आप जैसा महान और ज्ञानी व्यक्ति मेरे जैसे एक क्षुद्र व्यक्ति से यह प्रश्न पूछ कर मुझमें अपराध-बोध क्यों जगा रहा है! यह प्रश्न तो मुझे करना चाहिए था क्योंकि मैं न तो योगी हूँ और न ही ज्ञानी।

प्रश्न : मैं तो केवल आपकी राय जानना चाहता हूँ, मतलब इस बारे में आप क्या सोचते हैं! भारत में तो ऐसे अनेक योगी-पुरुष हैं जिनकी आयु सौ वर्ष से अधिक है। है न?

उत्तर : भारत में, खासकर कुम्भ-मेला के समय अनेक साधुओं और योगी-पुरुषों को देखा है, जिनमें से बहुतों की आयु, सुना है कि एक सौ वर्ष से भी अधिक है। साधारणतः वे परमगुरु या साधना के उच्च मार्ग पर हैं। किस प्रकार की साधना या योग-कौशल से वे आयु को पकड़कर रखते हैं, यह मैं नहीं जानता किन्तु ऐसा वे ही कर सकते हैं जिन्होंने जीवन में दुख और क्लेश पर विजय पा ली हो। इस हिमालय के ऊँचे अंशों पर ऐसे अनेक जीव-जन्तु हैं जो बर्फबारी के समय या अत्यधिक शीत के कारण दिन-पर-दिन सोये रहते हैं। उनकी देह मृतदेह-सी भले ही लगे, वे मृत नहीं होते और ठीक समय पर वे फिर से जाग उठते हैं। सर्पादि को तो हमने अपनी आँखों से ही देखा है। गरमी के दिनों में फल और सब्जी को अधिक दिनों तक रखने के लिए शीतल करने के यंत्रों का इस्तेमाल होता है। आजकल वैज्ञानिकों ने एक नए उपाय का आविष्कार किया है। केला, सेब, सन्तरा इत्यादि फलों को एक प्रकार के गैसचैम्बर में घुसाकर फलों पर एक रासायनिक आवरण

की सृष्टि की जाती है ताकि फलों के ऊपरी भाग पर किसी प्रकार का दबाव या पीड़न (Stress) न आए। इस पीड़न के अभाव में फल अधिक दिनों तक ताजा रहते हैं। मैं यह उदाहरण इसलिए दे रहा हूँ, क्योंकि उद्भिज्जों में भी प्राण होते हैं। वे भी हमारी ही तरह संवेदनशील (Sensitive) होते हैं—यह बात भारतीय वैज्ञानिक आचार्य जगदीशचन्द्र बसु कह गए हैं। निश्चय ही आप लोगों ने उनका नाम सुना होगा। भगवान बुद्ध ने भी कहा है कि जीवन में अनासक्ति और बन्धनमुक्त अवस्था लाने से दीर्घ जीवन लाभ कर पाना सम्भव है।

योग चित्त की समस्त वृत्तियों के निरोध का कौशल है। कर्म के कौशल को योग कहते हैं। ध्यान के माध्यम से अथवा श्वास-प्रश्वास की यौगिक क्रिया से देह के अन्दर जो सजीव कोष हैं, उनके रासायनिक परिवर्तन (Metabolism) को स्तब्ध किया जा सकता है। कुंडलिनी योग के माध्यम से मन को सम्पूर्णत: स्थिर कर पाना सम्भव है। देह और मन जब निद्रा, स्वप्न व जाग्रत्, इन तीन अवस्थाओं को पार कर एक स्थिर, अचंचल अवस्था में (restfull awareness) विराजते हैं तो देह होते हुए भी उसकी कोई अनुभूति नहीं होती। देह-कोष स्थिर, स्तब्ध और पीड़नशून्य (Stress-less) होते हैं।

इस अवस्था में देह को जितने दिन भी चाहें, रखा जा सकता है। प्रत्येक क्षण देह-कोष में जो क्षय होता है, उसे यदि किसी कौशल से रोका जा सके तो दीर्घायु सम्भव है।

मैं रुका। दोनों दुभाषियों की योग्यता और धैर्य की प्रशंसा करते हुए मैंने उन्हें हार्दिक धन्यवाद दिया। इसके बाद हम भोजन-कक्ष में चले आए जहाँ चाय, गरम दूध और आलू तथा कॉफी की सुस्वादु व्यवस्था थी। मैनेजर मौका मिलते ही हमारे पास आकर बैठ गए। भोजन-कक्ष में कोई बात नहीं होती। केवल मुस्कुराकर मैंने सभी को शुभकामना दी। बाद में बगल के कमरे में आकर बैठते ही रिम्पोचे ने मुझे सूचित किया कि मेरा प्रश्नोत्तर उन लोगों को अच्छा ही लगा। मैं प्रिफेक्टर को टाले जा रहा था परन्तु सम्भव न हुआ, वे स्वयं मेरे पास चले आए और कुर्सी खींचकर बैठते हुए बोले—

—सुना है, आप भारत से आए हैं?

उनकी बात सुनकर मैंने जवाब दिया—मैं आया तो फ्रांस से हूँ पर आप मुझे प्रवासी भारतीय कह सकते हैं।

—सही बात है, सुना है कि आप विश्व-पर्यटक हैं। मैंने पहली बार किसी भारतीय विश्व-पर्यटक को देखा है। तिब्बत में तो आप देख ही रहे हैं कि यूरोपीय और अमेरिकी पर्यटक काफी हैं, पर भारतीय कम हैं।

मैंने सहमत होते हुए कहा—आपने ठीक कहा। काठमांडू-ल्हासा की प्रतिदिन नियमित फ्लाइट है, किन्तु दिल्ली-ल्हासा की फ्लाइट नहीं है। दिल्ली-बीजिंग की

नियमित फ्लाइट है। विगत कुछ वर्षों से कैलासनाथ और मानसरोवर के भारतीय तीर्थयात्रियों की संख्या बढ़ती जा रही है। दुख का विषय यह है कि भारत और चीन सरकार के संयुक्त सहयोग से मात्र हजार एक तीर्थयात्री आते हैं, बाकी जो हैं वो नेपाल होते हुए आते हैं। यह संख्या हजार तक सीमित न रख यदि कम से कम दो लाख हो तो अच्छा हो। तब नेपाल होते हुए तिब्बत न आना पड़ता।

—जी, आपने सही कहा। मैं आपकी बात नोट करके रखता हूँ।—ऐसा कहकर उन्होंने पास ही खड़े अपने अनुचर को लिखकर रखने का निर्देश दिया।

प्रश्न : पर्यटक के रूप में तिब्बत के बारे में सामान्य कुछ वाक्यों में यदि अपनी राय बताएँ तो मुझे ख़ुशी होगी।

उत्तर : तिब्बत का जो विशाल परिवर्तन है, उस ओर हर पर्यटक की दृष्टि जाएगी। ल्हासा पर मूल चीन देश का विशाल प्रभाव है। रेस्तराँ, दुकान इत्यादि व सामग्री की विशाल आमद है। सबसे अच्छे लगते हैं तिब्बत के विभिन्न ग्रामीण इलाके, जोखांग वेशभूषा और तिब्बतियों के साथ पर्यटकों का मेल-मिलाप। मेरा दृढ़ विश्वास है कि और कुछ वर्षों पश्चात् जब तिब्बतियों में नए युवक-युवतियाँ अंग्रेजी भाषा में दक्ष हो जाएँगे तो तिब्बत की शिल्प परम्परा विदेशियों के समक्ष उजागर होगी और सम्पर्क और घनिष्ठ होगा। बौद्धतांत्रिक तिब्बत की अमूल्य सम्पदा है वह पुराना धर्म जिसकी खोज में अधिसंख्य विदेशी अध्यात्मसन्धानी अभी भी यहाँ आते हैं। आप लोगों के तो पर्याप्त मठ-मन्दिर हैं, स्थान की कोई कमी नहीं है। मेरा विश्वास है कि अभी भी तिब्बत में पर्याप्त संख्या में ज्ञानी व्यक्ति हैं, सभी तो बाहर नहीं चले गए—मुझे लगता है कि विरासत की रक्षा (Conservation of Tibetan Heritage) के लिए बीच-बीच में उन्हें लेकर परिचर्चा या मिलन-सभाओं की व्यवस्था की जाए तो अच्छा हो।

परिव्राजक के लिहाज से तिब्बत और चीन का अधिकारी वर्ग एक रहस्य है। सांस्कृतिक आन्दोलन के नाम पर अनेक मठ-चैत्य ध्वंस स्तूपों में परिणत हुए हैं। नए सिरे से मरम्मत के बाद उन्होंने फिर से अतीत को सजाकर पेश किया है। दो वर्ष पूर्व 2005 में जब मेकाग नदी के उद्गम की खोज में मैं चेंग्दू से होकर उस अंचल में घूम-फिर रहा था, उस समय मैंने एक नए तथ्य की खोज की।

प्राय: 5000 मीटर (16400 फीट) ऊँचा चोला पहाड़ पार करते ही सामने पड़ी विशाल नदी-उपत्यका और पास ही लाल रंग के कीड़ों के समान किलबिल करते हज़ारों पदार्थ...जैसे-जैसे उनके नज़दीक पहुँचता गया, वैसे-वैसे हैरानी भी बढ़ती गई। नहीं, वे कीड़े नहीं थे, वे तो हजारों-हजार संन्यासिनें थीं। अपनी आँखों से न देखता तो विश्वास ही नहीं होता कि तिब्बत में इतना बड़ा मठ भी है। याचेन (Yachen) का यह आश्रम अपने आप में अविश्वसनीय है।

नीइंग्मापा सम्प्रदाय के इस आश्रम के मठाध्यक्ष एवं प्रतिष्ठाता गुरु गीयालत्सेन आचुक (Guru Gyaltsen Achuk) ने मुझे सादर अपने पास बिठाकर धर्म की बातें सुनाई थीं। मैं भाग्यवान हूँ। मैं जानता हूँ कि पर्यटकों के जाने से मठ के शान्तिपूर्ण वातावरण पर व्यावसायिकता का स्पर्श होगा किन्तु लोगों की जानकारी के लिए बौद्ध धर्म व तंत्र अभी तक समूल ध्वंस नहीं हुए।

प्रश्न : सचमुच आश्चर्य है! आप वहाँ गए थे। वहाँ जाना अत्यन्त कष्टकर है। आप कैसे गए?

उत्तर : चेंग्दू एयरपोर्ट से चेंग्दू शहर। वहाँ से चार-चार गाड़ी और गाइड लेना होगा। रास्ता दुर्गम और बहुत ही खराब है। चेंग्दू से चार दिन बाद चोला पहाड़ के ऊपर एक सुन्दर पहाड़ी गाँव है कारज़े (Kartze), वहाँ से प्राय: 5000 मीटर ऊँचाई चढ़ने में और दो दिन। पार करते ही नीचे नजर आएगी याचेन उपत्यका। वहीं नजर आएगा विशाल इलाके में फैला व नदी के किनारे निर्मित टुल्कू आचुक रिम्पोचे का आश्रम। बिना देखे कोई भी विश्वास नहीं करेगा कि इस मठ में महिलाओं की संख्या प्राय: छह हजार और पुरुषों की संख्या प्राय: दो हजार है और वे सभी संन्यासिनें व संन्यासी हैं।

मुझे नहीं मालूम कि मुझे जाँचने के लिए उन्होंने जाने के रास्ते के बारे में पूछा था या कि वे सचमुच उत्साहित थे। मुझसे बात करने के पश्चात् उन लोगों ने आपस में चर्चा की फिर मुस्कुराते हुए रिम्पोचे ने बताया—

—कल से आपको स्वच्छन्द रूप से गीयान्त्से, शिगात्से व वन्गारी तथा पश्चिम तिब्बत के कैलासनाथ और मानसरोवर तक विभिन्न मठों, चैत्यों और मोनेस्ट्री में स्वाधीन भ्रमण की अनुमति दी जाती है पर चूँकि आप चीनी और तिब्बती भाषा नहीं जानते इसलिए आपको सरकार द्वारा अनुमोदित कोई गाइड लेना होगा। टूरिस्ट के रूप में गाइड समेत सारा खर्च आपका होगा। हमने तो केवल 'नो ऑब्जेक्शन' दिया है।

यह अत्यधिक आनन्ददायक समाचार था। मैंने भूमिष्ठ होकर रिम्पोचे को कृतज्ञतापूर्वक प्रणाम किया।

मठ में घंटा बजा। अब उनका कार्यक्रम शुरू होगा। सभी को हार्दिक धन्यवाद देकर मैंने मैनेजर की ओर देखा—'चलिए, अब होटल लौट चला जाए।'

होटल में प्रवेश करते ही मैनेजर ने अपने कमरे में बुलाया और फिर मेरे दोनों हाथ थामकर बोले—'यकीन मानिए, आपके लिए मैं अत्यधिक गर्वित हूँ। इतने बड़े पंडित व्यक्ति होकर भी आप कुछ कह नहीं रहे—पता है, वे सब कह रहे थे कि आप बड़े धार्मिक व पंडित हैं।'

मैंने सुना और मैनेजर से कहा—'मैं पंडित नहीं हूँ और धार्मिक भी नहीं हूँ। दरअसल आप लोग धार्मिक हैं इसीलिए मेरे जैसे सामान्य मुसाफिर को धार्मिक बना लिया।'

बातों-बातों में मैनेजर ने हाँक लगाई। एक लड़के के आते ही उन्होंने चाय का ऑर्डर दिया। उस दिन रात्रिभोज भी मैंने मैनेजर के साथ ही किया।

फिर से ज्ञानगंज

मुझे तिब्बत में आए हुए आज ग्यारह दिन हो गए। सारे दिन का कार्यक्रम सुबह ही लिखकर रख लेता हूँ, इससे अनुसरण करने में सुविधा होती है। ज्ञानगंज से यहाँ 'स्टडी टूर' के परमीशन के लिए आया हूँ। मेरे पीछे निश्चय ही कोई है जो सजग दृष्टि से मुझे चला रहा है। शिगात्से जैसी पुण्यभूमि में आकर वहाँ के मठाध्यक्ष, जो महान पंचेन लामा की अनुपस्थिति में उन्हीं के आसन पर बैठकर उनका प्रतिनिधित्व कर रहे हैं, उन्होंने मेरे जैसे एक साधारण परिव्राजक को कैसे बुलाकर पास बैठाया, यह समझ से बाहर है। इस प्रकार की घटना आज कोई नई नहीं हुई है। मेरी क्षुद्र बुद्धि से जब भी लक्ष्य तक पहुँचने में असुविधा होती है, तब मैं सम्पूर्ण अनासक्त भाव से स्वयं को माँ के हाथों सौंप देता हूँ। मेरी विद्या, बुद्धि, ज्ञान, अहंकार जब तक कहते हैं कि मैं कर लूँगा; मैं चालाक हूँ; मेरी समस्या है; मेरा समाधान है, तब तक वह अदृश्य शक्ति मुझे स्वाधीन भाव से चलने-फिरने देती है। परन्तु उसके बाद जब सामने पहाड़-सी दीवार, भयावह खाई या कोई हिंस्र जन्तु पीछा करता है, जब युद्ध करने के सारे हथियार हाथों से बाहर होते हैं, उस वक्त अभय मुद्रा लिये उनका आगमन होता है, प्रेरणाशक्ति लिये उनका मन में प्रवेश होता है—और फिर कुछ देर पहले तक मन को जो असम्भव लगता था, वह सम्भव हो जाता है। यह आभास मुझे ताशिलुम्पो के शाक्य मन्दिर में प्रवेश के वक्त हुआ था। उस वक्त समझ नहीं पाया, अब समझा हूँ।

सुबह 9 बजे उनसिंग का आगमन हुआ। पीले रंग का ढीला-ढाला स्वेटर, पाजामे पर संन्यासी घेर, सिर पर कान ढकती हुई लाल ऊनी टोपी। कागीउपा एवं बौद्ध तांत्रिक इसी प्रकार की पोशाक पहनते हैं। ताशिलुम्पो के शाक्यमुनि के स्वर्ण-मन्दिर में जो दो संन्यासी गए थे उन्हीं में से एक है उनसिंग। चेहरे पर मुस्कुराहट लिये अपनी भीतरी जेब से किसी अमूल्य दस्तावेज के समान मोड़ा हुआ एक कागज निकालकर बोला—

—यह देखिए, परमीशन आ गया है।—उसने मुझे दिखाया पर मेरी समझ में कुछ नहीं आया क्योंकि वह चीनी भाषा में था। नीचे की सील-मोहर और दो हस्ताक्षर दिखाकर उसने कहा—

—यह देखिए, हमारे महामान्य प्रिफेक्टर (Prefecture) के हस्ताक्षर और मोहर। और बाईं ओर के हस्ताक्षर पूज्य रिम्पोचे के हैं।

उनसिंग ने मुझे दिखाया, मुझे दिया नहीं, यहाँ तक कि फोटो-कॉपी का भी

अधिकार नहीं। यह अनुमति-पत्र उनसिंग के पास ही रहेगा और जब हमारा टूर समाप्त हो जाएगा तो शिगात्से के अधिकारियों को यह लौटा देना होगा।

बातों ही बातों में उनसिंग ने अपना परिचय दिया। ल्हासा का बाशिन्दा है। धर्म और कला विषय लेकर ड्राट्सेंग (Dratsang) से पास करने के बाद अब कांग्त्सेन (Kangtsan) में पढ़ाई कर रहा है। जहाँ तक मैं समझा वह ड्राट्सेंग कॉलेज समाप्त कर कांग्त्सेन युनिवर्सिटी में पढ़ाई कर रहा है। विदेशी भाषा के रूप में अंग्रेजी ली है। मेधावी छात्र है इसीलिए अध्यक्ष का स्नेहभाजन है। बातचीत के बीच में मैनेजर साहब आए और वार्तालाप में शामिल हो गए। जब उन्हें पता चला कि हमारे स्टडी टूर का परमीशन आ गया है तो वे बार-बार मुझे वाहवाही देने लगे। उनसिंग अपने साथ कोई नक्शा (Map) नहीं लाया था, उसे लगा ही नहीं कि नक्शे की जरूरत भी हो सकती है। मैनेजर ने कहा—'हम नक्शा लेकर नहीं चलते क्योंकि यह देश और यहाँ के रास्ते, सब हमारे जाने-पहचाने हैं। और यदि कभी आवश्यकता हुई तो हम पूछ लेते हैं।'

चिन्ता का कोई कारण नहीं था, तिब्बत का एक टूरिस्ट मैप मेरे पास था, उसी को टेबल पर रखकर हमारी भ्रमण-सूची तय हुई। तिब्बत में आने के बाद दस दिन लग गए। आज ग्यारहवें दिन शुभ लग्न में मेरे रक्षाकर्ता उस अदृश्य योगी-पुरुष का सन्धान शुरू हुआ।

थोड़ी सी देर में नक्शा देखकर मैंने तय किया—

1. ज्ञानगंज लौट जाऊँगा, वहाँ 'माँ' के मन्दिर में 'माँ' के दर्शन कर पता लगाना होगा कि गुरुस्थान और गुप्त ध्यानक्षेत्र कहाँ है।

2. इसके बाद उस नदी की खोज में जाऊँगा जहाँ उस भयंकर रात में योगीगुरु ने मेरी रक्षा की थी। तांत्रिक संन्यासी ने बताया है कि नदी शिगात्से से ल्हासा के रास्ते में पड़ेगी।

फिलहाल तीन दिनों की भ्रमण-सूची है।

भ्रमण-सूची तैयार करते समय बार-बार सोनम की याद आई। उसने मुझे सावधान कर दिया था कि किसी जगह, यहाँ तक कि मठ में घुसते समय भी, हर समय मोलभाव करना न भूलें, यह हमारा नियम है।

मैनेजर ने आज छोड़ा नहीं। उन्होंने मुझसे एक रात रुकने के लिए अनुरोध किया और इसके लिए वे एक पैसा भी नहीं लेंगे। मेरे कारण उन्हें महान पंचेन लामा के प्रतिनिधि का सान्निध्य प्राप्त हुआ था—यह एक अमूल्य उपहार था। तय हुआ कि अगले दिन हम सुबह 8 बजे के करीब शिगात्से की मिनीबस पकड़ेंगे। मुझे और उनसिंग को लेने बस होटल में ही आएगी। मैं उनसिंग के साथ निकल पड़ा रिम्पोचे के प्रति कृतज्ञता और धन्यवाद ज्ञापन के लिए।

ताशिलुम्पो में देखने लायक काफी कुछ है। शिक्षामूलक व गवेषणा की विषयवस्तुओं की भी कमी नहीं है। इसीलिए चलते-चलते उनसिंग ने बार-बार

कहा कि यदि मेरी इच्छा हो तो ताशिलुम्पो की अतिथिशाला में रहने की व्यवस्था के लिए रिम्पोचे से अनुरोध किया जा सकता है। मुझे लिखने-पढ़ने की भी सुविधा होगी क्योंकि प्रचुर मात्रा में प्राचीन ग्रन्थों से चार-पाँच सभागार भरे हैं। उसके प्रस्ताव के लिए धन्यवाद देकर मैंने कहा कि इस बार यह सम्भव नहीं, हाँ, भविष्य में हो सकता है फिर आना पड़े, तब देखा जाएगा। परन्तु सब कुछ उन पर निर्भर करता है, यह कहकर मैंने ऊपर आसमान की ओर उँगली दिखाई। ताशिलुम्पो के मूल दफ्तर में पहुँचते ही पता चला कि अध्यक्ष एक जरूरी सभा में व्यस्त हैं। खैर, अच्छा ही हुआ। कृतज्ञता और धन्यवाद ज्ञापन का दायित्व उनसिंग के ऊपर छोड़कर मैं मठ से निकल पड़ा। शिगात्से अभी एक विकासमान शहर है। चारों ओर रास्तों और बाजारों की आबहवा में शिगात्से को चायना-टाउन कहा जा सकता है। रास्ते में अचानक एक सज्जन ने हाथ उठाकर नमस्कार करते हुए कहा— 'नमस्कार पंडितजी।'

मैं अवाक् रह गया। उन सज्जन के सिर की टोपी देखकर लगा कि वे नेपाली हैं। मैं रुका और प्रत्युत्तर में मैंने भी उन्हें नमस्कार किया। परिचय होने पर पता चला कि वे रास्ते के किनारे के रेस्तराँ के मालिक और एवरेस्ट बेस-कैम्प के गाइड हैं। मुझे दो-तीन बार देखा है पर साथ में लोगों के रहने के कारण साहस कर आगे नहीं आ पाए। घर काठमांडू में है पर नौकरी और व्यवसाय शिगात्से में। नेपाली और अंग्रेजी भाषा की अद्भुत खिचड़ी भाषा में हमारा वार्तालाप जम उठा। मुझे लेकर वे अपने रेस्तराँ में गए। एक महिला ने आकर मुझे प्रणाम किया।

—ये मेरी पत्नी है। क्या लेंगे, बताइए—चाय, चैंग, कॉफी, दूध, बढ़िया बियर है। बिस्कुट, केक, ऑमलेट...

उन्हें बीच में ही टोकते हुए मैंने कहा—'सिर्फ चाय, बिना दूध के। चीनी दे सकते हैं।'

देखकर ही लगा कि वे बहुत प्रसन्न हुए हैं। उनके दो बेटे और एक बेटी काठमांडू में पढ़ाई कर रहे हैं। चाचा के घर में रहते हैं। वे शेरपा हैं।

—आप मुझे पंडित क्यों कह रहे हैं?—मेरी बात सुन वे हँसी से लोट-पोट हो गए।

—मेरे पिताजी का कहना है कि हर हिन्दुस्तानी पंडित है।

—अच्छा, अच्छा!

—कहाँ ठहरे हैं?—पूछते ही जवाब में मैंने कहा—शिगात्से होटल में।

सुनते ही वे हाय-हाय कर उठे और बोले—वहाँ तो बड़ा खर्चा है, और वह तो नया शिगात्से का इलाका है।

मैंने खुलकर बताया कि सारी व्यवस्था टूर ऑपरेटर ने की है। किसी प्रकार की कोई असुविधा न हो इसीलिए मैंने सरकारी माध्यम चुना।

—अच्छा किया, अच्छा किया। आप पंडित व्यक्ति हैं।—चाय-पान के समय और भी आन्तरिकता के सुर में उन्होंने बताया कि उनका नाम रामू और उनकी पत्नी का नाम है लामू। शिगात्से शहर में अनेक शेरपा हैं। चीन के साथ नेपाल के सम्बन्ध अच्छे हैं। रामू के पिता व चाचा, दानों भाई नामचे बाजार के शेरपा हैं। एवरेस्ट की चोटी तक तो चढ़ाई नहीं की पर साहबों का सामान लेकर अन्तिम शिविर तक गए हैं। मैं समझ गया कि ये सभी उच्चभूमि के शेरपा हैं। दो और नेपाली मित्र आकर हमारे साथ बैठ गए। आपस में वे शेरपा-भाषा में बातें करने लगे। मेरी ओर देखकर एक ने पूछा—आप टूरिस्ट है? पर कैसे टूरिस्ट हैं, पीठ पर बैग-बस्ता नहीं, हाथों में कैमरा नहीं, कमर में रुपयों और टिकट की थैली भी नहीं...

रामू ने उन्हें बीच में टोकते हुए कहा—'नहीं, ये टूरिस्ट नहीं पंडित हैं। मैंने देखा है, ताशिलुम्पो के लामा लोग इन्हें पहचानते हैं।'

अन्त में रामू और उनके मित्रों ने अच्छा सुझाव दिया—'यहाँ समय नष्ट न कर पुराने शिगात्से में चले जाइए, वह विशुद्ध तिब्बती इलाका है। सबसे अच्छा तो यह है कि यहाँ से चार-चार (गाड़ी) पकड़कर सीधे तेनज़िंग होटल में चले जाइए। वहाँ दोपहर का लंच बहुत बढ़िया होता है। इंडियन मेनू भी मिलता है, मालिक खुद भी नेपाली है।' इतना कहकर रामू ने कहा—

—चलिए, मैं भी चलता हूँ, मुझे वे पहचानते हैं। एवरेस्ट अभियान के कई दल वहीं ठहरते हैं। वहाँ का तिब्बती वातावरण देखने लायक है।

बिल चुकाकर हम निकल पड़े।

चार-चार से दस मिनट भी नहीं लगे। सुन्दर विकासमान होटल को देखकर मैं हैरान रह गया। कल शिगात्से होटल के मैनेजर के साथ यहाँ के नजदीक सम्पूर्ण शिगात्से का एक सुन्दर दृश्य देखने आया था। रेस्तराँ बहुत तड़क-भड़क वाला था, विशुद्ध तिब्बती परिवेश था। बाजार में माला हाथों में लिये धार्मिकों का आवागमन, सुन्दरियों के हँसमुख चेहरे और बालों की बहार, अत्यधिक हस्तशिल्प और काँच के मोतियों से कढ़ी पोशाकें, बच्चों की किलकारियाँ और सबसे अच्छी लगती हैं भरपूर पुरानी सामग्रियों से भरी यहाँ की दुकानें। काफी देर घूम-फिरकर मैं रेस्तराँ में लौट आया। रामू से रुकने को कहा था और कहा था—हम साथ ही भोजन करेंगे। यह जगह और यहाँ का वातावरण इतना अच्छा लगा कि रिसेप्शन में मैंने कह ही दिया कि अगली बार आऊँगा तो यहीं ठहरूँगा। भोजन में मैंने चावल-दाल-सब्जी और तले हुए आलू का ऑर्डर दिया। रामू ने ऑर्डर दिया—चपाती और लैम्ब-करी।

भोजन के पश्चात् मैंने रामू को जाने दिया और स्वयं तिब्बती बाजार में रुक गया। लौटने में कोई असुविधा नहीं होगी क्योंकि होटल के स्टैंड से चार-चार गाड़ी मिलेगी।

12वाँ दिन

फिर से ज्ञानगंज के रास्ते पर था।

सुबह साढ़े आठ बजे हमने शिगात्से छोड़ा। दृश्य अत्यन्त सुन्दर था। जाते समय इतने ध्यान से नहीं देखा था। लौटने के रास्ते ऐसा लग रहा है जैसे हाथों में पर्याप्त समय हो। दूर हिमालय के उस पार ही नाथू-ला होते हुए गंगटोक है। पहले सिक्किम स्वाधीन था, अब भारत का अन्यतम प्रदेश है। चार-चार (गाड़ी) में सामने की सीट पर हम तीन जन हैं और पीछे की सीट पर और दो तिब्बती व्यक्ति थे। अफसोस यह कि भाषा के अभाव से उनसे बातचीत नहीं कर पा रहा था, अन्यथा जानने को तो बहुत कुछ था।

बड़ा अच्छा लग रहा था। न तो गाड़ी की घरघराहट की आवाज़ हो रही थी और न ही पीछे बैठे व्यक्ति कुछ बोल रहे थे, वे तो नि:शब्द बाहरी दृश्यों का उपभोग कर रहे थे। प्राय: एक घंटे के बाद हम स्वयं को हल्का करने के लिए और चाय-बिस्कुट के लिए रुके। ड्राइवर ने बताया कि और एक घंटे में हम गीयान्त्से पहुँच जाएँगे। हमें छोड़कर ड्राइवर बस-स्टैंड जाएगा जहाँ उसे लौटनेवाले पैसेंजर मिलेंगे।

मैंने उनसिंग से कहा कि गीयान्त्से होटल बहुत बढ़िया है। हम वहीं ठहरेंगे। मेरी बात सुनकर वह बोला—'आप वहाँ ठहरें, मैं तो मठ में ठहरूँगा। एक तो जाना-पहचाना परिवेश है, दूसरे वहाँ ठहरने का मेरा कोई पैसा नहीं लगेगा। खाना-पीना वहीं करूँगा और बाकी सुबह से शाम तक आपके साथ रहूँगा।'

उसके प्रस्ताव से मुझे और अधिक ख़ुशी हुई क्योंकि इस प्रकार मेरी स्वाधीनता कुछ अधिक बरकरार रहेगी। मुझे और भी आश्चर्य उस समय हुआ जब उसने कहा कि एक गाइड की दैनिक माँग मात्र आठ युआन यानी एक डॉलर से थोड़ा कम या ज्यादा। सोनम की तुलना में तो यह बहुत सस्ता था। हाँ, पर योग्यता की परख अभी तक नहीं हुई थी। हम सभी ने चाय-चैंग-कॉफी पीकर फिर से रास्ता पकड़ा। ड्राइवर तिब्बती सवारियों में ही व्यस्त था। तिब्बती चाय की दुकानें विदेशी टूरिस्टों से आधे से भी कम दाम ले रही थीं, काफी सस्ती थीं। मुझे इससे बड़ी सुविधा हुई। मैंने सभी को चाय पिलाई। मेरे तिब्बती सहयात्री इससे इतना ख़ुश हुए कि शब्दों में बयान नहीं किया जा सकता। मैं समझ गया कि चाहे जितने भी सांस्कृतिक आन्दोलन क्यों न हो जाएँ, आम तिब्बती पहले जैसा सहज व सरल मन वाला है।

13वाँ दिन

अपने होशोहवास में आज पहली बार ज्ञानगंज में मैं पूरी आज़ादी से चल-फिर रहा हूँ। आज सभी अपने से लग रहे हैं, जिसे भी देख रहा हूँ, चेहरा जाना-पहचाना-सा

लग रहा है। पेल्कर छो के माँ तारा मन्दिर में आते ही उस दिन वाले परिचित चौकीदार ने देखते ही मुझे पहचान लिया। मुझे इशारों में रुकने को कह वह कम्बल समेत दौड़ गया। माँ का मुख-स्मरण करते हुए उन्हें पुकारा और केवल इतना कहा—'तुम ही चलाओ मुझे अपनी राह पर।' चौकीदार चेहरे पर मुस्कुराहट लिये लौट आया और बड़ी-सी चाबी दिखाते हुए दरवाज़ा खोल दिया। भीतर प्रवेश कर उसने घी के दो दीये जलाकर मेरे हाथ में रखे और जहाँ तक मैं समझा, उसने वैसे ही और दीये जलाने को कहा। तीन दीये और जलाकर मैंने पंच प्रदीप माँ को उत्सर्ग किया और मन की सम्पूर्ण श्रद्धा उड़ेल दी—

त्वमेव माता च पिता त्वमेव, त्वमेव बन्धुश्च सखा त्वमेव।
त्वमेव विद्या द्रविणं त्वमेव, त्वमेव सर्वं मम देव देव॥
कयेन वाच मनमेन्द्रियर्वा बुद्धात्मानवा प्रकृतिर्स्वभावत्।
करोमि यत् यत् सकालं परस्मै नारायणं इति समर्पयामि॥

उसी मंत्र से मैंने शाक्यमुनि की आरती की, फिर आसन पर बैठा। सारा शरीर एक अद्‌भुत आनन्द से भर उठा। दरअसल मेरे लिए स्वयं को नियंत्रण में रख पाना मुश्किल हो गया। आसन पर बैठा हूँ किन्तु लग रहा है जैसे शरीर हवा से भी हल्का होकर ऊपर उठा जा रहा है...इसके बाद की मनोदशा का कुछ ध्यान नहीं...

काफी देर बाद मैं स्वाभाविक अवस्था में लौट आया। पचास वर्षों पूर्व ठीक इसी स्थान पर बैठा था मैं, यहीं सीखा था मंत्र। उन महामान्य खेम्पोजी की बात अत्यन्त स्पष्ट रूप से आँखों के सामने उभर आई है—गम्भीर, सहानुभूतिपूर्ण एक महापुरुष। अतीत इतने स्पष्ट रूप से हृदयपटल पर उभर आया है कि लगता है यही वर्तमान है। बाहर निकलते ही उनके दर्शन होंगे। मैं उठा, प्रणाम कर बाहर आते ही देखता हूँ कि उनसिंग, पी. आर. ओ. और मठाध्यक्ष खड़े हैं। हमने परस्पर नमस्कार का आदान-प्रदान किया।

उनसिंग ने सभी को बता दिया है कि स्टडी-टूर का परमीशन आ गया है और शिगात्से के सभी कर्ताधर्ताओं ने, अर्थात् धर्मनेताओं और सरकार ने, मेरी प्रशंसा की है। सभी ने मेरा स्वागत किया। पी. आर. ओ. ने अचानक मुझसे प्रश्न किया—माँ तारा का मन्दिर क्यों कहते हैं, वह तो शाक्य मन्दिर है?

जवाब में मैंने कहा—भीतर शाक्यमूर्ति ही प्रधान है, यह आपने सही कहा, किन्तु द्रोल्माला या माँ तारा की मूर्ति भी है। छोटी होते हुए भी मेरे लिए वह बहुत बड़ी है।

वह चुप हो गए। मठाध्यक्ष ने स्वीकार किया कि सांस्कृतिक आन्दोलन के समय मन्दिर की अनेक मूर्तियों को इधर-उधर हटाया गया है। किन्तु जो मूर्तियाँ धातु की थीं, वे जमीन के साथ अटकी हुई थीं; आन्दोलन के समय या तो वे नष्ट हो गईं या जहाँ थीं वहीं हैं।

अब उनसिंग ने प्रश्न किया। उसकी जिज्ञासा यह थी कि मुझे तिब्बती भाषा तो आती नहीं फिर भी चौकीदार को मैंने किस प्रकार समझाया कि उसने मन्दिर का द्वार खोल दिया। मैंने कहा कि मुझे उसे समझाने की जरूरत ही नहीं पड़ी, उसने स्वतः ही द्वार खोल दिए। मेरी बात सुनकर मठाध्यक्ष ने हँसते हुए कहा—उसकी बात मैं खुलासा कर बताता हूँ। यह कहकर उन्होंने एक चमत्कारिक कहानी सुनाई जो इस प्रकार है—

चौकीदार बहुत पुराना एक विश्वस्त ग्रामीण है। इस मठ में रात के तीन चौकीदार हैं। रात के चौकीदार में शिक्षा या अन्य किसी गुण की दरकार नहीं। यह जो चौकीदार है, भूतों में विश्वास करता है और मन्दिर की जो चहारदीवारी है उसके पास ही श्मशान है। श्मशान की सुविधा यह है कि यह मुख्य द्वार के सामने है और पास में ही छात्रावास है, लिहाजा भरोसा है। और इस मन्दिर में एक बन्द बरामदा है। भोर के समय ठंड कुछ कम होती है और यह मन्दिर उस चौकीदार का रैन-बसेरा है। कुछ भी हो जाए, वह इससे आगे नहीं जाएगा। बड़ा सच्चा और सरल आदमी है, इसलिए हम लोगों ने स्वीकार कर लिया और हम उसे कुछ नहीं कहते। एक बाहरी व्यक्ति भोर के समय मन्दिर में आता है तो स्वाभाविक है कि वह मन्दिर में धूप-दीप जलाने आया होगा, इसीलिए उसने द्वार खोल दिए। उसने अच्छे कर्म किए हैं और आप ख़ुशक़िस्मत हैं क्योंकि मेरी जगह कोई और होता तो उसे जवाबदेही देनी पड़ती।

कहानी का अन्त हुआ तो मैं होटल की ओर हो लिया। उनसिंग करीब 10 बजे आएगा।

होटल लौटने के रास्ते उस भिखारी से भेंट हो गई जो रास्ते में दिखा था। वह अभी आया ही था। रास्ते के किनारे बिचाली के ऊपर बस्ता रखकर गद्दी बना रहा था। मुझे देखते ही बड़े अपनत्व की हँसी हँसते हुए उसने जीभ निकालकर प्रणाम किया। मैंने उसे इशारे से समझा दिया कि अभी जा रहा हूँ, फिर आऊँगा।

होटल में प्रवेश करते ही रिसेप्शनिस्ट ने पूछा—

आप नाश्ता कमरे में करेंगे या कैंटीन में?

—मैं कैंटीन में ही आता हूँ।

कमरे में बैठकर थोड़ी देर शान्त मन से सारे दिन के कार्यक्रम के बारे में सोचने लगा। ज्ञानगंज के ज्ञानी पुरुषों के दर्शन कैसे सम्भव होंगे। कुमबुम और पेल्कर छो में भिक्षुओं व संन्यासियों की कोई कमी नहीं, किन्तु वातावरण यांत्रिक सा है। सभी अपना-अपना काम किए जा रहे हैं किन्तु एक रूटीन की तरह—चलना है तो चल रहे हैं, बैठना है तो बैठ रहे हैं, पढ़ना है इसलिए पढ़ रहे हैं। लगाव और भक्ति की कमी है।

मेरा प्रश्न यह है कि जिन्हें देखने का वचन मैंने मन को दिया था, वे कहाँ हैं? कहाँ मिलेंगे वे? काफी देर नीरवता में बिताकर मैंने कमरे का त्याग किया।

उनसिंग आया और चाय पीने के लिए मेरे साथ कैंटीन में बैठा। कल की ही तरह आज भी वह उज्ज्वल पीतवर्ण की तांत्रिक-पोशाक में था, कमी थी तो बस जटा और दाढ़ी की। उसने खुलासा करते हुए मुझे बताया कि तिब्बत के मठवासी तांत्रिक जटा और दाढ़ी नहीं रखते।...बहरहाल, हम निकल पड़े।

पेल्कर छो का नाम लेते ही उसने मुझे सुधारते हुए कहा—वह पेल्कर-चोदे है, हमारे कागजों में अंग्रेजी में लिखा हुआ भी है Pelkar Chode, किन्तु स्थानीय लोग इसका उच्चारण करते हैं 'छॅ'। ठीक है, मान लिया। मुझे अच्छी बात यह लगी कि इस नाम को चीनी भाषा में रूपान्तरित नहीं किया गया। रास्ते का नाम भी पहले नाम पर ही है अर्थात् पेल्कर रोड। 'हम पैदल ही यहाँ के वातावरण का आनन्द लेना चाहते हैं,'—मैंने कहा तो उनसिंग ने हँसकर जवाब दिया—'जैसी मर्जी।'—उसने मुझे एक नया नाम दिया पंडित और उसके साथ 'सर' जोड़ते हुए—'पंडित सर'। हमारी दाईं ओर था गीयान्त्से-जोंग या पुराना दुर्ग। दुर्ग में जाने के प्रधान तोरण को पर्यटकों के आकर्षण के लिए नए सिरे से रँग दिया गया है। इस दुर्ग का प्रधान आकर्षण है भीतर स्थित अजायबघर। अंग्रेजों ने तिब्बत पर जो आक्रमण किया था, उसी का इतिहास है।

हम आ पहुँचे एक पुराने तिब्बती गाँव में। प्रवेश के मुहाने पर उसी लामा को देखा। हमारे कुछ पूछने से पहले ही उसने पूछा—काम हुआ?

—कौन सा काम, आप क्या कहना चाहते हैं?—मेरे प्रतिप्रश्न पर वह एक बालक के समान हँस दिया, फिर काफी देर उनसिंग के साथ बातें कर उसने उसे कुछ समझाया। उनसिंग ने उस भिक्षु लामा की अवज्ञा करते हुए उसकी बातों का अनुवाद करते हुए कहा कि इस रास्ते के भिखारी को स्वयं ही नहीं मालूम कि वह क्या कह रहा है। इतना ही नहीं, वह हमें एकदम भी सम्मान नहीं दे रहा है और केवल कह रहा है—नदी का गँदला पानी। बिना समय नष्ट किए उनसिंग ने आगे जाने को पैर बढ़ाया तो मैंने उसे रोका। सामने की चाय की दुकान दिखाते हुए मैंने कहा—'आओ, उधर चलो।' उसने आपत्ति की—'परन्तु हम तो अभी-अभी चाय पीकर निकले हैं।'

—ठीक कह रहे हो, पर वहाँ हम अपने लिए नहीं जा रहे।—हमारे दुकान के पास पहुँचते ही भीतर से दो सुन्दर लड़कियाँ निकलकर आईं। पिछली बार इन्हें ही चाय में मक्खन मिलाते देखा था। मुझे देखते ही वे पहचान गईं। उन्हें कुछ युआन देकर मैंने कहा—उस भिखारी लामा को दो बार चैंग बनाकर देना।—सुनकर उनसिंग और हैरान हो गया।

—अद्‌भुत मजेदार व्यक्ति हैं आप भी, उसने आपको नदी का गँदला पानी कहा और आप उसके लिए चैंग की व्यवस्था कर रहे हैं?

—गँदले पानी से तुम क्या समझे, बताओ?—मैंने प्रश्न किया।

थोड़े संशय की स्थिति में उसने जवाब दिया—'गँदला पानी एक तिब्बती मुहावरा है, जिनका माथा खराब होता है या जिनका मन साफ नहीं होता, बातों-बातों में उन्हें गँदला पानी कहते हैं।'

—अच्छा-अच्छा, एक नई बात सीखी। दरअसल वह ठीक ही कह रहा है। तुम तो जानते ही हो कि मैं एक परिव्राजक हूँ। देश-विदेश की हवा लगकर मेरा माथा खराब न भी हुआ हो परन्तु मन तो गँदला हुआ ही है।

मेरी बात सुकर उनसिंह ठ्ठाकर हँस दिया और ताली बजाते हुए बोला—'मैं हार गया।'

हम अब रास्ता छोड़ बाईं तरफ एक चैत्य की ओर बढ़ गए। चैत्य की अशेष प्रार्थना-पताकाओं ने मानो जोर देकर मुझे अपनी ओर खींच लिया। अच्छी तरह उस ओर ऊपर देखते ही अतीत की स्मृतियाँ उभर आईं। चैत्य की परिक्रमा कर हम रास्ते पर ही बैठ गए। उनसिंग कुछ कहने जा रहा था, मैंने इशारे से उसे रोक दिया। काफी देर बैठे रहने के बावजूद मन कुछ भी खोज नहीं पाया। हमने गाँव के एक व्यक्ति से पूछा भी परन्तु कोई नया तथ्य नहीं मिला। किन्तु गाँव के लोग मुझे बहुत अच्छे लगे। इसी बीच कुछ बच्चे हमारे इर्द-गिर्द जमा हो गए। एक बच्चे ने चीखकर कुछ कहा तो उनसिंग ने मुझसे पूछा—

—पंडित सर, आपने क्या इनको लॉज़ेंज़ खिलाए थे?

—हाँ-हाँ, आज भी खिलाऊँगा, उस दुकान पर चलो।

हम दुकान पर लौट आए। वहाँ भिक्षु लामा के लिए चैंग बन रहा था। बच्चों में लॉज़ेंज़ बाँटे और फिर अपने लिए मक्खन चाय बनवाई। वास्तव में चैंग, लॉज़ेंज़ और मक्खन चाय तो बहाना था, मूल मकसद था उन सबके बीच कुछ वक्त बिताना। मैंने भिक्षु लामा से पूछा कि इस चैत्य की कोई विशेषता है या नहीं। उसने तत्काल उत्तर दिया। उसके दन्तहीन खुले मुख से एक सत्य निकल पड़ा। मेरी ओर अपलक दृष्टि से देखते हुए उसने कहा—

—गँदला पानी! गँदला पानी! तू तो इसी के लिए आया है। अनेक वर्षों पूर्व जब हिन्दुस्तानी यहाँ आते थे तो सर्वप्रथम इस चोरतेन की प्रदक्षिणा करते थे फिर आगे जाते थे। चोरतेन के ठीक पीछे एक मन्दिर था। मन्दिर के साधु के देहत्याग करने के पश्चात् उन्हीं के निर्देश पर इस चोरतेन की स्थापना हुई। उस साधु की अनेक शक्तियाँ थीं।

—उन साधु का नाम क्या था?—मैंने पूछा।

—नहीं, नाम याद नहीं। बूढ़े से पूछो, वो बता पाएगा।

इस बार उनसिंग ने प्रश्न किया—उस साधु ने देहत्याग करने के बाद निर्देश दिया, इसका मतलब?

उनसिंग की बात सुनकर भिक्षु लामा गम्भीर हो गया और हठात् उसने बोलना बन्द कर दिया।

मुझे बहुत खराब लगा। अच्छी-भली बातें हो रही थीं और काफी अच्छा लग रहा था...। बहरहाल, हम चाय की दुकान पर लौट आए। मालिक आ गया है, मुझे देखकर बहुत प्रसन्न हुआ। यह दुकान है और घर भी गाँव में ही है। अच्छा ग्राहक आया है, इसलिए बेटी बाप को बुला लाई है। उनसिंग ने उसे हमारी समस्या समझा दी कि मैं जानना चाहता हूँ कि भिक्षु या भिखारी लामा हठात् चुप क्यों हो गया।

—ओह हाँ, वह कुछ गम्भीर प्रकृति का है। आप ठहरिए, मैं चैंग लेकर जाता हूँ और उससे पूछ कर आता हूँ।—यह कहकर वह भिखारी लामा के पास चला गया। मैंने देखा कि भिक्षु लामा चैंग पाकर आनन्द से पिघल गया। दुकानदार ने कुछ देर उससे बातचीत करने के बाद लौटकर बताया कि उसका गुस्सा हिन्दुस्तानी पर नहीं, असल में उनसिंग पर था। और वह इसलिए कि उसने पहनने को तो तांत्रिक पोशाक पहन रखी थी परन्तु उसे इतना भी ज्ञान नहीं था कि साधु मरते नहीं हैं। मरने के पश्चात् देह नहीं रहती परन्तु आत्मा टिकी रहती है। चोरतेन के उस साधु ने देहत्याग के पश्चात् या तो स्वप्न के माध्यम से या सीधे-सीधे किसी के माध्यम से अपना काम करा लिया। उनसिंग ने स्वीकार किया कि भूल उसी ने की। चैंग के सेवन के पश्चात् भिखारी लामा का गुस्सा कुछ शान्त हुआ। दुकानदार से ही पुछवाया कि इस गाँव का बूढ़ा कौन है?

—ओह, बूढ़ा माने उम्रदराज! इस पुराने गीयान्त्से के जो सबसे उम्रदराज हैं, बड़े भले व्यक्ति हैं। उनसे मिलने जाएँगे? सचमुच उनसे मिलकर आपको ख़ुशी होगी।

—अच्छा बताइए तो, उनके लिए क्या लेकर चला जाए?

—एकदम किसी बच्चे की तरह उन्हें लॉज़ेंज़, सत्तू और सूखे मांस का झोल पसन्द है। उनके कोई सन्तान नहीं, हम लोग ही उनकी देखभाल करते हैं। हम लोगों ने उनका नाम रखा है गाम्बोबा, मिलारेपा के प्रधान शिष्य। पूरे तिब्बत में उनके जैसे गुणी व्यक्ति बहुत कम हैं, उम्र हो गई है पर दिमाग सही है। ऐसे विराट् पुरुषों का दिमाग कभी गँदला नहीं होगा। इस गली से आप लोग सीधे चले जाइए, बाईं ओर का आखिरी मकान उन्हीं का है।

दुकानदार के साथ सामग्री खरीदने का उपयुक्त इन्तज़ाम कर हम बूढ़े गाम्बोबा के मकान की खोज में निकल पड़े।

दुकानदार ने ठीक ही कहा था। हमें अधिक ढूँढ़ना नहीं पड़ा। हमने ध्यान ही नहीं दिया था कि दुकानदार की एक बेटी पीछे-पीछे आ रही है। उसी ने आगे बढ़कर दिखा दिया, बरामदे की धूप में एक वृद्ध सज्जन बैठे थे, चेहरे पर उम्र की छाप थी। बदन पर गेरुआ कथड़ी की कमीज, आकर्षक चेहरा, एक भी दाँत नहीं किन्तु अद्‌भुत मुस्कान। कान ढकने वाली टोपी ने प्रायः आँख तक ढँक रखी थी, उसे उतारते ही उजागर हुआ चौड़ा केशहीन कपाल। हल्की सफेद दाढ़ी। हमें देखते ही बोले—भविष्य के बारे में जानना चाहते हो? गृहस्थी में अशान्ति है, है न?

—नहीं दद्दू, भविष्य जानना नहीं चाहता, अतीत की खोज में आया हूँ। मेरी गृहस्थी नहीं है, इसलिए शान्ति-अशान्ति का तो सवाल ही नहीं उठता।

—अच्छा, तब क्या चाहिए, बताओ?

अब मैंने उनसिंग से कहा—रुककर बार-बार अनुवाद करने की जगह तुम सीधे-सीधे ये प्रश्न करो। बाद में मुझे उत्तर बताना, क्योंकि मुझे लगता है कि उन्हें कान से कम सुनाई देता है और दृष्टिशक्ति भी क्षीण है।

प्रश्न : पेल्कर छो मठ में आज से प्राय: पचास वर्ष पहले जो लोग थे, उनमें से क्या कोई अभी मिल सकता है?

ज्ञानगंज नाम से क्या वे परिचित हैं?

गाँव का जो चैत्य है, उसके प्रतिष्ठाता का नाम क्या था?

योग की गुप्त विद्या सीखने के लिए क्या कोई मठ, आश्रम या गुफा है? या थी?

काफी देर की बातचीत के बाद मनमुताबिक उत्तर मिला। उन्होंने समझाते हुए बताया कि विगत पचास वर्षों में तिब्बत के मठों, मन्दिरों और धार्मिक संस्थाओं पर से कई तूफान और ज़लज़ले गुज़र गए। विशाल परिवर्तन में सब उलट-पलट हो गया है। यहाँ के लोग बाहर चले गए हैं, बाहर के लोगों को तिब्बत में लाया गया है। पुराने लोगों को खोजने से कोई लाभ नहीं—हम जो गरीब हैं वही टिके हुए हैं, देश छोड़कर हम जाएँ भी तो कहाँ?

चोरतेन का साधु हिन्दुस्तानी था। हिन्दुस्तानी लोग पहले उसी साधु के पास आते थे। एक शिव-मन्दिर था, वह भी ध्वंस हो गया। उसी की नींव पर अब घोड़ा-गाड़ियाँ खड़ी होती हैं।

हाँ, हिन्दुस्तानी लोग गीयान्त्से को ज्ञानगंज कहते थे। यहाँ ज्ञानी-गुरु आते थे ध्यान करने। पहले पेल्कर छो हज़ार-हज़ार साधु-संन्यासियों, भिक्षुओं से भरा रहता था, अब सब सूखी नदी-सा है। पेल्कर का सारा इतिहास पुस्तक-गृह (ग्रन्थागार) में है। सुना है, वहाँ सब मिलेगा। अभी यहाँ जो हैं, वे सभी नए हैं। सुना है नए सिरे से पुराने टूटे-फूटे मठों की मरम्मत की जा रही है। भले लोग तो भला काम करेंगे ही।

प्रश्न : ज्ञानगंज के बारे में कुछ बताइए? हिन्दुस्तानी क्यों आते थे?

उत्तर : पहले हिन्दुस्तान से तिब्बत में दो प्रकार के लोग आते थे। एक तो वे लोग थे, जो तीर्थ करने आते थे। वे सीधे कैलासनाथ और मानसरोवर (तिब्बती नाम माफाम् युम् त्सो—(Mapham Yum-Tso) की प्रदक्षिणा और स्नान के लिए जाते। आजकल भी बहुत सारे तीर्थयात्रियों का आवागमन होता है। वे ज्ञानगंज नहीं आते, ये अलग रास्ता है। यह ल्हासा जाने का रास्ता है। दूसरे प्रकार के लोग वे हैं जो गंगटोक, नाथू-ला होते हुए आते थे। वे यहाँ आते थे साधना के लिए अथवा धर्म

की शिक्षा देने। ज्ञानगंज चोरतेन के पास जिन साधुबाबा ने शिव-मन्दिर बनवाया था, वे विभिन्न भाषाएँ जानते थे और दुभाषियों के रहने व भोजन आदि की विभिन्न सुख-सुविधाओं की व्यवस्था करते थे। मन्दिर के साथ धर्मशाला थी। वे पंडित व्यक्ति थे और पेल्कर छो के कर्ता-धर्ता उनकी बहुत श्रद्धा करते थे। सभी हिन्दुस्तानी यहाँ पंडित, साधु, धार्मिक गुरु आदि नामों से परिचित थे।

प्रश्न : वे सब हिन्दुस्तानी साधु या योगी-पुरुष कहाँ साधना करते थे? सुना है, यहाँ अनेक गुप्त गुफाएँ हैं, क्या वहाँ जाया जा सकता है?

उत्तर : यह मैं नहीं बता पाऊँगा। सुना है, पुराने लामाओं में कई शालू मठ में हैं।

प्रश्न : क्या शालू मठ में जाया जा सकता है?

उत्तर : हाँ-हाँ, अवश्य।

शालू मठ की बात सुनकर उनसिंग ने बताया कि उसने भी सुना है कि पुराने दो रिम्पोचे अभी भी वहाँ हैं, लगता है, वे सब कुछ बता पाएँगे।

हमारे वार्तालाप में व्यवधान पड़ा। मुहल्ले के दुकानदार ने मुस्कुराते हुए आकर वृद्ध गाम्बोबा को प्रणाम किया और अपने थैले से धीरे-धीरे चीजें निकालने लगा। बड़ी साधारण सी बात थी किन्तु गाम्बोबा एक शिशु के समान अत्यन्त उत्साह से सारी वस्तुओं को देख रहे थे—लॉज़ेंज़, सूखे दूध की डली, सत्तू, सूखा मांस। सब कुछ देखने के बाद बार-बार मुझे धन्यवाद ज्ञापन के सुर में कहने लगे—'अच्छा, बहुत अच्छा, काफी पैसे खर्च हुए हैं।' फिर दुकानदार की ओर देखते हुए बोले—'पहले पता होता तो कथड़ी की कमीज की फरमाइश करता।'

उन्हें आश्वासन देते हुए मैंने कहा—'आपने जब मुँह खोलकर कह दिया तो अवश्य इन्तजाम हो जाएगा, पर मुझे धन्यवाद न दें। आपका प्राप्य आप तक अवश्य पहुँचेगा, मैं तो निमित्त मात्र हूँ।'

मैंने और भी कुछेक प्रश्न किए तो उन्होंने बार-बार शालू मठ का नाम लिया। कुछ-कुछ पुरानी विद्याएँ वहाँ अभी भी सिखाई जाती हैं परन्तु अत्यन्त सावधानी और गोपनीयता से। अनेक चेष्टाओं के बावजूद बातचीत को और आगे नहीं बढ़ा पाया क्योंकि उनकी इच्छा थी कि सत्तू और इतना अच्छा सूअर का सूखा मांस जब लाया गया है तो फिर खा-पीकर ही जाओ। दुकानदारों की दोनों बेटियाँ अच्छा पका लेती हैं इसलिए कोई असुविधा नहीं थी। उनसे क्षमा-याचना के उपरान्त मैं उठ पड़ा, मन अभी चला गया है शालू मठ में। कमरे से निकलते समय उन्होंने मुझे सावधान कर दिया कि शालू मठ में मैं किसी पाखंडी तांत्रिक के पल्ले न पड़ जाऊँ।

रास्ते में निकलकर उनसिंग ने हँसते हुए कहा—पाखंडी तांत्रिक कौन, जानते हैं?

—पाखंडी माने जो बिना जाने ही कहे कि जानता हूँ। है न?

—नहीं, पुराने लामाओं का सोचना है कि जो नए हैं, वही पाखंडी हैं, परन्तु एक बात तो स्वीकार करनी ही होगी कि पहले जैसी कठोर साधना या तपस्या आजकल लगभग नहीं रही। आजकल मठों में धर्म, दर्शन, भाषा, शिल्प और स्थापत्य विद्या पर अधिक जोर दिया जाता है। ध्यान, धारणा और समाधि की बात हम जानते तो हैं परन्तु किताबी ज्ञान की तरह।

उनसिंग मठ में त्राबा या नवीन संन्यासियों के साथ ही भोजन करेगा। यहाँ के सभी के साथ मेल-मुलाकात का यह एक स्वर्णिम अवसर जो है। मैंने होटल की राह पकड़ी। तय हुआ कि पेल्कर छो के ऑफिस में मैं 3-4 बजे आऊँगा।

उनसिंग वैसे लड़का तो बहुत अच्छा है पर दुभाषिए के काम से अनभिज्ञ है। उसे भाषा का ज्ञान तो है पर अभ्यास की कमी है।

शाम के 3 बजे मैं पेल्कर मठ के पुस्तकालय-कक्ष में आया। मुझे बैठने को कह तोरण का व्यक्ति (सम्भवतः पहरेदार) मेरी उपस्थिति की खबर देने दौड़ गया। पेल्कर छो मठ में प्रवेश के लिए तीस युआन देकर टिकट खरीदना पड़ता है। जनसाधारण के लिए तोरण सुबह 9 बजे से दोपहर बाद 1 बजे तक खोला जाता है। फिर शाम को 3 बजे से रात 7 बजे तक। टिकट तो खरीदा जाता है परन्तु भवन के भीतर की प्रतिमाएँ, मंडला, तांग्खा और अति उज्ज्वल रंगों की अत्यन्त सुन्दर दीवारों की तस्वीरें रोशनी की कमी के कारण ठीक से नज़र नहीं आतीं। परन्तु बाहरी रोशनी में जितना भर नज़र आता है, पर्यटक उसी में ख़ुश हैं। कम से कम कैमरे में कैद करने लायक दृश्यों और वस्तुओं की कमी जो नहीं है।

उनसिंग आया, उसके साथ दो नए संन्यासी थे। मैंने उन्हें पहले ही देखा था। मुझे चीज दिखाने के नाम पर वे सम्मेलन-गृह की ओर ले आए, जहाँ शाक्यमुनि का मूल मन्दिर है। प्रणाम कर बैठने ही वाला था कि बाधा पड़ी। मूल मन्दिर के बगल में ही एक और विशाल कक्ष है, वहाँ मैं पहले नहीं गया था। विशाल दरवाजे को मैंने सोचा था कि सुन्दर काठ पर नक्काशी किया हुआ काठ का मंडला है। छोटी खिड़की से घर में बहुत कम रोशनी घर में आ रही है। ख़ुशक़िस्मती है कि भीतर बिजली की रोशनी है। स्विच ऑन करते ही मैं अवाक् हो गया—बहुत सारी छोटी-बड़ी मूर्तियों से घर भरा था। किसी प्रदर्शनी की तरह सजाकर रखी थीं मूर्तियाँ। मिट्टी, काठ, लोहा, पीतल, पत्थर इत्यादि से निर्मित चीनी, मेवाड़ी या नेपाली और तिब्बती कारीगरी की एक अत्यन्त सुन्दर प्रदर्शनी थी। संन्यासियों ने मुझे दीवार के छोटे-छोटे कोष्ठकों में रखी कुछ मूर्तियाँ दिखाईं और बोले—

—हम तांत्रिक कॉलेज को फिर नए सिरे से सजा रहे हैं। दो बार सांस्कृतिक आन्दोलन के कारण ये मूर्तियाँ उलट-पलट गईं—यहाँ कई बोटक मूर्तियाँ हैं, कई चीनी ड्रैगन मूर्तियाँ हैं, विभिन्न जातक चरित्र हैं, हम धीरे-धीरे उनका वर्गीकरण कर रहे हैं। आपसे हमारा अनुरोध है, अर्थात् मठाध्यक्ष आपसे अनुरोध करते हैं कि इन

विभिन्न प्रकार की मूर्तियों में चीन-तिब्बत और भगवान बुद्ध की विभिन्न मूर्तियों से हम परिचित हैं किन्तु देखिए, यहाँ अनेक भारतीय देवी-देवताओं की मूर्तियाँ हैं जिनसे हम अपरिचित हैं। आप यदि उन्हें पहचान पाएँ तो उनके नाम और सामान्य परिचय हमें बताएँ ताकि हमें सुविधा हो।

—मैं मूर्तिकार या कारीगर नहीं हूँ, अपनी सामान्य नज़र से यदि मैं पहचान पाया तो स्वयं को धन्य समझूँगा। ठीक है, मैं राजी हूँ पर इसमें समय लगेगा।

मेरा उत्तर पाकर वे बहुत ख़ुश हुए और एक व्यक्ति तो शीघ्र ही रिम्पोचे को यह खबर देने चला गया।

मैंने मूर्तियों की ओर देखा और मन ही मन सोचा कि माँ की क्या लीला है! क्या इसीलिए मुझे ज्ञानगंज लाया गया है! बड़ी-बड़ी कुछ मूर्तियों को मैंने आसानी से पहचान लिया—उनमें हैं हर-पार्वती, नटराज, विष्णुमूर्ति, एक ही पीढ़े पर राम-लक्ष्मण-सीता, और एक किनारे रखी पत्थर की वेदी जिस पर मूल प्रतिमा नदारद, जो बचा-खुचा अंश है उसे देखकर लगता है वह वीर हनुमान की मूर्ति होगी। गदा और पहाड़ का कुछ अंश देखकर लगता है वह गन्धमादन पर्वत लाते हनुमान की मूर्ति है। ऐसा लगता है कि यदि समय मिला तो कुछ तथ्य मैं उन लोगों को दे पाऊँगा।

अचानक उनसिंग का मोबाइल टेलीफोन बज उठा और अचानक मन अतीत से वास्तव जगत में लौट आया। माननीय मठाध्यक्ष मुझे एक साथ चाय पीने के लिए बुला रहे हैं। वाह, अच्छा ही हुआ! पुस्तकालय-कक्ष के एक कोने में टेबल पर चीनी पोर्सलीन की सुन्दर केतली में चाय और पास ही मेल खाते कप-प्लेट का सेट रखा है। रिम्पोचे (मठाध्यक्ष) ने मुझे अपने पास की कुर्सी पर बैठने को कहा फिर चाय उड़ेलने का आदेश दिया। एक त्राबा (Traba) या नवीन संन्यासी ने श्रद्धापूर्वक उनके आदेश का पालन किया।

कप से चुस्की लेते हुए बोले—'आप राजी हैं, सुनकर मैं बहुत प्रसन्न हूँ, इससे हमारा आर्काइव डिपार्टमेंट उपकृत होगा। इसके लिए आपको किस-किस चीज की आवश्यकता होगी, बताएँ, मैं सारी व्यवस्था करूँगा।'

उनकी बातें सुनकर मैंने कहा—'तिब्बत में स्वाधीन रूप से घूमने-फिरने के लिए मुझे स्टडी-टूर की अनुमति मिल गई है, यह बहुत अच्छा हुआ। आप ही ने मुझे यह परामर्श दिया था। आप तो भविष्यद्रष्टा हैं, आपकी इच्छा ही पूर्ण हुई।'

—मैंने इतना कुछ नहीं सोचा था, खैर, जो हो, अच्छा ही हुआ।

रिम्पोचे ने अपने सहयोगी को बुलाकर आदेश दिया कि क्या-क्या आवश्यकता है, लिख लो और इन्हें हर प्रकार का सहयोग मिले, ऐसी व्यवस्था करो।

मेरी आवश्यकता तो बहुत सामान्य है। सबसे पहले तो दरकार है एक लम्बे तार वाले लैम्प की ताकि ठीक से देखा जा सके।

कागज, कलम, अंग्रेजी-तिब्बती भाषा की डिक्शनरी, पेंसिल, सफेद कपड़ा लिखावट को स्पष्ट करने के लिए। मैंने लिस्ट देकर और चाय पीकर विदा ली कि बाकी लिखना-पढ़ना कल सुबह आकर होगा। उनसिंग मेरे साथ ही चला आया। मकसद था फिर से गाम्बोबा के घर जाना। उनके घर पहुँचते ही उन्होंने हँसकर हमारा स्वागत किया। बदन पर पहनी हुई कथड़ी की नई कमीज दिखाते हुए कहा कि उन्हें पता ही नहीं था कि यहाँ ऐसी सुन्दर कमीज भी मिलती है। रास्ते के मोड़ पर हमें देखते ही लड़कियों ने दुकानदार को कहला भेजा था, देखा कि वह भी हाज़िर हैं। वृद्ध गाम्बोबा ने वचन दिया कि वे हर प्रकार से सहयोग करेंगे। अवसर देखकर मैंने प्रश्न किया—

प्रश्न : तिब्बत में अच्छे तांत्रिक कहाँ मिलेंगे?

उत्तर : तांत्रिक तो सभी तांत्रिक हैं, अच्छा-बुरा मैं कैसे बताऊँ?

प्रश्न : आपने ठीक ही कहा, पर वे मिलेंगे कहाँ?

मेरे इस प्रश्न पर वृद्ध गाम्बोबा चुप हो गए। उत्तर में उनसिंग ने कहा—'दरअसल तांत्रिक सभी बुद्ध-तांत्रिक हैं। विभिन्न मठों में वे मिलेंगे, परन्तु उनमें अलौकिक विद्या का अभाव है।' उनसिंग ने मुझसे अंग्रेजी में कहा, वृद्ध गाम्बोबा समझ नहीं पाए क्योंकि मेरे प्रश्न का अनुवाद नहीं हुआ। इसलिए मैंने उनसिंग से कहा कि वह केवल प्रश्न करे।

मेरा प्रश्न सुन गाम्बोबा ने दोनों आँखें बड़ी-बड़ी कीं और बोले—

—तुम्हारा कर्म यदि हो तो उसे कर सकते हो।

—शालू मठ में आप किसी को जानते हैं, जो मुझे एक साधु का पता बता पाए?

मेरे प्रश्न के उत्तर में अफसोस जताते हुए उन्होंने कहा कि पुराने लोग या तो सब मर गए हैं अथवा मठ छोड़कर जा चुके हैं इसलिए उन्हें खोजने से कोई लाभ नहीं। मुझे बारम्बार सावधान करते हुए उन्होंने कहा कि जो भिक्षु-संन्यासी नहीं हैं, उनसे पूछकर भी कोई लाभ नहीं क्योंकि वे पुरानी कहानी नहीं जानते।

दुभाषिए के माध्यम से बातचीत कुछ जमती नहीं और चूँकि मेरा दुभाषिया मठ का व्यक्ति है इसलिए वृद्ध गाम्बोबा से मुझे मनमुताबिक उत्तर नहीं मिला। एक असुविधा और है, उनका एक भी दाँत नहीं है और अभ्यास न हो तो दन्तविहीन व्यक्ति की बातें समझने में कठिनाई होती है। लिहाजा, उनका आशीर्वाद लेकर हम उठ गए।

होटल में वार्तालाप के लिए कोई असुविधा नहीं थी, इसलिए मैंने दुभाषिए को छोड़ दिया और कह दिया कि कल नाश्ते के बाद मैं पेल्कर जाऊँगा इसलिए वह न आए।

कमरे में बैठकर मैं सोचने लगा कि यहाँ जानने और देखने के लिए काफी कुछ

है। तिब्बत के हर मठ में अभी भी हजारों अनजानी कहानियाँ छिपी हैं, जो मेरे जैसे घुमक्कड़ों के लिए अनमोल भंडार हैं। तत्त्वों और तथ्यों के बीच स्वयं को खो देने की सम्भावना ही अधिक है। ज्ञानगंज का रहस्य लिखने लायक पर्याप्त तथ्य यहाँ छिपे हुए हैं। समय हो तो सम्भव है कि यहीं राजा राममोहन राय के तिब्बत भ्रमण का खोया हुआ इतिहास मिल जाए। राजा राममोहन राय भूटान और कूचबिहार राजा के बीच एकताबद्ध शक्ति का 'माध्यम' बने थे, फिर भूटान के राजा की मदद से वे इस तिब्बत में आए थे। ज्ञानगंज के विशाल ग्रन्थागार में अवश्य ही इसके चिह्न मिलना सम्भव है किन्तु उसके लिए गवेषक मनोवृत्ति आवश्यक है। हाय! इच्छा होते हुए भी उधर जाने का न समय है, न सुयोग। इसके लिए विशेष अनुमति-पत्र चाहिए। आज मैं आया हूँ अपने कैलासबाबा की खोज में। नहीं, मैं अपने लक्ष्य से नहीं भटक सकता।

14वाँ दिन

पौ फटते ही मैं निकल पड़ा। सड़क की बत्तियाँ जल रही हैं।

भोर का ज्ञानगंज कुहासे से भरा है, सड़क की बत्तियाँ न होतीं तो मुझे चलने में असुविधा होती। आज पेल्कर जाऊँगा ही, इसलिए अभी उधर न जाकर मैंने उल्टी ओर नीयांग नदी का रास्ता पकड़ा। पार होने के लिए पुल है, जो मैंने देखा है, पर मैं उधर नहीं गया। नदी के दोनों ओर रास्ता है। दोनों रास्ते ही बाद में एक हो गए हैं। ज्ञानगंज अभी भी जागा नहीं है। मैं पूर्णत: अकेला हूँ। अभी भोर के प्राय: 5 बजे हैं। ठंडा देश है, सभी देर से उठते हैं। चेहरे पर कुहासे की ठंडी हवा लग रही है किन्तु सहनसीमा के अन्दर ही है। चलते-चलते सोच रहा हूँ कितने युगों से इन्हीं रास्तों पर योगी और महापुरुष चलते रहे हैं। साठ वर्ष पूर्व भी नाथू-ला होते हुए ज्ञानीगुरु और पंडितगण साधना के लिए आए थे। दुर्लंघ्य हिमालय के इस दुर्गम अंचल में वे किस साधना के लिए आते थे! उसी पुण्यभूमि पर अब मैं चल रहा हूँ। मेरे पैरों तले जो पत्थर और धूल है, वह शत-शत ऋषि-मुनियों की चरणरज है। मन में यह बात उठते ही मैं रुका—बड़े भक्तिभाव से दोनों हाथों से उस धूल को उठाया और माथे से लगाया। मन में एक प्रकार की तृप्ति और आनन्द का अनुभव हुआ। भारत के जो पुण्यात्मा हैं, भारतीय पारम्परिक चिन्तन के जो वाहक हैं, उनमें से अनेक का आगमन इस साधना-क्षेत्र में हुआ था। भाग्य का कैसा अपूर्व लेख और कर्म का कैसा अद्‌भुत फल है कि साधक न होते हुए भी इस साधना-क्षेत्र में मैं क्यों आया? मुझे क्यों लाया गया? अनेकानेक प्रश्न मन में उभर रहे हैं जिनके उत्तर मुझे नहीं मालूम। जो सच लग रहा है, वह यह है कि मेरे अनजाने ही मुझे यहाँ लाया गया था। मुझे लग रहा है, सारे प्रश्नों के उत्तर मुझे एक दिन जरूर मिलेंगे। एक पुल के सामने

आकर खड़ा हुआ। कुहासा और गहरा गया है, उस पार का कुछ दिखाई नहीं दे रहा। मैं पुल के ऊपर आ खड़ा हुआ। पत्थरों से टकराती हुई सुन्दर जलस्रोत की आवाज़ ने मन को आकर्षित किया।

पुल के ठीक नीचे पानी अधिक नहीं था इसलिए पत्थरों की टकराहट की आवाज़ निरन्तर नहीं, रुक-रुककर आ रही थी। पुल के उस पार से घोड़े की टाप सुनाई दी—नज़दीक आते ही देखा वह केवल घोड़ा नहीं, घोड़ागाड़ी है। मफलर, कान ढकती टोपी और मंकी-कैप पहने मैं और कम्बल से मुँह तक ढके हुए घोड़ागाड़ी चालक, हमने एक-दूसरे को देखा पर पहचान न पाए। गाड़ी जब पास से आगे निकल गई तब लगा कि शायद मेरा परिचित घोड़ागाड़ी वाला लड़का ही हो। इसी बीच एक गाड़ी की हेडलाइट चेहरे पर पड़ी और मैं चेहरा घुमाने को बाध्य हुआ। गाड़ी आकर मेरे सामने रुकी, देखा एक मिलिटरी जीप थी। गाड़ी से कोई मिलिटरी या पुलिसवाला उतरा, कम से कम पोशाक से तो ऐसा ही लगा। मेरे सामने आकर खुद ही मेरी टोपी उतारकर गाड़ी की रोशनी में मुझे देखकर उन्होंने कुछ प्रश्न किया, जो मुझे समझ में नहीं आया। उत्तर में मैंने कहा—

—हो को मा संग।—माने आपकी बात मैं नहीं समझता। इस प्रकार के कुछ वाक्य मैंने रट रखे थे। 'हो को संग' माने आपकी बात मैं समझता हूँ और गा गाने नहीं। तिब्बती शब्द हैं। मेरा उत्तर सुन उन्होंने फिर से प्रश्न किया तो मैंने अनुमान से उत्तर दिया—

—टूरिस्ट ताशी ड्रू खांग (Toruist Tashi dru Khang) माने मैं टूरिस्ट हूँ और ताशी होटल में हूँ।

फिर और कुछ बोलना नहीं पड़ा, इशारे में उन्होंने पीछे की सीट पर बैठने को कहा। थू जायछाय (Thoo Jaychay)—धन्यवाद देकर मैं पीछे की सीट पर बैठ गया। कुछ बोलना नहीं पड़ा, वे सीधे होटल में ले आए। कोई रिसेप्शनिस्ट नहीं था उस वक्त, केवल चौकीदार था। पुलिस ने चौकीदार से कुछ पूछा फिर सन्तुष्ट होकर चला गया।

धीरे-धीरे भोर का उजाला नज़र आया। बाद में नाश्ते की टेबल पर रिसेप्शनिस्ट ने मुझसे अनुरोध किया कि भोर का उजाला जब तक न फैले पर्यटकों का अकेले निकलना उचित नहीं है।

आज मेरा विशेष दिन है। पेल्कर छो पर पहुँचते ही उनसिंग तथा और तीन जन, जो सम्भवत: धर्म और दर्शन के छात्र थे, के साथ पहले मैं माँ के मन्दिर में आया। वहाँ प्रणाम व प्रार्थना के पश्चात् मैं लौट आया शाक्यमन्दिर के पीछे की ओर के छोटे मन्दिर में जहाँ विभिन्न भारतीय देवी-देवताओं की मूर्तियाँ संरक्षित हैं।

इलेक्ट्रिक का लैम्प, कागज, कलम, पेंसिल, पीने के पानी की बोतल और ढके हुए छोटे-छोटे टूल। मैंने अनुभव किया भगवान का विचार अति सूक्ष्म है। कहाँ के

एक सामान्य से व्यक्ति को अचानक मिल गया एक भगवत् दायित्व, कम से कम मेरी समझ में तो यही आया।

अंग्रेजी का शब्दकोश तो नहीं मिला, किन्तु यहाँ के पाठागार से लाई गई हैं चार पुस्तकें! काठ का आवरण और कपड़े के पृष्ठ, पुराना हस्तलिखित तिब्बती-संस्कृत शब्दकोश। मैं अपना कौतूहल रोक न पाया। तीन गुणा एक फीट का पहला पृष्ठ उलटते ही अवाक् हो गया—

—यह तो संस्कृत नहीं पालि भाषा में धम्मपद है, यह शब्दकोश नहीं।

मेरी बात सुनकर वे एक-दूसरे का मुँह देखने लगे। फिर उनसिंग ने कहा कि रिम्पोचे ने इसे शब्दकोश समझकर दिया है। मैंने और तीन-चार पृष्ठ पलटे फिर उसे बगल में रखते हुए कहा कि सम्भवतः यह धम्मपद का तिब्बती अनुवाद है। ज्ञानगंज में पालि भाषा में धम्मपद एक अद्‌भुत घटना है। और भी आश्चर्यजनक बात यह है कि एक-एक पृष्ठ काठ के ऊपर अटकाया हुआ है, माने पृष्ठ उलटने में दोनों हाथ लगाने पड़ते हैं।

मेरी बातों पर दो भिक्षु उठकर मठाध्यक्ष या रिम्पोचे से परामर्श करने गए। और भी आश्चर्य मुझे इस बात पर हुआ कि रिम्पोचे स्वयं चले आए। प्रणाम कर मैंने उन्हें बताया कि यह शब्दकोश नहीं है। संस्कृत भाषा भी नहीं है। यह तो पालि भाषा है, भगवान बुद्ध की मातृभाषा। यह सुनकर उन्होंने अपने छात्रों से कहा कि मुझे अन्तिम चार पृष्ठ दिखाए जाएँ। अत्यन्त सम्मान के साथ बार-बार सिर झुकाकर बत्तीस काठ के पतले पृष्ठ उठाकर पास रखते हुए मुझे उँगली से दिखाकर उन्होंने पूछा—यह लिखावट क्या संस्कृत नहीं है? मैंने ठीक से देखा तब जाकर बात समझ में आई। स्वर वर्ण का संस्कृत अक्षर, उसके पास पालि का अक्षर और उसके पास तिब्बती अक्षर है। इसे शब्दकोश न कह वर्ण-परिचय या अक्षर-परिचय कहना उचित होगा। तिब्बती भाषा के साथ हमारे संस्कृत या पालि अक्षरों का उच्चारण प्रायः एक सा है क्योंकि तिब्बती भाषा संस्कृत या देवनागरी से आई है। मेरी बात सुन वे बहुत ख़ुश हुए, इसके बाद किताब को सहेजकर रखते हुए प्रथम पृष्ठ दिखाकर बोले—

—यह पवित्र नाम देखा है आपने—ये हमारे आदिपंडित परमयोगी सिद्धपुरुष बुटोन रिंचेन द्रुप (Button Rinchen Drup)।

—ये क्या अभी भी जीवित हैं? कहाँ हैं?

उनसिंग के अनुवाद करने के साथ ही साथ सभी खिलखिलाकर हँस दिए और मैं झेंप गया। उत्तर में पता चला कि वे दसवीं शताब्दी के पंडित थे, जो बुद्ध-दर्शन और संस्कृत-शिक्षा के लिए भारत गए थे। बौद्ध धर्म की अनेक पुस्तकों का तिब्बती भाषा में अनुवाद कर बौद्ध धर्म के प्रचार में उन्होंने विशेष सहयोग दिया था। तंत्र और बौद्ध धर्म के एक सम्मिश्रण से उन्होंने बुटोन सम्प्रदाय की स्थापना की थी।

मैंने बुटोन सम्प्रदाय के बारे में और प्रश्न न कर उन्हें अशेष धन्यवाद देते हुए काम आरम्भ किया। मूर्तियों का वर्गीकरण।

पहले मैंने परिचित मूर्तियों को अलग करना शुरू किया। भारी मूर्तियों के लिए मदद करने को लोग हैं। अपने अत्यन्त परिचित देवी-देवताओं में मुझे मिले— शिव-शक्ति, हर-पार्वती, विष्णु, गणेश, लक्ष्मी, सरस्वती, काली, तारा इत्यादि। बुद्धदेव, शाक्यमुनि और जातक की अनेक कथाओं समेत मूर्तियाँ अलग की हुई ही थीं। कुछ नारी-मूर्तियों या प्रतिमाओं का गठन और कारीगरी देखकर लगा हिन्दू देवी हैं परन्तु मूर्ति के नीचे या पीछे नाम खुदा न होने के कारण उन्हें ठीक से सजाने में असुविधा हो रही थी। पहचान न पाने के बावजूद उन मूर्तियों को अलग करके रखा। श्यामा तारा, नील तारा, शुद्ध तारा, सब्ज़ तारा, शुभ्र तारा—माँ तारा के इतने रूप मैं नहीं जानता था। संन्यासी लोगों ने ही इस काम में मेरी मदद की। वे सभी तंत्रविद्या के छात्र थे। प्राय: घंटे भर बाद रसोई से हमारे लिए चाय पीने के लिए बुलावा आया। अच्छा ही हुआ, थोड़ी हवा-बदल की दरकार भी थी।

नमकीन, मक्खन चाय और साथ में बॅन-रोटी। दस-पन्द्रह मिनट बाद ही हम फिर कर्मक्षेत्र में लौट आए। इस बार हठात् कुछ काली मूर्तियों पर नज़र पड़ी। लगता है, एक ही मूर्तिकार ने बनाई हैं, ऊँचाई करीब एक फुट होगी। अच्छी तरह सब तरफ देखकर लगा स्टैच्यू के पेट के पास कोई एक अक्षर खुदा है—मूर्तियाँ निस्सन्देह नारी-मूर्ति हैं। मैंने सभी से कहा—देखो तो, इस प्रकार की और भी मूर्ति है कि नहीं। आखिर में आठ मूर्तियाँ मिलीं। अब मुझे खोजकर निकालना होगा इन मूर्तियों का नाम। एक मूर्ति की ओर बार-बार नज़र जा रही थी—पत्थर की होते हुए भी टूटे पैर के नीचे लगा जैसे कोई मूर्ति या आसन था। चार हाथ, खुले बाल, स्वभावत: माँ काली की ओर ध्यान गया। फिर बारीकी से देखने पर स्पष्ट हुआ कि नीचे यानी पैरों के तले निश्चय ही शवासन में शिव मूर्ति थी—समय की आँधी उसे पूर्णत: निश्चिह्न नहीं कर पाई। एक के बाद एक नौ मूर्तियाँ मिलीं और सबकी सब काली। पत्थर की तारा की मूर्ति को लेकर दस हो गईं।

सम्भवत: दस महाविद्याओं की मूर्तियाँ। और ठीक से परीक्षण-निरीक्षण करने पर क्रमश: काली-तारा-भुवनेश्वरी का पता चला बाकी मूर्तियों के बारे में अनुमान करना पड़ा क्योंकि बाकी की देवियों का विस्तारित विवरण मुझे ज्ञात नहीं था। किन्तु मेरा दृढ़ विश्वास है कि यहाँ के तांत्रिक-योगी इस विषय में मुझसे बहुत ज्यादा जानते हैं। मैंने केवल मूर्तियों की परिचिति का काम कर दिया और बाकी गवेषणा का काम तंत्र-विशेषज्ञों पर छोड़ दिया। मैंने कागज पर लिख दिया—

1. ये छोटी-छोटी काले पत्थर की मूर्तियाँ सम्भवत: नेपाल से आई हैं।

2. 'दस महाविद्या' की प्रतीक दस मूर्तियों का मूर्तिकार सम्भवत: एक ही है, ये तंत्र-विद्या की देवियाँ हैं।

3. इनके नाम हैं—काली, तारा, षोडशी, भुवनेश्वरी, भैरवी, छिन्नमस्ता, धूमावती, मातंगी, बगलामुखी व कमला।

4. प्रत्येक मूर्ति के पीछे एक अक्षर अस्पष्ट रूप से खुदा हुआ है। सम्भवत: बीजमंत्र है, जिससे मूर्ति के नाम का पता चलेगा।

मठाध्यक्ष से बातें कर क्षमा माँगते हुए मैंने कहा कि उपयुक्त पुस्तकों के अभाव में और मेरे सीमित ज्ञान के कारण इससे अधिक मेरे लिए सम्भव नहीं है। मठाध्यक्ष ने अत्यधिक प्रसन्न होकर कहा कि मैंने उन्हें सचमुच सही राह दिखाई है और वे सभी अत्यन्त उपकृत हैं। अधिकांश मूर्तियाँ खंडित हैं इसीलिए उनको वर्गीकरण करने में असुविधा हो रही थी।

मठ का घंटा बज उठा। मठाध्यक्ष ने आग्रह किया कि प्रार्थना सभा में मैं उनका साथ दूँ। तिब्बतियों का धीमे स्वर में श्लोक-पाठ व पूजा मुझे बहुत अच्छी लगती है। मठाध्यक्ष ने किसी अपने की तरह मुझे अपने पास ही बैठाया। सिर के ऊपर मिला मुझे शाक्यमुनि की अभय मुद्रा का आशीर्वाद।

प्रार्थना व पूजा के उपरान्त उन्होंने भोजन के लिए मुझे बुलाया। सत्तू का झोल, बन्दगोभी और आलू की सब्जी अत्यन्त स्वाद व मुखरोचक थी। बाहर आकर उन्होंने बताया कि यहाँ आमिष-निरामिष सब चलता है। उनकी ताईद करते हुए मैंने उन्हें हम लोगों का मुहावरा सुना दिया—'जीने के लिए खाना है, खाने के लिए जीना नहीं। शरीर तो अन्नमय कोष की ही सृष्टि है, अत: अन्न से ही उसे बचाए रखना होगा।'

उनसिंग अ‍ौर मठाध्यक्ष से परामर्श कर तय किया कि कल हम शालू मठ जाएँगे फिर वहाँ से शिगात्से होते हुए नानगुंग-चू (नदी) के संगम पर जाएँगे जहाँ पहली बार दर्शन देकर मुझे कैलासबाबा ने बचाया था।

रात का अन्धकार धीरे-धीरे ज्ञानगंज की धरती और आकाश पर छाने लगा था, इसलिए मैं पेल्कर छो छोड़ने को बाध्य हुआ। उनसिंग सुबह 8 बजे होटल में मुझसे मिलेगा। होटल की फोर-फोर यानी चार पहिए वाली गाड़ी है, लिहाजा चिन्ता की कोई बात नहीं। उनसिंग संन्यासी है। वह सड़कों और गाड़ियों के मामले में अनभ्यस्त है। शालू मठ शिगात्से जाने के रास्ते में ही पड़ेगा। बड़ी सड़क छोड़ पाँच-छह किलोमीटर भीतर घुसना होगा। यहाँ से मात्र घंटे भर का रास्ता है।

भोर वेला में ही उठ तो गया परन्तु बाहर निकलने पर फिर से स्थानीय पुलिस के हाथों पड़ने की सम्भावना थी इसलिए बैठा-बैठा सोच रहा था—तिब्बत में आए हुए आज पन्द्रहवाँ दिन है और मैं अपने संकल्प पर कायम हूँ। मेरे संकल्प हैं—ज्ञानगंज का तीर्थाटन और कैलासबाबा की खोज।

अफसोस इस बात का है कि जिनसे भी सही सूचना मिलना सम्भव था, उन सभी का कोई पता नहीं, और जो हैं, वे मुँह नहीं खोलना चाहते। पहले लोग अदृश्य

भूत-प्रेतों से डरते थे और आज जिनका डर है, वे तो भूत-प्रेतों से भी भयानक हैं, जो सदा जाग्रत् दृष्टि लिये सशरीर घूम-फिर रहे हैं। वृद्ध गाम्बोबा, लगता है, काफी कुछ जानते हैं। यदि संन्यासी दुभाषिए के स्थान पर मुझे नेपाली दुभाषिया मिला होता तो अच्छा होता, परन्तु कोई चारा नहीं। किन्तु मैं सचमुच भाग्यशाली हूँ कि स्वयं 'माँ' ही पुत्र को आगे लिये जा रही हैं। भिखारी लामा ने ठीक ही कहा है—'गँदला जल', घूमते-घामते मेरी सहजता, सरलता, भक्ति सब मिलकर 'गँदली' हो गई है। मेरी बुद्धि, विश्लेषण और जाँचने-परखने की शक्ति ही तो गँदला मन है। विगत पचास वर्षों से देश-विदेश की हवा और रास्ते की ठोकरों से मन ही गँदला हो गया है। मन की इस गँदली अवस्था में उनके दर्शन कैसे हो पाएँगे?

चार-चार अर्थात् फोन व्हील ड्राइव (4 WD) आ गई। उसमें दो यात्री और हैं और सभी को शिगात्से जाना है। यानी हम फिर शिगात्से की राह पर हैं। मुझे सामने की सीट मिली, कीमत अधिक है, पर आराम है। कुछ दिन पूर्व ही तो इस रास्ते पर गया हूँ, बावजूद इसके लग रहा था कि पहली बार जा रहा हूँ। दृश्यावली तो मनोरम थी किन्तु एक नया उपद्रव शुरू हो गया। ड्राइवर को कमउम्र का छोकरा कहा जा सकता है, उसने रेडियो फुल वॉल्यूम में चला दिया क्योंकि रेडियो पर कोई हिट चीनी गीत आ रहा था। बहुत कुछ काराओके टाइप। गायिका के पतले गले का साथ देती अत्याधुनिक इलेक्ट्रॉनिक ताल। दो बार हल्का-सा प्रतिवाद किया तो उसने वॉल्यूम मालूमी सा कम किया। अधिक प्रतिवाद खुद को ही विवेकसम्मत नहीं लगा, क्योंकि एकमात्र मुझे छोड़कर बाकी सभी संगीत का आनन्द ले रहे थे।

शोर से कानों को तो तकलीफ हो रही थी परन्तु सुन्दर पहाड़ी घाटी का मनोरम दृश्य आँखों और दृष्टि को बड़ा सुहाना लग रहा था। अन्त में गाड़ी रास्ते पर, नवनिर्मित चीनी इलाके में आकर खड़ी हुई। मुख्य सड़क के इस मोड़ पर हम सभी ने एक चीनी चाय की दुकान में प्रवेश कर चाय का ऑर्डर दिया। यहाँ बिस्कुट, केक, सूखा मांस, ऑमलेट, बियर आदि सब कुछ मिलता था। 'चाय-टॉयलेट हॉल्ट'—यहाँ अधिकांश चीनी बाशिन्दे नज़र आए। यहाँ से शालू मठ एक डेढ़ घंटे का पैदल रास्ता है। सड़क छोटी है पर गाड़ी जाती है। चाय पीकर उठने ही वाला था कि बहसबाजी शुरू हो गई। हमारे ड्राइवर, उनसिंग और दुकानदार, इन तीनों में किसी बात को लेकर बहस छिड़ गई। मैं बहस और झगड़ों से बचता रहता हूँ। देश हो या विदेश, हर जगह मैं इसी लीक पर चलता हूँ।...मैं चुप ही रहा। कुछ देर की बहस के बाद दोनों पक्ष रुक गए। यहाँ चाय बड़ी सस्ती है, ल्हासा की तुलना में कहा जा सकता है 'पानी का भाव'। ल्हासा में एक कप चाय की जो कीमत है उतने में यहाँ चार कप मिल जाएँगे और एक बार चैंग या सत्तू के झोल की कीमत अदा कर दी तो जितनी मर्जी चाय पियो। सबकी चाय की कीमत मैंने अदा की, यहाँ तक कि ड्राइवर के केक की भी और मुझे बड़ा आनन्द आया। पता चला कि दुकानदार

'हान' (Hun) यानी चीन का है और ड्राइवर भी 'हान' है। दरअसल दुकानदार ने जब सुना कि हम पैदल शालू मठ जाएँगे तो उसे बड़ा आश्चर्य हुआ क्योंकि हमारे साथ प्राइवेट कार थी। गाड़ी में मात्र दस मिनट में यात्री को शालू मठ पहुँचाना ड्राइवर का काम है और मेरे जैसे भले आदमी का उपकार करने से उसका सुनाम ही होता, पर वह अवसर का लाभ उठा रहा है। दुकानदार मेरी ओर से ड्राइवर पर दबाव डाल रहा था क्योंकि वह चाहता था कि विदेशी उनकी नेकनामी करें। उनका बीच-बचाव करने के लिए मैंने उनसिंग से कहा कि वह यदि मठ तक हमें पहुँचा दें तो मैं दस युआन और दूँगा। उनसिंग ने जब दुकानदार को मेरी बात समझाई तो उसने हँसते हुए कहा—

—ठीक है, आधा-आधा हो जाए।—अर्थात् माध्यम के हिसाब से दुकानदार को पाँच और ड्राइवर को पाँच। गाड़ी के बाकी दो यात्रियों की इस विषय में कोई राय नहीं, उनके लिए तो शिगात्से पहुँचना ही पर्याप्त है। लौटने के रास्ते दुकानदार ने फिर चाय पीने का आमंत्रण देकर मुस्कुराकर 'गुडबाइ' कहा।

स्वप्न-सी सुन्दर शालू मोनेस्ट्री या शालू मठ ज्ञानगंज का तंत्र-साधना क्षेत्र है। अत्यन्त सुन्दर है पैगोडा की छत की बहार जिसे हर पथिक अवाक् विस्मय में ताकता ही रहता है। पहाड़ की उपत्यका में हरे-भरे जंगलों के बीच स्वप्नों से घिरा बहुमन्दिरों का समावेश है। वातावरण बड़ा आकर्षक है। मूल तोरण के पास गाड़ी से उतरते ही मन आनन्द से भर उठा। यहाँ की हवा हल्की है, सहज ही फेफड़ों में भर जाती है। आबादी से दूर साधना के लिए इससे अच्छी जगह के बारे में सोचा भी नहीं जा सकता। गाड़ी चली गई और हमें अतीत के स्वप्नलोक में छोड़ गई। तोरण की नक्काशी अपूर्व है और रंग की बहार तथा प्रत्येक कोने में मठ के विभिन्न रक्षक-देवता खड़े हैं। उसके बाद ही रिसेप्शन ऑफिस तथा अंग्रेजी व चीनी भाषा में लिखी पर्यटकों के लिए नियमावली है। प्रवेश शुल्क प्रति व्यक्ति पच्चीस युआन है। उनसिंग संन्यासी के लिए सब कुछ मुफ्त है। मैं उसे युआन देने लगा तो उसने बधाई दी।

—यहाँ हर मामले में मोलभाव करना पड़ता है। आप सामान्य टूरिस्ट नहीं हैं, लिहाजा सम्भवतः अच्छा कंसेशन मिलेगा।

रिसेप्शन पर बैठा व्यक्ति सम्भवतः सरकारी कर्मचारी है। उनसिंग ने मेरे बारे में बताते हुए उसे 'स्टडी-टूर' का अनुमति-पत्र दिखाया। कागज को देखते ही उसने बड़े सम्मान के साथ सैल्यूट किया और ऑफिस के बाहर आ गया। फिर उसने मोबाइल फोन से कोई नम्बर डायल किया। कुछ देर की बातचीत के बाद उसने फोन उनसिंग को थमा दिया। प्रायः आधा घंटा लगा उधर के व्यक्ति को सब कुछ समझाने में फिर उनसिंग ने हँसते हुए कहा—'काम हो गया। हम लोगों का प्रवेश शुल्क नहीं लगेगा।' प्रवेश शुल्क तो नहीं लगेगा, किन्तु भीतर प्रवेश के लिए यहाँ का प्रभारी

अधिकारी हमसे बात करने के लिए आएगा। हमें बैठने के लिए दो टूल दिए गए। बैठने के बजाय मैं विस्मित हो नयनाभिराम पैगोडा-भवन को देखने लगा। पेल्कर छो और ताशिलुम्पो के समान विशाल न होने के बावजूद इस मठ का आकर्षण अद्‌भुत था। शालू मठ में यह मेरा प्रथम आगमन है। थोड़ी देर बाद रिम्पोचे के दफ्तर से एक संन्यासी आया। रिम्पोचे का दफ्तर एक सुन्दर भवन में है। उन्होंने बाहर आकर मेरा स्वागत किया।

नए सिरे से मेरा परिचय उन्हें देना नहीं पड़ा, वे मेरा परिचय जानते थे। वे मध्यवयसी और मध्यम वजन के सुन्दर पुरुष थे। देखते ही समझा जा सकता था कि वे चीनी हैं। तिब्बत चूँकि चीन में है इसलिए प्रत्येक मठ में तिब्बती संन्यासी के साथ-साथ चीनी संन्यासी भी हैं। सुन्दर चीनी केतली में चाय आई। प्रत्येक मठ में ही मैंने लक्ष्य किया है कि यहाँ की चाय भी अच्छी है और परोसी भी बड़े सुसभ्य तरीके से जाती है। हमारे चाय-चक्र में एक और संन्यासी भी आकर शामिल हुए। देखते ही समझ में आ रहा था कि वे विशुद्ध तिब्बती हैं। कम उम्र, सिर के ऊपर एक जूड़ा-सा बँधा, लम्बे बाल, हल्की दाढ़ी और मूँछें काफी कुछ मंगोल प्रकार की थीं। हमारी उपस्थिति में ही रिम्पोचे ने शिगात्से के मूल दफ्तर में टेलीफोन कर मेरे विषय में जाँच-परख कर ली। मेरे नाम (बिमल दे) का उच्चारण उन्होंने बे-इमाल देइ के रूप में किया। फिर शुरू हुआ सम्मान—मैं हुआ पंडित और वे हुए स्वर्गवासी। 'स्वर्गवासी' नाम सुनते ही वे चौंके और बोले—

—तो आप जानते हैं?

—क्या?—मेरा प्रश्न था।

—यही कि इस शालू मोनेस्ट्री को 'अवलोकितेश्वर का स्वर्गाश्रम' कहा जाता है।

मेरा अनुमान सही हुआ। बड़ा सार्थक नाम है, स्वर्गाश्रम ही है। अब बात असल प्रश्न पर आई। कितने दिन रहूँगा, मेरे अध्ययन का विषय क्या है, इस आश्रम मठ से विशेष रूप से मुझे क्या चाहिए, कहाँ रहूँगा इत्यादि। तिब्बती संन्यासी यहाँ के सहायक मठाध्यक्ष हैं तथा मठ में शिक्षा-दीक्षा का भार उन्हीं पर है।

किस्मत अच्छी है, मठ की अतिथिशाला में कमरा मिल जाएगा। खाना-पीना लेकर मात्र बीस युआन लगते हैं पर चूँकि मैं अध्ययन-भ्रमण पर आया हूँ तो आधा ही लगेगा, यानी आज के हिसाब से मात्र एक डॉलर पच्चीस सेंट, जो न सिर्फ सस्ता है, बल्कि कहा जा सकता है कि 'स्वर्ण सुयोग' है। घर में माल-असबाब रखकर हम तिब्बती (संन्यासी) लामा के साथ मठ-परिदर्शन को निकल पड़े।

शालू मठ के मूल मन्दिर में है चेनरेसिग् अर्थात् अवलोकितेश्वर। जीव-जगत की जरा-व्याधि और मृत्यु के हाथों से मुक्तिदाता भगवान बुद्ध यहाँ स्वर्ग के पथद्रष्टा हैं। इस मठ को स्वर्गाश्रम कहा जाता है। नाट्य-मन्दिर के साथ महामन्दिर। इस

मन्दिर के मूल गृह के दो अंश—दो विभाग हैं। कारीगरी और नक्काशी देखकर ही समझ में आता है कि एक चीनी कारीगरी है और दूसरी नेपाली व हिन्दुस्तानी। मठ के मूल देवता हैं अवलोकितेश्वर। मठ का नाम भी 'अवलोकितेश्वर का स्वर्गाश्रम' है। किन्तु चेनरेसिग् या अवलोकितेश्वर की कोई मूर्ति नज़र नहीं आती, हाँ, मूल मन्दिर की दीवारों पर अनेक प्राचीन बारीक, सुन्दर व परम्परागत मंडला और तांग्खा की अत्यन्त सुन्दर प्रदर्शनी है। ढके हुए नाट्य-मन्दिर को पार कर भीतर जो मन्दिर है, उसको सेरखांग (Serkhang) कहा जाता है। मैं आन्तरिक मन्दिर कहूँगा। यहीं मिला मुझे तिब्बती तंत्रयोग का श्रेष्ठ प्रतीक काल-चक्र, दीवार के ऊपर चित्रित काल-चक्र मंडला। मूर्ति काले पत्थर की मुख्य देवता दुखोर (Dukhor) की, जिन्हें काल-चक्र देव कहा जाता है। कक्ष के दूसरी ओर हैं शान्त, अभय मुद्रा में अवलोकितेश्वर। काले पत्थर के ऊपर अवलोकितेश्वर का काला स्वरूप पहली बार देखने को मिला। आमतौर पर अवलोकितेश्वर का वर्ण शुभ्र होता है। उनका वस्त्र पीला व चादर हरी होती है और वे गुलाबी कमल की पँखुड़ी के ऊपर बैठे होते हैं। यहाँ पर किन्तु सब काला है। हाँ, तंत्र का तामसिक प्रतीक काला या नीला वर्ण है, नील वर्ण असीम-अनन्त का प्रतीक है। भगवान बुद्ध को इन लोगों ने सम्भवत: तामसिक गुणजयी के रूप में स्वीकार किया है।

सेरखांग मन्दिर के बाईं ओर की मूर्ति यहाँ के सर्वपूज्य शालू मठ के प्राचीन महन्त बुटोन रिनचेन द्रुप (Button Rinchen Drup) की है। यह प्रतिमा भी उज्ज्वल काले पत्थर की है। चकाचक काले पत्थर पर मानो आलोक छिटकता पड़ रहा है।

इस विशेष मन्दिर में प्रवेश करते ही एक अद्भुत सिहरन ने मेरे शरीर को हल्का कर दिया। एक धक्का शिगात्से के स्वर्ण-मन्दिर में खाया था और अब यहाँ एक सिहरन की अनुभूति।

इस क्षण को मैं यों ही गँवाना नहीं चाहता था इसलिए मैंने उनसिंग से कहा—'मैं आसन पर बैठना चाहता हूँ, क्या अनुमति मिलेगी ?' उसके सहायक मठाध्यक्ष से पूछते ही उन्होंने उत्तर दिया कि मैं जब तक चाहूँ बैठ सकता हूँ, कोई असुविधा नहीं है। अत्यन्त उम्दा दस्तकारी से भरी आन्तरिक छत और खम्भे हैं किन्तु रोशनी की कमी है। मेरी दृष्टि काल-चक्र मंडला पर स्थिर हो गई। मैं बैठ गया...। घंटा-ध्वनि से मेरा मन जाग उठा। कमरे का वातावरण भी बहुत अच्छा था। आज ठंडक भी कम थी। उनसिंग ने आकर कहा—

—चलिए, भोजन का घंटा बज गया है। हम लोग त्राबाओं (Traba) के साथ ही बैठेंगे। यह मठ दसवीं शताब्दी का है।

सहायक मठाध्यक्ष का नाम लामा तेन् है। इसी अंचल के व्यक्ति हैं—मठ की शासन व्यवस्था, शास्त्र और धर्म की पढ़ाई पीकिंग (आज के बीजिंग) में की है। मठाध्यक्ष चीनी हैं, उनकी आपसी बातचीत चीनी भाषा में होती है। मठ के दो हिस्से

पुराने तिब्बती ढंग के हैं। सांस्कृतिक आन्दोलन के नाम पर तांत्रिक विभाग पूर्णत: ध्वस्त कर दिया गया है। आन्तरिक चीनी स्थापत्य का मन्दिर शायद काल-चक्र मंडला के रक्षाकवच की वजह से बच गया है। सेरखांग के बगल के मकान में ही हमारे ठहरने का बन्दोबस्त हुआ क्योंकि आस-पास कोई होटल नहीं है। मेरे स्टडी-टूर के परमीशन से काफी मदद हुई। हमारे कमरे की विशाल पत्थर की दीवार है, जो शायद छह-सात सौ वर्षों पुरानी है। तख्त पर एक साथ दस-बारह व्यक्ति सो सकते हैं। अनेक तोशक, रजाइयाँ, कम्बल, तकिए इकट्ठा कर रखे हैं। मठ की दीवार के किनारे टॉयलेट की व्यवस्था है। स्नान का तो कोई प्रश्न ही नहीं उठता। रसोईघर सार्वजनीन है, और गरम पानी की व्यवस्था भी वहीं है। उनसिंग ने बार-बार मुझे आश्वस्त करते हुए कहा कि यह सचमुच उत्तम व्यवस्था है।

शाम को लामा तेन्, उनसिंग व मैं अपनी आसन्न योजना पर विचार करने बैठे। मेरी तो एक ही बात थी, ज्ञानगंज के बारे में जितना भी सम्भव हो जानना, खासकर यह कि किस श्रेणी के साधु-संन्यासी और योगी यहाँ आते थे; तंत्र-जगत के श्रेष्ठ तीर्थक्षेत्र एवं साधनाभूमि इस शालू मठ के वर्तमान और अतीत का सामान्य इतिहास; और मेरे उस रहस्यमय तांत्रिक योगी कैलासबाबा का सन्धान। सब कुछ सुनने के पश्चात् लामा तेन् ने बड़ी विनम्रता से मुझे बताया कि यह शालू मठ सम्पूर्ण तांत्रिक प्रतिष्ठान पहले भी था और अभी भी है। अपने प्रश्न का उत्तर पाने के लिए मुझे यहाँ की मंडली के साथ बैठना होगा क्योंकि लामा तेन् शालू मठ की संचालक मंडली के अधीन हैं। मैंने भी ऐसी ही उम्मीद की थी। मैं जानता हूँ, सवाल करने का अधिकार उनका और जवाब देने का अधिकार मेरा है। मैं राजी हो गया और अनुरोध किया कि सम्भव हो तो आज ही बैठा जा सकता है, क्योंकि मेरे पास समय कम है।

हम उठ गए। आधे घंटे के बाद मठाध्यक्ष के कमरे में ही बैठा जाएगा। पता नहीं क्यों, इस शालू मठ में आते ही मुझे बहुत अच्छा लगा है। तिब्बत के अन्यान्य आश्रमों की तरह इस आश्रम को भी राजनीतिक अत्याचार सहने पड़े हैं, परन्तु किसी प्रकार प्राणरक्षा हो गई। कभी वे इसका जिक्र करते हैं और कभी नहीं। परन्तु जहाँ प्रमाण सामने हो वहाँ जिक्र की आवश्यकता भी क्या है।...बाहर बैठे रहना भी अच्छा लग रहा है।

यथासमय हम मठाध्यक्ष के कमरे में बैठे। हम कुल मिलाकर नौ व्यक्ति थे। चर्चा शुरू होने से पहले चाय आ गई। वातावरण घरेलू था। मठाध्यक्ष ने मुझे 'पंडितजी' कहकर सम्बोधित किया, मेरी आपत्ति किसी काम नहीं आई। फिर भी मैंने यथारीति अपनी उस एक ही बात को फिर से सुनाया...मैं एक साधारण परिव्राजक हूँ, विभिन्न देश और देश के लोग मेरा आकर्षण हैं, न मैं धर्म जानता हूँ, न दर्शनशास्त्र, मेरा अनुभव ही मेरा ज्ञान है...। अन्त में मैंने अनुरोध किया—

—मेरी परीक्षा या जाँच न करें बल्कि आइए, हम चर्चा पर बैठें।

प्रथम प्रश्न मठाध्यक्ष की ओर से आया :

—वर्तमान शिक्षित लोगों की ओर से अक्सर यह प्रश्न आता है कि तंत्र में प्राय: यौन-प्रसंग आते हैं, उसे धर्म से आप कैसे जोड़ते हैं?

उत्तर : अच्छा प्रश्न है। धर्म दर्शन का ही हिस्सा है। आप कह सकते हैं कि दर्शन का विज्ञान (Science of Philosophy) आज के विज्ञान आधारित युग के मूल में है। दर्शन (Philosophy) विभिन्न व्याख्याओं और उनके प्रयोग से धर्म में परिणत होता है। तंत्र-विद्या दरअसल शरीर-विद्या अथवा शरीर-विज्ञान है। जिस प्रकार शरीर से मन जुड़ा है, उसी प्रकार मन के साथ आत्मा जुड़ी है। 'काम' एक शक्ति है और उस शक्ति के प्रयोग और व्याख्या के प्रसंग में यौन-प्रसंग आ जाता है। इसे धर्म-विज्ञान कह सकते हैं।

प्रश्न : थोड़ा और समझाकर बताएँगे?

उत्तर : मैं समझ रहा हूँ कि शिक्षित वर्ग धर्म को विज्ञान आधारित या वैज्ञानिक नहीं मानता। धर्म में जटिलता तब आती है, जब उसके नाम पर सत्य को दूर कर दिया जाता है। तब धर्म को मानना सम्भव नहीं होता, उसे पाखंड कहते हैं। स्वयं शाक्यमुनि ने बार-बार यह बात कही है। पृथ्वी के समस्त जीव-जगत को और हमें जीवित रहने के लिए मिलन चाहिए—स्त्री व पुरुष का संगम चाहिए। यही तो हमारे जीवन की प्रथम अवस्था है। काम, क्रोध, लोभ, मद, मोह, मत्सर—ये छह हमारे मन की अवस्थाएँ हैं। 'काम' दैहिक आवश्यकता को जाहिर करता है। काम, क्रोध, लोभ इत्यादि का यदि हम दमन करें तो मनुष्य के रूप में हमारे जीवित रहने का कोई मतलब नहीं होता—हमें अपने शत्रुओं को संयत करना होगा, उनका दमन नहीं। छह घोड़ों को लगाम से कसना होगा। शत्रुओं को अपने नियंत्रण में लाकर हमें अपनी कथनी, करनी और व्यवहार में सामंजस्य (harmony) लाना होगा। कुंडलिनी शक्ति तंत्र-शास्त्र का ढाँचा है। यह कुंडलिनी शक्ति केवल धर्म की नहीं है, आजकल इसे अनायास कुंडलिनी-विज्ञान कहा जाता है। मनुष्य में यौन और सौन्दर्य को केन्द्र में रखकर कई शिल्पचातुर्य और व्यवसाय निर्मित हुए हैं जो आमतौर पर सामाजिक हैं। कुंडलिनी (विज्ञान) शक्ति मनुष्य को शक्तिशाली बनाती है। वृहत् की ओर अग्रसर होने में सहयोग देती है। यौन-मिलन के मूल में है—प्रेम, प्रीति व आसक्ति और उसी से सृष्टि का प्रारम्भ है। इसमें दोषपूर्ण कुछ भी नहीं है। किन्तु वही प्रेम, प्रीति व आसक्ति जब सृष्टि का कारण न बनकर केवल मनोरंजन तक सीमित होती है, तब उसे व्यावसायिक मनोवृत्ति कहते हैं और वहाँ आत्मा और मन की अधोगति होती है। मूलाधार चक्र कुंडलिनी शक्ति का मूल आधार है और उसे जगाने से पूर्व पहले उद्देश्य जानने की दरकार होती है। उस शक्ति को सही राह पर न चलाया जाए तो वह विपथगामी हो जाएगी और इसके लिए शक्ति को दोष नहीं दिया जा सकता। इसके लिए दोषी होती है शक्ति-संचालन की अक्षमता। दरअसल, कुंडलिनी शक्ति

सभी के लिए नहीं होती। कुंडलिनी शक्ति उनके लिए होती है जो स्वयं को तैयार कर देश व आम आदमी के काम में लगाएँगे या जो मनुष्य को शक्ति व शान्ति की राह के लिए तैयार करेंगे। कुंडलिनी शक्ति तंत्र-शास्त्र का विशेष ज्ञान, विज्ञान है। इसके लिए उपयुक्त दीक्षा व शिक्षा की आवश्यकता होती है। बिना शिक्षा व अभ्यास के जो इसकी निन्दा करते हैं, वे स्वयं को अशिक्षित प्रमाणित करते हैं।

प्रश्न : तंत्र-शास्त्र का 'काम' समाज में अप्रचलित है। मैं वर्तमान समाज की बात कर रहा हूँ। हमारे तंत्र का प्रचार करने में काफी असुविधा है। इस बारे में आपकी राय ?

यह एक नवीन तांत्रिक का प्रश्न था।

उत्तर : 'काम' समाज में अप्रचलित है, यह कहना सत्य की उपेक्षा करना है। दुनिया के बहुत सारे देशों में घूमा हूँ। उन्नत, अनुन्नत, दरिद्र, धनी, पंडित, मूर्ख इत्यादि हर प्रकार के मनुष्यों को देखा है। 'काम' संस्कृत शब्द है। चालू भाषा में इसे सेक्स कहते हैं। कहीं भी तो इसका अभाव नज़र नहीं आया। टोकियो, न्यूयॉर्क, बीजिंग, मॉस्को यह तो हर जगह है। 'काम' अप्रचलित नहीं वरन् इसका व्यवहार व प्रयोग-कौशल स्थान-काल-पात्र के अनुसार भिन्न होता है। स्त्री और पुरुष के बीच परस्पर आकर्षण—यही तो मनुष्य का धर्म है। ई-इयांग, पुरुष-प्रकृति, शिव-शक्ति सभी तो उस काम-शक्ति के ही विभिन्न स्वरूप हैं। हम बड़े होते हैं, दैहिक परिवर्तन से मन में 'काम' भावना आती है। तंत्र-शास्त्र का 'काम' अप्रचलित नहीं है। हिन्दू शास्त्र में काम को मनुष्य की सामाजिक उन्नति व स्थायित्व के अन्यतम अंग के रूप में स्वीकार किया गया है। ऋषि वात्स्यायन ने अपने उपदेश में जीवन में स्थायित्व की प्रथम सीढ़ी अर्थ, द्वितीय काम, तृतीय धर्म तथा चतुर्थ मोक्ष को बताया है। तंत्र-शास्त्र का 'काम' दरअसल मानसिक व आध्यात्मिक उन्नति का सोपान है। इसे उपयुक्त व जानकार गुरु से सीखने व जानने की जरूरत है।

प्रश्न : शास्त्रों में काम को शत्रु बताया गया है, काम के विसर्जन की बात कही गई है, और आप उसे पकड़े रखने को कहते हैं!—बात ठीक से समझ में नहीं आ रही!

उत्तर : देखिए, आपने मुझे मुश्किल में डाल दिया। मैंने तो शुरू में ही कहा था कि मैं शास्त्रज्ञ भी नहीं हूँ और पंडित भी नहीं हूँ। शास्त्रों में यदि ऐसा कहा गया है तो देखना होगा कि ऐसा किस प्रसंग में कहा गया है।

किन्तु मैं काम को शत्रु न कहकर उसे शक्ति (Energy) की अभिव्यक्ति कहता हूँ। मैं कौशल से उस पर नियंत्रण कर उसके प्रयोग की बात करता हूँ। यदि अनुमति दें तो एक उदाहरण देना चाहूँगा। ठीक है ?

फ़र्ज़ कीजिए, ल्हासा की सड़क पर एक व्यक्ति चल रहा है। विभिन्न कारणों से उसका मन भारी है, वह भूखा है। उसकी जेब में कुछ युआन हैं। पहले वह एक रेस्तराँ में घुसकर जी भरकर खाता है। फिर बाहर आकर चलते-चलते एक नाइट क्लब में जाता है, नाच देखता है, जी भरकर नाचता है, दारू के नशे में सारे दुख

भूल जाता है। सुबह जब क्लब बन्द हो जाता है तो उसे बाहर आना पड़ता है। और सुबह वह स्वयं से मिलता है। एक-एक कर पुरानी समस्याएँ फिर सामने आती हैं—सिर खूब भारी लगता है और वह व्यक्ति अफसोस जताता है...। जेबें खाली हैं। अब आप ही बताइए, उसकी इस अवस्था के लिए दोषी कौन है ?...जेब में पैसे थे तभी तो मन ने वहाँ जाना चाहा...न होते तो शायद यह अघटित न घटता। है न ? तो दोष तो युआन (धन) का हुआ न...क्या सोच रहे हैं ? नहीं, दोष धन का नहीं है। दोष इसका है कि धन कैसे खर्च हुआ, किसने खर्च किया ? हमारी देह व मन की जो शक्ति है, वही तो हमारी पूँजी, हमारा धन है। हमें शक्ति का विसर्जन नहीं करना है, उसके अपव्यय को रोकना है। बुद्धि और विवेचना के माध्यम से हमें मूलाधार चक्र की शक्ति को काम में लगाना होगा। उस शक्ति का व्यवहार ही उपयुक्त साधना है।

हमारी चर्चा कुछ देर और चली और उसके पश्चात् हम तांत्रिक-पाठागार में चले आए। यहाँ पुस्तकों का विशाल संग्रह था और पुस्तकों के कोष्ठक विशाल-विशाल थे। कोष्ठक पुस्तकों के आकार के अनुरूप थे जिनमें पुस्तकें रखी थीं। तकरीबन सौ पुस्तकें तो ऐसी थीं जो केवल लम्बे कपड़े पर हाथ से लिखी गई थीं, जैसे तेरह हाथ लम्बी धोती पर सफाई से नामावली लिखी गई हो। सारी पुस्तकें तिब्बती भाषा में थीं। महापंडित बुटोन रिनचेन ने शीघ्रता से हिन्दुस्तान जाकर संस्कृत भाषा पर पांडित्य अर्जित किया और फिर हिन्दुस्तान (भारत) से अनेक पुस्तकें ले आए और स्वयं ही उनका तिब्बती भाषा में अनुवाद किया। इस पुस्तक-भंडार में उनकी हस्तलिखित पुस्तकें भी हैं और वे सब कपड़े पर लिखी हुई हैं। एक समय यह शालू मठ श्रेष्ठ तंत्रपीठ था और इन पुस्तकों का कपड़ा यहीं का, मठ के अपने ताँतघर का बुना हुआ है। सहयोगी मठाध्यक्ष लामा तेन् (Lama Ten) ने बार-बार मुझे प्रशंसा की दृष्टि से देखते हुए कहा :

—हम सभी यह समझ गए हैं कि आप वास्तव में पंडित व्यक्ति हैं। कितनी सहजता से आपने हमारे प्रश्नों के उत्तर दिए, हम सभी प्रसन्न हैं। हमारे इस मठ में पहले अनेक पंडित-योगी आते थे। अफ़सोस की बात है कि सांस्कृतिक क्रान्ति के बाद सब बन्द हो गया। पहले यहाँ सात-आठ सौ योगी ध्यान व अलौकिक विद्या की साधना करने के लिए आते थे और साधना के अन्त में सिद्ध योगी बनकर लौट जाते थे। इस मठ में साधारण योगियों को स्थान नहीं मिलता था, वे पेल्खर में रहते थे।

—मुझे उनका साधना-स्थल दिखाएँगे ?—मैंने संकोच में प्रश्न किया।

—अवश्य ! आइए।

हमने बगल का एक छोटा रास्ता पकड़ा। चलते-चलते बातें भी होती रहीं—शालू मठ और पहाड़ के इस ढालू अंश को शालू उपत्यका कहते हैं। थोड़े से निर्जन इलाके में कुछ बड़े-बड़े पत्थर हैं। इन्हीं पत्थरों से गुफाओं के मुँह बन्द किए गए

हैं। गुफाएँ लगभग दो व्यक्तियों के बराबर ऊँची हैं, और उनके भीतर और भी छोटी-छोटी गुफाएँ हैं। काफी बड़ा रास्ता है, जिससे कई छोटी-छोटी गलियाँ निकली हैं। लगता है, बहुत युगों पूर्व कोई नदी थी जो बाद में सूख गई या उसने रास्ता बदल लिया और वही परित्यक्त नदी-पथ अब गुफा में परिणत हो गया है। क्रान्ति के पश्चात् इन गुफाओं को बन्द कर दिया गया है और सरकारी अनुमति के बिना गुफा में रहने की मनाही है। आजकल यहाँ ध्यान लगाने कोई नहीं आता है। वैसे साधक भी नहीं रहे, और उपयुक्त गुरुओं का भी अभाव है। इन गुफावासियों का पूरा दायित्व शालू मठ के कर्ता-धर्ताओं का था। दिन में एक बार सत्तू का झोल या चैंग, कभी-कभी दाल-रोटी या रोटी-सब्जी और दो-दो कम्बल सभी को दिए जाते थे। सर्दियों के समय धूनी जलाने को काठ भी। छोटी गुफाओं में धूनीघर नहीं हैं। सर्दियों के समय मूल गुफा या बड़ी गुफा में सभी एक साथ रहते। हिन्दुस्तानी साधु पहाड़ लाँघकर सिक्किम होते हुए मैदानों में उतर जाते। ऊँचे मान के योगी को छोड़कर सर्दियों में गुफा में रह पाना सम्भव नहीं होता था। 'सर्दियों में गुफा का मुँह बन्द हो जाता है।' यह बात सुन मैं अपनी उत्कंठा दबा नहीं पाया।

—बन्द हो जाता है, माने?

—किसी गुफा में कोई दरवाज़ा या काठ की कोई आड़ नहीं थी। दरअसल गुफा के मुख बर्फ से ढक जाते थे। केवल सिद्ध योगी ही यहाँ साल भर रह पाते। अन्य कोई व्यक्ति अर्थात् संन्यासी या ग्रामवासी उनके ध्यान में खलल डालने यहाँ नहीं आता था। हमारे आश्रम की पुरानी पोथियों (Report and history of Shalu Monastery) में सब लिखा है, आप यदि चाहें तो आपको पढ़कर सुना सकते हैं। कई पुरानी पोथियाँ क्रान्ति के बावजूद भी नष्ट होने से बच गई हैं।

लामा तेन् की बातें मैं और उनसिंग अत्यन्त मनोयोग से सुन रहे थे। अब उन्होंने हमें और भी अचम्भे में डाल दिया, बोले—

—चलिए, दिन का उजाला रहते-रहते आपको और एक गुफा दिखाता हूँ। हाँ, दाहिनी ओर की छोटी गुफा को देखें, साठ-सत्तर वर्षों से यह बिल्कुल परित्यक्त है। मैं और उनसिंग यहाँ रुकते हैं, आप गुफा के भीतर देख आएँ।

उनके निर्देश के अनुसार आगे बढ़कर गुफा देखने के लिए जूते उतारकर प्रणाम करने के पश्चात् मैंने भीतर प्रवेश किया। भीतर किसी प्रकार से खड़ा हुआ जा सकता है। कुछ पत्थर इस प्रकार सजाकर रखे हैं कि लगता है कि सोने की जगह है। दीवार पर किसी प्रकार की खरोंच तक नज़र नहीं आई। मैं उस पत्थर पर बैठ गया। हठात् महसूस हुआ कि गुफा में कोई और भी है पर नज़र नहीं आ रहा था। छिपने की कोई जगह नहीं थी। मैंने हाथ जोड़कर कहा—'मुझे क्षमा करें। सोचा था कोई नहीं है इसीलिए अन्दर आया।' हठात् नाक में बीड़ी या गाँजे की सी गन्ध आई, पर आश्चर्य! कोई धुआँ नज़र नहीं आया। मन ही मन मैंने सोचा—अवश्य ही भीतर

जाने का कोई गुप्त रास्ता है, क्योंकि गाँजे की गन्ध तो मैं पहचानता हूँ। कोई भी जब नज़र नहीं आया तो मुझे घबराहट हुई, प्रणाम कर मैं गुफा से निकल आया। अपने स्वेटर की बाँहों से मुझे अभी भी गाँजे की सी गन्ध आ रही थी। उनसिंग और लामा तेन् मेरी प्रतीक्षा कर रहे थे। पास आकर मैंने पूछा—आपने तो कहा था कि यह गुफा साठ-सत्तर वर्षों से परित्यक्त है?

—हाँ, हमारे खाते में तो यही लिखा है।

—मुझे लगता है कि कोई वहाँ है या बीच-बीच में गाँजा या बीड़ी पीने आता है। मुझे गन्ध आई। और सूँघकर देखिए, मेरे स्वेटर में अभी भी गन्ध है।

मेरी बात सुनकर वे दोनों मेरा स्वेटर सूँघने लगे, पर अफसोस उन्हें कोई गन्ध नहीं आई जबकि मुझे अभी भी गाँजे की गन्ध आ रही थी।

लामा तेन् ने कहा—'आपकी ही तरह बहुतों को यहाँ कुछ गन्ध-सी आती है, परन्तु सभी को नहीं आती। खुद मैंने कई बार चेष्टा की पर कोई गन्ध नहीं आई।'

उनकी बात सुनकर मुझे बनारस के गन्धीबाबा की बातें याद हो आईं। दादू (पंडित गोपीनाथ कविराज) ने व्याख्या कर बताया था कि यह सब कुछ शब्द, स्पर्श, रूप, रस और गन्ध जगत में व्यक्ति के साथ व्यक्ति का सम्बन्ध है। मन ही मन उस अनजान महापुरुष को भक्ति के साथ प्रणाम किया। मैं समझ गया कि शालू मठ आज भी शालू मठ ही है, जिनके रहने की जगह है, वह यहाँ हैं। मैं भाग्यवान हूँ, यह कोई अलौकिक घटना नहीं, शरीरी के साथ एक अशरीरी का साक्षात् मात्र है। इस विषय पर मैंने और कोई बात नहीं की।

अँधेरा होने से पूर्व ही हम लौट आए। यहाँ बिजली नहीं है, रात में लालटेन का प्रयोग होता है। और अँधेरा होने से पूर्व ही भोजन का बुलावा आ जाता है। भोजन का बुलावा आ गया। मुझे मन इतना हल्का लग रहा है और स्वेटर से अभी भी गन्ध आ रही है कि इस क्षण को मैं पकड़कर रखना चाहता हूँ। मैंने उनसिंग से कहा—'तुम खाने जाओ, मैं आज रात भोजन नहीं करूँगा।'

मेरी बात सुनकर उनसिंग ने हँसते हुए कहा—'आप वास्तव में पंडित हैं, कृष्ण-पक्ष की रात को कई लोग उपवास करते हैं।' उनसिंग ने मुझे आश्वासन देते हुए कहा कि भोजन के पश्चात् वह लालटेन लेकर कमरे में लौट आएगा। मैं कमरे के बाहर आकर दीवार पर अंकित सुन्दर व भयावह महाकाल की तस्वीर निहारता रहा। महाकाल तामसिक देवता हैं, जिन्हें तिब्बती लोग नागपो-चेनपो (Nagpo-Chenpo) कहते हैं। महाकाल दरअसल हमारे महाकालेश्वर शिव का तांडव-रूप हैं। वे हिमालय के जाग्रत् देवता हैं। जैसे-जैसे अन्धकार गहराता जा रहा है वैसे-वैसे महाकाल की दोनों आँखें उज्ज्वल से उज्ज्वलतर होती जा रही हैं। एक अद्‌भुत आकर्षण है उनमें, कलाकार की एक अलौकिक रचना है। यहाँ बैठने के लिए मैं कमरे से एक कम्बल ले आया। घंटी बजते ही सभी भोजन-कक्ष में जा चुके हैं। लगता है, पच्चीस-तीस से अधिक

व्यक्ति नहीं हैं। शालू मठ की एक अद्‌भुत आनन्दमय हवा है। शालू मठ में प्रवेश करते ही मुझे बार-बार इस अनुभूति का स्पर्श हो रहा था, जो कह रहा था—मुझे तुम्हारी दरकार थी। भारत के अनेक तांत्रिक पीठस्थानों में रात को अकेला रहा हूँ—कामाख्या, बक्रेश्वर, तारापीठ, इन सब जगहों पर रात को आबहवा भारी मिली है, मन को भरोसा, सन्तोष और तृप्ति मिली है, परन्तु यहाँ जैसे हल्के आनन्द का स्पर्श पहली बार हुआ। मैं समझ गया कि इसीलिए तो मेरा यहाँ आगमन हुआ है।

लालटेन लिये हुए लामा तेन् और उनसिंग आए। उनसिंग ने पूछा कि मैं थोड़ा-सा यदि कुछ खाना चाहूँ तो वह कमरे में भेजने की व्यवस्था कर देगा। असंख्य धन्यवाद देते हुए उसे समझाते हुए मैंने कहा कि मन में यदि आनन्द हो तो उसके सामने भोजन तुच्छ है। अवसर पाकर मैंने कहा—

—मुझे रात को अकेले-अकेले घूमना अच्छा लगता है। खासकर इस प्रकार के निःशब्द, आनन्दमय, ध्यानी वातावरण को मैं सोकर खोना नहीं चाहता। क्या अनुमति मिल सकेगी?

मेरी बात सुनकर आश्चर्य करते हुए लामा तेन् ने जवाब में कहा—'आप आज पहली बार आए हैं। यहाँ सब कुछ अन्धकारमय है, आप कुछ भी देख नहीं पाएँगे। कल मठाध्यक्ष से कहकर सब बन्दोबस्त कर दूँगा।'

—ठीक है, अशेष धन्यवाद। किन्तु बिल्कुल भोर में, थोड़ा अँधेरा रहते ही मुझे टहलने की आदत है। उसमें तो कोई आपत्ति नहीं?

—नहीं, भोर 4-5 बजे के बाद आप जहाँ मन हो, वहाँ ख़ुशी से जा सकते हैं। अब तो आप हमारे अपने हैं। हाँ, टॉयलेट की सीढ़ियाँ काफी ऊँची हैं, सावधान रहिएगा और बिना लालटेन के मत जाइएगा।

इसके बाद उनसिंग को सब कुछ समझाकर उन्होंने विदा ली। रात को हमारे पास करने को कुछ नहीं था। उनसिंग सारा दिन मेरी बातों का तर्जुमा करते-करते अब थक चुका था। रात में ठंड भी काफी थी इसलिए बिस्तर ही श्रेष्ठ आश्रय था। अभी रात के मात्र 8 बजे हैं, लालटेन की रोशनी चिमनी से टकराकर अपनी तेजी खो रही थी, शायद बत्ती काटी नहीं गई थी। अनेक वर्षों के बाद लालटेन पाकर छुटपन की याद हो आई। उनसिंग खर्राटे लेने लगा था। मैं लिखने के लिए बैठ गया। आज लिखने के लिए मन में बेशुमार विषय हैं। काफी देर तक लिखता रहा। गुफा के बारे में लिखते वक्त मैं रुक गया—गाँजे की गन्ध की बात क्या लिखनी! लालटेन की बत्ती छोटी कर मैंने कम्बल ओढ़ लिया।

नींद नहीं आ रही है। मानसिक आनन्द ने मेरी प्रत्येक कोशिका को जगाए रखा है। नींद तो क्लान्ति का लक्षण है, परन्तु मेरी तो सारी क्लान्ति दूर हो गई है। हठात् स्वेटर की गन्ध याद आई। मैंने शीघ्रता से उठकर स्वेटर नाक के पास रखकर सूँघा—अद्‌भुत, गन्ध अभी भी वैसे ही थी जैसे पहले थी! बनारस के गन्धीबाबा

(स्वामी विशुद्धानन्द सरस्वती) हाथ में गन्ध थमा देते और फिर उसके बाद जब गन्ध उड़ जाती तो सब समस्याओं का समाधान हो जाता। नाना से सुनी वही कहानी मैंने बनारस के पूज्यपाद ब्रह्मानन्द परमहंस देव से भी सुनी है। यहाँ मुझे बार-बार गन्ध का अनुभव हो रहा है—यह कोई मेरी कल्पना मात्र नहीं है, न मुझ पर किसी ने वशीकरण किया है। यह तो वास्तविकता है। जिस प्रकार मेरा ज्ञानगंज में होना वास्तविकता है, वैसे ही गन्ध भी एक वास्तविकता है। ऐसा लग रहा है जैसे सब कुछ पा लिया हो। अब स्पष्ट समझ पा रहा हूँ कि छुटपन में जब साधुबाबा (उर्फ गुरुजी, उर्फ रिम्पोचे) के साथ आया था तब मेरा कर्म या पुण्य का मूलधन नहीं था। आध्यात्मिक प्यास से अधिक भ्रमण की प्यास ही मुझे रास्ते पर ले आई थी। साधु बनना मेरा उद्देश्य नहीं था किन्तु भ्रमण के लिए साधुसंग ही मेरी प्रेरणा था। जीवन में छोटे होने की जितनी भी सुविधाएँ हैं, वे सभी आशीर्वाद बनकर मुझ पर बरसी हैं। जब भी बड़ा होना चाहा है, तभी ठोकर खाई है। मेरे कर्म के साथ संकल्प परस्पर सहयोगी रहा है। जो भी पकड़ना चाहता हूँ, वह स्वत: गिरफ्त में आ जाता है। मेरी जो सबसे बड़ी बाधा है, वह है मेरे सचेत मन का विश्लेषण। सचेत मन की विद्या, बुद्धि, अहंकार एक साथ मिलकर मुझे गलत राह पर ले जाने की चेष्टा करते हैं। जब मुझे यह समझ में आता है, तब अत्यन्त सावधानी से मैं मन को सहज पथ पर ले आता हूँ। सहज पथ ही मुक्ति का पथ है। आत्मसमर्पण। आत्मसमर्पण भक्त का नहीं, राह से भटके पथिक का। मैंने कभी भी दूर देखते हुए रास्ता नहीं खोजा। मेरी राह मेरे पैरों तले है। आँखें मुँद गईं...पता नहीं कितनी देर, किन्तु स्वेटर की गन्ध उग्र हो उठी—ऐसा लगा, मेरे चारों ओर सभी चिलम फूँक रहे हैं। कमरे में अँधेरा है, धुआँ-सा अँधेरा। सोचा दरवाजा खोल दूँ। पर दरवाजा नहीं, मैंने आँखें खोलीं। लालटेन की क्षीण रोशनी ने किसी प्रकार स्वयं को प्रकाशित कर रखा है। मैं उठ बैठा—ऐसा लगा जैसे मैं किसी साधु के आश्रम में नहीं, ज्ञानगंज के शालू मठ में हूँ। मन में चारों ओर की फिक्र का स्रोत हिलोरें ले रहा था इसलिए मैं नींद की जगह मन के राज्य में घूम रहा था। बिस्तर पर नहीं रह पाया, किसी ने जैसे मुझे जबरन उठा दिया। लालटेन की बत्ती बढ़ाकर मैं निकल पड़ा। यहाँ से गुफा का रास्ता अधिक दूर नहीं है। आसमान साफ है, कुहासा कहीं नहीं—पथरीला, असमतल रास्ता है। सफेद पत्थरों पर तारों की हल्की रोशनी छिटकी पड़ रही है। दो बड़ी गुफाएँ मिलीं जिनके मुँह पत्थर से बन्द कर दिए गए हैं। उनसे थोड़ी ही दूर पर वह अलौकिक गुफा थी। रास्ते के किनारे लालटेन रखकर मैं आगे बढ़ गया। अद्‌भुत! लग रहा है जैसे बहुत दिनों का जाना-पहचाना रास्ता है। मैं गुफा में जाकर बैठ गया। आँखें अब तक अन्धकार की अभ्यस्त हो गई थीं। गुफा अधिक गहरी नहीं है। जूते बाहर उतार आया हूँ इसलिए पैरों में ठंडक लग रही है। हाथ जोड़कर प्रार्थना करते हुए मैंने कहा :

—मुझे नहीं मालूम कि आप कौन हैं? किन्तु मैं कौन हूँ, यह आप जानते हैं। गन्ध के माध्यम से आप मेरी पकड़ में आए हैं। अब लग रहा है कि मैं यहाँ आपके लिए ही आया हूँ। आपको मेरा प्रणाम।—साष्टांग प्रणाम कर मैं भूमि पर पड़ा रहा। पैरों से ठंडक सरसराती हुई सारे शरीर में फैल गई तो मैं उठने को बाध्य हुआ। उठकर बैठते ही गाँजे की गन्ध से धीरे-धीरे कमरा भर उठा। मैं समझ गया कि वे उपस्थित हैं। मेरे कहने को कुछ और था ही नहीं। मैंने मन ही मन सोचा कि वे ही मेरे जीवन-देवता, मेरे कैलासबाबा हैं। आखें मूँदकर मैं प्रतीक्षा करने लगा। प्रतीक्षा, किसकी? पता नहीं। बैठे-बैठे शरीर खूब हल्का हो गया, ठंडक भी अब बर्दाश्त हो रही थी। न कोई प्रार्थना, न कोई मंत्र, न कोई स्वप्न, न चिन्ता। ज्ञानगंज के इस विशाल नि:शब्द अंचल में मैंने अपना अस्तित्व खो दिया...

16वाँ दिन

जब आँखें खुलीं तो देखा कि भोर का उजाला फैल रहा है। दूर पहाड़ी के किसी अनजान वृक्ष की डाल-डाल पर पंछियों का नाचना-गाना शुरू हो चुका है। रात के गाँजे की गन्ध पूर्णत: लुप्त हो चुकी है। गन्ध के माध्यम से मुझे उनका स्पर्श कैलासबाबा का स्वरूप मिला, मन की गिरफ्त में आया। भोर के पंछियों के कलरव में मुझे एक अजाना संगीत सुनाई पड़ा। ठंडी हवा ने मेरे चेहरे पर अपने स्नेहिल स्पर्श की छाप से मुझे जगा दिया। बार-बार चेष्टा करने के बावजूद उस परिचित गन्ध को न ला सका।

मैंने मन को सान्त्वना दी, जो चाहा था उससे कहीं अधिक मैंने पाया है। अब जो प्राप्त हुआ है उसका क्या करूँ, कहाँ रखूँ?

गुफा से निकलकर मैंने उस अदृश्य महापुरुष को बार-बार प्रणाम किया। सुना है महासिद्ध योगी अपने साधनास्थल पर आते हैं। अवश्य, ये भी उन्हीं में से एक होंगे। महासिद्ध नाम मन पर अंकित हो गया। रास्ते के किनारे मैंने लालटेन रखी थी, सम्भवत: तेल के अभाव में बुझ गई थी। मैं लौट आया। कमरे में उनसिंग अभी भी सो रहा था। सर्दियों में नींद अच्छी आती है।

मठ में घंटा बजा—नींद से जगाने का घंटा। उनसिंग उठा।

—आप उठ गए? रात में नींद आई? डर तो नहीं लगा?

—डर? किस चीज का?

—पता है, इस शालू मठ की कई कहानियाँ हैं। सुन लेंगे तो रात को कहीं निकल नहीं पाएँगे।

—अच्छा, इसीलिए तो तुम्हें साथ लाया हूँ।

मठ के संन्यासी प्रार्थना के अन्त में चाय और बॅन जैसी रोटी खाते हैं। फिर दोपहर का भोजन और फिर सीधे सूर्यास्त के समय रात का भोजन। मैं चूँकि अतिथि

हूँ, मेरे लिए विशेष व्यवस्था है, चाय के साथ सत्तू। ऑफिस से बुलावा आया। लगभग अँधेरे कमरे में एक छोटे तकिए पर एक महिला संन्यासिन बैठी थीं जिनका सिर मुँड़ा हुआ था और पोशाक तो महिला हो या पुरुष, एक सी ही है। चेहरे से पहचानना पड़ता है। मुझे देखते ही उठकर खड़े हो हाथ जोड़कर फिर भूमिष्ठ हो प्रणाम किया। प्रात:काल संन्यासिनी का प्रणाम ग्रहण करने से पुण्यलाभ होता है, इसलिए मुँह से बिना कुछ कहे मैंने भी प्रतिनमस्कार किया और खड़ा रहा। परिचय से पता लगा कि वे पुस्तकालयाध्यक्षा थीं। वे उठकर आईं और बोलीं—

—यह देखिए, ये सब नामों की पुस्तकें हैं। इन पुस्तकों में आप जिनको ढूँढ़ रहे हैं, उनका नाम मिल जाएगा, और उससे हमें पता चल जाएगा कि वे किस सम्प्रदाय के हैं।—यह बात सुन मैं स्वयं को संयत न रख पाया, कुतूहली दृष्टि से मैंने कपड़े में लिपटे विशाल ग्रन्थ पर नजर गड़ाई। संन्यासिन ने मुझे उत्साहित करते हुए कहा—यह देखिए, इस पृष्ठ के सभी नाम हिन्दुस्तानी हैं।

मैंने अनेक नाम पढ़े—राम-स्वामी, बाबाजी, सन्त, साधु, गोपालजी साधुराम, भजन सिंह, गुरु महाराज, गरंची, भृगुराम, सियाराम, जयबाबा... धानीजी... इत्यादि भले ही अस्पष्ट लिखे हों परन्तु हिन्दी या देवनागरी अक्षरों में होने के कारण समझने में असुविधा नहीं हुई। खाते में सबसे बड़ा आश्चर्य यह हुआ कि कौन कहाँ से आया या अन्य कोई सूचना उसमें नहीं थी, यहाँ तक कि साल व तारीख का भी उल्लेख नहीं था। इस बारे में जब पूछा तो उत्तर मिला कि ये नाम केवल रहने, खाने, धूनीघर और कम्बल के लिए लिखे गए थे। दरअसल खाता नाम व परिचय के लिए नहीं था। हर मकान का एक खाता था। प्रत्येक मकान में कितने लोग रह सकते हैं, उसका हिसाब था। जिसकी जितने दिन मर्जी हो, साधना व शिक्षा के लिए रह सकता है, उसके बाद एक व्यक्ति या समूह के जाने के पश्चात् अन्य किसी व्यक्ति या समूह को वह जगह दे दी जाती। खाते का दायित्व जिनके हाथ में होता, वे केवल संख्या की जाँच करते और साधु या योगी-पुरुष अपना-अपना नाम स्वयं खाते में लिखते। यहाँ कोई किसी को नाम लेकर सम्बोधित नहीं करता, क्योंकि नाम तो देह का होता है जो क्षणभंगुर है और आत्मा का कोई नाम नहीं होता। यहाँ जो आते उन्हें स्वयं पता नहीं होता था कि उनकी उम्र कितनी है। तांत्रिक-साधना में 'काल' या समय का कोई मूल्य नहीं होता। जैसे कोई यदि गुफा या ध्यान-क्षेत्र में आँखें मूँदकर बैठा रहे तो उसके पास दिन या रात का कोई हिसाब नहीं रहता। कोई यदि ध्यानमग्न अवस्था में दो दिन, चार दिन या और अधिक दिन रहे तो ध्यान भंग होने पर उन्हें क्या पता कि कितनी देर या कितने दिन वे ध्यानमग्न थे। दिन, वार, तारीख आदि का ध्यान तो उन्हें होता है, जिनकी आँखें खुली हों। इन्हीं सब कारणों से खाते में दिन, तारीख आदि का उल्लेख नहीं है। किन्तु हाँ, जो मठ में ब्रह्मचारी शिक्षार्थी हैं, उनकी बात अलग है, उनके पास समय का हिसाब है। पेल्खर मठ में सब कुछ है।

संन्यासिनी ने मेरे चेहरे की ओर देखकर विनीत स्वर में पूछा—'और कुछ जानना चाहते हैं?'

—आपने यह जो उम्र की बात बताई, मुझे कुछ भ्रामक लगती है। एक अत्यन्त कम उम्र का साधु और एक अस्सी-नब्बे साल के वरिष्ठ साधु के बीच क्या कोई फर्क नहीं था?

—हाँ, आप हिन्दुस्तानी पंडित हैं, मैंने सारनाथ व नालन्दा आश्रम के बारे में पढ़ा है। वहाँ सारा संचालन बड़े-बड़े पंडित और ज्ञानी गुरु करते थे। वहाँ सब कुछ बड़े सुन्दर व सुचारु ढंग से संचालित होता था, परन्तु हमारे यहाँ सब कुछ संचालक-मंडली पर निर्भर करता था।

यह कहकर संन्यासिनी उठीं और करीब के ब्रह्मचारी को बुलाकर ऊपर के कोष्ठक में रखे पीले रंग के खाते को उँगली से दिखाकर कहा—'उसे नीचे उतारो।'

उसने निर्देशानुसार सीढ़ी लेकर पीले कपड़े में बँधे खाते को ऊपर से नीचे उतारकर उनके हाथ में दिया। उन्होंने उसे सिर से छुआकर धूल झाड़ी और फिर उस पर कुछ चपत जमाकर खाते को खोला।

—यह देखिए, यह है ध्यान-कक्ष के गुरुजी का हस्तलिखित मन्तव्य।—यह कहकर उन्होंने कई पृष्ठ उलट-पलटकर देखे और फिर कहा—

—हाँ, यह मन्तव्य सुनिए, यह प्राय: अस्सी वर्ष पहले का खाता है। गुरुजी एक ध्यानी साधु को कमरा, बरामदा या गुफा देने से पहले पूछते हैं—

गुरुजी : तुम्हें देखकर लग रहा है कि पहली बार यहाँ आए हो!

साधु : नहीं गुरुजी, मैं अनेक बार यहाँ आया हूँ।

गुरुजी : पहले तुम कहाँ थे, किस कमरे में?

साधु : नीचे के बज्रसत्व मन्दिर के निचले कमरे में।

गुरुजी : वह कमरा तो कई वर्षों से बन्द पड़ा है, बीस-पच्चीस वर्षों से मन्दिर की सामग्री रखने के काम में आ रहा है।

साधु : मैं उससे भी बहुत पहले आया था।

गुरुजी : तुम्हारी तो उम्र ही बीस-पच्चीस वर्ष लग रही है!

साधु : हो सकता है, मेरी उम्र मेरे पिता-माता को ज्ञात थी, किन्तु वे सब अब शायद जीवित नहीं हैं। उस कमरे में मैंने दस-पन्द्रह वर्ष ध्यान किया है।

गुरुजी : पर हिसाब से तो मेल नहीं खा रहा। लगता है, तुमने किसी अन्य आश्रम के साथ इसे गड्डमड्ड कर दिया है।

साधु : हो सकता है, आज से प्राय: सत्तर-अस्सी वर्ष पूर्व परन्तु मैं उसी कमरे में था, माने पूर्वजन्म में। मेरी साधना में विघ्न पड़ गया था, इसीलिए नहीं रह पाया। मुझे फिर ध्यान में बैठना होगा, गुरु का निर्देश है।

यह वार्तालाप सुनाकर संन्यासिनी ने हँसकर मेरी ओर देखा।

—कुछ समझे?

—अच्छा, इन साधु के नाम का पता चल सकता है?

—हाँ? देखती हूँ।

उन्होंने पुस्तक फिर से खोली और काफी देर उलट-पलटकर बाहर के बरामदे में आकर रोशनी में अत्यन्त कष्ट से अस्पष्ट लिखावट को पढ़ा—'गणेश लामा'। मैंने श्रद्धा सहित उस महासाधक गणेश लामा के प्रति प्रणाम निवेदन किया।

संन्यासिनी ने मुझे समझाते हुए बताया—'इस प्रकार के अनेक योगी और साधु उस समय इस शालू मठ में आते थे। आप अपने पास समय लेकर आएँ। ध्यानकक्ष की पुस्तक में इस प्रकार की अनेक कहानियाँ हैं। अनेक साधु-योगी उम्र के बारे में पूछने पर जवाब देते—दो सौ वर्ष, तीन सौ वर्ष, अर्थात् अपने दो-तीन जन्मों की उम्र एक साथ जोड़कर बताते। आमतौर पर हम कैलेंडर से वर्ष की गणना करते हैं, परन्तु उनके लिए कैलेंडर किसी काम का नहीं क्योंकि वे तो किसी अन्य जगत के लोग हैं, केवल हमारी नजरों में देहधारी हैं।' संन्यासिनी रुकीं।

अवसर पाकर मैंने प्रश्न किया—आजकल दो-तीन सौ वर्षों की उम्र वाले किसी योगी या साधु के दर्शन मिल पाना क्या सम्भव है?

मेरे प्रश्न ने संन्यासिनी को कुछ बेचैन-सा कर दिया। वे बार-बार नजरें बचाकर मेरे चीनी दुभाषिए उनसिंग की ओर देख रही थीं। फिर सिर पुस्तक पर झुकाकर बोलीं—'मैं नहीं जानती, आप अध्यक्ष रिम्पोचे से पूछें, उन्हें सब पता है।'

उनकी बात समाप्त होते ही हम उठे। बरामदे में आते ही उनसिंग ने कहा—'आप उनसिंग कहते हैं, ठीक है, परन्तु मेरे नाम का उच्चारण होगा युनसिन।'

—ठीक है, मैं सुधार लेता हूँ। तुमने पहले क्यों नहीं कहा? मुझे अफसोस है, विदेशी सामान्य: सही उच्चारण नहीं कर पाते। अब से मैं युनसिन ही कहूँगा।

—नहीं, आप मुझे उनसिंग ही कहें, मुझे बहुत अच्छा लगता है। परन्तु मैंने नाम की बात क्यों उठाई, जानते हैं?

—नहीं, सारी बात खोलकर बताओ।—मैंने उद्ग्रीव होकर पूछा।

—मेरा नाम चीनी नाम है। ये सब जानते हैं कि मैं एक चीनी हूँ, एक चीनी संन्यासी। मैं मठ का सरकार द्वारा मनोनीत कर्मचारी हूँ। संन्यासी हूँ पर मुझे वेतन मिलता है इसलिए स्थानीय मठ के तिब्बती संन्यासी मुझे चीनपन्थी मानते हैं और कई बातें मेरे सामने कहने से झिझकते हैं।

उसकी बात सुनकर मैंने उसे आश्वस्त करते हुए कहा कि बड़ी बात यह है कि मुझे एक काबिल दुभाषिया मिला है। और फिर तिब्बत तो चीन का ही अंश है, इसमें उसका क्या दोष!

बातों ही बातों में मैं काल-चक्र के बरामदे में आ खड़ा हुआ। दूर में देखा कि कुछ तिब्बती पीठ की टोकरी में माल-असबाब लिये खड़े हैं। पूछा तो पता चला कि

बाजार में जो सामान नहीं बिका, उसे वे लेकर आए हैं। कोई मठ में खरीद ले तो अच्छा हो वरना उस अनबिके सामान को ढोते हुए पहाड़ लाँघकर उन्हें गाँव तक जाना होगा। हमें देखकर मठ के नवीन संन्यासी भी आ जुटे।

—चलिए, हमारे गाँव की सब्जी देखिए।

हम गाँव के रास्ते के किनारे आ खड़े हुए।

आलू, टमाटर, बन्दगोभी, मूली, पालक और जंगली साग-सब्जियाँ। नवीन संन्यासी ने कहा—'हफ्ते में एक दिन ये लोग हाट में आते हैं, लौटते वक्त बचा हुआ सामान हमें दे जाते हैं। हम बड़ा मामूली-सा दाम देते हैं। न भी दें तो कोई बात नहीं क्योंकि इन्हें लगता है कि मठ में देने से इन्हें पुण्यलाभ होगा। परन्तु हम हमेशा इन्हें कुछ न कुछ देते हैं।'

मुझे सुनकर अच्छा लगा। मैंने नवीन संन्यासी से कहा—'यह अवसर मुझे दें, थोड़ा पुण्य मुझे कमाने दें, दाम मैं ही दूँगा।'

टोकरी से एक ने पालक साग जैसे साग के कुछ बंडल निकालकर जमीन पर रखे। और दूसरे ने आलू का बस्ता और टमाटर रास्ते पर सजाकर रखे। बन्दगोभी, मूली और कुछ जंगली लताओं के बंडल भी थे। मैंने नवीन संन्यासी से कहा—'मठ में तो काफी लोग हैं, यह सारा सामान ही रख लीजिए और बताइए कितना देना होगा?'

एक बात और अद्भुत लगी कि आलू किलो के हिसाब नहीं बल्कि दस-दस के ग्यारह भाग बनाकर रखे थे। और टमाटर जिन पर लाली आ गई थी केवल वही बिक्री के, बाकी जो कच्चे थे, वे मुफ्त थे। कुल कीमत आँकी गई मात्र चार युआन यानी सब कुछ पानी के भाव। मैंने जबरन दस युआन दिए। वे सब अलग-अलग थे इसलिए हिसाब हमें ही करना पड़ा। मैंने उन्हें समझा दिया कि केवल आज भर के लिए मैं यह दाम दे रहा हूँ। मैं चला जाऊँगा, उसके बाद मठ के लोग जो दाम दें, वही लेना। मेरी बातें सुनकर नवीन संन्यासी ने हँराकर कहा—'ये गाँव के लोग हैं, बहुत अच्छे हैं। किसी-किसी दिन दिन-भर सूखे पत्ते और लकड़ियाँ इकट्ठा कर बिना कोई कीमत लिए दे जाते हैं। कभी-कभी हम इन्हें चैंग खिला देते हैं, बस। कई बार सर्दियों के दिनों में हम गाँव के गरीबों को यहाँ बुलाते हैं। हमारी रसोई में बैठकर चाय पीना इनके लिए परम आनन्ददायक दिन है।'

गाँव के किसान लौट गए। उनके चेहरे की हँसी मेरे लिए एक अमूल्य उपहार थी।

भोजन का घंटा बजा।

भोजन के पश्चात् मैं कमरे में लौट आया। बिस्तर पर बैठकर डायरी लिख रहा था कि पुस्तकालयाध्यक्षा संन्यासिन और एक महिला को लेकर मेरी चौकी के सामने हाथ जोड़कर आ खड़ी हुईं। मैंने डायरी बन्द कर उनकी ओर देखा। महिला

ने साधारण बाकू अर्थात् सम्भ्रान्त लम्बी पोशाक पहन रखी थी। देखकर कमउम्र की लगी। बिना किसी भूमिका के उस लड़की ने कहा—

—इनका कहना है कि आप रि-पुक मठ (Ri-Puk Monastery) में जाएँगे तो वहाँ भैरवी माँ मिलेंगी, वे आपको सब बताएँगी।

मुझे आश्चर्य हुआ। लड़की ने कुछ हिन्दी-नेपाली-अंग्रेजी शब्द मिलाकर काफी स्पष्ट रूप से सूचना दी है, मैंने ठीक ही समझा है। मैंने उससे पूछा—

—तुम्हारा नाम क्या है?

—लामू।

—अंग्रेजी कहाँ से सीखी?

—मैं काठमांडू में रहती हूँ। बीच-बीच में यहाँ माता-पिता और छोटे भाई से मिलने आती हूँ। बस-स्टैंड पर हमारी दुकान है। माता-पिता दोनों नेपाली शेरपा हैं। ये मेरी मामी हैं।

वे दोनों रुकीं नहीं, प्रणाम कर चली गईं। मैं भी निकल पड़ा। बड़े मन्दिर के पास ही उनसिंग मिल गया। धूप में खड़ा वह कुछ लोगों से गप्प कर रहा था। मुझे देखते ही बोला—'चलिए, लामा तेन् ने आपको ले जाने के लिए कहा है।'

धीरे-धीरे हम वहाँ से ऊपर की ओर बढ़े। यहाँ ऊपर से नीचे का दृश्य सचमुच अपूर्व है। सघन हरित वनभूमि के शेष भाग में नील-आकाश का चँदोवा, पंछियों का कलरव और आवागमन। यहाँ से कोई गाँव नजर नहीं आ रहा। वैसे तो अभी ग्रीष्म-काल है परन्तु फिर भी हिमालय की आबहवा ऐसी है कि सूर्य की धूप देह को अच्छी लगती है, पर धूप न हो तो शरीर को ढकना पड़ता है। और थोड़ा ऊपर चढ़ते ही पहाड़ की गोद में लकड़ी का एक सुन्दर मकान नज़र आया। लामा तेन् ने नीचे का एक घर दिखाकर कहा—दरवाजा खुला है, भीतर जाकर देखें।

भीतर घुसते ही सीली-सीली ठंडी हवा ने शरीर कँपा दिया। भीतर विशेष कुछ भी नहीं था। केवल पहाड़ पर एक प्राकृतिक गह्वर और उसी से मेल खाता दरवाज़ा सेट किया हुआ था। लकड़ी से बने एक लम्बे बरामदे से होकर आने-जाने की व्यवस्था थी। सपाट भाषा में, गुफा को सजाकर रहने योग्य बनाया हुआ था। लकड़ी के बरामदे के दरवाजों को इतने सुन्दर ढंग से सजाया हुआ था कि बाहर से लग ही नहीं रहा था कि यह कोई पर्वतीय गुफा है। दो-एक कमरे देखने के बाद मैं ऊपरी कतार पर आया। कमरे वही एक जैसे थे, पर अन्तर यह था कि पहली मंजिल की प्रत्येक गुफा में धूनी का बन्दोबस्त था यानी बीच में आग जलाने के लिए गड्ढा किया हुआ था।

लामा तेन् ने अत्यन्त दुखी स्वर में अफसोस जाहिर करते हुए कहा—'आजकल यह सम्पूर्ण अंचल परित्यक्त है। प्रायः तीस-चालीस वर्षों से यहाँ किसी प्रकार का रखरखाव नहीं हुआ। यही अवस्था रही तो और साल भर में सब टूट-फूट जाएगा और गवाह के रूप में केवल गुफाएँ बचेंगी।'

मैंने प्रश्न किया—

—इन गुफाओं में किसी विशेष प्रकार के साधु या योगी-पुरुष रहा करते थे क्या?

—हाँ, नीचे के कमरों में सेवा करने वाले दास-दासियाँ रहती थीं और ऊपरी मंजिल पर उनके गुरुजी रहते थे। आप तो समझ ही रहे होंगे कि यह शालू मठ सम्पूर्णत: अत्यन्त उच्च स्तरीय तंत्र-साधना क्षेत्र रहा है। यहाँ सभी योगविद्या के सर्वोच्च मार्ग की साधना के लिए आते थे। यहाँ कोई शिक्षक नहीं था, सभी अपने शिक्षक स्वयं थे।

—मैं ठीक से समझ नहीं पा रहा हूँ। और थोड़ा समझाकर बताएँगे?

मेरी बात सुन लामा तेन् ने तनिक लज्जित होकर उनसिंग की ओर देखा। उनसिंग ने सीधे-सीधे कहा कि इस विषय में वह कुछ नहीं जानता। गुफा से नीचे उतरकर दाहिनी ओर के पहाड़ की चढ़ाई के पीछे आते ही फिर से धूप मिली। लकड़ी के एक सुन्दर प्लेटफॉर्म जैसी जगह पर हम आकर खड़े हुए। यहाँ का वातावरण कुछ रहस्याच्छादित सा लग रहा है। जन-मानवहीन पृथ्वी के एक अत्यन्त गुप्त स्थान पर हम आकर खड़े हुए हैं। यहाँ योगी आकर बैठा करते, परन्तु उनमें आपस में किसी प्रकार का वार्तालाप नहीं होता। हाँ, धूम्रपान, चाय-चैंग-मन्दिरा आदि सब कुछ चलता।

—और जानते हैं, सर्वाधिक आश्चर्य और रहस्य की बात क्या है?

—नहीं।—कहकर अत्यन्त आग्रही दृष्टि से मैंने लामा तेन् की ओर देखा।

—इस गुफा से ही उन योगियों में से बहुतेरे दूर, बहुत दूर चले जाते—देश-देशान्तर में—जबकि उनकी देह यहीं—गुप्त गुफा में रहती।

—अच्छा, अब समझा, कायाकल्पियों का यही अन्यतम सिद्धक्षेत्र था।

इस वाक्य के मेरे मुँह से निकलते ही लामा तेन् आनन्द में उछल पड़े—'ठीक-ठीक, कायाकल्पी।'

ज्ञानगंज के इस सिद्धपीठ में बिना माँगे ही मुझे एक अप्रत्याशित तथ्य मिल गया था! यही है वह ऐतिहासिक, रहस्याच्छादित कायाकल्प का सिद्धपीठ—क्या लीला है भगवान की! लीला! गुरु-कृपा! भूमिष्ठ होकर पूरे मन से उन अजाने कैलासबाबा को कृतज्ञ चित्त से प्रणाम निवेदन किया। मन ही मन कहा—'प्रभु, तुम्हारी खोज में आकर कैसा अमूल्य उपहार पाया! तुम्हीं मुझे महर्षियों की इस तपोभूमि में लेकर आए हो। अब तुम ही बताओ, मुझे क्या करना चाहिए।'

पहाड़ की प्राचीर पर अपनी अन्तिम किरण रखकर अस्त हो गए हैं सूर्यदेव। मैं उठा, और फिर शुरू किया अपना सूर्य-प्रणाम।

शाम के समय काल-चक्र मन्दिर में बैठकर समवेत प्रार्थना के शब्दों में मैंने स्वयं को खो दिया। लगा, ज्ञानगंज का यही मूल सिद्धपीठ है। मुझे तिब्बती भाषा का कुछ भी ज्ञान नहीं है, परन्तु हल्के स्वर में उनकी प्रार्थना इतनी अच्छी लगती है कि ऐसा लगता है मानो यह मेरा ही मंत्र है, मेरे ही मन की बात है।

मन्दिर से सभी उठकर रसोईघर चले गए। भोजन के पश्चात् लालटेन लेकर सभी अपने-अपने कमरे की ओर रवाना हो गए। मैं, लामा तेन्, उनसिंग और पुस्तकालयाध्यक्षा आकर चूल्हे के पास बैठे। उनकी इच्छा थी कि मैं अपने बारे में कुछ कहूँ पर मैं टाल गया क्योंकि यहाँ जो कुछ देखा है, जो मिला है, उसे लिखकर भी तो रखना होगा। लिहाजा समय कम है, परन्तु मित्रता के नाते कुछ प्रश्नों के उत्तर दिए।

पुस्तकालयाध्यक्षा को मैंने बार-बार समझाकर बताया कि मेरे यहाँ आने का उद्देश्य उन्हीं पुराने अज्ञातनाम कैलासबाबा की खोज है, परन्तु जो देख रहा हूँ, उससे ऐसा लगता है कि बिना नाम-ठिकाना जाने उन्हें खोज पाना असम्भव है। फिर भी मेरी इच्छा है कि उन्हें जहाँ-जहाँ भी देखा है, उन सब जगहों का भ्रमण कर पुरानी स्मृतियों को फिर से ताजा करने का प्रयास करूँ। हम उठ गए। लामा तेन् हमें छोड़ने आए। बातों ही बातों में उनसे जान लिया कि यहाँ रि-पुक (Ri-Puk) नाम का कोई मठ है कि नहीं। उत्तर में बड़ा आनन्ददायक समाचार यह मिला—'हाँ, अवश्य है। पहाड़ पर लगभग घंटे भर का रास्ता तय करना होगा। सुबह जो लोग सब्जी लेकर आए थे, वे उसी ओर रहते हैं।' उस ओर जाने की उनसिंग की कोई इच्छा नहीं है। कल ही उसे मठ में लौट जाना होगा। उसकी इच्छा थी कि हम साथ ही लौटें परन्तु मेरी इच्छा तो रि-पुक मठ जाने की है। पुस्तकालयाध्यक्षा की बातों का मैंने उल्लेख नहीं किया—सुबह देखा जाएगा, कहकर मैं प्रसंग को टाल गया।

सोचा था रात को और एक बार उस गाँजे वाली गुफा में हो जाऊँ। वहाँ पर गाँजे की गन्ध मिलती है इसीलिए शायद स्थानीय लोग उसे गाँजा-गुफा कहते हैं। यहाँ के खातों में उस गुफा के किसी नाम का उल्लेख नहीं है। मेरी इच्छा किन्तु इच्छा ही रह गई। रात को अचानक उनसिंग नींद से जाग गया। नींद आ रही है—कहने पर भी मुझे रिहाई नहीं मिली। उसके प्रश्न अनेक थे—हिन्दुस्तान की गंगा नदी में स्नान करने से क्या लाभ होता है? हिन्दुस्तान में जितने जाग्रत् मन्दिर हैं उनमें किस मन्दिर में भगवान का दर्शन मिलता है। भगवान यदि सामने आ जाएँ तो उन्हें किस प्रकार सम्बोधित करूँ? स्त्री या पुरुष, किसी भगवान को बिना बुलाए भी, क्या वे आते हैं? आपने किस भगवान को देखा या पाया है?...बिस्तर पर लेटे-लेटे उनसिंग के एक के बाद एक प्रश्न के उत्तर देता रहा। उसकी उत्कंठा किन्तु अत्यन्त आन्तरिक थी। उसके सरकारी पाठ्यक्रम (Syllabus) में सब कुछ सिद्धान्त (theory) है। चीनी शिक्षा-व्यवस्था में दर्शन विद्या तो है किन्तु धर्म चूँकि दर्शन के ही अन्तर्गत है इसलिए उसका महत्त्व कम है। इस बारे में मेरी राय जब जाननी चाही तो मैंने संक्षेप में उत्तर दिया कि दर्शन, जिसे तुम 'फिलॉसफी' कहते हो, पृथ्वी की कोई शिक्षा-व्यवस्था उसकी उपेक्षा नहीं करती। थोड़ा सा सोचोगे तो समझ पाओगे कि विज्ञान का भी एक दर्शन होता है जिसे कहते हैं फिलॉसफी ऑफ साइंस। इस विषय में मैं और कुछ नहीं कहना चाहता था इसलिए नींद आ

रही है कहकर रजाई खींचकर मैंने करवट बदलकर उनसिंग की ओर पीठ कर ली। मन तो जागा हुआ था किन्तु देह को जाग्रत् न रख पाया और अन्ततः देह व मन दोनों निद्रादेवी की गोद में चले गए।

17वाँ दिन

भोर में उठते ही मैंने उसी गाँजा-गुफा की ओर कदम बढ़ाए। उस गुफा का एक अद्‌भुत आकर्षण था। भोर तो नाममात्र की थी, अँधेरा अभी भी जाने को था। हवा नहीं है किन्तु ठंड है। गुफा के पास आकर साष्टांग प्रणाम कर उन अदृश्य परमपूज्य योगिराज से भीतर प्रवेश करने की अनुमति माँगी। लगा, जैसे किसी ने मुझे भीतर धकेल दिया, जूते तक नहीं उतार पाया।

फिर वही गन्ध! आज गन्ध और अधिक उग्र और अधिक समीप थी। लग रहा था जैसे मेरे सामने ही बैठकर कोई साधु महाराज गाँजे की चिलम से ज़ोर का कश खींच रहे हैं। मैं स्वयं पर काबू न रख पाया—'मेरे सामने आएँ, मुझे दर्शन दें,' कहते हुए भूमिष्ठ हो, मैंने अपनी देह व मन उनके श्रीचरणों में सौंप दिया। साष्टांग प्रणाम में मुझे अनुभूति हुई कि मेरे हाथों को प्रभु की खड़ाऊँ का स्पर्श मिला है—'पा लिया, मैंने पा लिया तुम्हें, स्पर्श के पश्चात् दर्शन भी होंगे।' मैंने अपने सभी अंगों को सजग किया और फिर भुजंगासन की अवस्था में जाते हुए लगा जैसे शरीर बहुत भारी हो गया है। मैं धरती पर लेटे रहने को बाध्य हो गया। सारा शरीर, लग रहा था जैसे पत्थर के समान भारी हो। अपने बारे में ऐसा लग रहा था जैसे पेट के बल पत्थर की किसी मूर्ति को सुला दिया गया हो। उसी अवस्था में मैंने स्वयं को पूर्णतः छोड़ दिया—ऐसा लगा मानो आत्मा देह से निकलकर पास में खड़ी हो। पत्थर का फर्श भी कुछ गरम लग रहा है। एक अद्‌भुत प्रकार की अनुभूति ने धीरे-धीरे देह को जकड़ लिया—लगा, जैसे किसी ने मुझे कम्बल ओढ़ा दिया हो...और उसके बाद कुछ याद नहीं।

कितनी देर उस अवस्था में रहा, मुझे याद नहीं।...किसी की आवाज़ और पीठ झकझोरने पर मेरी नींद टूटी। उठकर देखा, लामा तेन् तथा और दो संन्यासी आश्चर्य-दृष्टि से मेरी ओर देख रहे हैं।

—इतनी सर्दी में इस ठंडे पत्थर पर आप कैसे सो रहे हैं, आप सचमुच एक अद्‌भुत व्यक्ति हैं!

मैं उठकर बैठ गया। हठात् ठंडे पत्थर पर मुझे शरीर जमता-सा प्रतीत हुआ। मैं उठकर खड़ा हो गया और स्वयं से ही प्रश्न किया—मैं क्या स्वप्न देख रहा था? या कि सचमुच मुझे उनका स्पर्श मिला? यदि स्वप्न होता तो इस अत्यधिक ठंडे पत्थर पर लेटे रहना कैसे सम्भव हुआ?

मैंने स्वयं को सावधान किया—'व्याख्या कर मैं तुम्हें खोना नहीं चाहता।' गुफा के बाहर आकर देखा, सुबह हुए काफी देर हो गई थी। मुझे कमरे में न पाकर लामा तेन् मेरी खोज में निकले थे। बार-बार प्रशंसा की दृष्टि से मुझे देखकर बोले—

—सचमुच आश्चर्य है, इतनी भयंकर ठंड में आप यहाँ कैसे सो रहे थे, वह भी इस गुफा के इतने ठंडे पत्थर पर!

—पता नहीं, नींद का मामला तो शरीर व मन का मामला है। सचमुच नींद आ जाए, तो सुना है कि खड़े-खड़े भी सोया जा सकता है।—यह कहकर मैंने प्रसंग बदला।

सुबह जो कुछ भी हुआ, मुझे वह अलौकिक घटना सी ही लगी। अलौकिक किन्तु सत्य का प्रत्यक्ष अनुभव। सुबह की चाय और बॅन-रोटी लेकर रसोईघर के चूल्हे के पास हम बैठे। लामा तेन् ने बताया कि भोर में उनसिंग बस-अड्डे पर गया है क्योंकि उसे मोबाइल फोन 'चार्ज' करना है। यहाँ चूँकि बिजली नहीं है, लिहाजा इन सब कामों के लिए सबको बड़ी सड़क पर जाना होता है। और वर्ष भर में यहाँ बिजली आ जाएगी, काम शुरू हो गया है। अगली बार जब यहाँ आएँगे, तब देखेंगे कि घर-घर में बिजली की रोशनी है।

हम उठ गए। ग्रन्थागार में पुस्तकालयाध्यक्षा बड़े मन्दिर के पास ही मेरी प्रतीक्षा में हैं। सुबह कमरे में सूर्य की रोशनी थोड़ी आती है इसलिए खाते की लिखावट पढ़ने में कोई असुविधा नहीं होगी। संन्यासिनी और लामू मेरी प्रतीक्षा कर रहे थे। मेरी हर प्रकार से सहायता करने का उन्हें ऊपर से निर्देश जो मिला है। मैं सचमुच भाग्यवान हूँ। शालू मठ का यह विशाल ग्रन्थागार एक अत्यन्त मूल्यवान उपहार है, किन्तु दुर्भाग्य इस बात का है कि मैं जो चाहता हूँ, वह नहीं मिल रहा। दरअसल जो चाहता हूँ, उसका वर्णन या विवरण कुछ भी नहीं दे पा रहा हूँ। शालू मठ में जो कम से कम तीन रात रहे हैं, उनके नाम हैं किन्तु तारीख का उल्लेख नहीं है। और मैं जिसे ढूँढ़ रहा हूँ, उसका नाम नहीं जानता। यह अवस्था तो वैसी ही हुई जैसे कुम्भ के मेले में नाम के बिना किसी साधु को ढूँढ़ना।

पुस्तकालयाध्यक्षा तो भरसक मेरी मदद करना चाह रही हैं किन्तु बार-बार लग रहा है कि मैं ही बुद्धू हूँ।

मेरा वर्णन : पहली बार नदी के किनारे जब उन्हें देखा था तो वे जटाधारी दिगम्बर थे, उनके हाथ में कुछ भी नहीं था। मेरी मानसिक अवस्था उस समय मृतप्राय, अवसन्न की सी थी। न श्रवण शक्ति थी, न दृष्टि शक्ति थी और आत्मबोध विलुप्तप्राय सा था। मैं किसी प्रकार बच गया और वे ही मेरे प्राणदाता थे। रात के अँधेरे में केवल तारों की रोशनी में उन्हें स्पष्ट नहीं देख पाया। बाद में जब कैलासखंड में गुफा के किनारे एक दिगम्बर महायोगी ने मुझे स्थान दिया, उस समय मैं एक

महानन्दमय कोष से घिरा हुआ था; भावावेग में मुझे उस समय लगा था कि साक्षात् भगवान मिल गए हैं। कुछ दिन उनकी गुफा में रहा था परन्तु उनका नाम जानने का खयाल ही नहीं आया। मैंने उनका नाम रखा था कैलासबाबा—शायद मेरी ही तरह और भी बहुतों ने उन्हें कैलासेश्वर मान लिया था। उनका असली नाम या परिचय मुझे कुछ ज्ञात नहीं।

...इसलिए पोथियाँ पलटकर क्या होगा। परन्तु हाँ, यह तो कहना ही होगा कि पुस्तकालयाध्यक्षा संन्यासिनी ने न सिर्फ मुझे अत्यन्त उत्साहित किया बल्कि मेरा संकल्प देखकर उन्हें आश्चर्य भी हुआ। उनकी राय में मैं काफी ऊँचाई पर हूँ। एक त्राबा अर्थात् छोटे संन्यासी ने दौड़ते हुए आकर लामा तेन् के कानों में कुछ कहा, शायद कोई जरूरी बात थी। हमें प्रतीक्षा करने को कह वह चले गए—उन्हें गुरु रेप्तेन यानी मठाध्यक्ष ने बुलाया था।

मुझे अकेला पाकर लामू ने कहा कि मामी ने बार-बार कहा है कि मैं रि-पुक मठ में जाऊँ, वहाँ भैरवी माँ अभी हैं, वे सभी को सब कुछ बताती हैं, मैं जिन्हें ढूँढ़ रहा हूँ उनका पता भी वे बता सकती हैं। रि-पुक मठ यहाँ से काफी नज़दीक भी है। लामू की बातें सुनकर बहुत अच्छा लगा, खासकर 'भैरवी माँ' नाम ही बड़ा आकर्षक है। लामू से पुस्तकालयाध्यक्षा ने कुछ कहा जिसका अनुवाद कर लामू ने बताया कि भैरवी माँ हर किसी को दर्शन नहीं देतीं, भगा देती हैं। खासकर चीनी संन्यासियों से वे दूर ही रहती हैं। यदि उनसिंग साथ न रहे तो अच्छा रहेगा।

दूर पर लामा तेन् दिखाई दिए, पास आकर वे बोले—

—आपके लिए टेलीफोन था। बड़ी सड़क से उनसिंग शिगात्से चला जाएगा। ताशिलुम्पो के गुरुजी ने उसे बुलाया है। आपको हम यानी मैं बस में चढ़ा दूँगा।

क्या लीला है माँ तारा की! थोड़ी देर पहले ही लामू ने बताया था कि रि-पुक आश्रम की भैरवी माँ चीनी संन्यासियों से दूरी बनाकर रखती हैं। और अब लामा तेन् ने समाचार दिया है कि उनसिंग का बुलावा आया है और उसे ताशिलुम्पो जाना होगा। क्या लीला है। यह अलौकिक नहीं सुपरिकल्पित महाजागतिक लीला है। कौन अदृश्य रहकर किस प्रकार काम कर रहा है, यह मेरे जैसा तुच्छ जीव किस प्रकार जान सकता है? मैंने माँ को प्रणाम किया। लामा तेन् को जब मैंने माँ भैरवी के दर्शन करने की अपनी इच्छा बताई तो वे फौरन राजी हो गए। तय हुआ कि वे भी साथ जाएँगे।

तांत्रिक भैरवी माँ

मेरी इच्छा तो अभी ही जाने की थी किन्तु लामा तेन् को यह अधिकार नहीं था कि मठाध्यक्ष की अनुमति के बगैर बाहर जा सकें।

हम चार व्यक्तियों ने मठाध्यक्ष के दफ्तर जाकर उनसे अनुमति माँगी, जो फौरन मंजूर हो गई। मठाध्यक्ष रिम्पोचे ने बेझिझक स्वीकार किया कि माँ भैरवी एक अति उच्च मार्ग की तांत्रिक हैं परन्तु अफसोस इस बात का है कि उनकी बातें सहज नहीं होतीं, और वे दूर ही दूर रहती हैं। हम चार व्यक्ति उनके दर्शन के लिए जाएँगे। मठ में खाना-पीना करके जाना ही उपयुक्त होगा। रिम्पोचे ने भैरवी माँ के लिए चादर, कम्बल और कुछ रुपए दिए। हम जल्दी-जल्दी बार्ली का सत्तू और उबले हुए आलू खाकर निकल पड़े। इतनी जल्दी ऐसा सुन्दर कार्यक्रम बन जाएगा, सोचा ही न था। सबसे अधिक ख़ुशी तो पुस्तकालयाध्यक्षा और लामू को हुई। शालू मठ के संन्यासी जंगली घास से अच्छी धूपबत्ती बनाते हैं और अधिक होने पर बेचते भी हैं। लामा तेन् के परामर्श के अनुसार मैंने धूपबत्ती के कई गुच्छे लिये। यहाँ फूल भेंट करने का प्रचलन नहीं है, कथड़ी की चादर और धन (युआन) मन्दिर में दान किया जाता है। काल-चक्र और बुटोन मन्दिर में प्रणाम कर हम निकल पड़े। रास्ता बिल्कुल ग्रामीण पगडंडी जैसा था। बारिश और बर्फबारी से मिट्टी तो धुल गई है, रह गए हैं पत्थर और उन्हीं से होकर है चलने का रास्ता। कुछ देर की चढ़ाई के बाद हम रुके। यहाँ से शालू मठ बड़ा खूबसूरत लग रहा है—काफी साफ-सुथरे मठ के दो भाग हैं, उत्तरी मठ और दक्षिणी मठ। उत्तर की ओर है मन्दिर, ध्यानकक्ष और दक्षिण की ओर है वासस्थान। यहाँ से नज़र नहीं आ रहा, किन्तु लामा तेन् ने समझा दिया कि पहाड़ से लगती हुई गुफाएँ मन्दिर के पीछे ही हैं। अनेक प्रकार के पेड़-पौधे और खेती के योग्य जमीन दिखाकर उन्होंने बताया कि आज भी यह सारी तराई शालू मठ के अधीन है, परन्तु खेती करनेवालों की कमी है। सुना है, सरकारी प्रचेष्टा से फिर से स्वनिर्भर परियोजना शुरू होगी।

पुस्तकालयाध्यक्षा ने हठात् दूर का एक पत्थर दिखाकर कहा—'हम पत्थर के किनारे जाएँगे।'

मैंने उत्साहपूर्वक कहा—'ठीक है, चलिए।'

मेरी बात सुनकर लामू ने शरमाकर मुँह ढक लिया। लामा तेन् ने मुझे समझाते हुए कहा कि स्त्रियों को जब लघुशंका निवारण करना होता है तो वे कहती हैं—'पत्थर के किनारे जाती हूँ,' और पुरुष कहते हैं—'ठहरो, घूमकर आता हूँ।' यह यहाँ की प्रचलित भाषा है। ल्हासा में जहाँ पत्थर का कोई चिह्न नहीं है, वहाँ टॉयलेट के लिए कहते हैं—'पत्थर खोज रहा हूँ।' बड़ा अच्छा लगा, इस प्रकार की प्रचलित भाषा राह चलते बहुत काम आती है। इस रास्ते को रास्ता कहना भूल होगी। पत्थरों को लाँघकर चलना पड़ता है। आमतौर पर घास या मिट्टी पैरों तले दबकर राह बनती है पर यहाँ की सख्त पथरीली भूमि के लिए पैरों के चिह्न रख पाना सम्भव नहीं। घंटे भर में ही हमें दूर एक टूटा-फूटा मकान नज़र आया। लामू ने चीखकर कहा—'वह देखिए।' हम अच्छी तरह देखने के लिए रुक गए। पुस्तकालयाध्यक्षा

और लामू हमारे लिए रुके नहीं, वे आगे बढ़ गए। हमने दो पत्थर चुन लिये, बहुत बड़े नहीं—अन्दाजन पाँच-सात किलो वजन होगा। ऊपर के चोरतेन में ये पत्थर चढ़ाने का नियम है। मैंने एक गोल पत्थर चुना था पर लामा तेन ने परामर्श दिया कि थोड़ा चपटा पत्थर लूँ। बात सही थी। हम खड़ी चढ़ाई चढ़ रहे थे। ऐसे में दोनों हाथ पीछे रखकर उन में पीठ से टिका चपटा पत्थर रखना सुविधाजनक है और चोरतेन में सजाने में भी उपयोगी है। यों तो पत्थर मात्र पाँच-सात किलो का था परन्तु खड़ी चढ़ाई पर उसका बोझ बीस किलो का-सा लग रहा था। पसीने में तर मेरे चेहरे की ओर देखकर लामा ने कहा—'इस प्रकार तुम्हारा पुण्यार्जन हो रहा है और अगले जन्म का रास्ता साफ हो रहा है।'

मैंने हँसते हुए उत्तर दिया—'यह बात तो आप पर भी लागू होती है, हम एक ही पथ के पथिक जो ठहरे!'

अन्ततः हम रि-पुक आश्रम में पहुँच गए। चोरतेन (चैत्य या मठ) में पत्थर चढ़ाकर हम मकान के बरामदे में बैठे। यहाँ से नीचे रास्ते की ओर देखकर अहसास ही नहीं होता कि हम इतनी दूर आ पहुँचे हैं। सुन्दर धूप ने जरा-सी देर में सारी थकावट दूर कर दी। लामू, मामी तथा और दो संन्यासियों ने चैंग प्रदान कर हमारा स्वागत किया और हमें आश्वस्त कर कहा—'भैरवी माँ हैं, आप लोग विश्राम करें, वे आपको बुला लेंगी।'

बाहर धूप है फिर भी हम रसोईघर में चले आए। लकड़ी का पुराना विशाल घर है पर बड़े जतन से लकड़ी पर की कारीगरी को सँभालकर रखा गया है। रसोईघर की दीवार पर वज्रपाणि का भयंकर चित्र है। काले पत्थर पर गाढ़े लाल रंग की बहार है। वज्रपाणि का मुकुट व अलंकार सुनहरे रंग के हैं। पहले लगा कि चित्र दीवार पर खुदाई कर उकेरा गया है, फिर ऐसा लगा मानो वज्रपाणि की मूर्ति को दीवार पर टाँग दिया गया हो। फिर लगा कि यह तो दीवार-चित्र है। तिब्बत के अधिकांश मठों की खिड़कियाँ छोटी-छोटी हैं ताकि रसोईघर और धूनीघर का उत्ताप ठहर सके और बाहर की ठंड से देह की रक्षा हो सके। कमरे की दो खिड़कियों से जितनी भी रोशनी आ रही थी, वह दीवार पर छिटकी पड़ रही थी। और उस रोशनी में वज्रपाणि का चित्र स्पष्ट नज़र आ रहा था। वज्रपाणि का तिब्बती नाम है चाना दोरजे। तांत्रिक लोग किन्तु वज्रपाणि नाम ही अधिक व्यवहार करते हैं। जिसके हाथ में वज्र हो, वही वज्रपाणि जैसे माँ सरस्वती को वीणापाणि कहते हैं। बोधिसत्व की शक्ति का प्रतीक। लामू और उसकी मामी (पुस्तकालयाध्यक्षा) अलग से और भी कई उपहार लाई हैं जिन्हें लकड़ी के फर्श पर सजाकर रखा गया, हमारे उपहार भी उनके साथ जुड़ गए। नून, सत्तू, खाता, कलम, दियासलाई, सूखा मांस, सन्तरे, किशमिश, धूपबत्ती, कम्बल, चादर, दक्षिणा या प्रणामी के रूप में कुछ धनराशि, चायपत्ती, चीनी। मठ की दो संन्यासिनों ने अत्यन्त आग्रह के साथ एक-एक कर हर चीज को

हाथ में लेकर देखा और फर्श पर रखते हुए मुस्कुराकर अशेष धन्यवाद दिया और कहा—'माँ आकर सब देखेंगी।' हम व्यग्रतापूर्वक माँ के दर्शन की प्रतीक्षा करने लगे। घंटे भर की प्रतीक्षा के उपरान्त भी हमारा बुलावा नहीं आया। लामा तेन् के लौट जाने की बात थी परन्तु लगता है, आज सम्भव नहीं होगा क्योंकि दिन के उजाले के बिना अँधेरे में चलने में असुविधा होगी, खासकर उन जगहों पर जहाँ रास्ते नाम की कोई चीज नहीं है। सम्पूर्ण निस्तब्धता में हम प्रतीक्षा करने लगे।

इसी बीच मैं उठकर मठ से घूम आया। कमरे के कोने में कुछ कम्बल थे जो हमने ओढ़ लिये। धीरे-धीरे सूर्यास्त का समय हो गया। मैंने बाहर आकर सूर्य प्रणाम किया—

ओम् सूर्य सुन्दर लोकनाथं अमृतं वेदान्त सारं शिवम्...

रसोईघर के चूल्हे में फिर से लकड़ियाँ लगाई गईं। काफी पुरानी हाँड़ी में पानी गरम किया गया, फिर चैंग वितरित किया गया—मक्खन चाय। माँ की एक सहयोगी ने आकर कहा—'आप लोग जाइएगा नहीं, आज यहीं ठहरें। माँ का ध्यान भंग होते ही आप लोगों को उनके पास ले जाया जाएगा।' कब तक प्रतीक्षा करनी होगी, वे कब बुलाएँगी, कोई नहीं जानता। यहाँ की दो संन्यासिनों को लामा तेन् ने मेरे बारे में समझा दिया। उन्होंने क्या कहा, यह तो पता नहीं, परन्तु लगता है, मेरे पक्ष में ही कहा होगा। बातचीत के दौरान मैंने एक बात लक्ष्य की और वह यह कि लामू और लामा तेन्—दोनों नेपाली व स्थानीय तिब्बती भाषा जानते हैं। उसके साथ बीच-बीच में अंग्रेजी शब्द मिलाने से मेरी दुभाषिए की समस्या हल हो जाती है।

भैरवी माताजी को सभी 'माँ' कहते हैं। वे यहाँ हमेशा नहीं रहतीं, गरमियों के दिनों में इस रि-पुक मठ में दो-तीन बार आती हैं। कभी-कभी दो-चार दिन तो कभी-कभी महीना भर रहती हैं। इस मठ का पूरा दायित्व व खर्च माँ के भक्त ही वहन करते हैं। यहाँ जो लोग स्थायी हैं, उनकी संख्या मात्र दस-पन्द्रह या कभी-कभी बीस है और वे सभी महिला-भक्त संन्यासिनें हैं। पुरुष लामा या संन्यासी सूर्यास्त से सूर्यास्त या सूर्योदय से सूर्योदय यानी चौबीस घंटे या एक दिन से अधिक यहाँ नहीं रहते। माँ के साथ हर समय दस-बारह महिला-भक्त भ्रमण करती हैं—वे ही माँ की सेवादारिनें हैं। बहुत वर्षों पूर्व यह महिलाश्रम था जहाँ किसी पुरुष को प्रवेश का अधिकार नहीं था। पुरुष लामा, रेप्तेन, रिम्पोचे या अतिथियों के लिए बाहर एक मकान था, जिसके भग्नावशेष अभी भी नज़र आते हैं। 'माँ' ही अब सर्वेसर्वा हैं, वे संन्यासिनों को दीक्षा, ध्यान, प्रार्थना, दर्शन, सब सिखाती हैं। इस मठ में 'पोथीघर' भी है, बाहर से नहीं लानी पड़तीं।

—चूहों या कीड़े-मकोड़ों का उपद्रव नहीं है?

मेरे प्रश्न के उत्तर में लामा तेन् ने बताया कि चूहों और कीड़े-मकोड़ों का प्रधान शत्रु है धुआँ और मूस-पत्ता। इस पत्ते के कारण चूहे तो क्या वनशृगाल तक भाग

जाते हैं। पुस्तकालयाध्यक्षा को बगल के कमरे में ले जाकर स्थानीय संन्यासिन ने अत्यन्त गुप्त रूप से कुछ कहा—लामू ने उनके वक्तव्य का मर्म हमें समझा दिया, अर्थात् आज रात कोई रसोई नहीं बनेगी, किन्तु किसी को भूख लगे तो याक के सूखे छेने की गोलियाँ हैं जो माँगने पर मिल जाएँगी।

और घंटा भर बैठे रहना पड़ा। प्रतीक्षा! इस प्रतीक्षा के मामले में तिब्बतियों के धैर्य की प्रशंसा करनी होगी। तिब्बत के रास्तों में या बस-पड़ावों पर शाम की बस पकड़ने के लिए गाँव के लोगों को सुबह से आकर बैठे रहते देखा है। शहरी लोगों को ही घड़ी देखकर बेचैन होते देखा है परन्तु गाँव के लोगों का मन मानो बेचैन होना जानता ही न हो। इनके लिए तो भोर, दिन, दोपहर, साँझ, रात-दिन के समय के यही पाँच भाग हैं, घड़ी के समय का कोई मूल्य नहीं होता। कहना नहीं होगा कि हम यंत्र के दास हैं। समय गुज़रता जा रहा है, लेकिन जिनके दर्शन को आए हैं उनकी ओर से कोई प्रतिक्रिया नहीं है। मेरे हाथ में घड़ी तो नहीं है किन्तु ऐसा लग रहा है जैसे पाँच घंटे बीत गए हों। याद आया कि लामा तेन् के पास मोबाइल फोन है, पर वह बेचारा तो घुटने पर सिर रखकर ऊँघ रहा था, या शायद सो रहा था, मैंने छूकर जगा दिया और कहा—'तुम्हारे पास तो मोबाइल फोन है, जरा देखो तो कितना बजा है।' मेरी बात सुनकर 'हाँ-हाँ' करते हुए उसने मोबाइल ऑन किया और बताया—'अभी रात के प्राय: 11 बजे हैं।'

मैंने कहा—'तब तो और उम्मीद नहीं है। सब सो गए हैं। अब सुबह दर्शन होंगे।' मेरी बात सुन वह उठ खड़े हुए फिर बगल के कमरे में झाँककर बोले कि उस कमरे में तो कोई नहीं है। मैं भी बाहर थोड़ी चहलकदमी करने के लिए उठा, बरामदे की ओर पैर बढ़ाते ही एक संन्यासिन हमारे सम्मुख आ खड़ी हुई—लामा तेन् ने अनुवाद कर दिया—'आज पूर्णिमा है, टॉर्च की दरकार नहीं, चाँद की रोशनी ही पर्याप्त है। किन्तु सावधान, यहाँ भेड़िए हैं। माँ अभी भी ध्यानस्थ हैं, आप लोग बैठें, समय होते ही वे बुला लेंगी।' बाहर सुन्दर चाँदनी ने रि-पुक मठ को एक रहस्यमय वातावरण से सजा रखा है। मानो सम्पूर्ण स्तब्ध एक मायापुरी हो। इच्छा होते हुए भी बाहर नहीं रहा जा सका। काफी ठंड थी, नाक और दोनों कान प्राय: जमे से जा रहे थे। बाध्य होकर कमरे में लौटना पड़ा। चूल्हे में नई लकड़ियाँ डाल दी गई हैं, हाथ-पैर-चेहरा धीरे-धीरे स्वाभाविक अवस्था में लौट आए। हम फिर से बैठ गए। भैरवी माँ किस कमरे में हैं, बैठी हैं कि लेट गई हैं, कोई नहीं बता रहा। बैठे-बैठे मैं भैरवी माँ के बारे में सोचने लगा। अपने जीवन के प्रारम्भिक काल में नवाबगंज के मेले में मैं एक तांत्रिक भैरवी माँ से मिला था। उनका वह रूप और प्रथम रात को श्मशान की अत्यल्प रोशनी में जो रूप देखा था, वही छवि बार-बार आँखों के सामने उभर रही थी...बीच-बीच में लग रहा था कि उठ जाऊँ और जाकर देखूँ कि वे किस कमरे में क्या कर रही हैं—फिर अगले ही क्षण लगा कि नहीं, इस

अस्थिरता को संयत करना होगा। मेरे सामने मेरे संगी प्रतीक्षा करते-करते ऊँघ रहे हैं, कुत्ते की तरह कुंडली मारकर लेटे हैं या सो गए हैं। उनमें किसी प्रकार की चंचलता नहीं है। माँ दर्शन देंगी यह तो सही है, परन्तु कब? यह प्रश्न केवल मेरे जैसे गँदले मन का ही है।

परिव्राजक के इस गँदले मन को यदि तिब्बतियों की तरह साफ-सुथरा रख पाता तो निश्चय ही उत्कंठा कम हो जाती। कमरे के कोने में रखे और दो कम्बल किसी ने हमारी पीठ पर ओढ़ा दिए। अच्छा ही हुआ, चेहरे की ओर का हिस्सा तो गरम था, परन्तु रीढ़ की हड्डी से ठंड शरीर में घुसने लगी थी। और थोड़ी देर बैठे रहने के पश्चात् लामा तेन् करवट लेकर सो गए। चूल्हा लग रहा था जैसे धूनी जल रही हो। मैं उनके बुलावे की उम्मीद में जागा रहा। माँ के दर्शन के लिए मन फिर से छटपटाने लगा है। इस कमरे में आने के तीन दरवाज़े हैं। वे कब किस दरवाज़े से आएँगी; लगभग अँधेरे जैसी रोशनी में उन्हें कैसे देख पाऊँगा; वे किस भाषा में बात करेंगी; लामू को जगाने की दरकार है, लामा तेन् का सामान्य अंग्रेजी ज्ञान और लामू की नेपाली भाषा—लगता है, सब मिलाकर माँ के साथ वार्तालाप किया जा सकता है। माँ के मुख के दर्शन की तीव्र इच्छा है; वे यदि कानों को ढकनेवाली टोपी पहने रहें तो उनका मुख अस्पष्ट रह जाएगा; क्या वे दिन के उजाले में मिलेंगी? इस प्रकार के अनगिनत सवालों ने मुझे जगाए रखा। मैंने सिद्धासन में बैठकर अब मन को ध्यानस्थ करने की चेष्टा की। मन को शुद्ध करने और मुक्त करने का दायित्व मेरा ही है। मैंने आँखें मूँदीं और उसके थोड़ी ही देर बाद हठात् देखा कि लालटेन हाथ में लिये दो व्यक्ति मेरे पास आए और इशारों में मुझे बुलाया—मंत्रमुग्ध-सा मैं उठा। लामू, लामा तेन्, पुस्तकालयाध्यक्षा, किसी को भी नहीं बुलाया। बुलाने का सवाल मन में आया ही नहीं। दो कमरों को पार कर तृतीय कमरे में प्रवेश करते ही देखा, महायोगिनी भैरवी माँ धूनी के सामने बैठी हैं। धूनी में अभी-अभी लकड़ियाँ झोंकी गई हैं, आग चल रही है, अति सुन्दरी एक युवती के मुख के मैंने दर्शन किए—सिर की जटाएँ समेटकर गोद में रखी हैं, शरीर लाल रंग की चादर से ढका है और पैर ढके हैं जोड़ासन या सिद्धासन से। इतना उज्ज्वल मुख इससे पहले कभी नहीं देखा। लगता है, बिजली की बत्ती उनके मुख की ओर थी। उनके सामने ही धूनी थी इसलिए धूनी की आग को सामने रखते हुए मैंने साष्टांग प्रणाम किया। केवल प्रणाम। चाह और प्राप्ति से बहुत-बहुत ऊपर एक विराट प्राप्ति के आनन्द ने मुझे भयंकर रूप से हल्का कर दिया। सामने धूनी की आग, उसके दोनों ओर हैं दो संन्यासिनें जिनका शरीर लाल कम्बल से ढका था, माथे पर टोपी थी, लगता है सिर मूँड़ा हुआ था। श्रीचरणों का स्पर्श सम्भव नहीं था। धूनी का गड्ढा गोलाकार था। आनन्द और उत्तेजना को संयत कर माँ के निर्देश से धूनी के पास के आसन पर बैठा। कोई मानवी चेहरा इतना सुन्दर भी हो सकता है, बिना देखे विश्वास ही नहीं होता।

अति सहज, अति पवित्र, पास खींचनेवाला एक विराट आकर्षण! उन्होंने पास की लड़की को कुछ लाने भेजा। मंत्रमुग्ध-सा मैं उनकी अपरूप मुखश्री की ओर देखता रहा, मुँह से एक शब्द तक न निकला। लगा, जैसे मेरी सारी शक्ति को उन्होंने अपनी ओर खींच लिया हो। संन्यासिनी लौट आई; माँ ने कहा—'पी ले बेटा।' आश्चर्य पर आश्चर्य! वह तो हिन्दी बोल रही हैं, सारी समस्याओं का समाधान लिये बैठी हैं मेरी इष्टदेवी। याक का गरम दूध पीकर मैंने अपने मन को शान्त किया। पास की सहचरी संन्यासिनी ने हिन्दी में कहा—'माँ जानती हैं कि आप कब आए हैं, क्यों आए हैं, आपका यदि अन्य कोई प्रश्न हो तो पूछिए, वे अंग्रेजी भी समझती हैं।'

मैंने कहा—'माँ तो सब जानती हैं, मेरे लिए कहने को कुछ नहीं।' उनके दर्शन से ही मेरा तिब्बत आना सार्थक हो गया। मैं धन्य हूँ।' अपनी बात कहकर सम्पूर्ण नीरवता से, अपलक दृष्टि व सम्पूर्ण अन्तर से मैं माँ को देखने लगा—माँ के पवित्र सौन्दर्य को मन में बसाने के लिए मैंने स्वयं को माँ के अनदेखे श्रीचरणों को सौंप दिया। और फिर सम्पूर्ण नीरव पृथ्वी के इस अज्ञात स्थान में किसी प्रकार के शब्द का प्रवेश निषेध है। माँ आँखें मूँदे बैठी हैं—लगता है, पृथ्वी पर हमें छोड़कर और कोई प्राणी नहीं है, किसी जादुई शक्ति से माँ ने सबको सुला दिया है। नजदीक के कमरे से और एक संन्यासिनी ने निःशब्द प्रवेश किया—माँ के हाथ में गरम चाय या उसी प्रकार की किसी चीज से भरा एक लम्बा काँच का गिलास दिया। कुछ चुस्कियाँ लेकर उन्होंने वह गिलास नजदीक की संन्यासिन को दिया। इसके बाद सभी ने उस एक ही गिलास को प्रसाद के समान ग्रहण किया। अन्त में गिलास मेरे पास भी आया, मुझे भी प्रसाद मिला—लगा, जैसे किसी पत्ते का उबला हुआ पानी हो।

कुछ देर के पश्चात् माँ हठात् कुछ हिल-डुलकर बैठीं, गोदी में रखे जटाकेश को पीछे पत्थर की वेदी पर रखा। इस बार उनकी मुखश्री और-और सुन्दर से सुन्दरतर होने लगी—हमारी नज़रों के सामने ही परिवर्तन घटित होने लगा। धूनी की आग जैसे अपने ही तेज से और जल उठी हो। 'माँ' का चेहरा और स्पष्ट हो उठा। ललाट का लाल तिलक एक छोटा उजाला-सा लग रहा था। उन्होंने मेरी ओर देखा, मुझे लगा कि हज़ार वर्षों से मैं इसी स्नेहाशीष की प्रतीक्षा में हूँ।

साफ हिन्दी में उन्होंने कहा—

'मैं अधिकांश समय हिन्दुस्तान में रहती हूँ, वहाँ मेरे अनेक बच्चे-बच्चियाँ हैं, वे बुलाते हैं तो जाना ही पड़ता है।'

इसके बाद उन्होंने फिर से आँखें मूँद लीं। उनकी आवाज़ अत्यन्त मधुर है। उनकी बातों में सुर व छन्द का अपूर्व मिश्रण है। केवल मन नहीं, बल्कि शरीर के प्रत्येक कोष को सजग कर मैं उनकी उपस्थिति का अनुभव करने लगा। उन्हें देख रहा हूँ, वे हैं। मैं जाग्रत् अवस्था में हूँ। मैं ज्ञानगंज में आया हूँ। रि-पुक मठ में छिपी बैठी ये महादेवी कौन हैं? काफी देर की नीरवता के पश्चात् उन्होंने आँखें खोलीं, मेरी ओर देखकर कहा—

'महागुरु बुद्धावतार गुरु रिम्पोचे ने निर्विघ्न साधना के लिए हिमालय के विभिन्न स्थानों में कुल सोलह गुप्त गुफा-ग्रामों की रचना की है। ब्रह्मपुत्र नदी जहाँ हिमालय को लाँघकर हिन्दुस्तान की ओर नीचे उतरी है वहाँ अभी भी अनेक मौनी-गुफाएँ हैं...' इतना कहकर उन्होंने फिर आँखें बन्द कर लीं।

'मनुष्य मात्र ही जन्म-मृत्यु के चक्र से बँधा है। जीवन को बचाने के लिए ही संसार-संस्कार हैं। हमारे अन्दर जो सूर्यशक्ति है, उसे काम में लगाना होगा। आसन-शोधन मुद्रा के माध्यम से कुंडलिनी शक्ति को जगाकर उस सूर्य के तेज को ग्रहण करना होगा। पुरुष में उत्पन्न बिन्दुसार, स्त्री में उत्पन्न रज: इन दोनों के बाह्य संयोग से ही है मनुष्यलोक की सृष्टि। यह बिन्दु और रज: दो शक्तियाँ जब आंतरिक शक्ति में परिणत होती हैं तभी कुंडलिनी में सूर्यशक्ति आती है। योगी और योगिनी योगयुक्त होकर जीवन व जन्म-मृत्यु का रहस्य समझ पाते हैं।'

अब माँ ने मेरी ओर देखा—'समझे बेटा?'

मैं मुग्ध हो उनकी बातें सुन रहा था, हठात् उनके सम्बोधन से मैंने स्वयं को सजग किया और उत्तर में कहा—

'मैं सब नहीं समझ पाया, किन्तु आपके आशीर्वाद से निश्चय ही एक दिन सब समझ पाऊँगा।'

इसके बाद उन्होंने फिर आँखें बन्द कर लीं। इस बार अधिक देर तक वे आँखें बन्द न रख पाईं—इशारे से मुझे दाहिनी ओर आने को कहा। मेरे उठते ही माँ के दाहिनी ओर बैठी संन्यासिन उठकर खड़ी हो गईं, उनकी जगह पर मुझे बैठाया। अब उनके श्रीचरणों को स्पर्श करने का अवसर मिलते ही मैंने दोनों हाथों से उनके पदयुगल को स्पर्श कर सिर से छुआया। सामने धूनी की आग थी, स्थान का अभाव था—मेरे सिर पर हाथ रखकर उन्होंने कहा—

'तुम यहाँ से कैलास जाओ, पहले चौरासी महाश्मशान है। श्मशान में जाकर सूर्यास्त से सूर्योदय तक बैठना। फिर शिवस्थान में बार्दो (Bardo) कसौटी पत्थर से अपनी पाप-परीक्षा (Sin test Stone) करना, उसके बाद माँ तारा को प्रणाम करना। तुम जो माँगोगे, मिलेगा।'

मेरे सिर पर हाथ रखकर माँ ने आशीर्वाद दिया और उठीं। उनके हाथों से एक गरम हवा ने मुझे एक अव्यक्त अनुभूति से जगा दिया। मुझे अपने दाहिनी ओर छोड़ बाईं ओर की संन्यासिन को लेकर माँ बगल के कमरे में चली गईं। मैं मंत्रमुग्ध हो आग के पास बैठा रहा। काफी देर प्रतीक्षा के बाद भी फिर से माँ के दर्शन न हुए। एक योगिनी ने मुझे एक कम्बल दिया और इशारे में कहा—'सो जाओ, माँ अब और नहीं आएँगी।' स्वयं को जगाए रखने की कोशिश की, पर व्यर्थ। जगे रहने के लिए जो शक्ति आवश्यक है, माँ के जाने के साथ वह भी गायब, लिहाजा सो गया।

सुबह शंख-ध्वनि से नींद टूटी। अन्य घर से पोथी के पाठ और घंटे की आवाज़ आ रही है। मैं कितनी देर सोया, यह तो पता नहीं, परन्तु शरीर व मन की अवस्था को देखकर लगता है कि काफी अच्छी नींद आई। खुद को बड़ा हल्कापन-सा लग रहा है। सामने की धूनी की आग बुझ गई है—भोर का उजाला खिड़की-दरवाजों से झाँक रहा है। बगल के कमरे में संन्यासिनें स्तोत्र पाठ कर रही हैं। उन्हीं के बीच लामा तेन्, लामू और पुस्तकालयाध्यक्षा भी हैं। मैं भी उनसे जा मिला।

पूजा-पाठ जब समाप्त हुआ तब हम रसोईघर में आकर बैठे। हाथ में गरम कटोरा थाम हम सभी शरीर गरम करने लगे। पीले आसन पर जो आकर बैठीं, उन्हें देखते ही मैंने पहचान लिया। वह थीं रात की वही संन्यासिन जो माँ के दाहिनी ओर बैठी थीं और जो मुझे अपने स्थान पर बैठाकर बगल के कमरे में चली गई थीं। उन्होंने मुझे 'हिन्दुस्तानी दादाजी' कहकर सम्बोधित किया, जो मैंने मान लिया क्योंकि मैं उम्र में निस्सन्देह बड़ा था। मैं केवल इस जन्म की बात कर रहा हूँ। लामा तेन् और लामू मेरी मदद के लिए पास आकर बैठ गए। मेरी ओर से लामा तेन् ने संन्यासिन से प्रश्न करते हुए कहा—

'ये हिन्दुस्तानी पंडित हैं, भैरवी माताजी के दर्शन करना चाहते हैं, और हम भी। हम सभी माताजी को प्रणाम करने आए हैं, कल से प्रतीक्षा कर रहे हैं। आज सुबह दर्शन मिल सकते हैं?' लामा तेन् के प्रश्न पर संन्यासिन ने केवल सिर हिलाया, मुँह से कुछ नहीं कहा। इसके बाद उन्होंने अन्य दो संन्यासिनों को धूनी जलाने को कहा—

'आग जलाओ, इन्हें ठंड लग रही है।' आग जलाना शुरू हुआ तो कच्ची लकड़ी के धुएँ से कमरा भर उठा, लगा जैसे यह धुआँ भी गरम है। काफी फूँक और हवा की करामात से अग्निदेव सामने आए। आज अच्छी-खासी ठंड है इसलिए आग को देखकर सबको ख़ुशी हुई। आग की गरमी से जब शरीर स्वाभाविक अवस्था में लौटा तो पुस्तकालयाध्यक्षा ने प्रश्न किया—'माँ के दर्शन मिलेंगे?'

यह सुनकर संन्यासिनी उठ गईं। थोड़ी देर बाद मठ की एक और संन्यासिन आईं। आग की ओर हाथ बढ़ाकर बड़े स्वाभाविक रूप से भैरवी माताजी का संवाद दिया—

'वे तो खूब भोर के समय ही चली गईं। इस बार तो दर्शन नहीं होंगे परन्तु चिन्ता न करें, आपके कर्म और प्रारब्ध में होगा तो वे अवश्य मिलेंगी।'

उसकी यह बात सुनकर सभी स्तम्भित रह गए। प्रश्न हुआ—'वे फिर कब आएँगी? कहाँ गई हैं वे? कौन-से मठ में?'

उत्तर मिला—'यह तो हम नहीं बता पाएँगे। कोई नहीं जानता।' इसी बीच पूर्व परिचित संन्यासिन लौट आईं। उन्होंने बताया कि माँ सचमुच चली गई हैं। हर बार ऐसा ही होता है। वे अचानक चली जाती हैं। कभी-कभी वे अकेली ही चली जाती

हैं और कभी-कभी इस मठ के दो-एक जन को साथ ले जाती हैं। संन्यासिन ने यह बताया ही नहीं कि माँ जाती कहाँ हैं। मेरी ओर देखकर उन्होंने मुस्कुराते हुए कहा—

'माँ आपकी प्रशंसा कर रही थीं। हमें आपके लिए भोजन व आग की व्यवस्था करने को कह गई हैं।' संन्यासिन की बात सुनकर लामू मेरे पास आकर बैठा और बड़ी श्रद्धा से मेरी ओर देखते हुए प्रश्न किया—

'ने मामा ला मा थोंग,' अर्थात् मैंने माताजी को नहीं देखा, आपने?

लामू के प्रश्न का उत्तर मुझे नहीं देना पड़ा, मेरी ओर से संन्यासिन ने उन्हें बताया कि भैरवी माताजी ने आधी रात को जब सब सो गए थे तो मुझे बुलाया था। यही नहीं, मुझे जो उपदेश देना था, दिया और अपना प्रसाद भी दिया। लामा तेन् और पुस्तकालयाध्यक्षा को बहुत दुख हुआ कि इतने पास आकर भी दर्शन नहीं हुए। उन सभी ने स्वीकार किया कि उनके भाग्य में नहीं था—भगवती भैरवी माताजी के दर्शन के लिए और सत्कर्म करने होंगे।

धूप आ गई है। मैं सभी को टालकर बरामदे में जा बैठा। परमपूज्य भैरवी माताजी के दर्शन, उनके उपदेश को जितना समझ पाया, जितना यादों में सँजो पाया हूँ, वह कहीं विस्मृत न हो जाए इसलिए लिख लेना चाहता हूँ। कॉपी लेकर लिखना शुरू करने ही जा रहा था कि संन्यासिन मुस्कुराती हुई पास में आकर खड़ी हुईं और इशारे से पीछे आने को कहा। मैं कॉपी-बैग कम्बल पर रख उठने ही वाला था कि उन्होंने कम्बल उठा लिया और बैग व कॉपी मेरे हाथों में दे दी। मैं उनके पीछे चल पड़ा। बरामदे के अन्त में एक कमरे के भीतर से होते हुए हम बरामदे के उलटी ओर आ पहुँचे। उसके बाद ही एक आश्चर्य! एक बड़े हॉल—कमरे के उत्तर-पूर्व की ओर खिड़की-दरवाजे के सामने एक बालकनी (Balcony) है। सामने का दृश्य अत्यन्त निर्मल है। सामने है अत्यन्त सुन्दर विशाल उपत्यका, वृक्षों पर नए हरे पत्तों का आलोड़न और ऊपर आकाश—घना नीला आकाश और हरियाली, एक अद्‌भुत मायावी दृश्य है। हमसे थोड़ी ही दूर पर है एक छोटा झरना—हिमालय की पिघलती बर्फ का पानी दूर ब्रह्मपुत्र में जाकर गिर रहा है। दृश्य में एक अद्‌भुत रहस्य छिपा है। आँखों से होता हुआ सीधा अन्तरात्मा तक पहुँच रहा है—मन भर उठा है एक सुन्दर व आनन्दमय अनुभूति से। मंत्रमुग्ध-सा देख रहा हूँ, देह छोड़कर मन चला गया है दूर, हरिण की तरह हरियाली पर कुलाँचें भर रहा है—इस दृश्यानुभूति के वर्णन के लिए भाषा नहीं है मेरे पास। संन्यासिन ने मुझे कमरे में बुलाया और फिर कहा—'यही है रि-पुक आश्रम का ध्यानकक्ष।' मैं दीवार पर विभिन्न देव-देवियों की तस्वीरें, तांग्खा और मंडला की सूक्ष्म कारीगरी देखने लगा। सब्ज तारा माँ और अमिताभ बुद्ध की तस्वीरें सर्वाधिक आकर्षक थीं। चँदोवे की तरह सिर के ऊपर है मातृयंत्र।

—कम्बल कहाँ बिछाया जाए? कहाँ बैठेंगे?

—इस कमरे की हर जगह पवित्र हैं।—मैंने उत्तर दिया।

पता नहीं, संन्यासिनी को मेरी बात समझ में आई या नहीं, कमरे के चारों ओर की दीवारें दिखाकर उन्होंने कहा—

पूर्व की ओर बैरचला; दक्षिण की ओर रत्नसम्भवा;

पश्चिम में अभिताभ; उत्तर में अमोघ सिद्धि;

केन्द्र में वज्रधारा; सिर पर महाकाली तारा, जो तुम्हारी मर्जी—यह कहकर कम्बल बीच में रखकर वह चली गईं। समझ गया, यह ध्यानकक्ष है, किस ओर बैठूँगा यह बीजमंत्र पर, इष्टदेव और गुरु के निर्देश पर निर्भर है। मैं यहाँ ध्यान के लिए तो आया नहीं, मुझे तो चाहिए थोड़ी सी धूप जिसमें बैठकर मैं भैरवी माताजी के दर्शन और निर्देश के बारे में जितना कुछ समझ पाया हूँ, लिखकर रखने की चेष्टा कर सकूँ। मैं जानता हूँ कि मैं जाग्रत् अवस्था में ही था, उन्होंने जो भी कहा हिन्दी में कहा, समझने में कोई असुविधा नहीं हुई। मेरा दृढ़ विश्वास है कि मैं उनकी कृपा अर्जित कर पाया हूँ।

इतना लिखकर मैं दरवाजे से दूर का मनोरम दृश्य देखने लगा। हरे-भरे जंगल के साथ जहाँ आकाश मिला है वहाँ कल्पना की आँखों से देख पा रहा हूँ सब्ज माँ तारा बैठी हैं, एक अपूर्व छन्द की ताल पर बादलों के झूले पर झूल रही हैं। एक अद्‌भुत आकर्षण है उनमें, उनके सौन्दर्य से एक अव्यक्त आनन्दस्रोत ने मुझे स्पर्श किया। उस स्पर्श से मुझे माताजी की बातें याद हो आईं—'बिन्दु और रजः, ये दो शक्तियाँ जब आंतरिक शक्ति में परिणत होती हैं तब ही कुंडलिनी में सूर्य-शक्ति आती है। योगी और योगिनी योगयुक्त होकर दोनों जीवन व जन्म-मृत्यु का रहस्य समझ पाते हैं।'

मैंने उतना ही लिखा जितना मैं समझ पाया था। मन में बार-बार उन शक्तिरूपिणी भैरवी माताजी का कंठस्वर प्रतिध्वनित होने लगा, बार-बार वह देवी-मूर्ति मेरे सामने आने लगी—रि-पुक मठ में वही तो मुझे लेकर आई हैं। अब मैं तिब्बत आया हूँ उन खो गए कैलासबाबा की खोज में—माताजी का दर्शन तो अप्रत्याशित आत्मा का उपहार है। माताजी ने और भी दो जगहों का ठिकाना दिया है—कैलासखंड में चौरासी महासिद्धियों के श्मशान का और शिवस्थान के कसौटी-पत्थर का।

काफी देर बैठे रहने के पश्चात् समझ में आया कि यह 'ध्यानकक्ष' आध्यात्मिक जगत का एक 'महासिद्ध पीठस्थान' है। किसी को यदि किसी भी प्रकार यहाँ बैठने का सुअवसर मिले तो मैं तो कहूँगा कि वह एक विराट प्राप्ति है। यहाँ क्या पाया, यह प्रश्न ही अप्रासंगिक है। यहाँ कोई प्रश्न नहीं, कोई उत्तर नहीं, है तो केवल आनन्द की अनुभूति।

मेरे सामने लामू, लामा तेनु, पुस्तकालयाध्यक्षा तथा अन्य दो संन्यासिनों ने आकर प्रणाम किया और हाथ जोड़कर कहा—'अब लौटने का समय हो गया है,

शालू मठ से बुलावा आ गया है। बाध्य होकर मुझे उठना पड़ा। मठ के सामने और भी ग्यारह संन्यासिनें हमें प्रणाम करने के लिए खड़ी थीं। उन्हें देखकर ही समझ में आ रहा था कि वे सभी अध्यात्म-मार्ग के उच्च सोपान पर आसीन हैं। हमने कृतज्ञता जता कर रास्ता पकड़ा। रास्ता यानी वही पत्थरों से भरी उपत्यका।

राह चलते-चलते पुस्तकालयाध्यक्षा ने कहा—'मैं आपसे बहुत छोटी हूँ, आप मुझे नाम्पा कहकर बुलाएँ।'

अच्छा ही हुआ। तिब्बत में या गाँवों में चीनी महिलाओं से नाम नहीं पूछा जाता, इसीलिए इच्छा होते हुए भी नाम नहीं पूछा था। नाम के कारण नाम्पा को और सहज रूप में पाया। चलते-चलते ही मैंने कहा कि भैरवी माँ ने मुझे चौरासी सिद्धयोगी श्मशान में और उसके बाद शिवस्थान जाने को कहा है। इस विषय में यदि वह कुछ बता सके तो अच्छा हो। परन्तु अफसोस की बात है कि वह कुछ बता नहीं पाई क्योंकि नाम्पा का मूल दफ्तर ल्हासा में है, वहीं से तिब्बत की विभिन्न मोनेस्ट्री में जाने का निर्देश आता है। वह धर्म व दर्शन पर तिब्बत की पुरानी पोथियों, उनके संग्रह तथा ग्रन्थागार के मामलों की देखरेख के लिए यहाँ है। शालू मठ में उसे चार-पाँच महीनों के लिए भेजा गया है। शालू मठ के कपड़े पर लिखे अनेक बहुमूल्य अनूदित ग्रन्थ हैं, उनके लिए गवेषणामूलक प्रस्ताव आए हैं जिनके लिए कुछ ऐसे विशेषज्ञों की आवश्यकता है, जो भारतीय भाषा जानते हों। नाम्पा नेपाली भाषा जानती है, जो हिन्दी से बहुत मिलती-जुलती है। उसने मुझसे अनुरोध किया कि ल्हासा में उसके दफ्तर में जाकर उच्च अधिकारियों से मिलकर इस विषय में अपने सहयोग के बारे में परामर्श करूँ। प्रस्ताव तो अच्छा है परन्तु इस यात्रा में यह सम्भव नहीं क्योंकि इस बार मैं एक अन्य संकल्प लेकर आया हूँ। खैर, जो हो, मैंने नाम्पा के ल्हासा स्थित ठिकाने का पता ले लिया और उसे वचन दिया कि अगली बार ल्हासा आऊँगा तो अवश्य ही उससे सम्पर्क करूँगा।

हमें शालू मठ लौटने में घंटा भर लग गया। उतराई थी इसलिए कोई असुविधा नहीं हुई।

शालू मठ तांत्रिकों का अन्यतम सेवातीर्थ, पीठस्थान तथा उच्चमार्ग का साधना-क्षेत्र है। यहाँ आना ही अपने आपमें जन्म-जन्मान्तर का एक उपहार है परन्तु इसके बावजूद मेरा यहाँ और रुकना सम्भव नहीं है। भैरवी माँ ने मुझे दो स्थान बताए हैं, मुझे वहाँ जाना ही होगा। शालू मठ के मठाध्यक्ष को प्रणाम कर मैंने कृतज्ञता जताई। अभी भी पर्याप्त समय है। बड़ी सड़क से शिगात्से जाने के लिए गाड़ियों की कोई कमी नहीं। मैं अकेला ही निकल पड़ा।

बस स्टैंड पर आकर उसी परिचित चाय की दुकान पर बैठकर चाय बनाने को कहा। शिगात्से जाने में कोई असुविधा नहीं है, रात के 8-9 बजे तक बस-मिनी बस व जीप मिलती है और उसके बाद ट्रक तो है ही। एक जीप पकड़कर शिगात्से पहुँचने में रात के 7 बज गए। रात इसलिए कह रहा हूँ क्योंकि यहाँ 5 बजे के बाद शाम

होती है। फिर शिगात्से होटल पहुँचा। होटल के सभी मुझे पहचानते हैं, खासकर मालिक, जो कि मित्र जैसा हो गया है। कमरे में जाकर खुद को बिस्तर पर पटक दिया—पैर के पास रखी रजाई को शरीर पर डाल लिया।

मैं लगभग सो गया था। किसी ने दरवाजे का कड़ा खड़काया तो मुझे लगा जैसे मैं सम्पूर्ण रूप से एक अन्य जगत में किसी अज्ञात गुफा में हूँ। गुफा के सामने पत्थर पर पत्थर ठोककर जैसे कोई मुझे विरक्त कर रहा है। नींद टूट गई। दरवाजे के सामने से एक लड़के ने मुझे जगाया। मैं उठकर बिस्तर पर बैठा। थोड़ी देर बाद दरवाजे के पास आकर खड़ा हुआ, देखा, मालिक-मैनेजर खुद थे।

—आपको फिर से पाकर हम बहुत ख़ुश हैं। चलिए डायनिंग हॉल में, रात को क्या खाएँगे... ? इसके बाद रसोई बनानेवाला सो जाएगा।

डायनिंग हॉल में आकर देखा कि मैं अकेला ही हूँ। रात के 10 बज रहे थे। मेरे बैठते ही मैनेजर ने कहा—आज मैकरोनी अच्छी बनी है, उसके साथ है टोस्ट और आलू-मसाला। और सबसे पहले आएगा चीन का झालदार झोल।

—बहुत बढ़िया।

मैंने मैनेजर को शालू मठ और रि-पुक मठ की बातें बताईं। आज तीन घंटे पैदल, फिर जीप पर चला हूँ। मन जाग तो रहा है परन्तु शरीर को बिछौना चाहिए। मैंने मैनेजर से अनुरोध किया कि यदि कल सुबह मेरी ओर से वे ताशिलुम्पो में मेरी उपस्थिति दर्ज करा दें तो उपकार होगा। और ल्हासा में मेरे गाइड सोनम को फोन करना होगा इसलिए जरा रिसेप्शन पर बोलकर रखें कि सुबह के नाश्ते के बाद ही मेरा सम्पर्क करा दे।

—आप कोई चिन्ता न करें। आपकी सेवा करना मुझे अच्छा लगता है।—यह कहकर उन्होंने मुझे आश्वस्त किया।...और कोई बात नहीं हुई क्योंकि बिस्तर मुझे बुला रहा था।

20वाँ दिन

देखते-देखते उन्नीस रातें हो गईं और आज बीसवाँ दिन है। सुबह चाय-नाश्ता करने के बाद मैंने अपने प्रिय गाइड सोनम को फोन किया। मैंने उसे बताया कि मेरा ज्ञानगंज और शिगात्से का सफर समाप्त हो गया है, और मैं सचमुच भाग्यवान हूँ कि मुझे रि-पुक मठ की भैरवी माताजी के दर्शन हुए। आज मैं एक बन्पो आश्रम में जाऊँगा किन्तु कल से कैलासखंड जाने के लिए मुझे फिर से सोनम की जरूरत है। मेरी सारी बात सुनकर सोनम ने एक दिन का समय माँगा क्योंकि उसे अपने 'सर' से अनुमति लेनी होगी और फिर चार-चार (मोटरगाड़ी) की भी तो जरूरत पड़ेगी। होटल का मालिक-मैनेजर सामने ही खड़ा था। गाड़ी के बारे में

वह सोनम से बात करना चाहता है। मैंने टेलीफोन उसे थमा दिया। उन दोनों के बीच प्राय: पन्द्रह मिनट बात हुई और तय हुआ कि शाम को फिर बात करेंगे। अच्छा ही हुआ। इस बीच मुझे अपने अगले भ्रमण-कार्यक्रम को तय करने का समय मिल गया। मैनेजर से मैंने कहा कि दोपहर का भोजन यहीं करूँगा, अभी जरा ताशिलुम्पो घूमकर जाता हूँ।

सुबह के समय धूप में चलना अच्छा ही लगता है। आज ठंड भी कुछ कम है। आधे घंटे में ही ताशिलुम्पो पहुँच गया। बड़ा सुन्दर रंग-बिरंगा पैगोडा है। तोरण के नजदीक पहुँचते ही एक लड़का मुझे पहचानकर दौड़ आया—और फिर मुझे कुछ करना नहीं पड़ा। उस लड़के के साथ चौकीदार (सिक्योरिटी गार्ड) ने मुझे सीधे मठाध्यक्ष के घर पहुँचा दिया। वहाँ पहुँचते ही मकान के बरामदे से मुस्कुराते हुए उन्सेन ने स्वागत किया। समझ गया कि शालू मठ से लौटकर उसे मेरी खबर मिली है। अध्यक्ष ने शाम 4 बजे मुझे बुलाया है, अभी वे कहीं बाहर गए हैं। अवसर पाकर मैंने अपना अगला कदम बताया।

—तुम्हें याद है, उस दिन अध्यक्ष ने मुझे एक नदी के बारे में बताया था। बहुत वर्षों पूर्व ल्हासा से शिगात्से आने के रास्ते ब्रह्मपुत्र तथा एक नदी के संगम पर मैं खो गया था, तब एक योगी-पुरुष ने उस विपत्ति से उद्धार कर मेरी रक्षा की थी—एक बार उस नदी के किनारे जाना चाहता हूँ।

मेरी बात सुनकर उन्सेन ने कहा—'हाँ, याद है, मैं उस वक्त वहीं था, अध्यक्ष ने सम्भवत: नदी का नाम बताया या नानगुंग चू (Nangung chu)। उस दिन आपके चले जाने के पश्चात् गुरुजी (मठाध्यक्ष) ने बताया था कि युंगद्रुंगलिंग मोनेस्ट्री (Yungdrungling Monastery) के पास ही वह नदी है।'

मैं आश्वस्त हुआ। फिर वार्तालाप को और न बढ़ाते हुए मैंने कहा—'मुझे होटल लौटना ही होगा क्योंकि ल्हासा से एक बहुत जरूरी टेलीफोन आने वाला है।' मैं वहाँ से उठा। उन्सेन ने मुझे बार-बार याद दिलाया कि मैं 4 बजे से पहले अवश्य पहुँच जाऊँ। सहज ही छुट्टी मिल गई, शालू मठ का कोई भी प्रसंग नहीं उठा।

सामने ही ताशिलुम्पो के विराट आकर्षण पैगोडा की सुन्दरता और उसके रंगों की बहार मुझे बार-बार अपनी ओर बुला रही थी किन्तु बड़ी सावधानी से परिव्राजक के प्रलोभन को सँभालते हुए मैंने महातोरण को पार किया।

मैनेजर होटल में ही था। और दो पर्यटक साथ थे। परिचय में पता लगा कि वे अमेरिकन हैं और एवरेस्ट की ओर जा रहे हैं। हम एक ही टेबल पर भोजन के लिए बैठे। उनके साथ एक शेरपा गाइड भी था। बातों-बातों में जब सुना कि मैं संयुक्त राष्ट्र अमेरिका में छह वर्ष रहा हूँ, तो वार्तालाप और भी जम उठा। शेरपा गाइड नेपाली था और कामचलाऊ अंग्रेजी में मुझसे घनिष्ठ हो गया। उसने बताया

कि काठमांडू के दो शेरपा गाइड हैं जो हिन्दुओं को लेकर कैलासनाथ जाते-आते रहते हैं।

मैंने उससे पूछा—'तुम चौरासी सिद्ध योगीपीठ जानते हो?'

—नहीं, मैंने तो बस दो बार परिक्रमा की है। आपको दारचेन में सब खबर मिल जाएगी।

मैंने बात और नहीं बढ़ाई क्योंकि वह उसका 'रूट' (मार्ग) नहीं था। भोजन करते-करते जब मैंने मैनेजर से युंगद्रुंगलिंग मोनेस्ट्री के बारे में पूछा तो शेरपा उछल पड़ा।

—आप वहाँ जाएँगे? बहुत अच्छा। वहाँ का दृश्य तो याद रखने लायक है, किन्तु मोनेस्ट्री में जाने से कोई लाभ नहीं है। वहाँ आपको केवल ध्वस्त स्तूप मिलेंगे। सुना है, अब संन्यासी लोग मरम्मत कर रहे हैं।

—वहाँ कैसे जाया जा सकता है?

—थोड़ा दूर है किन्तु रास्ता बहुत अच्छा है। शिगात्से-ल्हासा हाइवे पकड़कर साठ-सत्तर किलोमीटर जाने के बाद ताद्रुका (Tadruka) फेरी (नौघाट) मिलेगी, उस पार उतरते ही आपको मिल जाएगी युंगद्रुंगलिंग मोनेस्ट्री। जाने का निर्देश तो बहुत सहज है परन्तु मोनेस्ट्री का नाम बार-बार उच्चारण कर याद रखना होगा—युंगद्रुंगलिंग।

मेरा उच्चारण सुनकर मैनेजर ने हँसते हुए कहा—'सचमुच विदेशियों के लिए उच्चारण काफी कठिन है, पर नदी का नाम सहज है—नानगुंग—और चू माने नदी।'

मुझे आश्वासन देते हुए मैनेजर ने कहा—'आप चिन्ता न करें, मैं सारा बन्दोबस्त कर दूँगा, हमारी जीप है।'

'वाह!' मैंने आनन्द में हाथ बढ़ा दिया। सचमुच बहुत ख़ुशी हुई। मैंने बार-बार मैनेजर को धन्यवाद दिया। सब माँ की इच्छा है—उस भयंकर रात की नदी को देख पाऊँगा।

भोजन के बाद सोनम को टेलीफोन किया तो पता चला कि उसे 'सर' से अनुमति मिल गई है। गाड़ी के बारे में मैनेजर के साथ ही बात हुई। मैनेजर ने परामर्श दिया कि शिगात्से से कैलास आवागमन के लौटते समय हमें ल्हासा तक पहुँचा देगा। कैलास में तीन दिन गाड़ी खड़ी रहेगी तो प्रतिदिन के हिसाब से अलग से पचास युआन लगेंगे। शिगात्से-कैलास आवागमन में लगेंगे प्रायः आठ सौ अमेरिकन डॉलर। टेलीफोन छोड़कर हम हिसाब में लग गए। अच्छी तरह से सोच-विचार कर देखा कि शिगात्से से गाड़ी लेने पर हमारा खर्च पच्चीस डॉलर कम लगेगा और फिर गाड़ी भी होटल की, किसी नुकसान की आशंका ही नहीं। हमारा सात दिनों का कार्यक्रम है।

शिगात्से से दारचेन की दूरी है प्रायः छह सौ किलोमीटर, उसके साथ जुड़ेगा गाइड, ड्राइवर और हमारे खाने-पीने का खर्च और गाइड का रोज के हिसाब से खर्च इत्यादि। गाड़ी के तेल का खर्च मालिक का।

सात दिनों के लिए मुझे चाहिए कम से कम सोलह हजार युआन, प्राय: दो हजार डॉलर। तकदीर अच्छी है कि मैं तैयारी के साथ आया हूँ। मैं अपने संकल्प पर अटल हूँ। शाम को मैंने फिर सोनम को टेलीफोन किया—'मैं तैयार हूँ,' सोनम भी बहुत ख़ुश हुआ। ल्हासा से शिगात्से वह बस से आएगा फिर यहाँ से ही हम कैलास का रास्ता पकड़ लेंगे। सोनम सरकारी गाइड के रूप में ही मेरे साथ रहेगा। तय हुआ कि दो दिन पश्चात् हम सुबह में होटल छोड़ेंगे। कैलास-यात्रा का सब-कुछ तय होने के बाद जैसे ही मैंने ताद्रुका-नानगुंग नदी—संगम की चर्चा की, मैनेजर ने कहा—

—कल सुबह ही निकल जाइए और रात तक लौट आइए। चलिए, मैं भी चलता हूँ। थोड़ा हवा-पानी बदल जाएगा, और आप जैसों का साथ पाना तो मेरे लिए सौभाग्य की बात है!

मैनेजर का बुलावा आ गया कि एक जरूरी टेलीफोन है। दरअसल टेलीफोन मेरे लिए ही था। ताशिलुम्पो से बुलाहट थी लिहाजा बाध्य होकर उठना पड़ा।

ताशिलुम्पो के प्रधान अध्यक्ष का सभागृह

प्रधान तोरण के नजदीक गाड़ी के आते ही संन्यासियों की पोशाक में छह भिक्षुओं ने हमारा स्वागत किया और उनमें उन्सेन भी था। उँगली के इशारे से उसने बता दिया कि किधर जाना है।

—गाड़ी लेकर ही जाइए।

मेरी ओर देखते हुए मैनेजर ने कहा—'पंचेन लामा के इस मूल मन्दिर में गाड़ी लेकर आना एक विराट सम्मानसूचक है। और आपके कारण यह सम्मान मुझे भी मिला है।'

मूल मन्दिर के बाद ही और भी दो गाड़ियों पर नजर पड़ी—'विशिष्ट सरकारी प्रतिनिधि आए हैं।'

लगभग बारह-चौदह भिक्षुओं ने सीढ़ी के दरवाजे की ओर खड़े होकर हाथ जोड़कर हमारा स्वागत किया। सभागृह में प्रवेश कर मैं अवाक् रह गया। अपूर्व सुनहरे गाढ़े लाल व कत्थई रंग की शाक्यमुनि व माँ की विभिन्न मूर्तियों से दीवार और स्तम्भ भरे हैं और लकड़ी की दस्तकारी तो देखने लायक है परन्तु अफसोस! देखने का अवसर नहीं मिला। सामने सिंहासन-सी कुर्सियों पर बैठे कुछ लोगों में से एक ने सफेद कँथड़ी प्रदान कर मेरी अभ्यर्थना की और मैंने भी प्रति नमस्कार किया। आश्चर्य की बात यह कि यहाँ किसी ने किसी का परिचय नहीं पूछा, जैसाकि यूरोप या भारत में सामान्य चलन है। चीन की रीति-नीति, लगता है, कुछ अलहदा है। बैठकर मैंने सामने की ओर देखा, कम से कम चालीस-पचास संन्यासी तो होंगे

ही और उनमें कम से कम चार-पाँच तो संन्यासिनें भी हैं। और आश्चर्य तब हुआ जब सबके सामने ही कटोरे में चाय आई—सब्ज चाय, मेरे लिए तो अच्छा ही हुआ। उन्सेन सामने ही है। अध्यक्ष ने मेरे बारे में सम्भवतः चीनी भाषा में कुछ कहा, जो मेरी समझ में नहीं आया। फिर मेरी ओर मुखातिब होकर कहा—'बोलिए।' इस बीच उन्सेन के पास एक और दुभाषिया सज्जन आ गए थे।

—मैं क्या कहूँ, आपकी इस पारम्परिक पवित्र भूमि पर कुछ कहने की सामर्थ्य मुझमें नहीं है। मैं तो एक सामान्य परिव्राजक हूँ, इससे अधिक कुछ भी नहीं।—इतना कहकर मैं चुप हो गया क्योंकि मैं सचमुच कुछ बोलने के लिए तैयार होकर नहीं आया था। मैं मौन ही रहा।

मुझे मौन देखकर सम्भवतः एक उच्च पदस्थ कर्मचारी ने कहा—'हमने सुना है कि आप पृथ्वी के अनेक देश-विदेश में घूमे हैं, आपने तो स्वयं ही स्वीकार किया है कि आप एक परिव्राजक हैं और विश्व-पर्यटक के रूप में भी परिचित हैं। तिब्बत का यह परिवर्तन देखकर आपको कैसा लगता है?'

उत्तर : मैंने पहले भी बहुत बार कहा है और अभी भी कह रहा हूँ कि इस जगत में स्थायी कुछ भी नहीं है। जगत के इस परिवर्तन को ही अस्थायी कहता हूँ। भगवान बुद्ध ने और भी उच्च मार्ग की बात कही है, उन्होंने कहा है कि इस जगत में सब कुछ अस्थायी है, हमारी देह, मन सब ही जब अस्थायी हैं तो आत्मा भी अस्थायी है।

प्रश्न : मैं आत्मा की नहीं, तिब्बत की बात कर रहा हूँ।

उत्तर : ठीक है...मेरे जैसे हजारों-हजार परिव्राजक, पर्यटक, योगी, साधु, संन्यासी सबके लिए इतने काल तक हिमालय के एक कोने में तिब्बत अज्ञातवास में था। आज वह समय आया है कि अज्ञातवास का काल समाप्त हो गया है। रामायण में हम राम-लक्ष्मण-सीता का वनवास देखते हैं, महाभारत में पंचपांडवों का अज्ञातवास देखते हैं—हालाँकि वह व्यक्तिगत जीवन का अज्ञातवास था जबकि तिब्बत के मामले में यह एक स्थान का अज्ञातवास है। पृथ्वी परिवर्तनशील है। रात चाहे जितनी भी लम्बी क्यों न हो, भोर के उजाले को नहीं रोक सकती। यह अंचल चाहे जितना भी बर्फ से ढका रहे, पर उसका भी अन्त है। बर्फ गल जाती है और उसकी जगह नजर आती है सब्ज वन भूमि, नदी, उपत्यका, जमीन, आबादी। केवल तिब्बत में नहीं, पृथ्वी में सर्वत्र राजनीतिक परिवर्तन है, यह सभ्यता की धारा है। अच्छे-बुरे के विचारक तो महाकाल हैं, वही समय के मालिक हैं। राजा स्रोंग्त्सेन गाम्बो, राजा देत्सेन, राजा राजपाचेन तथा और भी अनेक लोग तिब्बत की शासन-व्यवस्था के सृष्टिकर्ता रहे हैं। देश के कल्याण में उनके अवदान को कतई अस्वीकार नहीं किया जा सकता। धर्म के मामले में भी उन्होंने पुराने बोनपा धर्म का परिवर्तन कर स्थायी धर्म का रास्ता दिखाया। पद्मसम्भव और अतीश हिमालय के उससे नए दार्शनिक विचारों का स्रोत लेकर आए थे।

तिब्बत के प्राणपुरुष कवि व गायक मिलारेपा ने प्रेम, भक्ति व शक्ति को अलौकिक शक्ति के साथ मिला दिया था। यह सब कुछ परिवर्तन था। यह चीन महान देश है। एक के बाद एक सम्राट आए और फिर अपना इतिहास छोड़कर चले गए। हान् तांग, सोंग, सुई ये सारे राजवंश चीन की मिट्टी और पत्थरों पर अपने हस्ताक्षर छोड़ गए हैं। स्वर्गीय सम्राट सोंग (song) चीन के सर्वाधिक उल्लेख योग्य, मनुष्य के दर्द को समझनेवाले प्रजावत्सल थे। देश की सर्वांगीण उन्नति में असामान्य था उनका दान। व्यवसाय, वाणिज्य, शिल्प, धर्म, शिक्षा, शासन, प्रतिरक्षा हर ओर थी उनकी नजर। सम्भवत: दसवीं सदी के पहले और बाद में स्वर्गीय सम्राट सोंग (Celestial King song) के समय को ही चीन का स्वर्ण-युग कहा जाता है। आज कहाँ है वह स्वर्ण-युग? काल ने उसे निगल लिया है। महाकाल की यह जो लीला है, हम मनुष्य तो उसके मात्र भागीदार हैं। इसी परिवर्तन को हम उन्नति, प्रगति, सभ्यता कहते हैं। वर्तमान युग में ये जो ट्रेन, प्लेन, रास्ते, टेलीविजन, टेलीफोन इत्यादि हैं, सब परिवर्तन मात्र हैं। मनुष्य द्वारा सृजित इस परिवर्तन को हम देश व समाज की उन्नति कहते हैं। परन्तु वास्तविकता क्या है, जानते हैं? यह सब कुछ पूर्वकल्पित, महाजागतिक परिकल्पना का ही अंश है। हम कहते हैं कि हम करते हैं जबकि सच यह है कि 'तुम्हारा कर्म तुम करती हो माँ और लोग कहते हैं—मैं करता हूँ'। भारत में हम उन्हें माँ तारा कहते हैं, तिब्बती कहते हैं 'द्रोल्मा' (Drolma), जगत की समस्त सृष्टि के मूल में वही हैं। सृष्टि के मूल में विचारक भी वही है, और उलट-पलट के लिए उत्तरदायी भी वही हैं।

मैं रुका। अध्यक्ष के इशारे पर पंक्तिबद्ध संन्यासियों ने उठकर अपना बायाँ हाथ बढ़ाया और उस पर दाहिने हाथ से ताली बजाई—तांत्रिक मत से मुझे उनकी सहमति मिली। वे फिर बैठ गए। अध्यक्ष एवं अतिथियों ने आपस में चर्चा कर मुझसे अनुरोध किया। अध्यक्ष के शब्दों में—

प्रश्न : सुना है, शालू मठ की उस धूना-गुफा (Incense Cave) में आपको धूप-धूनी की सुगन्ध मिली—कृपया इसकी व्याख्या कर समझाइए।

प्रश्न से मुझे आश्चर्य नहीं हुआ। मेरे अवचेतन मन ने मुझे सतर्क कर दिया था। मैंने खड़े होकर उस अदृश्य योगी को प्रणाम कर कहना शुरू किया।

उत्तर : किन्तु मैंने आप लोगों से नहीं कहा, प्रश्न के माध्यम से ही समझा हूँ कि शालू मठ से आप लोगों का अच्छा सम्पर्क है और प्रश्न शायद उधर से ही आया है। इस मामले में मैंने अपनी कोई राय जाहिर नहीं की है क्योंकि यह मेरा विशुद्ध व्यक्तिगत अनुभव है। इसमें प्रेम, भक्ति, अनुभूति और पूर्वानुभव (Precoceived experience) का एक विराट सम्मिश्रण है। पहले आप अपनी राय दें फिर मैं अपनी बात बताता हूँ।

मेरी बात सुनकर अध्यक्ष ने कहा—'गुरु मिलारेपा के समय की अनेक अलौकिक घटनाओं के बारे में सुना है। मिलारेपा और उनके शिष्यों की आध्यात्मिक शक्ति का

वर्णन और कहानियाँ तिब्बत की गुफाओं में आज भी मिलती हैं। इसको लेकर अनेक पोथियों और ग्रन्थों से हमारा ग्रन्थागार भरा पड़ा है। धर्म और दर्शन जिसमें तर्क, विचार, परीक्षा और जाँच की सम्भावना है, वर्तमान में हम उसी को मानने को तैयार हैं, किन्तु जिसमें प्रमाण और कारण का अभाव है, उसे मानना असम्भव है। हमारी सरकार को चाहिए आधार और तर्कमूलक घटना। आम आदमी की बुद्धि और तर्क से परे जो है, उसे पकड़कर रखना युक्तिसंगत नहीं है। इस बारे में हम आपकी राय जानना चाहते हैं, अर्थात् हमारा अनुरोध है...'

उत्तर : मुझे थोड़ा-सा समय दें। हमें दोनों दुभाषियों को धन्यवाद देना ही होगा। उन्होंने तो अनुवाद ठीक ही किया परन्तु यह मेरी असमर्थता है कि मैं ठीक से समझ नहीं पाया। मैं जो समझ पाया हूँ सहज भाषा में वह यह है कि 'धूना-गुफा' की गन्ध के बारे में आप लोगों को कौतूहल है, है न? विश्वास-अविश्वास की बात बाद में आती है।

अपनी बात का उत्तर मुझे फौरन मिल गया जब सामने की पंक्ति के दो संन्यासियों ने उठकर सम्मतिवाचक ताली बजाई। मैं उत्साहित हुआ। थोड़ा समय लेकर मैंने शुरू किया—

—आपने तिब्बती गुरु महाकवि मिलारेपा का जिक्र किया। अच्छा ही हुआ, मैं अपनी बात उन्हीं से शुरू करता हूँ। मिलारेपा के गीतों में प्राय: ही पाँच डाकिनियों का उल्लेख आता है—इन पाँच में से एक मिलारेपा के सबसे नजदीक थी, अत्यन्त सुन्दरी, हास्यमयी, सुसज्जिता और हर विद्या में विदुषी। मुख्य डाकिनी भगवती देवी। मिलारेपा की ये पाँच डाकिनियाँ शक्ति की प्रतीक हैं।

आकाश : आकाश का विशेष गुण है शब्द—सत्व गुण।

वायु : वायु का विशेष गुण है स्पर्श—रजः गुण।

तेज : तेज या अग्नि का विशेष गुण है रोशनी व रूप—रजः गुण।

जल : प्रधान गुण है रस—रजः व तमः शक्ति का प्रकाश।

पृथ्वी : विशेष गुण है गन्ध—तमः शक्ति का प्रकाश।

—संस्कृत में इन पाँच को पंचमहाभूत कहते हैं। विश्व-ब्रह्मांड व सृष्टि के मूल में मूल उपादानस्वरूप हैं यही पाँच महाभूत। सृष्टिकर्ता है प्रकृति। प्रकृति के तीन गुण हैं—सत्व, रजः और तमः। इन्हीं तीन के सम्मिश्रण से सृजित है विश्व-ब्रह्मांड।

आकाश से वायु की सृष्टि हुई।

आकाश व वायु के सम्मिश्रण से अग्नि या तेज की सृष्टि हुई।

आकाश, वायु व अग्नि के मिलन से अप् या जल की सृष्टि हुई।

—आकाश, वायु, अग्नि व जल के मिलन से सृजन हुआ हमारी पृथ्वी का। इसी पृथ्वी का एक जीव है यह मनुष्य। इस मनुष्य में है सृष्टि के आदि उपादानों को पकड़ रखने की शक्ति जिसके लिए मनुष्य देह में सृजित हुआ है—

शब्द को पकड़ने के लिए कर्ण,
स्पर्श को पकड़ने के लिए त्वचा,
रूप को पकड़ने के लिए चक्षु,
जल या रस का आस्वादन करने के लिए जिह्वा,
गन्ध को पकड़ने के लिए नासिका।

हम अब यह स्पष्ट समझ पा रहे हैं कि शब्द, स्पर्श, रूप, रस व गन्ध आपस में एक दूसरे से ओत-प्रोत रूप से जुड़े हैं। गन्ध है पृथ्वी का या जागतिक अंग जो हमारे सर्वाधिक समीप है। यों तो जल भी समीप है किन्तु जल का परिवर्तित रूप है मेघ, जिसमें उड़ने की क्षमता है। निकटतम है गन्ध। हम जब भी गन्ध का अनुभव करते हैं तभी सोचते हैं कि उसका स्रोत या उत्पत्ति-स्थान कहीं अति निकट है यानी हम खूब पास की चीज की गन्ध महसूस कर पाते हैं। धूना-गुफा की गन्ध के बारे में हम जानते हैं कि गन्ध का उत्स खूब समीप है। मैंने पहले ही कहा है कि शब्द, स्पर्श, रूप, रस, गन्ध—ये उस महाभूत की ही इन्द्रियग्राह्य अवस्था है। क्षिति, अप्, तेज, मरुत्, व्योम सब एक-दूसरे से जुड़े हैं। एक को खींचो तो दूसरा चला आता है।

—मैं यहाँ देख पा रहा हूँ कि इस पंचभूत-महाभूत आदि वस्तुओं के बारे में अनेक लोग मुझसे अधिक जानकार हैं, फिर भी चूँकि प्रश्न मुझसे किया गया है इसलिए मैं अपनी तरह से इसका उत्तर दे रहा हूँ। एक सामान्य उदाहरण देना चाहता हूँ—अत्यन्त छोटा एक जीवाणु है जिसका अंग्रेजी में नाम हैं फ्लैट-वर्म (Flat Worm)। इस जीवाणु के तीन अंश हैं—सिर, पेट व पूँछ। इन अंशों में से किसी भी एक अंश को अलग कर रखने के बाद देखा गया है कि काफी कम समय में ही खंडित अंश फिर से पूर्णांग में परिणत हो गया है। इससे समझा जा सकता है कि किसी भी खंडित अंश से अविकल पहले जैसी देह की सृष्टि सम्भव है।

—संस्कृत में एक मुहावरा है जिसका अर्थ यह है कि विश्व-ब्रह्मांड में जो भी है, हमारी इस क्षुद्र देह में वही है।

—महान गुरु मिलारेपा ने कहा है कि हमारी छाया का अर्थ ही है कि देह है, देह न हो तो छाया भी नहीं होगी। इसी प्रसंग में उन्होंने और भी कहा है कि हमारी देह का मतलब है काया। काया के तीन प्रकार हैं—धर्म काया, सम्भोग काया, निर्माण काया। मैं उस प्रसंग में नहीं जाऊँगा। मेरी असल बात यह है कि यदि गन्ध वर्तमान हो तो उसका उत्स भी वर्तमान है। यदि ऐसा है तो सवाल उठता है कि गन्ध तो मिली पर रूप क्यों नहीं मिला? यहीं एक बात आती है और वह है कर्म-प्रस्तुति। यदि हमारी प्रस्तुति है और यदि स्थान, काल, पात्र हमारे अनुकूल हों तो गन्ध के बाद ही देह आएगी जिसका अस्सी शतांश जल है, उसके बाद आएगा रूप। जलवायु से रूप की सृष्टि होगी। उस रूप को स्पर्श

करना सम्भव होगा, फिर वही देह-रूप बात करेगा जिसका नाम होगा पूर्ण दर्शन। तिब्बती शब्द है बार्दो, जिसका अर्थ है—मरणोत्तर। मरणोत्तर से पुनर्जन्म तक। जो सिद्ध, कायाकल्पी हैं वे देहत्याग के पश्चात् विभिन्न कर्मों के कारण बार्दो राज्य में विचरण करते हैं। वह बार्दो अन्तरिक्ष भी हो सकता है और मनुष्यलोक भी। मन, बुद्धि, चित्त, अहंकार ये सब देह से जुड़े हैं। यही मन, बुद्धि, चित्त, अहंकार देह का संचालन करते हैं। देह संस्कारयुक्त होती है इन्हीं से और ये ही उसे फिर कर्मबन्धन में बाँध देते हैं।

—अब मुख्य प्रसंग पर आता हूँ। सभी को गन्ध का अनुभव नहीं होता, सभी को आदेश नहीं मिलता, सभी को दर्शन प्राप्त नहीं होता। जो सत्य है, वह चिर सत्य है। उस गन्ध का अनुभव तो सभी को होना चाहिए, परन्तु किसी को होता है, किसी को नहीं—यह फर्क क्यों? यही तो सभी का प्रश्न है, है न?

—अब एक उदाहरण और। यह देखिए, आज इस सभागृह में जो शून्य स्थान है, मेरे और आपके बीच की यह जो दूरी है—जिस शून्यता के बीच हम चल-फिर रहे हैं, क्या आप सोच सकते हैं कि इस सामान्य से स्थान में लाखों-करोड़ों लोगों की बातें, भाषा, शब्द तैर रहे हैं और क्या आश्चर्य कि उस विशाल करोड़ों लोगों की शब्द-तरंग को हम सुन नहीं पाते! अब मुझे बताइए आपमें से किसके-किसके पास मोबाइल फोन है, हाथ में लेकर हाथ ऊँचा कर दिखाएँ...धन्यवाद...धन्यवाद... एक, दो, तीन...प्राय: बीस लोगों के पास मोबाइल फोन है—जिनके पास है वे अनायास अपने पेशे के लिए, मित्रों-परिजनों से सम्पर्क में इसका उपयोग कर सकते हैं, बातचीत कर सकते हैं। बाकी जिनके पास यह हाथ-फोन नहीं है, वे सम्पर्क करने में अक्षम हैं। दरअसल, यह अक्षमता प्रस्तुति के अभाव से है। टेलीफोन के लिए हम आकाश, वायु, अग्नि इत्यादि सबका व्यवहार करते हैं, सेटेलाइट से शुरू कर विशाल इलेक्ट्रॉनिक कारखाने तक...विराट व्यापक विद्या, शिक्षा, परिकल्पना, अर्थ आदि सब योजना ही तो है परन्तु इस मामले में हम 'हाइटेक' का व्यवहार करते हैं—अनेक वर्षों की विद्या, शिक्षा, अनुभवों और व्यवहार का सुफल। अनेक वर्षों की शिक्षा, विद्या, बुद्धि, ज्ञान अर्जित करने के पश्चात् हम शिल्प-विज्ञान के आशीर्वाद का उपभोग कर रहे हैं।

—मेरे कहने का तात्पर्य यह है कि इन सबके पीछे है मेहनत और ज्ञान-भंडार। विशेष ज्ञान को ही विज्ञान कहते हैं। केमिस्ट्री, फिज़िक्स, मैथ्स, ऐस्ट्रोनॉमी इत्यादि की ही तरह है योग-विज्ञान। भारत का वैदिक-विज्ञान बहुत उन्नत है। अति प्राचीन, फिर भी नवीन; सूर्य कितना भी पुराना हो परन्तु उसका तेज पहले जैसा ही प्राणवन्त होता है।

—मूल बात यह है कि हमारी यदि प्रस्तुति न होगी तो अनजान, अदृश्य को हम पकड़ेंगे कैसे? हाथ में यदि हाथ-फोन होगा तभी तो पकड़ पाएँगे अदृश्य शब्द-तरंग

को। अदृश्य को दृश्य-जगत में लाने के लिए है यंत्रयुग की अति उन्नत प्रयोगशाला, जिसे हम गर्व से अति आधुनिक जटिल प्रयोगशाला (Most Sophisticated Modern Laboratory) कहते हैं। और उसी के उलट है बिना किसी व्यय या पदार्थ से तैयार और भी उन्नत प्रयोगशाला जिसका नाम है मस्तिष्क (Human brain)।

वैज्ञानिकों का कहना है कि मूल शक्ति की न तो सृष्टि की जा सकती है और न ही उसका विध्वंस। इस शक्ति को एक शरीर से दूसरे में स्थानान्तरित किया जा सकता है। एक रूप से दूसरे में रूपान्तरित अवश्य किया जा सकता है किन्तु जागतिक या महाजागतिक यह शक्ति कभी कम नहीं होती, चिरस्थायी है इसकी सम्पूर्ण सत्ता या गुण। Energy cannot be created or destroyed. It may be transformed from one form to another, or may be trasformed from one object to another, but total amount of energy is constant or conserved. गन्ध शक्ति भी शक्ति का ही एक बहिर्प्रकाश है। गन्ध से धीरे-धीरे ऊपर की ओर आकाश तक उठा जा सकता है, शब्द सृष्टि की जा सकती है।

—महास्थूल से महासूक्ष्म...फिर महा-महासूक्ष्म से महास्थूल में रूपान्तरित करने का नाम है—काय-ब्रह्मकल्पी। उन्हीं इच्छामयी चेतनस्वरूपा माँ तारा की चेतनाबद्ध स्पन्दन-लीला। असल में स्वत्व:, रज: और तम: इन तीन गुणों की लीला है। हम चाहे जो भी कहें, सत्य की उपेक्षा करने को अज्ञान कहते हैं। हमारी इस देह को यदि शरीर कहें, जिसे Physical body कहा जाता है यानी जिसे पकड़ा जा सके, छुआ जा सके, जिससे बात की जा सके यह (Material body) शरीर विज्ञान है। मन, बुद्धि, चित्त, अहंकार, जो नज़र तो नहीं आते परन्तु वास्तव में वे ही शरीर का संचालन करते हैं। शरीर को रथ कहा जाता है। मन, बुद्धि, चित्त, अहंकार भले ही नज़र न आएँ परन्तु वे वर्तमान हैं। उन्हें ही हम कहेंगे Metaphysical body। और इनके ऊपर भी और एक अदृश्य अवस्था है—आत्मा, जिसे हम अंग्रेजी में Spiritual body कहते हैं। चीन और तिब्बत की उन्नति के मूल में जो विचारधारा है, वह तो उसी मूल केन्द्र आत्मा से आई है जबकि आत्मा अदृश्य है, जिसके न रहने पर हम मृत हैं। मेरे कहने का उद्देश्य यह है कि जैसे शरीर, मन और आत्मा दृश्य एवं अदृश्य अवस्था में एकताबद्ध होकर काम करते हैं, उसी प्रकार गन्ध को केन्द्र कर अशरीरी आत्मा को फिर से शारीरिक अवस्था में लौटाकर लाया जा सकता है। हिमालय उसी आत्मा-विज्ञान का तीर्थस्थान है। तिब्बत की सहज जलवायु और सरल देशवासियों ने इस विज्ञान को आज भी थामे रखा है। आइए, हम एक साथ महागुरु मिलारेपा के 'बार्दो राज्य' का परिभ्रमण करें।

मैं रुका। फिर धन्यवाद ज्ञापन कर कहा—'प्रश्न का उत्तर देते-देते मैंने छोटा-मोटा भाषण ही दे डाला। दरअसल, मैं यहाँ बोलने नहीं सुनने आया हूँ—जो कुछ भी मैंने कहा, वह तो केवल चलते-चलाते संग्रह किया हुआ ज्ञान है। ताशिलुम्पो के

इस ऐतिहासिक मन्दिर में प्रवेश ही अपने आपमें बड़े भाग्य की बात है और उससे भी कहीं अधिक परम प्राप्ति है आप जैसे साधुओं का सान्निध्य।'

इसके बाद छोटे-मोटे अनेक प्रश्न आए परन्तु दुभाषिए को, लगता है, कुछ विश्राम की आवश्यकता थी। अधिकांश प्रश्नों के उत्तर लोगों को अपने बीच से मिल गए, मुझे कुछ कहना नहीं पड़ा।

जो अतिथि वेदी और कुर्सियों पर बैठे थे, वे एक-एक कर उठे। उन सभी ने सफेद चादर ओढ़ाकर मुझे उत्साहित किया। संन्यासियों ने दूर से ही प्रणाम किया।

इसके बाद फिर ग्रीन-टी आई। दूर कहीं घंटा बजा। अवसर पाकर मैं उठा। विदा लेते हुए आन्तरिक धन्यवाद व कृतज्ञता ज्ञापित करते हुए अध्यक्ष को मैंने अपने भ्रमण कार्यक्रम और नानगुंग-संगम पर जाने की इच्छा के बारे में बताया। उन्होंने कहा—'बहुत अच्छी बात है, किन्तु उसके बाद यहाँ फिर आइएगा अपनी बात सुनाने।'

इतनी देर तक मैनेजर दूर-दूर ही थे, अब वे पास गए। मुझे बहुत काम है, कहकर मैंने सबको प्रणाम कर विदा ली। गाड़ी पर बैठते ही मैनेजर ने मुँह खोला—

—आप तिब्बती भाषा नहीं जानते, इसीलिए समझ नहीं पाए, किन्तु ये लोग आपके भाषण पर मुग्ध हैं। कई लोग कह रहे थे कि आपसे बहुत कुछ जाना जा सकता है।

उनकी बात सुनकर मैंने कहा—'इसीलिए तो चला आया। वे सोच रहे हैं कि मैं पंडित हूँ, अधिक देर रहने पर पोल खुल जाती, इसलिए चला आया।'

मेरी बात पर मैनेजर ठठाकर हँस दिया। इसी को कहते हैं जी खोलकर हँसना।

होटल में लौटते ही अपनी डायरी लिखने बैठ गया। वहाँ मैंने क्या कहा, यह लिखकर रखना अच्छा है, अन्यथा भूल जाऊँगा। अचानक याद हो आया एक प्रश्न, सोचा था अध्यक्ष से पूछूँगा परन्तु भीड़ में उसे टाल गया था। अपने मन को सान्त्वना देने के लिए मैं रिसेप्शन की ओर बढ़ गया। अफसोस, ताशिलुम्पो की लाइन नहीं मिली—मेरी इच्छा यह पूछने की थी कि रि-पुक मठ की भैरवी माँ यहाँ आती हैं कि नहीं? खैर, जो हो, अभी नहीं तो न सही, एक दिन तो उत्तर मिलेगा ही। या फिर यह भी हो सकता है कि मेरा यह प्रश्न ही अप्रासंगिक हो।

रात को ही तय हुआ कि कल अच्छी तरह नाश्ता कर 8 बजे से पहले ही निकल पड़ूँगा। मैनेजर की मेरे साथ जाने की इच्छा है। यदि वे नहीं गए तो अंग्रेजी जाननेवाले दुभाषिए का इन्तजाम हो जाएगा। हम सुबह जाकर उसी दिन लौट आएँगे।

मन चंचल हो उठा, उस भयंकर रात वाली नदी मुझे भीषण रूप से अपनी ओर खींच रही थी।

21वाँ दिन : स्वस्तिका तपोवन

तिब्बत की इस यात्रा की आज इक्कीसवीं सुबह है। होटल की छत से ताशिलुम्पो के मन्दिर बड़े खूबसूरत नज़र आते हैं। जब उन पर प्रभात के सूर्य की रोशनी पड़ती है तो वे और भी सुन्दर लगते हैं। लगता है, जैसे पृथ्वी से मन्दिरों का एक गुच्छा आसमान की ओर जाने को प्रस्तुत हो। आज पुण्यतीर्थ यात्रा का एक विशेष दिन है। प्रार्थना के अन्त में मैं नीचे उतर आया। अभी भी 7 नहीं बजे हैं इसलिए कमरे में आकर बैठ गया। आज कुछ लेने को नहीं है, केवल जाना और आना है।

मुझे 'गुड मॉर्निंग' कहकर मैनेजर मेरे साथ ही ब्रेकफास्ट टेबल पर बैठे। कोई ख़ुशी का समाचार देने की जगह मुझे चौंका दिया, कहा—

—आपके लिए दरकार है एक गाइड की, दुभाषिए की, बॉडीगार्ड की और पर्सनल असिस्टेंट की, है न?

—नहीं, आप कुछ ज्यादती कर रहे हैं। मुझे दरकार है एक गाड़ी और एक दुभाषिए की—उनकी बात पर आपत्ति जताते हुए मैंने कहा।

—आप जानते हैं, ल्हासा में किसी वी.आई.पी. को जो सुविधाएँ दी जाती हैं, वही आपको भी दी जाएँगी।

अब मैंने बहुत कुछ प्रतिवाद के सुर में कहा—'यह तो सरासर ज्यादती है। मैं एक साधारण-सा पर्यटक हूँ, इतना खर्च नहीं सँभाल सकता।' मैं रुक गया, फिर सोचा पता नहीं यहाँ के विभिन्न सरकारी विधि निषेधों में यह भी एक हो, परन्तु बावजूद इसके मैंने कहा—'आपसे अनुरोध करता हूँ, इतने लोगों को ले जाने से मुझे काम में असुविधा होगी। इस बारे में मैं ल्हासा में टेलीफोन करना चाहता हूँ। सोनम 9 बजे से पहले ऑफिस में नहीं आता, पर ऐसे तो हमें बहुत देर हो जाएगी।'

हमारी बहस कुछ अनुचित मोड़ ले, उससे पहले ही मैनेजर जी खोलकर हँस पड़ा और फिर कहने लगा—

—मैंने तो यह सुबह का तमाशा (morning force) भर किया और आपको कितना घबरा दिया! आपको तो मेरी प्रशंसा करनी ही चाहिए। पता है, हमारा एक चीनी मुहावरा कहता है कि 'सुबह का हँसी-मजाक (humours) सारे दिन की प्रेरणा।'

उनकी बात सुनकर मैंने आश्वस्ति की एक लम्बी साँस ली और कहा—'सचमुच आप बहुत अच्छा अभिनय कर लेते हैं।'

अब उन्होंने अपनी असल बात बताई—'मैं आपके साथ चल रहा हूँ।'

बहुत अच्छा हुआ, वैसा ही जैसा मैंने चाहा था—'टोयोटा फोर व्हील ड्राइव।' मैनेजर ने बड़े गर्व से चारों ओर घूमकर गाड़ी दिखाई। ड्राइवर युवक है। बॉस के सामने हँसना मना है इसलिए गम्भीर है। सामने ड्राइवर और दो सीट, माने हम तीनों सामने ही बैठे। थोड़ी ही देर में ब्रह्मपुत्र के किनारे पहुँच गए। मैं मंत्रमुग्ध-सा देखता रहा—

दर्शन में ही पुण्य है। यहाँ की ब्रह्मपुत्र शान्त और गहरी है किन्तु इस पार और उस पार की दूरी कम है। दाहिनी ओर है एक कारखाना और उसके बाद ही है वन-विभाग का सुसज्जित बहुत बढ़िया रास्ता। मैंने नदी के किनारे, यदि सम्भव हो तो, रुकने का अनुरोध किया ताकि मैं जल-स्पर्श कर सकूँ। मेरी बात सुनकर मैनेजर ने कहा कि प्रस्ताव अच्छा ही है। हमें रुकना ही होता, क्योंकि पास ही में चेक-पोस्ट है। मैं टूरिस्ट हूँ इसलिए मुझे पीछे की सीट पर बैठना होगा। सीट खाली होगी तो पुलिस को लगेगा कि गाड़ी पैसेंजर लेने के लिए घूम रही है। थोड़ी ही देर में हमें नदी के किनारे पत्थर का सजा-सजाया घाट मिला। जल-स्पर्श करने के लिए जूते खोलकर पैंट के पायँचे मोड़ने होंगे। कोई चारा नहीं। मैंने नीचे उतरकर सीधे पत्थर लाँघकर नदी को स्पर्श कर सिर पर जल के छींटे मारे। फिर एक पत्थर पर बैठ गया। उसकी महिमा याद हो आई।

यही है वह सर्वपापहारी ब्रह्मपुत्र नद। भारत की सभी नदियों का उद्‌गम स्थल भारत-भूमि पर ही है, किन्तु इस ब्रह्मपुत्र का उद्‌गम हिमालय पर्वत के उत्तर की ढलान पर इस तिब्बत में है। सिन्धु और सतलज—ये दो नदियाँ भी तिब्बत से ही शुरू हुई हैं। परन्तु इस ब्रह्मपुत्र से भारतीयों का एक आत्मिक सम्पर्क है। नदी को हम मातृस्वरूपा, स्त्रीलिंग मानते हैं। गंगा, यमुना, सरस्वती, गोदावरी, नर्मदा, कृष्णा, कावेरी इत्यादि नदियाँ हमारी माँ हैं। महानद ब्रह्मपुत्र किन्तु ब्रह्मा का पुत्र यानी पुलिंग है, जैसे—सोना, सिन्धु, हिरण्य, कोका, घर्घरा, शतद्रु। ब्रह्मपुत्र नद का पौराणिक नाम है श्रीलौहित्य। मानव कल्याण के लिए सृष्टिकर्ता ब्रह्मा ने इस नद की सृष्टि की थी। हमारे जैसे क्षुद्र व्यक्तियों के लिए विधाता की लीला को समझ पाना सम्भव नहीं।

जगत के कल्याण के लिए सृष्टिकर्ता ने ऋषि शान्तनु और उनकी पत्नी अमोघा के गर्भ से एक शक्तिशाली जलशक्ति को जन्म दिया। ब्रह्मा की कृपा से जिस पुत्र ने जन्म लिया उसका नाम हुआ ब्रह्मपुत्र। ऋषि शान्तनु जानते थे कि इस जलशक्ति को धारण करने के लिए चाहिए उपयुक्त आधार, सो हिमालय के पर्वत से घिरे एक स्थान में उसे रखा—उस स्थान का नाम है ब्रह्मकुंड। कैलासनाथ व मानसरोवर से सम्पूर्णतः अलग कैलासखंड के लगभग सौ मील पूर्व में। उस कुंड से आबद्ध था परमब्रह्म का पुत्र जिसका स्थानीय नाम है यार्लुंग त्सांगपो (Yarlung Tsangpo)। चारों ओर के चार पहाड़ों के नाम हैं क्रमशः कैलास, गन्धमादन, जरुधि और समबोका (Kailash, Gandhamadan, Jarudhi, Samboka)। ये संस्कृत नाम हैं, जिनका उल्लेख कालिकापुराण में है। मातृहत्या के पाप के लिए जब परशुराम बार-बार स्वयं को धिक्कारने लगे तो उनके पिता जमदग्नि, जिनके आदेश पर परशुराम ने मातृहत्या की थी, के उपदेश से पापमुक्त होने के लिए वह ब्रह्मकुंड में स्नान करने आए थे। मातृहत्या जैसे महापाप से मुक्ति का कोई दूसरा रास्ता नहीं था। जिस कुल्हाड़ी के आघात से उन्होंने मातृहत्या की थी उसी कुल्हाड़ी के आघात से उन्होंने ब्रह्मा के पुत्र को ब्रह्मकुंड से मुक्ति देकर पूर्व दिशा की ओर बहा दिया। मुक्ति पाकर

विराट बद्ध-जलराशि मनुष्य जाति के कल्याण के लिए द्रुत वेग से हिमालय की परिक्रमा कर पुण्यभूमि भारत में प्रवेश कर गई। परशुराम ब्रह्मपुत्र नद में स्नान कर तथा ब्रह्मरूपी जलस्रोत मनुष्य समाज को सौंपकर पापमुक्त हो गए। हिमालय के उद्गम-स्थल में जिसका नाम यार्लुंग त्सांगपो है, भारत में उसी का नाम ब्रह्मपुत्र है।

ब्रह्मा ने जन्म के समय अपने पुत्र का नामकरण लौहित्य किया था। योगिनीतंत्र में उल्लेख है कि सैकड़ों पापों से मुक्ति का एक ही उपाय है—लौहित्य में स्नान। पानी के स्रोत की ओर देखते रहना कितना अच्छा लगता है—प्रकृति का क्या खेल है! पूर्व की ओर आँकी-बाँकी चाल से हिमालय को दाहिने रख ब्रह्मपुत्र का जलस्रोत द्रुतगति से बढ़ा जा रहा है। और फिर एक वक्त जब पहाड़ की ऊँचाई कम रह जाती है, उस समय पहाड़ लाँघकर फिर से पकड़ता है पश्चिम का रास्ता, आसाम। छुटपन में गौहाटी (गुवाहाटी) के नजदीक ब्रह्मपुत्र में स्नान कर कलश में जल लेकर बड़े कष्ट से कामाख्या मन्दिर के पहाड़ पर चढ़कर पूजा की थी—उस वक्त मैं सचमुच बहुत छोटा था—मामा के साथ उस तीर्थयात्रा की याद आज भी ताज़ा है। नद-नदी की ही तरह जीवन की गति भी बड़ी रहस्यमय है। आज उसी ब्रह्मपुत्र के उद्गम-स्थल के पास आकर सिर पर जल के छींटे पड़ते ही लगा जैसे इतिहास के सारे पन्ने यादों में उभर आए हों। स्मृति के पन्ने कुछ उलट-पुलट होकर थम गए। मैंने और एक बार पैर धोकर सिर पर जल के छींटे दिए और उठ गया। गाड़ी के पास आते ही मैनेजर ने कहा—

—ठंड न हो तो आप स्नान कर सकते हैं। दृश्य देख रहे हैं, अभी नदी का यह छोर टूट रहा है, इसके बाद देखेंगे कि उस ओर टूटन शुरू हो गई है।

गाड़ी चल पड़ी। मैं पीछे की सीट पर ही बैठा हूँ। और थोड़ी दूर जाने के बाद रास्ते में अस्थायी चेक-पोस्ट आ गया। मुझे गाड़ी से उतरना पड़ा। कोई झमेला नहीं हुआ, मैनेजर बाबू और गाड़ी का ड्राइवर दोनों स्थानीय व्यक्ति थे और मैं था उनके होटल का ग्राहक। फिर वही रास्ता। ब्रह्मपुत्र की हवा खाते-खाते हम बढ़ते रहे। यहाँ हरियाली पहले से कहीं अधिक है। गेहूँ के खेतों और बगीचों में काम शुरू हो गया है। बर्फ के पिघलने से रास्ते के किनारे कई जलस्रोत टेढ़े-मेढ़े बह रहे हैं। मेरी नजर ब्रह्मपुत्र पर है। बड़ा आनन्ददायक दृश्य है।

मैनेजर बाबू ने आज हठात् कहा—आप मुझे मेरे नाम से पुकारें। मेरा नाम है जिंग। मैं आपसे उम्र में छोटा हूँ। और मैं आपको 'सर' कहकर ही बुलाऊँगा।

—ठीक है। जिंग नाम तो अच्छा है। हमारे देश में बहुत लोग सिंह हैं, तो नाम याद रखने में भी सुविधा होगी।

इस प्रकार हम दोनों एक-दूसरे के और करीब आ गए।

अभी हम नॉर्दर्न फ्रेंडशिप हाइवे पर चल रहे हैं। फ्रेंडशिप शब्द का उपयोग भारत और नेपाल के लिए किया जाता है। हमें अब फेरी (नौका) से ब्रह्मपुत्र को

पार करना होगा। और नदी के संगम पर जाना होगा। उस भयंकर रात और तांत्रिक का दृश्य आँखों के सामने तैर गया। लगता है, वही हमें लेकर सामने चल रहे हैं, और हमारी गाड़ी उन्हीं का अनुसरण कर रही है।

—सर, इस नदी का तिब्बती नाम यार्लुंग त्सांगपो और इस उपत्यका का नाम है यार्लुंग, आप लोग क्या कहते हैं?

—भारतीय नाम है ब्रह्मपुत्र यानी सृष्टिकर्ता का पुत्र। तिब्बत से भारत में प्रवेश करते समय इसका प्रथम नाम है लोहित, बंगोपसागर (बंगाल की खाड़ी) में जाकर मिलने के पूर्व यह गंगा की एक शाखा पद्मा से मिलता है। पद्म अर्थात् लोटस फ्लावर।

—वाह, बड़ा सुन्दर नाम है! मेरे लिए तो यह एक नया तथ्य है। सर! हम इस त्सांगपो नदी को बोट से पार करेंगे, गाड़ी भी जाएगी।

सामने की बाँक पार होते ही नदी चौड़ी हो गई है और दोनों किनारों पर बालू है, उतरने में सुविधा होगी और नदी चौड़ी होने के कारण नाव के आवागमन में भी सुविधा है। एक छोटा गाँव आया तो हम रुके। नदी के किनारे ही चाय की दो दुकानें हैं, जहाँ खाने-पीने की भी व्यवस्था है। दुकान के सामने बोतल का सरंजाम देखकर समझा जा सकता है कि चाय से अधिक ग्राहक बोतल के हैं। गाड़ी की मरम्मत की व्यवस्था भी है। गाड़ी रुकी। सभी ने हमारी ओर देखा किन्तु ग्राहक पकड़ने के लिए कोई आगे नहीं बढ़ा। नदी से थोड़ी ही दूर पर है एक अस्थायी जेटी जिसके पास ही एक बोट अटकाई हुई है।

हम चाय लेकर बातचीत और तथ्य-संग्रह के लिए बैठे। गाँव का नाम है ताद्रुका (Tadruka) जिसे चालू जबान में ताद्रुका-फेरी कहते हैं। यहीं से दूर उस पार नजर आता है युंगद्रुंगलिंग (Yungdrungling) मोनेस्ट्री का शिखर। कहना नहीं होगा कि इस गाँव में भी एक चोरतेन या चैत्य या मठ है जिसकी पताकाओं की कतार दूर से ही नजर आती है। नदी की रेती और दूर का दृश्य बड़ा मनोरम है, हालाँकि उस पार हरियाली का अभाव है। मुझे तलाश है नानगुंग संगम की। ल्हासा से आने के समय बाधा पड़ी थी। सामने की नदी को ब्रह्मपुत्र समझ लिया था जबकि असल में वह थी नानगुंग (Nangung) नदी। रात्रि के अन्धकार में पूर्णत: एकाकी-अनजान देश, भाषा का अभाव और यदि भाषा आती भी हो तो सोलह वर्षीय (1956) वह लड़का मौनी बाबा था और उसकी मन की अवस्था मरणासपन्न थी। ठीक संगम में पहुँचने पर दिन के समय हो सकता है दूर में ब्रह्मपुत्र नदी पर नजर पड़ती और नजर पड़ती सामने छोटी-सी पहाड़ी नदी की ओर। दिशा व राह से भटका हुआ मौनी बाबा उस वक्त अपने पाप के प्रायश्चित्त की चरम अवस्था में था, ठीक ऐसे समय मन के पापक्षय के अन्तिम क्षणों में उन पापनाशक तांत्रिक भैरव दिगम्बर संन्यासी ने दर्शन दिया था। इस बीच सुदीर्घ पचास वर्ष बीत गए हैं किन्तु लग रहा है जैसे रात का स्वप्न हो।

आज उसी नदी के किनारे जा रहा हूँ। हम जहाँ खड़े हैं, वह एक अस्थायी जेटी है। उस पार जाने को जो बोट है उसका इंजन किरासन तेल से चलता है। जिंग और ड्राइवर धीरे-धीरे बढ़ने लगे। पहले गाड़ी के लिए लगेंगे सत्तर युआन, फिर प्रति पैसेंजर पन्द्रह युआन और लगेंगे। दर तय कर जब एकमत पर पहुँचे तो एक नई समस्या खड़ी हो गई और वह यह कि बोट में तेल नहीं है। हम अग्रिम युआन देंगे तो तेल खरीदने भेजा जाएगा और उसमें कम से कम दो-तीन घंटे लगेंगे। समझ गया कि एक के बाद एक समस्या है। कुछ विचार कर और उस पार देखकर मैंने कहा—

—हम लोग किन्तु मूर्खता कर रहे हैं। युंगद्रुंगलिंग मोनेस्ट्री हमें नजर आ रही है और वह यहाँ से बिल्कुल पास नदी के किनारे है, सम्भवत: पन्द्रह-बीस मिनट के रास्ते पर होगी। और दूसरा सवाल यह है कि हमें गाड़ी ले जाने की क्या जरूरत है? ड्राइवर गाड़ी के साथ यहीं रहे और हम घूमकर लौट आते हैं। हम आपस में चर्चा कर रहे थे कि एक लड़का आकर जिंग को कुछ समझाने लगा—जिंग ने बताया कि इस लड़के की एक नाव है, हम यदि चाहें तो हमें उस पार पहुँचा सकता है, केवल बीस युआन माँग रहा है। उसकी नाव पर अनायास चार-पाँच व्यक्ति चढ़ सकते हैं। लड़के को देखकर और उसकी बातचीत सुनकर मुझे अच्छा लगा। हमने उसे समझाकर कहा कि हम यहाँ से नानगुंग-चू जाएँगे फिर संगम पार कर उसके दाहिनी ओर के घाट अर्थात् ल्हासा की ओर जाएँगे। फिर वहाँ से हम नदी के उत्तर की ओर लकड़ी का छोटा पुल पार कर युंगद्रुंगलिंग मोनेस्ट्री आएँगे फिर वहाँ से उसी पार होते हुए पश्चिम की ओर आएँगे। वहाँ से हमें लेकर फिर ब्रह्मपुत्र पार कर ताद्रुका फेरी घाट आना होगा, जहाँ हमारी गाड़ी रहेगी।

ब्रह्मपुत्र पहाड़ की तराई पकड़कर पूर्व की ओर प्रवाहित है। स्रोत के साथ गन्तव्य स्थल का हिसाब कर पश्चिम की ओर जाकर पार करना होगा और आने के समय और भी पश्चिम की ओर लौटकर नाव पकड़नी होगी। स्रोत के साथ तालमेल रखकर हिसाब कर चलने से ताद्रुका में फिर ठीक से लौटा जा सकता है। उसने हमें बार-बार आश्वासन देकर कहा कि हमारे लिए डर की कोई बात नहीं। वह दिन भर में दो-तीन बार इस पार-उस पार करता है। वे दो भाई हैं और दोनों ही माँझी, नाव भी अपनी है। अन्तत: सोचा, भगवान जो करते हैं अच्छे के लिए ही करते हैं। मैंने लड़के से पूछा—कहाँ है तुम्हारी नाव?

—इसी गाँव में, अभी लाता हूँ। आप लोग चाय पिएँ, चले मत जाइएगा।

—ठीक है, तुम आओ। हम यहीं हैं...।

जिंग ने कहा कि इससे अच्छा तो और कुछ हो ही नहीं सकता। उस पार अधिक दूर न जाने पर इतना झमेला और खर्च नहीं पोसाता।

थोड़ी देर में ही चार लड़के चार तरफ से पकड़कर जिस नौका को लाए, वह कोई लकड़ी की नाव नहीं बल्कि याक के चमड़े का बेड़ा था, जिसे चमड़े का

विशाल गमला भी कहा जा सकता है। जिंग और ड्राइवर के लिए यह कुछ नया नहीं है, किन्तु मेरे लिए तो यह ब्रह्मपुत्र पार करने का अभियान है। माँझी हैं दो भाई और यात्री हम दो जने हैं। पहले-पहले तो मन में यह सवाल उठा कि चमड़े का यह बेड़ा हमें सँभाल पाएगा कि नहीं? स्रोत में बहाने के बाद माँझी ने कहा—

—इसमें दस-ग्यारह जन बैठ सकते हैं, पर हम तो मात्र चार जन हैं इसीलिए यह डगमगा रहा है।

मुझे लगता है कि मात्र पन्द्रह-बीस मिनटों में ही हमने ब्रह्मपुत्र को पार कर लिया। चढ़ाई के रास्ते पर हमारे बाईं ओर संगम है। अब हमें अपनी उस पुरानी स्मृति को जगाना होगा। रेती छोड़कर कुछ ऊपर चढ़ने पर एक रास्ता मिला जो ब्रह्मपुत्र को छोड़कर थोड़ा भीतर की ओर बढ़ गया है। हम नानगुंग नदी को पकड़कर थोड़ा आगे बढ़ गए, उसके बाद नदी के किनारे बैठे। नानगुंग एक छोटी पहाड़ी नदी है, ब्रह्मपुत्र में गिरने से पहले वह अपनी अन्तिम चंचलता दिखाती है और भरपूर आनन्द में इस पत्थर से उस पत्थर तक दौड़ती है। मैं बैठ गया और स्वयं से प्रश्न किया—पहचान पा रहे हो? उत्तर मिला—नहीं। काफी देर बैठे रहने पर भी मन नहीं भरा। अब हम उठकर और भी उत्तर की ओर आ गए जहाँ दाहिनी ओर का एक रास्ता नदी के किनारे की पगडंडी से आकर मिला है। मैंने सोचा कि यही होगा। किन्तु मन कह रहा है—नहीं। उस समय की तस्वीर को फिर से देखने के लिए मैं फिर से बैठ गया। विश्लेषण करता हूँ तो लगता है कि मेरी उस समय की स्पष्ट तस्वीर नहीं है, कारण शायद यह है कि उस भयंकर रात में मन के दुर्बल क्षणों में कुछ भी तो स्पष्ट नहीं था, लिहाजा मन के पन्नों पर उस तस्वीर को ढूँढ़ना व्यर्थ है। फिर भी मन बार-बार कह रहा है कि यहीं किसी जगह उन कापालिक ने मुझे दर्शन दिया था, नदी पार कराकर मुझे उस पार ले गए थे—वह तो कोई स्वप्न नहीं था, वही सत्य था। आज मैं जीवित हूँ, यदि यह सत्य है तो वह अतीत भी सत्य ही था। फिर उनके अन्तर्धान होने के पश्चात् गाँव के लोगों ने मुझे आश्रय दिया था, वहाँ एक छोटा चैत्य (मठ) था। मुझे सूत्र मिल गया। मैंने जिंग से कहा—'चलो, थोड़ा और उत्तर की ओर चलते हैं, इस नदी को पार करना होगा। नदी के उस पार एक मील के अन्दर एक छोटा गाँव और एक छोटा चैत्य है। कैसे और ठीक कहाँ उनसे भेंट हुई थी, यह तो ठीक-ठीक नहीं बता पाऊँगा, किन्तु यहीं कहीं।' मैंने जिंग से कहा कि और घंटे भर में यदि मैं सही जगह न ढूँढ़ पाया तो वह लौट जाए। मैं रुक जाऊँगा। हो सकता है, रात के अँधेरे में मेरे लिए अपने उस अतीत की स्मृति को खोज पाना सम्भव हो। कल वह आज की ही तरह गाड़ी भेज दे और माँझी को भी कहकर रखे कि कल मुझे यहाँ से ले जाए।

अचानक दो संन्यासी नजर आए —हमारे ही रास्ते पर आ रहे हैं। हमें देखकर रुक गए। परिचय से पता लगा कि वे दोनों युंगझुलिन् मोनेस्ट्री के संन्यासी हैं।

मैंने उनसे पूछा—'हमने युंगद्रुंगलिंग मोनेस्ट्री को ब्रह्मपुत्र के उस पार से देखा है, यह क्या और भी दूर है?'

उत्तर में पता लगा कि मोनेस्ट्री कुछ ऊँचाई पर है इसलिए काफी दूर से नजर आती है। जिंग ने मुझे समझा दिया कि युंगद्रुंगलिंग तिब्बती शब्द है जिसे चीनी लोग युंगझुलिन कहते हैं—मोनेस्ट्री एक ही है। मुझे तो चीनी शब्द ही सहज लगा। मैंने अपनी समस्या बताई—'हम नानगुंग स्रोतस्विनी के उस ओर जाना चाहते हैं, यह कैसे सम्भव होगा?'

जवाब में उन्होंने हमें आश्वासन दिया और कहा—

—आइए हमारे साथ, हम भी पार होंगे। और थोड़ी ऊँचाई पर लकड़ी का एक पुल है, उसे पार कर बाईं ओर जाएँगे तो त्सांग्पो (ब्रह्मपुत्र) है और दाहिनी ओर है हमारा मठ। उनकी भाषा में 'थोड़ी ऊँचाई' मुझे 'काफी' लगी। जिंग हालाँकि इधर का ही व्यक्ति है, पर लगता है, यह ऊँचाई उसके लिए भी कष्टकर है। फिर नजर आया वह लकड़ी का पुल। दाहिनी ओर और एक रास्ता लकड़ी के पुल के ऊपर से चला गया है। यहाँ आते ही हठात् मेरा शरीर चंगा हो उठा। मेरी अभी तक की सारी थकावट दूर हो गई—एक अद्‌भुत सिहरन सी महसूस हुई, जिसे व्यक्त कर पाना मुश्किल है। मैंने दाहिनी ओर के रास्ते पर नजर डाली फिर पुल पर। फिर पूछा तो पता चला कि यह पुल नया बना है, मात्र दो वर्ष पूर्व। उससे पहले नीचे के पत्थर लाँघकर उस पार की राह पकड़नी पड़ती थी। गरमियों में पानी कम रहता है, तब पुल के बिना भी काम चल जाता है। किन्तु जो याक चराने जाते हैं, वे इस पुल का उपयोग नहीं करते।

—दाहिनी ओर का रास्ता किधर जाता है?

—पता नहीं, वह पुराना रास्ता है। सुना है, चुसुल (Chusul) की ओर जाता है, पर हम उस रास्ते पर गए नहीं हैं।

—चुसुल माने ल्हासा के रास्ते पर, है न?

अपने सवाल का जवाब मुझे जिंग से मिला। उसने बताया कि आजकल ल्हासा-शिगात्से मेन रोड पर बस, ट्रक, चार-चार आदि यातायात के साधनों की बहुत सुविधा है। यह रास्ता दरअसल गाँव के लिए है। मुझे उत्तर मिल गया। सुदीर्घ पचास वर्षों के बाद उन कापालिक ने मेरे मन के आकाश पर दर्शन दिया।

पुल पर चढ़कर मैंने नीचे की ओर देखा—यही है वह पुण्यस्थान, पुण्यस्रोत। यहाँ मैं थोड़ा अकेला रहना चाहता हूँ।

जिंग ने संन्यासियों से पूछा कि यहाँ कोई चाय की दुकान है या नहीं—शायद वह प्यासा है।

उत्तर में दोनों संन्यासियों ने कहा—'अच्छा ही हुआ, आइए। मठ में सब कुछ है। फेरी-घाट में कुछ नहीं मिलेगा।'

मैंने जिंग को उत्साहित किया—'ठीक है, चले जाओ, मैं बाद में आता हूँ।' उनसे समझ लिया कि पुल के दाहिनी ओर का रास्ता सीधा जाता है मठ की ओर। एक ही रास्ता है और मठ तो यहीं से दिख रहा है। वे चले गए तो मैं पुल से उतरकर पानी के किनारे एक बड़े-से पत्थर पर जाकर बैठ गया।

पत्थरों से टकराते जलस्रोत में बार-बार जाने किसकी आवाज कह रही थी—यहीं...यहीं...यहीं...। और चारों ओर थी निस्तब्धता। इस पहाड़ी नानगुंग नदी के किनारे ही मिला था मुझे उनका दर्शन।

आज बार-बार पूछ रहा हूँ—आप कहाँ है? कहाँ है आप? किस मंत्र से आपका आवाहन करूँ, तंत्र की किस साधना से आप पकड़ में आएँगे...स्वयं को खो दिया है मैंने अतीत की स्मृति में...।

प्रकृति के ऐसे सुन्दर वातावरण में ही मनुष्य को आत्मदर्शन मिलता है। आत्मदर्शन का मिलना, या कि होना...। आत्मदर्शन ही क्या आनन्ददायक है...या साधना की शुरुआत है...ज्ञानगंज के लामा की बात याद हो आई—सच ही कहा उन्होंने—गँदला पानी, मेरा वर्तमान मन सचमुच गँदला है, उत्तेजना से मन और भी गँदला हो गया है। मैंने मन को कहा—चुप रह, जाँच या विश्लेषण न कर, करने गया तो सत्य को खो देगा...।

कुछ देर बैठे रहने के पश्चात् मन शान्त हुआ।

काफी देर बाद दो संन्यासी आकर पुल पर खड़े हुए। एक ने किसी प्रकार मुझे समझाया कि गुरुजी मुझे बुला रहे हैं। बाध्य होकर मुझे उठना पड़ा। मुझे महसूस हुआ कि उस बार मैं यह जगह पार कर बाईं ओर के किसी गाँव में गया था, उसके बाद ब्रह्मपुत्र। इस मठ की याद नहीं आ रही। मठ में पहुँचते ही देखा प्राय: चौदह-पन्द्रह संन्यासी मठ के तोरण के पास आकर खड़े हैं, समझ गया, मेरी प्रतीक्षा में थे। एक प्रौढ़ संन्यासी ने सफेद कपड़ा ओढ़ाकर मेरी अभ्यर्थना की। परिचय में पता लगा कि वे मठ के संचालक व गुरुजी गेशे रेप्तेन बनपो थे। लगता है, मित्र जिंग ने पहले ही मेरा परिचय दे दिया था।

माननीय गेशे रेप्तेन बनपो ने पहले तो मुझे बुलवा भेजने के लिए क्षमा माँगी फिर आग्रह किया कि हम कुछ सामान्य आहार ग्रहण करें। मेरी आपत्ति का तो प्रश्न ही नहीं उठता था क्योंकि मेरे लिए आहार का अर्थ ही था इस मन्दिर के भोग का प्रसाद। बिना कुछ कहे हम सीधे रसोईघर में पहुँचे। हम सभी एक साथ फर्श पर भोजन के लिए बैठे। गेहूँ, आलू और बन्दगोभी के मिश्रण की तली हुई खिचड़ी, भोग नहीं अमृततुल्य थी। सबसे अच्छा लगा यहाँ का वातावरण और संन्यासियों के अति उज्ज्वल मुखारविन्द। देखते ही समझ में आता है कि शान्ति-साधना के उच्च मार्ग पर पहुँचे बिना चेहरे से इस प्रकार की ज्योति छिटकी न पड़ती।

भोजन के पश्चात् गुरुजी रिम्पोचे गेशे रेप्तेन बनपो हमें मठ का परिदर्शन कराने लगे। शुरू किया मूल सभा-कक्ष (Main Assembly Hall) से, तिब्बती भाषा में कहा—यह हमारा दुखांग (Dukhang) है। दुखांग के खम्भे और दीवारें विभिन्न

देव-देवियों के मंडला-चक्र, दैत्य-दानव-महासुरों की तस्वीरों और भित्तिचित्रों से भरी थीं। सबसे उल्लेखनीय सिंहासन सरीखी लकड़ी की दो कुर्सियाँ थीं जिन पर बहुत ही बारीक कारीगरी का काम किया हुआ था। अध्यक्ष ने समझाकर बताया कि ये दो विशिष्ट आसन अध्यक्ष और महागुरु के लिए बनाए गए हैं। वर्ष में एक बार तिब्बत के सभी भक्त और साधक जब सम्मेलन में आते हैं तब इन दो विशिष्ट आसनों का उपयोग होता है। वर्तमान वर्ष में इन दो विशिष्ट आसनों पर कौन बैठेंगे? इस प्रश्न के उत्तर में गुरुजी ने बताया—विगत तीन वर्षों से एक आसन पर मुझे और दूसरे पर सम्मेलन अधिकारी (Conference Guru) को बैठाया जाता है। तिब्बत में आजकल मात्र तीन युंगद्रुंग हैं। युंद्रुं तिब्बत का आदिधर्म है। इस धर्म का प्रतीक है स्वस्तिका। युंगद्रुंगलिंग पुराना तिब्बती शब्द है, जिसका अर्थ है 'स्वस्तिका तपोवन'। युंगद्रुंग तिब्बत का सनातन धर्म है, वर्तमान नाम है बनपो। हमारे आदिगुरु का नाम है तोन्पा शेराब, वही हैं धर्म-प्रतिष्ठापक। हमारे आदिगुरु ही उपास्य देवता हैं। स्वस्तिका को केन्द्र कर ही उनकी मुद्रा है—गुरुजी रटी-रटाई कविता की तरह बोल गए। मैं ख़ुशक़िस्मत हूँ कि जिंग मेरे साथ है, इसीलिए मैं समझ पाया। अब उन्होंने बगल के और एक मन्दिर को खोला। भीतर प्रवेश कर मैंने आदिगुरु तोन्पा शेराब की विशाल मूर्ति को प्रणाम किया। उनकी मूर्ति ठीक शाक्यमुनि जैसी ही है।

'हमारे गुरु ही हमारे शाक्यमुनि या शाक्यथुक हैं। स्वयं शाक्यमुनि ने तोन्पा शेराब के रूप में जन्म ग्रहण किया था।' अब उन्होंने हमें बढ़कर दीवार की ओर आने को कहा। दीवार की ताख पर छोटे-छोटे कोष्ठकों में रखी हुई थीं असंख्य छोटी-छोटी कांस्य प्रतिमाएँ—'ये देखिए, ये सारी प्रतिमाएँ हिन्दुस्तान से आई हैं। शाक्यमुनि, देव-देवी, पिशाच, भैरव आदि की सम्मिलित मूर्तियाँ, इन्हें हम शिरोमा (Shiroma) कहते हैं। हमारे लिए देव-देवी, डाकिनी, योगिनी, पिशाच, भैरव-भैरवी सभी समान रूप से पूजनीय हैं। उन सबकी ही पूजा करनी होती है, हमारे जीवन की रक्षा के लिए सभी की जरूरत है। इनके सामने मनुष्य नितान्त क्षुद्र व शक्तिहीन है। कुल एक हजार तीन सौ शिरोमा हैं।' दीवार के कोष्ठक मन्दिर में रखी हुई सूक्ष्म कांस्य-मूर्तियों को ठीक से देखने के लिए मुझे यहाँ कई वर्ष रुकना होगा क्योंकि रोशनी की कमी है।

गुरुजी ने कहा—'तिब्बत की आदिभाषा थी शांग शुंग (Shang Shung),' यह कहकर हमें बगल के और एक कमरे में ले आए—विशाल सभागृह, दीवार से टिकाया हुआ लकड़ी का तख्ता और उसके साथ कपड़े से लिपटी असंख्य किताबें—'ये सभी किताबें 'बनपो—कांगीउ' के शांग शुंग भाषा में लिखे युंग द्रुंग शास्त्र हैं। पुस्तकों की संख्या अब मात्र सात हजार है।'

प्रश्न : पहले कितनी थी?

उत्तर : लगभग दो लाख।

प्रश्न : बाकी की अभी कहाँ हैं?

गुरुजी का चेहरा विवर्ण हो उठा। मुझे लगा कि मेरा प्रश्न करना भूल थी। मेरे मुख की ओर देखते हुए उन्होंने कहा—'चलिए, बाहर चलते हैं।'

हमारे बाहर आते ही उन्होंने उँगली के इशारे से हमें सामने का विशाल भग्नावशेष दिखाया, फिर सिर पर हाथ रखकर बोले—

—सब—सब खत्म कर दिया। अभी जो आप देख रहे हैं, वह तो सामान्य अवशिष्ट मात्र है। ठीक वैसे ही जैसे भात खाने के बाद दो-एक दाने बच रहते हैं। पहले यहाँ रहते थे लगभग हजार साधक और योगी, और आज मात्र पचास जन।

समझते देर न लगी कि यह चीन के सांस्कृतिक आन्दोलन की आड़ में लाल फौज का कारनामा था। मैंने प्रसंग को बदला। अपना सामान्य परिचय देकर मैंने अतीत की कहानी सुनाई। इसी नदी के किनारे उन कापालिक का दर्शन हुआ था इसीलिए इस स्थान का स्पर्श करने आया हूँ। फिर से उन्हें देखना चाहता हूँ। गुरुजी को मेरी आन्तरिकता का अनुभव हुआ। कुछ क्षण रुककर उन्होंने मुझे एक आश्चर्यजनक कहानी सुनाई जो अविश्वसनीय लगने के बावजूद सच थी—

बार्दो कहानी : इस य्रुंगद्रुंगलिंग से संलग्न अनेक कमरे थे, जो एकमात्र ध्यान के लिए व्यवहार किए जाते थे। और एक मकान था जहाँ से डाकिनी-योगिनी और बार्दो आत्माओं का आवाहन किया जाता और सम्पर्क की विभिन्न गुप्त व्यवस्थाएँ थीं। उस भवन की रक्षा का दायित्व गेखो (Gekho) नामक एक दैत्य पर था। गेखो दैत्य को बार्दो आत्माएँ घेरे रखतीं। किसी कारण से कर्मफल के चलते जो जन्म ग्रहण न कर पातीं, वे कर्मफल का प्रतिरोध करना चाहतीं। जीव-कल्याण के लिए उद्ग्रीव होकर वे घूमती-फिरती रहतीं। किन्तु देहशून्यता व अंग-प्रत्यंग के अभाव में चूँकि वे कोई सुकर्म न कर पातीं इसलिए मानव-संवेदनशील बार्दो आत्माएँ पृथ्वी के आकाश-बतास में घूमती-फिरती रहतीं। तिब्बत की इस पुण्यभूमि पर युग-युगान्तर से बहुतेरे योगी-योगिनी, साधु, साधक-साधिकाएँ साधना करने आते रहे हैं। योगी जब ध्यान की गहराई में चला जाता है तो कई बार ये बार्दो आत्माएँ जगत के कल्याण के लिए उसके शरीर में प्रवेश कर जाती हैं फिर कर्म शेष होने पर फिर से देह को जहाँ थी वहाँ रखकर शून्य या आकाश-भ्रमण को लौट जाती हैं। पुनर्जन्म के उपयुक्त कर्म-फल संग्रह होने पर वे अर्थात् बार्दो आत्माएँ फिर से जीव-रूप में जन्म ग्रहण करती हैं। तिब्बत में प्राय: सर्वत्र ही जीवन-चक्र का जो चित्र नजर आता है, वह वास्तव में बन्पो या युंगद्रुंग की शास्त्रीय व्याख्या है। प्रत्येक स्थान पर एक निर्दिष्ट देवी-देवता अथवा दानव-पिशाच रहता है। इस भवन का गेखो दैत्य जब अपनी अर्द्धांगिनी के साथ लीला में मत्त होता है तो उस अवसर का लाभ उठाकर कोई बार्दो आत्मा किसी ध्यानमग्न योगी या साधक की देह में प्रवेश करती है। मेरा मामला भी इसी का प्रत्यक्ष उदाहरण है। बार्दो आत्मा ने देखा कि एक लड़का राह

भटककर हताश और मरणापन्न है तो किसी एक कापालिक की देह में प्रवेश कर उस लड़के की मदद को दौड़ आई थी फिर कर्म शेष होने पर कापालिक की देह जहाँ थी, वहीं रखकर अन्तर्धान हो गई थी। यह एक और कायाकल्प या कायान्तर के गुप्त तत्त्व का ही उदाहरण है। कायाकल्प की गुप्त साधना-प्रक्रिया में विशेष रूप से सावधान किया गया है कि बार्दो आत्मा यदि किसी निद्रित शरीर में स्वप्नावस्था, रुग्णावस्था या अवचेतन अवस्था में प्रवेश करती है, गेखो दैत्य उसे ग्रास करेगा ही, और यह नरक की यंत्रणा से भी अधिक है—गुरुजी रुके।

हमारे पास समय का अभाव था अत: अत्यधिक इच्छा के बावजूद गुरुजी को रोकने को बाध्य होना पड़ा। यह एक विशाल अनुभव और प्राप्ति थी। बातों-बातों में गुरुजी को रि-पुक मठ की भैरवी माताजी के बारे में बताया और बताया कि उन्होंने मुझे कैलासखंड में चौरासी सिद्ध योगी श्मशान में जाने को कहा है, अर्थात् निर्देश दिया है। मेरी बात सुनकर वे आश्चर्यचकित रह गए, बार-बार पूछा—यह कैसे सम्भव है? कौन लेकर गया? उन्होंने क्या कहा? मैंने सिर्फ इतना बताया कि अपनी तरफ से मैंने कुछ भी नहीं किया, सब शालू मठ के अध्यक्ष की व्यवस्था के मुताबिक हुआ। मैंने स्वीकार किया कि यह बिना मंत्र के हुई सिद्धि थी। अन्त में उन्होंने मुझे बार-बार बताया कि भैरवी माताजी के दर्शन अत्यन्त भाग्यवान के लक्षण हैं।

जिंग ने हड़बड़ी मचाई, अब उठना होगा, क्योंकि नौका उस पार से आएगी, और हम ड्राइवर को वहाँ खड़ा कर आए हैं, सूर्यास्त से पहले ही ब्रह्मपुत्र को पार करना होगा। गुरुजी को असंख्य धन्यवाद दिया और कृतज्ञता जताई। थोड़े से समय में हमने कितना कुछ जान लिया। गुरुजी ने अफसोस जताया कि फेरी तक जाने की उनकी भी इच्छा थी परन्तु घुटने की अवस्था अच्छी नहीं है, लौटने में कष्ट होगा क्योंकि रात का रास्ता है, अत: उन्होंने वहीं से हमें विदा दी। दक्षिणा-पात्र में सामान्य कुछ डालकर हमने मठ छोड़ा। फेरी का रास्ता और भी सीधा है, हमें छोटी नदी के पुल की बजाय दाहिनी ओर से सीधे ब्रह्मपुत्र से होकर जाना होगा। दाहिनी ओर जितना जाया जाए उतना ही अच्छा क्योंकि स्रोत ही हमें ले जाएगा ताद्रुका मठ और मठ से घाट तक केवल उतराई का रास्ता है। घाट पर पहुँचते ही उस पार से ड्राइवर ने हॉर्न बजाया। देखा, नौका इस पार ही थी। हमने जब ब्रह्मपुत्र को पार किया, उस समय सूर्यदेव अपनी रंगीन ज्योति से रूप-परिवर्तन कर रहे थे, मैंने श्रद्धार्घ्य निवेदित किया—

ओम् सूर्यं सुन्दरलोकनाथं अमृतं वेदान्त सारं शिवम्।
ज्ञानं ब्रह्ममयं सुरेशमलं लोकैक चित्तं स्वयम्॥
इन्द्रादित्य नराधिपं सुरगुरूं त्रैलोक्य चूड़ामणिम्।
ब्रह्मा विष्णु शिवस्वरूप हृदयं वन्दे सदा भास्करम्॥

ओम् हिरण्यमयेन पात्रेन सत्यमापिहितं मुखम्।
तत्वं पुष्पावृयु सत्यधर्माय दृष्टये॥
पुषन्नेकर्षे यम सूर्य प्रजापत्ये व्यूह रश्मिन समूह।
तेजोयत्वे रूपं कल्याण तमं तत्वे पश्यामि॥
योहसावसौ पुरुषः सोहमस्मि सोहमस्मि सोहमस्मि॥

आज बाईसवें दिन का सुन्दर प्रभात है। सुबह से ही मन युंगद्रुंगलिंग चला गया है। काल की गति भी क्या अद्भुत है! इस काल के नजदीक मनुष्य तो एक खिलौना मात्र है। प्रायः पचास वर्ष पहले की एक घटना इस विराट धरती के सीने पर, मेरी स्मृति से खो जाने की ही सम्भावना अधिक थी, किन्तु समय की बही में लिखा था कि मुझे आना ही होगा। एक अदृश्य शक्ति मुझे जबरन लेकर आई है इस पवित्र नानगुंग और ब्रह्मपुत्र के संगम पर। उस भयंकर रात के कापालिक को अपने समस्त जीवन की कृतज्ञता ज्ञापित कर मैं स्वयं ही धन्य हुआ। ऋणमुक्त हुआ, यह सोचना भी अन्याय होता क्योंकि पितृऋण, माँ का दिया हुआ अमूल्य जीवन, ये तो ऋण नहीं, उससे कहीं-कहीं अधिक है, मैं उनका ही एक अंग हूँ, यही तो चरम स्वीकृति है और इस स्वीकृति में ही मुक्ति है।

बन्पो तिब्बत की परम्परा का वहन करता आ रहा है। शिल्प, संस्कृति, दर्शन आदि सबको मिलाकर ही तो यह धर्म है। भूत-प्रेत-पिशाच पर साधारण मनुष्य अनेक समय देवता से अधिक विश्वास कर लेता है। मनुष्य सोचता है, जो ग्रामवासी हैं, सहज-सरल हैं, उनके लिए देवता तो बहुत दूर रहते हैं, उन्हें पाने के लिए आवश्यक है शिक्षा और साधना। भूत, प्रेत, पिशाच, डाकिनी तो सर्वत्र विचरण करते हैं, इन्हें बुलाने के लिए न शिक्षा की जरूरत है, न साधना की। दुख, दरिद्रता, अन्धकार ही इनके वाहन हैं। ये मन पर तो अधिकार किए बैठे ही हैं। भय मनुष्य की सबसे बड़ी दुर्बलता है। भूत से हम डरते हैं क्योंकि भूत हमसे शक्तिशाली है, वह अघटन घटा सकता है इसलिए उसे प्रसन्न रखने की दरकार है। हम अपने प्रयोजन से उसकी पूजा करते हैं, उसे स्वीकार करते हैं। भूत को टालने के लिए, उसे सन्तुष्ट रखने के लिए माध्यम गठित हुए हैं। मारण, उच्चाटन, वशीकरण इत्यादि 'बन्-शक्ति' प्रक्रियाओं से बन्पो धर्म भरा पड़ा है। जन्म, मृत्यु और पुनर्जन्म को लेकर तंत्रशास्त्र को केन्द्र में रखकर ही श्राद्ध, प्रायश्चित्त आदि का विधान है। मृत्यु के पश्चात् देह को विच्छिन्न करने की आकाश श्मशान पद्धति का धारक व वाहक आज भी बन्पो सम्प्रदाय है। बौद्ध धर्म के साथ महानिर्वाण तंत्र की एक जटिल व आश्चर्यजनक मिश्रणभूमि है यह तिब्बत। गवेषणामूलक दृष्टिकोण लेकर यहाँ आने पर खो जाना होगा। ऐतिहासिक दृष्टिकोण से केवल पर्यवेक्षण ही सम्भव है। मैं परिव्राजक हूँ। भाग्यवान हूँ कि तिब्बत में विचरण कर रहा हूँ और यही मेरा संचय है।

युंगद्रुंगलिंग की बार्दो कहानी और रि-पुक मठ की भैरवी माता के दर्शन—ये दो वे विशाल प्राप्तियाँ हैं जिनके लिए मुझे यहाँ फिर से आना पड़ा। मैं समझ गया कि मन के ऊपर एक और मन है जो स्मरण करा देता है कि मन को क्या करना होगा, कहाँ जाना होगा। राहच्युत होने पर वही मन है जो सही राह दिखा देता है। वही तो है भाग्यविधाता, भाग्य की बही व लेखनी उसी के हाथ में तो है।

सोनम आया तो मैंने चैन की साँस ली। जिंग को लेकर हम जुट गए अपनी कैलास-यात्रा की योजना बनाने में। तय हुआ कि गाड़ी यहाँ से ही ली जाएगी। होटल से जिस गाड़ी में ताद्रुका गए थे, वह 'टोयोटा क्रूजर' गाड़ी और ड्राइवर दोनों बहुत अच्छे थे। सात दिनों का टूर। होटल से ही स्लीपिंग-बैग मिल गया। स्टोव, किरासिन, चाय-चीनी, सत्तू, आलू, प्याज, मूली इत्यादि की सूची के मुताबिक खरीद शिगात्से से ही करनी होगी। यहाँ एवरेस्ट यात्रियों लिए खरीद-फरोख्त की अच्छी दुकान है और ड्राइवर सब जानता है। तय हुआ कि खरीदारी कर आज होटल में ही लौटना है।

होटल की बार (मधुशाला) में

शाम को जब हम अपने 'टूर-प्रोग्राम' (भ्रमण कार्यक्रम) के सम्बन्ध में कैलासनाथ व मानसरोवर के रास्तों को लेकर चर्चा कर रहे थे, ऐसे समय होटल की बार में एक संन्यासी ने प्रवेश किया। देखते ही मैं पहचान गया, यह तो ताशिलुम्पो का उनसिंग है। हाथ जोड़कर उसने मुझे शून्य में प्रणाम किया और कहा—'मैं जानता हूँ कि आज आप अत्यधिक व्यस्त हैं, इसलिए हम लोग खुद ही चले आए हैं। अनुरोध बस इतना है कि हमारे अध्यक्ष ने कहलाया है कि अगली बार जब आप आएँ तो थोड़ा समय हमें दें, हम लोग आपके साथ बैठना चाहते हैं।'

उत्तर में मैंने कहा—'यहाँ आना ही मेरे लिए सौभाग्य की बात है। और गुरुजी से कहिएगा कि आप लोगों का पवित्र सान्निध्य पाकर मैं स्वयं को गौरवान्वित मानता हूँ। मैं अवश्य ही आऊँगा और आप लोगों के साथ बैठूँगा। आने के पहले मैं आप लोगों को लिखूँगा, कृपया उत्तर दीजिएगा, उससे मुझे वीजा व अन्यान्य अनुमति प्राप्त करने में सुविधा होगी।'

उनसिंग को एक कप चाय पिलाकर विदा किया क्योंकि सोनम के साथ बैठना ही होगा।

सोनम ल्हासा से जो दो सरकारी 'मैप' लेकर आया है, उन्हें पढ़ पाना मेरे लिए असम्भव है क्योंकि उनमें लिखावट चीनी व तिब्बती भाषा में है। दूसरे मैप में अंग्रेजी में चीनी शब्दों का उच्चारण है, उसका अनुसरण कर पाना भी असम्भव है। यूरोप में लिखी गाइड-बुक से मुझे अच्छा पथ-निर्देश मिला है। हमारे लिए जो सबसे ज्यादा आवश्यक है, वह है दूरी। ड्राइवर ये रास्ता अच्छी तरह जानता है। दूरी, समय,

रात में ठहरने की जगह, होटल, धर्मशाला और गाड़ी के पेट्रोल-स्टेशन आदि सब कुछ उसे कंठस्थ है। यहाँ से कैलासनाथ और मानसरोवर की दूरी प्राय: एक हजार किलोमीटर और ल्हासा-कैलास की दूरी बारह सौ पाँच किलोमीटर है। हम यदि कहीं भी न रुकें, तब भी कम से कम दो दिन तो लगेंगे ही। ध्यान रखना होगा कि हम केवल दिन के वक्त ही गाड़ी चलाएँगे। किन्तु हाँ, यदि हमारे सामने कोई ट्रक हुआ तो तीन दिन भी लग सकते हैं। आवागमन तथा कैलासनाथ व मानसरोवर घूमने में और चार दिन यानी कम से कम दस दिनों का टूर है।

अब मैंने अपनी शर्तें सोनम और ड्राइवर को बताईं—

1. गाड़ी में रेडियो बहुत कम चलेगा और वॉल्यूम हमेशा धीमा रहेगा।
2. गाड़ी में हीटर है, वह भी कम चलेगा।
3. सामने ट्रक हो तो धूल से बचने के लिए दूरी बनाए रखना होगा।
4. रास्ते में किसी विदेशी ऑटो स्टॉपर को नहीं बैठाना होगा।
5. राह चलते वक्त बियर या मद्यपान नहीं करना होगा।
6. गाड़ी में सिगरेट या अन्य कोई धूम्रपान नहीं करना होगा।
7. गाड़ी की खिड़कियाँ सब समय बन्द रहेंगी, हीटर चल सकता है।

हमारी शर्तें उन्होंने मान लीं, सोनम बोला—'चलो अच्छा है। हम अभिभावक के साथ जा रहे हैं इसलिए किसी विपत्ति से डर नहीं।'

गाड़ी के लिए एक हजार युआन जमा करना पड़ा। बाद में खर्च दिखा दिया जाएगा। गाड़ी ठीक ही है। तेल, पेट्रोल, पानी और खरीदारी कर हम शाम होते-होते तैयार हो गए। होटल मैनेजर ने दो कम्बल, स्लीपिंग बैग और कुछ सूखे फल हमें उपहार में दिए और बार-बार अफसोस जताता रहा कि होटल की देखरेख के लिए कोई अच्छा ढंग का व्यक्ति होता तो वह यह सुनहरा अवसर हाथ से जाने न देता। सोनम ने ल्हासा से कैलासनाथ के पैंताने दारचेन गेस्ट हाउस में कह रखा है। सोनम का एक नेपाली मित्र वहाँ का गाइड है, बड़ा भला लड़का है। काठमांडू का है, नाम है तिकु, हिन्दू मंत्र जानता है। तिकु हिन्दी, अंग्रेजी जानता है। उसे अलग से कुछ देने पर अपना समझकर काम कर देगा।

मैंने सोनम को धन्यवाद देकर कहा—'ठीक है, चलो। वहाँ का सब दायित्व उन पर है। जो भी करने का होगा, वे करा लेंगे, चिन्ता की कोई बात नहीं।'

23वें दिन का प्रभात : कैलासनाथ व मानसरोवर के रास्ते

शिगात्से के मूल मन्दिर ताशिलुम्पो के शाक्यमुनि का स्मरण कर सुबह 7 बजे हम रवाना हुए। जय शिव शंकर, इस नाम ने स्वत: मन पर अधिकार जमा लिया। थोड़ी ही देर में हमें ब्रह्मपुत्र नदी मिली, परन्तु हमें उसे पार नहीं करना पड़ा। ब्रह्मपुत्र को

दाहिने रखकर हम आगे बढ़ते रहे। सुन्दर रास्ता है। ब्रह्मपुत्र के इस ओर हरियाली है और उस ओर केवल लम्बा घास का जंगल। गाड़ी अस्सी-नब्बे और बीच-बीच में सौ किलोमीटर प्रति घंटे की रफ्तार से चल रही है और मैं ब्रह्मपुत्र के टेढ़े-मेढ़े शृंखलाबद्ध गति-पथ को जी भरकर निहार रहा हूँ। सोचकर आश्चर्य होता है कि यही वह जल है जो नदी-पथ छोड़कर असम में बीच-बीच में बाढ़ की तांडवलीला से भयंकर तबाही मचाता है। अपनी शैशव अवस्था में संयत है ब्रह्मपुत्र और तिब्बत के इसी अंचल में है उसकी यह अवस्था। सृष्टिकर्ता की कड़ी शासन-दृष्टि है। यहाँ ब्रह्मपुत्र में चंचलता तो है किन्तु उच्छृंखलता या ज्यादती नहीं है अभिभावक के अधीन ही वह यौवन की ओर बढ़ी जा रही है। हिमालय के उत्तर की तराई छोड़ जब वह उच्चता छोड़ दक्षिणमुखी होकर भारत की ओर जाने की प्रस्तुति लेती है, वही ब्रह्मपुत्र की यौवनावस्था है। वन विभाग का हरित सौन्दर्य, असंख्य पहाड़ी, झरनों की तीव्र गति व शब्द हठात् ब्रह्मपुत्र की शक्ति को, उसके विराटत्व व अनन्त आनन्द-उच्छ्वास को उजागर करते हैं। फिर जब ब्रह्मपुत्र ने भारत में प्रवेश किया है तो उसने अपनी शक्ति को पूर्णत: स्वाधीन छोड़ दिया है। भारत में ब्रह्मपुत्र ने स्वाधीन रूप से ही अपने नद की स्रोतशय्या को छोड़कर स्वयं को विस्तार दिया है। उसके इस विस्तार को मनुष्यलोक सहज भाव से ग्रहण नहीं कर पाया क्योंकि यह विस्तार अपने साथ बाढ़ और विध्वंस की तांडवलीला लेकर आया। ऊपर से सृष्टिकर्ता ब्रह्मा देख तो सब कुछ रहे हैं, किन्तु उनके करने को कुछ है नहीं। हाँ, इतना जरूर है कि बाढ़ का यह स्रोत अपने साथ बहाकर लाया है हिमालय की कछारी मिट्टी और उर्वरता जो असम के विशाल वन विभाग, उर्वर भूमि व सभ्यता को आगे लेकर जाने में मदद करती है। और मुझे जो सर्वाधिक आश्चर्यजनक लगता है, वह यह है कि इस ब्रह्मपुत्र के किनारे निर्मित हुए हैं मन्दिर, तीर्थक्षेत्र, आश्रम और तंत्र साधना के एक विशाल क्षेत्र के रूप में असम। कामरूप, कामाख्या तो उसी के अंग हैं। सृष्टिकर्ता की विध्वंसलीला के माध्यम से ही तो एक ओर सृष्टि का विनाश और दूसरी ओर निर्माण हो रहा है।

दृश्य सचमुच बड़ा मनोरम है और सबसे अच्छा यह लग रहा है कि हमारे सामने या पीछे कोई गाड़ी नहीं है, लगता है, हम ही सड़क के बादशाह हैं।

—सर, आप फुनत्सेलिंग (Funtselling) मोनेस्ट्री में जाएँगे? बहुत नामी है, रास्ता छोड़कर भीतर घंटे भर का रास्ता है।

—देखने लायक क्या है वहाँ?—मैंने प्रश्न किया।

—वहाँ से बड़ी अच्छी फोटो खींची जा सकती है। मन्दिर में सबसे बड़ी मूर्ति चेन्‌रेसिक की है और दशम पंचेन लामा की भी एक विशाल मूर्ति है।

—वहाँ संन्यासी कितने हैं?

—अभी, लगता है पचास के आस-पास होंगे। आन्दोलन के पहले, वे बताते हैं कि छह-सात सौ लामा रहते थे। वे मिलारेपा आश्रम, टूरिस्टों से वे चालीस युआन माँगते हैं।

—नहीं, हमें बहुत दूर जाना है, लौटने के समय देखेंगे।

मेरे उत्तर से सोनम ख़ुश ही हुआ क्योंकि सड़क खाली है और गाड़ी भी अच्छी रफ्तार में चल रही है। अचानक सोनम ने एक प्रश्न किया—

—यह फुनत्सेलिंग मोनेस्ट्री कागीउपा सम्प्रदाय की है—ये सब काली टोपी वालों का दल है। अच्छा सर, जरा बताइए तो, ये लोग ध्यान करते हैं मन को शून्य करने के लिए। मन यदि कुछ सोच-विचार न करे तो वह तो मृत्यु हुई। मन को क्या शून्य किया जा सकता है?

उत्तर में मैंने कहा—'इसमें दो चीजें समझने की हैं, एक है मन और दूसरा शून्य। शून्य माने आकाश। तुम्हारे और हमारे बीच में जो फासला है, वही शून्य है। गाड़ी चल रही है, शून्य-पथ में कोई बाधा नहीं है इसीलिए हम बढ़ रहे हैं। दार्शनिकों की राय में यह शून्य शब्द विशाल और व्यापक है। चलती गाड़ी में बैठकर यह चर्चा सम्भव नहीं है। हम लोग तो कुछ दिन साथ ही रहेंगे, इस बारे में बाद में बात करेंगे—मन का मामला तो और भी जटिल है।' हम और गहराई में नहीं गए।

ड्राइवर ने दाहिनी ओर के किलोमीटर के पोस्ट को दिखाकर कहा—'इस मोड़ से प्राय: चालीस किलोमीटर भीतर जाना होगा, रास्ता खराब है, किन्तु दृश्य बहुत सुन्दर है।'

तिब्बत में ड्राइवर लोग किलोमीटर का साइन देखकर समझ जाते हैं कि कितनी दूर व कहाँ पहुँचे हैं। गाँव या शहर का नाम बहुत कम नज़र में पड़ता है।

यहाँ से लाट्से (L'hatse) 61 किलोमीटर दूर है। लाट्से मैंने अंग्रेजी उच्चारण के अनुरूप लिखा है। तिब्बती लोग 'ल' को अनुच्चरित रखते हैं या ल् का अस्पष्ट उच्चारण करते हैं। हाट्से शब्द थोड़ा अटपटा लगता है। अभी तक हमारा रास्ता अच्छा ही था, समतल भूमि पर कोलतार का रास्ता। अब शुरू हुई ऊपर चढ़ाई। शुरू हुआ पहाड़ी रास्ता। पहाड़ का नाम है त्रोपू (Tropu)। आधे घंटे में ही हम 'पास' पार कर त्रोपू-ला में रुके जिसकी उच्चता है चार हजार पाँच सौ मीटर यानी चौदह हजार सात सौ साठ फीट। रुके यानी केवल जल-निकास के लिए। अब फिर उतरने की बारी। उतरते ही फिर अच्छा रास्ता मिला। हमने जिस शहर में प्रवेश किया उसका नाम है लाट्से (L'hatse) नेपाली भाषा में इसी को लात्से कहते हैं। शहर में प्रवेश करने से पहले हम दाहिनी ओर रुके। सामने ही चेक-पोस्ट है, खूब कड़ाई है, इसलिए काग़ज़ात पहले से ही ठीक करने की दरकार है।

ड्राइवर लाइसेंस, गाड़ी का परमिट, मालिक का अनुमति-पत्र, सोनम का केवल गाइड लाइसेंस और सबसे अधिक काग़ज़ात पासपोर्ट, वीजा, तिब्बत के लिए विशेष अनुमति-पत्र, खास-खास मठों और मन्दिरों में प्रदक्षिणा के लिए अनुमति-पत्र, जो मेरे पास ही थे, के साथ अब नया जुड़ गया है मेरे स्टडी-टूर का परमीशन—जो डॉक्यूमेंट शिगात्से प्रिफेक्टर के सौजन्य से गाइड को दी गई है। सोनम की राय में तो यह एक अमूल्य उपहार है। काग़ज़ात सब ठीक-ठाक हैं। हम काग़ज़ात हाथ

में ही लेकर बैठ गए। गाड़ी चल दी। दाहिने-बाएँ मिलिटरी का आवागमन किसी भी पर्यटक की नज़र में पड़ेगा। सामने ही चेक-पोस्ट है, लोहे का चक्र-द्वार। गाड़ी पार्क कर हम उतरे। सामरिक प्रहरी ने गाड़ी का नम्बर बार-बार देखकर बही में लिखा, फिर से सोनम और ड्राइवर के साथ जिरह शुरू की। फिर सन्तुष्ट होकर उन्हें ऑफिस के कक्ष में जाने को कहा। सोनम मुझे गाड़ी में बैठने को कहकर चला गया। शहर छोटा है पर बहुत व्यस्त लगता है। कहीं बड़ा बाजार भी है। मिलिटरी-पुलिस देखने में रूखी है, पर लगता है कि भद्र है। थोड़ी देर बाद सोनम ने एक सज्जन के साथ ऑफिस-घर के बरामदे में आकर हाथ उठाकर मुझे बुलाया। मेरे पास आते ही उन सज्जन ने मुझे हिन्दी-नेपाली मिश्रित भाषा में नमस्कार कर कहा—

—कैलास जा रहे हैं, बहुत अच्छा, पहले मेरी पोस्टिंग वहीं थी। आजकल यहाँ बदली हो गई है।—उन्होंने गर्व के साथ कहा—'भारतीय तीर्थयात्री बहुत ही भद्र और शिक्षित हैं, उनके साथ बात करने में आनन्द आता है, किन्तु समय का अभाव है। आप तो लिखने-पढ़ने आए हैं, बहुत अच्छा, बहुत अच्छा। ठीक है, जाइए।'

सज्जन ने बहुत सहज ही छोड़ दिया। सोनम ने बताया कि मेरा स्टडी-टूर का परमीशन काफी काम आया। वे दरअसल सिविल मिलिटरी अफसर थे। हम शहर के मूल केन्द्र में आ गए। शहर में कोई गली नहीं है, सड़क के दोनों ओर दुकानें हैं। गाड़ी एक किनारे खड़ी कर हम रेस्टोरेंट की खोज में निकल पड़े। सोनम और ड्राइवर इस शहर से परिचित हैं। हम सीधे एक नेपाली रेस्टोरेंट में आ पहुँचे। बात-व्यवहार और आबहवा से लगा जैसे पोखरा (Pokhra) में आ गया हूँ। यहाँ नेपाली-इंडियन-चाइनीज़ और वेस्टर्न मेनू देखकर मैं अवाक् रह गया। लाटसे या लाजि वास्तव में एक उल्लेखनीय जंक्शन है। यहाँ से पश्चिम का रास्ता पकड़कर हम मानसरोवर और कैलासनाथ की ओर जाएँगे। दक्षिण का रास्ता चला गया है एवरेस्ट बेस-कैम्प और तिब्बत-नेपाल के बॉर्डर टाउन झांग्मू (Jhangmu)। झांग्मू से सीधे काठमांडू। जो लोग काठमांडू से मानसरोवर और कैलासनाथ की ओर जाएँगे, वे झांग्मू से उत्तर में नीयालाम्, फिर और भी उत्तर में मिलारेपा की गुफा के बगल का रास्ता पकड़कर चले जाएँगे। उस रास्ते से दूरी तो कम है पर रास्ता टेढ़ा-मेढ़ा पहाड़ी रास्ता है। कैलासखंड जाने के लिए हमारे लिए यही सुविधाजनक है।

हम मुँह-हाथ धोकर बैठे। रेस्टोरेंट का नाम है लाज़ि चुफांग (Lazi Chufang)। 'वेजिटेबल, नॉन-वेजिटेबल सब्जी, दाल, चपाती, चावल, लैम्ब, चिकेन, बोलिए सर, क्या खाएँगे...बढ़िया चाइनीज़ शंघाई बियर...' नेपाली पोशाक में, टोपी-पाजामा पहने हुए अत्यन्त चालाक-चतुर व्यक्ति हमारा ऑर्डर लेकर बड़ी तेजी से चला गया। यह जंक्शन बहुत व्यस्त है क्योंकि एवरेस्ट पर जाने का यही सहज रास्ता है अर्थात् ल्हासा से जो आते हैं, वे भी इसी रास्ते से जाते हैं। खाने के समय हठात् ड्राइवर ने मुँह खोला, सोनम ने उसका तर्जुमा कर दिया। खिड़की से बाहर का दृश्य

दिखाकर उसने कहा—'यह अंचल दरअसल भूतों का देश है। यहाँ का मूल मन्दिर गेखो, रानी लोग्बार गेखो का मन्दिर है। वह असल में राक्षसी है। तिब्बत के प्रतिष्ठाता राजा स्रोंग्त्सेन गाम्पो की चीनी रानी थी वेंग चेंग (Wengcheg)। राक्षसी रानी को वश में रखने के लिए राजा ने इस मन्दिर का निर्माण कराया था। आप तो जानते ही हैं कि ल्हासा का जोखांग मन्दिर भी दैत्य रानी गेखो लोग्बार का हृदयस्थान है। पूरे तिब्बत में इस प्रकार के चार मन्दिर हैं। लोगों का कहना है कि गेखो रानी अत्यन्त जाग्रत् पिशाच हैं। मुझे इन मन्दिरों में प्रवेश करने में भी डर लगता है क्योंकि कोई त्रुटि रह गई तो बचना मुश्किल है। गेखो रानी वंश नाश कर देगी। ये सभी आदिधर्म बोन् (Bon) सम्प्रदाय से हैं। किन्तु हाँ, यदि ठीक से पूजा की तो गेखो रानी ही सबकी रक्षा भी करेगी। गेखो राज्य का नाम है वेल्चेंग् गेखो। उस दिन आप नदी के उस पार ताद्रुका के युंगद्रुंगलिंग मन्दिर में गए थे। मुझे आपके लिए बहुत डर लगा था क्योंकि आप तो टूरिस्ट हैं—हो सकता है यह सब न मानते हों...'—सोनम ने उसे रोककर कहा—मैं भूत-पिशाच-शाक्यमुनि सभी की श्रद्धा करता हूँ।

ड्राइवर से ऐसी सुन्दर कहानी सुनी जा सकती थी, किन्तु समय कम था। हमने तृप्ति के साथ भोजन किया, कहा, फिर आएँगे, धन्यवाद दिया तथा पैसे चुकाकर निकल पड़े। ड्राइवर ने मुझे सामने का होटल दिखाकर कहा—'देखिए, इस होटल का नाम है शंघाई होटल। अच्छा होटल है, एवरेस्ट बेस-कैम्प जाने के क्रम में विदेशी लोग यहीं अन्तिम हॉट बाथ लेते हैं क्योंकि यहाँ से आगे कहीं भी सहजता से गरम पानी नहीं मिलता। मील-पत्थर देख रहे हैं, अंग्रेजी में लिखा है 5052 जिसका मतलब है कि शंघाई से यहाँ तक की दूरी पाँच हजार बावन किलोमीटर है। यह सड़क किन्तु फ्रेंडशिप हाइवे है। हम शिगात्से से डेढ़ सौ किलोमीटर दूर आ गए हैं। यक़ीन कीजिए आज तक इतनी जल्दी कभी नहीं आया।'

ड्राइवर खुद ही गाइड का काम भी कर रहा है। सोनम बहुत ख़ुश है, क्योंकि उसका दायित्व कम हो गया है और सच तो यह है कि ड्राइवर स्थानीय व्यक्ति है और काफी जानकार भी पर दुख इस बात का है कि वह अंग्रेजी या नेपाली भाषा नहीं जानता। खैर, हम गाड़ी पर चढ़े। तेल हालाँकि है पर तिब्बत में अवसर मिले तो टैंक भरा लेना बुद्धिमानी का काम है। हमने पेट्रोल पम्प छोड़कर निश्चिन्तता से रास्ता पकड़ा। अभी तक हम ब्रह्मपुत्र का दक्षिणी किनारा पकड़कर चल रहे थे, अब एक सुन्दर पुल से हमने ब्रह्मपुत्र को पार किया। ब्रह्मा का पुत्र अब हमारे बाईं ओर था।

एक गाँव ने हमारी दृष्टि को आकर्षित किया। मकान के रंग सफेद, लाल और नीला—तीनों रंग बहुत सुन्दर लग रहे हैं। गाँव का नाम है लुलुंग (Lulung)। इस अंचल में तीन सम्प्रदायों के तीन मठ हैं। एक-एक रंग एक-एक सम्प्रदाय का प्रतीक है। बड़ा सुन्दर सहअस्तित्व है। ब्रह्मपुत्र यहाँ पहले से अधिक चंचल है, और

चौड़ाई कम है। चार चक्के वाली गाड़ी की एकरसता और बहुत दिनों बाद दाल-भात-सब्जी खाने से लगता है, खाना भारी हो गया है—आँखें स्वतः मुँदी जा रही हैं।

—सर, सर देखिए, देखिए इसके बाद यह नज़ारा नहीं देख पाएँगे।

मैं हड़बड़ाकर उठा, उनींदेपन से जागकर बाहर की ओर देखा और पूछा—

—अरे, क्या देखूँ, बताओ तो सही?

—सर, बाईं ओर यह जो हरियाली, वन-जंगल, पेड़-पौधे आदि आप देख रहे हैं, वे इसके बाद नज़र नहीं आएँगे। इसके बाद ही शुरू होगा सब कुछ सूखा—पत्थर, धूल और रेत।

सोनम के कथन के अनुरूप मैंने बाहर की ओर देखा तो सचमुच हरियाली कम और प्रायः लुप्त होती जा रही थी। तिब्बत की सूखी मरुभूमि शुरू हो चुकी थी। सब्ज जौ और गेहूँ के खेत भले ही नज़र न आ रहे हों परन्तु पहाड़ी सौन्दर्य आँखों में बसा रखने के लायक था। टेढ़े-मेढ़े रास्ते पर गाड़ी चढ़ रही थी और उतर रही थी, कहने की आवश्यकता नहीं कि रफ्तार काफी धीमी थी। सर्वोच्च स्थानीय दर्रा (Pass) पार करते ही दाहिनी ओर एक सुन्दर-सी झील दिखाई दी और उसके पास ही एक सुन्दर मोनेस्ट्री नजर आई। प्रार्थना-पताकाओं की कतार सड़क से ही शुरू हो गई है। झील का नाम है न्गामरिंग-त्सो (Ngamring Tso) और मठ का नाम भी वही है—न्गामरिंग। मुख्य सड़क से छह-सात किलोमीटर दूर, रात हो जाने पर वहाँ खूब सस्ते में रहने व भोजन की भी व्यवस्था है। गाँव का नाम है कागा (Kaga)। अभी हम सदर्न हाइवे से चल रहे हैं। नाम और चलने में सचमुच हाइवे—हिमालय की उच्च भूमि। हम हर समय साढ़े चार हजार मीटर यानी 14760 फीट की औसत ऊँचाई पर चल रहे हैं। ब्रह्मपुत्र हमारी बाईं ओर से अदृश्य हो गया है। पहाड़ी रास्ते में कहीं कोई उबाऊपन नहीं। बीच में केवल दो बार चाय-बियर के लिए रुककर हम शाम से पहले ही सांगसांग (Sangsang) शहर में पहुँच गए। हमने तय किया कि रात बिताने की व्यवस्था यहीं करनी होगी। उच्च भूमि के साथ चपटे शरीर का सामंजस्य बैठाना होगा। हालाँकि ड्राइवर सख्तजान युवक और जानकार है फिर भी उस पर अत्याचार करना सही नहीं होगा। हम होटल की खोज में निकले। छोटा-सा शहर है, पर शहर के बजाय सड़क के किनारे का बाजार कहना अधिक उपयुक्त होगा। अभी भी दिन का उजाला शेष है, सड़क पर कोई रोशनी नहीं है। अँधेरा घिरने से पहले ही हमें कोई बन्दोबस्त करना होगा। इसके बाद के गाँव तो और भी छोटे हैं। इसके बाद का जो बड़ा शहर है उसकी दूरी यहाँ से डेढ़ सौ किलोमीटर से अधिक है। समस्या का समाधान हो गया, यहाँ केवल दो होटल हैं। हम सांग्फू होटल में ठहरे। बड़े-बड़े कमरे थे जिनमें चार-पाँच व्यक्ति तो आराम से सो सकते थे और सबसे बड़ी बात कि इनका अपना जेनरेटर है, बिजली की कोई असुविधा नहीं है। खाने की व्यवस्था भी ठीक ही लगी—चाइनीज़ नूडल और मुर्गी का शोरबा। शाकाहारियों के लिए

आलू और दाल। हम तीन व्यक्तियों के रहने-खाने का कुल खर्च होगा सवा सौ युआन। रात को गरम पानी की बोतल अलग से दी जाएगी। होटल के मालिक तिब्बती दम्पति हैं, जो अतिथियों के लिए भोजन खुद ही बनाते हैं। आश्वासन दिया कि सुबह केवल चाय और यदि हम कहें तो रोटी की व्यवस्था कर देंगे। हमारी गाड़ी होटल के पास ही पार्क कर दी गई। अभी भी दिन का उजाला है। देखने को यहाँ मात्र एक मठ है—महिला-मठ और मन्दिर का नाम है ओसेरलिंग (Oserling)। तीस-चालीस संन्यासिनें रहती हैं। मठ में जाने के लिए पहाड़ पर चढ़ना होगा। हम गाड़ी के सफर के कारण कुछ थके हुए थे इसलिए दूर कहीं जाने की इच्छा नहीं हुई। गाँव की कुल आबादी कोई सौ व्यक्तियों की होगी और जो चीज़ नज़रों में गड़ रही थी, वह थी सड़क पर जमा गन्दगी। लगा जैसे सभी को आँधी-बारिश की प्रतीक्षा हो। हम कमरे में लौट आए और तीन चाय का ऑर्डर देकर खाट पर बैठे। रजाई शरीर पर डाल ली। तय हुआ कि हम जल्द ही खा-पीकर सो जाएँगे और सुबह 6 बजे से पहले ही निकल पड़ेंगे। मैंने अपनी डायरी में लिखा—तिब्बत में महायोगी की तलाश में तेईस रातें गुज़र गईं। कल सुबह से फिर भयंकर रास्ता शुरू होगा।

24वाँ दिन

सुबह का उजाला नज़र आने से पहले ही हम चाय पीकर चल दिए। रास्ता ठीक ही है किन्तु आधा घंटा चलने के बाद समझ में आया कि हम जान जोखिम में डालकर चल रहे हैं। दोनों ओर विपत्ति टालने के बारे में न तो कहीं कुछ लिखा है, न ही कोई चिह्न अंकित है। इतने अधिक घुमाव हैं कि बड़ी सावधानी से गाड़ी चलानी पड़ रही है। बहरहाल, आधे घंटे बाद ही दिन का उजाला नज़र आया और उजाले के साथ ही साथ नज़र आया हिमालय का एक आन्तरिक स्वरूप। प्राय: ही सड़क के किनारे झरना है और उस झरने का पानी सड़क पर आकर नदी के आकार में बह रहा है। चूँकि सड़क या रास्ता पहाड़ी है इसलिए पानी जमा होने की सम्भावना नहीं है। झरने और पत्थरों के सुन्दर खेल का एक सुन्दर दृश्य है। घंटे भर बाद हमने एक पुल पार किया। पुल के नीचे जो पहाड़ी स्रोत बह रहा था, उसका नाम है—राका सांग्पो। राका सांग्पो का पानी जाकर मिलता है यार्लुंग सांग्पो में। ब्रह्मपुत्र का तिब्बती नाम है यार्लुंग सांग्पो—यहाँ से ब्रह्मपुत्र को देखा नहीं जा सकता।

राका से एक रास्ता सीधा उत्तर की ओर चला गया है जिसे चांग्तांग का समतल कहते हैं। वहाँ की आबहवा और भी शुष्क है, वह मरु अंचल है—बाद में वह रास्ता फिर पश्चिम की ओर आकर इस रास्ते से मिल गया है, रास्ते का नाम है—नॉर्दर्न-रूट। हमारे इस कैलासमुखी रास्ते का नाम सदर्न रूट है। राका में रुके बिना हम सीधे और भी पश्चिम की ओर चले। रास्ता पहले से चौड़ा है, कहीं-कहीं गाड़ी को अस्सी

की रफ्तार से चलाया जा पा रहा है, ड्राइवर इससे ख़ुश है। हमें बार-बार सावधान कर रहा है कि सामने का जंक्शन सागा (Saga) है, वहाँ ट्रैफिक-जाम हो सकता है क्योंकि नेपाल से हिमालय के विभिन्न अंचलों के लिए जाने का वह रास्ता है। हम 12 बजे से पहले ही सागा पहुँचे।

सागा एक कर्मव्यस्त शहर है। रास्ते की गन्दगी, मकानों की नालियाँ, पेट्रोल की गन्ध, इस शहर के स्थानीय आकर्षण हैं। तिब्बत में देखा है कि इस प्रकार के वातावरण का मतलब ही है कि व्यवसाय-वाणिज्य अच्छा चल रहा है। चौराहे के पास ही हमें गाड़ी खड़ी करने का अवसर मिला। चौराहे का नाम है गेसांग-लू (Gesang-Lu)। पहली बार अंग्रेजी में लिखे कुछ साइनबोर्डों पर नजर पड़ी—Bath House, Internet Bar, Moon Star Restaurant इत्यादि। चीन-नेपाल-तिब्बत और इंडियन फूड रेस्टोरेंट। यह चौराहा उत्तर-दक्षिण-पूर्व-पश्चिम का जंक्शन है। रास्ते के किनारे सर्वाधिक भीड़ माल से लदे ट्रकों की कतार की है। हमने एक चीनी रेस्टोरेंट में प्रवेश किया—खाना चीनी पर वातावरण तिब्बती था। वातावरण माने साज-सजावट और ग्राहक। यहाँ के दो उपहार—पहला तो यह कि काठमांडू से कैलासगामी तीर्थयात्रियों का एक दल यहाँ आया है जिनमें कुछ तीर्थयात्री भारतीय हैं। और दूसरा उपहार यह कि यहीं फिर से ब्रह्मा के पुत्र के दर्शन हुए।

भोजन की टेबल पर ही हमारा कार्यक्रम तय हुआ। ड्राइवर भी गाड़ी की बैटरी की तरह ही है, जैसे-जैसे गाड़ी चला रहा है, वैसे-वैसे उसका आत्मबल भी बढ़ता जा रहा है। इस यात्रा में खासकर वह बार-बार 'तकदीर अच्छी है' कहना नहीं भूलता और वह शायद इसलिए कि गाड़ी में पेट्रोल और तेल पर्याप्त मात्रा में है, साथ ही पीने का पानी और चाय हर समय उपलब्ध है और अच्छे-अच्छे रेस्टोरेंट में भोजन हो रहा है। गाड़ी का पैसेंजर या टूरिस्ट अकेला मैं हूँ और मैं किसी किस्म की हड़बड़ी नहीं करता इसलिए वह अपनी ख़ुशी के हिसाब से गाड़ी चला रहा है यानी आम रफ्तार से कुछ अधिक तेज अपने मन के आनन्द में हिमालय के दुर्गम रास्तों को सहज ही लाँघता जा रहा है।

अभी यदि हम निकलें और सामने कोई ट्रक न पड़े तो रात तक पारियांग पहुँच जाएँगे। पारियांग से कैलासखंड मात्र ढाई सौ किलोमीटर की दूरी पर है। रात को हम पारियांग में ही रुकेंगे क्योंकि उसके बाद हमें और एक पहाड़ लाँघना होगा। भोजन के पश्चात् हम सागा से चल दिए। रास्ते में एक बड़ा-सा नया पेट्रोल पम्प मिला तो हमने टंकी भरवा ली। ड्राइवर के लिए सबसे बड़ी सान्त्वना इस बात की थी कि हमने गाड़ी में अलग से रखे पेट्रोल को हाथ नहीं लगाया था।

रास्ता यों तो पहले से अच्छा था, परन्तु सड़क से इधर उधर होते ही चक्कों के रेत में धँसने की सम्भावना थी। लग रहा था जैसे हम रेगिस्तान में चल रहे हों। सामने गाड़ी नज़र आने का मतलब ही था धुएँ के बादल। ड्राइवर को पहले ही कह दिया

गया था कि वह धुएँ के बादलों का अनुसरण न करे इसलिए वह सामने गाड़ी नज़र आते ही हॉर्न बजाना शुरू कर देता ताकि सामने से आ रही गाड़ी साइड कर ले। गाड़ी की रफ्तार फिर से बढ़ गई है और हांगकांग रेडियो का पतला स्त्रीकंठ उसे और उत्साहित कर रहा है। पीछे की सीट पर मैं अकेला ही था इसलिए स्लीपिंग-बैगों की गद्‌दी बनाकर उस पर शरीर को लुढ़का दिया।

काफी देर बाद सोनम ने जगा दिया और कहा—सर, हम झोंग्बा (Zhongba) पहुँच गए हैं। यहाँ रुकें?

—यहाँ देखने लायक क्या है, बताओ?

—देखने लायक तो खास कुछ नहीं है और शहर भी धूल और पेट्रोल की गन्ध से भरा है, आपको अच्छा नहीं लगेगा सर। और पन्द्रह किलोमीटर बाद है न्यू झोंग्पा, जो साफ-सुथरा है, चाय-टॉयलेट के लिए वहाँ पड़ाव डालना अच्छा रहेगा।

—ठीक है, तो फिर चलो, आपत्ति का तो कोई कारण नहीं है, मैं ठहरा यात्री, मेरे संचालक, अभिभावक तो तुम लोग हो।—मेरी बात सुनकर वे ख़ुश हुए। दस मिनटों में ही हम न्यू झोंग्पा पहुँच गए। एक नजर में ही मैं यह समझ गया कि यह मिलिटरी शहर है और उसके साथ ही यहाँ सड़क के किनारे कुछ रेस्टोरेंट हैं और पेट्रोल पम्प है, जो बहुत जरूरी भी है। रेस्टोरेंट का मालिक चीनी है। उसने बार-बार कहा—'यहाँ बहुत अच्छा दूध और चाय मिलेगी, बिस्कुट भी है और ऑमलेट तो हमारी विशेषता है।'

—हमारे लिए तीन चाय, दो ऑमलेट और एक पैकेट बिस्कुट तो अभी दें और रास्ते के लिए हमारे फ्लास्क में चार चाय भर दें।

मालिक बहुत ख़ुश हुआ और बोला—'सर, हमारा टॉयलेट देखें, बहुत साफ-सुथरा है, एक ही जगह पाखाने-पेशाब की सारी सुविधा है।' यह सब कुछ उसने इतनी गम्भीरता से कहा कि विश्वास करना ही पड़ा।

चाय पीकर, टॉयलेट का इस्तेमाल कर हमने गाड़ी के टैंक का शून्य-स्थान पूर्ण कराया और आधे घंटे के अन्दर ही निकल पड़े। सड़क के दोनों किनारे मिलिटरी कैम्प हैं। सड़क पर उनकी जीपों, ट्रकों और आवागमन को देखकर लगा कि बॉर्डर अधिक दूर नहीं है। ड्राइवर ने बताया कि यहाँ से नेपाल का मुस्तांग् (Mustang) बॉर्डर अधिक दूर नहीं है। बाईं ओर उस पहाड़ के ऊपर से पैदल जाने का रास्ता है। बहुत विदेशी ट्रैकिंग करने आते हैं। बगल में कुछ ऊपर चढ़ते ही धवलगिरि (8167 मी./26867 फीट), अन्नपूर्णा और मानसलु दिखाई देंगे। अन्नपूर्णा की ऊँचाई (8090 मी./26535 फीट) और मानसलु की ऊँचाई (8162 मी./26771 फीट) है। इन सब जगहों पर ड्राइवर जिन टूरिस्टों को लेकर आता है, वे सब विदेशी होते हैं, जो निर्जन में चढ़ाई-उतराई करना चाहते हैं।

बाहर का दृश्य स्टेप मरुभूमि-सा है। हमारे सामने की ओर तो साफ-सुथरा है परन्तु पीछे की ओर लगता है, धूल का बादल हमारा पीछा करते हुए बढ़ाए लिये जा रहा है।

अगल-बगल में किसी घर-मकान का कोई चिह्न नहीं। अभी हम हिमालय के प्रायः ऊपर से चल रहे हैं। यही रास्ता सीधे लद्दाख से होते हुए कश्मीर की ओर गया है। बाहर अभी काफी ठंड है। चाय पीने के समय कान ढकनेवाली टोपी पहननी पड़ी। हम गाड़ी में हीटर चालू रखने को बाध्य हैं।

हम लोग रास्ते में एक बार रुके और प्रायः सन्ध्या के करीब हमने एक ऊँचा रास्ता पकड़ा। टेढ़े-मेढ़े रास्ते पर गाड़ी किसी तरह चढ़ने लगी। हम जब दर्रे पर पहुँचे तो सूर्य डूब गया, तकदीर खराब थी। दर्रा पार किया तो एक खम्भे पर लिखा देखा उच्चता 4780 मी. अर्थात् 15678 फीट। उतरते समय इतना मनोरम दृश्य था जिसने मन को सजग कर दिया। स्टेप अंचल में रंगीन सूर्यास्त का आकर्षक स्वरूप नज़र आ रहा था। दर्रे से हम जैसे-जैसे नीचे उतरते जा रहे हैं, वैसे-वैसे सामने के दृश्यों पर अन्धकार का पर्दा पड़ता जा रहा है। हम जब नीचे के रास्ते पर उतर आए तो गाड़ी की हेडलाइट जलानी पड़ी। पारियांग की दूरी यहाँ से बीस किलोमीटर से भी कम है। समतल भूमि मिलते ही हम फिर स्वाभाविक रफ्तार पर लौट आए।

रात 8 बजे के करीब हमने शहर में प्रवेश किया। अचानक महसूस हुआ कि हम तीनों ही बहुत थक गए हैं जबकि हम यानी मैं और सोनम ने बैठे रहने और ऊँघने के अलावा कुछ किया ही नहीं। असल परिश्रम तो ड्राइवर ने किया था। दरअसल यह चढ़ाई-उतराई की थकावट थी।

पारियांग् का सबसे बड़ा होटल है—शिशापांग्मा। रिसेप्शनिस्ट एक यात्री को नहीं सँभाल पा रहा था। देखकर ही लगा नेपाली और भारतीय तीर्थयात्री हैं, मेरी ही तरह कैलासनाथ और मानसरोवर जा रहे हैं। उनकी विभिन्न समस्याओं को लेकर भीड़ है। मैं समझ गया कि कमरा मिल जाने के बावजूद यहाँ बाताबाती और हो-हल्ला मचता ही रहेगा। सोनम मेरी उलझन समझ गया। हम निकल आए। पास में ही मझोले किस्म का एक होटल मिला, ताशी होटल। सामने ही मणिमंत्र पत्थर और एक छोटे चैत्य ने मुझे आकर्षित किया। तिब्बती सज्जन की हँसी और विनम्रता ने मुझे अपनी ओर और अधिक खींचा। तीन व्यक्तियों के लिए चार बिस्तरों का एक कमरा और सुबह की चाय-पावरोटी के साथ मात्र नब्बे युआन में। कमरे में एक कड़ाही में लकड़ी के कोयले की आग। सारी रात के लिए यदि जरूरत हो तो वो खर्च अलहदा। रात के खाने में नूडल-दाल-आलू। बस! काफी है।

24वाँ दिन

तिब्बत में आज चौबीसवें दिन की सुबह है।

मेरे लिए यह एक शुभ दिन है। यदि बीते दो दिनों की तरह रास्ता खाली मिले तो हो सकता है कि दिन के समय ही हमें कैलासनाथ के दर्शन हो जाएँ। अलस्सुबाह

चाय-बिस्कुट-बॅन रोटी लिये हुए ताशी होटल के मैनेजर ने 'गुड मॉर्निंग' कहकर हमारा अभिवादन किया। हम नाश्ता करने बैठे।

जय शिव शंकर, जय शिव शम्भो!

भोर साढ़े छह बजे हमने होटल छोड़ा। साढ़े छह बजे थे परन्तु लग रहा था जैसे अभी भी रात हो। रास्ते में कुहासा है, परन्तु मेरे दोनों संगी इस ठंड और कुहासे के अभ्यस्त हैं। आज सुबह से ही सोनम जोर देकर कह रहा है कि मैं यदि माउंट कैलास का तिब्बती नाम लूँ तो चेक-पोस्ट के अफसर बहुत ख़ुश होंगे। माउंट कैलास का तिब्बती नाम कान् रिन्पोचे (Kan Rinpoche) है। रास्ता अच्छा-खराब मिला-जुला है। रास्ते के किनारे की ओर देखने के बजाय दूर की ओर देखना ही अच्छा है। सीलन और विगलित बर्फ का जल आकर रास्ते पर जमा है। रास्ते से उतरते ही बालू में धँसने की सम्भावना है। प्राय: एक घंटे बाद दिन का उजाला नज़र आया, कुहासे का पर्दा धीरे-धीरे हट गया। हमने सुख की साँस ली। यह स्थान स्टेप अंचल है। सूखी छोटी-छोटी पीली घास के स्तूपों ने ऊँचे-नीचे मठों को सजा रखा है। यहाँ पहली बार खानाबदोशों के तम्बू, भेड़ें और याकों के झुंड देखे। खानाबदोशों के समूह में से कुछ ने जीभ निकालकर हमारा स्वागत किया। ड्राइवर ने यहाँ पाँच मिनट रुकने के लिए हमसे अनुमति माँगी। खानाबदोशों के तम्बू में याक का गरम दूध मिलता है।

थोड़ी दूरी पर गोल किए एक सफेद तम्बू को देखकर हम रुके। रास्ते के किनारे खानाबदोश कैलासनाथ और मानसरोवर के तीर्थयात्रियों के लिए आते हैं। वे उनके बीच गाढ़े दूध और विभिन्न पौधों की जड़ों और घास की दवाएँ बेचने के लिए आते हैं। हम रुके परन्तु दुख इस बात का है कि याक भी है और उसका दूध भी परन्तु गरम करने में दो-एक घंटे लगेंगे। इन लोगों के पास समय का कोई हिसाब नहीं। कहेंगे, एक-दो घंटा तो 'बातें करते-करते हो जाएगा'। ड्राइवर ने ठंडा दूध ही बड़ी तृप्ति के साथ पी लिया। बहुत ख़ुश हुआ, खूब सस्ता, स्वाद ही अलग है। और प्राय: एक घंटा चलने के बाद हम सड़क के किनारे की एक अस्थायी चाय की दुकान पर रुके। गाड़ी को ठंडा करना होगा और थोड़े से आराम की तो हमें भी दरकार है। छोटा-सा चीनी टाली और लकड़ी का घर है। आश्चर्य हुआ कि यहाँ सब कुछ उपलब्ध है—चीनी चाय, तिब्बती चाय, बियर, पानी, बिस्कुट, यहाँ तक कि गाड़ी के लिए पेट्रोल और तेल भी। प्लास्टिक के जेरीकैन सड़क के किनारे ही रखे हैं। मालिक ने बड़े गर्व से बताया कि जरूरत पड़े तो वह गाड़ी के टायरों की मरम्मत करना भी जानता है। पास ही बोतलों का ढेर दिखाकर ड्राइवर ने कहा—'जानते हैं, ये क्या है?'

—हाँ, दिख रहा है कि ये बियर की बोतलें हैं।

—हाँ, वो तो ठीक है, पर ये टूटी क्यों हैं?

—तुम ही बताओ।—मैंने उसे उत्साहित किया। उत्साह पाकर उसने बताया कि लोग गाड़ी में बियर पीते हैं फिर बोतल का मुँह तोड़कर उसे चोंगे की तरह जेरीकैन से गाड़ी के टैंक में तेल भरने के लिए इस्तेमाल करते हैं। बीच-बीच में सड़क के किनारे तेल और पेट्रोल मिल तो जाता है किन्तु गाड़ी के टैंक को भरने में काफी तेल इधर-उधर गिरकर बर्बाद होता है। उसी के लिए यह चालाकी भरा बन्दोबस्त है।

हम चाय पीकर फिर से रवाना हुए। कुछ देर बाद ही हमें पहाड़ी रास्ता मिला। जाहिर है, पहाड़ी रास्ता तो पहाड़ पर ही होगा यानी अब फिर चढ़ाई की बारी है। हमारे सामने ही एक पहाड़ है। यहाँ के दो प्रिफेक्टर की सीमा। हम त्सांग (Tsang) प्रिफेक्टर छोड़कर न्गारी (Ngari) प्रिफेक्टर में प्रवेश करेंगे। तिब्बत को यदि हम देश कहें तो प्रिफेक्टर को कहेंगे प्रदेश और यदि तिब्बत को चीन का प्रदेश कहें तो प्रिफेक्टर को कहेंगे ज़िला। हम पहाड़ लाँघने को प्रस्तुत हुए यानी यह हमारी मानसिक प्रस्तुति थी। कैलासखंड जाने की यही आखिरी पर्वत-प्राचीर थी।

पहाड़ का नाम मायुम (Mayum) और दर्रा यानी ला। हमें मायुम-ला की चढ़ाई करनी होगी। शुरू हुई टेढ़ी-मेढ़ी चढ़ाई। मायुम-ला दर्रे की उच्चता है 520 मीटर/ 17121 फीट। चढ़ाई करते-करते बीच-बीच में एक नया ही दृश्य नज़रों से गुज़र रहा है और वह है झरने का खेल, जिसे अवाक् नज़रों से देखते रहने को जी करता है। थोड़ी देर रुककर अब फिर उतरने की बारी। हमारे दाहिनी ओर दूर में दिखाई दे रहा है कुबी गांग्री पहाड़ (Kubi Gangri Mountain), वहीं किसी एक पवित्र स्थान से शुरुआत हुई है आदि ब्रह्मपुत्र की। दर्रे से थोड़ा आगे बढ़ते ही ड्राइवर और सोनम लगभग चीख पड़े—'देखिए! देखिए!'

उनकी उँगली के इशारे का अनुसरण कर देखते ही आनन्द से मेरा शरीर थिरकने लगा। शरीर का हर रोमकूप सजग हो उठा। उस दृश्य से मेरी देह की हर कोशिका ने ऐसे एक नैसर्गिक स्पन्दन का अनुभव किया, जिसे शब्दों में बयान नहीं किया जा सकता—दूर में दिखाई दिए कैलास-ईश्वर! कैलास केवल पत्थर का पहाड़ नहीं वरन् सृष्टि का प्रतीक है—सफेद चादर से ढका एक महालिंग। जय बाबा कैलास! शिव नज़र नहीं आते, न ही हर कोई उन्हें पा सकता है। जो कैलास दर्शन को आते हैं, उन्हें भी दर्शन प्राप्त नहीं होता क्योंकि उसके लिए आवश्यक है प्रस्तुति, कर्म और कृपा। मैं अपने भावावेग को रोक न पाया और ड्राइवर से कहा—रोको, रोको, गाड़ी खड़ी करो।

गाड़ी के रुकते ही मैंने निकलकर सड़क पर ही साष्टांग प्रणाम किया और कहा—तुम ही तो मुझे लाए हो, अब तुम ही मुझे अपनी राह पर चलाओ...

भक्तिभाव से मैंने अपना समस्त मन-प्राण उनके श्रीचरणों में सौंप दिया। प्रथम कैलास दर्शन में ही जो भी कहना है, कह देना चाहिए अन्यथा सारे संकल्प खो जाते हैं।

गाड़ी में बैठते ही सोनम ने कहा—'यहाँ से और केवल नब्बे किलोमीटर दूर है हर-कू (Hor Qu), जो असल में हिन्दी शब्द है 'हरि की' जैसे हरि की दर्शन, हरि का द्वार। 'हर-कू आसन' या ऐसा ही कुछ था जो काल के स्रोत और भाषा के भाटा में आज हर-कू रह गया है। चीनी भाषा में इसे कहते हैं हुओ-एर (Huo-er)। और आधा घंटा गाड़ी के सफर के बाद हम सड़क के किनारे रुके। ड्राइवर को विश्राम देना भी तो जरूरी है। वह अँगड़ाई लेकर रास्ते के बगल में स्लीपिंग बैग बिछाकर लेट गया। सोनम फ्लास्क की चाय और बिस्कुट लेकर बैठ गया और ड्राइवर ने एक बियर ली।

मेरी तो सारी भूख-प्यास कैलास-दर्शन से ही मिट गई। मैं तो अवाक् विस्मय से ताकता रहा पृथ्वी के श्रेष्ठतम पवित्र पर्वत शृंग महिमामंडित कैलास की ओर।

हम हर-कू पहुँचे। हमारे सामने ही है मानसरोवर। यहाँ से दक्षिण में गुरला मान्धाता के एक अपरूप दृश्य ने हमारा स्वागत किया, हमें आशीर्वाद दिया। मेरी भूख और थकावट जाने कहाँ चली गई थी परन्तु मेरे साथियों की हालत पतली थी। हम बिना कहीं रुके सीधे बढ़ चले बार्खा (Barkha) की ओर, वहीं अच्छे होटल और रेस्टोरेंट मिलेंगे। खाने-पीने के बाद भ्रमण-सूची तय की जाएगी। हमें और अधिक दूर नहीं जाना पड़ा, चेक-पोस्ट पर रुकने को बाध्य होना पड़ा। गाड़ी खड़ी कर हम सभी सड़क के किनारे चेक-पोस्ट में घुसे। जो लोग यहाँ से सीधे पश्चिम की ओर चले जाते हैं, उनकी कोई विशेष जाँच-परीक्षा नहीं होती। परीक्षण उनका ही होता है जो पुण्य कमाने कैलास की प्रदक्षिणा को जाते हैं। पहले पासपोर्ट, फिर वीजा, फिर संरक्षित इलाके में प्रवेश का अनुमति-पत्र तथा उसके बाद और भी प्रश्नों-उत्तरों का घेरा। एक के बाद एक घेरा पार करने की बारी थी। मेरा मामला इन लोगों के लिए कुछ जटिल है, क्योंकि देखने में मैं भारतीय हूँ, जन्म भी भारत में हुआ, पर रहता हूँ भारत के बाहर—आमतौर पर हिन्दू तीर्थयात्री यहाँ सरकारी मदद से नैनीताल होते हुए आते हैं, क्योंकि वही सहज और सस्ता रास्ता है। गैर-सरकारी, व्यक्तिगत व समूहगत हिन्दुओं के लिए है काठमांडू-कैलास, खर्च अधिक है, पर झमेला कम। मैं भारतीय हूँ, रहता भारत से बाहर हूँ और जाति से हिन्दू हूँ। सीमान्त प्रहरियों को समझने में कठिनाई हो रही है कि मैं इतना पैसा खर्च कर व्यक्तिगत तौर पर इस तीर्थ में क्यों आया हूँ। मेरे लिए यह समस्या नहीं, समस्या उनकी है क्योंकि समस्या के समाधान पर निर्भर है कि उनकी वर्दी पर कितने तारे होंगे, निर्भर है उनकी पदवी-चतुराई और उन्नति। मैंने उन्हें बताया कि मैं एक परिव्राजक हूँ, भूगोल और दर्शन-शास्त्र मेरे प्रिय विषय हैं। मैं कोई पत्रकार नहीं, न मेरे साथ कोई कैमरा है, न दूरबीन, न कम्प्यूटर, कुछ भी नहीं। मैं तो सिर्फ देखता भर हूँ और वह भी मन की आँखों से।

खैर, जो भी हो, अन्ततः शिगात्से से मिले स्टडी-टूर के पत्र ने उनकी सभी समस्याओं का समाधान कर दिया। मुक्ति मिली। कैलास-प्रहरियों के इस स्थायी शिविर का ठिकाना बहुत बढ़िया है—उत्तर में कैलास, दक्षिण में मानसरोवर और राक्षस-ताल (सरोवर)। सोनम और ड्राइवर ने तय किया कि हम अभी कैलासनाथ और मानसरोवर के प्रायः बीचोबीच हैं—दोनों ओर का रास्ता मात्र आधे घंटे का है। सीधे कैलास के नजदीक दारचेन (Darchen) जाना ही अच्छा है गाड़ी से, वही हमारा गन्तव्य स्थल है। अब बार्खा में न रुककर कैलासनाथ के पदतल पर जाकर हम तीनों ने एक-दूसरे को गले लगाकर अपनी ख़ुशी का इज़हार किया।

पुण्यभूमि शिवस्थान, परम पवित्र कैलासनाथ की परिक्रमा का प्रथम प्रस्तुति केन्द्र है तारचेन या दारचेन, चीनी भाषा में उसी को ताकिन कहते हैं। तिब्बत के बौद्ध कैलास पर्वत को कांग्रिम्पोचे अर्थात् तुषार मणिरत्न (Precious Jewel of Snow) के नाम से जानते हैं इसीलिए अनेक लोग दारचेन को मणिरत्न परिक्रमा केन्द्र कहते हैं।

दारचेन के एक सुन्दर मकान के सामने आकर हमने गाड़ी पार्क की। चीनी भाषा में विशाल लिखावट के नीचे अंग्रेजी में लिखा था LHASA HOLYLAND GUEST HOUSE (ल्हासा होलीलैंड गेस्ट हाउस) चीनी भाषा में लिखा था—ल्हासा शेंग्डी कांग्सांग लुगुआन (LASA SHENGDI KANGSANG LUGUAN)। उतरते ही मैंने सोनम से कहा—'चलो, पहले रहने का कमरा देख आएँ।'

—हाँ, सर ठीक कह रहे हैं। चलिए, पहले पी.एस.बी. ऑफिस की फॉर्मैलिटी पूरी कर ली जाए।

—कैसी फॉर्मैलिटी, चेक-पोस्ट पर तो सब कुछ हो गया?

—नहीं सर, असल मामला तो यहीं है।

सोनम ने मुझे 'असल मामला' समझा दिया। मेरे काग़ज़ात तो सब ठीक हैं किन्तु कैलासनाथ और मानसरोवर का प्रवेश शुल्क बाकी है। प्रवेश शुल्क है 200 युआन, गाइड के अतिरिक्त। यह टिकट-राशि इस अंचल के विभिन्न विकासमूलक कामों में व्यवहार की जाती है। ऑफिस इसी बिल्डिंग में है लिहाजा यह हमारे लिए सुविधाजनक हुआ। सोनम और ड्राइवर इस ऑफिस से परिचित हैं अतः कोई असुविधा नहीं हुई। प्रवेश-शुल्क चुकाते ही पब्लिक सिक्योरिटी ब्यूरो ने हमारा स्वागत किया। सोनम ने पहले से कमरों के लिए कह रखा था, एक कमरा मेरे लिए और दूसरा डबलबेड वाला अपने दो जनों के लिए। हम सभी ख़ुश हुए। होटल का मालिक ही मैनेजर भी था, उसने लड़कों को बुलाया, जिन्होंने हमारा सामान ठीक से रखकर गरम पानी का गीज़र चला दिया। अभी सूर्यास्त का समय है, किन्तु अफसोस इस बात का है कि हम कैलासनाथ के पदतल में हैं और इसलिए कैलास-शिखर से सूर्यास्त नहीं देख पाए। बिस्तर देखते ही महसूस हुआ कि हम थके हुए हैं—मन ने कहा कि विश्राम करो।

25वाँ दिन

आज मेरी इस तिब्बत-यात्रा के पच्चीसवें दिन का प्रभात है। आज कोई हड़बड़ी नहीं। मन अत्यन्त प्रसन्न है। लग रहा है जैसे घर का बच्चा घर लौट आया है। खुद को काफी हल्का महसूस कर रहा हूँ। होटल की छत से दारचेन का दृश्य अच्छा ही लग रहा है। सबसे अच्छा लग रहा है दूर का दृश्य—बर्फ से ढका गुरला मान्धाता और दूर पर विस्तारित नजर आ रहा है कामेट पर्वत शृंग। मानसरोवर के मनोरम दृश्य ने मन को निर्मल आनन्द से भर दिया।

ब्रेकफास्ट का बुलावा आ गया, उतरना पड़ा। होटल का वातावरण भारत के उच्च हिमालय के वातावरण जैसा ही है। लद्दाख, किन्नर, स्पिति जैसा। लिहाजा किन्नरांचल के 7756 मीटर उच्चतम पर्वत शृंग जैसा वह दृश्य सुबह-सुबह देखने के बाद से ही मन बार-बार उधर जाना चाहता है। माध्याकर्षण (पृथ्वी के केन्द्र का आकर्षण) की तरह ही यह भी मातृभूमि का आकर्षण है जो हाथ बढ़ाकर बुला रहा है। बड़ा रहस्यमय है मन। मन की गति भी हवा की ही तरह है, कब किस ओर बहती है, उसे खुद ही पता नहीं होता।

सुबह का खाना अच्छा ही है—चपाती, सब्जी, चाय-कॉफी, गरम दूध, सन्तरा और सेब। खाने के बाद ही हमारे समूह में शामिल हुआ एक चतुर-चालाक युवक—लोकल गाइड नामू। सोनम का परिचित ल्हासा गाइड है जो ट्रैकिंग प्रतिष्ठान का पूर्व छात्र भी है। बड़ा हँसमुख तिब्बती है, जो तिब्बती, चीनी, अंग्रेजी और नेपाली भाषा में अभ्यस्त है। प्रथम परिचय में ही मुझे 'गुरु' कहकर सम्बोधित करने लगा। लगता है, सोनम ने उसे मेरे बारे में पहले से कह दिया था। नामू काठमांडू या हिन्दुस्तान के तीर्थयात्रियों को लेकर चलने-फिरने में अभ्यस्त है।

मेरा प्रश्न सुने बिना ही अपना परिचय देकर उसने कहा—'कैलास की प्रदक्षिणा करने में साढ़े तीन दिन लगेंगे। मानसरोवर की प्रदक्षिणा में पाँच दिन लगेंगे। गाइड का प्रतिदिन एक सौ पच्चीस युआन, घोड़ाचालक का सौ युआन और दो सौ युआन की अपनी टिकट निश्चय ही कटा रखी है। सुना है, कुल आठ दिनों का पैसा अग्रिम देना होगा - यही नियम है। घोड़ा न लें तो परिक्रमा के रास्ते में यदि थक गए तो घोड़ा मिलना कठिन होगा और यदि मिला भी तो खर्च अधिक पड़ेगा। यदि पूजा देनी हो तो उसका खर्च अलग, रहने का खर्च अलग। तर्पण के लिए अच्छे हिन्दू पंडित की व्यवस्था की जा सकती है; हिन्दू यात्री नेपाली ब्राह्मण लेकर आते हैं और कुछ हिन्दुस्तानी ब्राह्मण लेकर भी आते हैं, पर उसमें खर्च अधिक है, यहाँ खूब सस्ता है। सबसे बड़ी बात यह है कि एक बार सूर्य-प्रणाम और परिक्रमा के फल से आपकी पूर्ववर्ती पच्चीस पीढ़ियों और परवर्ती पच्चीस पीढ़ियों को पुनर्जन्म से मुक्ति मिल जाती है...।'

अब मैं नामू को रोकने को बाध्य हुआ और हँसकर कहा—'बहुत अच्छा, बहुत ही अच्छा प्रस्ताव है। मैं किन्तु पहले भी आ चुका हूँ और उपयुक्त योगी-पुरुष ने मुझसे प्रदक्षिणा व तर्पण करा लिया है। और वह भी प्राय: पचास वर्ष पहले। इस बार मैं आया हूँ उस महायोगी के साधनाक्षेत्र का दर्शन करने, और यदि उनके दर्शन हो जाएँ तो कहना ही क्या!' मेरी बात सुनकर गाइड बिल्कुल चुप हो गया, लगा जैसे मंत्रबल से मैंने उसे वशीभूत कर लिया। उसे चुप देखकर मैंने अपनी बात कही—

'1. मैं लांग्बोना गोम्पा देखना चाहता हूँ।

2. चिउ गोम्पा,

3. गोसुल गोम्पा को केवल देखना है।

ये तीनों गोम्पा ही मानसरोवर के किनारे हैं।

उसके बाद कैलासखंड में चौरासी महासिद्ध योगी श्मशान में जाऊँगा। वहाँ सूर्यास्त से सूर्योदय तक बिल्कुल अकेला रहूँगा।'

बड़े ध्यान से मेरी बातें सुनने के बाद नामू सोनम के साथ बातचीत और चर्चा करने लगा। इस अवसर का लाभ उठाकर मैं थोड़ा बाहर निकला। चारों ओर सिर्फ पत्थर ही पत्थर, और उन्हीं के बीच से रास्ता। पेड़-पौधों का नामोनिशान नहीं। मुझे अकेला देखकर एक व्यक्ति बढ़कर आया और बोला—'घोड़ा चाहिए घोड़ा, अच्छा घोड़ा है, घोड़ा लेने पर दो दिनों में ही सब हो जाएगा, सस्ता खूब सस्ता।'—मैंने उसे निराश कर दिया—'मेरा गाइड है नामू।' नाम सुनते ही 'अच्छा-अच्छा' कहकर वह गायब हो गया। थोड़ी देर बाद एक और नेपाली दल से भेंट हुई, जिनमें तीन भारतीय हैं। बातों-बातों में जब उन्हें पता लगा कि मैं भी भारतीय हूँ तो अत्यन्त प्रसन्न हो उन्होंने मुझसे अनुरोध किया कि मैं उनके दल में शामिल हो जाऊँ। उनके साथ अल्मोड़ा के एक अच्छे ब्राह्मण हैं। कल मानसरोवर में स्नान के बाद वे ही यज्ञ करा देंगे।

'आप लोग तो परिक्रमा में जा रहे हैं, तो फिर मिलेंगे,' कहकर मैं सावधानी से आगे बढ़ गया, और वो इसलिए कि अपने संकल्प की राह पर मैं अकेला ही रहना चाहता हूँ। यहाँ से चूँकि परिक्रमा शुरू होती है इसलिए दारचेन छोटा-मोटा एक शहर है। चीन सरकार ने यहाँ एक होटल-कॉम्प्लेक्स बनाया है। कई मझोले और महँगे होटलों के साथ-साथ दुकानें, रेस्टोरेंट और एक सुपर मार्केट भी है। एक तीर का निशान दवाखाने की ओर संकेत कर रहा है। हम कैलासनाथ के करीब हैं फिर भी पहाड़ नजर नहीं आ रहा क्योंकि सामने के एक अन्य छोटे पहाड़ की दीवार ने कैलासनाथ को ढक रखा है किन्तु मानसरोवर और गुरला मान्धाता हमें उत्साह प्रदान कर रहे हैं।

मैं थोड़ा घूम-फिरकर लौटा तो मैनेजर ने हाथ जोड़कर व शीश नवाकर प्रणाम किया और पूछा कि ब्रेकफास्ट हमारे मन मुताबिक था या नहीं।

—ब्रेकफास्ट नहीं, कैलासखंड में हम जो कुछ भी खा रहे हैं, सब उनका प्रसाद है, और आप लोग तो उन्हीं की सेवा कर रहे हैं।—मैंने मुस्कुराते हुए कहा।

मेरी बातों से वे बहुत ख़ुश हुए और आनन्द से गद्‌गद होकर बोले—'सर, आपने जो कुछ कहा है, कृपया वह हमारे रजिस्टर पर लिख दें।'

—अवश्य, ले आइए रजिस्टर।

थोड़ी देर बाद रजिस्टर आया तो उसके साथ चाय भी आई। मैं फिर से सोनम, नामू और ड्राइवर के साथ आ बैठा।

सोनम ने मेरे बारे में नामू को समझा दिया है। वह समझ गया है कि मैं यहाँ कैलास परिक्रमा के लिए नहीं आया, मैंने वह परिक्रमा तो पचास वर्ष पहले ही कर ली है। जिनकी कृपा से मैंने यह पुण्य-कर्म सम्पन्न किया, उन्हीं के दर्शन की उम्मीद में आया हूँ। नामू निःसन्देह अत्यन्त चतुर-चालाक है किन्तु मेरे मामले में वह कैसे अपनी कर्मक्षमता जाहिर करे, यह समझ नहीं पा रहा, फिर भी उसने बार-बार मुझे आश्वासन दिया कि वह मेरे साथ ही रहेगा।

काफी चर्चा के बाद तय हुआ कि आज हम लांग्बोना गोम्पा देखने जाएँगे। उसके बाद वहाँ से चिउ गोम्पा जाएँगे। ये दोनों गोम्पा या मोनेस्ट्री मानसरोवर के ठीक उत्तर व उत्तर-पश्चिम में स्थित हैं। एक दिन में दोनों मठों का देखना हो जाएगा। उसके बाद हम लौट आएँगे दारचेन, गाइड नामू इसे तारचेन कहता है। नाम दो हैं पर स्थान एक ही है। चीनी भाषा में दारचेन को ताकिन कहा जाता है। लोकल गाइड नामू हमारे साथ ही चला क्योंकि हम तो मात्र तीन जन थे। चौथे के लिए जगह काफी थी। दारचेन से मुख्य सड़क पकड़कर तीन किलोमीटर फिर उसके बाद बार्खा होते हुए मानसरोवर सीधे दक्षिण में। सब पचास किलोमीटर के अन्दर। हम रवाना हुए। आज कोई चढ़ाई-उतराई नहीं, पूरे आराम के साथ भ्रमण। घंटे भर के अन्दर ही हम चले आए लांग्बोना—सूखी घास से भरा खानाबदोशों यानी बंजारों का इलाका। दाहिनी ओर से बार-बार मानसरोवर का गहरा नीला पानी मुझे तैराकी के लिए आमंत्रित कर रहा था, किन्तु दृश्य लाख अच्छा हो पर इस ठंड में तैरने का अर्थ है शरीर के खून को जमाना। धूल के गुबार के साथ हमने एक गोम्पा के पास गाड़ी रोकी।

छोटे-से पहाड़ी अंचल में सुन्दर-सा एक भवन है। मन को जबरन रोके रखना पड़ा क्योंकि वह तो दौड़ जाना चाहता है उस स्थान पर जहाँ कैलासबाबा मिले थे। धूल का गुबार छँटते ही देखा सामने दो भिक्षु मुस्कुराकर हमारा स्वागत कर रहे हैं। हमने भी उन्हें प्रणाम किया और अपनी बात कही। मेरी बातें सुनकर उन्होंने एक-दूसरे की ओर देखा फिर कहा—'आइए, इस विषय में गुरुजी से बात कीजिए।' फिर अनुसरण करते हुए हम उनके पीछे-पीछे चले।

लांग्बोना मठ तिब्बत के अन्य मठों की तुलना में बिल्कुल भी आकर्षक नहीं है। असमतल पत्थरों पर हाथों से निर्मित स्तूपीकृत स्थानीय पत्थरों का एक मकान

है। यहाँ तक कि प्रवेश के लिए कोई तोरण भी नजर नहीं आ रहा। मेरे मन की आँखें खोज रही थीं मेरी स्मृतियों में अंकित कोई छवि-चित्र या वैसा ही कुछ और। दूर बर्फ से ढका बोनरी (Bonri) का पवित्र पहाड़ी दृश्य और नजदीक का घास, रेत और पत्थरों का सूखा दृश्य तो एक ही है किन्तु मकान के साथ मन में अंकित पुराने दृश्य में कोई मेल नजर नहीं आ रहा। हम बरामदे और नाट्य-मन्दिर में आकर रुके। दो भिक्षुओं (लामा) में से एक तेजी से गुरुजी के कमरे में चला गया। अधीर आग्रह से मैं चारों ओर तलाश रहा था एक कमरा जिसके सामने एक बरामदा है, कमरे में एक धूनी वेदी है और दीवार के सहारे एक गड्ढा, सम्भवत: वही! परमपूज्य कैलासबाबा का साधना-क्षेत्र-गुफा गह्वर था। एक बुजुर्ग लामा निकलकर आए—हमारी ओर देखकर बोले—

—तुम लोग मानसरोवर की परिक्रमा कर रहे हो, ठीक है, मेरा आशीर्वाद लो।—हमने सिर झुकाकर उनका आशीर्वाद ग्रहण किया। उसके बाद सोनम ने गुरुजी को मेरा परिचय देकर कहा कि यदि वे मुझे कैलासबाबा का कोई पता-ठिकाना बता पाएँ तो बड़ा उपकार होगा। सब सुनकर गुरुजी ने एक लामा को कम्बल बिछाने को कहा। कम्बल बिछ गया तो हम बैठ गए। वो एक कुर्सी पर बैठे। उनकी इच्छा थी कि मैं अपने मुँह से कहूँ कि मुझे क्या चाहिए। अवसर पाकर मैंने अत्यन्त संक्षेप में अपनी बात कही। सोनम ने अत्यन्त गर्वपूर्वक उन्हें बताया कि मेरे पास सरकारी अनुमोदन-पत्र है और शिगात्से की ताशिलुम्पो मोनेस्ट्री के महागुरु रिम्पोचे के साथ चर्चा भी की है और उन्होंने खूब ख़ुश होकर मरे 'स्टडी-टूर' का बन्दोबस्त किया है।

यह सब सुनकर लांग्बोना के गुरुजी पता नहीं ख़ुश हुए या नहीं परन्तु उन्हें आश्चर्य अवश्य हुआ। फिर वे उठे और गले में कपड़े की कथड़ी पहनाकर मुझे सम्मानित किया और फिर अपने कमरे में बुलाया। उनका कमरा ही मोनेस्ट्री का मन्दिर है। विशाल शाक्यमुनि की मूर्ति को प्रणाम कर हम बैठे। मैंने इतने वर्षों पुरानी स्मृति को अपने जेहन में सँजोकर रखा है, सुनकर वे बार-बार मेरी गुरुभक्ति की प्रशंसा करने लगे। अब उनका चेहरा देखकर मैं समझा कि वे अत्यन्त प्रसन्न हुए हैं और मेरी सहायता करने को प्रस्तुत भी हैं। हम कमरे से उठे और फिर बरामदे में आकर बैठे। हमारे लिए चाय आई—प्रसाद, कैलास का आशीर्वाद मिला। इसके बाद मठ का परिदर्शन कराने के लिए हमें साथ लेकर चले। हम जिसे मोनेस्ट्री, गोम्पा, मठ या मन्दिर कहते हैं, लांग्बोना मोनेस्ट्री वैसी नहीं है। सच पूछा जाए तो यह साधु-संन्यासी लामा गुरु और धार्मिकों का वासस्थान है। मानसरोवर की परिक्रमा पर जो तीथयात्री निकलते हैं, वे यहाँ विश्राम के लिए बैठ सकते हैं, रात में सोने की भी व्यवस्था है और सामान्य खर्च पर सामान्य आहार भी उपलब्ध है। मठ के मुख्य देवता हैं शाक्यमुनि और मिलारेपा, तिब्बत के कविगुरु व तांत्रिक। मिलारेपा की

प्रधानता ही अधिक है। गुरुजी के साथ ही घूम-घूमकर सब कुछ देखा। भयंकर आग्रह से मैं चारों ओर नज़रें दौड़ा रहा हूँ, खोज रहा हूँ, कुछ तो ऐसा नज़र आए जो मेरी यादों से जुड़ा हो। यहाँ सब कुछ है परन्तु दुर्भाग्य इस बात का है कि मैं जो ढूँढ़ रहा हूँ, वही नहीं मिल रहा। लगता है, जैसे सब कुछ उलट-पलट हो गया हो। खोज के निष्फल होने की व्यथा से मन अधीर व अस्थिर हो उठा है। मेरे मन की अवस्था का अन्दाजा शायद गुरुजी लगा पा रहे थे, इसीलिए उन्होंने पूछा—

—अच्छा लगा?

उनके इस प्रश्न का क्या उत्तर दूँ, समझ नहीं पाया, अतः चुप रह गया। चारों तरफ अच्छी तरह देखकर बाहर निकल आया। उसके बाद चारों ओर देखते हुए मानसरोवर को दक्षिण में यानी बाईं ओर रखकर दाईं ओर अर्थात् उत्तर की ओर, बाबा कैलासनाथ की ओर मुँह करने पर मेरे दाईं ओर लांग्बोना गोम्फा को होना चाहिए। दिशा और अवस्थान तो ठीक है, दरअसल परिवर्तन मकान में हुआ है, इसलिए गुरुजी से मैंने पूछा—

—वो पुराना मकान कहाँ है?

—पुराना मकान, आप कितने वर्ष पुराने की बात कर रहे हैं?

—आज से प्रायः पचास वर्ष पहले की—मतलब छुटपन में मैं आया था, 1956 की बात है।—लगता है, मेरी बात वे समझ नहीं पाए, तो उन्होंने सोनम से मेरे बारे में चर्चा की। फिर जब वे समझ पाए कि मैं पचास वर्ष पहले की बात कर रहा हूँ तो 'हुम्' कहकर दोनों हाथ सिर पर रख उँगलियाँ, क्रॉस कर आसमान की ओर ताकते रहे। लगा, जैसे वे मन ही मन चीनी-वर्ष का हिसाब कर रहे हों। फिर हठात् हँसकर बोले—'छो छो हाइ,'—फिर उन्होंने धीमे स्वर में सोनम को अपनी बात समझा दी।

फिर सोनम ने उनकी बात का अनुवाद मुझे सुनाया—

—विगत पचास वर्षों में तिब्बत में अनेक परिवर्तन हुए हैं, दो बार विशाल कल्चरल रिवोल्यूशन हुए हैं, युद्ध नहीं हुआ फिर भी सैकड़ों भिक्षु-संन्यासियों ने प्राण गँवाए, वयस्कों को दूर सरका दिया गया, युवक स्थानान्तरित कर दिए गए, बेशुमार मोनेस्ट्री-मठ ध्वंस-स्तूपों में परिणत हो गए। सरकार इसे सांस्कृतिक क्रान्ति कह रही है जिसके माध्यम से विकसित समाज और सभ्यता लाई जा रही है। तिब्बत में हर जगह इस क्रान्ति की बाढ़ में हजार वर्षों का इतिहास बह गया है। गुरुजी की उम्र कम थी इसलिए वे बच गए। किन्तु तथागत, शाक्यमुनि, मिलारेपा आदि अमर हैं, वे आज भी हैं और उन्होंने भग्नावशेषों पर नवीन तीर्थ निर्मित किया है। मानसरोवर और कैलास पर्वत के चारों ओर जितने भी मठ व चैत्य थे, उन पर सांस्कृतिक क्रान्ति ने भयंकर रूप से आघात किया है। हजारों-हजार साधक-गुरु हिमालय पार होकर चले गए और मिट्टी को जकड़कर जो यहाँ पड़े हैं, उन्होंने किसी प्रकार परम्परा को बचाकर रखा

है। असल बात यह है कि पचास वर्ष पहले का हिन्दुस्तानी योगी या गुरुजी अब कोई नहीं है। वे आते हैं और लौट जाते हैं, सभी अस्थायी हैं। हम सभी नए हैं। तथापि दारचेन और चिउ की मोनेस्ट्री में खोज की जा सकती है। इस अंचल में आजकल हिन्दू तीर्थयात्रियों के लिए अच्छा होटल तैयार हुआ है (इंडियन पीपल्स गेस्ट-हाउस)। वहाँ हर वर्ष हिन्दू तीर्थयात्री मानसरोवर और कैलासनाथ के दर्शन के लिए आते हैं। वहाँ खोज की जा सकती है। कैलासनाथ की परिक्रमा दारचेन से शुरू होती है। भारत के तीर्थयात्री किन्तु चुकु (Chuku Gompa) बाज़ार से शुरू करते हैं। वहीं से परिक्रमा के लिए घोड़ा-गधा-याक भाड़े पर लिये जाते हैं और वहीं अनेक पुराने गाइड व नेपाली ब्राह्मण हैं, जो हो सकता है कि मेरी कुछ मदद कर पाएँ।

बातों-बातों में ड्राइवर ने गुरुजी को बताया कि मैं उन तांत्रिक की खोज में युंगद्रुंगलिंग मठ में भी गया था। गुरुजी सुनते ही आनन्द से प्रायः उछल पड़े। मेरी ओर प्रशंसा की नज़रों से देखते हुए बोले—

—कितनी सुन्दर खबर है! आप युंगझुलिन् मठ में गए थे।

गाइड ने बताया—'युंगद्रुंगलिंग का चीनी नाम।'

—हाँ, मैं जानता हूँ। किन्तु मैं मठ में जाने के लिए प्रस्तुत नहीं था। मैं तो गया था नानगुंग नदी और ब्रह्मपुत्र के संगम पर, फिर किस्मत ने साथ दिया तो उस पारम्परिक तंत्र-पीठ स्थान के दर्शन हुए।

मेरी बात सुनकर गुरुजी बहुत ख़ुश हुए। मुझे उन्होंने बार-बार कहा कि मेरा कर्मफल बहुत अच्छा है। गुरुजी स्वयं भी बौद्ध तांत्रिक तथा प्राचीन बोन्पा, मिलारेपा, शाक्य, सभी धर्मों में विश्वासी हैं। बड़े अपनापे से अफ़सोस जताते हुए उन्होंने मुझे उपदेश दिया कि मैं व्यर्थ ही उस बेनाम तांत्रिक की खोज में समय, अर्थ और श्रम व्यय न करूँ तथा कैलास की परिक्रमा कर लौट जाऊँ, यही अच्छा है। उन्होंने जोर देकर कहा कि यहाँ वैसी अलौकिक क्षमता वाला महायोगी कोई नहीं है, और यदि है भी तो अज्ञात है। हाँ, किन्तु इस बात में कोई सन्देह नहीं कि ज्ञानी पुरुष और साधक कैलासखंड में दैनिक व नियमित रूप से जाते-आते रहते हैं।

लांग्बोना गोम्पा मेरे जीवन का एक ध्रुव तारा-सा है। उन महापुरुष का कोई भी चिह्न न मिलने के बावजूद मैं पूरी तरह हताश नहीं हुआ, क्योंकि मेरे तिब्बत में आने के बाद से सभी वही एक ही बात कह रहे हैं—अर्थात् अरण्य-रोदन। अब मेरी एकमात्र उम्मीद है—रि-पुक आश्रम की भैरवी माता का आदेश। उनकी बातों को ही मैंने आदेश के रूप में ग्रहण किया है।

लांग्बोना के गुरुजी मुझे बहुत अच्छे लगे। उनकी हार्दिकता और विनम्रता ने मुझे गहरे तक छुआ है, इसीलिए मैंने उन्हें भैरवी माताजी की बातें खोलकर बताईं। भैरवी माताजी के बारे में उन्होंने भी सुन रखा है, किन्तु वे बहुत दूर हैं इसलिए उनके दर्शन नहीं हुए, और इसके लिए भाग्य भी होना चाहिए। मैंने उनसे प्रश्न किया—

—यहाँ चौरासी महासिद्ध श्मशान कहाँ है?

मेरा प्रश्न सुनते ही नामू उछल पड़ा—'चलिए, आपको दिखाऊँ।'

नामू, ड्राइवर और सोनम ने अब और बैठना मुनासिब नहीं समझा क्योंकि इसके बाद हमें दारचेन होटल में लौटना ही होगा, वहाँ खाने के लिए जो कह आए हैं। गुरुजी को प्रणाम कर और कुछ दक्षिणा प्रदान कर हम कैलासमुखी हुए। मुझे समझ में आया कि गुरुजी का कहना ही सही है। बेनाम उन महायोगी की तलाश व्यर्थ है। यहीं तो देखा था, परन्तु आज उनका कोई अस्तित्व नहीं मिला। पुरानी गुफाओं के कमरे तोड़कर नए कमरे बन गए हैं—पुरानी गुफाओं में सीमेंट की दीवार बन चुकी है। पहली बार मुझे इतना बड़ा आघात लगा और चुपचाप वह आघात सहना पड़ा। दूर से फिर एक लांग्बोना की ओर देखा—मन के अनजाने ही नयनों के कोर से कुछ बूँदें ढुलक पड़ीं—समझ गया, मैं कोई योगी नहीं, मैं तो सामान्य इनसान हूँ। कैलास की ओर देखकर मैंने कहा—'हे कैलासेश्वर, मुझे सहन करने की शक्ति दो।'

पृथ्वी के इतिहास के धार्मिकों का सर्वत्र सम्मान होता है। राजा, प्रजा, शासक सभी का यह कर्तव्य है कि वे भक्तों, साधु-संन्यासियों का संरक्षण करें। पृथ्वी के किसी भी देश का एक ही नियम है—नारी, शिशु, दुर्बल, वृद्ध और भक्तों की रक्षा करना मनुष्य का ही कर्तव्य है। पृथ्वी पर जीने का अधिकार सभी जीवों को है। कैलासखंड में योगी, संन्यासी, भक्त, साधक सभी साधना के लिए आते हैं, यह साधना का क्षेत्र है। जागतिक सुखों, सामाजिक-पारिवारिक बन्धनों का त्याग कर, हिमालय के इस दुर्गम स्थल में शारीरिक व्याधियों के बावजूद वे पहाड़ की गुफाओं में तपस्या करने यहाँ आए थे। और उस तपस्या का फल उन्होंने बड़ी सहजता से मनुष्य की आध्यात्मिक उन्नति के लिए बाँट दिया है। समाज में निर्जनता का अभाव है, कदम-कदम पर बाधा है। माया की बाधा, कर्तव्य की बाधा तथा और भी अनगिनत बाधाओं को टालने के लिए उन्होंने इन शत-शत गुफाओं का आश्रय चुन लिया था। बर्फ, पानी, आँधी-तूफान से बचने के लिए आश्रय। उन्होंने न सरकार से कुछ माँगा, न कोई उम्मीद की। एक वन का पंछी जैसे वन में रहता है; एक पहाड़ी चूहा जैसे प्रकृति की गोद में जीवित रहता है, सरीसृप प्रजाति का एक जीव जैसे कई दिनों तक बिना खाए भी जीवित रहता है, तपस्वी भी तपस्या के सहारे इस निस्तब्ध-निर्जनता में भी जीवित थे परन्तु इसके बावजूद वे अहंकारी, अधार्मिकों के हाथों से नहीं बच पाए। मेरे उन कैलासबाबा की गुफा भी आज उस विध्वंस की साक्षी है। गुफा बन्द नहीं है, पूर्णतः गायब हो चुकी है। उसी के स्थान पर नया कमरा है।

चीन के कल्चरल रिवोल्यूशन नामक विध्वंस की जो ध्वंसलीला मैंने देखी, उसकी 'माता की इच्छा' मानकर उपेक्षा की थी किन्तु लांग्बोना की गुफाओं के विध्वंस से मुझे भयंकर आघात पहुँचा है, जिसे मैं किसी भी प्रकार स्वीकार नहीं कर पा रहा हूँ। तिब्बत-गुरु महाकवि मिलारेपा की बात याद हो आई। मिलारेपा के पिता

की मृत्यु के पश्चात् चाचा और परिजनों ने सब कुछ छीनकर मिलारेपा की माँ को निकाल बाहर किया था। दुखी माँ मिलारेपा और कन्या के साथ भिक्षा की झोली ले रोती-कलपती सड़क पर निकल आई थी। मिलारेपा की उम्र उस समय मात्र छह वर्ष थी (इस विषय में मतान्तर है)।

मिलारेपा की माँ ने मिलारेपा को सब कुछ समझा-बुझाकर रोते-रोते शिशुपुत्र को गोद में लेकर प्रतिज्ञा कराई कि जिन आत्मीय स्वजनों ने उनका सब कुछ छीनकर उन्हें सड़कों की धूल फाँकने पर मजबूर कर दिया, उन्हें मिलारेपा कभी भी क्षमा न करे। क्षमा तो नहीं ही, प्रतिहिंसा का आश्रय लेकर प्रतिशोध लेना होगा। शिशु मिलारेपा ने माँ को वचन दिया था कि वह प्रतिशोध अवश्य लेगा। दुखी माता और प्यारी छोटी बहन पेता (Peta) को छोड़कर वह दूर, बहुत दूर चला गया। घूमते-घामते उस अनाथ बालक को अन्ततः एक उपयुक्त गुरु मिला, बोन्पा के नामी ओझा। उन्हीं से उसने मारण-उच्चाटन और महाकाल की अलौकिक शक्ति सीखी। उस अलौकिक शक्ति से मिलारेपा ने असाध्य साधना की। दूर से ही शक्तिशाली तंत्रभिज्ञ तंत्रकौशल और मारण-उच्चाटन के जरिए शून्य पथ से उसने अभिशाप का बाण छोड़ दिया। महाकाल, वज्रेश्वर, वज्रपात और प्रचंड शिलावृष्टि के माध्यम से मिलारेपा ने मातृ आज्ञा का पालन कर माँ को सान्त्वना दी। महामारी से केवल मनुष्य नहीं बल्कि पशु और फसल भी जलकर भस्म हो गए। माँ आनन्द में मतवाली हो गई—मिलारेपा ने बदला ले लिया। अत्यधिक ख़ुशी में उनके मन का सन्तुलन बिगड़ गया—मिलारेपा हालाँकि पास में नहीं था फिर भी उन्होंने समझा कि इस सर्वनाश के मूल में मिलारेपा ही है। गाँव के रास्ते पर ही उनकी मृत्यु हो गई। छोटी बहन पेता दूर के गाँवों में भिक्षा माँगते-माँगते बड़ी होने लगी। इस विनाश के कई दिनों पश्चात् जब मिलारेपा गाँव में लौटा तो देखा कि परित्यक्त गाँव कूड़े के ढेर में परिणत हो चुका है। काफी तलाश के बाद बहन मिली और मिलीं माँ की देहावशिष्ट कुछ अस्थियाँ।

हालाँकि इस विध्वंस के मूल में मिलारेपा था किन्तु उसने सोचा भी नहीं था कि उसके मारण और उच्चाटन शक्ति में इतना बल है। उसने तो केवल इतना समझा कि उसने मातृ-आज्ञा का पालन भर किया है। गाँव की दुरवस्था देखकर उसका मन बहुत दुखी हुआ—और सब देखने के पश्चात् ग्लानि से उसने स्वयं को धिक्कारा। छोटी बहन का हाथ थामकर उसने कहा—'नहीं, अब और नहीं। अमंगल व अशान्ति मनुष्य को कभी शान्त नहीं कर सकते। अब उस पाप का प्रायश्चित्त करना होगा। शरीर, मन व आत्मा को शुद्ध, पवित्र कर आत्मा को आध्यात्मिकता की ओर ले जाना होगा।' पश्चात्ताप और अक्लान्त प्रचेष्टाओं से मिलारेपा ने उपयुक्त गुरु ढूँढ़ लिया। छुटपन का नाम था जेतसुन (Jetsan), बौद्धतांत्रिक गुरु ने नाम दिया मिलारेपा। बंगाल के मनीषी बौद्ध अतीश दीपंकर के शिष्य नारोपा, उनके शिष्य मारपा ने जेतसुन मिलारेपा को धीरे-धीरे महासाधक में परिणत किया। आज वही महासाधक

तिब्बत-गुरु महाकवि मिलारेपा हैं—जिन्होंने एक लाख गीतों के माध्यम से तिब्बत को अपना ज्ञान-भंडार दिया है।

गाड़ी चल रही है और उसके साथ ही मेरा मन भी अतीत की राह पर चल रहा है। मिलारेपा की बातें बार-बार याद आ रही हैं। उनकी एक बात याद आते ही मन शान्त हो गया—'मन को अशान्ति की राह पर मत चलाना।' साथ ही साथ याद आईं माँ तारा, अनजाने में ही मुँह से निकल पड़ा साधक गान—

'सब तुम्हारी ही इच्छा है, इच्छामयी तारा हो तुम ही।

तुम्हारा कर्म तुम करती हो माँ, लोग कहें करते हैं हम ही।'

सांस्कृतिक आन्दोलन के नाम पर विध्वंस का जो तांडव हुआ, वह भी निश्चय ही उन्हीं की लीला थी। एक लम्बी साँस निकल आई। गाड़ी हमारे होटल के सामने आकर खड़ी हुई। मैंने साथियों से कहा—जाकर खा-पी लो, मैं तो कमरे में केवल चैंग लूँगा। मुझे कमरे में बैठकर डायरी लिखना है। मैंने सोनम और ड्राइवर को छुट्टी दे दी। लोकल गाइड नामू से कहा—घंटे भर बाद हम दोनों चौरासी महासिद्ध श्मशान के लिए निकलेंगे। चौरासी महासिद्ध श्मशान आमतौर पर तीर्थयात्रियों को बिल्कुल भी आकर्षित नहीं करता। शाम के 4 बजे हम निकले। पश्चिम की ओर पैदल चलने का रास्ता है। थोड़ी ही देर में हम दारचेन के मकानों को पीछे छोड़ पथरीले इलाके में पहुँचे। यहाँ से कैलासनाथ नजर नहीं आ रहे किन्तु दक्षिण की ओर के गुरला मान्धाता का दृश्य मन को अत्यधिक उत्साहित कर रहा है। नामू ने सोचा था कि हम थोड़ा घूम-फिरकर होटल लौट आएँगे किन्तु मुझे आगे बढ़ता देख वह समझ नहीं पा रहा था कि मेरी इच्छा क्या है। बार-बार अनुरोध कर रहा था कि आज और अधिक परिश्रम न कर हमें कल के लिए प्रस्तुत होना चाहिए—और मैं था कि मैं उसकी बातें अनुसुनी कर आगे बढ़ा जा रहा था। उसने मुझे आश्वासन देते हुए कहा कि यही चौरासी महासिद्ध श्मशान जाने का रास्ता है। यह रास्ता ही तारबोश पवित्र पताकास्थान से होते हुए कैलास-परिक्रमा का रास्ता है। तार-बोश या दारबोश से दाहिनी ओर एक छोटा रास्ता महाश्मशान की ओर चला गया है।

अब रास्ते में थोड़ी चढ़ाई है। हम पैदल चल रहे थे इसलिए बात करना बन्द कर दिया। लगभग खड़ा-सा रास्ता है। प्रायः घंटाभर पैदल चलने के पश्चात् दूर गहरे नीले रंग का कैलासनाथ का तुषार शिखर नजर आया। कैलासनाथ के इस दृश्य को नील-चक्षु कहते हैं, तिब्बती कहते हैं चाक्ट्साल गांग। संस्कृत शब्द 'स्थल' को स्थानीय भाषा में 'त्साल' (Tsal) कहते हैं। मेरे मन ने कहा—शिवचक्षु।

गाइड ने अंग्रेजी में कहा, लापिस् लाज़ुलि पत्थर (Ice Stone of Lapis-Lazuli)। कैलासनाथ के इस सुन्दर दृश्य का क्या बयान करूँ, केवल रुककर मैंने साष्टांग प्रणाम किया। मेरी तरह और भी हजारों-हजार भक्त भावावेग में कैलासनाथ के श्रीचरणों में लोट चुके हैं। यह स्थान कैलासनाथ परिक्रमा का प्रथम प्रणाम स्थल

है। दोनों ओर बेशुमार प्रार्थना-पताकाएँ हैं। यह दृश्य देखने के बाद लौटा जा ही नहीं सकता। प्राचीन वोन-पन्थी कैलासनाथ को बाईं ओर रखकर परिक्रमा करते हैं। हिन्दू-जैन-बौद्ध धर्मावलम्बी कैलासनाथ को दाईं ओर रखकर यानी घड़ी की सुई के पथानुसार परिक्रमा करते हैं। परिक्रमा दाईं ओर से हो या बाईं ओर से, मेरे लिए यह बात महत्त्वहीन है। मेरे लिए तो परिक्रमा ही मूल है, उसी का महत्त्व है। नामू स्थानीय लड़का है, रोज ही कैलासनाथ को देखता है, इसी आबहवा में वह पला-बढ़ा है, स्थान माहात्म्य या दृश्य उसके लिए केवल वर्णन की विषयवस्तु हैं जो उसके पेशे से जुड़ी हैं, यहाँ के पत्थरों से वह परिचित और अभ्यस्त है, मेरे जैसा भावावेग उसमें नहीं है। हठात् वह रुक गया और बोला—'सर, हाथ जोड़कर कहता हूँ कि अब लौट चलिए, रात हो जाएगी। हम प्रायः चार किलोमीटर दूर आ गए हैं।'

मैं अवाक् हो गया, 'क्या कह रहे हो? मात्र चार किलोमीटर?'

मेरी बात सुन नामू और अधिक अवाक् हुआ—'आप इसे मात्र कह रहे हैं, सर, आपकी उम्र कितनी है? आप तो आश्चर्यजनक व्यक्ति हैं।'

मैंने उसकी बात अनसुनी करते हुए पूछा—'चौरासी महासिद्ध श्मशान और कितनी दूर है?'

—यहाँ से काफी नजदीक है।

—शाम से पहले वहाँ जाया जा सकता है?

—जी हाँ, जरूर, किन्तु सर मैं नहीं जाऊँगा। शाम से पहले ही वहाँ बार्दो लोगों का आना-जाना शुरू हो जाता है—आप जाना चाहते हैं तो जाइए।...बताएँ सर, मैं क्या करूँ?

उसकी बातें सुनकर मैंने तय किया कि उसे विदा करना ही ठीक होगा अन्यथा मेरे रास्ते में बाधा आ सकती है। इसलिए उसे सान्त्वना देते हुए कहा कि वह मेरी चिन्ता न करे क्योंकि मुझे पहाड़ों पर चलने का अभ्यास है। जेब से कुछ युआन निकालकर जब मैंने उसे दिए तो बड़ी ख़ुशी से 'बाय-बाय' कर उसने विदा ली। जाने से पहले मैंने उससे कहा कि कल सुबह 10 बजे वह होटल में मुझसे जरूर मिले। कुछ देर मेरी ओर देखकर उसने फिर से एक बार मुझे लौट चलने को कहा और फिर जोर देकर कहा कि रात को मैं दारबोश के तम्बू में ही रहूँ, अकेले-अकेले पहाड़ी रास्तों में कोई जोखिम न उठाना ही सही है। दारबोश में पर्यटकों को ट्रैकिंग तम्बू सहज ही मिल जाते हैं और मामूली से खर्च में स्लीपिंग-बैग भी मिलते हैं। मुझे खोजना नहीं होगा, वहाँ के खानाबदोश ही मुझे खोज लेंगे।

अनिच्छुक होते हुए भी नामू ने मुझे छोड़ा। आज उसके साथ मेरी कोई पूर्व शर्त नहीं थी, इसीलिए रिहाई मिल पाई। नामू को भूतों से बहुत डर लगता है। बहरहाल, मैंने फिर से चलना शुरू किया। नामू ने कहा था कि और कुछ दूर जाने पर मुझे तारबोश के ऊँचे पताका-दंड दिखाई देंगे। जहाँ से वे नजर आने लगेंगे, वहीं से दाहिनी ओर

एक रास्ता नजर आएगा, वही महाश्मशान का रास्ता है। मन ही मन सोच रहा हूँ कि भैरवी माता ने सूर्यास्त से सूर्योदय तक महाश्मशान में रुकने को कहा है। मैं बढ़ा जा रहा था तभी पीछे से किसी ने पुकारा—'सर, सर, सर पंडितजी'। मैंने सुनकर भी न सुनने का भान किया और बढ़ता रहा, तभी हाँफते-हाँफते नामू आ पहुँचा।

—नहीं सर, आपको अकेला छोड़कर मुझे आफत में नहीं पड़ना, मेरी नौकरी चली जाएगी।

—ओह अच्छा, ठीक है, चलो लौट चलें।—मैं लौटने को बाध्य हुआ। मन ही मन सोचा—आज समय नहीं मिला तो कल सही।

चलते-चलते मैंने नामू से पूछा—'आज क्या वार है?'

—आज? सा-दा-वा, सा-मिग्-मा, मा-थाग्बा, सा-फू-बू, सा-पा-सांग्, आज है सा-पा-सांग यानी शुक्रवार। कल सा-पेम्-पा माने शनिवार फिर सा-नी-माँ रविवार।

कल शनिवार है। बहुत अच्छा हुआ, शनिवार श्मशान पूजा का दिन है। हम पहला प्रणाम-स्थल छोड़कर, दोनों ओर के ऊँचे अंश को छोड़कर दक्षिणमुखी हुए। नील-चक्षु या शिव अथवा कैलासेश्वर की नीलाक्षी ओझल हो गई। हम जब होटल पहुँचे तब तक दिन का उजाला भी पूर्णतः गायब हो चुका था।

मुझे देखते ही मैनेजर ने कहा—'आपके लिए दाल, चपाती, सब्जी बढ़िया मसाला देकर बनाई है, कुछ खट्टी और तीखी होगी सर।'

कैलासनाथ में चौरासी सिद्ध योगी महाश्मशान

आज छब्बीसवें दिन का प्रभात है। होलीलैंड-गेस्टहाउस की छत से गुरला मान्धाता और कॉमेट पहाड़ का बहुत सुन्दर दृश्य है। हम चूँकि कैलासनाथ के पदतल में हैं इसलिए उन महान कैलासपति के चरण-तल पर ही मैंने अपनी प्रार्थना समर्पित की। फिर मैं नीचे आकर बैठा और भोजन के टेबल पर ही चर्चा शुरू हुई। आज सभी अत्यधिक प्रसन्न हैं। सोनम ने ल्हासा में अपने सर से टेलीफोन पर बात कर ली है। ल्हासा के सर ने उसे कहा है कि मैं सावधान रहूँ, क्योंकि मैं पंडित हूँ। ड्राइवर ने अपने मालिक को टेलीफोन से सूचित कर दिया है कि इतनी जल्दी वह शिगात्से से दारचेन इससे पहले कभी नहीं पहुँच पाया, इस बार तो रिकॉर्ड हो गया। मैनेजर ने कहा है कि ड्राइवर मुझसे एक अच्छा प्रशंसा-पत्र लिखाकर रख ले। आज नाश्ते में आई है युआन-चाय, गरम दूध, बान-चीना पावरोटी और याक-मक्खन (butter of yak)। आज तय नहीं है कि दोपहर का खाना कहाँ खाएँगे। नामू ने मुस्कुराते हुए आकर मेरे पैर छुए और शुरू कर दिया भाषण। बार-बार सर और पंडितजी शब्द आने से ही मैं समझ गया कि चर्चा मेरे बारे में ही हो रही है। अन्त में नामू की उत्तेजक बातों में ड्राइवर भी

शामिल हो गया। उनकी उत्तेजना और उत्साह चूँकि तिब्बती भाषा में व्यक्त हो रहे थे इसलिए मैं बच गया वरना उनकी भुतहा कहानियों में मैं भी बह जाता।

अन्त में सोनम ने मुझे सारी बात समझाई। नामू का कहना ठीक है कि इस ओर जो विदेशी ट्रैकिंग के लिए आते हैं, उनके लिए कुछ विशेष प्रकार का बन्दोबस्त करना पड़ता है। विशेष रूप से अनुमति-पत्र और जीवन बीमा, उनका पथ और सीमा सीमाबद्ध होते हैं। यह गाइड का कर्तव्य है कि वह उन्हें सावधान रखे और सरकारी नियमों के मुताबिक चले। चूँकि नामू मेरे साथ तारबोश तक गया था अत: यह दायित्व भी उसी का था कि मुझे लौटाकर होटल में लाए।

यदि मैं रात को चौरासी महासिद्धयोगी श्मशान में रहना चाहता हूँ तो उसके लिए पब्लिक सिक्योरिटी ब्यूरो (PSB) के परमीशन की दरकार है। और वो इसलिए कि रात को सोनम, नामू या ड्राइवर—कोई भी मेरे साथ रहने को राजी नहीं है। ख़ुशक़िस्मती से होटल के निचले तल्ले में ही पी.एस.बी. का ऑफिस है और वहाँ मेरा नाम लिखा ही हुआ है। सिक्योरिटी ऑफिसर चीन सरकार का प्रतिनिधि है और कानून या लिखित आदेश के बाहर जाने की उसकी क्षमता नहीं है। ऑफिसर को मैं किसी भी तरह से नहीं समझा पाया कि मैं रात में वहाँ क्यों रहना चाहता हूँ। उनका कहना था कि दिन में जितनी भी देर रुकना चाहें, रुक सकते हैं, उसके लिए अलग से किसी अनुमति की दरकार नहीं है। मैंने भैरवी माताजी के निर्देश की बात पूर्णत: गुप्त रखी। हम ऑफिस छोड़कर बाहर आए। समस्या इनकी नहीं, व्यक्तिगत तौर पर मेरी है।

मैंने तय किया कि इस बारे में और किसी प्रकार की चर्चा की दरकार नहीं। आज सम्पूर्ण विश्राम, कैलासनाथ की परिक्रमा के विषय में कल सोचा जाएगा। मैंने सभी को छुट्टी दे दी। आज मैं केवल अपने साथ रहूँगा।

दोपहर को भोजन के पश्चात् बरामदे में दो भारतीय तीर्थयात्रियों के साथ परिचय हुआ। वे दो भाई हैं, जो लन्दन में रहते हैं, पिता-माता को कैलासनाथ और मानसरोवर का दर्शन करने लाए हैं। पिता-माता दिल्ली में रहते हैं, उम्र की सीमा पार हो गई है इसलिए भारत सरकार द्वारा आयोजित कैलास-मानसरोवर यात्रा-योजना में भाग नहीं ले पाए। सत्तर वर्ष पार होने के कारण उन्हें मेडिकली अनफिट बोलकर यात्रा से वंचित कर दिया गया। परन्तु दोनों भाइयों ने पिता-माता को वचन दिया था कि वे उन्हें कैलास-दर्शन कराएँगे। और ख़ुशक़िस्मती से अवसर भी मिल गया। दिल्ली के एक साधु हैं स्वामी राधाकृष्णानन्द, जो हर वर्ष गैर-सरकारी तौर पर भारत के बहुतेरे हिन्दू तीर्थयात्रियों को कैलास और मानसरोवर लेकर आते हैं। दिल्ली से काठमांडू हवाई जहाज पर, फिर काठमांडू से नेपाल-कैलास भ्रमण प्रतिष्ठान के माध्यम से कैलास और मानसरोवर। यातायात, पूजा, परिक्रमा, खाने-रहने आदि का सुन्दर प्रबन्ध है। वे गांधीजी होटल में ठहरे हैं। आज विश्राम है, एक दल और आने वाला है। कल सुबह से कैलास-परिक्रमा शुरू होगी। मैंने उनकी बातें

सुनीं, उनके साथ चाय पी और फिर मिलेंगे कहकर उनसे विदा ली। उनके उठते ही होटल मैनेजर ने मुझे बुलाया। सीधे छत पर जाकर हम आमने-सामने बैठे, फिर अत्यन्त गुप्त वार्ता की तरह इधर-उधर देखते हुए उन्होंने कहा—

—जानते हैं, हम शाक्यमुनि या शाक्यथुक्पा (SakyaThukpa) में विश्वास करते हैं और महाकाल से डरते हैं। हम महाकाल को नाग्पो चेन्पो (Nagpo Chenpo) कहते हैं। मैंने सुना है कि आप काली के भक्त हैं। मैंने सुना है कि महाकाल शिव हैं और महाकाली उन्हीं की शक्ति हैं। आप हिन्दू पंडित हैं, आप श्मशान में जाकर उनकी पूजा करेंगे। मैं आपको दियासलाई, धूपबत्ती, घी और दीया दूँगा, आप यदि मेरी ओर से पूजा करें तो मेरे परिवार का पुण्य होगा, नाग्पो चेन्पो हमारी रक्षा करेंगे।

—वाह, प्रस्ताव तो अच्छा है। सब उन्हीं की इच्छा है, धूपबत्ती और दीये की बात मैं भी सोच रहा था।—मैं राजी हूँ, यह सुनकर उन सज्जन ने मुझे श्मशान जाने की सहज युक्ति बता दी। मैंने सोचा भी नहीं था कि इतनी सहजता से मेरी समस्या का समाधान निकल आएगा। समाधान बड़ा सहज था—

—आप पीठ पर स्लीपिंग बैग लेकर ट्रैकिंग पर जा रहे हैं, कहकर निकल पड़ें फिर रात बिताकर सुबह लौट आएँ। श्मशान जाने की बात किसी से कहने की कोई दरकार नहीं है। यहाँ बहुत विदेशी ट्रैकर आते हैं, वे निकल जाते हैं और फिर लौट आते हैं। इसके लिए अलग से किसी अनुमति की दरकार नहीं होती। अपने गाइड को आप कहिएगा कि रात हो गई, लौटने का रास्ता नहीं मिला तो सड़क के किनारे ही सो गया...। दरअसल ये लोग बड़े डरपोक हैं, शाम के बाद उस ओर जाना नहीं चाहते।

उन सज्जन की बात मुझे जँच गई। ख़ुशी से मैंने मैनेजर को गले से लगाकर अपनी कृतज्ञता जताई।

मैंने ठीक वैसे ही किया। आधे घंटे में ही मैंने पिट्ठू बैग (route sack) तैयार किया और निकल पड़ा।

चौरासी सिद्धयोगी श्मशान

अभी मात्र साढ़े तीन बजे हैं, यहाँ से पहले दंडी प्रणाम पत्थर, फिर तारबोश। होटल के मैनेजर ने उच्चारण किया तारपोच्। वह यहाँ से मात्र पाँच किलोमीटर है। वहाँ की पवित्र प्रार्थना-ध्वजा जब दिखाई देगी तभी दाहिनी ओर का रास्ता पकड़ना होगा, थोड़ी दूर पर ही श्मशान है। कैलास परिक्रमा के रास्ते से दाहिनी ओर चढ़ने के रास्ते पर। कैलास तीर्थयात्री, जो परिक्रमा के लिए आते हैं, के लिए इस श्मशान का कोई महत्त्व नहीं है, इसीलिए मैं भी अनजान था। आज माताजी के निर्देश पर वहाँ जा रहा हूँ, पता नहीं क्या उपहार मेरी प्रतीक्षा कर रहा है। दारचेन के घर, मकान,

गाँव पीछे छोड़कर रास्ता बढ़ा जा रहा है। यह रास्ता मानव-निर्मित नहीं है। लिंगराज की वेष्टनयोनि है। पत्थरों के ऊपर से हज़ार वर्षों से लाखों भक्तों के चलाचल के कारण वे चिकने हो गए हैं। रास्ता शुरू में सहज रहा। जब कैलासनाथ का गाढ़ा नीला चक्षुस्थल दिखाई दिया, उसके बाद से ही ऊँचा रास्ता शुरू हुआ। कल यहाँ तक आ गया था परन्तु लौट जाना पड़ा था, क्योंकि गाइड को भूतों का डर था। तारबोश की इस प्रार्थना-पताका को केन्द्रित कर ही जून-जुलाई महीने में यहाँ का सागा दावा (Saga Dawa) महोत्सव शुरू होता है। सामने विशाल ऊँचा पाइन वृक्ष का मेरुदंड सा लगा। अभी तक कैलासनाथ के नीले चक्षु मेरे रास्ते की निशानी थे। महाश्मशान की राह पकड़ते ही सामने के विशाल पर्वत ने दृश्य में बाधा दी। रास्ता भटकने की कोई गुंजाइश नहीं, क्योंकि यहाँ एक ही रास्ता है। कुछ देर चलते ही सामने दाढ़ी-मूँछ वाले, बस्ते के कपड़े की पोशाक पहने एक पागल-से व्यक्ति पर नज़र पड़ी, वह कोई तिब्बती ओझा भी हो सकता है। मेरे सामने आकर, प्राय: रास्ता रोककर उसने मुझे कुछ समझाने की चेष्टा की पर मुझे कुछ भी समझ में नहीं आया। भाषा के कारण हमारे बीच बातचीत सम्भव न हो पाई। अन्त में हताश होकर उसने कुछ देर मेरा पीछा किया फिर आँगन जैसी जगह में उसने इशारे से सो-बैठकर, आँखें बन्द कर विभिन्न भाव-भंगिमाओं से मुझे समझा दिया कि यह श्मशान है। उस ओझा के समझाने का तौर-तरीका बड़ा चमत्कारिक और नाटकीय था। मनुष्य मर जाता है तो यहाँ लाया जाता है, उसकी देह के टुकड़े-टुकड़े कर चारों ओर फैला दिए जाते हैं, उसके बाद आसमान से पंछी आते हैं, चौपाये हिंस्र जन्तु आते हैं उन्हें खाने और फिर सब समाप्त, काफ़ी कुछ खानाबदोश की यात्रा की तरह। मैं उसका नाटक देखने लगा। भाषा के बिना भी सब कुछ समझ गया। ओझा रुका और मुस्कुराते हुए हाथ फैलाकर खड़ा हो गया। मैं समझ गया, वह कह रहा था 'कुछ दो'। हालाँकि मैं तो सब कुछ होटल में ही छोड़ आया था फिर भी बैग में जो फुटकर पैसे थे देकर उसे ख़ुश किया। बहुत ख़ुश होकर नाचते हुए उँगली से दूर की ओर दिखाते हुए वह बोला—'सेलुंग्, सेलुंग् गोम्पा, '—मैं समझ गया कि वह बताना चाह रहा है कि वह पास गा दूर के सेलुंग् गोम्पा या गाँव में रहता है। कई बार प्रणाम कर उसने विदा ली। उसके गन्दे-चीथड़े कपड़ों के बावजूद उसकी हँसी बहुत मधुर थी। लगा, जैसे गोबर में गुलाब खिला हो। वह फिर एक बार लौटकर आया और आसमान की ओर देखकर बोला—'नीयेन् का नीयेन् का फा गीउक का गीउकि...।' उसके शब्द ही मैंने उसके साथ दोहराए तो वह समझा कि मैं उसकी बात समझ गया हूँ, परन्तु समझा तो मैं कुछ भी नहीं। अबकी बार वह ओझा सचमुच चला गया और मैंने राहत की साँस ली। दूर पहाड़ पर रंगीन रोशनी, विदा का संकेत, अब शाम होने में देर नहीं है। मैंने बैग से स्लीपिंग बैग निकालकर चादर की तरह उसे रखा और बैग को अपना आसन बना लिया। मैनेजर का दिया दीपक, तेल, धूपबत्ती और

दियासलाई अपने पास रखी क्योंकि वचन दिया है कि महाकाल या सदाशिव के प्रति उसके परिवार की ओर से धूप-दीप समर्पित करूँगा।

अभी भी दिन का उजाला शेष है अत: एक बड़े-से पत्थर से क्षमा माँगकर उसकी ओट में शरीर को हल्का कर लिया। फिर तेजी से जैसे अँधेरा घिर आया। अनुरोध के मुताबिक मैंने धूप-दीप प्रज्वलित किए और फिर किया उनका समर्पण—

त्वमेव माता च पिता त्वमेव...

महाश्मशान में रात की चादर तन गई और आसमान में एक-एक कर तारे उदित होने लगे। मैं नितान्त अकेला हूँ, अन्य किसी जीव-जन्तु का अस्तित्व नहीं है। नीरवता के साथ-साथ मुझे शरीर में एक ऐसी अद्‌भुत तृप्ति की अनुभूति हुई, जिसे मैं व्यक्त नहीं कर पाऊँगा। यहाँ आने से पूर्व कैलासनाथ पर नीलमणि दृश्य देखा था, वही मन में नज़र आया। फिर सोचा कि अब दूसरी ओर देखा जाए। मेरी पढ़ी और सुनी बातों के अनुसार कैलासनाथ के चारों ओर चार मुख हैं, ब्रह्मा व शिव यहाँ एक ही हैं। यहाँ शिव त्रिनयन नहीं, चतुर्नयन (चार आँखों वाले), चतुर्मुख हैं। हर दिशा की उनकी नयनमणि का एक नाम है—दक्षिणमुखी का घननील, पश्चिममुखी का पद्मरागमणि (Ruby), उत्तरमुखी का स्वर्णमणि और पूर्वमुखी का स्फटिक (Crystal)। प्रत्येक दिशा से अर्थात् चारों दिशा से चार नदीमुख हैं। दक्षिण में मयूरमुख, पश्चिम में हस्तीमुख, उत्तर में सिंहमुख और पूर्व में अश्वमुख। आम भाषा में जिसे अश्वमुखी झरना कहते हैं।

मैंने बैठे-बैठे आकाश के तारों की ओर देखा और फिर मन को लौटा लाया तथा मानसिक रूप से कैलास की प्रदक्षिणा की। मैं जहाँ बैठा हुआ हूँ, उसके पास से ही अश्वमुखी स्रोत बहा जा रहा है। कल निश्चय ही दर्शन होंगे। आज तो केवल बैठे रहना है और प्रतीक्षा करनी है। पुरानी बातें याद आईं। अभी तो यह सोच भी नहीं पा रहा हूँ कि कैसे एक लड़का ल्हासा से यहाँ तक पैदल चलकर आया। आज तो रास्ता दो दिनों में तय होता है, उसे तय करने में उस वक्त दो महीने लगे थे। उस समय समय की कोई कीमत नहीं थी, जेब में पैसे नहीं थे और मन की अवस्था पूर्णत: स्वाधीन व सहज थी। आज स्थान और पात्र तो वही हैं परन्तु काल बदल गया है। सुदीर्घ पचास वर्षों तक घुमा-फिराकर काल मुझे फिर से अतीत की राह पर ले आया है। ठीक से यदि सोचूँ तो कहूँगा कि जहाँ से मेरा पृथ्वी-दर्शन शुरू हुआ था, अन्तिम चरण में वहीं लौटकर आना पड़ा। जिन्होंने मुझे रास्ता दिखाया था, उन्हीं के श्रीचरणों में मैं अपनी कृतज्ञता निवेदित करने आया हूँ। उन्हीं कैलासबाबा को मैंने अपने अन्तर में बसा रखा है। मेरे साथ--साथ वे देश-विदेश घूमते हैं, मेरे हृदय-यान पर बैठकर सागर-महासागरों को लाँघा है। दरअसल मेरे हृदय में बैठकर उन्होंने तो मुझे संचालित किया है। बहुत करीब से कोई जन्तु मुझे छूता हुआ निकल गया और मुझे वर्तमान में लौटा लाया। शायद कोई सियार या कुत्ता रहा होगा। कैलासखंड को

अब रात ने ढक लिया है। मैं थोड़ा-सा हिल-डुलकर बैठा और स्वयं को सचेतन किया। मैंने खुद को समझाया—मैं यहाँ नहीं आया, बल्कि मुझे बुलाकर लाया गया है। कैलासतीर्थ में मैं और दो बार आ चुका हूँ, केवल तीर्थयात्री के रूप में। चौरासी सिद्धयोगी श्मशान की बात मैं जानता ही नहीं था। उसके बारे में कभी सुना ही नहीं था, सम्भवत: 'काल' ने मुझे उससे अलग रखा था।

ज्ञानगंज में भैरवी माताजी के दर्शन निस्सन्देह 'काल' की ही कारसाजी थी। भैरवी माता ज्ञानगंज की एक अलौकिक स्त्री हैं। लामा, साधु, ज्ञानी व उच्च पदस्थ सरकारी कर्मचारी से लेकर रास्ते के भिखारी तक ने उनका नाम सुना है। स्थानीय लोग विपत्ति के वक्त उन्हें ही पुकारते हैं फिर भी बहुत कम लोगों को उनका दर्शन मिला है। इस यात्रा में तिब्बत आने के मूल में शायद किसी अदृश्य देवता का हाथ है। भैरवी माता की भाव-भंगिमा, उनके कंठस्वर आदि सब कुछ में एक अद्‌भुत मायावी आकर्षण था। उन्हीं के आदेश से इस महाश्मशान में आकर बैठा हूँ। किन्तु इसके बाद? अब क्या करूँ? क्या कर्तव्य है? गाने, प्रार्थना-मंत्र, योगमुद्रा आदि सब कुछ मन में हैं, परन्तु जैसे कुछ भी नहीं। लगता है, हर साधना समाप्त है। मैंने स्वयं को संयत किया। मन बार-बार अपना डेरा छोड़कर उड़ जाता है, फिर लौट आता है। मैंने मन से कहा—प्रस्तुत होओ, स्वयं को सतर्क रखो, किसी भी क्षण मन की सतर्क या असतर्क अवस्था में मेरे प्रश्न का उत्तर आएगा। याद हो आई महायोगी मिलारेपा की बात। अत्यन्त सहज गाने के सुर में उन्होंने कहा है कि प्राण और मन हमारे मूलधन हैं, हर साधना के मूल में यही दो सत्य हैं। मन ही हर रहस्य के मूल में है और हर रहस्य के इतर भी मन ही है। मन के भीतर घुसने का अभ्यास करो और फिर उसके आदेश के अनुसार बढ़ते जाओ (Practice and action)।

तुम चाहे जितना भी कष्टसाधन और साधना क्यों न कर लो, यदि मन को नहीं समझा तो तुम्हारा गतिरोध है। गतिरोध माने रुकना नहीं, जीवन-चक्र और पुनर्जन्म के भँवर में पड़कर डूबना-उतराना है। मिलारेपा ने बार-बार कहा है कि गुरु जो कहेंगे, वही आदेश है और वही रास्ता है। भूखे प्रेत हमारे चारों ओर घूम-फिर रहे हैं। प्राण से मन या मन से प्राण के जरा सा भी अलग होते ही वे मन को अलग कर खेलने के लिए ले जाते हैं। प्राण है तेज (Energy), मन उसकी गति है। मन जहाज से उड़े उस पंछी की तरह है जो बैठने की जगह न मिलने पर फिर से जहाज पर लौट आता है। हमारी देह में प्राण हैं, यह बात तो मन ही बताता है। बुद्ध तो मन के भीतर ही हैं, मन के बाहर नहीं। मिलारेपा ने बार-बार कहा है कि मन को देखना ही तो दर्शन है। यदि किसी प्रकार मन के दर्शन हों तो उस अनुभव को सँजोकर रखना होगा—एक बार जब दर्शन हो गए, तो वही तो रोशनी है; अभ्यास के माध्यम से उसे पकड़कर रखना होगा; और इस पकड़कर रखने को ही कर्म कहते हैं, फिर कर्म के बाद ही कर्मफल आएगा। मिलारेपा के अनुसार दर्शन, अभ्यास, कर्म व कर्मफल, ये चार कुंजियाँ हैं।

उन्होंने कहा है, जागतिक कारणों से अलौकिक शक्ति की आवश्यकता होती है किन्तु सावधान, अलौकिक शक्ति की सहायता से ईश्वरानुभूति नहीं आती। कैलास के तुषारशुभ्र शिखर की ओर देखकर मिलारेपा ने सुन्दरी पाँच डाकिनियों को उपदेश देते हुए कहा था—

—ईश्वरानुभूति के लिए सहज मन चाहिए, मन को सहज करो। मन को सहज करने के उपाय दो हैं—मन को शिथिल करो (relaxation) और मन को उद्यमविहीन (effortless) करो। मन की इस साम्यावस्था में ही ईश्वरानुभूति सम्भव है।

महायोगी तिब्बत-गुरु मिलारेपा की बातें बार-बार याद आ रही हैं। लांग्बोना में कैलासबाबा के गुफा-घर के अस्तित्व खो जाने का दृश्य देखने के बाद से ही मिलारेपा की तस्वीर बार-बार हृदयाकाश पर उभर रही है। बार-बार लग रहा है कि उन जैसे एक अलौकिक शक्तिसम्पन्न महापुरुष के आविर्भाव की जरूरत है। भगवान श्रीकृष्ण ने भक्त व सखा अर्जुन को आश्वासन देते हुए कहा है—

यदा-यदा हि धर्मस्य ग्लानिर्भवति भारत।
अभ्युत्थानं अधर्मस्य तदात्मानं सृजाम्यहम्॥

'जब भी धर्म की ग्लानि एवं अधर्म का अभ्युत्थान होता है, उस समय मैं स्वयं का सृजन करता हूँ अर्थात् देह धारण कर अवतीर्ण होता हूँ।' तिब्बत में आने के बाद मठ-मन्दिर-धर्मशालाओं के ध्वंसस्तूप देखकर मैंने परिवर्तन का बहाना बनाकर मन को सान्त्वना दी थी। सांस्कृतिक आन्दोलन की करनी को लाल फौज की 'लीला' बताकर स्वयं को सान्त्वना दी थी, किन्तु कैलासबाबा की गुफा के विध्वंस ने मेरे मन को बहुत दुखी कर दिया है...। ज्ञानगंज की सड़क के किनारे बैठे लामा का चेहरा याद हो आया, जिन्होंने चेहरे पर मुस्कुराहट लाकर कहा था—'गँदला पानी'। मन ने सचमुच तले में जमी मिट्टी को छेड़कर पानी को गँदला कर दिया है। हठात् याद आया भगवान श्रीकृष्ण का उपदेश—

क्रोधात् भवति सम्मोहः सम्मोहात् स्मृतिविभ्रमः।
स्मृतिभंशाद् बुद्धिनाशो बुद्धिनाशात् प्रणश्यति॥

यह बात है तो अति प्राचीन किन्तु अति आधुनिक भी है। सत्य हर काल में सत्य ही होता है। उन्होंने कहा है कि न पा सकने के दुख से ही क्रोध जन्म लेता है, फिर उस क्रोध से मोह और फिर स्मृतिभ्रंश; स्मृतिभ्रंश से अच्छे-बुरे के विचार की क्षमता का लोप होता है और फलस्वरूप विवेक व बुद्धि का नाश होता है और उसके पश्चात् ही मनुष्यत्व का विनाश हो जाता है। यहाँ आज मेरे क्रोध के कारण लांग्बोना मोनेस्ट्री का विध्वंस है। भगवान श्रीकृष्ण की अमर वाणी ने मुझे आश्वस्त किया—

रागद्वेषविमुक्तैस्तु विषयनिन्द्रियैश्वरण
आत्मरश्यैविधेयात्मा प्रसादमधिगच्छति।

मन जब अपने वश में होता है तब वह राग-अनुराग से मुक्त होता है। भावावेग से अनुप्राणित होकर मेरे मन ने स्वयं को दुख में उलझा लिया है। फिर से मैंने स्वयं को सजग किया। स्वयं से ही प्रश्न किया—इस कैलास में बैठकर तू मन को लेकर खेल कर रहा है? इतनी दूर आकर, सदाशिव के घर में बैठकर तू अपने संकल्प को खो रहा है?

मैं आसन छोड़कर उठ खड़ा हुआ। सिर के ऊपर असंख्य तारों की छिटकी रोशनी ने मेरे शरीर की प्रत्येक कोशिका को आलोक से भर दिया, यहाँ एक अद्‌भुत निस्तब्ध वातावरण है। हवा में कोई गन्ध नहीं है, पेड़-पौधे नहीं हैं, इसलिए पत्तों के हिलने की भी आवाज़ नहीं है, किन्तु मेरे चारों ओर अँधेरा भी बहुत गाढ़ा नहीं है। तारों की हल्की रोशनी पहाड़ और पत्थरों से टकराकर एक अद्‌भुत वातावरण और परिस्थिति की सृष्टि कर रही है। यहाँ शत्रु नहीं, शब्द नहीं, मेरी इन्द्रियाँ एक सुन्दर हल्की अनुभूति लेकर मेरे चारों ओर घूम रही हैं। थोड़ा-सा टहलकर मैं फिर से आकर बैठ गया। ठंड अभी सहन हो रही है। स्लीपिंग बैग ने शरीर को सुन्दर और हल्के ढंग से लपेट रखा है। कुछ पत्थरों को इधर-उधर सरकाकर और उन पर बैग को रखकर मैंने आरामदायक आसन तैयार किया है। मैं जानता हूँ कि मैं तपस्या के लिए नहीं आया, न ही मैं साधना के लिए आया हूँ। मेरी चाहत तो अपने उन इष्ट देवता के दर्शनों की है जो पृथ्वी के रास्तों पर मेरे साथ-साथ घूम-फिर रहे हैं। यह मेरी धारणा है। अभी मैं उनके दर्शन चाहता हूँ, उनका स्नेहिल स्पर्श चाहता हूँ और उनकी शारीरिक उपस्थिति चाहता हूँ।

ज्ञानगंज में भैरवी माताजी का दर्शन भी निश्चित रूप से कोई पूर्वपरिकल्पित दैवी घटना है, कोई आकस्मिक प्राप्ति नहीं—शायद ऐसा होना उचित भी था। उन्हीं के निर्देश पर मैं अभी चौरासी सिद्धयोगी श्मशान में आकर बैठा हूँ। अब केवल प्रतीक्षा है, मेरा कोई प्रश्न नहीं है। मन में प्रश्न आने का मतलब है जटिलता पैदा करना।

फिर से याद हो आई है कैलासखंड के श्रेष्ठ योगी मिलारेपा की बात। उन्होंने कहा है—'मन को सहज कर दे। मन के सहज होते ही मन और प्राण दोनों एक हो जाएँगे और तब न प्रश्न आएगा, न उत्तर।' ठीक है, मैं कुंडलिनी को जगाकर प्रतीक्षा करूँगा। मैंने स्वयं को प्रस्तुत करना शुरू किया।

मन से बार-बार कहा कि अब खिलवाड़ नहीं, मैं कैलासमुखी होकर बैठा हूँ। यहाँ आने से पहले कैलासनाथ की दक्षिणमुखी गाढ़ी नीली आँखें या गाढ़े नीलमणि पत्थर की कल्पना कर मैंने कहा—बाबा महेश्वर! तुम मुझे असीम को अनुभव करने की शक्ति दो। हरित तारा माँ को सामने रखकर मैंने कहा—माँ, तुम ही मुझे कृपा कर लेकर आई हो। अब तुम ही मुझे प्रेम-प्रीति और सहज राह पर लेकर चलो। फिर इच्छामयी रात की देवी महामाया रक्तवर्णा माँ काली को प्रणाम कर कहा—माँ, तुम मेरी देह व मन को अपने पथ पर चलाओ। अपने चारों ओर कल्पना की

नीली, हरी और लाल रंग की चादर से मैंने स्वयं को घेर लिया। मन को मूलाधार में बैठाकर कहा—तू सारे खेल छोड़ केवल रंगों का खेल खेल, रंगों से स्वयं को शुद्ध व पवित्र कर। मूलाधार चक्र के केन्द्र में पीला रंग है, जो मन को संयत करता है, श्वास-प्रश्वास को नियंत्रित कर विभिन्न नाड़ियों की शक्ति के स्रोत में एकतान की सृष्टि करता है।

स्वाधिष्ठान में मन को लाकर कहा—

ज्योत्स्ना के आलोक जैसे एक सुन्दर आलोक, सफेद-पीले रंग के सम्मिश्रण से इस चक्रस्थान को आलोकित करो, इस आलोक के स्नान से मन को परिष्कृत व पवित्र कर लो।

मणिपुर में मन को बैठाकर कहा—

अग्नि जैसे लाल रंग की इस तेज शक्ति से मन की सारी दुर्बलताएँ जला डाल, भय को झोंक दे इस जलती आग में। उज्ज्वल लाल रंग की ज्योति में लज्जा, घृणा और भय पूर्णत: ध्वंस हो जाएँगे।

अनाहत चक्र में मन धुआँ-सा रंग देखेगा। कुहासे को भेदकर जैसे सामने का दृश्य आविष्कृत होता है, ठीक वैसे ही मन एक पवित्र प्रेम का आविष्कार करता है। ईश्वरीय प्रेम से मन एक अव्यक्त आनन्द से भर उठता है। उस आनन्द का सृजन कर मन आनन्द-लहर में डूब जाता है। मैंने मन से कहा—चाहे जितना भी आनन्द हो, तुम्हें उठना होगा, रुकना नहीं।

विशुद्ध चक्र में नीले रंग की बहार है। नीला आसमान, समुद्र का नीला जल, दिक्-दिगन्त केवल नीले और नीला रंग असीम का प्रतीक है। इस चक्र में मन बार-बार अतीत में जाएगा, केवल दर्शक की भूमिका में वर्तमान को देखेगा और भविष्य के सत्य स्वरूप को पाएगा। विशुद्ध चक्र में मन अपने काल या समय की पथ-परिक्रमा स्वप्न की तरह देखेगा। मैंने मन से कहा—जब तक इच्छा हो केवल साक्षी रह और फिर ऊपर की सीढ़ी पर उठ आना।

आज्ञा चक्र शुभ्र रंग। इस चक्र में मन एक पवित्र व अनासक्त स्तर पर चला आएगा जहाँ न कोई आकर्षण है न विसर्जन, मन अपनी स्थिरता में प्रतिष्ठित है। चक्षु, कर्ण, नासिका, जिह्वा, त्वचा आदि इन्द्रियाँ बाहर से सारे तथ्य संग्रह कर आज्ञा चक्र को देती हैं। यह चक्र जब सौम्य, शान्त व स्थितावस्था में होता है तब प्राणवायु उसके अधीन होती है। महामुनि मिलारेपा ने कहा है कि इस चक्र में ही प्राण व मन एक हो जाते हैं। मनुष्य के साथ प्रकृति का मेल हो जाता है। पुरुष और प्रकृति, शिव-शक्ति, यव-युंग, इन्-इयांग्, नाम कोई भी हो, रहस्य और रहस्य नहीं रह जाता। विश्वात्मा की मिलनभूमि पर व्यक्ति आत्मा को ढूँढ़ पाता है। मैंने मन से कहा—इन्द्रियों को सजग रखो, उन्हें काम न देना, सोने न देना। नींद नहीं, स्वप्न नहीं, निद्रा नहीं, प्राण के शक्तिबल से मन जाग्रत् है। ज्वार नहीं है, भाटा भी नहीं

है, मुहाने पर गंगा की तरह स्रोतहीन निश्चल अवस्था है। शरीर की सारी कोशिकाएँ जगी रहीं। बाहर के जगत व अन्तर के जगत ने एक होकर मन को एक अव्यक्त अनुभूति से परिपूर्ण कर दिया...

27वें दिन का प्रभात

मेरी इन्द्रियाँ तो सजग ही थीं किन्तु उनके अभ्यास मेरे अभ्यास में परिणत हो गए हैं। मेरी आँखें बन्द ही थीं फिर भी किसी ने जैसे हिला-डुलाकर कहा—ऐ! उठ, चारों ओर का सुन्दर दृश्य देख। भोर के उजाले ने हल्के से प्यार के स्पर्श से पलकों को खोल दिया। चेहरे पर हवा का मीठा-सा स्पर्श, कानों में बहकर आ रहा है निःशब्द का एक नाद। शब्दहीन का एक शब्द। पता नहीं कैसे जाहिर करूँ, एक नाम या मात्र एक तरंग जिसमें न सुर है, न ताल-छन्द—कुछ भी नहीं। एक बिन्दु-सा लग रहा है जिसके अन्दर से कुछ बहकर आ रहा है...बहकर कानों में आ रहा है, परन्तु समझ नहीं पा रहा हूँ। एक सीली-सीली जलज गन्ध नाक में आई...मैंने अपने वातावरण का अनुभव किया। चारों ओर देखा, सुबह के उजाले ने सबको जगा दिया है। बड़ा हल्का लग रहा है शरीर। मैं उठा—सूर्यदेव को प्रणाम किया।

भैरवी माताजी का सुन्दर चेहरा आँखों के सामने उभर आया—उन्हें प्रणाम कर मैंने कहा—माँ, मैंने तुम्हारे आदेश का पालन किया। कैलासनाथ के पदतल में चौरासी सिद्ध महायोगी श्मशान में सूर्यास्त से सूर्योदय तक रहा हूँ और काफी कुछ पाया है। मन की गहराई में निश्चय ही कुछ घटित हो रहा है जिसे शब्दों में व्यक्त कर पाना असम्भव है। श्मशान का मैदान पार कर भोर के सूर्य को देखा।

मेरे होटल में पहुँचते ही सबने शान्ति की साँस ली। होटल के चौकीदार ने कहा कि मैं बहुत भोर में ही निकल गया हूँ इसलिए मुलाकात नहीं हुई। मैं समझ गया कि होटल-मालिक ने अपने वचन का पालन किया और मेरी श्मशान-यात्रा के विषय में किसी को कुछ नहीं बताया। चाय-नाश्ते के बाद नामू आया। नामू के साथ एक बुजुर्ग व्यक्ति ने मुझे प्रणाम कर अपना परिचय देते हुए बताया कि वह यहाँ के तांत्रिक श्मशान के पुरोहित हैं। मेरे बारे में उन्होंने सब कुछ जाना है और चौरासी महासिद्ध योगी श्मशान में मेरी रहने की इच्छा है, यह सुनकर वह मुझसे मिलने आए हैं। बौद्ध लामा की पोशाक में हैं, उनके सिर पर जटा, गले में तीन प्रकार की मालाएँ और हाथ में एक बड़ा प्लास्टिक का बाजार बैग है। कोई ढोंग किए बिना ही उन्होंने मुझसे कहा—

—आप तो सब जानते हैं, मैं कोई नई बात नहीं कहूँगा। कैलास के इस चौरासी महासिद्ध योगी श्मशान में शाम के बाद रहने के लिए काल-भैरव को सन्तुष्ट करना होगा। काल-भैरव इस श्मशान के रक्षक हैं।—इतना कहकर उन्होंने मेरी ओर देखा और कहा—

—सामग्री लाए हैं?

—सामग्री माने?—मैंने पूछा।

—काल-भैरव को सन्तुष्ट करने के लिए चाहिए भांड यानी पात्र।

—मैं पूजा के लिए नहीं, केवल रात्रि-वास के लिए आया हूँ।

मेरी बात सुनकर पुजारी ने अवाक् होने का भान किया और कहा—पूजा तो करनी ही होगी, यही नियम है। पहले काल-भैरव को सन्तुष्ट करना होगा, और उसके लिए चाहिए कपाल-पात्र, जिसमें होंगे पंच-विष (Five poison)।

—तंत्र में पंच 'म'-कार तो हैं परन्तु 'पंच विष' तो मैं नहीं जानता।

मेरी बात सुनकर उन्होंने अपने बैग से एक वस्तु निकालकर टेबल पर रखी—'यही है कपाल-पात्र। चाँदी से मढ़ी एक सुन्दर खोपड़ी, कटोरे जैसी। इस तरह का कपाल-पात्र मैंने इससे पहले भी देखा है परन्तु इतना सुन्दर चाँदी से मढ़ा नहीं देखा।

—यह मेरा व्यक्तिगत पात्र है, इतना सुन्दर काम यहाँ दूसरा नहीं। इसमें पंच-विष देकर काल-भैरव को सन्तुष्ट करना होगा, उसके बाद उनकी आज्ञा यानी अनुमति मिलने पर पंच म-कार देकर चौरासी बार्दों को सन्तुष्ट करना होगा।

—इन चौरासी महासिद्ध पुरुषों के नाम कहाँ मिलेंगे?

—मेरे पास, सुनिए—नाग्पो-चेन्पो (Nagpo-Chenpo),

तामड्रिन (Tamdrin),

पाल्देन लामा (Palden Lama),

चाना दोरजे (Chana Dorje),

चोकीयांग (Chokyang)।

ये पाँच नाम बोलकर वह रुक गए। बाकी नाम बोलना निषिद्ध है, पूजा किए बिना केवल नाम बोलने से डाकिनी पकड़ लेगी।

—पूजा के समय मैं सारे नाम बताऊँगा, आप लिख लीजिएगा।

मैंने प्रश्न किया—पंच 'म'-कार मैं जानता हूँ। 'म'-कार तत्त्व संस्कृत व हिन्दी में बोलता हूँ—'मद्यं, मांसं तथा मत्स्येर, मुद्रा मैथुनमेव च'—मद्य, मांस, मत्स्य, मुद्रा और मैथुन।

मेरी बात सुनकर पुरोहित ख़ुश हुए। वह बोले—'रक्त, वीर्य, मल, मूत्र, लार (blood, semen, feces, uriene, saliva)। पूजा के लिए केवल एक कपाल मद (शराब) देना ही पर्याप्त है किन्तु मन की घृणा व भय से मुक्त होने के लिए पंच-विष का पेय। साधक यदि स्त्रीलिंगी हो तो औरस के बदले होगा स्राव।'

—आपसे बातें कर बहुत अच्छा लगा किन्तु मुझे अफसोस है अभी मैं तांत्रिक पूजा-पद्धति में फिलहाल नहीं जा रहा हूँ। कपाल-पात्र की आवश्यकता हुई तो आपको अवश्य ही बुलाऊँगा।

मैं टालना चाह रहा था परन्तु पुरोहित-पंडा महाराज मुझे कहाँ छोड़ने वाले थे। अन्ततः डाकिनी, श्मशान, प्रेत और दुष्ट आत्माओं के नाम से मुझे डराने लगे। मैं समझ गया कि उनसे और बातें न करना ही अच्छा है। छुटकारा पाने के लिए मैंने सोनम को पुकारा। सोनम ने जवाब में क्या कहा, पता नहीं परन्तु वह महानुभाव मंत्रों में अभिशाप देकर चले गए और मुझे छुटकारा मिला। मैं श्मशान में रात बिताकर आया हूँ, यह बात केवल मैनेजर को ही ज्ञात रही।

हम बैठे। सोनम ने अपने सर से बात कर ली है, कोई असुविधा नहीं है। ड्राइवर जानना चाहता है कि हम कब लौटेंगे।

और मैं भैरवी माताजी का द्वितीय आदेश मानने को प्रस्तुत हूँ। नामू स्थानीय गाइड है, मैंने उससे पूछा—

—मैंने कैलास की परिक्रमा की है। कैलास के इस महातीर्थ में एक सामान्य पुण्यार्थी को जो भी करना चाहिए, मैंने किया है। अब मुझे पाप-परीक्षा-पत्थर को स्पर्श करने की दरकार है।

मेरी बात पर जोरदार ताली बजाकर नामू ने कहा—

—ओह! बहुत बढ़िया, पत्थर का स्पर्श नहीं, दो पत्थरों के बीच से गुज़रना होगा। बहुत अच्छा प्रस्ताव है और वह कैलास-परिक्रमा के रास्ते में ही पड़ेगा। आपको मैं ले जाऊँगा। परिक्रमा का रास्ता भी संक्षिप्त होगा।

—सुना है कि शिवस्थल से छोटा रास्ता कोरा या परिक्रमा-पथ छोड़कर चलना होगा।

—हम शिवस्थल नहीं कहते, हम कहते हैं शिवत्सल।

—हाँ-हाँ, मैं जानता हूँ कि स और त एक साथ हों तो तुम लोग त का सामान्य उच्चारण कर स के ऊपर जोर देते हो। जैसे हम कहते हैं मोनेस्ट्री और तुम लोग कहते हो मोनेत्सी। मुझे यह सब सीखना होगा, और मैं चाहता भी हूँ।

अब हम फिर मूल विषय पर लौटे। नामू को सारे रास्ते याद हैं।

कैलास-परिक्रमा-पथ

28वाँ दिन : कैलासबाबा की तलाश में

हम अभी दारचेन में हैं। हम अभी यानी 11 बजे के भीतर निकल पड़ें, तो सीधे परिक्रमा शुरू की जा सकती है। शाम से पहले ही हम पहुँच जाएँगे दिरा-पुक (Dira-puk) मोनेस्ट्री। पथरीला रास्ता है और केवल ऊपर की चढ़ाई है।

दारचेन से दिरा-पुक पहुँचने में सात-आठ घंटे लगेंगे। दिरा-पुक में विश्राम कर मोनेस्ट्री में रात गुजारकर अगले दिन दिरा-पुक से शिवस्थल या शिवत्सल (Shivastal) के लिए दो घंटे लगेंगे। शिवस्थल से पाप-परीक्षा 'पत्थर' का रास्ता

दक्षिण की ओर भयंकर पथरीला रास्ता है। शिवस्थल से सामान्य तीर्थयात्रियों का परिक्रमा-पथ पूर्व में द्रोल्मा-ला की ओर चला गया है। द्रोल्मा-ला का मतलब मेरे अनुसार है 'माँ तारा परिक्रमा शिखर'। उसके बाद नीचे की ओर तृतीय बुद्ध पदचिह्न है। शिवस्थल से पाप-परीक्षा पत्थर तक का रास्ता कठिन है, जो इस तृतीय बुद्ध पदचिह्न वाले स्थान पर आकर फिर से सामान्य पथ में मिल जाता है।

स्पष्ट समझ में आ रहा है कि मेरे रास्ते में द्रोल्मा-ला मोनेस्ट्री नहीं पड़ती, जिसे गाइड दोल्मा कहता है। दोनों रास्ते ही आकर जुथुल-पुक मोनेस्ट्री (Juthul-Puk Monastery) में मिलते हैं।

दिरा-पुक से जुथुल-पुक मोनेस्ट्री तारा-पथ या द्रोल्मा-ला होते हुए सात-आठ घंटे का रास्ता है। मेरे कठिन पापक्षय-रास्ते में कष्ट अधिक है, किन्तु समय कम लगेगा। द्रोल्मा-ला से ही सब्ज गौरीकुंड जाने का रास्ता दाहिनी ओर है। और अन्तिम चरण जुथुल-पुक से दारचेन में करीब चार घंटे लगेंगे।

कैलासनाथ परिक्रमा रास्ते में दो रातें गुज़ारकर पूरी की जा सकती है, समय लगेगा लगभग बीस घंटे। परिक्रमा-पथ प्राय: पचास-बावन किलोमीटर है। याक या घोड़े के बिना केवल पैदल तय करने में युवकों को तीन दिन लगते हैं। देखता हूँ, मुझे कितना समय लगता है।

जैसा कि तय हुआ था, हम 11 बजे से पहले ही रवाना हो गए। हम, यानी मैं और नामू। सोनम और ड्राइवर हमारे साथ दस मिनट पैदल चलकर लौट गए। मेरे कन्धे पर रूट-सैक और उसमें स्लीपिंग-बैग है। और है खाने के लिए सत्तू, आटा, नमक, चीनी, चाय और पानी गरम करने का एक कटोरा, दियासलाई, किरासन तेल और केक। नामू की पीठ पर उसका सामान है।

तारबोश के घरों के पीछे छूटने के बाद आगे पथरीला रास्ता है। कुछ देर चलने के पश्चात् मैं रुका। कुछ अन्तरंग होने के लिए नामू बोला—मेरे पूर्वज भूटान से आए थे। यह कैलासखंड पहले भूटान-राजा के अधीन था। उसके काफी बाद तिब्बत के राजा ने इस स्थान पर दावा किया और कैलासखंड को तिब्बत में शामिल किया। उनके घरों में अभी भी भूटान के राजा की तस्वीर है। कुछ रुककर हम फिर चले—घंटे भर बाद ऐतिहासिक तारबोश पताका मिली। तिब्बत में यही सर्वोच्च पताका-दंड (Flag pole) है। इसी पताका-दंड को केन्द्र में रखकर कैलासखंड का सबसे बड़ा उत्सव होता है। उत्सव यानी नाच-गाना-मेला। स्थानीय खानाबदोश और तिब्बत के हर ओर से तीर्थयात्री उसमें भाग लेने आते हैं। मई-जून-जुलाई महीने में तिब्बती वर्ष के हिसाब से यह उत्सव होता है। पताका-उत्तोलन ही उत्सव का प्रधान आकर्षण है। विशाल पताका-दंड को खड़ा करने के समय सभी अत्यन्त आग्रह और भय के साथ प्रतीक्षा करते हैं। यदि पताका-दंड सीधे लम्बाई में बैठा दिया जाए तो यह शुभ लक्षण माना जाता है, कैलास की ओर यदि झुक गया तो

अमंगल और उल्टी ओर झुक जाए तो सर्वनाश मानते हैं। पहली बार जब चीन की लाल फौज ने यहाँ की गुफाओं का विध्वंस किया था, उस वर्ष पताका दंड उल्टी ओर झुक गया था इसीलिए ऐसा सर्वनाशी विध्वंस हुआ था। उसके बाद कई वर्षों तक पताका-उत्तोलन बन्द रहा और उत्सव तो बन्द ही रहा। फिर धीरे-धीरे पुरानी रीति के अनुसार उत्सव-मेला लौट आया। कैलासनाथ और मानसरोवर के चारों ओर कई नई मोनेस्ट्रियाँ तैयार हो गईं। अफसोस जाहिर करते हुए नामू ने बताया कि सब कुछ नया है। पुराने लामा, रिम्पोचे सब जाने कहाँ अन्तर्धान हो गए। हम बातें कर ही रहे थे कि एक पागल-सा व्यक्ति हमारा रास्ता रोककर खड़ा हो गया। एक बार नाचकर ही हाथ फैला दिए कि कुछ दो। मैं पहचान गया, यह तो वही कल का श्मशान वाला पागल है। उसे टालने के लिए मैंने शीघ्रता से चार युआन दे दिए और ख़ुश हो उसने नामू से कुछ कहा और रास्ता छोड़ दिया। नामू ने बताया कि वह व्यक्ति नीची जाति का है और शवों की सेवा करता है। मैं समझ नहीं पाया—'शवों की सेवा माने?'

—माने यह कि वह मृतदेहों के टुकड़े-टुकड़े कर गिद्धों और चीलों के लिए छितरा देता है। चौरासी महासिद्ध श्मशान के दो भाग हैं। पहले पुराना श्मशान, फिर थोड़ा भीतर जाकर नया श्मशान। यहाँ पर दफनाने या जलाने का कोई रिवाज़ नहीं है। मृतदेह के टुकड़े-टुकड़े कर छितरा देने पर पहले गिद्ध, चील और बाज जैसे पंछी मांस पर झपट पड़ते हैं। आत्मा की ही तरह देह ऊपर की ओर चली जाती है। पुराना श्मशान केवल उच्च श्रेणी के लामा, गुरु और योगियों के लिए संरक्षित था। कल्चरल रिवोल्यूशन के बाद सब कुछ उलट-पलट हो गया। सुना है कि महायोगी और सिद्धपुरुष जीवन के अन्तिम चरण में यहाँ आकर योगासन में बैठकर स्वेच्छा से प्राणवायु का परित्याग कर महानिर्वाण की राह चुन लेते थे। बार्दो लोग देह-त्याग कर विचरण करते। फिर जब प्राणवायु के सम्पूर्ण अभाव में देह परित्यक्त हो जाती तो पंछी और सियार आदि समझ जाते कि देह का मालिक नहीं है और तब देह उनका खाद्य बन जाती। मैं यहाँ का गाइड हूँ किन्तु आज तक मैंने ऐसा योगी नहीं देखा। हाँ, ऐसा भी हो सकता है कि उन्होंने कहीं अन्यत्र महासिद्ध श्मशान तैयार कर लिया हो। यहाँ मृतदेहों को विच्छिन्न करने के काम में ये तीन व्यक्ति हैं। यह काम जघन्य होते हुए भी कठिन है और इसके लिए अभ्यास और मनोबल आवश्यक है। —इतना कहकर कुछ हार्दिकता के स्वर में उसने कहा—'काम तो अच्छा ही करते हैं किन्तु समाज में इनका स्थान नहीं है। खूब दारू पीते हैं और जो चाहे सो बोलते हैं। जानते हैं, उसने मुझे चुपके से क्या कहा?'

—क्या?

—उसने कहा कि शाम के बाद उसने आपको श्मशान में देखा है।

—अच्छा! कहकर मैंने कहा—चलो, अब बातों में समय नष्ट करना ठीक नहीं।

हमारे सामने ही कैलासनाथ का सुन्दर दृश्य था। सामने हमें एक और गाँव मिला, जिसे गाँव न कहकर याक और घोड़ों का केन्द्र कहा जा सकता है। यहाँ से सामान ढोने के लिए और पीठ पर चढ़कर कैलास-परिक्रमा के लिए याक और घोड़े भाड़े पर लिये जा सकते हैं। घोड़े या याक के साथ आदमी भी होता है और दोनों को अलग-अलग भाड़े पर लेना होता है। कुछ आगे बढ़ने पर हमें पानी की एक छोटी-सी दुकान मिली। वहाँ हर प्रकार की बोतल में पानी और बियर उपलब्ध थे। यात्री को अपने पास ले जाने के लिए कई लोग करीब आए, परन्तु नामू को देखकर लौट गए। और कुछ दूर जाने पर खानाबदोशों का एक तम्बू नज़र आया। नामू ने मुस्कुराते हुए बताया—'यहाँ याक का गरम दूध मिलता है।' यह एक अस्थायी तम्बू है। हमारे रुकते ही कहा—

'केवल दो जनों के लिए स्टोव जलाना होगा, दाम कुछ अधिक लगेगा। जलाऊँ?'

आधा घंटा रुककर गरम दूध पीकर हम फिर परिक्रमा-पथ पर थे। रास्ते में भारतीय तीर्थयात्रियों के एक दल से भेंट हुई। उनका भावावेग भरा जयकारा—'जय शिव भोलेनाथ, जय-जय कैलासनाथ'—पहाड़ से टकराकर प्रतिध्वनित हो रहा था और उससे उत्साह में और वृद्धि हो रही थी। हमारे बाईं ओर एक सुन्दर नदी पत्थरों से टकराती हुई बढ़ी जा रही है। मैं अवाक् हो गया, बरबस एक अपूर्व दृश्य देखकर रुकना पड़ा। स्थानीय नाम है ल्हाचू, लाचू नहीं। ल्हाचू नदी की घाटी अत्यन्त सुन्दर है, हठात् मानो पहाड़ यहाँ आकर समाप्त हो गया हो। पुल पार कर उस पार ल्हाचू मोनेस्ट्री (Lhachu Monastery) में जाया जा सकता है। मोनेस्ट्री के देवता चुकु ओपामे (God Chuku Opame) की श्वेत प्रस्तर की एक मूर्ति है और है चाँदी से मढ़ा एक शंख। कहते हैं, वह शंख बजाने पर कैलासनाथ को सुनाई देता है। हम बिना पुल पार किए पूर्व की ओर से आगे बढ़ते रहे। ल्हाचू नदी को बीच में रखकर दोनों ओर से रास्ता है।

अब कैलासनाथ की पश्चिम दिशा या पश्चिममुख अत्यन्त सुन्दर नज़र आ रहा है। उन्हीं ने उत्साह प्रदान कर हमसे चढ़ाई करवाई है। हम अभी चार हजार सात सौ दस मीटर (4710 मी./15448 फीट) ऊँचाई पर हैं। रास्ता क्रमशः आगे बढ़ा जा रहा है। हम विश्राम के लिए वहाँ रुके जहाँ बुद्धदेव के पदचिह्न पड़े थे। पहाड़ की दीवार पर सिन्दूरी पताका की नामावली से अंजलि दी गई है। ल्हाचू नदी के उस पार अस्थायी शिविरों के पंक्तिबद्ध तम्बू नज़र आ रहे हैं। शिविर का नाम है दामदिंग दोंग्खांग (Damding Dongkhang)। पदचिह्न पत्थर के बाद ही एक छोटा-सा तम्बू है। कुछ बच्चे बॅन रोटी और याक के दूध की गोलियाँ बेच रहे हैं। अच्छा ही हुआ, आराम के साथ-साथ कुछ पेट में भी गया। नामू प्लास्टिक की पानी की बोतल ढो रहा है। मैंने ल्हाचू नदी के बर्फ-विगलित जल का पान कर तृप्ति पाई। शरीर जब

थका हुआ हो और ऊँचाई लगभग पाँच हजार फीट हो तो पानी सीधे-सीधे नहीं पीना चाहिए। इससे फेफड़ों में ठंडा लगेगा ही। लिहाजा, बर्फीले पानी को मुँह में रखकर मुँह के तापमान से सामंजस्य बैठाकर पानी निगलना चाहिए। मन जब आनन्दित होता है तब भूख-प्यास कम हो जाती है, यह मेरा अपना अनुभव है। नामू ने बार-बार मुझसे कहा है कि रास्ते के लिए कुछ खरीद लूँ। वही एक सवाल सोनम का भी है—'सर, आप कुछ खाते क्यों नहीं...?' दुनिया में किसी की किसी से तुलना नहीं की जा सकती। हममें से हरेक व्यक्ति एक-दूसरे से स्वतंत्र हैं। हमारी चढ़ाई निरन्तर जारी थी। मानसरोवर के चारों ओर परिक्रमा के लिए नया रास्ता और नदी पार होने के लिए पुल बना है, हालाँकि कैलास की परिक्रमा का पथ अभी भी पहले जैसा ही है। नए रास्ते पर बीच-बीच में ऊँचाई और दूरी पत्थरों पर लिखी हुई है। चलने के क्रम में एक के बाद एक अनुभूतियाँ देह व मन को हल्का व पवित्र किए दे रही हैं। अब हमारे सामने कैलासनाथजी के उत्तर-पूर्व मुख का निर्मल दृश्य है। सामने का छोटा पहाड़ वज्रपाणि शृंग कैलासनाथ का रक्षक बनकर खड़ा है। आधे घंटे में ही हमें दिरा-पुक मोनेस्ट्री मिल गई।

दारचेन से दिरा-पुक मोनेस्ट्री की दूरी मात्र बीस किलोमीटर है। पहाड़ी असमतल पथरीले रास्ते से आने में स्थानीय लोगों को 6 घंटे लगते हैं और हमें लगे मात्र साढ़े पाँच घंटे। नामू ने अवाक् होकर प्रश्न किया—'यह कैसे सम्भव हुआ सर?' मैंने समझा दिया—'हमने बातचीत में अपनी शक्ति व समय नष्ट नहीं किया, इसलिए। समूह में रहने पर सभी एक-दूसरे को उत्साहित करते हैं, यह सही है किन्तु वार्तालाप में समय व शक्ति का अपव्यय भी होता है। असल में, कहा जाए तो सब कुछ मन व प्राण पर निर्भर करता है। महायोगी मिलारेपा ने कहा है—मन की शक्ति है प्राण। मन जब शक्तिशाली होता है तो देह मन की चाकर मात्र होती है।

ल्हाचू नदी यहाँ छोटे झरने के आकार में दो भागों में बँट गई है। हमने पैर भिगोकर नदी पार की। दिरा-पुक पहुँचते ही शॉर्ट-पैंट पहने एक सज्जन ने आकर हमारा स्वागत किया फिर पीछे की ओर देखकर बोले—

'आप लोग बहुत जल्दी पहुँच गए हैं।'

नामू ने उनसे तिब्बती भाषा में बात कर मुझे समझा दिया कि उनसे भूल हुई है। उन्होंने समझा था कि मैं दल लेकर आया हूँ। आज ही और एक दल आ रहा है। रहने की कोई असुविधा नहीं होगी। उन सज्जन ने दिरा-पुक मठ के जिम्मेदार लामा से हमारा परिचय करा दिया। लामाजी ने मुस्कुराकर हमारा स्वागत करते हुए एक कमरा दे दिया। उसमें एक बड़ी-सी खाट थी, जिस पर जरूरत पड़ने पर छह व्यक्ति एक साथ सो सकते थे। मैं देखकर ही समझ गया कि यह मोनेस्ट्री नई है। यहाँ से कैलासनाथ का एक अपूर्व नयनाभिराम दृश्य नज़र आ रहा है। रात का भोजन होगा तिब्बती खिचड़ी। गेस्टहाउस से कैलासनाथ के एक मनोहारी दृश्य से

मैं अभिभूत हो गया। यह दृश्य था कैलासनाथ के स्वर्णमुख का दृश्य। सूर्यास्त के बाद ही मठ की व्यस्तता बढ़ गई। हो-हल्ला और बार-बार ॐ नमः शिवाय के मंत्र और कैलासनाथ के जयकारे से मठ गूँज उठा। नए तीर्थयात्रियों के दल ने प्रवेश किया है। हम पहली पंक्ति में ही भोजन के लिए बैठे। भोजन के पश्चात् ही नींद की भयंकर खुमारी ने मुझे शीघ्रता से उठने को बाध्य कर दिया। कल रात और आज के पथश्रम से देह थककर चूर थी—मैं बिस्तर पर आश्रय लेने को बाध्य हुआ।

29वाँ दिन : कैलासनाथ बाबा की खोज में

भोर के समय बगल वाले कमरे के कीर्तन के शब्द से नींद टूटी। मोनेस्ट्री का गेस्टहाउस रहने और विश्राम करने के लिए अच्छा ही है। सुबह चाय का घंटा बजा। खिड़की से झाँककर देखा कि भोर का उजाला अभी-अभी ही फैला है। मैंने नामू को जगाया—नींद सचमुच अच्छी आई। प्रेम और ओवग के वशीभूत हो भले ही मन ने देह की क्लान्ति को हावी न होने दिया हो, किन्तु शरीर की कोशिकाओं को विश्राम की आवश्यकता थी। हाँ, मन अपने आनन्द में इतना व्यस्त था कि उसने शरीर की न सुनी। अद्भुत है यह एक रात का विश्राम जिसने शरीर को नई ऊर्जा दी। सारे शरीर में प्राण, अपान, समान, उदान, व्यान आदि सारे प्राणपथ अपनी स्वाभाविक गति से प्राणवायु को संचालित कर रहे हैं। हम बॅन-रोटी और चाय का सेवन कर रहे थे जब मठ के जिम्मेदार लामा ने सुप्रभात कहकर अभिवादन किया और फिर अपनी टूटी-फूटी हिन्दी व नेपाली भाषा में प्रश्न किया—'सुना है कि आप पाप-परीक्षा पत्थर पार करना चाहते हैं। गाइड उसे सिन-टेस्ट स्टोन (Sin-Test Stone) कहते हैं। उस पत्थर के करीब एक लामा बैठे रहते हैं। तिब्बती भाषा में इस पत्थर को बार्दो त्रांग (Bardo Trang) कहते हैं, वह किन्तु आपको अटका देगा। उस पत्थर की गुफा, पुक माने गुफा को कोई सामान्य व्यक्ति पार नहीं कर सकता। पापी लोग उस सँकरी गुफा में अटक जाते हैं। फिर बड़े कष्ट से उन्हें खींचकर बाहर निकालना पड़ता है। बार्दो त्रांग् का लामा सावधान कर देगा। अनेक लोगों की धारणा है कि मोटे लोग पार नहीं हो सकते, पतले लोग ही पार हो सकते हैं। चीनी सेना ने भी यही सोचा था परन्तु बाद में उनकी समझ में आया। हाँ, आपको एक बात और बता देता हूँ, उस गुफा को पार करने से पहले तेरह बार कैलासनाथ की परिक्रमा करनी होती है। आन्दोलन के पहले बार्दो गुफा की देखरेख हम लोग ही करते थे, आजकल इसमें कोई बाधा नहीं है, पाप-पुण्य के अनुरूप डाकिनियाँ-हाकिनियाँ ही अदृश्य रहकर सारी देखरेख करती हैं। मेरे कहने को कुछ नहीं है, मैंने तो केवल आपको बता दिया है।'

लामा की बातें सुनकर मैं समझ गया कि मानसिक बाधा ही असली बाधा है। मैं शिवपीठ के श्रीचरणों में पहुँच गया हूँ, अब मुझे राह दिखाने का पूरा दायित्व बाबा का है। मनुष्य यहाँ हर साधना व प्रार्थना के अन्तिम चरण में आता है। एक बार जब पृथ्वी के इस श्रेष्ठ तीर्थक्षेत्र में आ गया हूँ तो यह स्वीकार करना ही होगा कि यह मेरा प्राप्य था जो मुझे मिलना ही था। अब चाहने को मेरे पास कुछ नहीं है, केवल पाना ही पाना है।

लामाजी ने मुझे बाहर अनिन्द्य सुन्दर महिमामंडित तुषारशुभ्र कैलासनाथ की ओर दिखाकर कहा—'वह देखिए, कैलासनाथ को घेर रखा है तीन देवताओं के तीन शिखरों ने—चाना दोरजे या वज्रपाणि, जाम्पेलियांग या मंजुश्री, चेनरेसिग् या अवलोकितेश्वर। आप उनसे प्रार्थना करें। वे सन्तुष्ट होंगे तभी आपका काम सिद्ध हो सकेगा।'

यों जानने को तो काफी कुछ था किन्तु मन जाना चाह रहा है। तीस युआन दक्षिणा और अशेष धन्यवाद देकर हम निकल पड़े और बढ़ चले बाबा कैलासनाथ को अपनी दाहिनी ओर रखकर। रास्ते में दो पहाड़ी गिलहरियाँ नज़र आईं। स्विट्ज़रलैंड और फ्रांस के आल्प्स पहाड़ की ऊँचाइयों पर ऐसे प्राणी देखे हैं। उनका वहाँ का नाम है मारमॅट (Marmot), यहाँ के गाइड इन्हें गोल्डेन पिया (Golden Pya) कहते हैं। मैं कैलासनाथ को देख रहा हूँ और बढ़ा जा रहा हूँ। बर्फ से ढकी चार चोटियों पर टकराकर धूप चार मणि-शिखरों का ऐसा स्वरूप प्रस्तुत कर रही थी जो सोच से भी परे है। हम जहाँ से चल रहे हैं वहाँ से ऐसा लग रहा है जैसे कैलासनाथ का शिखर हमारे हाथों की पहुँच में हो। इस अत्यन्त पवित्र पर्वत-शिखर पर चढ़ने का तो प्रश्न ही नहीं उठता, क्योंकि इसके पारम्परिक सम्मान व पवित्रता की रक्षा के साथ-साथ सबसे बड़ी बाधा है मन का भक्ति-भाव। एक परिव्राजक तीर्थयात्री के लिए तो हिन्दू, बौद्ध व जैन धर्म के इस सर्वश्रेष्ठ पीठस्थान का दर्शन, स्पर्श और परिक्रमा ही सर्वश्रेष्ठ प्राप्ति है। हम जहाँ हैं, वहाँ की ऊँचाई है प्राय: पाँच हजार तीन सौ तीस मीटर (5330 मी./17482 फीट)। सामने जगत्पूज्य महा-महालिंग कैलासनाथ की ऊँचाई है छह हजार सात सौ चौदह मीटर (6714 मी./22021 फीट)। कैलासनाथ का सर्वोच्च शिखर यहाँ से एक हजार तीन सौ चौरासी मीटर (1384 मी./4539 फीट) पर है गाइड मीटर-स्केल के परिमाप के अनुसार। दिरा-पुक मोनेस्ट्री के परिक्रमा-पथ का उल्लेख योग्य स्थान। दिरा माने याक के सींग और पुक माने गुफा। हजार वर्ष पूर्व तिब्बत के एक साधक जिनका नाम (सम्भवत:) गोटसांग्पा (Gotsangapa) था, कैलासाधिपति के दर्शन के लिए एक गुफा तलाश रहे थे, जहाँ वे गहन तपस्या कर सकें। उपयुक्त गुफा की तलाश में जब वे रास्ता भटक गए तो ऐसे समय कैलास की सिंहमुखी खाद्रोमा डाकिनी (Lion face Khadroma Dakini) याक का रूप धरकर गोटसांग्पा को इस गुफा में ले आई थी। यहीं साधना कर गोटसांग्पा को बुद्धत्व की प्राप्ति हुई थी। यह मोनेस्ट्री साधना के लिए सर्वश्रेष्ठ पवित्र-स्थान है। दिरा-पुक एक गुफा है। और

जिस स्थान पर भगवान शिव भक्तों व साधकों को दर्शन देते हैं, उनकी मनोकामना पूर्ण करते हैं, उस स्थान का नाम है शिवस्थल, जिसे तिब्बती लोग शिवत्सल कहते हैं। कोरी राह पर हम मात्र दो जन थे। आधा घंटा पैदल चलने के बाद हमारे बाईं ओर के हिमनद के विगलित जल का छोटा-सा नाला और उसके बाद ही एक के बाद एक कई तम्बू थे। जगह का नाम था जारोक (Jarok)। यहाँ रात्रिवास के लिए भाड़े पर तम्बू मिलते हैं। जो लोग ट्रैकिंग करने आते हैं या जिन्हें दिरा-पुक मोनेस्ट्री में स्थान नहीं मिलता, वे यहाँ आते हैं। दिरा-पुक कैलासनाथ के इतना नजदीक है और कैलास-यात्रियों की धर्मशाला होने के बावजूद इनके मूल मन्दिर में शिवमूर्ति या शिवलिंग नहीं हैं, बैठे हैं चेनरेसिग्, तिब्बत के अधिष्ठाता देवता, सहानुभूतिशील, सहृदय, दुख-निवारक बोधिसत्व अवलोकितेश्वर।

इतनी देर से हम पत्थरों के ऊपर ही चल रहे थे किन्तु अब हठात् रास्ते ने बाधा उत्पन्न कर दी। राह और कठिन हो गई। शिवस्थल पर जाने की यह शेष परीक्षा है। बड़े-बड़े पत्थरों के ऊपर से इधर-उधर होकर चलना पड़ रहा है। यह रास्ता शिवस्थल होते हुए द्रोल्मा-ला (तारा पास) उच्चता 5630 मी./18466 फीट तक जाता है और उच्चता बढ़ती ही जाती है फिर रास्ता दक्षिणमुखी हो नीचे की ओर जाता है। हम रुक गए। एक अच्छा-सा पत्थर देखकर उस पर अपना स्लीपिंग बैग बिछाकर मैं बैठ गया। गाइड से कहा—'तुम घूमो-फिरो, मैं यहाँ थोड़ा रुकना चाहता हूँ।'

—ठीक है सर,—कहकर उसने मुझे छोड़ा।

मैं बार-बार मन भरकर देख रहा हूँ कैलासनाथ की ओर। उस नयनाभिराम दृश्य में जाने कहाँ मेरा आपा खो गया—मैंने सम्पूर्ण रूप से स्वयं को इस शिवस्थल के हवाले कर दिया। द्रोल्मा या दोल्मा माँ तारा के ही तिब्बती नाम हैं।

थोड़ी देर बैठे रहने के पश्चात् आँखों के सामने रि-पुक के मठ की भैरवी माताजी का प्रसन्न मुख उभर आया। उनके प्रथम आदेश का मैंने पालन किया है और अब दूसरे आदेश का पालन करने जा रहा हूँ। कैलास की ओर देखकर मन का प्रश्न कर ही डाला—'कहाँ मिलेंगे वह कैलासबाबा, जो पचास वर्ष पहले मिले थे?'

कैलासनाथ को तक रहा हूँ और गंगोत्री की याद हो आती है। याद हो आती है यमुनोत्री की। यह भी तो गंगोत्री-यमुनोत्री से कम नहीं है। इसी अंचल से उत्पत्ति हुई है चार दिशाओं की चार अनन्य नदियों की। यहाँ से अनुमान करना सुविधाजनक है।

कैलासनाथ के दक्षिण से करनाली जिसका स्थानीय नाम है माब्जे कम्बाब (Karnali River—Mabje Kambab), पश्चिम दिशा से सतलज, स्थानीय नाम लांग्चांग कम्बाब (Sutlej River—Langchang Kambab), पूर्व दिशा में थोड़ी दूरी पर ब्रह्मपुत्र, स्थानीय नाम यार्लुंग त्सांग्पो (Brahmaputra–Yarlug Tsangpo or Tamchog), ब्रह्मपुत्र की उत्पत्ति पर उसका स्थानीय नाम है तामचोग्। कम्बाब माने

नदी। मेरे ठीक सामने सामान्य दूरी पर शुरू हुई है इंडस। जिसके नाम से हुआ है इंडस, इंडिया, महान भारत। हिन्दू—इंडस का ही संस्कृत नाम है। उत्तर में इंडस की उत्पत्ति पर उसका तिब्बती नाम है सेंग-गे कम्बाब (Seng-ge Kambab) जिसका तिब्बती अर्थ है सिंहमुखी।

गोमुखी गंगा और सिंहमुखी इंडस।

यहाँ से दिखाई दे रहे हैं अनेक विगलित बर्फ (Glacier) जलस्रोत। अनेक जलस्रोत कैलासनाथ से शुरू होकर दक्षिण में मानसरोवर और राक्षसताल में जा मिलते हैं। नदियों और मानसरोवर के उत्पत्तिस्थल पर ही मैं बैठा हुआ हूँ। बार-बार प्रणाम करने के बावजूद लगता है कि कुछ नहीं किया। इस पुण्यक्षेत्र में ही महेश्वर बैठे हैं। अपनी प्रकृति देवी गौरी को बगल में बैठाकर वे अपनी सन्तानों की जीवन-लीला देख रहे हैं। शिव-शंकरी, हर-गौरी, महादेव-पार्वती, परमपुरुष को प्रणाम, माता पार्वती को प्रणाम। याद हो आई नर्मदा की, शिवतीर्थ नर्मदा की। देवी तो भगवान शिव की धर्मपुत्री हैं। शिवजी जब कठिन तपस्या में देह छोड़कर अन्यत्र थे, तो उनकी श्रान्त देह से जो पसीना निकला, उसी पसीने से एक सुन्दर बालिका की सृष्टि हुई और वही बालिका है नर्मदा देवी, नर्मदे हरे। भारत का अनन्य पुण्यतीर्थ है अमरकंटक। अमरकंटक के अमरनाथ महादेव। मन कैलास छोड़कर, हिमालय के इस परम पवित्र श्रेष्ठ तीर्थस्थान को छोड़कर जाने क्यों चला गया सुदूर विन्ध्याचल पर जिसके साथ हिमालय का कोई मेल नहीं है।

हाँ, किन्तु यह बात सही है कि दोनों जगहें शिवस्थान हैं। जो हिमालय को पार कर कैलासखंड में नहीं आ सकते, उनके लिए परमपिता स्वयं नीचे उतर आए हैं अपनी भक्त-सन्तानों का भक्ति-अर्घ्य ग्रहण करने के लिए। सुना है कि नर्मदा की परिक्रमा भी कैलास-परिक्रमा जैसी ही है। युग-युगान्तरों से केवल साधु-सन्त ही नहीं, स्वयं देवता भी नर्मदा की परिक्रमा के लिए उतरकर आते हैं। आज के इस शिवस्थान में मन चला गया नर्मदा की ओर। भयंकर आश्चर्य हुआ और मैंने स्वयं को ही धिक्कारा—तू इतने तीर्थस्थान घूमा है परन्तु नर्मदा को क्यों बाद दे दिया? मैंने स्वयं से ही क्षमा माँगी, अवश्य जाऊँगा। अब मैंने मन को धकेला। मन बाहर चला जा रहा है, मैं उसे वास्तविक जगत में ले आया। सामने हैं स्वयंभू साक्षात शिवलिंग, महादेव का महालिंग और परिक्रमा-पथ है महायोनि। उसी महाजागतिक योनिपथ पर बैठा हूँ। जितना सोच रहा हूँ उतना ही अचरज हो रहा है—मेरे द्वारा तो इस पुण्यतीर्थ में आ पाना शायद सम्भव न होता, यह सब तो उनकी कृपा और उन्हीं की इच्छा है।

मैं बैठा हूँ और कानों में ध्वनि सुनाई दी—ॐ नमः शिवाय, ॐ नमः शिवाय, ॐ शिवाय, शिव नारायण नारायण नारायण... । तीर्थयात्री शायद परिक्रमा पर निकले हैं। रास्ते और मेरे बीच पत्थर की एक प्राचीर है। मैं सुन पा रहा हूँ परन्तु देख नहीं

पा रहा। तीर्थयात्रियों के चले जाने के पश्चात् मैं उठा...देखा, थोड़ी दूर पर नामू हाथ में सिगरेट लिये खड़ा है। मुझे देखते ही आगे बढ़ आया और मुस्कुराते हुए बोला—'भगवान शिव गाँजा पीते थे और मैं सिगरेट के लिए पागल हूँ, बुरा मत मानिएगा।'

हमने फिर से चलना शुरू किया। दाहिनी ओर को एक रास्ता निकला है, मैं वहाँ रुका। अभी रास्ता बहुत खराब है, बड़े-बड़े पत्थरों के टुकड़े दोनों ओर बिखरे हैं और साथ ही बिखरे हैं फटे-चीथड़े कपड़े, पताका आदि। पत्थरों को देखकर लगता है जैसे भूकम्प के बाद यहाँ आ पड़े हों! 'अब हम पहुँच गए हैं, यहाँ से मुझे छोड़कर आपको आगे जाना होगा।'—यह कहकर नामू ने पैर छूकर मुझे प्रणाम किया, फिर मुझसे अनुरोध किया कि मैं बुरा न मानूँ। वह मेरे जैसा साहसी नहीं है, वह विवाहित है। बीवी की उम्र कम है, दो छोटे बच्चे हैं, वह जोखिम नहीं उठा सकता। उसका दृढ़ विश्वास है कि मैं आसानी से पार हो पाऊँगा किन्तु वह नहीं हो पाएगा। आमतौर पर इस रास्ते पर वह तीर्थयात्रियों को लेकर नहीं आता। नामू भूत-प्रेत-डाकिनी-हाकिनी सबको मानता है। बाहर वे कुछ नहीं करते, किन्तु उनके राज में आने पर मन साफ करना होगा, पूजा करनी होगी—और ओझा लोग बहुत रुपए माँगते हैं। नामू ने बार-बार मेरे पैर पकड़कर कहा कि सोनम से उसने सुना है कि मैं बहुत पहुँचा हुआ रिम्पोचे हूँ और मेरे कर्म बहुत अच्छे हैं। मैं संकल्प में अटल हूँ, जीवन में ऐसी बाधाएँ बहुतेरी आईं परन्तु मैं आज भी जीवित हूँ। भैरवी माताजी का आदेश तो मानना ही होगा। उन्होंने जब कहा है, तो जरूर उसका कारण रहा होगा। जय माताजी कहकर मैंने नामू को विदा किया। जाने से पहले नामू ने बताया कि यह रास्ता बड़ा खतरनाक है, हालाँकि संक्षिप्त है। नामू तीर्थयात्रियों की तरह सीधे रास्ते से जाएगा। वह रास्ता और ऊँचाई पर है और प्रायः डेढ़ घंटे बाद है द्रोल्मा-पास, जिसे मैं माँ तारा या पार्वती-स्थल कहता हूँ। उसके बाद रास्ता दक्षिणमुखी होकर नीचे की ओर जाता है। द्रोल्मा-ला में कोई नहीं रहता, बड़ा खराब रास्ता है। बड़े-बड़े पत्थरों को लाँघकर धीरे-धीरे जाना पड़ता है। यह रास्ता मैं जानता हूँ। द्रोल्मा-ला में, सुना है, भेड़ियों का बड़ा उपद्रव है। नामू ने जेब से निकालकर एक कागज मुझे दिया—मेरे दर्शन और शिक्षामूलक भ्रमण का अनुमति-पत्र जो ताशिलुम्पो से मेरे लिए सोनम को सौंपा गया था। लिखावट चीनी भाषा में है इसलिए उसमें क्या लिखा है, पता नहीं। मैं अकेला जा रहा हूँ इसलिए यह पत्र साथ रहना चाहिए, आवश्यकता पड़ सकती है। यहाँ से अगला विश्राम केन्द्र जुथुल-पुक मोनेस्ट्री (Juthul-Puk Monastery) है। यहाँ से तकरीबन चार घंटे लगते हैं, मुझे तीन घंटे लगेंगे। जुथुल-पुक मोनेस्ट्री में जो भी पहले पहुँचेगा, वह दूसरे का इन्तजार करेगा। हम अलग हुए।

रास्ता सचमुच खराब है। रास्ता नहीं, दरअसल बड़े-बड़े पत्थरों को ऊपर से उछलकर लाँघना पड़ रहा है। बड़े-बड़े पत्थरों को देखकर लग रहा है जैसे किसी दैत्य ने क्रोध में आकर पत्थरों को उलट-पलट दिया है। किसी प्रकार राह चलने

लायक पत्थरों को खोजकर उन पर पैर रखकर चलना पड़ रहा है। देखकर ही लग रहा है कि पत्थर राहगीरों के पैरों से अभी तक घिसे नहीं। बड़ी सावधानी से दोनों ओर नज़र रखकर कदम रखने के लिए अगला पत्थर खोजना पड़ता है। एक सुविधा है, और वह यह कि गलत राह पर जाते ही लौटकर वापस आ जाना पड़ता है क्योंकि जाने का और कोई रास्ता है ही नहीं, इसीलिए लौटने को बाध्य होना पड़ता है। मैं बिल्कुल अकेला हूँ, अपना गाइड मैं स्वयं हूँ। सुना है कि यहीं महायोगी मिलारेपा के साथ वन-दैत्य नारो बोनचुंग (Naro Bonchung) की पहली लड़ाई हुई थी। यह अंचल हालाँकि भगवान अवलोकितेश्वर का है किन्तु कैलासखंड में डाकिनी और दैत्य तपस्या के लिए आते थे। ऐसा ही एक दैत्य था नारो बोन्पा। वन-दैत्य और डाकिनियाँ कैलासनाथ को या कैलास पर्वत को बाएँ रखकर परिक्रमा करते थे। जैसा कि पहले कहा, नारो बोनचुंग और मिलारेपा की पहली टक्कर यहीं हुई थी। परस्पर की अलौकिक शक्ति के परीक्षण के फलस्वरूप पहाड़ के चट्टानों से टूटकर बड़े-बड़े पत्थर यहाँ गिरे। मिलारेपा के हाथों व पैरों की छाप आज भी पत्थरों पर नजर आती है—परिक्रमा-पथ पर द्रोल्मा-ला, बोन्पा व गेलुक्पा (Bonpa, Gelukpa), दोनों सम्प्रदायों का प्रणाम तथा दंडीप्रणाम केन्द्र है। मैं जहाँ-जहाँ से जा रहा हूँ वहाँ ध्वंसलीला के साक्ष्य मिल रहे हैं और मैं उन्हें हर कदम पर अनुभव कर रहा हूँ। वह अलौकिक शक्ति-परीक्षण पहाड़, पत्थर व गुफा पर ही प्रयोजनीय था। अन्ततः जीत बौद्ध भिक्षु मिलारेपा की ही हुई थी। दैत्य नारो और उसकी इक्कीस डाकिनियों ने मिलारेपा से हार मानकर निर्वाण-लाभ के लिए दीक्षा ग्रहण की थी।

मैं उछलकर-लाँघकर आगे बढ़ने लगा। अवलोकितेश्वर की कृपा पाने के लिए मंत्रपाठ करने लगा—ॐ मणिपद्मे हुम्, ॐ मणिपद्मे हुम्, ॐ मणिपद्मे हुम्, जय पद्ममणि की जय, जय पद्ममणि की जय, जय पद्ममणि की जय...चलने का रास्ता धीरे-धीरे सँकरा हो गया। बड़े-बड़े लाल पत्थर कुछ इस प्रकार छितरे हुए हैं कि बेतरतीब पड़े पत्थरों की दीवार को टाला नहीं जा सकता। लग रहा है कि रास्ता क्रमशः एक सुरंग की ओर जा रहा है। चारों ओर की दीवार से सीलन भरी गन्ध आ रही है—अवश्य ही कोई गुप्त नदी-स्रोत आस-पास में बह रहा है। अन्त में आगे बढ़ना प्रायः बन्द हो गया क्योंकि सिर ऊँचा करके चलना सम्भव न था। सिर नीचा करने पर भी रास्ता नजर नहीं आ रहा था। ऊपर से एक विशाल पत्थर आकर कुछ इस प्रकार गिरा है कि घुटनों के बल घुसने के अतिरिक्त और कोई चारा नहीं। गुफा के दूसरी ओर उजाला साफ नजर आ रहा है। दूसरा कोई चारा नहीं, आगे बढ़ने के लिए जैसे-तैसे किसी भी उपाय से गड्ढे में भीतर घुसकर फिसलनदार स्लेट पत्थर के ऊपर स्वयं को सम्पूर्ण रूप से छोड़ देना होगा। अब सवाल यह है कि इतनी तकलीफ से साँप की तरह रेंगकर भीतर घुसने के बाद यदि लौटने की नौबत आए तो क्या करूँगा? अन्ततः तय किया कि आगे तो बढ़ा जाए, लौटने की बात बाद

में सोची जाएगी। पीठ का बैग सामने रखकर उसे ठेल-ठेलकर मैंने आगे बढ़ना शुरू किया। सुरंग में थोड़ी सी चेष्टा करते ही मैं कुछेक मिनटों में उस पार निकल गया। सुरंग पार कर एक बार फिर पत्थर लाँघने की बारी। सामने ही देखा एक विराट पत्थर पर लगा सिन्दूर, प्रार्थना पताका और यात्रियों की मन्नत की विभिन्न प्रकार की पोशाकें, फटे हुए वस्त्रों के चिह्न और अटकाई हुई सामग्री की बहार। मैं समझ गया कि मैं पाप-मुक्त हो गया हूँ, अर्थात् मैं परीक्षा में उत्तीर्ण हुआ हूँ। अपने बचाव के लिए मैं मणिमंत्र का जाप कर रहा था, वह मन से जाने कहाँ अन्तर्धान हो गया है। मुझे क्षमा करना अवलोकितेश्वर, कहकर मैंने फिर से मंत्र-जाप शुरू किया—ॐ मणि (मने) पद्मे हुम्—द्रुत ताल में मणि हो जाता है 'मने'—ॐ मने पद्मे हुम्, ॐ मने पद्मे हुम्।

सोचा था विपत्ति टल गई किन्तु नहीं, अभी भी रास्ता नहीं मिला है। पत्थरों पर छलाँग मारकर चलना पड़ रहा है। यहाँ पत्थरों की मुलायमियत देखकर उनका अनुसरण करते हुए चला जा सकता है। फिर एक और जगह मैं रुकने को बाध्य हुआ। पहाड़ की दीवार के सहारे दो स्लेट पत्थरों के बीच से बड़ी सावधानी से गुजरना होगा, जरा सा भी अन्यमनस्क होने पर काफी नीचे पत्थर पर गिरने की सम्भावना है—यहाँ फिर से धैर्य, सावधानी और चलने के कौशल की परीक्षा है—बहरहाल, बिना किसी विघ्न के इसे भी पार किया। इतनी देर, लगता है, मैं ऊँचाई पर चढ़ रहा था—अचानक सामने आ गई तीव्र स्रोतवाली एक छोटी नदी, जिसे पार करना सम्भव नहीं था क्योंकि पत्थरों से टकराकर जिन जगहों पर पानी गिर रहा था उन जगहों पर गहराई में भँवर बन रहे थे। थोड़ा इधर-उधर देखते ही नदी के उस पार माने पूर्व दिशा की ओर मैं पहचान गया—द्रोल्मा-ला होते हुए उसी रास्ते से मैं सन् 2001 में परिक्रमा-पथ से जुथुल-पुक (Juthul-Puk) मोनेस्ट्री में गया था। यह नदी है कि ल्हाम चु खिर (Lham Chu Khir)। इस कठिन राह पर मैं गौरीकुंड व द्रोल्मा-ला के तारा-स्थान का दर्शन न कर पाया, किन्तु इस बात का कोई अफसोस नहीं। मेरे लिए सबसे बड़ी सान्त्वना यह है कि मैंने भैरवी माताजी के आदेश का पालन किया। ल्हाम चु खिर नदी के दोनों ओर से ही रास्ता है। इस ओर का रास्ता अधिक भीजा हुआ और नदी के पूर्व की ओर सूखा। मैंने नदी के जल को स्पर्श कर सिर पर छींटे डाले। कैलासजी की कृपा से सब कुछ सम्भव हो पाया। जय शिव-शंकर, जय शिव-शम्भू। अवलोकितेश्वर चेनरेसिग् (Chenresig) तुम्हें कृतज्ञतापूर्ण प्रणाम। अब मैं सर्वांत:करण से बारम्बार कृतज्ञता व प्रणाम निवेदित करता हूँ इस बार्दो त्रांग (Bardo Trang) की अधिष्ठात्री डाकिनी खाद्रोमा (Khadroma) को—तुमने मेरी मदद की, पत्थरों की बाधाओं को तुच्छ बनाकर कृपा कर मुझे फिर से रास्ते पर लाकर मुझे पथ दिखलाया—जय-जय खाद्रोमा, जय समस्त बार्दो त्रांग की। खाद्रोमा का मंत्र-पाठ करते-करते मैंने नीचे का रास्ता पकड़ा—

कि-कि-सो-सो
ल्हा गीयालो
कि-कि-सो-सो
हा गीयालो।...

जुथुल-पुक मोनेस्ट्री में पहुँचकर मैंने देखा कि अभी तो मात्र 3 बजे हैं। दिरा-पुक गोम्पा से आने में मुझे प्राय: चार घंटा समय लगा। गाइड अभी तक नहीं पहुँचा है। गेस्ट-हाउस की रसोई से मुझे एक कटोरा चैंग के लिए बुलावा आया। दिरा-पुक गोम्पा की तरह इस मोनेस्ट्री के लामा सभी गेलुक्पा सम्प्रदाय से हैं। मैं दल छोड़कर इतनी जल्दी कैसे पहुँचा, इस प्रश्न के उत्तर में मैंने कहा—'मेरे गाइड को आने दीजिए, उसी से सुन लीजिएगा।'

मूल मन्दिर में शाक्यमुनि को पाकर मन आनन्द से भर गया। मन-प्राण ने एक बहुत बड़ी राहत सी महसूस की। क्या अपूर्व आनन्द है! बुद्धं शरणं गच्छामि। मन्दिर के खम्भे से टेक लगाकर बैठे-बैठे ही नींद आ गई थी। गाइड नामू ने मुझे झकझोर कर जगाया—आँखें खोलीं तो देखा कि दस-बारह लामा अवाक् होकर मुझे देख रहे हैं। नींद की खुमारी दूर होते ही समझ में आया कि मुझे यहाँ पाकर नामू को बेहद ख़ुशी हुई और उसी ख़ुशी में उसने सभी को मेरे बारे में बताया। उन सभी का प्रश्न एक ही था और वह यह कि—

न मैं साधु हूँ, न संन्यासी, न योगी और न ही लामा फिर भी मैं बार्दो त्रांग कैसे पार हो पाया? इस रहस्य के बारे में वे जानना चाहते थे। बड़ी सावधानी से मैंने उन्हें धन्यवाद दिया और उठ गया। हम बहुत जल्दी पहुँच गए हैं इसलिए समय का सदुपयोग कर लेना अच्छा है। यहाँ से, यानी जुथुल-पुक से दारचेन केवल उतराई का रास्ता है। हम दोनों ही पहाड़ी रास्तों के अभ्यस्त हैं। रास्ता भी अभी अच्छा है, दिन का उजाला न भी हो तो कोई असुविधा नहीं होगी। मात्र तीन घंटे का रास्ता है, केवल बारह-तेरह किलोमीटर। लामाओं को असंख्य धन्यवाद देकर हम निकल पड़े दारचेन के रास्ते पर।

रास्ते पर उतरते ही नामू ने बताया कि वह मेरे लिए बहुत चिन्तित था। और वह बार-बार सोच रहा था कि मेरे जैसे अच्छे एक बुजुर्ग व्यक्ति को बार्दो त्रांग के रास्ते पर अकेला छोड़ देना किसी को पहाड़ से खाई में धकेल देने के समान है। उसे बड़ा पछतावा हो रहा था और वह सारे रास्ते मणि-मंत्र का मेरे लिए जाप करते हुए यहाँ तक पहुँचा। वह बार-बार कह रहा है कि मेरे लिए वह एवरेस्ट की चढ़ाई करने को राजी है किन्तु डाकिनी, पिशाचों और भूखे प्रेतों की जगह वह मरकर भी नहीं जाना चाहेगा। कैलासखंड में बार्दो आत्माएँ भरी पड़ी हैं। पाप-कर्म के कारण उनके पुनर्जन्म में विलम्ब हो रहा है इसलिए पाप से मुक्ति पाने के लिए वे यहाँ आती हैं। महामुनि मिलारेपा, मंजुश्री और अवलोकितेश्वर अपना आशीर्वाद देकर उन्हें पुनर्जन्म

में सहायता करते हैं। यह सब बताते-बताते मेरे करीब आकर अत्यन्त गम्भीर स्वर में उसने पूछा—'सर, आप क्या इन सब बातों पर विश्वास करते हैं?'

मैंने स्वाभाविक स्वर में ही उत्तर दिया—'विश्वास न करता तो क्या यहाँ आता?' हम ज्यों-ज्यों दारचेन की ओर बढ़ रहे थे, त्यों-त्यों हमारी गति भी तेज हो रही थी। शरीर अब हल्का लग रहा है। अब जैसे भी हो, हमें होटल पहुँचना है। नामू होटल तक नहीं जाएगा। उसका गाँव शहर में प्रवेश से पहले ही पड़ता है। उसका परिवार दरवाजे के पास खड़ा उसकी प्रतीक्षा कर रहा है और मेरी प्रतीक्षा कर रहा है होटल का बिस्तर।

अन्ततः दारचेन पहुँचा। परिक्रमा जहाँ से शुरू की थी, वहीं शेष हुई। जब मैं होटल पहुँचा तब भी रास्ते पर अँधेरा पूरी तरह नहीं उतरा था। मैनेजर और मेरे दो साथी बड़ी उत्सुकता से मेरी प्रतीक्षा कर रहे थे, उन्हें मेरे आज लौटने की उम्मीद नहीं थी। अचानक शरीर अवश-सा हो गया—बहुत थकावट लग रही है। भात-दाल और साग के साथ दूध मिलाकर अमृत सरीखी विशिष्ट 'कैलास डिश' का सेवन किया। जल्दी से खा-पीकर सो गया। कैलास परिक्रमा का अन्तिम दिन है।

30वाँ दिन

आज तिब्बत में मेरे तीसवें दिन का प्रभात है। प्रभात तो नाम का है, नींद टूटी तो देखा कि 11 बज रहे हैं। कई दिनों पश्चात् रात को इतनी अच्छी नींद आई। शरीर काफी हल्का सा लग रहा है। इस बार तिब्बत में कैलासबाबा की खोज का एक संकल्प लेकर आया था। उनके बारे में विशेष तथ्य मालूम नहीं थे इसलिए उनकी कोई खबर नहीं मिली। दाढ़ी, जटा, कमंडल, रुद्राक्ष, कौपीन, दिगम्बर इन सबसे किसी तांत्रिक को खोज पाना असम्भव है क्योंकि सभी तांत्रिकों का विवरण एक सा ही है। उम्मीद की अन्तिम किरण मुझे भैरवी माताजी के इशारे में नजर आई। अब तो वह भी हो गया। मन कह रहा है, धीरज धरो। मैंने मन की बात मान ली है। कैलासनाथ-परिक्रमा एक अत्यन्त सुन्दर अनुभव है। चौरासी सिद्धयोगी श्मशान जहाँ श्रेष्ठ योगियों की आत्माएँ बार्दोलोक का भ्रमण करती हैं, जो मनुष्य का कल्याण चाहती हैं। उनकी न देह है, न इन्द्रियाँ केवल आत्माएँ विचरण करती हैं। उस समय शून्य पथ में विचरण का अर्थ है केवल अतीत के कर्मों का स्पन्दन (Vibratory Reaction of their past KARMA)। वे ही एकमात्र उपयुक्त माध्यम हैं जो मुझे बता सकती हैं कि वे (कैलासबाबा) हैं या नहीं, और हैं तो कहाँ मिलेंगे।

बार्दो त्रांग महाश्मशान ने निश्चय ही मुझे कुछ दिया है, मुझे अवश्य ही कुछ मिला है, जो मेरे मन की गहराइयों में है और अनुभूति के स्तर पर उभरने में उसे कुछ समय लगेगा। आज मैं आनन्द में और हल्के मन से दारचेन के बरामदे में बैठकर

यह बातें लिख रहा हूँ। आज सम्पूर्णतः विश्राम, और कल मानसरोवर की परिक्रमा कर लौटने की राह पकड़ूँगा।

मानसरोवर के चारों ओर जो मोनेस्ट्री और गोम्पा हैं उनमें से मेरे लिए चिउ मोनेस्ट्री आकर्षक है, जहाँ परमाराध्य कैलासबाबा ने मुझे स्नान कराकर तर्पण-पाठ कराया था। वह मोनेस्ट्री भी पूर्णतः विध्वंस्त हो चुकी है और उसकी जगह नई मोनेस्ट्री बनी है। कुछ वर्ष पहले जब आया था तब मन को बड़ा आघात लगा था। जैसा आघात इस बार लांग्बोना मोनेस्ट्री में जाकर लगा। रात को ही हमने तय किया कि अब हम किसी मोनेस्ट्री में नहीं घुसेंगे किन्तु मानसरोवर की परिक्रमा करेंगे। यह यात्रा केवल गाड़ी से ही करेंगे क्योंकि मानसरोवर के चारों ओर गाड़ी का रास्ता है और छोटी-छोटी नदियों को पार करने के लिए पुल बन गए हैं। मानसरोवर परिक्रमा का पथ एक सौ दस किलोमीटर लम्बा है। सामान्य व्यक्ति को पाँच से छह दिन लगते हैं। यों कैलासनाथ की परिक्रमा का रास्ता केवल बावन किलोमीटर लम्बा है किन्तु अन्त में खड़ी चढ़ाई के पथरीले रास्ते में धैर्य और परिश्रम दोनों की जरूरत पड़ती है। वह सचमुच का पर्वतारोहण है। मानसरोवर की परिक्रमा प्रायः समतल भूमि पर चलना है, हाँ, नदी-नाले के लिए तैयार रहना होगा। आजकल भारतीय तीर्थयात्री मानसरोवर में स्नान, यज्ञ, तर्पण आदि करके ही पुण्यकर्म सम्पन्न कर लेते हैं तथा देह, मन व शक्ति को कैलासनाथ की परिक्रमा के लिए बचाकर रख लेते हैं। जिन्हें पहाड़ों पर चलने का अभ्यास नहीं है, उन्हें जरूर घोड़ा या याक लेना पड़ता है। कैलासनाथ की तरह ही हिन्दू, बौद्ध व जैन तीर्थयात्री मानसरोवर को दाहिने रखकर परिक्रमा करते हैं और बन्पो आदि धार्मिक सम्प्रदाय उल्टे रास्ते से अर्थात् मानसरोवर को बाएँ रखकर परिक्रमा करते हैं। पूर्ण दंडी-प्रणाम तो एकमात्र तिब्बती लोग ही करते हैं क्योंकि वह सचमुच कष्टकर होता है, और उन्हीं के लिए सम्भव है, जो इस जलवायु के अभ्यस्त हैं। धर्म और कर्मफल में जिनका अटल विश्वास है, वे ही यह असाधारण संकल्प लेते हैं और भगवान उनकी मदद करता है। कैलासनाथ की परिक्रमा में देखा है कि सामान्य-सहज-सरल मनुष्य ही दंडी-प्रणाम के कठिन रास्ते पर हँसते हुए बढ़ जाते हैं और चाहे जितने दिन भी लग जाएँ, वे किसी भी कीमत पर अपना संकल्प नहीं छोड़ते। उनकी भक्ति और विश्वास की कोई तुलना नहीं है।

मानसरोवर और राक्षसताल अगल-बगल दो झीलें हैं।

मानसरोवर का स्थानीय नाम है माफाम् युम त्सो (Mapham Yum Tso) और राक्षसताल का स्थानीय चीनी नाम है ल्हानाग त्सो (Lhanag Tso)। सृष्टिकर्ता ब्रह्मा के मानस का प्रतीक गहरा नीला जल। मानसरोवर के परिक्रमा-पथ पर एक के बाद एक जो मोनेस्ट्री हैं, वे हैं—शुरू में चिउ मोनेस्ट्री, उसके बाद लांग्बोना, हर-कू, सेरालुंग् (Seralung), येरेंगो (Yerengo), त्रुगो (Trugo), गोसुल (Gossul), त्सेरिंग (Tsering) और उसके बाद चिउ यानी जहाँ से शुरू हुआ था, वहीं शेष।

उत्तर में परिक्रमा-पथ मानसरोवर को छोड़कर और उत्तर में है क्योंकि कैलासनाथ से विगलित बर्फ का जल सरोवर के पास आकर छोटे-छोटे पोखरों और नालों में परिणत हो गया है। कीचड़युक्त मिट्टी से बचने के लिए यह व्यवस्था है। आजकल अनेक पुल बन गए हैं, जो पहले नहीं थे। इन पुलों के कारण परिक्रमा पहले से काफी सहज हो गई है। एक और सुविधा हुई है। अब अस्थायी शिविर, धर्मशाला और अतिथि आश्रयस्थल सरकारी प्रचेष्टा से ही निर्मित हुए हैं। सबसे आनन्ददायक समाचार यह है कि गोसुल मोनेस्ट्री, जो दक्षिण में मानसरोवर और राक्षसताल के बीच में है, की पुरानी गुफाओं को फिर से तीर्थयात्रियों के उपयोग के लिए खोल दिया गया है। उनका उपयोग ध्यान के लिए भी किया जा सकता है, किन्तु अस्थायी तौर पर। पहले की तरह पूरे वर्ष व्यवहार के लिए नहीं। सर्दियों में जब तीर्थयात्रियों का आवागमन बन्द हो जाता है, तब किसी साधक या योगी को वहाँ रहने की अनुमति नहीं दी जाती। जो सारी मोनेस्ट्रियाँ खुली रहती हैं, खासकर गेलुक्पा सम्प्रदाय द्वारा संचालित त्रुगो मोनेस्ट्री में तब प्रार्थना व ध्यान के लिए गुफा और कमरे के लिए दरख्वास्त करनी पड़ती है—जो साधुओं और भारतीयों के लिए प्रायः असम्भव है...।

लोकल गाइड नामू को यह परिक्रमा-पथ कंठस्थ है परन्तु अफसोस इस बात का है कि वीजा की मियाद कम है और यह समवेत भ्रमण के लिए संक्षिप्त है। उसने मुझे मानसरोवर की परिक्रमा का एक प्रस्ताव दिया—

चार-पाँच चरण में 110 किलोमीटर तय करना। मानसरोवर की उच्चता है 4560 मीटर। उत्तर-पूर्वांचल की सबसे ऊँची जगह (Highest Point) 4680 मीटर ऊँची है।

प्रथम चरण : साढ़े आठ घंटे। प्रायः तीस किलोमीटर। प्रथम चरण में दो दिन लगेंगे। चिउ से हर-कू।

द्वितीय चरण : तीन घंटे। प्रायः तेरह किलोमीटर। विश्राम दो घंटे। हर-कू से सेरालुंग्।

नदी पार करने के लिए पुल बने हैं।

तृतीय चरण : सात घंटे। सताईस किलोमीटर। सेरालुंग् से त्रुगो सरोवर का रेतीला तट।

चतुर्थ व पंचम चरण : दस-ग्यारह घंटे। चालीस किलोमीटर। त्रुगो से चिउ। त्रुगो से चिउ के लगभग बीच रास्ते में गोसुल मोनेस्ट्री पड़ेगी। यह मोनेस्ट्री अत्यन्त सुन्दर है। यह मानसरोवर के पास ही एक पहाड़ पर है। पहाड़ की पीठ पर ही है मोनेस्ट्री, जिसके निचले तल्ले में कई गुफाएँ हैं। रहने की व्यवस्था है।

हमने परामर्श कर तय किया कि कम से कम छह दिन तो लगेंगे। गाड़ी और पैदल मिलाकर यदि करें तो भी कम से कम दो दिन तो लगेंगे, पर वह तो परिक्रमा नहीं हुई, पर्यटन हुआ। दो और अनुभवी गाइडों की बात से पता लगा कि कैलासनाथ

और मानसरोवर के सभी मठों और मन्दिरों में लाल फौज की सांस्कृतिक क्रान्ति के विध्वंसात्मक नमूने आज भी नजर आते हैं। गाइड अब उन बातों को छिपाते नहीं हैं। उनकी धारणा है कि ऐसा ही होना उचित था...। सेरालुंग् गोम्फा की अनेक मन्दिर-सम्पत्ति और विग्रहों को मानसरोवर के जल में फेंक दिया गया था, जिनमें से कुछ का पुनरोद्धार कर मठ में सजाया गया है, परन्तु वे तो भग्नावशेष मात्र हैं।

31वाँ दिन

आज कैलासबाबा की खोज में तिब्बत में मेरी इकतीसवें दिन की सुबह है। मानसरोवर गुरला मान्धाता के अपरूप सौन्दर्य ने मुझे अपनी राह पर चलने को उत्साहित किया। बार-बार मन में एक ही बात उठ रही थी—जिसके लिए आना हुआ वह निश्चय ही मिला है। मिला है, शायद मन की गहराइयों में, ऊपरी सतह पर आने में शायद कुछ वक्त लगेगा।

सुबह 8 बजे होटल और गाइड का देय चुका कर और उन्हें आन्तरिक धन्यवाद देकर मैं गाड़ी पर सवार हुआ। तय हुआ कि मानसरोवर में स्नान कर चिउ गोम्फा की छत से मानसरोवर का पूर्ण अन्तिम दृश्य देखकर लौटने की राह पकड़ूँगा।

सोनम और ड्राइवर मेरे साथ एकमत थे। एक ही रास्ता है। यहाँ से प्रायः तैंतीस किलोमीटर की दूरी पर मानसरोवर के किनारे चिउ मोनेस्ट्री है। उसके बाद लांग्बोना में कैलासबाबा के प्रति उस गुफा के सामने, जो अब अदृश्य है, प्रणाम कर जिस रास्ते आया हूँ उसी से लौटना है।

एक रात शिगात्से और उसके बाद ल्हासा। सोनम ने आश्वासन दिया कि रिटर्न-फ्लाइट की तारीख तय करने में कोई असुविधा नहीं होगी।

हर-कू छोड़कर पारियांग की राह पर कैलासनाथ को अन्तिम प्रणाम किया।

साष्टांग प्रणाम कर मैंने कहा—'अपना विश्वरूप लिये खड़े हो तुम, तुम्हें प्रणाम। तुम्हारे मानव-स्वरूप का दर्शन करना चाहता हूँ मैं, वो कैलासबाबा क्या तुम ही हो?'

अन्तिम अध्याय

गाड़ी मायुम (Mayum) पहाड़ के नीचे आकर खड़ी हुई। सोनम, ड्राइवर और मैंने कैलास-शिखर को अन्तिम बार साष्टांग प्रणाम किया। मायुम दर्रा पार करते ही सोनम ने फटाक् से एक प्रश्न कर दिया—

'सर, इतना कष्ट उठाकर, इतना पैसा खर्च कर आप यहाँ आए और अब लौट रहे हैं। सर, आपने जो चाहा था, क्या वह आपको मिला ?'

उत्तर में मैंने कहा—'हाँ, पर्याप्त मिला। उन कैलासबाबा के दर्शन नहीं मिले, किन्तु जो कुछ भी मिला, मैं उससे सन्तुष्ट हूँ। तुम लोगों की, विशेषकर तुम्हारी, मदद के बिना यह सम्भव नहीं होता। तुम लोगों को धन्यवाद, बारम्बार धन्यवाद।'

यह सुनकर सोनम बहुत ख़ुश हुआ और बोला—'सर, यही बात हमारी विज़िटर्स-बुक में जरा सा लिख देंगे? आप तो समझते ही हैं।' मैंने उसे आश्वस्त किया।

मायुम दर्रे पर हम पाँच मिनट के लिए रुके और फिर वही रास्ता, गाड़ी, गाइड, ड्राइवर। लिहाजा नए सिरे से डायरी के पन्ने नहीं भरे।

उतराई के रास्ते पर ड्राइवर ने रेडियो चला रखा है—हल्के आधुनिक चीनी गीत अच्छे ही लग रहे हैं। तिब्बती गीतों का कोई आभास न मिला। लगा कि स्थानीय लोक-संगीत को अभी भी वाणिज्यिक हवा नहीं लगी है। अच्छा ही है।

अन्ततः शिगात्से और वहाँ भी वही पुराना होटल। होटल का मैनेजर बड़े प्रेम और आत्मीयता से मिला। मैंने पहले ही बता दिया कि इस यात्रा में अब और ताशिलुम्पो नहीं जा पाऊँगा। इस बार अब लौटने का समय हो गया है। ल्हासा जाकर रिटर्न फ्लाइट का सारा बन्दोबस्त करना होगा। वे मेरी बात समझ गए।

बातों-बातों में उन्होंने खुद ही कहा कि मुझे अब गाड़ी की तलाश नहीं करनी होगी, यह गाड़ी ही हमें ल्हासा पहुँचा देगी। खर्च भी कम लगेगा और ड्राइवर तो बिल्कुल अपने आदमी जैसा हो गया है। अब और ताशिलुम्पो नहीं जाऊँगा, पंडितजी की भूमिका अब यहीं शेष है। अगले दिन तड़के ही हम ल्हासा के लिए निकल पड़ेंगे। समय कम है। सोनम ने तिब्बत टूरिस्ट ब्यूरो के अपने 'सर' को कह रखा है, मेरी रिटर्न टिकट तो ओपन ही है, अब केवल फ्लाइट देखनी होगी।

रात को खाने-पीने के बाद मैं होटल की छत पर चला आया, शिगात्से की इस पुण्यभूमि और आकाश को अपनी नजरों में बसा लेने के लिए। छत पर आते ही एक आश्चर्यजनक उपहार मिला। ज्योत्स्ना रात ने अपनी चाँदनी से मुझे नहला दिया। मन एक पवित्र आनन्द से भर उठा। एक लड़का मेरे लिए एक कुर्सी व कम्बल ले आया। इसे ही कहते हैं आन्तरिक अतिथि-सत्कार। तिब्बत का अनन्य तीर्थस्थान शिगात्से आज अतीत के साक्ष्य के साथ खड़ा है और विदेशी पर्यटकों के लिए यह एक दर्शनीय स्थल है। दक्षिण में कुछ ही दूर पर है ऋषि, मुनि, साधु, योगी, पंडित और महापुरुषों का ज्ञान-पीठ ज्ञानगंज। ज्ञानगंज, जिसकी हजार वर्षों पुरानी परम्परा और स्थान-माहात्म्य को जड़वादियों का हिंसात्मक आन्दोलन स्पर्श भी नहीं कर पाया। सैनिकों की बन्दूकें केवल 'पदार्थ' को छू पाईं किन्तु अदृश्य जगत का अ-पदार्थ उनकी पकड़ से बाहर ही रहा। इस जगत का अदृश्य ज्ञान-भंडार अखंडित ही है, उसे पकड़ने की तरकीब आनी चाहिए। महायोगी मिलारेपा का कहना है कि मन और प्राण ओत-प्रोत रूप से जुड़े हैं। प्राणों में ही ज्ञान का महाभंडार है, मन को तैयार करो तो सारा रहस्य मन के पात्र में आ जाएगा।

छत पर कुछ देर बैठने के पश्चात् सर्दी और नींद ने एक साथ आ घेरा, देह शिथिल हो गई—उनींदेपन में कुर्सी से लुढ़क पड़ने के पूर्व ही छत से नीचे चला आया क्योंकि कुर्सी में लुढ़कने से अधिक आरामदायक है बिस्तर पर पड़े रहना...।

एक बार फिर ल्हासा का रास्ता। लौटने के रास्ते नदी के उस पार युंगद्रुंगलिंग मोनेस्ट्री के प्रति प्रणाम-निवेदन किया और संगम पर मिले पुराने तांत्रिक भैरव को स्मरण किया। नानगुंग-चू और यार्लुंग सांग्पो (ब्रह्मपुत्र)—इन दो नदियों का संगम मेरे कैशोर्य और यौवन के संगम का एक विशेष क्षण है। उस दिन यदि वे तांत्रिकबाबा मुझे न बचाते तो मुझे परवर्ती जीवन के भ्रमण का अनुभव ही न होता। उस क्षण से लेकर आज तक धरती पर निरन्तर चल रहा हूँ और चलते-चलते राहों पर मिल रहा है आनन्द, जो कि जीवन का ईंधन-स्वरूप है। खाद्य ने देह को जीवित रखा है और उनके आशीर्वाद ने मन को परिपूर्ण कर भर दिया है। उन्होंने मन को जीवित रखा है।

शिगात्से से पाँच घंटे में 250 किलोमीटर तय कर मैं ल्हासा पहुँचा और उसी पुराने होटल में ठहरा।

अगले दिन खोज-खबर ली तो पता चला कि एक दिन और रुकना होगा। मेरे लौटने का रूट है ल्हासा-चेंग्दू-हांगकांग-पेरिस। हाथों में समय है और मेरा उद्देश्य क्या है, यह सोनम को पता है। सोनम ल्हासा का एक अनुभवी गाइड है। सुबह चाय पीते-पीते ही उसने मुझे एक बहुत अच्छा प्रस्ताव दिया।

—सर, आप तो कैलासखंड में चौरासी महासिद्ध योगी श्मशान में गए थे और वहाँ सारी रात आप ध्यान में भी बैठे थे। कुछ मिला?

—तुम्हें यह किसने बताया?

—दारचेन होटल के मैनेजर ने। चूँकि आपका दायित्व मुझ पर है इसीलिए वह बताने को बाध्य हुआ क्योंकि कोई अप्रिय घटना घट जाती तो कानून की अवज्ञा करने की सजा उसे भुगतनी पड़ती।—सोनम का उत्तर सुनकर लगा कि यहाँ सब कुछ पर सरकारी नजर है। सरकार सब जानती है।

तत्पश्चात् उसने मुझे बड़े अपनेपन से बताया कि ल्हासा में एक बहुत अच्छा व पुराना जाग्रत् मन्दिर है, जिसके नाम का हिन्दी अनुवाद है 'नागराज मन्दिर'। वहाँ का पुरोहित लामा रिम्पोचे सोनम का काफी परिचित है। ल्हासा के नागराज मन्दिर में चौरासी महासिद्ध योगियों की तस्वीर संरक्षित हैं।

यह सुनते ही मैं उछल पड़ा।

—क्या कह रहे हो ? इतनी बड़ी बात तुमने अब तक छिपाकर रखी थी ? चलो, चलो, अभी चलो, कहाँ है ? कितनी दूर ?—मैं बहुत उत्साहित हुआ।

अत्यन्त लज्जित होकर सोनम ने बताया कि पहले उसने इस बारे में सोचा ही नहीं था क्योंकि ल्हासा में जोखांग, पोताला के सफेद मन्दिर, लाल मन्दिर और बारखर की तुलना में यह तो बड़ा सामान्य-सा मन्दिर है। किन्तु वह सामान्य ही मेरे लिए असामान्य था।

हम निकल पड़े—'चलो, टैक्सी पकड़ लेते हैं।' मैंने कहा।

—नहीं सर, टैक्सी नहीं पकड़नी होगी। इस पोताला प्रासाद के पीछे पार्क में ही मन्दिर है। बारखर स्क्वायर में ही साइकिल की एक दुकान है। घंटे की दर से साइकिल भाड़े पर मिलती है, बहुत ही सस्ते में।—हमने दो साइकिल ली और निकल पड़े। ल्हासा में पहली बार साइकिल पर, बड़ा अच्छा लगा, एक अद्भुत अनुभूति। ल्हासा की हवा चेहरे से टकरा रही थी और हम बढ़े जा रहे थे। यही बाकी था जो अचानक हो गया। अब कह सकूँगा कि मैंने ल्हासा में साइकिल चलाई है। साइकिल पर सवार होते ही लगा कि ल्हासा को नई नजर से देख रहा हूँ। रास्ते में बेशुमार लोग हैं और वे सभी जा रहे हैं पोताला की ओर। आज सोमवार है, पोताला प्रासाद आज पर्यटकों के लिए निःशुल्क है। कल्चरल रिवोल्यूशन के पश्चात् पोताला प्रासाद जनसाधारण के लिए अजायबघर की तरह संरक्षित है। दलाई लामा के युग में यह स्वप्न था। ल्हासा की किसी भी जगह से पोताला नजर आता है। तीर्थयात्री जोखांग मन्दिर की प्रदक्षिणा कर तथा पोताला में प्रणाम-निवेदन कर अपनी 'कोरा' यात्रा सम्पूर्ण करते हैं। आजकल पोताला के मूल पर्यटक चीनी ही हैं। पैडल चला रहा हूँ और बढ़ा जा रहा हूँ—साइकिल पर ही पोताला की प्रदक्षिणा कर रहा हूँ।

बारखर स्क्वायर से पोताला के पीछे की ओर प्रायः तीन किलोमीटर तय कर एक सुन्दर से पार्क में आकर हम रुके। सामने ही पोताला प्रासाद के समतल अंश में एक विशाल भवन है। देखकर ही लगता है कि इसके साथ पोताला का कोई सम्पर्क नहीं है। भवन पर चीनी भाषा में जो लिखा है, उसका अंग्रेजी अनुवाद है—Civel Aviation Authority of China यानी चीन का नागरिक उड्डयन प्राधिकरण।

पोताला प्रासाद के ठीक नीचे जैसे किले के चारों ओर खाई होती है बिलकुल वैसे ही एक नजर में देखने पर लगता है जैसे पोताला प्रासाद की बाहरी शत्रुओं के आक्रमण से रक्षा के लिए यह व्यवस्था है। किन्तु असल में ऐसा नहीं है। पोताला प्रासाद के निर्माण के समय चारों ओर की मिट्टी और पत्थर काटकर भीतर की ओर डालकर भूमि को ऊँचा किया गया था। परवर्ती समय में उस नीची भूमि पर पानी ने जमा होकर झील या खाई का रूप ले लिया जिसे आम भाषा में नहर कहते हैं। इस नहर को केन्द्र बनाकर जनसाधारण के लिए एक सुन्दर पार्क का निर्माण किया गया है किन्तु उसमें दो युआन शुल्क देकर प्रवेश किया जा सकता है। गेट पर ही साइकिल रखकर हम भीतर घुसे। साइकिल रखने के लिए एक युआन देना पड़ा। बार-बार बोलने के बावजूद पार्क का नाम याद नहीं रह पा रहा था और मैं उच्चारण में भी कमजोर था इसलिए मैंने सोनम से कहा कि वह पार्क का नाम मुझे लिखकर दे। उसने अंग्रेजी में लिखा—Zang Gyab Lukhang Park जिसे हिन्दी में लुखांग् मन्दिर तपोवन कहा जा सकता है। सचमुच तपोवन ही है। बड़ा सुन्दर सजा-सजाया, साफ-सुथरा बगीचा जिसकी देखरेख पूर्णतः सरकारी है। कुछ सीढ़ियाँ नीचे उतरकर सामने पानी पर एक सुन्दर पैगोडा मन्दिर दिखाई दिया। मैंने मन्दिर के एक आश्चर्यजनक आकर्षण का अनुभव किया—जैसे तपोभूमि के बीच एक पवित्र और सुन्दर देवस्थान हो। पोताला प्रासाद की विशालता और आकर्षक स्थापत्य मनुष्य को अपनी ओर आकर्षित करता है, और यहाँ आकर मैंने मन्दिर के महत्त्व का अनुभव किया। निश्चल, शान्त, पवित्र और सुन्दरता का प्रतीक है यह मन्दिर। ल्हासा में आया हूँ, पोताला में ठहरा हूँ किन्तु 'लुखांग्' के बारे में नहीं सुना था। मैंने बार-बार धन्यवाद देकर सोनम के प्रति अपनी हार्दिक कृतज्ञता जताई। छोटे-से एक पुल के ऊपर से होकर मन्दिर में प्रवेश करते ही पुजारी लामा ने हँसकर हमारा स्वागत किया। मन्दिर की टिकट या प्रवेश-शुल्क दस युआन था। सुनहरे सभागृह को पार करते ही मन्दिर के मूल देवता 'नागराज' की मूर्ति है। हाथी की पीठ पर बैठे हैं मनुष्यमूर्ति नागराज और उनके पीछे कालिय-दह की तरह फन फैलाए हैं कई सर्प। पत्थर की मनुष्य के समान सुन्दर मूर्ति है। कुछ देर रुकने के बाद सोनम ने कहा—'चीनी लोग इसे ड्रैगन कहते हैं, किन्तु गौर से देखिए, इस सर्पदेवता और ड्रैगन में कोई मेल नहीं है। नाग तो संस्कृत का भारतीय शब्द है न?' मैंने उसकी बात की ताईद करते हुए कहा—'हाँ, पर नाग कहो या ड्रैगन, यहाँ कोई डर नहीं लग रहा और न ही शरीर में कोई सिहरन हो रही है। यहाँ बड़ा हल्का लग रहा है शरीर, मुझे बहुत अच्छा लग रहा है। चारों ओर देखकर लग रहा है कि यहाँ कल्चरल रिवोल्यूशन की छाया नहीं पड़ी। लगता है, सारे अत्याचार ऊपर-ऊपर से ही गुजर गए।'

—आप ठीक कह रहे हैं सर। यह छोटा है इसलिए बच गया।—हँसते हुए सोनम ने जवाब दिया।

हम नि:शब्द खड़े होकर चारों ओर दीवारों पर 'मंडला' और 'तांग्खा' की सूक्ष्म कारीगरी देख रहे थे कि हमारे पीछे आकर एक सज्जन खड़े हुए। उन्हें देखते ही सोनम ने प्रणाम किया—लगा, वे सोनम के परिचित हैं। मेरी दृष्टि आकर्षित करते हुए उन्होंने कहा—'यही हैं पाताल-देव नागराज, जिन्हें हम तिब्बती भाषा में लुई ग्यालपो (Lui Gyalpo) कहते हैं। हिन्दू ब्राह्मण द्वारा निर्मित यह मूर्ति नेपाल से आई है। राजा स्त्रोंग स्त्रांग् गाम्पो ने इस मन्दिर का निर्माण कराया था। नागराज प्राचीन काल में ल्हासा के देवता थे और नागराज के साथ पाताल में रहते थे यमराज। उनकी पूजा कर स्थानान्तरित करके उन्हीं की कृपा से निर्मित हुआ है यह पोताला प्रासाद। उन्हीं नागराज के प्रति कृतज्ञता ज्ञापन के स्वरूप यह मन्दिर तैयार हुआ है। मन्दिर है, किन्तु नागराज की आत्मा नहीं है। इसी मन्दिर की ऊपरी तीसरी मंजिल में पाँचवें दलाई लामा ध्यान में बैठते थे। यहाँ ध्यान में बैठने पर नागराज दर्शन देने आते हैं।'

वक्ता गाइड नहीं, मन्दिर के पुजारी और पोशाक से तिब्बती लामा थे। बातों-बातों में सोनम ने बताया कि मैं कैलास में चौरासी महासिद्ध योगी श्मशान में रात बिताकर आया हूँ और उन योगियों की मूर्ति देखने को इच्छुक हूँ। यह सुनते ही पहले तो उन्हें आश्चर्य हुआ, फिर कुतूहल दबा न पाए। हमें बरामदे में लाकर बोले--'विश्वास कीजिए, मैं पहली बार ऐसे किसी योगी-पुरुष को देख रहा हूँ, जिसने चौरासी महासिद्ध योगी श्मशान में रात गुज़ारी हो—आपने बहुत बड़ा काम किया है।' बात न बढ़ाते हुए मैंने सीधे उनसे अनुरोध किया—'चलिए, मुझे उन चौरासी महासिद्ध योगियों की तस्वीर दिखाइए, मैं बहुत आग्रही हूँ।'

हम मन्दिर की दूसरी मंजिल पर चढ़कर आए। सामने था जीवन-चक्र का विशाल तांग्खा। उसके बाद थे दीवार-चित्र, कोई मूर्ति नहीं, सब तस्वीरें। बाद की दीवार के पास जाकर उन्होंने कहा—'यह देखिए, ये सब भारत के नामी योगी हैं, जो तिब्बत आए थे।'

उनकी बातों के अनुरूप मैं बड़े मनोयोग के साथ देखने लगा। दीवार पर रोशनी तो कम थी ही, योगियों के चेहरे भी साफ नज़र नहीं आ रहे थे, न नीचे कुछ लिखा था या अगर लिखा था भी तो समय के साथ अस्पष्ट होते-होते मिट चुका था। जो बात स्पष्ट समझ में आ रही थी वह थी उनकी अंग-भंगिमा और योगासन के विभिन्न चित्र। स्पष्ट समझ में आ रहे थे—मत्स्यासन, शीर्षासन, धनुरासन, पश्चिमोत्थानासन, पद्मासन, मत्स्येन्द्रासन, सुखासन, वज्रासन, मयूरासन, वक्रासन, अर्द्धपश्चिमोत्थानासन, मकरासन, भुजंगासन, विपरीतकरणी मुद्रा, बद्धपद्मासन, चक्रासन, उष्ट्रासन, जानुशिरासन इत्यादि। और भी कुछ आसनों की तस्वीरें थीं जिन्हें मैं नहीं जानता था।

इन आसनों के साथ ही प्राणायाम के भी कुछ चित्र हैं। आसन और हाथों की स्थिति से साफ समझ में आ रहा है अनुलोम और विलोम, रेचक-पूरक-कुम्भक की विभिन्न प्रक्रियाएँ। चित्रों के नीचे व्याख्या का अभाव है। मन्दिर के प्रभारी लामा ने बताया कि ये सारे भारत के विख्यात योगी-पुरुष तिब्बत में साधना करने आए थे

और ये ही हैं चौरासी महासिद्ध योगी। उनकी बातें मेरे मन को जँची नहीं, क्योंकि किसी भी तर्क से मैं समझ नहीं पा रहा हूँ कि महासिद्ध योगी अपनी अंग-भंगिमा की विशिष्टता दिखाने यहाँ आए होंगे। निश्चय ही ऐसा नहीं हुआ होगा क्योंकि ये आसन तो अत्यन्त साधारण हैं। सामने विशाल सभागृह और बरामदे को देखकर लगा कि यह हॉल एक समय हठयोग की शिक्षा का केन्द्र रहा होगा। लामाजी को अपना वक्तव्य समझाकर मैंने कहा कि हठयोग-प्रदीपिका में पतंजलि ऋषि ने शरीर व मन को स्वस्थ व सबल रखने के लिए जिन अष्टांग-योग-व्यवहार का निर्देश दिया था, उनके नाम हैं—क्रमशः यम, नियम, आसन, प्राणायाम, प्रत्याहार, धारणा, ध्यान और समाधि। ये चित्र अष्टांग-योग की मात्र तीसरी सीढ़ी हैं। और रेचक, पूरक व कुम्भक के कुछ चित्र देखकर लगता है कि ये हठयोग की चौथी सीढ़ी हैं।

मेरी बातें सुनकर सिर खुजलाते हुए लामाजी कुछ चिन्तित हो गए और जोर देकर मुझसे बोले—'ये ही चौरासी महासिद्ध योगी हैं। हम बड़े गर्व से सभी को बताते हैं कि प्रायः छह सौ वर्ष पहले के राज-शिल्पियों की कारीगरी का यह एक उज्ज्वल नमूना है।'

मैं उनसे बहस नहीं करना चाहता था, अतः बस इतना ही कहा—'अच्छा! व्याख्या के लिए असंख्य धन्यवाद।' एक बात तो सच लग रही है और वह यह कि इनके चेहरे और लँगोट देखकर यह निःसन्देह कहा जा सकता है कि ये सभी भारतीय थे क्योंकि तिब्बत में लँगोट का प्रचलन नहीं है।

अब सोनम ने लामाजी से निम्न स्वर में मेरे बारे में शायद कुछ कहा। लामाजी अब इशारे से मुझे बुलाकर निचली मंजिल के एक कमरे में ले गए। कमरे को देखकर ही मैं समझ गया कि यह ग्रन्थागार है, जहाँ दीवार के असंख्य कोष्ठकों में पोथियाँ थीं। एक कोष्ठक से उन्होंने एक पोथी निकाली, धूल झाड़कर कपड़े की तह खोलकर पहला पृष्ठ उठाकर बोले—'यह देखिए, तिब्बती भाषा में लिखा अनुवाद।' फिर एक और पुस्तक निकालकर बोले—'आपने ठीक ही कहा है, यहाँ लिखा भी है, 'सर्दियों से बचने के लिए योग व्यायाम'। सच्ची बात आपको खुलासा कर बताऊँ, जब दलाई लामा पोताला प्रासाद छोड़कर भारत में पलायन कर गए तो उनके साथ काशाग् मंत्रिमंडल, सलाहकार, पंडित रिम्पोचे और पोताला के विशिष्ट लामा भी चले गए। उसके बाद कई वर्षों तक पोताला का इलाका परित्यक्त रहा, फिर सरकार अर्थात् पीपुल्स रिपब्लिक ऑफ चाइना का म्यूजियम और आर्कियोलॉजिकल डिपार्टमेंट नए सिरे से सब कुछ सजा रहा है। इतिहास और परम्परा को सहेजकर रखने में कुछ वक्त लगेगा, जिसके लिए विशेष शिक्षण-व्यवस्था शुरू हुई है। आप अवश्य ही जानते होंगे कि कैलासनाथ और मानसरोवर का पुराना रास्ता खोल दिया गया है। हर वर्ष हजारों हिन्दू और बौद्ध तीर्थयात्री भारत व नेपाल से आते हैं...'

लामाजी की बातों से सहमत होते हुए मैं उन्हें फिर अपने प्रसंग पर लौटा लाया—'मैं समझ गया कि अगली बार जब मैं आऊँगा तो शायद दीवार-चित्रों की

व्याख्या भी मिलेगी। सरकार की इस सक्रिय भूमिका की प्रशंसा करनी ही होगी। मेरे पास समय नहीं है, अन्यथा इस मामले में मैं भी सहयोग कर सकता था।'

—अब चलिए, हम अगले कमरे देखें।

—जी, ठीक है।

हम फिर ऊपर चढ़े और दूसरी मंजिल के एक और कमरे में आए। इस कमरे की दीवारों पर जो तस्वीरें थीं, भयंकर थीं। व्याख्या की जरूरत नहीं—सब बार्दो देवी-देवताओं और दैत्य-पिशाचों की तस्वीरें थीं। बार्दो अर्थात् अशरीरी आत्माओं का भीषण रूप, ऐसा नहीं है कि ये सभी अनिष्टकारी हैं, इनमें उपकारी आत्माएँ भी हैं। ये शारीरिक चित्र अशरीरी आत्माओं के विभिन्न चरित्र समझाने के लिए हैं। तिब्बत के घर-घर में इन प्रेतात्माओं का प्रभाव आज भी प्रबल है। तिब्बत की पुरानी कथा-कहानी, यात्रा, लौकिक नाच आदि सब इन्हीं के बारे में है। पृथ्वी के सभी देशों में आज भी भूतों का प्रभाव है। सच-झूठ का पता लगाना परिव्राजक का काम नहीं। परिव्राजक का धर्म है देशवासियों के साथ रहकर उनके अनुभवों में अंश ग्रहण करना। तिब्बत की तरह बोन्या और तांत्रिक देश में अशरीरी आत्मा के आवागमन की कई कहानियाँ सुनी हैं, इसलिए लामाजी से कोई प्रश्न न कर मैं उनकी व्याख्या सुनने लगा। फिर अचानक रुककर उन्होंने कहा, जिसे प्रश्न भी कह सकते हैं—

—सुना है, आप काफी घूमे-फिरे हैं। और आपने तो सुना ही है कि यह नागराज का मन्दिर है। नागराज और यमराज दोनों ही पातालवासी हैं—आप पाताल पर विश्वास करते हैं? यहाँ देखिए, पातालवासियों की अनेक तस्वीरें हैं, किन्तु वे सभी अ-मानव हैं, आपको क्या लगता है?—प्रश्न का उत्तर सुनने के लिए वे मेरी ओर ताकते रहे।

उनके प्रश्न की उपेक्षा नहीं कर सकता था इसलिए संक्षेप में उत्तर दिया—'स्वर्ग, मर्त्य, पाताल—ये तीन लोक हैं। स्वर्ग माने आकाश, मर्त्य माने भू-तल या मिट्टी और पाताल माने भू-गर्भ या मिट्टी के नीचे। आकाश है। पंछी, विमान से लेकर रेडियो, टेलीविज़न, मोबाइल फोन इत्यादि हजारों प्रकार की तरंगों और शक्तियों का आवागमन चल रहा है आकाश-मार्ग में। हम मनुष्य-जाति से शुरू कर जीव-जन्तु, कीट-पतंग, उद्भिज्ज, पहाड़, जल, झील, नदी, सागर इत्यादि लाखों शक्तियाँ धरती के सीने पर विचरण करती हैं। पाताल से यदि अभिप्राय भू-गर्भ से है तो सागर, महासागर की गहराई में भी असंख्य जीव-जन्तु, मछलियाँ, मगरमच्छ आदि समुद्रगर्भ के कई प्राणी व उद्भिज्ज हैं जिनका हम नाम भी नहीं जानते। समुद्रतल में यदि कभी रहने का अवसर मिले तो आप देखकर अवाक् रह जाएँगे कि वहाँ एक अपूर्व, आश्चर्यजनक, सुन्दर जगत है। हमारे स्थल-भाग में है एक विराट शक्ति भंडार, जिसका प्रमाण हैं भूकम्प और अग्न्युत्पात। और हैं पेट्रोल, कोयला आदि असंख्य खनिज पदार्थ। प्रत्येक पदार्थ में है शक्ति, जिसे हम बार-बार 'एनर्जी' कहते हैं। शक्ति सर्वभूतों में विद्यमान है, वह चाहे मनुष्य हो या कोयला। स्वर्ग, मर्त्य,

पाताल आदि काल्पनिक कहानियाँ नहीं वरन् शक्ति का आधार हैं। पृथ्वी की मिट्टी पर और नदी के तल में उस मूल शक्ति के आधार-विशेष में है उनका रूप। पौराणिक कथाओं-कहानियों में हमें जो मिलता है, वह प्राथमिक तौर पर सत्य है। फिर ज्ञान, विद्या, बुद्धि और व्यक्तिगत अनुभवों से उस सत्य को अलंकृत भर किया गया है, और कुछ नहीं।'—अब और बात न बढ़ाते हुए मैंने दबाव बनाया—

—चौरासी महासिद्ध योगियों की तस्वीरें देखने को मन छटपटा रहा है, वे तस्वीरें कहाँ हैं?

—बगल के कमरे में चलिए।—हमने लामाजी का अनुसरण किया। ढके हुए बरामदे से आगे बढ़ते ही अत्यन्त सुन्दर सुनहरे व सब्ज रंग के विभिन्न मंडलाओं के दीवार-चित्रों पर नज़र पड़ी। लामाजी की इच्छा तो थी कि व्याख्या करें किन्तु मैंने उन्हें निराश किया।

'पहले चौरासी महासिद्ध योगियों का दर्शन करूँगा, फिर बाकी कारीगरी देखूँगा।'

दूसरी मंजिल के अन्तिम कमरे के पास आकर वे रुके, अपने थैले से चाबियों का गुच्छा निकालकर ताला खोला।

—यह कमरा क्या हर समय बन्द रहता है?

—नहीं, विजिटरों के लिए खुला भी रहता है। आज आपके साथ हूँ इसलिए नहीं खोल पाया। इसके अलावा यहाँ लोग कम ही आते हैं, वे सब मूल नागराज मन्दिर देखकर ही लौट जाते हैं।

उन्होंने दरवाजा खोला, फिर बगल की छोटी खिड़की, बावजूद इसके दीवार पर अंकित योगी-पुरुषों की तस्वीरें अस्पष्ट ही रहीं। बड़ी विनम्रता से लामाजी ने बताया—

—मेरे पास टॉर्च है, मेरे कमरे में ही है, परन्तु बैटरी नहीं है। आप यदि चाहें तो बाजार से बैटरी लेकर आ सकता हूँ।

सोनम ने हिसाब कर बताया कि कोई फायदा नहीं होगा। बाजार जाने-आने में कम से कम डेढ़ घंटा समय लगेगा। और वे मन्दिर छोड़कर भी नहीं जा सकते, किसी को भेजना होगा। और यदि सोनम जाए तो लौटते-लौटते मध्याह्न भोजन का समय हो जाएगा और मध्याह्न भोजन के समय दो-तीन घंटे के लिए मन्दिर बन्द हो जाता है, यही नियम है। मैं समझ गया कि दिन के उजाले के साथ मन का उजाला मिलाकर काम चलाना होगा। दीवार की तस्वीरों को गिनकर देखा, सचमुच चौरासी थीं और अधिकांश योगी पद्मासन में हैं, कुछ सिद्धासन, सुखासन व वज्रासन में बैठे हैं। जटा, दाढ़ी व लँगोट और कम रोशनी में चेहरा देखकर अन्दाज लगाया जा सकता है कि भारतीय हैं या तिब्बती। पर समस्या हुई उनके नाम और परिचय को लेकर। तस्वीर के नीचे नाम, जन्म, तिरोधान, किस मठ-मन्दिर या सम्प्रदाय से हैं, इन सबका कोई उल्लेख नहीं है। शायद कभी रहा हो पर अब नहीं है। मेरे मन में एक के बाद एक कई सवाल उठे—क्या इन महायोगियों में मेरे कैलासबाबा हैं? यदि

हों, तो किस नाम से कहाँ मिलेगा उनका परिचय ? ये तस्वीरें चित्रकार या चित्रकारों ने किस समय अंकित की थीं, दुख की बात यह है कि अपने किसी भी प्रश्न का उत्तर मुझे नहीं मिला क्योंकि इन महासिद्ध योगियों के चित्र के नीचे नाम या कोई परिचय लिपि पहले थी, ऐसा मुझे तो नहीं लगता। इस मामले में लामाजी मेरी कोई मदद न कर पाए। मैंने समझ लिया और मान भी लिया कि मुझे कोई दूसरा रास्ता अपनाना होगा। लामाजी तो स्वयं एक लामा हैं, दर्शन और स्थापत्य की पढ़ाई की है, धर्म और इतिहास तो उनके पाठ्यक्रम में ही था, किन्तु पुराने अभिलेखों (archives) के बारे में वे कुछ नहीं जानते। इसके लिए तिब्बत के मूल ग्रन्थागार में जाना होगा, वहाँ का ग्रन्थागाराध्यक्ष हो सकता है, इस विषय में मेरी कुछ मदद कर पाए। मैं सही जगह पर ही आया हूँ किन्तु दुख इस बात का है कि इस नागराज मन्दिर में जानने लायक अनेक तथ्य हैं किन्तु उनकी पहचान (identity) का कोई उपाय नहीं है। मेरी दृष्टि में इस मन्दिर की स्वतंत्र गहराई है किन्तु उस गहराई में जाने का कोई उपाय नहीं है। मेरे जैसे दर्शक के लिए सबसे बड़ी असुविधा है रोशनी की कमी और तस्वीरों के नीचे यदि क्रम-संख्या बैठा दी जाए तो भविष्य के पर्यटकों को प्रश्न करने में सुविधा हो। मन्दिर में अपनी राय बताने की भी कोई व्यवस्था नहीं है इसलिए मैंने अपनी बातें लामाजी और सोनम को बता दीं। मध्याह्न अवकाश का समय पार हो गया है, अब हमारे भी लौटने की बारी है। मन्दिर में प्रणाम कर निकलने के समय लामाजी हमारे साथ साइकिल-स्टैंड तक आए फिर कुछ देर सोनम के साथ बातें कर उन्होंने मुझसे प्रश्न किया—

—मन्दिर बन्द होने के बाद क्या मैं आपसे बातें कर सकता हूँ?

—हाँ-हाँ, किस बारे में बात करना चाहते हैं?

—तिब्बती कैलासनाथ परिक्रमा के बारे में।

—ठीक है, आइए।

हमने होटल का रास्ता पकड़ा। साइकिल पर बारखर बड़ा अच्छा लग रहा है। हम दोनों को ही चाय पसन्द है। पार्क के किनारे ही एक बड़ा अच्छा टी-हाउस मिला। चाय के साथ तले हुए नूडल का ऑर्डर दिया। सुन्दर शान्तिपूर्ण वातावरण है। थोड़ी देर के बाद हम फिर रवाना हुए।

साइकिल पर पैडल मारते ही सोनम बोला—'आपके हाथ काफी सधे हुए हैं।'

मैंने उसे सुधारते हुए कहा—'केवल हाथ ही नहीं, मेरे पैरों में भी करामात है।' मन में मेरी साइकिल पर पृथ्वी भ्रमण की बात आई पर मैंने उसे मन में ही रहने दिया क्योंकि वह प्रसंग उठने पर मेरे संकल्प में बाधा पड़ सकती है। हम सीधे टिबेट टूरिस्ट ब्यूरो पहुँचे। साइकिल हमारे साथ ही रही क्योंकि चार घंटे से अधिक समय होते ही पूरे दिन का भाड़ा देना होगा। चीनी साइकिल भारी होती हैं, हमने ली हैं ताइवान मेड ऑलफील्ड साइकिल। अफसर ने मुझे देखते ही हँसकर एक चेयर बढ़ा दी और कहा—

—आपकी तकदीर अच्छी है। कल सुबह 10 बजे ल्हासा से चेंग्दू, वहाँ से हांगकांग, फिर यूरोप, ज्यूरिख होते हुए स्विट्ज़रलैंड। सारी टिकटें कन्फर्म्ड, यह देखिए, सी.आई.टी.एस. (China International Travel Service) का प्रिंटआउट, चाइना, साउथवेस्ट एयर-लाइंस की ल्हासा-चेंग्दू-हांगकांग की अलग टिकट।—उन्होंने मुझे सारे काग़ज़ात समझाकर दे दिए और कहा कि सी.आई.टी.एस. किसी व्यक्तिगत क्लाएंट की जगह ग्रुप में विशेष रुचिशील हैं फिर भी मेरे मामले में उन्होंने अपने नियम को तोड़ा है। बहरहाल, उन्होंने बारम्बार मुझे समझा दिया कि मेरी तकदीर अच्छी है। और मैंने भी बड़ी हार्दिकता से हाथ मिलाकर बार-बार कहा—'आप लोगों का सहयोग मेरी तिब्बत-यात्रा का अमूल्य उपहार है।' फिर से धन्यवाद देकर हमने ऑफिस छोड़ा। कल सुबह ही सोनम का भी हिसाब करना होगा। एयरपोर्ट पर पहुँचाने का दायित्व उसी का है।

सोनम लामाजी को लेकर शाम को आएगा, बाकी बातें तब ही होंगी। हम घंटे भर के लिए अलग हुए। स्वयं को पूर्णत: तिब्बती वातावरण में डुबा देने के लिए जोखांग मन्दिर से संलग्न एक चाय की दुकान में मैंने प्रवेश किया। यहाँ मक्खन चाय, साम्पा, बियर, मोमो और थुक्पा रात के 12 बजे तक मिलते हैं और हर वक्त भीड़ रहती है। यहाँ का वातावरण मुझे अच्छा लगता है, मालिक और दुकान के लड़के सभी तिब्बती हैं। पता नहीं, यह घराना कब तक बरकरार रहेगा!

शाम के बाद सोनम लामाजी को लेकर हमारे होटल में हाजिर हो गया। लामाजी की पोशाक बदल गई है—फुलपैंट, शर्ट और चाइनीज़ विंडप्रूफ जैकेट। मुझे नमस्कार कर उन्होंने बताया कि मन्दिर में ड्यूटी के समय वे संन्यासी की पोशाक पहनते हैं, अन्य समय नहीं। फिर विनीत स्वर में बोले—

—मेरे एक प्रोफेसर मित्र आपसे मिलने आए हैं, अनुमति देंगे?

—वे कहाँ हैं?—मैंने पूछा।

—रिसेप्शन में प्रतीक्षा कर रहे हैं।

उनके उत्तर में मैंने कहा—'आप लोगों को अनुमति देनेवाला मैं कौन हूँ? अपने मित्र को अवश्य ही ले आएँ।' मेरी बात सुनकर खूब ख़ुश हो लामाजी अपने मित्र को बुलाने चले गए।

लामाजी थेपा नाम से पुकारे जाते हैं। उम्र में छोटे हैं इसलिए उनका नाम लेकर सम्बोधित करने की मुझे छूट मिली। उनका मित्र भी लगता है तीस-पैंतीस वर्ष का युवक रहा होगा, कॉलेज में इतिहास और भाषा सिखाते हैं। मेरे सामने ये तीनों व्यक्ति ही तिब्बती हैं। चाइना टी-पॉट बीच में रख हमारी बातचीत शुरू हुई। सोनम एक खबर सुनाने को छटपटा रहा था इसलिए उसे भरोसा देते हुए मैंने कहा—

—हाँ, पहले सुसमाचार क्या है, सुनाओ, फिर हम तुम्हारे प्रश्नोत्तर पर आएँगे।

सोनम के अनुवाद से मैं सचमुच अवाक् हो गया। लामाजी ने बड़े कष्ट से मेरे लिए उपयुक्त तथ्य संग्रह किए हैं। बार्दो के बारे में मेरा प्रश्न था और मेरा संकल्प है अतीत के रहस्यमय तांत्रिक योगी-पुरुष की खोज। लुखांग् नागराज मन्दिर में हमने जिन चौरासी महासिद्ध योगियों के चित्र देखे हैं, उनके नाम और परिचय मिल जाएँगे। अत्यन्त सावधानी और यत्न के साथ उन सब सिद्ध महापुरुषों के विशद विवरण, रहस्यमय तत्त्व आदि सब गुप्त पुस्तिका में लिपिबद्ध किए हुए हैं। वह गुप्त पुस्तिका, विशेष व्यक्ति, विद्वान व गवेषकों के लिए 'विशेष अनुमति-पत्र' लेकर देखी जा सकती है। खोज लेने पर पता चला है कि इन चौरासी महासिद्ध योगियों में अन्तिम योगी सम्भवतः दो सौ वर्ष पूर्व के हैं।

अन्तिम तथ्य सुनकर मैं हताश हुआ। मन ही मन में हिसाब लगाकर कहा कि इसका तात्पर्य यह हुआ कि प्रायः सन् 1800 में चौरासी महासिद्ध योगियों में अन्तिम योगी-पुरुष ने देहत्याग किया होगा। यानी मैं जिनकी तलाश कर रहा हूँ, वह इनमें नहीं हैं क्योंकि मैं उनसे 1956 में ही तो मिला हूँ। मैं निश्चिन्त हुआ कि मुझे जिनकी तलाश है उन्होंने देहत्याग नहीं किया है। कैलासखंड के चौरासी महासिद्ध योगी श्मशान के बार्दो योगी देहशून्य अवस्था में रह रहे हैं और अलौकिक विद्याओं के लिए उनकी कृपा अवश्यम्भावी है। आत्मा अविनाशी है, यह बात तो हमने बार-बार सुनी है और यही ध्रुव सत्य भी है। भगवान श्रीकृष्ण ने वही अमर वाणी सुनाकर मृत्यु को सहज रूप से ग्रहण करने का उपदेश दिया है। किन्तु प्रसंग जब उठा है तो यह अवसर गँवाना नहीं चाहता, हो सकता है भविष्य में काम आए। और इतनी सहजता से एक महत्त्वपूर्ण तथ्य हाथ में आ गया है, उसके पीछे हो सकता है किसी चीज का आभास हो। सम्पर्क! मुझे विशेष अनुरोध नहीं करना पड़ा, स्वयं लामाजी ने ही उत्साहित होकर सब बताया, जिसे सुनकर मैं अवाक् रह गया। जो सुना, वही लिख रहा हूँ—

तांत्रिकों का सबसे बड़ा शिक्षाक्षेत्र व मठ है--युंगद्रुंगलिंग। मूल मन्दिर, विग्रह, बलिघर, नाट्य-मन्दिर और कायाकल्प-गुप्त गुफा, सब आज ध्वंसस्तूप में परिणत हो गए हैं। फिर भी बोन्पा, वनसंन्यासी और तांत्रिकों की साधना आज भी जारी है, यह मैंने अपनी आँखों से देखा है और तंत्रगुरु के मुँह से ही सुना है। तांत्रिकों के मठ और शिक्षाकेन्द्र, कल्चरल रिवोल्यूशन के तांडव-नृत्य में ध्वस्त हुए हैं किन्तु ख़ुशक़िस्मती इस बात की है कि मंत्र, तंत्र और मंडला को सम्पूर्णतः विनष्ट नहीं किया जा सका। यह भी एक अविश्वसनीय-अलौकिक घटना का प्रमाण है। बोन् धर्म और तंत्र साधना का अनन्य व प्रधान केन्द्र थी उत्तर की यह डोडोका गुफा। डोडोका गुफा दरअसल कई छोटी-छोटी गुफाओं से निर्मित एक गोम्पा या मठ है। यही अशरीरी आत्माओं की विचरण-भूमि है। अति प्राचीन काल से ही यह मठ खोपड़ियों (Skull) के संग्रह के लिए विख्यात है। तिब्बत में मृतदेहों के लिए आकाश-श्मशान ही सर्वत्र प्रचलित है। दिन के उजाले में ही परिवार-परिजनों के

सामने ही मृतदेह के टुकड़े-टुकड़े कर चारों ओर छितरा दिए जाते हैं, जिनका भक्षण गिद्ध-चील करते हैं। इसके बाद सियार, कुत्ते इत्यादि पशु इस देह-सत्कार में भाग लेते हैं। सिर काट दिया जाता है। सम्पूर्ण सिर का शेषांश यानी हड्डी बच रहती है जिसे सहज भाषा में खोपड़ी या करोटी कहते हैं। आम आदमी की मृत्यु रोग, शोक, बुढ़ापा आदि कारणों से होती है। सिद्ध योगी इस मामले में कुछ अलग हैं, वे इच्छा-मृत्यु के अधिकारी होते हैं। जब आत्मा विभिन्न कारणों से देह का त्याग कर, अन्य देह धारण करने के लिए चली जाती है तब उस देह को 'मृत' घोषित किया जाता है। कहा नहीं जा सकता कि वह आत्मा पुनः पुरानी देह में लौटना चाहेगी कि नहीं। यदि वह आत्मा फिर से अपनी देह में लौटना चाहे, तो लौट सके इसीलिए देह संरक्षित रहती है। योगी-पुरुषों की शिष्य सन्तानों को अधिकांश मामलों में इसकी अनुभूति हो जाती है। स्वप्न व ध्यान के माध्यम से या आकाशवाणी इत्यादि विभिन्न उपायों से संकेत पाने पर वे स्थिर विश्वास और देह की परीक्षा द्वारा समझ जाते हैं कि वह आत्मा अब उस देह में नहीं लौटेगी तब वे योगियों के मामले में उपयुक्त व्यवस्था ग्रहण करते हैं। तिब्बत में ऐसे अनेक तांत्रिक हैं या थे जो नाम, गोत्र, सम्प्रदाय आदि कोई परिचय-पत्र रखे बिना ही देह का त्याग कर गए। तिब्बत की इस डोडोका गुफा में हर प्रकार की खोपड़ी रखी है। डोडोका मठ में कुछ एक सौ तो क्या, हजार भी कहा जा सकता है, विभिन्न प्रकार की खोपड़ियाँ दीवारों पर टँगी हैं और कोष्ठकों में रखी हैं। विभिन्न कमरों में भी रखी हैं। जो तंत्र-विज्ञान पढ़ रहे हैं और गवेषणा कर रहे हैं, उनके लिए तो आज भी यह उल्लेखनीय शिक्षाकेन्द्र है। याद रखना होगा कि वर्तमान में यह शिक्षा केन्द्र होते हुए भी साधनाक्षेत्र नहीं है। सरकार ने (मेरी राय में) इस मुंड-मठ को मुंड या खोपड़ी-प्रदर्शनी या अजायबघर के बतौर रखा है। यहाँ की दीवारें, कोठे-घर इत्यादि सब जनसाधारण के लिए खुले हैं। भीतर सब कुछ देखकर बाहर निकल जाना होता है। अन्य अजायबघरों की तरह यहाँ का भी दस युआन प्रवेश शुल्क है। सोनम ने लामाजी की बातों में कुछ संशोधन करते हुए कहा कि कल्चरल रिवोल्यूशन का धक्का यहाँ भी लगा था। अनेक मुंड-दीवारें तोड़ डाली गई थीं। अब फिर से तांत्रिक संन्यासियों ने उस भग्नस्तूप से खोपड़ियाँ संग्रह कर नए सिरे से सजाई हैं। आदि-पुस्तक-संग्रह-कक्ष, तंत्र-गूढ़तत्त्व-कक्ष अक्षत अवस्था में हैं तो सही, पर हर समय ताला बन्द रहता है। परिव्राजकों और खासकर तंत्र-साधकों के लिए यह एक महत्त्वपूर्ण तथ्य है। ऐसा कोई मठ है, यह मैंने सुना नहीं था। इस यात्रा में मेरा संकल्प था अपने उद्धारकर्ता उन तांत्रिक एवं कैलासबाबा की खोज। अब यदि माँ लाएँगी तो निश्चय ही आऊँगा। इसी सुअवसर पर मैंने वहाँ जाने का पथनिर्देश जान लिया।

तिब्बत की राजधानी ल्हासा (ल्हासा) से उत्तर की ओर जाना होगा। पहले बड़ा शहर पड़ेगा नाम-त्सो (Nam-tso), फिर नागचू (Nagchu)। नागचू से जो रास्ता

सोक् (Sok) तक गया है, वही पकड़ना होगा। नागचू और सोक् के बीच पड़ेगा बिरोंग्-सियांग (Birong-ziang) चौराहा, वहाँ से डोडोका मठ मात्र पन्द्रह-बीस किलोमीटर की दूरी पर है। ल्हासा से गाड़ी लेकर निकलने पर शाम से पहले ही पहुँचा जा सकता है। डोडोका गोम्पा तिब्बती नाम है, चीनी भाषा में दामू-सी (Damu-Si) कहते हैं। जाने के रास्ते में पड़ेगा सुन्दर द्रोल्मा या तारा उपत्यका का पर्वतीय अंचल। डोडोका के अतिरिक्त और भी दो मुंड-मठ (Skill-Monastery) उस बीरू महकमे (Biru Country) में हैं, वहाँ भी जनसाधारण जा सकते हैं। खुला होने के बावजूद पुराने भय, विश्वाास, आतंक और पूर्व संस्कारों के चलते वहाँ जनसाधारण का आवागमन कम है। यह सब सुनकर मैंने स्वयं को सान्त्वना दी कि सब कुछ निश्चिन्त नहीं हुआ है, ऐतिहासिक चिह्नों को साक्ष्य के रूप में बचा रखा है महाकाल ने। सब कुछ नष्ट नहीं हुआ है, जड़ है अभी भी, हो सकता है अंकुर भी निकले।

मैंने सब कुछ बड़े मनोयोग से सुना, अविश्वसनीय करोटी या मुंड-प्राचीर (Skull-wall) आज भी है। मेरी इस यात्रा के अन्तिम दिन का अमूल्य तथ्य-उपहार था यह। अब प्रश्न लामाजी की ओर से आया—

प्रश्न : मैंने बहुत सोचा-विचारा है, पढ़ाई की है। जो समझ नहीं पा रहा हूँ, वह यह है कि 'मंत्र' आजकल के दिनों में कैसे काम करता है? विश्वास, खासतौर से मंत्र में विश्वास रखनेवाले लोग आमतौर पर आलसी प्रकृति के व कर्म-विमुख होते हैं। मंत्र उन्हें कैसे प्रेरणा दे पाएगा? तिब्बत का प्रधान मंत्र है—'ॐ मणिपद्मे हुम्'। इस मंत्र का ध्यान मैंने भी किया है, परन्तु कोई फल नहीं मिला।

उत्तर : आपका प्रश्न विराट है। कम समय में इसका उत्तर दे पाना सम्भव नहीं। मैं संक्षेप में उत्तर देने की चेष्टा कर रहा हूँ।

मंत्र एक विज्ञान है। मंत्र एक शब्द, शब्द एक स्पन्दन है। जगत में हर चीज के मूल में स्पन्दन है। स्पन्दन से ही जगत की सृष्टि हुई है। मनुष्य के मन को पूर्णत: स्थिर रखकर चिन्तामुक्त अवस्था में नि:शब्द व उपयुक्त परिवेश में जब शुद्ध मंत्र का उच्चारण किया जाता है तब वह शुद्ध मंत्र मन में स्पन्दित (Vibrate) होता है। वह स्पन्दन मंत्र के अनुरूप मन को एक आनन्दलोक में ले जाता है। उस अवस्था को शब्दों या भाषा में नहीं समझा पाऊँगा। उसका सम्बन्ध अनुभव-अनुभूति (feeling) से है। ठीक गाने की तरह। मंत्र दरअसल एक शब्द है, कोई एक अक्षर उसका प्रतीक (Symbol) है। उस शब्द का जब बार-बार उच्चारण किया जाता है तो छन्द की सृष्टि होती है। वही छन्द स्थान, काल, पात्र के भेद से मन में सृजन शक्ति (Creative Power) का निर्माण करता है। दुख-दुर्दशा से मनुष्य को दूर ले जाता है अर्थात् मन को एक अन्य ही स्तर पर पहुँचा देता है। मंत्र मन को जाग्रत्, स्वप्न व सुषुप्ति की अवस्था पार कर एक सम्पूर्ण शान्त व आनन्दमय स्तर पर ले जाता है। विभिन्न प्रकार के मंत्रों की आर्य ऋषियों ने अपने मन के गहरे स्तर से रचना की

थी। यह कहा जा सकता है कि उनकी स्थिर अवस्था में एक शब्द स्पन्दित हुआ और बाद में उसी ने छन्द की रचना की। छन्द से एक देवशक्ति-रूप या देवता और फिर उसी देवता के प्रति संकल्प अर्थात् उद्देश्य सृजित होता है।

जैसे फर्ज कीजिए, 'ओम्' इस शब्द के ऋषि हैं ब्रह्मा। जिस छन्द में वह मंत्र मन के निःशब्द स्तर से शब्दाकार में स्पन्दित (ध्वनित) हुआ था, उसका नाम है गायत्री-छन्द। तेज व सूर्यशक्ति के प्रतीक के रूप में पकड़ में आए थे अग्निदेव। इस मंत्र का उद्देश्य व प्रयोग है कर्मशक्ति। सारे कर्मों का प्रारम्भ ही 'ओम्' से होता है। यह शुभ 'ओम्' मंत्र अन्य सभी मंत्रों व प्रार्थनाओं के प्रारम्भ में व्यवहृत किया जाता है। श्रेष्ठ वेद मंत्र है—गायत्री मंत्र। सर्वप्रथम जिस ऋषि को यह मंत्र मिला, उनका नाम था विश्वामित्र। छन्द गायत्री, देवता का नाम सविता, जप-ध्यान-उपनयन इत्यादि हर प्रकार की आध्यात्मिक उन्नति के लिए यह देव-मंत्र व्यवहृत होता है।

असल बात यह है कि मंत्र मन को धारण कर संकल्प की ओर ले जाने में सहायक होता है। आधुनिक वैज्ञानिक विशाल प्रयोगशाला में स्पन्दन की गवेषणा कर उसे व्यावहारिक क्षेत्र में लेकर आने की चेष्टा में असाध्य साधन कर रहे हैं। वैदिक, प्राचीन ऋषि व ज्ञानी योगी-पुरुषों ने मन के शोधागार में स्पन्दन-विद्या को फलित रूप दिया है, और उद्देश्य एक ही है—उस महाशक्ति को शान्ति और अग्रगति के काम में लगाना। इसीलिए मैं बार-बार कहता हूँ कि मंत्र एक ध्वनि या नाद का स्पन्दन विज्ञान या नादविज्ञान है, जिसकी शिक्षा के लिए उपयुक्त शिक्षक की जरूरत होती है।

पता नहीं, अपनी बातों से मैं उनकी जिज्ञासा शान्त कर पाया या नहीं किन्तु उनके हुँकारे ने मुझे उत्साहित किया। डोडोका मठ का ठिकाना पाकर मुझे बड़ी ख़ुशी हुई। एक साथ फिर से चायपान कर और उन्हें असंख्य धन्यवाद देकर हम उठे। आज तिब्बत में इस यात्रा की अन्तिम रात है, कल सुबह ल्हासा-चेंग्दू-हांगकांग होते हुए लौटने की राह पकड़ूँगा।

तिब्बत में आज छत्तीसवें दिन की सुबह है। सोनम गाड़ी लेकर ठीक समय पर ही होटल के रिसेप्शन पर हाज़िर है। सारा सामान समेटकर, तिब्बत की धरती को प्रणाम कर, मैं गाड़ी में बैठ गया। गाड़ी के चलते ही लगा जैसे मैं अपना ही देश छोड़कर विदेश जा रहा हूँ। यह एक अद्‌भुत अनुभूति थी, एक अजनबी सिहरन। ल्हासा से गोंकर एयरपोर्ट जाने के रास्ते खिड़की से बाहर अवाक् होकर देख रहा हूँ, रास्ते के किनारे खड़े लोग मुझे जाने-पहचाने से लग रहे थे। बार-बार लग रहा था कि मैं भी इन्हीं में से एक हूँ। पोशाक-चेहरे आदि तो अलंकार हैं। वास्तव में हम सभी एक ही तो हैं—उस परमपिता की सन्तान।

सुदीर्घ तिरपन वर्षों पश्चात् अन्ततः दर्शन

देखते-देखते एक साल गुज़र गया। अब मैं आल्प्स पर हूँ। सन् 2007 के जून महीने में मैं परमपूज्य कैलासबाबा की खोज में तिब्बत गया था। सारे सरकारी नियम-कानून, बाधा-विपत्तियाँ उनकी कृपा से एक-एक कर पार करते हुए तिब्बत के उन पुराने रास्तों पर उनकी खोज में मैं घूमा हूँ। उनसे तो नहीं मिल पाया किन्तु एक अद्भुत मानसिकता ने मुझे बढ़ते जाने को उत्साहित किया और मैं खोज पाया वह पवित्र संगमस्थल नानगुंग नदी जहाँ पुण्यस्रोत ब्रह्मपुत्र आकर मिला है। उसके नजदीक ही है रहस्यमय श्रेष्ठ तांत्रिक पीठस्थान युंगद्रुंगलिंग। पाने के आनन्द के साथ ही साथ निरानन्द का अश्रुजल नहीं सँभाल पाया। उनकी भाषा में कल्चरल रिवोल्यूशन का फल मेरी नज़र में उन्नति के नाम पर ध्वंसलीला थी। नम आँखों से 'सब उन्हीं की इच्छा' कहकर मन को सान्त्वना दी। उस मठ के भग्नस्तूप के बीच खड़े होकर एक अदृश्य आशा के स्रोत ने मन को सान्त्वना देते हुए कहा—'वे हैं,' फिर मन ने ही प्रश्न किया—'वे हैं, परन्तु कहाँ?'

एक और आश्चर्यजनक प्राप्ति रही ज्ञानगंज रि-पुक मठ की भैरवी माताजी—रहस्यमयी माँ बैठी थीं एक अनजान, परित्यक्त प्रायः भग्नाश्रम में, उनके दर्शन में दर्शन हुए जगन्मातारूपी एक अपरूपा नारी के। जीवन धन्य हो गया। उन्हीं के निर्देश पर मैं कैलासनाथ और मानसरोवरखंड में गया। उस यात्रा का उद्देश्य कैलास की परिक्रमा नहीं, बल्कि चौरासी महासिद्ध योगी श्मशान में रात बिताना था। माताजी का दूसरा आदेश था—शिवस्थल से पापक्षय पत्थर-गुफा का अतिक्रम करना। माताजी ने ही मुझे उस भयावह व दुर्गम सुरंग से पार कराया, उन्हीं की कृपा से असाध्य-साधन हुआ।

मैं तो अपने संकल्प पथ का पथिक था। जो संकल्प था, यात्रा में उससे भी अधिक प्राप्त हुआ। और कई बार तो चलते-चलते रास्ता ही मन को थमा देता है एक अन्य पथ, एक अन्य संकल्प।

मैं कैलासबाबा के पुण्यदर्शन की उम्मीद से गया था। फ्रांस में लौटकर उनके दर्शन की इच्छा धीरे-धीरे मन से दूर जाने लगी—दर्शन न मिलने पर भी मैंने उन्हें मन में बसाए रखा। प्रतिदिन सूर्य-प्रणाम के समय वे हृदयाकाश पर दर्शन देते हैं।

भ्रमण मेरा नशा, मेरी साधना है। भारत के अनेक अखाड़ों में देखा है कि गाँजे की टान में भक्त लोग शिव को भूल चिलम को ही पकड़े रहते हैं। पता नहीं, सदाशिव महादेव की इच्छा क्या है। किन्तु सुना है, गाँजा ही उनकी साधना है, जो मन की सारी समस्याओं को दूर कर मन को शान्त कर देता है। मेरी अवस्था भी कुछ वैसी ही है। मैं पथिक हूँ और पथ के नशे में ही चल रहा हूँ। बहुत बार चलना है, इसलिए चलता हूँ, गन्तव्य स्थल कहाँ है, पता नहीं। जब मैं राह भटक जाता हूँ

तो नशाग्रस्त राही को वे ही पकड़ा देते हैं रास्ता। ऐसी घटनाएँ मेरे जीवन में बार-बार घटी हैं और इस बार भी वैसा ही हुआ है।

कैलासबाबा के दर्शन तो अब लगता है, स्वप्न में ही होंगे। शारीरिक दर्शन-लाभ की इच्छा जब धीरे-धीरे मन से दूर जाने लगी तो ठीक उसी समय एक अलौकिक घटना घटी—

सन् 2008 के आखिर में हठात् मन छत्तीसगढ़ की ओर आकर्षित हुआ। रहता विदेश में हूँ, सहधर्मिणी भी विदेशी हैं परन्तु भारत की मिट्टी के प्रति एक विशेष खिंचाव का अनुभव करता हूँ, जो खिंचाव पृथ्वी के गुरुत्वाकर्षण से भी अधिक शक्तिशाली है क्योंकि गुरुत्वाकर्षण की शक्ति देह को अपनी ओर खींचती है जबकि भारत और भारतमाता का खिंचाव मानसिक और आत्मिक खिंचाव है, अशरीरी माया का एक बन्धन है। देवी से कहा, चलो, इस बार भारत के मूल केन्द्र में कुछ दिन भारतवासियों के बीच गुज़ार आएँ। आदि भारतवासी ही तो आदिवासी हैं, जिनके संस्पर्श में प्रकृति की छुअन मिलेगी। इच्छामयी तारा हो तुम—यह उक्ति काफी सही है। इच्छा यदि सत्, चित्त और आनन्द से जुड़ जाए तो वह इच्छा ही शक्ति होती है, वह तथ्य संग्रह करती है, फिर यात्रा और वही क्रियाशक्ति है।

मेरी योजना शुरू हुई। दिल्ली में प्रवासी भारतीय समावेश में छत्तीसगढ़ के पर्यटन व वन विभाग के उच्च पदस्थ कर्मचारियों से परिचय हुआ था। उन्होंने मुझे बार-बार इस नए प्रदेश का भ्रमण करने का अनुरोध किया था। सोचा यही स्वर्ण-सुअवसर है। मैंने उन्हें अपनी इच्छा जताई—मैं व मेरी पत्नी आदिवासियों के साथ वन में प्रकृति की गोद में कुछ दिन रहना चाहते हैं, उन्हीं के स्पर्श में हमें भारत की परम्परा व संस्कृति मिलेगी।

कुछ दिनों पश्चात् उत्तर मिला। वन विभाग के सचिव ने हमारा स्वागत करते हुए लिखा कि हम उन्हें फ्लाइट नम्बर और तारीख सूचित करें, छत्तीसगढ़ की राजधानी रायपुर में वे हमारी प्रतीक्षा करेंगे। बहुत अच्छा हुआ और ई-मेल पर हमारे पत्रों का आदान-प्रदान शुरू हुआ। इसी बीच मेरे प्रिय मित्र गोरा सर्वाधिकारी ने सूचित किया कि उसी समय उसका अमरकंटक आने का कार्यक्रम है। अमरकंटक नाम मन को खूब जँचा। मध्य प्रदेश व छत्तीसगढ़ की सीमा पर है अमरकंटक। सोचा, अच्छा ही होगा, छत्तीसगढ़-भ्रमण की योजना में अमरकंटक को रखना ही होगा। मित्र गोरा पिछले कुछ वर्षों से अमरकंटक तीर्थ में अकसर आता-जाता रहता है। बड़ी जाग्रत् देवी नर्मदा का पीठस्थान है वहाँ। मैंने मन ही मन सोचा कि चलो अच्छा ही हुआ। कुछ दिनों पश्चात् एक और आश्चर्यजनक आमंत्रण मिला। रायपुर से डॉ. रवीन्द्रनाथ पाटि ने मुझे बतौर प्रधान अतिथि ग्लोबल समिट ऑन सस्टेनेबल डेवलपमेंट एंड बायोडायवर्सिटी सम्मेलन, जो कि रायपुर में 7-9 फरवरी, 2009 को होने जा रहा है, में आमंत्रित किया। डॉ. पाटि ने मुझे वचन दिया कि उक्त

सम्मेलन के पश्चात् छत्तीसगढ़ के वनांचल में घुमा-फिराकर वे हमें अमरकंटक पहुँचा देंगे।

हम राजी हो गए और वचन दे दिया कि उक्त सम्मेलन में हम दोनों हाज़िर होंगे।

कार्यक्रम के अनुरूप हम यथासमय रायपुर पहुँच गए। सम्मेलन अत्यन्त सफल रहा और सारी व्यवस्था की प्रशंसा करनी होगी। राजधानी दिल्ली से सुदूर छत्तीसगढ़ में इस प्रकार के एक महत्त्वपूर्ण अन्तर्राष्ट्रीय सम्मेलन का आयोजन हो सकता है, यह बहुतों की सोच से परे था। छत्तीसगढ़ के राज्यपाल, मुख्यमंत्री व अन्यान्य विशिष्ट व्यक्तियों का परिचय-लाभ कर हमने स्वयं को धन्य माना।

रायपुर तथा छत्तीसगढ़ के इस प्रसंग को लिखने के लिए इसलिए बाध्य होना पड़ा क्योंकि ईश्वर की लीला अति रहस्यमय है। सब उसी की इच्छा है, उसी का खेल है। छत्तीसगढ़ के वन विभाग की कुछ उल्लेखनीय परियोजनाओं को देखकर एवं अपनी इच्छानुसार वन के शान्त, सरल व निरीह आदि-भारतीयों के साथ कुछ समय बिताकर दो दिनों बाद, जैसा कि तय था, हम नर्मदा पहुँचे। हम सरकारी बँगलों में ठहरे, जहाँ हमारी प्रतीक्षा मित्र गोरा (सर्वाधिकारी) कर रहा था।

अन्ततः अमरकंटक

आखिरकार, मैं नर्मदा के किनारे पहुँचा। उस वक्त मैं समझ नहीं पाया कि मैं खुद नहीं आया, मुझे तो 'वे' ही लेकर आए हैं। प्रायः डेढ़ वर्ष पहले कैलासखंड के शिवस्थल में मेरे मन पर उन्होंने लिख दिया था नर्मदा। तब मैं समझ नहीं पाया था। सोचा था मेरे अबाध मन की गति है। उस सत्यवाणी को पकड़ने की शक्ति या कुशलता मुझे ज्ञात न थी। उस भविष्यवाणी से मैंने स्वयं को अलग कर दिया था। किन्तु उन्होंने मुझे अलग नहीं किया, आज उन्होंने मुझे पहुँचा दिया है मेरे आराध्य कैलासबाबा के श्रीचरणों में। शतकोटि प्रणाम के माध्यम से उन रहस्यमयी परमासुन्दरी देवी भैरवी माता के श्रीचरणों में उन्होंने पूरी की मेरी मनोकामना। ज्ञानगंज के उस पुण्यक्षेत्र में मुझे दर्शन देकर उन्हीं ने थमा दी थी मुझे मेरे संकल्प-पथ की राह।

नर्मदा। सुबह होटल के बरामदे में हम चार व्यक्ति नाश्ते की टेबल पर बैठे स्थान-माहात्म्य सुन रहे थे। हम चार व्यक्ति यानी मैं, देवी (पत्नी), आशीष बॅल (कलकत्ता के स्वनामधन्य फोटोग्राफर जिन्हें कुछ लोग स्नेह से कानाई भी बुलाते हैं) और गोरा। हठात् गाइड ने बड़े उत्तेजित स्वर में घोषणा की—'बाबा आ गए हैं।'

—बाबा ? कौन बाबा ?—मैंने गोरा से पूछा।

—बाबा ? माने ? बाबा तो हम कहते हैं, यहाँ तो उनका नाम बर्फानी दादाजी है, सभी उन्हें दादाजी कहते हैं, बहुत बड़े योगी-पुरुष हैं। इस बार को मिलाकर मैं

सत्रह बार यहाँ आ चुका हूँ उनका दर्शन पाने के लिए और हर बार निराश लौट जाना पड़ा है। क्या ख़ुशक़िस्मती है आज मेरी और तुम लोगों की भी।

—उनकी उम्र कोई डेढ़-दो सौ साल होगी।—गाइड ने जोड़ा।

कहना नहीं होगा कि हम सभी हड़बड़ी में निकल पड़े दादाजी के दर्शनों को।

आश्रम का नाम—बर्फानी धाम। विशाल धर्मशाला-मन्दिर है, और शिष्य-शिष्याओं के रहने की बड़ी अच्छी व्यवस्था है। आश्रम के दूसरे हिस्से में मन्दिर के पास ही धूप में बैठे हैं दादाजी। धरती पर नहीं, प्लास्टिक की कुर्सी पर, नीचे भक्तगण गा रहे हैं भजन। फिर जब हम दादाजी के पास आए और उन्हें प्रणाम कर बैठे तो दादाजी ने हमारी ओर देखा। वे कुछ बोले नहीं, केवल हम लोगों की ओर देखते रहे, फिर पास के छोटे टेबल पर रखे पान-ज़र्दा के एक डिब्बे को हाथ में लेकर उसमें से चूरा हुआ पान-ज़र्दा मुँह में डाला।

देवी ने दादाजी के करीब जाकर मेरी लिखी हिन्दी पुस्तक 'महातीर्थ के अन्तिम यात्री' उनके हाथों में दी। उन्होंने पुस्तक लेकर घुटनों पर रखी फिर एक मीठी सी मुस्कान के साथ देवी के हाथ में कुछ सूखा प्रसाद देकर इशारे से बैठने को कहा। बगल की एक संन्यासिन जब पुस्तक देखने को झुकीं तो दादाजी ने फौरन पुस्तक को बाईं बगल में रखकर कहा—

—यह मेरी पुस्तक है, तुम्हारे लिए नहीं।—बिल्कुल एक बच्चे की तरह वे पुस्तक को जकड़े रहे।

अब उन्होंने मेरी ओर देखा, अवसर पाकर मैंने उनसे कहा—

—बहुत वर्षों पूर्व मैं तिब्बत गया था, यह उस समय की भ्रमण-कहानी है।—उन्होंने हँसकर जवाब दिया—'हाँ' (होउ)। जरा देर बाद ही फिर हनुमान चालीसा का पाठ शुरू हुआ। दादाजी, लगता है, देवी को पहली नज़र में ही पहचान गए। दोनों के बीच बिना कुछ कहे जैसे बात हो गई और उपस्थित भक्तों ने इस पर गौर किया। इस बार तो यही प्रथम दर्शन था, पूर्वजन्म का कोई स्मृत-सम्पर्क हो तो हो। घंटा भर बैठे रहने के पश्चात् हमने उठने की अनुमति माँगी तो हमें उत्साहित करते हुए उन्होंने कहा—

—हाँ, जाओ घूम आओ अमरकंटक में नर्मदा का उद्‌गम, कपिल धारा, दुग्ध धारा, सोनपुर। जाओ सब घूम आओ।

दादाजी को प्रणाम कर हम निकल पड़े। गाड़ी के ड्राइवर और गाइड को तो सब कुछ मानो कंठस्थ हो।

घूम-फिरकर हम सन्ध्या से काफी पहले ही बर्फानी धाम में लौट आए। गोरा ने अपने गले के साधुबाबा की फोटो वाले लॉकेट को दिखाकर कहा—

—मैं साधु बाबा का शिष्य शान्तिनिकेतन से आ रहा हूँ।

पास के एक व्यक्ति ने बाबा को समझाकर बताया कि शान्तिनिकेतन कलकत्ता के पास विश्वकवि रवीन्द्रनाथ ठाकुर का आश्रम है और गोरा सर्वाधिकारी वहाँ के

संगीत भवन के शिक्षक हैं। दादाजी ने ध्यान से सुना फिर कहा—'होउ,' यानी समझ गया। फिर कुछ देर पश्चात् उन्होंने देवी की ओर देखा। सुबह आश्रम के एक भक्त से देवी का परिचय हुआ था। उसने बाबा को बताया था कि देवी आयुर्वेदिक लता-पत्तों और जड़ों से रोगों की चिकित्सा करती है। बाबा ने अब सबकी ओर मुखातिब होकर कहा—'इस महिला को किसी डॉक्टर की दरकार नहीं होती, बिना औषधि के यह रोग दूर करती है, है न डॉक्टर साब!' कहकर अपनी सुन्दर हँसी से उन्होंने हमारा मन भर दिया। इसके बाद गोरा ने शुरू किया भजन-कीर्तन जिसमें हम सबने साथ दिया। बाबा के निर्देश से ही उसने शुरू किया—

हरे कृष्ण हरे कृष्ण कृष्ण कृष्ण हरे हरे
हरे राम हरे राम राम राम हरे हरे...

गायन रुकने से पहले ही बाबा उठ गए, आश्रम के मन्दिर में पूजा का घंटा बज उठा। इसी अवसर पर हम भी उठ गए—नर्मदा देवी के मूल मन्दिर में भी आरती का समय हो गया है। हमें उठते देख बाबा के एक भक्त ने कहा—'आप लोग उठ क्यों गए? दादाजी अभी लौटेंगे, तब आरती होगी।'

—ठीक है। हम नर्मदा देवी के दर्शन के लिए आए हैं, वहीं सन्ध्या-आरती में शामिल होंगे, उसके बाद यहाँ फिर आएँगे।—मैंने कहा। किन्तु वयस्क ब्रह्मचारी को, लगता है, इससे ख़ुशी नहीं हुई। उनकी इच्छा थी कि हम वहीं रहें। हम निकल आए।

नर्मदा देवी की आरती वहाँ जमा भक्तों के लिए एक पवित्र व आनन्दमय क्षण है। मंत्र-प्रार्थना, समवेत श्लोक, घंटा-शंख ध्वनि और अन्त में पुष्करिणी में जल-स्पर्श कर धूप-दीप और कर्पूर की सुगन्ध से मन भर जाता है। एक अपूर्व शान्ति के स्पर्श ने हमारे शरीरों को आनन्द के घेरे में ले लिया। मंत्रों और विभिन्न मुद्राओं की स्मृतियाँ लेकर हमने होटल की राह पकड़ी। हमारे साथ शामिल हो गए वहाँ के दुर्गा-मन्दिर के प्रधान पुजारी पापुन महाराज। उनकी बातों में काफी अपनत्व और पर्याप्त पांडित्य था, वे गोरा के मित्र थे। उन्होंने हमें नर्मदा देवी का माहात्म्य सुनाया।

नर्मदा तीर्थ में

तीसरा दिन। हम सुबह नर्मदा पर आए। सिर पर जल छिड़ककर नर्मदा के उद्गम स्थल पर प्रार्थना की, उसके बाद नर्मदा माता के मन्दिर में आए और उसके सामने ही है महाशिव का मन्दिर। रुद्रकन्या नर्मदा के मन्दिर के ठीक सामने शिव-मन्दिर। सुबह व सन्ध्या की आरती, दोनों मन्दिरों के बीच के स्थान में पुरोहित खड़े होकर एक ही समय देव-देवी की आरती करते हैं। शिव या रुद्र के पसीने से जन्मी हैं

इसलिए वे रुद्र-कन्या हैं। पुराण में वर्णन है— महाशिव उमा देवी के साथ रिक्सा पर्वत पर कठोर तपस्या में लीन थे। महाशिव जब कैलास पर ध्यान में बैठते हैं तो अत्यधिक ठंड के कारण उनके शरीर से पसीना नहीं निकलता। किन्तु यहाँ उसका ठीक विपरीत है, गरमी के कारण उनकी देह से जो पसीना निकला वही नदी का आकार ले नीचे की ओर प्रवाहित हुआ। वही नदी एक सुन्दरी कन्या के रूप में जब शिव के सामने उपस्थित हुई तो शिव ने उसे अपनी कन्या के रूप में आशीर्वाद दिया। उद्गम-स्थल से शिव-कन्या नर्मदा देवी ने आनन्द में नाचना शुरू किया। उस नृत्य का प्रथम पदक्षेप व देहभंगिमा की प्रतीक है कपिल धारा। जबलपुर के पास उसकी नृत्यभंगिमा का एक और रूप है धुवन धारा। अमरकंटक के पास कपिल धारा जलप्रपात की उच्चता है सत्तर-अस्सी फीट के करीब, जबलपुर के पास उसकी ऊँचाई मात्र तीस फीट है। किन्तु इस धुवन धारा का दृश्य मन को एक आनन्दमय विस्मयकारी जगत में ले जाता है। यही नर्मदा ही ओंकारेश्वर ज्योतिर्लिंग में पितृरूप में महाशिव का स्पर्श कर महासागर में जा मिलती है। महासागर ही नर्मदा देवी के स्वामी हैं।

नर्मदा के छोटे पक्के बनवाए हुए पुष्करिणी के किनारे बैठकर पापुन महाराज से सुनी थी हमने यह कथा। इसके बाद बुलावा आ गया कि गोरा ने आज दुर्गा मन्दिर में भोग की व्यवस्था की है, सभी आमंत्रित हैं। खिचड़ी भोग के पश्चात् हम निकल पड़े। बाबाजी के यहाँ हनुमान चालीसा सुनने के पश्चात् देवी की इच्छा वन में हनुमान दर्शन की हुई। रास्ते में बन्दरों के लिए मूड़ी, मटर के दाने, चना, बिस्कुट इत्यादि पर्याप्त मात्रा में लेकर हमने वन का रास्ता पकड़ा। अब वन-पर्व की बातें लिखकर मैं पन्ने भरना नहीं चाहता। वानर-चरित हमारा जाना-पहचाना है। उनकी बलशाली अंगभंगिमा और हाथों से खाद्य लेने के बीच देवी को एक छन्दमय शृंखला सी नजर आई।

हमने गाड़ी रायपुर से ली थी, जो हमारे साथ ही थी। अब फिर लौटने की बारी। रायपुर, दिल्ली होते हुए जेनेवा का आकाश-मार्ग। सब कुछ पहले से ही तय था लिहाजा अमरकंटक से विदा लेनी पड़ी। चौथे दिन हम रायपुर लौट आए। गोरा और आशीष बिलासपुर होते हुए कोलकाता जाएँगे।

प्रत्येक के जीवन में ऐसी अनेक घटनाएँ घटती हैं जिनकी व्याख्या बुद्धि या तर्क से नहीं की जा सकती। हमारा जीवन ही एक रहस्य है। कवि मिलारेपा ने कहा है कि मन-प्राण-बुद्धि इन तीनों का संयोग यदि स्थान, काल, पात्र के अनुरूप छन्दमय हो तो जगत का रहस्य खुल जाता है। मेरे मामले में पवित्र अमरकंटक में वही हुआ। मेरा मन-प्राण-बुद्धि सब कुछ होते हुए भी, जिन्हें खोज रहा था, उन्हें पाकर भी पहचान न पाया। और एक महायोगी पुरुष के दर्शन हुए, इससे अधिक कुछ नहीं; बस इसी भावना के साथ फ्रांस लौट आया। वन में बन्दरों की विभिन्न भंगिमाओं की तस्वीर, उनका अपना बना लेनेवाला स्वभाव, वन विभाग की बाघ की कहानी,

वनवासियों का हँसी-नाच-गान, उनकी परम्परा और सोच का संरक्षण व मर्यादा दान इत्यादि प्रसंगों के विराट अनुभवों के साक्ष्य लेकर लौट आया हूँ। कुछ दिनों तक इसी विषय पर मेरे और देवी के बीच चर्चा होती रही। बर्फानी दादाजी ने देवी को अत्यधिक प्रभावित किया किन्तु मुझे नहीं, मैं अनासक्त रह गया।

दूर से जिस पहाड़ की बर्फीली चोटी मनुष्य मात्र को आकर्षित करती है, पहाड़ पर चढ़ते ही वह दृश्य अदृश्य हो जाता है। निकटत्व दूरत्व की महिमा का हरण कर लेता है।

फ्रांस में हमारा घर आल्प्स के ऊपर है। पहाड़ और वन ने हमें घेर रखा है। अतिसुन्दर कैलास शिखर की तरह ही बर्फ से ढकी पहाड़ की एक चोटी हमसे बहुत दूर नहीं है उसका नाम है 'दन्त-ऑस' या ऑस दैत्य का दाँत (Dent d'oche) और उसकी ऊँचाई है 2004 मीटर। उसकी ओर देखते ही कैलासदर्शन-सा प्रतीत होता है।

मन व देह को शान्त करने में प्राय: दस दिन लग गए। मन में स्थिरता आते ही एक नया प्रश्न उभरा—हृदयाकाश पर बार-बार बर्फानी दादाजी का चेहरा उभरने लगा। देवी के मोबाइल में ली गई तस्वीर में मैं बार-बार उनका मुख देखने लगा। ख़ुश होकर देवी ने कहा—

—जब पास थे तब तो तुम चुप ही रहे, अब लग रहा है, तुम्हें भी आकर्षित कर रहे हैं।—बात बिल्कुल सही है। दूर से ही खिंचाव का अनुभव कर रहा हूँ। बार-बार लग रहा है मानो कहीं देखा है, किन्तु कब? कहाँ? कुछ याद नहीं आ रहा। कुछ ही दिनों में वह प्रश्न बार-बार मन के दरवाजे पर दस्तक देने लगा। कहाँ देखा है, कहाँ देखा है...?

मेरी अवस्था देखकर देवी ने सान्त्वना दी—

—तुमने छुटपन से लेकर अब तक इतने साधुओं को देखा है कि अब स्मृति-पटल पर खो जाने की सम्भावना ही अधिक है। असल बात क्या है, जानते हो? सभी साधुओं का चेहरा एक सा ही होता है। लँगोट, जटा, दाढ़ी, कमंडल सभी के एक से होते हैं...

—तुम ठीक ही कह रही हो किन्तु इन बाबाजी दादाजी में ऐसा कुछ है जो मुझे बार-बार अपनी ओर खींच रहा है। बार-बार लग रहा है कि वे मेरे बहुत परिचित हैं। और सबसे आश्चर्य की बात यह है कि जब मैं उनके पास था तो ऐसे किसी खिंचाव का अनुभव ही नहीं हुआ।

उनके प्रति मेरा खिंचाव जैसे हर क्षण बढ़ता ही जा रहा है—मन चंचल हो उठा है, कहाँ देखा है, कहाँ देखा है?...हर क्षण स्मृति-पटल पर खोजता घूम रहा हूँ—बनारस, हरिद्वार, ऋषिकेश, गंगासागर, कुम्भ मेला। धीरे-धीरे खाना-पीना-नींद सब चले गए और मन ढूँढ़ने लगा, कहाँ देखा है इस अपने जन को...

अन्ततः एक दिन आधी रात को हठात् खोज लिया मैंने अपने इतने करीबी गुम हुए योगी-पुरुष को। झकझोरकर जगाया मैंने देवी को।

'मिल गए, मिल गए,' कहकर आनन्द में बिस्तर छोड़कर मैं उठा और देवी से कहा—'जरा दिखाओ तो दादाजी की तस्वीरें।' फिर कहा—'ये बर्फानी दादाजी ही हैं मेरे कैलासबाबा।'

और हम एक साथ गाने लगे—

ओम् नमः शिवाय, ओम् नमः शिवाय
ओम् नमः शिवाय, ओम् नमः शिवाय
ओम् नमः शिवाय, ओम् नमः शिवाय
ओम् नमः शिवाय, ओम् नमः शिवाय

साधारण, सहज, सरल भक्त होता तो उन्हें पाने के बाद और कोई सवाल नहीं उठता किन्तु मेरी बात तो अलग है, मैं ज्ञान और विश्लेषण की दीवार खड़ी कर उस सहज-सी बात को दूर कर देता हूँ। तिब्बत के उस भिखारी लामा ने ठीक ही कहा था—गँदला पानी। गँदला जल सच्चाई को नहीं पकड़ पाता। गँदले पानी में सोना गिर जाए तो नज़र नहीं आता और साफ, शान्त पानी में चाहे जितनी भी गहराई में पत्थर डालो, वह साफ नजर आएगा।' मेरा मन कहता है, यही हैं वे, वही हँसी, बातें, चेहरा, जटा, चलने का ढंग, दृष्टि, सब कुछ मिल जा रहा है। प्रायः पचास वर्षों का व्यवधान होने के बावजूद वह तस्वीर मैंने मन में बसा रखी है, और उस पर कोई धूल नहीं पड़ी।

ये तो थी मेरी बात, अब सुननी होगी उनकी बात।

बड़ी तकलीफों से अमरकंटक के बर्फानी धाम का पूरा पता-ठिकाना जुटाकर मैंने उन्हें पत्र लिखा—

प्रश्न : सन् 1956 में वे लांग्बोना गुफा में थे या नहीं?

पत्र अंग्रेजी में लिखा और साथ में हिन्दी अनुवाद भी करके भेजा। बार-बार एक ही पत्र और एक ही अनुरोध। बार-बार उनके आस-पास के भक्तों से अपना फोन नम्बर देकर 'कलेक्ट कॉल' अर्थात् मेरे खर्च पर कॉल का अनुरोध किया। महीना भर बीत गया। मैं धीरज धरे बैठा हूँ। हर हफ्ते पत्रों की बारिश। मेरा दृढ़ विश्वास है कि एक न एक दिन दादाजी के आस-पास कोई विदेशी लिफाफा देखकर आग्रह जाहिर करेगा। बर्फानी दादाजी पत्र नहीं पढ़ेंगे, यह मैं जानता हूँ, किन्तु पत्र में मेरा प्रत्येक शब्द मेरी व्याकुलता और आग्रह को जाहिर करता है। अवश्य ही उसका एक स्पन्दन है और वह स्पन्दन मेरे कैलासबाबा को स्पर्श करेगा ही। जितने दिन बीतते गए, बार-बार उनकी छवि मुझे उतना ही बेचैन करती रही।...अन्ततः एक दिन सब रहस्यों और प्रश्नों का जवाब लेकर बज उठा टेलीफोन—

'मैं बर्फानी-धाम से बोल रहा हूँ। आपकी अनेक चिट्ठियाँ हमें मिलती हैं। आप दरअसल चाहते क्या हैं?'

मैं : 'मेरी कोई भी चिट्ठी हाथ में थोड़ा-सा समय लेकर पढ़ें, उसमें सब लिखा है। आपसे अनुरोध है...'

धाम : 'ठीक है, मैं पढ़ता हूँ।'

मैं : 'एक बार जब सम्पर्क हुआ है तो कृपया अपना नाम बताएँ, अपना टेलीफोन नम्बर दें, हमारी लैंडलाइन में आपका नम्बर नहीं आ रहा।'

मेरी बात सुनकर सज्जन ने अपना नाम बताया—'सेवक'। मैंने नम्बर नोट कर लिया।

आधे घंटे बाद मैंने उन्हें फिर से टेलीफोन किया।

उन सज्जन को मेरा वक्तव्य समझ में आ गया : अर्थात् सन् 1956 में सोलह वर्षीय एक किशोर को उन्होंने बचाया था। फिर उस किशोर को उन्होंने कैलासखंड की लांग्बोना गुफा में अपने साथ रखा था। प्राय: तिरपन वर्षों बाद वह किशोर जानना चाहता है कि लांग्बोना गुफा के वह परमयोगी ही क्या आज के बर्फानी दादाजी हैं?

सेवक की मातृभाषा हिन्दी है पर अंग्रेजी अच्छी बोल लेते हैं। वे दादाजी के अनन्य तथा निकट भक्त हैं। इसके बाद हमारे बीच टेलीफोन के माध्यम से बातचीत चलने लगी। दादाजी ने सुना सब है किन्तु कोई उत्तर नहीं दिया। इस सामान्य-सी बात के लिए दादाजी पर दबाव डालने का साहस किसी में नहीं। हर मामले में दादाजी का एक ही उत्तर—'होउ'। अब तो केवल है, इन्तजार और इन्तजार।

और बीस दिन बीत गए और उसके बाद अन्तत: प्रभु ने दर्शन दिए। एक दिन फ्रांसीसी समय के अनुसार रात के 12 बजे टेलीफोन बजा...देवी ने फोन उठाया और मुझे दिया। दूसरी ओर से सेवक की आवाज़ आई—

'भैया, आज आपको एक अच्छी खबर दे रहा हूँ...'

'हाँ-हाँ, बताइए,' मेरा स्वर उत्तेजित था।

'दादाजी ने कहा है कि हाँ, वही आपके कैलासबाबा हैं। उन्होंने हम लोगों को सारी कहानी सुनाई।'

सेवक की बात सुनकर आनन्दोच्छ्वास में मेरा कंठ अवरुद्ध हो गया। किसी प्रकार खुद को सँभालकर मैंने सेवक से कहा—

'दादाजी अभी कहाँ हैं? अपना टेलीफोन उनके हाथ में दें, यह बात मैं उन्हीं के मुख से सुनना चाहता हूँ।'

सेवक : 'मैं दादाजी के पास ही खड़ा हूँ। मैं उन्हें ही टेलीफोन दे रहा हूँ, आप उनसे बात करें।'

दादाजी : 'होउ, आशीर्वाद, दोनों के लिए आशीर्वाद।'

मैं : 'दादाजी, आपका दर्शन चाहिए, श्रीचरणों का दर्शन।'

दादाजी : 'आ जा, तुरन्त आ जा।'

इसके बाद कुछ सुनाई नहीं दिया, आरती के घंटे और कर्पूर गौरं इत्यादि शब्दों में दादाजी की आवाज़ दब गई। अभी भारत में सुबह के साढ़े चार बजे होंगे और बर्फानी धाम में अभी गुरु-वन्दना और आरती का समय है।

मिल गया जो चाहा था। सिद्ध हो गया संकल्प। यह एक परम प्राप्ति थी। मैंने देवी को सब विस्तार से बताया।

आश्चर्य! इतना बड़ा समाचार किन्तु देवी बिन्दु मात्र भी विस्मित न हुई क्योंकि अमरकंटक में बर्फानी दादाजी को देखते ही उसने मन-ही-मन सोच लिया था कि यही हैं वे। परम आनन्द में बैठकर हमने शुरू की गुरु-वन्दना—

ओम् गुरुः ब्रह्मा गुरुः विष्णु गुरुः देवो महेश्वर।
गुरुः साक्षात् परम् ब्रह्म, तस्मै श्री गुरवे नमः।

कहने की आवश्यकता नहीं कि इस आनन्द-संवाद से आनन्द की एक लहर उमड़ पड़ी। सुबह फिर सेवक को टेलीफोन कर आन्तरिक कृतज्ञता और धन्यवाद देते हुए पूछा—'दादाजी ने हमें आने को कहा है। हम लोग आज ही फ्लाइट का पता करते हैं। जेनेवा से दिल्ली फिर दिल्ली से रायपुर की टिकट मिलते ही हम आपको टेलीफोन करते हैं।'

अगले दिन सेवक को सूचित किया कि हम लोगों का सब कुछ तय है और दो दिन पश्चात हम रवाना हो रहे हैं। सेवक ने जैसे ही दादाजी को खबर दी, उन्होंने कहा कि हम दिल्ली पहुँचकर दादाजी को फोन करें तो वे बताएँगे कि वे कहाँ रहेंगे।

3 अगस्त, 2009 को हमने हवाई जहाज पकड़ा और 4 अगस्त को हम दिल्ली पहुँचे। हवाई अड्डे से न निकलकर हम वेटिंग-हॉल में बैठे। अभी भोर के पाँच बजे हैं। आरती का समय है। प्रायः एक घंटे के बाद मैंने सेवक के मोबाइल पर फोन किया।

'हम आ गए हैं।'

'जय दादाजी! आप लोग हैं कहाँ?'—साथ ही साथ उत्तर मिला।

'हम एयरपोर्ट के अन्दर ही हैं। प्लेन ठीक समय पर ही उतरा।'

'ठीक है, बाहर आ जाइए। मैं गेट के नजदीक ही हूँ।'

हमारे गेट से बाहर निकलते ही एक व्यक्ति ने 'नमस्ते' कह अपना परिचय दिया—'मैं सेवक।' शर्ट-पैंट पहने एक युवक। बिना किसी भूमिका के उसने बताया कि दादाजी के आदेशानुसार वह कल रात से ही दिल्ली में था। दादाजी अभी राजस्थान में मेहँदीपुर बालाजी में आए हैं। उनके आश्रम में ही जाना होगा। उन्होंने सेवक को भेजा है ताकि हमें ठीक से ले जाए। हवाई अड्डे से ही हमने मेहँदीपुर के लिए भाड़े पर प्राइवेट गाड़ी की—प्रायः छह-सात घंटों का रास्ता है। सेवक ने टेलीफोन कर दादाजी को हमारे पहुँचने की सूचना दे दी। सेवक से मिलकर हम निश्चिन्त हो गए कि सब कुछ दादाजी के निर्देशानुसार हो रहा है।

दिल्ली से अलवर होते हुए हम ढाई बजे पहुँचे। आश्रम के नाट्य-मन्दिर में दादाजी बैठे थे। दादाजी के श्रीचरणों में साष्टांग प्रणाम कर उठते ही हमारे सिर पर हाथ रखकर उन्होंने हमें आशीर्वाद दिया, सहस्रारचक्र में हमने अनुभव किया उनके स्नेहिल स्पर्श को। फिर वे काफी देर मेरी ओर देखते रहे। उनकी दृष्टि में जो स्वस्ति व प्रशान्ति का भाव था, उसने मेरे मन को अपने और करीब खींच लिया। उस एक दृष्टि में ही उन्होंने हमें खींच लिया, विराट से जा मिला एक अतिक्षुद्र मनुष्य।

कोई वार्तालाप नहीं, सिर्फ दृष्टि-विनिमय। नाट्य-मन्दिर में दादाजी के आस-पास प्राय: बीस-पच्चीस भक्त बैठे थे। किसी के मुँह में कोई शब्द नहीं। लगभग आधे घंटे के बाद दादाजी ने देवी की ओर देखकर परम स्नेह से पूछा—'डॉक्टर साब, ठीक तो हो ? जाओ विश्राम करो।' मैंने हिन्दी से फ्रांसीसी भाषा में अनुवाद कर दिया।

फिर दादाजी ने नीरज की ओर देखकर कहा कि हमारे ठहरने की व्यवस्था उनके बगल वाले कमरे में कर दी जाए। फिर हमारी ओर देखकर कहा—'जाओ, भोजन करो, विश्राम करो।'

हम उठ गए। गाड़ी से सामान उतारकर हम कमरे में आकर बैठे। नीरज बगल के कमरे में रहा। उसने बार-बार कहा कि किसी चीज की आवश्यकता हो तो हम नि:संकोच उसे बुला लें। पर हमें आवश्यकता किसी चीज की थी नहीं, बिन माँगे ही सब कुछ मिल रहा था।

अमरकंटक में दादाजी को पाया था अमरकंटक के एक सिद्ध योगी-पुरुष के रूप में, और आज दादाजी को पाया अपने इष्ट देवता कैलासबाबा के रूप में। अतीत में गुम हो गया स्वप्न आज मेरे सामने प्रत्यक्ष था। मन की गहराई के आनन्दमय स्तर से आनन्दलहरी उमड़ी पड़ रही है।

शरीर के लिए खाना-पीना व विश्राम आवश्यक है इसीलिए दादाजी का निर्देश था—'अच्छी तरह विश्राम करो।'

यह 'दादाजी' शब्द ठीक जँच नहीं रहा। यहाँ सभी उन्हें दादाजी कहते हैं किन्तु मेरे और देवी के लिए तो वे 'बाबा' हैं। दादाजी कहने जाकर भी हम उन्हें बाबा कहते हैं। उन्हें देखता हूँ तो सोचने लगता हूँ साधुबाबा की बात, जो मेरे लिए कैलासबाबा थे। वे कमरे से निकले। हम उन्हीं की प्रतीक्षा में बैठे थे। वे कमरे से निकलकर नाट्य-मन्दिर में चेयर पर बैठे—हम लोगों की ओर देखकर पास आने को कहा—हाथ से दिखाकर अपने पास बैठने का निर्देश दिया। फिर पास में रखा तिलक-पात्र हाथ में लेकर उसमें से कनिष्ठा व अनामिका के संयोग से लाल तिलक से हमारे ललाट को भर दिया। फिर शुरू हुआ भजन, समवेत स्वर में हनुमान चालीसा।

काफी देर तक यह चलता रहा। बाबा बीच-बीच में इसको-उसको बुलाकर बात की। फिर सन्ध्या-आरती शुरू हुई। काफी देर तक गुरु-वन्दना चली, जिसमें हम भी शामिल हुए—

ओम् गुरुदेवाय विद्महे परब्रह्माय धीमहि तत्रो गुरु प्रचोदयात्

आरती के बाद बाबा ने सभी को भेज दिया पाकशाला में। फिर भोजन और उसके बाद शयन।

5 अगस्त, 2009। मेहँदीपुर बालाजी। बर्फानी-धाम, राजस्थान। शुभ राखी पूर्णिमा।

घंटाध्वनि से नींद टूटी। हम जल्दी से उठे। तैयार होकर नाट्य-मन्दिर में इकट्ठा हुए। भोर वेला में हम मात्र दस जन।

धूनीवाले दादाजी, मठ की माताजी ने गुरु स्तोत्र से शुरू किया प्रात: प्रणाम—

ब्राह्ममुहूर्तं श्रीगुरु ध्यानं गुरु पादुका पंचकम्
श्रीनाथादि गुरुत्रयं गणपति पीठत्रयं भैरवं
सिद्धौधं बदूकत्रयं पदयुगं दुतिक्रमं मंडलं...

ब्राह्ममुहूर्त की सारी पूजाएँ सीधे दादाजी को केन्द्र में रखकर थीं अर्थात् दादाजी स्वयं गुरु ब्रह्मा, गुरु विष्णु, गुरुर्देवो महेश्वर थे। यह पूजा किसी प्रतिमा या अन्य किसी देव-देवी को समर्पित न होकर दादाजी को ही समर्पित थी। वे स्वयं भगवान थे। कैलासखंड में मैं कैलासबाबा की पूजा नहीं कर पाया था—उस समय मैं मूर्ख था। मंत्र-मंडला मैं कुछ भी नहीं जानता था। स्वयं कैलासबाबा ने ही मेरे लिए सब कुछ किया था, ठीक जैसे गोद के शिशु के लिए माँ करती है। बाबा की वन्दना कर आज मेरा वह कार्य सम्पन्न हुआ, जो मैं नहीं कर पाया था।

आरती के बाद विराम, अभी 7 बजे हैं। दादाजी ने सभी से कहा—'जाओ, चाय-पान करो।' इसी बीच सूर्योदय हुआ। बाबाजी का आसन अब आँगन में धूप में लाया गया, भक्तों के लिए बिछाई गईं विशाल दरियाँ। मैं समझ गया कि आज भक्तों की संख्या अधिक होगी। बाबा को सामने रखकर हम कुछ दूरी पर बैठे ताकि भक्त सुविधापूर्वक प्रणाम कर सकें। बाबा ने एक-एक कर सभी के तिलक लगाया। आज शुभ राखी पूर्णिमा है इसलिए भक्तगण पर्याप्त मात्रा में राखी लाए हैं। बाबा के हाथों से ही वे रक्षा-बन्धन ग्रहण करेंगे। भक्तों की संख्या धीरे-धीरे बढ़ती गई। सबके आखिर में दादाजी ने सभी की ओर देखा—उनकी दृष्टि ही सबके लिए आशीर्वाद थी।

आश्रम के घरों के सामने ही गाड़ी रखने की सुव्यवस्था है। बाबा की ओर देखते हुए भक्तगण चुपचाप बैठे हैं। आज भक्तों की संख्या अधिक है। बाबा ने मुस्कुराते हुए देवी की ओर देखकर पूछा—सब ठीक है? चाय पी?

'हमें यहाँ बड़ा अच्छा लग रहा है बाबा,'—देवी ने उत्तर में कहा—'मैं चाय नहीं पीती'।

देवी की बात सुनकर बाबा ने समवेत भक्तों की ओर देखकर कहा—

—डॉक्टर साब चाय नहीं पीतीं, खुद ही खाना बनाती हैं, मेरा कोई खर्च नहीं।—कहकर खुद ही हँसते हुए उन्होंने देवी को उत्साहित किया फिर हठात् मेरी

ओर मुखातिब हो अत्यन्त प्रियजन की तरह मुझसे पूछा—'तिब्बत में पहली बार तुम्हें कहाँ देखा था बताओ तो?'

मैं दादाजी के अचानक पूछे गए इस प्रश्न के लिए प्रस्तुत नहीं था। स्वयं को सजग करते हुए मैंने कहा—

—दादाजी, आपने मुझे दर्शन दिया था ब्रह्मपुत्र के किनारे और नानगुंग नदी के संगम पर आपने मुझे बचाया था।

मेरी बात सुनकर दादाजी ने दूर की ओर देखा, फिर पूछा—'नदी का क्या नाम बताया?'

मैंने फिर कहा—'नानगुंग-चू। नदी का नाम मैं पहले नहीं जानता था। साल भर पहले जब मैं आपकी तलाश में वहाँ गया तो नदी का नाम पता चला।'

दादाजी : हाँ, नाम सभी को नहीं मालूम। अब तो सब चीनी नाम हो गए हैं। उसके बाद मुझे फिर कहाँ देखा?

मैं : कैलासखंड में लांग्बोना गुफा में, गुफा के साथ ही आपका कमरा था। उसी दिन से आप मेरे कैलासबाबा हैं।—कहकर मैंने बाबा के श्रीचरणों में साष्टांग प्रणाम किया।

दादाजी : वहाँ से तुम पारखा (बार्खा) होते हुए कैलास-परिक्रमा के लिए चले गए।—वे ठहरे। लगा, अरावली पार कर उनकी दृष्टि सुदूर कैलासखंड में चली गई है।

भक्तगण बड़े कौतूहल से हमारी बातें सुन रहे थे। बाबा ने मेरी ओर देखा। मैंने कहा—

—आपने कैलासनाथ की दिरा-पुक मोनेस्ट्री के लामा के लिए मुझे एक चिट्‌ठी दी थी, उस चिट्‌ठी के कारण ही उन्होंने अपने यहाँ मेरे रहने-खाने का बन्दोबस्त किया था।—मेरी बात सुनकर दादाजी ने फिर दूर की ओर देखा और कहा—

—हाँ, उसके बाद तुम फिर से मानसरोवर के किनारे चिउ गोम्फा पर आए।—दादाजी अब फिर अपनी कुर्सी पर सीधे होकर बैठे। सुदीर्घ तिरपन वर्षों पूर्व की उस घटना का विवरण उन्हीं के मुख से सुनकर मैं अभिभूत हो गया। इस सुदीर्घ तिरपन वर्षों की अवधि में उन्होंने हजारो-हजार भक्तों की बातें सुनी होंगी। वे तो साक्षात् इतिहास हैं। मेरे जैसे एक अत्यन्त क्षुद्र व सामान्य व्यक्ति की घटना उन्हें क्योंकर याद रही? समझ गया, जिस प्रकार इस अवधि में मैंने उन्हें पकड़े रखा, उसी प्रकार उन्होंने भी मुझे नहीं छोड़ा। दादाजी ने अपना दाहिना हाथ ऊँचा कर मुझे आशीर्वाद दिया, यह आशीर्वाद सिर्फ मेरे लिए नहीं, हम सभी के लिए था। फिर उन्होंने अलग से लाल सूत लेकर मेरे हाथ पर ढाई ऐंठन का बन्धन पहना दिया। मैं समझ गया कि मैं परीक्षा में उत्तीर्ण हो गया। देवी को बुलाकर उन्होंने उसे भी गुरु-शिष्य के बन्धन में बाँध लिया।

उसके बाद कुछ देर की नीरवता के पश्चात् दादाजी स्वगतोक्ति की तरह बोल उठे—'होउ'। दादाजी के सामने ही एक सज्जन जोर देकर मेरी बातें सुनने में उनकी मदद कर रहे थे, दादाजी ने उनकी ओर देखते हुए कहा—

—कैलास में अनेक लोग मुझे कैलासबाबा कहकर बुलाते थे। इस बच्चे को कुछ दिन मैंने अपनी गुफा में रखा था। सब कुछ सिखाने के बाद परिक्रमा पर भेजा था...यह मेरा कैलासखंड का शिष्य है।—अब बाबा ने मेरी ओर देखकर पूछा—कितने वर्ष हुए?

—प्राय: तिरपन वर्ष पहले की बात है।...

दादाजी : हाँ, ठीक। मैं कैलास में उसके बाद भी छह-सात वर्ष रहा, फिर चीनियों ने रहने नहीं दिया। उसके बाद मैं चला आया, मेरे अनेक परिचित योगी भी चले आए। मेरी गुफा का नाम क्या था बेटा?—उन्होंने मुझसे प्रश्न किया।

मैं : मैंने भी वर्ष भर पूर्व (2007 में) जाना, गुफा का नाम है लांग्बोना गोम्पा।

दादाजी : कठिन नाम है। हम तो उसे हरि-गुफा कहते थे। रामगुफा, शिवगुफा, रुद्रगुफा, ये सब तो तुम लोग नहीं जानते।—दादाजी फिर से चुप होकर मेरी ओर ताकते रहे। वह कोरी दृष्टि नहीं, आशीर्वाद की दृष्टि थी। घंटा बज उठा, दादाजी ने सभी को उठाकर कहा—'जाओ, नाश्ते का घंटा है।'

पास बैठे सज्जन, जो मेरी टूटी-फूटी हिन्दी को सुधारकर दादाजी को सुना रहे थे, ने अपना परिचय देते हुए मेरा हार्दिक अभिनन्दन किया। उनका नाम था डॉ. मोहन उपाध्याय। नौकरी छोड़कर दादाजी के साथ हैं। उनकी सहधर्मिणी अनुभा के साथ भी परिचय हुआ। और भी कई लोग आए और मुझे दादाजी के सम्प्रदाय में शामिल कर लिया, वे थे इन्दौर के कैलास शर्मा, फिरोजपुर के रमेश दुबे, लखनऊ के ओ.पी. शुक्ला, चंडीगढ़ के शरण सिंह ठाकुर, विशाखापत्तनम के श्रीधर आदि। और भी बहुतों से परिचित होने का सौभाग्य मिला। दादाजी के आश्रम का सुचारु-संचालन का दायित्व जिनके कन्धों पर था, वे थे रिंकू, राजकमल, मनोज, लीला, सिद्धनाथ, चौहान ठाकुर, हेमन्त, नीरज तथा और भी कई। अहर्निश भजन-संचालन करती हैं साइखरा की माताजी। सभी के विभिन्न प्रश्नों के उत्तर न देकर मैंने सीधे दादाजी को दिखलाकर कहा—'यहाँ दादाजी ही हमारे पूज्य व आराध्य हैं। दादाजी यदि अनुमति देंगे तो भविष्य में बैठा जाएगा। आज अनेक वर्षों के पश्चात् जो मिले हैं उन कैलासबाबा परमयोगी बर्फानी दादाजी के दर्शन और पदसेवा ही हमारा उद्देश्य है। आइए, हम भजन में शामिल हों।'

परमयोगी, पूजनीय, परमाराध्य, सद्गुरुदेव, अनन्तश्री विभूषित ब्रह्मर्षि, कायकल्पी बर्फानी दादाजी महाराज के बारे में मेरे पास कहने या लिखने को कुछ नहीं है। भक्तगण अपने दृष्टिकोण से, अपने हिसाब से 'गुरु-ग्रहण' करते हैं। प्रयोजन और कर्म के अनुरूप कृपा-लाभ करते हैं। इस प्रसंग से मैं स्वयं को पूर्णत: अनासक्त रखता हूँ। वे मिले, भारत में ही हैं। प्रणाम कैलासबाबा! प्रणाम दादाजी!

परम पूज्य दादाजी : कैलास बाबा

परिब्राजक-मार्ग 2007

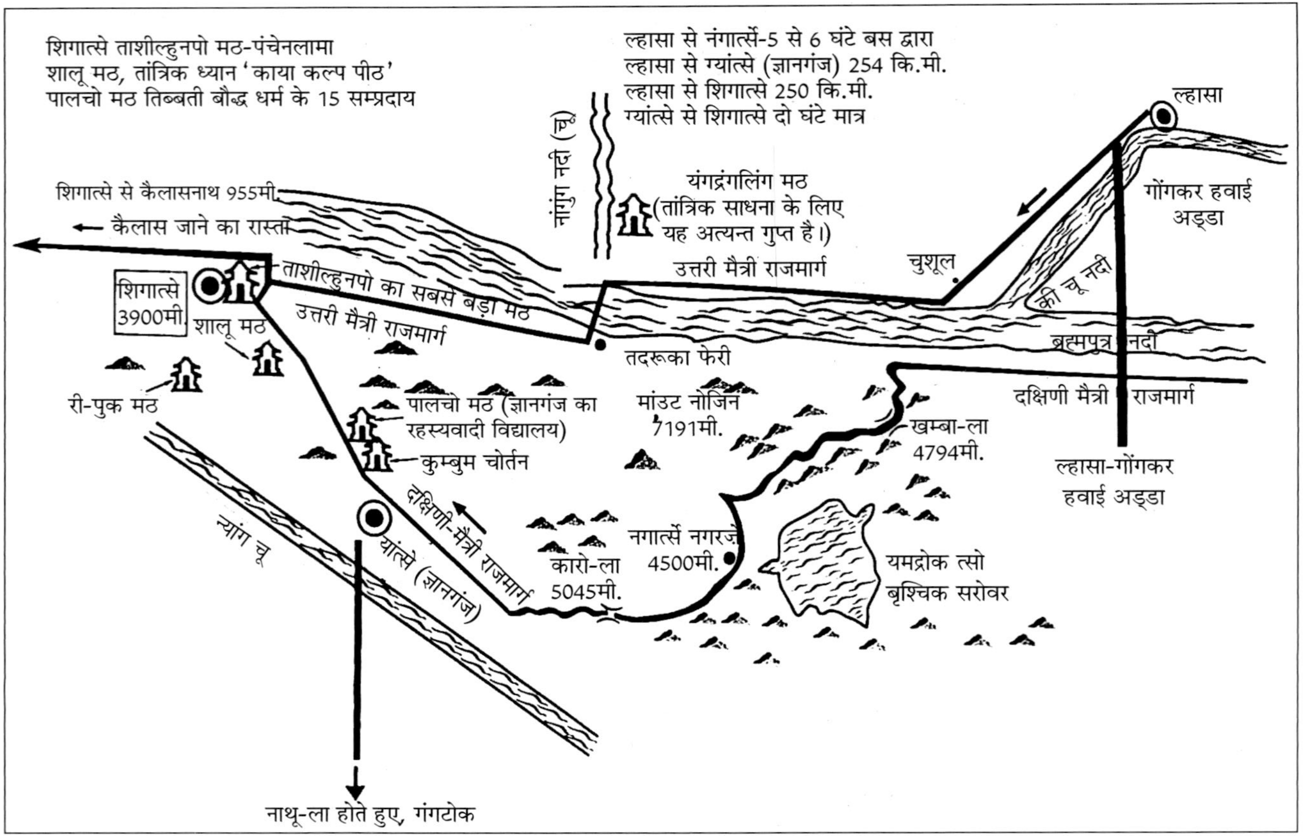

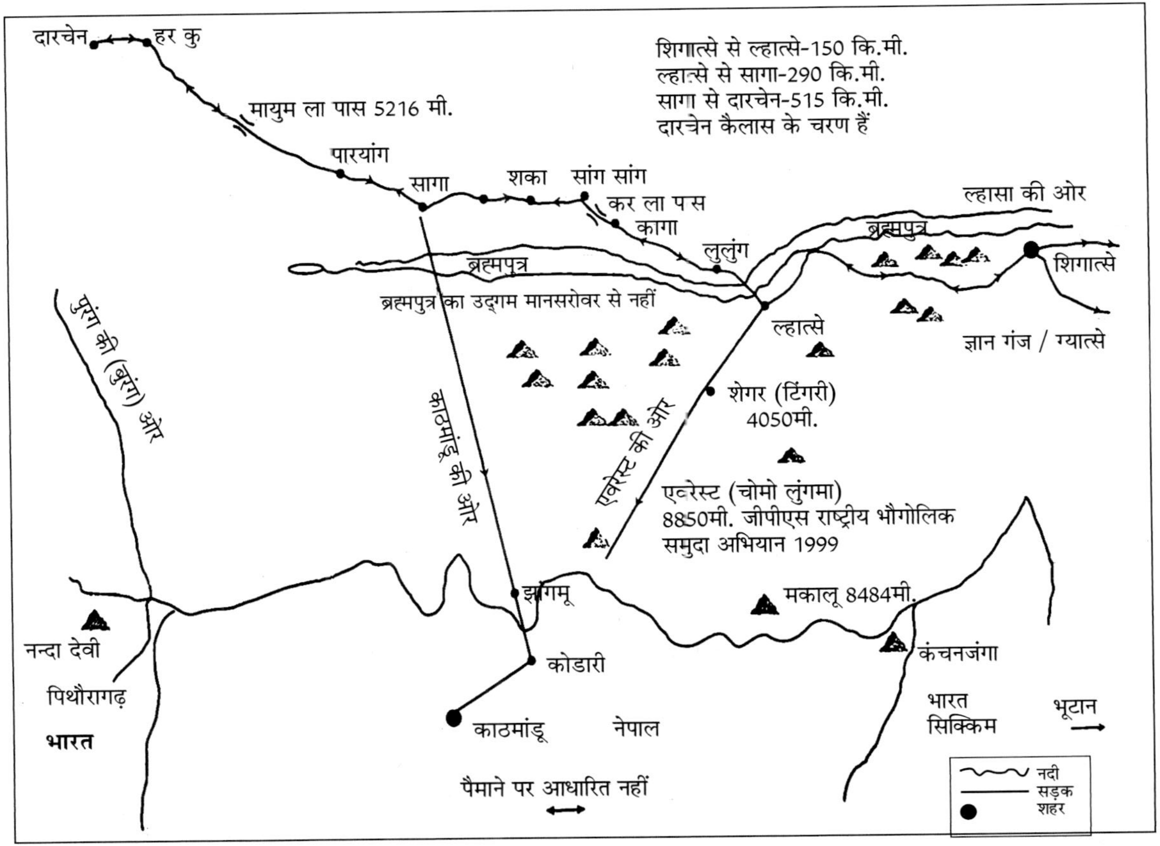

दारचेन
हर कु
मायुम ला पास 5216 मी.
पारयांग
सागा
शका
सांग सांग
कर ला पस
कागा
लुलुंग
शिगात्से से ल्हात्से-150 कि.मी.
ल्हात्से से सागा-290 कि.मी.
सागा से दारचेन-515 कि.मी.
दारचेन कैलास के चरण हैं
ल्हासा की ओर
ब्रह्मपुत्र
शिगात्से
ब्रह्मपुत्र
ब्रह्मपुत्र का उद्गम मानसरोवर से नहीं
ल्हात्से
ज्ञान गंज / ग्यात्से
पुरंग की (बुरंग) ओर
शेगर (टिंगरी)
4050मी.
काठमांडू की ओर
एवरेस्ट की ओर
एवरेस्ट (चोमो लुंगमा)
8850मी. जीपीएस राष्ट्रीय भौगोलिक
समुदा अभियान 1999
झांगमू
मकालू 8484मी.
नन्दा देवी
कोडारी
कंचनजंगा
पिथौरागढ़
भारत
काठमांडू
नेपाल
भारत
सिक्किम
भूटान
पैमाने पर आधारित नहीं
नदी
सड़क
शहर

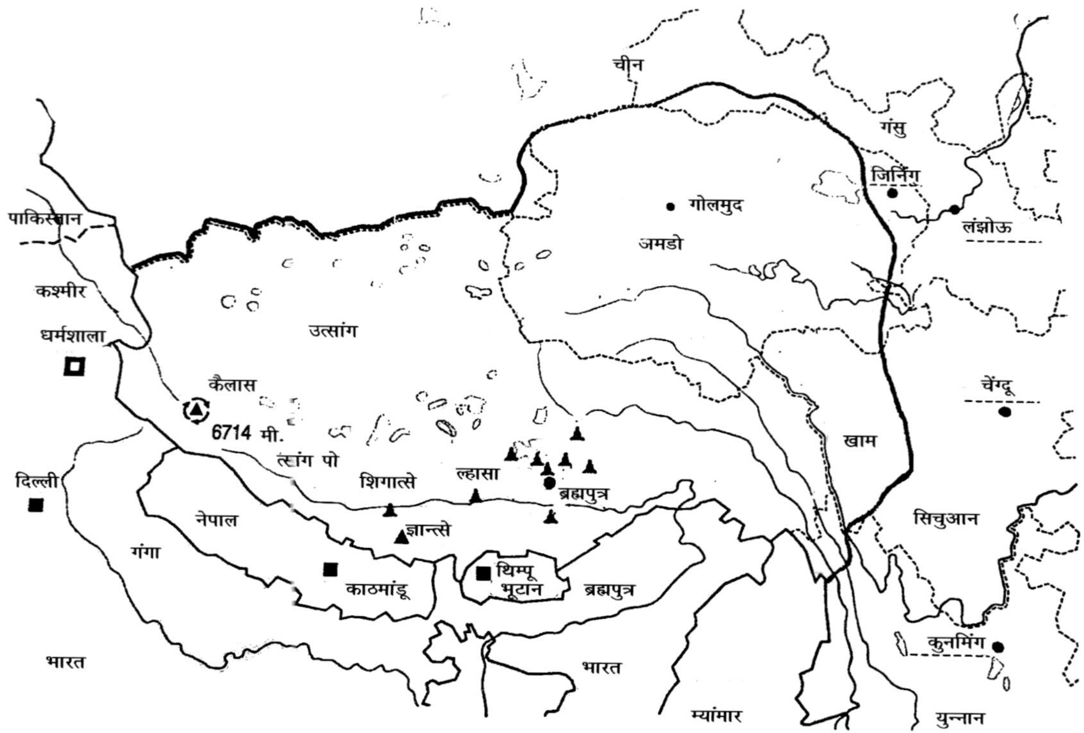
चीन
गंसु
जिनिंग
लंझोऊ
गोलमुद
जमडो
पाकिस्तान
कश्मीर
धर्मशाला
उत्सांग
कैलास
6714 मी.
त्सांग पो
शिगात्से
ल्हासा
ब्रह्मपुत्र
चेंग्दू
खाम
दिल्ली
नेपाल
ज्ञान्त्से
सिचुआन
गंगा
काठमांडू
थिम्पू
भूटान
ब्रह्मपुत्र
कुनमिंग
भारत
भारत
म्यांमार
युन्नान

तिब्बत का मानचित्र

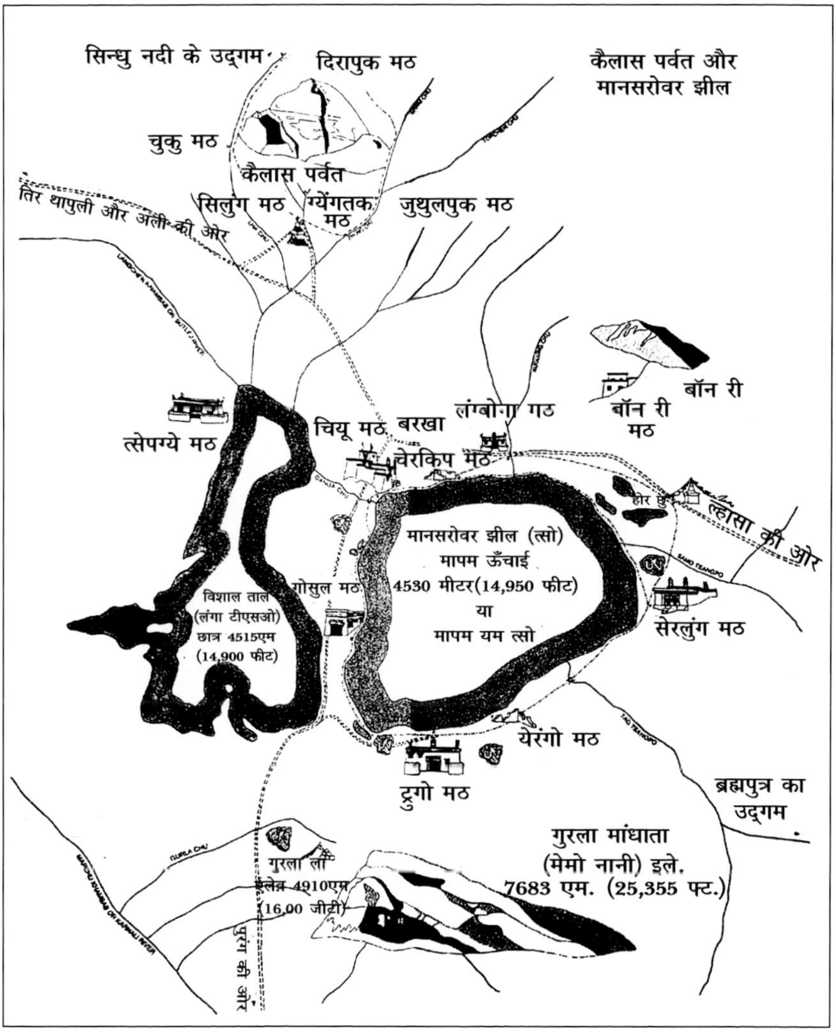
सिन्धु नदी के उद्‌गम
दिरापुक मठ
कैलास पर्वत और
मानसरोवर झील
चुकु मठ
कैलास पर्वत
सिलुंग मठ
ग्येंगतक मठ
जुथुलपुक मठ
तिर थापुली और अली की ओर
बॉन री
लंग्बोना गठ
बॉन री मठ
चियू मठ
बरखा
त्सेपग्ये मठ
चेरकिप मठ
ल्हासा की ओर
मानसरोवर झील (त्सो)
मापम ऊँचाई
4530 मीटर(14,950 फीट)
या
मापम यम त्सो
गोसुल मठ
विशाल ताल
(लंगा टीएसओ)
छात्र 4515एम
(14,900 फीट)
सेरलुंग मठ
येरंगो मठ
ट्रुगो मठ
ब्रह्मपुत्र का
उद्‌गम
गुरला मांधाता
(मेमो नानी) इले.
7683 एम. (25,355 फट.)
गुरला ली
इलेव 4910एम
(16,00 जीटी)
पुरंग की ओर

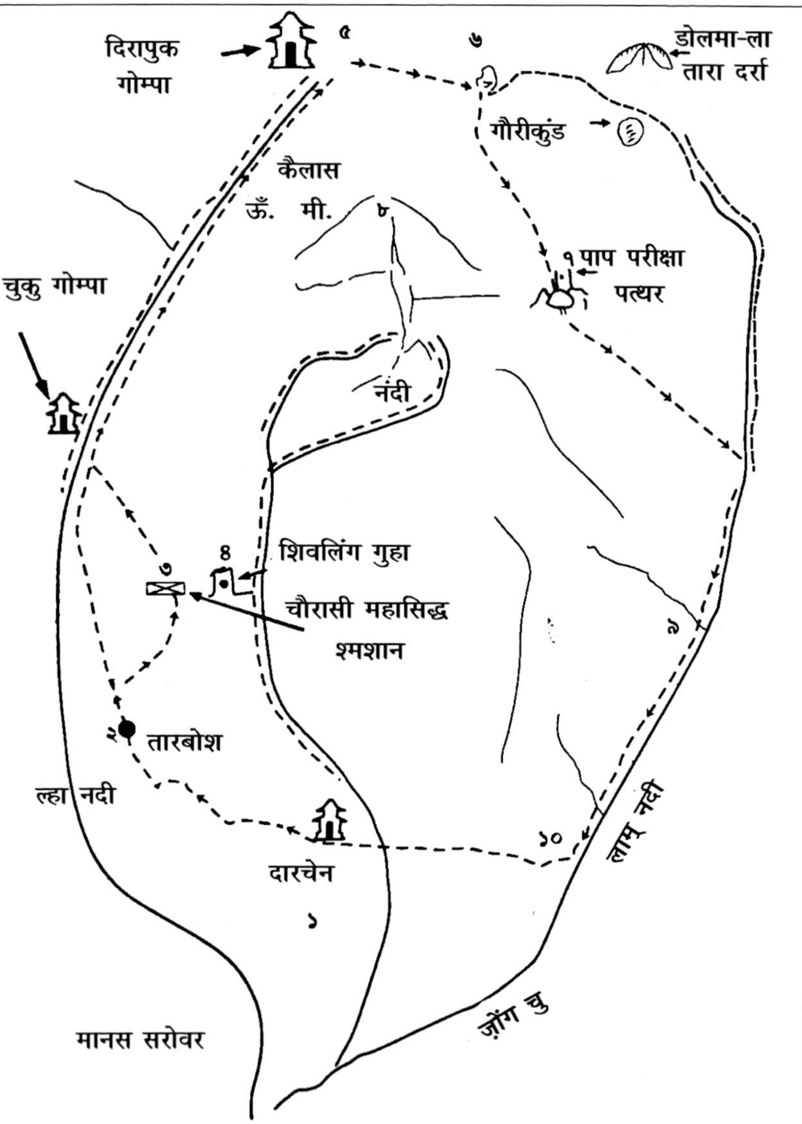

दिरापुक
गोम्पा
५
६
डोलमा-ला
तारा दर्रा
गौरीकुंड
कैलास
ऊँ. मी.
८
१ पाप परीक्षा
पत्थर
चुकु गोम्पा
नंदी
४
शिवलिंग गुहा
७
चौरासी महासिद्ध
श्मशान
९
२
तारबोश
ल्हा नदी
१०
लामू नदी
दारचेन
१
ज़ोंग चु
मानस सरोवर

कैलास परिक्रमा-पथ